Rahel – Bibliothek
Rahel Varnhagen · Gesammelte Werke
Herausgegeben von Konrad Feilchenfeldt,
Uwe Schweikert und Rahel E. Steiner

Band IV

Matthes & Seitz Verlag, München

Aus dem Nachlaß Varnhagen's von Ense.

Briefwechsel

zwischen

Varnhagen und Rahel

Erster Band.

Leipzig:
F. A. Brockhaus.
1874.

Matthes & Seitz Verlag GmbH, Mauerkircher Str. 10, 8000 München 80. Fotomechanischer Nachdruck, 1. Auflage 1983. Reproduktion, Druck und Bindung: Druckerei Ludwig Auer, Donauwörth.
ISBN 3 88221 342 6

Vorwort.

Wie der Seelenbund zwischen Varnhagen und Rahel sich knüpfte, das tritt dem Leser aus dem vorliegenden Briefwechsel lebendig entgegen. Zwei seltene Naturen, in denen beiden Geist und Herz so mächtig waren, daß es schwer ist zu entscheiden, ob ersterer oder letzteres in ihnen überwog, begegneten sich in weit auseinanderliegenden Lebensaltern. Rahel war siebenunddreißig Jahre; sie hatte eine schmerzenvolle Vergangenheit durchlebt; sie hatte geliebt, gelitten, furchtbare Enttäuschungen erfahren durch Finckenstein und Urquijo. Varnhagen war dreiundzwanzig Jahre, im Beginn des Kämpfens, Hoffens und Strebens, umgeben von Hemmungen aller Art, mit seinen vielseitigen Fähigkeiten nach einer festen Laufbahn, nach einem befriedigenden Beruf ringend, und zugleich schon halb gefesselt an eine anmuthige Frau durch zarte Liebesneigung. Aber wie von einem Magnet wurde er von Rahel's Wesen unwiderstehlich angezogen und bis in's innerste Gemüth ergriffen.

Wohl hatte Pückler Recht, als er einmal den Ausspruch that: „Les âmes sont toujours du même âge." Und ergänzend ist neben Pückler's Wort das von Rahel zu stellen: „Denkungsart und Karakter ist stärker als alles in der Welt, ist aus einer anderen." Ueber der äußeren Verschiedenheit stand der geistige Zauber der Sympathie, der Varnhagen und Rahel verband. Diese gereifte Frau, die über die Jugend hinaus war, die auf der vollen Höhe des Lebens stand, die in lebendigstem Verkehr mit den ersten und größten Geistern ihrer Zeit war, und auf dieselben durch den ihrigen wirkte, sie erkannte mit ihrem psychologischen Scharfblick die großen und ausgezeichneten Eigenschaften des dreiundzwanzigjährigen Jünglings, die seltene Begabung, die ihm die Natur verliehen, so wie die Güte und Innigkeit seines Gemüths. Sie fühlte sich von ihm verstanden, gewürdigt, angeregt — sie liebte ihn.

Jedoch bei den ungewöhnlichen Bedingungen, inmitten welcher das Schicksal sie zusammenführte und doch zugleich zu trennen schien, konnte ihre Beziehung nicht sogleich eine jener bestimmten Formen annehmen, welcher die Gesellschaft einen Titel giebt. Rahel war weit entfernt davon Varnhagen den Banden entziehen zu wollen, denen er sich halb hingegeben hatte; ihrem klaren Urtheil entging nicht, daß er in jenen Banden nie eine volle Befriedigung finden könne, aber dennoch wollte sie keinen Einfluß ausüben auf den freien Herzensentschluß ihres Freundes. Jedoch als sie sich überzeugt hatte, daß Varnhagen in ihr sein nothwendigstes Lebensbedürfniß erkannte, da gab sie sich mit vertrauensvollem Sinne dem Glück der Liebe hin, das wie ein unerwarteter Frühling sie so spät für die Leiden der Vergangenheit entschädigte. Für ein Wesen wie Rahel konnte Glück nur in antheilvoller Thätigkeit für Andere, in liebevollem Leisten, in treuer Hingebung bestehen. Der Gedanke, Varnhagen zu beglücken, verjüngte sie. Wie sie fühlte, ist in ihren Worten ausgesprochen: „Sehen, lieben, verstehen, nichts wollen, unschuldig sich fügen, das große Sein verehren, nichts hämmern, erfinden und bessern wollen: und lustig sein, und immer güter!“ — Die Ungewißheit, die auf allen menschlichen Dingen und Verhältnissen ruht, sah

Rahel natürlich vollkommen ein, doch fern lag ihr — was die Mittelmäßigen, eines höheren Aufschwungs Unfähigen so klug finden — die Blüthe der gegenwärtigen Neigung zu ersticken, weil die Verschiedenheit des Alters zwischen ihr und Varnhagen, und künftige mögliche Geschicke ihr vielleicht dereinst verhängnißvoll werden könnten. „Ich fühlte, Du fühltest mich", sagte sie; „mehr weiß man ja von sich selbst auch nicht; soll ich mich denn vorher morden, weil ich sterblich bin?" — Und an anderer Stelle: „Und es ist dumm sich zu fürchten; ist jetzt nicht auch Zukunft? Diese will man immer so schön, so sicher haben."

Und sie hatte Recht, ihr Geschick in Varnhagen's Hand zu legen. Unter Allen, die jemals sich mit Liebe, Verehrung und Bewunderung Rahel genaht, hat sie keiner so innig, so treu, so begeistert geliebt wie Varnhagen. Keiner hat wie er ihr innerstes Wesen erfaßt, erkannt und mit dem eigenen verschmolzen. Sie lebten für einander, vereinigt in den höchsten Ideen, in den edelsten Bestrebungen, ein seltenes Beispiel des Bundes hoher Geister. Und als Rahel dahinschied, sie, die einst so rührend gesagt: „Und vom Leben würd' ich schmerz-erleichtert in Deiner Gegenwart lassen", da lebte Varnhagen fort in ihrem Geist, in ihrem Andenken.

Und er setzte ihr ein wahres Denkmal der Liebe, durch die Herausgabe jenes Buches „Rahel", das eine europäische Berühmtheit erlangte, und der ausgezeichneten Frau außer der begeisterten Anerkennung der Zeitgenossen auch die der Nachwelt verschaffte. In dem Buche „Rahel", und in den anderen ergänzenden Briefsammlungen, welche nachfolgten, enthüllte sich Rahel's Wesen in seiner ganzen Tiefe, Kraft und Eigenthümlichkeit.

Damals, so bald nach Rahel's Tode, beschränkten manche persönliche Rücksichten gegen Andere den Kreis der Mittheilungen. In seiner Vorrede — geschrieben im April 1833 —

zu der ersten, nur als Manuskript gedruckten Ausgabe des Buches „Rahel“ *) sagt Varnhagen hierüber, daß wenn er auch dem Verlangen der Freunde nachgäbe, ihnen persönliche Nachrichten und zugleich eine Auswahl denkwürdiger Zeugnisse von der Geistes- und Sinnesart der geliebten Gattin zu geben, ihm die Darbietung, so reich sie auch sei, doch arm erscheine im Verhältniß zu dem, was zu sagen und zu geben wäre. „Aus einem unendlichen Vorrath“, fährt er fort, „von Briefen, Tagebüchern, Denkblättern und Aufzeichnungen aller Art, die ich von Rahel's Hand besitze, will ich einige Proben liefern, die zwar kein Ganzes sein können, aber doch auf ein solches hindeuten. Man wird aus ihnen wenigstens ermessen, was in dieser Art einem künftigen Zeitpunkt einst vollständiger aufzuschließen vorbehalten bleibt.“

Schon wenige Monate später gab Varnhagen, den vielseitigen Wünschen genügend, das Buch „Rahel“ vermehrt, und, um es Allen zugänglich zu machen, im Buchhandel, heraus.**) In der dazu gehörigen Vorrede vom Dezember 1833 bemerkt Varnhagen: „Freilich bleiben auch jetzt noch immer Auslassungen und Lücken genug, indem vieles Geschriebene verloren oder noch nicht eingesammelt, anderes mit Absicht zurückbehalten ist; aber die Möglichkeit vollständiger Mittheilung wird hier durch Erfordernisse bedingt, denen nur in einer größeren Zahl von Bänden und erst in vielen Jahren zu entsprechen sein dürfte.“

Einundvierzig Jahre sind seitdem verflossen; die Personen, die in Varnhagen's und Rahel's Kreise lebten, sind

---

*) Rahel. Ein Buch des Andenkens für ihre Freunde. (Als Handschrift.) Berlin, 1833. Ein Band.

**) Rahel. Ein Buch des Andenkens für ihre Freunde. Berlin, 1834. Bei Duncker und Humblot. Drei Bände.

beinahe alle dahingeschieden, und der hier vorliegende Briefwechsel, der zum erstenmale gesammelt erscheint, und dessen Herausgabe Varnhagen mir überließ, darf nun vollständig an die Oeffentlichkeit treten. Auf ihn wies Varnhagen in jener Vorrede hin, so wie auf andere wichtige und werthvolle Mittheilungen, die später folgen werden, wenn das Publikum an ihnen Antheil nehmen will. Ich glaube, daß Jeder, der einen empfänglichen Sinn besitzt, von dem Briefwechsel zwischen Varnhagen und Rahel ergriffen werden muß. Die tiefsten Tiefen der Geister und der Herzen treten in frischer Ursprünglichkeit daraus hervor. Aufrichtigkeit, Wahrheit, Vertrauen, Blitze der genialsten Originalität, ernstes Denken neben Feinheit und Grazie, eröffnen darin ihre reichsten Quellen.

Wäre somit allein der psychologische Werth dieser Briefe hinreichend, um zu fesseln, anzuregen, und Rührung und Bewunderung zu erwecken, so wird der Reiz noch dadurch erhöht, daß auch die ganze damalige bewegte Zeit in lebendiger Schilderung mit in den Rahmen des Seelengemäldes gezogen wird, wie zum Beispiel die Schlacht von Wagram, in der Varnhagen eine schwere Wunde davontrug, und der ganze Befreiungskrieg mit seinen großartigen nationalen Zügen, an dem Varnhagen tapfer theilnahm. Seine Briefe während der Feldzüge führen uns inmitten des bunten Kriegslebens, jener Tage voll Sturm und Drang, voll Sorge und Begeisterung, wie sie die gegenwärtige Generation ähnlich in den letzten Kriegen erfahren hat. Und wie die Zukunft vorahnend, schrieb Varnhagen damals, aus Kommotau, den 17. April 1811: „Ich kenne mein Volk mehr als je, und lieb' es ganz; was ich von ihm erwarte, tröstet mich über meinen Tod hinaus.“ Rahel ihrerseits entwickelte eine unermüdliche Thätigkeit in Pflege und Unterstützung der Verwundeten.

Nach all diesen aufregenden Bildern des nationalen

Lebens sehen wir Varnhagen und Rahel den ersehnten Ehebund schließen, voll Freudigkeit ein ideales Glück genießend.

Ueber Rahel's Briefe im Allgemeinen, und den hier vorliegenden Briefwechsel im Besonderen, sind verschiedene noch ungedruckte Aufzeichnungen Varnhagen's aufbewahrt, die hier ihre Stelle finden mögen. Auf einem Blatte, das bald nach Rahel's 1833 erfolgtem Tode geschrieben zu sein scheint, und in dem sich Varnhagen's ganze liebevolle Fürsorge für das Andenken der geliebten Gattin ausspricht, heißt es:

„Ich weiß sehr wohl, daß die jetzige Sinneswendung, worin die nächsten Zeiten, wie es scheint, nur stärker fortschreiten werden, meinen Papieren nur wenig Gunst verspricht. Die Stimmung der Deutschen ist bewegt, auseinander gezerrt, nach außen gedrängt, verwildert; ihr Antheil an der großen Entwickelungszeit, die nach der Mitte des achtzehnten Jahrhunderts emporstieg, vermindert sich zusehends; ihr eigenes Leben und ihre eigene Bildung reizen sie nicht genug, um den Gestalten und dem Gange derselben eine feste Aufmerksamkeit in die Vergangenheit zu widmen.

„Allein ich rechne mit Zuversicht auf die Wiederkehr dieses Antheils und dieser Aufmerksamkeit! Die Zeiten der Abwendung und Ungunst werden vorübergehen. Die Nation wird mit Leidenschaft sich auf die schönen Anfänge ihrer Geistesbildung zurückwerfen, sie wird die mannigfachen Einzelheiten mit Liebe sammeln, auffassen und verarbeiten, und vieles für wichtig halten und so behandeln, was uns jetzt kaum so erscheinen will. Ich habe dies nach einer bestimmten Richtung hin schon in der Vorrede zu «Erhard's Denkwürdigkeiten» ausgesprochen.

„In einem solchen Zeitpunkte wird man auch den vollen Werth von Rahel's Briefen und Denkblättern erst recht lebendig fühlen und anerkennen. Das um diese Sonne versammelte und von ihr erleuchtete Leben wird mit Reiz und

Wärme den Sinn anziehen, und um so reichere Blüthen und Früchte darbieten, je weiter und mannigfacher der Kreis der Mittheilungen sich eröffnen kann.

„Von Rahel selbst ist alles und jedes an und für sich bedeutend und wichtig. Von ihr sollte jede Zeile beachtet und bewahrt werden. Selbst was sie nur abschrieb, ist wegen ihrer Wahl nicht gleichgültig, und wo sie nur früher Gesagtes wiederholt, ist es beachtenswerth, daß sie und wie oft sie es thut.

„Aber auch viele Briefe, die sie nicht geschrieben, sondern empfangen hat, sind von größtem Gehalt und Werth. Die von Veit und Marwitz stehen an Geist und Talent denen der besten Schriftsteller gleich. In denen von Frau von Humboldt und Frau Schleiermacher wird man bedeutende Lebenszüge nicht vermissen. Ueberhaupt ist die Auflegung und Enthüllung einer großen Masse wirklicher Lebensbeziehungen schon durch sich allein wichtig und unterhaltend, sie wird es um so mehr, als diese Masse in ihren Theilen auch ihre innere Beleuchtung vermehren kann.

„Die Hauptsache bleibt immer das, was von Rahel selbst herrührt! Von einer so ursprünglichen, wahrhaften und reinen Natur ist jedes geringste Zeichen werthvoll, schon weil sie darin sich abspiegelt, wie dies denn in jedem Billet, in jedem Rechnungsbuche der Fall ist. Die Sorgsamkeit und Ordnung, womit sie das Geringste behandelte, sind merkwürdig, wie der jedesmalige Ausdruck sogar ihrer Federstriche! Alles von ihr Geschriebene bleibe wie ein Heiligthum verwahrt, so lange es dauern will und kann! Kein Blatt von ihr soll jemals in die Druckerei, alles soll nur in Abschriften dorthin gegeben werden! Da zum Behuf der öffentlichen Mittheilung doch manche zu weitläufige Details und Wiederholungen wegfallen müssen, auch die bloß irrthümlichen und rein aus Versehen entstandenen Sprachfehler verbessert, manche Namensandeutungen ergänzt oder gleichförmig gemacht werden sollen, so muß wenigstens die Möglichkeit erhalten bleiben, auf den ursprünglichen Text in künftigen Zweifelfällen zurückgehen zu können. Die eigenthümlichen Redeweisen, selbst wenn sie sprachliche Fehler enthalten, sind nicht zu zerstören, sondern möglichst beizubehalten; es findet sich in diesen Briefen eine große Menge von Ausdrücken und Wendungen, die ganz der gesprochenen Sprache angehören, und von der Schriftsprache fast ganz gemieden werden, ein Schatz, der sich daher in wenigen Denkmalen zu bewahren pflegt."

Auf einem anderen Blatte vom 14. November 1834 sagt Varnhagen in Bezug auf die Herausgabe von seinen und Rahel's Briefschaften:

„Nur keine ängstliche Scheu! Wahrheit und Offenheit; darin lebte Rahel, dies sei auch das Element ihres Andenkens, und das meine. Wir nahmen von jeher alle zarten Rücksichten im Leben, wo es fremde Verhältnisse galt; aber wo die Personen schon nicht mehr vorhanden sind, nur hinterbliebene Eitelkeiten mittelbar verletzt würden, wäre sorgsame Schonung selbst nur eine Eitelkeit. Und am wenigsten sollen die Leute geschont werden, die selber nicht schonen, und auf niemand Rücksicht nehmen, außer die kleinlichste auf sich allein!"

Ein Blatt vom 7. Februar 1835 endlich lautet:

„Ich bin gewiß, daß eine Zeit kommen wird, wo der größte Theil unserer jetzigen konventionellen Sittlichkeit nichts mehr gilt, wo man über die Vorstellungen und Regeln, die uns jetzt allgemein beherrschen, lächelt oder die Achseln zuckt. Alle Verhältnisse der Neigung, der Leidenschaft, der Liebe, der Ehe, werden einst aus anderen Gesichtspunkten angesehen werden als jetzt. Das Falsche und Heuchlerische, was jetzt in Ehren ist, wird dann verächtlich sein; das Wahre, Aufrichtige hingegen, dessen man sich jetzt schämen muß, wird in Ehren stehen.

„Für eine solche Zeit sollen alle die Blätter von Rahel aufbewahrt werden, in welchen sie frei und großartig, mit reiner Vorurtheilslosigkeit und edler Selbstverläugnung, über jede Ziererei und eitle Scheinsamkeit erhaben, frei und wahr, über Dinge spricht, welche von Anderen verschwiegen werden, über eigene Neigungen, Empfindungen, Verhältnisse, über sinnliche Beziehungen überhaupt!

„Aber läge jene Zeit uns auch noch fern, näher ist eine andere, berechenbar nah, wo die persönlichen Rücksichten aufhören, durch welche allerdings manche Mittheilung gehemmt sein muß. Möge dann immerhin gedruckt werden, was die Zeit aufzunehmen und zu würdigen vielleicht noch nicht reif ist, was sie aber sehr wohl weiterzugeben im Stande sein kann.

„Je wahrer und vollständiger man Rahel kennen wird, desto schöner wird sie dastehen! Ich weiß alles von ihr, was ein Mensch vom anderen wissen kann, und ich sage mit reinster und kräftigster Ueberzeugung: Unschuldiger, zarter, reiner, liebevoller, gütiger, aufrichtiger, rechtschaffener, frömmer und keuscher im höchsten Sinne habe ich keinen Menschen gekannt!"

So spricht Varnhagen. In hingebender Liebe für Rahel redet er nicht von sich selbst. Aber das Bild seines eigenen Geistes und Gemüthes, das sich in seinen „Denkwürdigkeiten" und in seinen „Tagebüchern" spiegelt, und das die vorliegenden Blätter voll jugendlicher Herzensergüsse von ihm aufbewahren, wird ihm nicht minder die Liebe und Verehrung aller Guten und Edlen sichern als seiner Gattin.

Florenz, im Mai 1874.

Ludmilla Assing-Grimelli.

1808.

In Berlin.

An Varnhagen.

Donnerstag, den 12. Mai 1808.

Sehen Sie den Regen! Das ist ein allgemeiner, der noch in Wind ausartet. Von der Fahrt, die wir heute vorhatten, müssen wir ordentliches Vergnügen haben; wir lassen sie bis zur Sonne, und wirklich mildem Wetter. Sie kommen aber doch zu mir; in der Stadt zu bleiben, oder nah bei der Stadt, dazu ist das Wetter doch gut genug. Sie sollten nur nicht ungewiß bleiben; darum schrieb ich Ihnen, und damit Sie nicht um 5 Uhr kommen! aber auch nicht um tausend Uhr. R.

Diese beiden Bücher sind meine Herzblätter, wie man hier sagt, und aus Schwäche gebe ich sie: für ewig nicht; und für niemand, als für Sie.

An Varnhagen.

Donnerstag, den 19. Mai 1808.

Sie wissen es wohl, ich kann nicht gut sprechen: und wenn ich mit Ihnen gesprochen habe, so ist es so gut, als sei es nicht geschehen. Manchmal gelingt es mir, was ich nicht sagen kann, zu schreiben, und auch umgekehrt. — Ich schlief bald ein, doch hatte ich eine schlechte Nacht, und noch ein ärgeres Erwachen. Unangenehmes war es, was ich in meiner Seele traf; und besonders ist mir Ihr Bild darin verzerrt: und dies, am Ende, macht mich ängstlich. Fassen Sie sich, Lieber, ehe Sie zu mir kommen; und verbannen Sie mit Einem Gedanken, mit Einem wahren Wollen, mir zur wahren Liebe, diese Wuth. Sie wissen, mich beugt sie immer: aber ich liebe sie nicht, aus innerster Seele nicht, und auch Sie so nicht. Es kommt ja doch ein Punkt, wo ich sie nicht fürchte, und wo alles unschön wird, ich Ihnen verhaßt, und wo ich das Schönere nicht aufgebe. Dies ist nicht eine elende Drohung; und ich möchte vergehen, daß die Worte nur äußerlich so klingen. Aber mäßigen Sie sich; ordnen Sie sich, ehe Sie kommen. Sie wissen, was ich Ihnen sagte: Sie haben gesehen, wie ich sein kann. Das bleibt alles wahr. Sie haben mir nichts drauf sagen können; und besser hatte ich mich auf Sie verlassen. Ich glaubte nicht, daß Sie es einen Augenblick aus den Augen ließen, daß Sie einen Augenblick glaubten, ich könne es vergessen; vergessen ist albern hier, aus der innersten Seele, aus dem Blute verlieren. Eins ist es mit mir; Sie müßten es gesehen haben; nur die beste Liebe, der reinste, wahrste Antheil für Sie, in jeder Hinsicht, war in mir erregt. Und zittern könnt' ich, Sie deuten es anders. Darum nannt' ich mich unliebenswürdig: und hätten Sie sehen können, Sie ätten es gesehen. Auch an Ihrem Zustand — wie soll ich ihn nennen — nehm' ich Antheil; er rührt mich doch, weil ich denke, Sie leiden; Sie sahen auch so aus: aber Sie können ihn vermeiden. Lieber, mir zur Liebe thun Sie's! Drohen Sie mir nicht mehr, nehmen Sie es sich vorher vor. Lassen Sie keine Kluft, kein Zerren und Reißen in unseren Umgang kommen. Mich finden Sie wie immer. Ich vergesse gewiß das Heftige: wenn Sie es mir erlauben: und auch Ihnen wird wieder milde. Damit Sie sich nicht den ganzen Tag denken sollen, ich denke etwas anderes, darum habe ich Ihnen geschrieben: und weil ich meine Gedanken in Ihrer Seele wissen mußte. Das Wörterbuch gebe ich Ihnen lieber. Ihr Geld fand ich in meinem kleinen Pult; hier ist es. Sie schreiben nicht gerne; quälen Sie sich also mit keiner Antwort. Ist es Ihnen aber lieber zu schreiben, so thun Sie es.

Rahel.

An Varnhagen.

Dienstag, den 24. Mai 1808.

Als Sie mich gestern Abend ganz zerschlagen und abgemattet verließen, hatte ich Ihnen hundert ganz deutliche und gutzuverstehende Dinge zu sagen: zu schreiben nämlich. Aber vergebens! ich konnte nicht mehr. Es hätte mich die Nacht gekostet. Ich fühle aber noch eine Verdrießlichkeit in mir, und das soll nicht sein.

Ist es nicht verdrießlich, wenn ich eine dunkle Angst vor dem Abend fühle? wenn ich mir gar nicht richtig erklären kann, woher sie kommt, da Sie mir lieb sind, und noch tausendmal lieber sein sollten: ich sehe meinem Tag nicht mehr heiter und unbefangen entgegen! Es ist nicht mehr, als ob er mir gehörte; dies Göttergefühl, dies mein einziges Glück, ich habe es nicht mehr. Nicht mehr wie einen „Gleichgesinnten" sehe ich Sie kommen, nicht als solche können wir mehr neben einander und mit einander leben; wie ein auf mich wirkendes, mich angreifendes Wesen nähern Sie sich mir, und gleichsam wie meinen innern Augen auch zu nah. Ich bin auch nicht mehr frei in Ihrer Gegenwart, bei allem denke ich, es kränkt Sie, oder es ist Ihnen zuwider. Sie selbst sind in keiner natürlichen unbefangenen Gemüthslage. Entweder eine Uebellaune macht, daß Sie mich necken wollen, oder Sie verstummen, oder Sie vergehen in Traurigkeit. Ich — bin nicht mehr ich: ich bin ein kluger, wenigstens bemühter Schiffer, der mich selbst zu lenken sucht: aber auch das vergeblich. Sind wir allein, so geht's an Berichtigung des Tages; und dann, an's Ringen, Bosheit, Beschämung, Klage. Ich möchte jetzt aus Beschämung vergehen! Sie sollen dies lesen! Die süßesten Liebesworte, die Worte der süßesten Liebe, sollten von einer Jugendgöttin, an Herz und Leib, zu Ihnen strömen! Und vielleicht weiß ich, noch mehr als Sie, welche Horizonte von Glück sich Ihnen erschließen könnten. Betrübt, beschämt, und gelähmt zugleich bin ich. Und gerührter sogar könnt' ich sein, säh' ich Ihr reiches festes Gemüthe auf ein anderes Weib gerichtet: mich verwirrt es, auch in den Gedanken; ich denke, ich bin es nicht: es ist ein Irrthum, nur die Empfindung ist wahr. — Ich kann es gar nicht sagen! — Ich kann der Richtung gar nicht folgen, die entzückend wäre — da sie bei mir still steht. Ich bin unwürdig. Fühlen das Andere nicht so deutlich, wenn sie es sind? Ich könnte zu Ihren Füßen stürzen, um eine andere Ordnung in Ihrem Herzen zu machen. Besinnen Sie sich, Varnhagen, eh' Sie zu mir kommen! Und lassen Sie mich wieder unbefangen sein! Denken Sie deutlich vorher: es sollen solche Szenen nicht wiederkommen: Sie haben diese Kraft, ich weiß es. Denn ich, hatte sie bei der größten Leidenschaft. Und Sie haben mehr, als ich. Ich halte es nicht aus: glauben Sie das. Ihren Werth kann schwer jemand besser auffassen, als ich, noch konnte ich es Ihnen nie in guten Worten sagen; wie ich beinah nie kann, aber Sie würden's erleben mit der Zeit, wodurch alles nur eine sichtliche Gestalt bei mir gewinnt; Ihren ganzen Werth, den für ein verliebtes Herz, denke ich mir auch hinzu; und der redlichste, tapferste Freund kann in seinem Herzen keine stärkere Empörung für Sie fühlen, wenn Ihnen Unwürdiges begegnet, als die ist, die in meinem arbeitet. Ich zeige es Ihnen so gut ich kann: dies ist aber schlecht. O! ich fühle es wohl. Es ist mir so wichtig, was mit Ihnen jetzt vorgeht; Sie überwiegen mich hierin so sehr; daß mir beinah kein Blick für mich bleibt: aber bei der ersten Ruhe find' ich wohl die Beleidigung, die auch für mich, in diesem Vorfall — wie soll ich es nennen? — liegt. Sie verstehen mich nicht; und würden in Zorn entbrennen, wenn Sie wüßten, was ich sagen wollte, aber nicht, wenn Sie mich wirklich verstünden. Wir denken verschieden: und darauf achten Sie nicht einmal. Heißt das mich ehren? mehr sage ich nicht! und schelten Sie mich nicht „schwer"; sagen Sie nicht, ich müsse alles nur so haben, wie ich es schon gesehen habe; vielleicht würden Sie selbst nicht so weich, so gewandt, und leicht nehmen, als ich, wenn Sie Fremdes so überwältigte! Ich kann ihm liebevoll zusehen; nie kann es mich umkehren. Adieu Varnhagen.

Sein Sie gut gegen meinen Brief! Und nehmen Sie Rücksicht auf mich. Ich gehe heute gar nicht nach Charlottenburg, wenn wir nicht etwa hinwollen. Rahel.

An Rahel.

Dienstag, den 24. Mai 1808.

Sonst wird mir jedes leicht, was sich auf's Schreiben wendet, und ich freue mich im voraus meiner Rolle, wenn sie wie hinter dem Vorhang hervor, bloß mit unsichtbarer Stimme geführt wird. Nicht so hier, wo ich jedesmal in Angst gerathe, wenn ich von Ihrer Hand die Schrift erblicke, in die sich die trübsten Gefühle, ja die größten Härten (so muß ich fürchten) dürften gekleidet haben, und die nachherige Freude, es anders zu finden, vergilt nicht die frühere sorgenvolle Angst. Darum auch aber zu antworten muß ich verlegen sein, denn Sie wissen, daß ich Ihnen in allem Recht, mir Unrecht gebe, und man sagt, ich wäre eitel genug, um das nur unbehaglich niederzuschreiben. Ich weiß aber in der That keinen Tölpel, der mir gleich wäre; schon wegen der genialischen Ungeschicklichkeit darf ich hoffen Ihnen interessant zu sein, und durch dieses Interesse ein äußeres Gehege gefunden zu haben, innerhalb dessen ein innigeres Verhältniß, wenn es will, ungestört wachsen kann, denn der Regen, der regnet jeglichen Tag, die Sonne scheint auch wöchentlich einigemal. Hier war ich in Versuchung ein Ausrufungszeichen zu setzen, es wäre aber zu pathetisch geworden, als wollte ich recht einschärfen, was das „einigemal" sagen will, welches doch ganz einfach zu nehmen ist, und das ganze Billet so leidenschaftslos, als wär' es aus dem Griechischen übersetzt, doch aus Bescheidenheit füge ich bei, nicht so wichtig. — Sie sind so herzlich gut, liebe Rahel, daß ich mich wirklich schäme, eine so thörichte Feder in der Hand zu haben. Berufen Sie sich aber nicht auf meine Kraft, denn da mach' ich unwiderruflich Ihre gute Meinung zu Schanden, wenn Sie nicht das „ganz zerschlagen und abgemattet", womit Ihr Brief anfängt, dahin rechnen wollen. — Ich freue mich, wie jedesmal, Sie heute Abend zu sehen, und habe Ihnen jetzt nur noch die Bitte zu sagen, daß sie nicht Schmerz, nicht Bitterkeit, nicht Kälte, nicht Leidenschaft, nicht Wehmuth aus diesen Zeilen erkennen mögen, sondern ganz gewiß das sonderbare Gefühl, das aus Ihrem Herzen in Ihren Brief, und von da in mich übergegangen ist, ohne aus seiner Verwirrung in eine jener bestimmten Gestalten zu fließen. Ihr

K. A. Varnhagen.

An Varnhagen.

Mittwoch, den 8. Juni 1808.

Ich habe mir Handschuh gekauft, und auch welche für Sie genommen; als ich aber nach Hause kam, sah ich erst, daß das eine Paar am Rande, der nach dem Arme zu geht, nicht, wie Mannshandschuh sollen, umgenäht ist; ekeln Sie sich davor? was es sehr giebt — so schicken Sie sie mir wieder, und ich tausche sie um: ich grübelte nur darauf, Ihnen nicht zu große zu nehmen, weil Sie eine zweideutige Hand haben.

Ein Kissen in die Binde nahm ich Ihnen nicht; weil man schlechterdings nur eine Binde um den leibhaftigen Hals trägt; und Recht hat.

Antworten Sie mir nicht!

Unterwegs in meinem Kopf konnt' ich Ihnen einen viel freundlicheren Brief schreiben; aber seit der Zeit habe ich Verdrießliches einnehmen müssen: und bin gestört. Es wird schon vergehen! Fangen Sie nur heute nicht bösartig an! — es kann ja doch gut sein, ohne Winter und Stürme vorher. Ich grüße Sie äußerst freundlich. R. L.

An Varnhagen.

Mittwoch, den 15. Juni 1808.

Sie gingen gestern sehr verdrießlich von mir; und ich sah wohl ein, daß Stoff dazu vorhanden war; was mir aber noch mehr leid thut, das ist, daß es eine ordentliche Wurzel in uns hat, und nur zur Hälfte zufällig war. Auch mein Verdruß war entzündet; nur bin ich geübter, durch mehr Widerwärtigkeiten, ihn leichter äußerlich zurückzuschlagen; aber er steht mir noch heute ganz gestaltet vor der Seele; nur die Sorge über Ihren Verdruß drängt ihn wieder ganz zurück. Wie ist Ihnen? obgleich ich dies eigentlich fragen wollte, so hätte ich es nicht gethan; und Sie sollen mir auch nicht antworten. Ich wollte Ihnen nur schreiben, daß ich gegen 7 Uhr auf ein paar Stunden zu meiner Schwägerin gehe; die mich gestern inständigst darum bat; und die ich gestern im Schwindel verließ, obgleich sie mir die Hand hielt, und mit Worten sagte, ich möchte sie in dem Augenblick nicht verlassen. Sagen Sie mir, wann ich Sie sehen werde, denn danach richte ich mich.

Sagen Sie mir, warum bin ich bei so vieler Uebereinstimmung nicht ruhig und frei, nicht behaglich mit Ihnen? Sie behandlen mich wie eine Mine, mit Hacken, Stangen und Werkzeugen wollen Sie das aus mir holen, was ich enthalte; und Schlacken abschlagen, stoßen, brennen, reißen, und es so zu Ihrem Gebrauche läutern!

Wenn es aber anders wäre? — und Sie zerquetschten die Pflanze? — oder was es sonst ist.

Sie beleidigen mich recht oft, und ahnden es nicht: und dann sind Sie noch betrübt.

Sie bedürfen mehr, als ich Ihnen sein kann; und Sie wären gütiger, gelassener, und sanfter, wenn Sie das immer wüßten, und nicht unangenehm fühlten. Ich weiß es; darum bin ich Ihnen in Ruhe gut; und gelassen, bis Sie sich an mich stoßen. Auch dies sage ich Ihnen verzagt; aber da doch jedes Wort vom Herzen gelebt und gesprochen wird, so stehe es nur früher oder später da! Auch habe ich schon oft dasselbe gesagt, und nie das Gegentheil. Betrübt Sie das Wetter? ich war noch nicht aus; und Sie stehen mir mehr vor, als das Wetter. Adieu! R. L.

An Rahel.

Sonntag, den 19. Juni 1808. Abends.

Mein Weggehen that Dir, liebe Rahel, ein wenig wehe, ich habe es wohl gesehen, aber doch gewiß mir noch weit mehr. Doch war es unvermeidlich in meinem Gefühl, nicht wegen der Anderen allein, von denen der eine die durch mein Wiederkommen begangene Unziemlichkeit wohl gar nicht gemerkt, der andere mir leicht verziehen hätte. Wie ich Dich an der Thüre von Mad. F. verließ, war verbissener Zorn in mir gegen Dich, der sich allerdings nicht gebührte, denn zu wollen, daß irgendwer ahnde, was für Innigkeit grade jetzt unmerkbar im Schatten gleichgültiger Gespräche lebt, ist thöricht; wird doch oft von dem zarten Fuße des liebevollsten Wesens ein in seiner Kleinheit unergründlich reiches Pflanzenleben bewußtlos zertreten. Ein altes Bild, aber ich konnte es gebrauchen. Drum kam ich dorthin, um freundlich von Dir zu gehen; und die gehässige Anschauung, die in Dir hätte sein können, als habe ich im Trotz auf meine Gewalt über Dich dieselbe gebrauchen und üben wollen, zu zerstören. Die eigentliche Unhöflichkeit durft' ich Dir ja nun auch leicht verzeihen, da sie nur für mich als fremden Gast vorhanden war, und ich mich entschieden fühlte nicht in sie einzugehen. Wenn ich darin zarter und verletzlicher bin, als vielleicht Neumann (denn mit Bribes wird hoffentlich kein Vergleichen stattfinden), so habe daran doch immerhin einigen Gefallen, liebe Rahel, und finde doch den ein wenig bescheiden, und also lobenswerth, der bei einer Handlung, die auf zweierlei Weise kann erklärt werden, viel eher geneigt ist, angesehen seines Unwerths, Unbeachtung als Vertraulichkeit für ihren Grund anzunehmen. Meine Forderungen scheinen leicht, ich gestehe es, ungeheuer, aber sie offenbaren sich nur der Vertrauten, die sanftmüthig und einsichtsvoll auch die ihr mißfälligen Gefühle sehen will, sonst wären sie in Höflichkeit verschlossen. Einer großen, ungeheuren Leidenschaft, die jeden Augenblick und jedes Thun mit ihrer Farbe tingirte, scheine ich überhaupt nicht fähig, wenigstens nicht in solcher Kraft, wie ich fähig bin zu sehen, daß sie sein kann, und also auch gegen Dich, liebe Rahel, kann ich mich nicht auf das von dieser, für jede Art zu sein, gegebene Recht berufen, vielmehr bekenn' ich, daß viele meiner Gefühle und Launen entblößt sind von Liebe und Leidenschaft, die sonst auch dem häßlichsten Benehmen, weil sie darin sind, Heiligung geben können. Aber dagegen gebiert mir oft der Augenblick die reichste Welt voll seliger Zuneigung, und in einer Innigkeit zusammengedrängt blickt mein ganzes Wesen in ein anderes Wesen hinein. Und wenn nun diese Augenblicke (die oft die stillsten sind), oder auch nur solche, in denen ihre Nähe geahndet wird, getroffen werden von blinder Hand, wie viel eifriger müssen sie nicht die Gestalt nagender Wuth nehmen, da sie nur zu gut wissen, daß sie sich als Innigkeiten mit nichts beglaubigen können! Das aber glaube mir, Du weißt nicht, welche dichte Schaar bisweilen den Raum meines Herzens einnimmt, wo eben so gut nur Ein Haupt stehen könnte, und verzeihlich würdest Du wohl oft mein fast forderndes Bitten finden, und es erhören, wenn Du wie ich sähest, wie eine ganze in Lust versenkte Kinderschaar auseinanderstieben soll. Freilich bin ich Dir gegenüber empfindlicher als anderswo, weil Dein Sinn den meinigen schärft; daß mein Umgang schwer und peinlich ist, muß ich wohl glauben, aber ärger als in diesem Billet hier, treib' ich es doch wohl niemals mit diesen Dingen? Und diesmal veranlaßt mich billig genug die traurige Situation dazu, in der ich hier einsam auf meinem Zimmer bin, während ich Dich auf dem Deinigen weiß, zu einer Zeit, die mich sonst bei Dir findet, und deren Traurigkeit durch dieses Schreiben an Dich gemildert zu haben Du mir wohl verzeihen wirst. Höre noch eins, liebe Rahel! In Zukunft, wenn es aussieht, als käm' ich demüthig wieder nach drohenden Worten, lache mich nicht wieder so aus, wie Du bei der Friedländer thatest, es beschämt mich zu sehr, obgleich es ungegründet blieb, weil Du nicht wissen konntest, daß ich an Deiner Thüre Dir gute Nacht sagen mußte! Nun sei recht vergnügt und heiter, gute Rahel! Ich will zu Bette gehen! Dein V.

An Varnhagen.

Montag, den 20. Juni 1808.

Ich kann gar nicht sehen: und es ist gewiß fünf Minuten und länger, daß ich Ihren Brief las. Wolken hab' ich vor meinen schwachen Augen.

Ihr Brief, lieber alter Varnhagen, ist ein glückliches Kind von Ihnen, es hat viel Gutes von Ihnen. Er ist gut gesehen, fein aufgefaßt, vortrefflich ausgedrückt; und wird nach und nach immer wahrer, ehrlicher, und ganz sanft. Das lieb' ich, und Sie lieb' ich auch. Sie haben sehr Recht, mir die inneren Federn, und Gänge, und Triebwerke Ihres gestrigen Betragens — welches ich nun wohl sehe, wiederkennen muß — aufzuschließen. Ich hatte es so nicht errathen; war aber auch vorher nicht im geringsten böse gestimmt. Ich kenne ja auch Ihr Sanftes: und Sie zeigten mir ja im Weggehen die innere ganze Milde; ich fühlte sie auch; und habe geantwortet. Nun Sie mir aber die Gründe der verwirrtscheinenden Aeußerungen gegeben haben, ist es gleich, ob je so etwas in meiner Seele vorgehen kann, oder nicht! Wahr sein, und mild werden sind die wirklichen Wappen der adlichen Gemüther. Sei es über Verwirrung, Armuth, Mißverstand oder Reichthum. Es ist mir aber besonders lieb, daß Sie sich mir in diesem Vorgang erklärten; weil wir uns nun verständigen können. Es ist diesmal in die Augen springend, wie verschieden unsere Gemüthsart, und der Gang unseres Geistes ist. Wo es sich aber am grellsten trifft, daß wir so sind, bleibt uns nichts, als die höchste Unpartheilichkeit, Sanftmuth, Nachsicht und Wohlwollen gegen einander auszuüben, und gegenseitig unserem Gemüth und unserer Person in der unbedingtesten Freiheit willfahren zu lassen!

Ich verstand Sie gestern nicht. Aber auch kein Schatten von Unruhe, oder Aerger, wäre durch meine Seele gegangen, wenn ich nicht Sie dabei affizirt gesehen hätte: in diesem Fall verschwinden die Ursachen ganz, und ein Herz rührt das andere. So sollen Sie mich aber auch ohne weitere Erklärung gewähren lassen, wenn es sich eben so trifft! Wie schwer eine Empfindungsweise grade für Eine wie ich zu errathen und nachzufühlen, wie Sie mir sie in Ihrem Briefe erklärten, ist ganz die Folge einer Art zu sein — meilenweit von mir entfernt! Ich bin einer Leidenschaft fähig. Und nicht unverhofft sammlen sich wie zu einem Gewitter Liebesstoffe in mir zusammen; wo auch nur nachher die wohlthuende Milde und Klarheit sich loslösend entwickelt; zur Freude und dem Ruhegenuß ganzer Erdstriche.

Ich verlange nichts, als Freiheit; das Andere all ist Zugabe: und Sie sollen sehen, ob ich sie zu schätzen weiß, und wie mein Herz sie lohnt.

Freiheit aber habe ich nicht, wenn ich nie berechnen kann, wie etwas im richtigen Sinn ihres Verlangens auf Sie wirken kann; und Sie affizirt zu wissen, oder zu fürchten, macht mich unterwürfiger, als den größten Zorn, oder die strengste Ausübung des Zwanges gegen mich befürchten. Sie sind ganz frei, mit Kommen, Gehen, Mitgehen, Bleiben, Wegbleiben. Denn sagen Sie! könnte ich mich nur wundern; und, wäre ich davon affizirt bis im tiefsten Herzen, würd' ich's nicht eben da zu ewiger Nacht verurtheilen; wenn Sie heute kämen und mir sagten, Sie reisen morgen mit Harscher? Können Sie nicht alle Tage Gesellschaften, Geschäfte, Launen, Stimmungen, Verbindungen haben, die Sie von mir entfernen: ist es nicht richtig, so wie wir mit einander stehen? Soll ich auf die Minuten zählen, wo eine liebeähnliche Gährung in Ihnen für mich entsteht? Kann ich auf die Freundschaft rechnen, wovon ich einmal sprach, und die Sie eine antike nannten? Gaben Sie mir nur Antwort, als ich Ihre Braut nannte? Geben

Sie mir noch, wenn ich anderes nenne, eine andere, als sich in meine Arme? Dies alles bedingt mir Freiheit in Ihrer Seele, und wenn ich auch vorher nie an sie gedacht hätte, bis in ihren kleinsten Aeußerungen!

Ich fühle es immer, in wiefern unser Leben zusammengehen kann; Sie aber nicht! Neigung natürlich, richtet sich nach keinem Verhältniß: drum leben wir in Eintracht, in Liebe zusammen; sanft und stark und wahr miteinander: und wo es sich scheidet, sei's in Freiheit! Diskussionen entstehen nur, wo man ihr erst Raum verschaffen will. Mich würde es aber sehr ängstigen, wenn ich mittags punkto 1 Uhr grade wissen müßte, wie sich mein Tagen wenden soll, und werden wird. — Sie können alles mitthun, was ich vornehme, das ist sehr viel: ich nicht das, was mit Ihnen sich ereignen kann. Dies ist richtig, aus der Lage. Mehr verlangen Sie aber nicht. Denn ich kann mich mit Grazie nicht hemmen lassen. Und mich martert ein solch Verhältniß. Einmal lebt' ich ganz für Einen Menschen. Ich liebt' ihn bis zur Tollheit! denn er, sein Anblick, war mir das Jetzt und das Künftig — und in einem Sinne blieb es wahr —, auch gedacht' ich in meiner Seele, ihn nicht zu verlassen. Aber auch das war falsch: denn wie steh' ich nun; geliebt war ich nicht von ihm; und von Freundschaft wußte er auch nichts. Als unbedingt gebe ich Ihnen viel von mir; und mich selbst: für liebliche Regung zu mir in Ihnen: und für Ihren Werth, für den, den ich erkenne! Hier steht's! Mag's doch! Es steht in meinem Herzen. Und scheine es Ihnen, wie es wolle! Ich will nicht feiner scheinen, als ich bin.

Adieu, lieber Varnhagen! Das Andere besprechen wir selbst. Das Sanfte in Ihrem Brief ist unverloren. Und über einen ähnlich verständlichen Vorfall werde ich nicht lachen: sollte ich aber einmal, welches oft geschieht, lachen, so legen Sie's mir auch gut aus! Ich liebe Sie in diesem Augenblick.

Rahel.

„Ma tête est tout en marmelade", ist ein sehr treffender Ausdruck; ich fühle den Kopf gar nicht! Daher mein schlechter fehlerwimmelnder Brief. Gleich nach dem Aufstehen mußt' ich Ihren kleinen Brief lesen, und gleich antworten; und des Morgens kann ich nichts, als mich zum Tage ruhen. Nachsicht!

An Rahel.

Donnerstag, den 23. Juni 1808.

Weil ich noch einige Geschäfte zu begehen habe, bei denen die Bücher in der Tasche mitzuführen doch allzu lästig wäre, so schicke ich dieselben voraus, in der Hoffnung gegen sieben Uhr wieder bei ihnen und Ihnen zu sein, wenn nicht früher. Bribes wird Sie bis dahin mit dem Plattfranzösisch unterhalten, oder finden Sie diese Strafe von mir in jeder Art zu arrogant, so streichen sie dieselbe aus, und wollen mir nicht übel dafür, fürchten Sie sich aber vor dem gaskognischen Dichter, so haben Sie ja das Buch in Ihrer Gewalt, und können durch spätes oder gar nicht Geben sich diese Art Unterhaltung versparen oder ersparen. Mit meinem spanischen Ritter Persiles rechn' ich zwar eben nicht auf bedeutendes Glück, doch aber auf die Güte, daß Sie ihn schnell durchlesen, wenn überhaupt.

Dein gestriges Wesen, liebe Rahel, hat mich gestern so frühlingsartig durchhaucht, daß ich wirklich glaubte, wenn ich bloß auf den Himmel sah, der Lenz wäre nun da, und so schlief ich ein, gewiegt von Homerischen Wellenschlägen. Heute aber aufstehend, mußt' ich doch den Erdboden betrachten, und fand ihn braun und schwärzlich, keineswegs schon grün. Aber deßwegen bleiben die Guten immer gewonnen, solltens auch verirrte sein! Ich freue mich wie immer heute auf den Abend. Vielen Gruß!

An Varnhagen.

Dienstag, den 28. Juni 1808.

Du glaubst es nicht, Varnhagen, wie rasend leid es mir that, Dich so weggehen zu sehen; so wie Du gingst. Einen Schritt von Dir, nahm ich mir schon vor, Dir zu schreiben. Ich wandte mich noch um; Du nicht. Fast ist es mir lieb, daß ich Einmal lieber gegen Dich war, als Du gegen mich. O! Lieber, könntest Du mit Einem Blick in mein Herz sehen! Ich bin verdrießlich und gemartert: und dabei beschämt und betrübt. Ich weiß es, ich sehe es, daß Du mir eine Seelevoll — wie eine Handvoll — Liebe reichst, wovon ich mit verliebtem Herzen trunken werden müßte: und nur Deine Lieblichkeit empfindend, und Deinen Werth auffassend steh' ich dabei! —

so müssen die Zerrungen entstehen: keiner sieht den Anderen weder mehr natürlich, noch unbefangen, durch unbefangene Augen: Und wenn ich nicht mehr unbefangen und frei bin, bin ich häßlich. Das weiß ich: jeden Augenblick fühl' ich's. Ich fühle mich beengt, und geängstigt: weil ich leisten soll; beschämt und verdrießlich, weil ich nicht leisten kann. Dabei hab' ich Dich wahrhaftig lieb; denn wer kennt Dein Liebes, Stilles, innerlich Sanftes besser als ich! wem wohl hast Du's — zu seiner Schmach — wohl mehr gezeigt, als mir, der Unwürdigen. Wo entwickelt sich Deine Geduld, die nicht feige Weichheit gegen Dich selbst ist, sondern Einsicht, die in ein sanftes Gemüth fällt, Dein Reflektiren über die Lage, in der Du bist, besser als gegen mich? Wo mehr Verdrießlichkeit und Häßlichkeit aus meiner Seele, als gegen Dich! Du Lieber! Ich verdiene es nicht; sagte ich gleich, und wiederhole es noch, und immer. Nicht das, was ich für Dich zu empfinden vermag, noch meine Person. Und wenn ich mich auch selbst, und meinen Tag gebe, wer weiß es besser als ich, so ist das wenig. Ein von Dir entzückter Blick müßte Dich ja mehr beglücken, als Monate, die ich mit Dir zubringe. Dir dies zu sagen, Theurer, Lieber, wie weh! wie häßlich. Und läugnen kann ich Dir nichts, und möchte es und will es nicht. Das, was von mir abhängt, sollst Du ja haben! So ist's mit unserer Neigung: und wenn auch Deine nicht lebeneingreifend ist! vier Wochen ist ja auch zu große Ehre für mich, wenn ich nicht darin, wo nicht Dich übertreffe, Dir doch gleichkomme! Das liebste, hübscheste Mädchen müßte ja der Liebe danken, wenn sie sie für Dich entzündete, und Du sie annimmst. Dein lieber sanfter, innigst bescheidener Karakter gegen eine Frau, Dein natürliches Wesen bietet ihr ja Seligkeit und Sicherheit! Nun bliebe unser Umgang in geistiger Hinsicht: Dein Geist, die Wendung desselben, erlaubt dem meinen kein freies Spiel; dies kann nur ich wissen. Du kannst es nie gemerkt haben; weil Du mich nie ohne Dich gesehen hast; Du mußt die Dürre dem Mangel oder der Verdrießlichkeit zuschreiben; mich aber drückt sie, und macht sie verdrießlich. Und dieser Punkt, Varnhagen, thut, und that mehr, als Du denkst. Du warst oft hart gegen Andere und gegen mich in dieser Rücksicht. Das drückte mich sehr zusammen. „Ich kann nur dem die Wahrheit sagen, der mir glaubt." So kann ich mich nur dem in unzähligen Wendungen zeigen, der mich goutirt. Sage ja nicht, daß Du's thust! Das fühle ich. Und so kann ich mir auch Deine Neigung zu mir oft gar nicht erklären. Mein Brief ist hart und ernst geworden und lang. Und in einem Ueberströmen von Liebe zu Dir, und von Einsicht, die Dich mir lieb zeigte, ist er angefangen; — und so endige er auch! Ich umarme Dich herzlich! und drücke Dich! Ich sehe Dein Gesicht! Ehrlich, und etwas traurig und ernst, und ganz klar; und daher ruhig und heiter! Adieu, Lieber. Schlafe! Ich bin ganz ermüdet vom Schreiben. Leb wohl! Ich liebe Dich.

R. L.

Nun esse ich und gehe zu Bette. Adieu, Alter Lieber!

An Rahel.

Mittwoch, den 29. Juni 1808.

Liebe, theure Rahel! Wie ich gestern mich umwandte, (Du gingst eben um die Ecke) um Dich noch zu sehen und zu grüßen, kehrte sich Dein Blick nicht zurück, und ich blieb vergebens ein Weilchen stehen, um acht zu haben, ob Du später wieder etwas zum Vorschein kämest! Du hattest Dich also früher nach mir umgesehen, Du Liebe! Wäre dieses anscheinend kleine, für den Augenblick mißmüthige, jetzt wehmüthige Verfehlen nicht gewesen, so hätte wahrscheinlich mein ganzer Abend eine andere Wendung genommen, die ihm nicht nur für sich selbst, sondern auch in Rücksicht auf mein heutiges Thun, und den davon abhängenden inneren Frieden wäre zu wünschen gewesen. Ich wollte noch beim Schweizer einige Gläser Wein trinken, die ich neulich dort hatte stehen lassen, fand aber Bribes mit zwei Gensd'armes-Offizieren daselbst, ich wurde auf's zutraulichste in ihre lärmvolle Lustigkeit hineingezogen, und fühlte bald im Kopfe die Wirkung des Weins und Rums, während Bribes schon lallte und taumelte, und uns genug zu schaffen machte, daß wir ihn vor schon angefangenen Händeln zurückhielten. Gegen Mitternacht brachten wir ihn nach Hause, mich aber nahm einer jener Offiziere, die mich durchaus nicht wollten zu Fuß gehen lassen, hinten auf's Pferd, wo ich ganz vortrefflich mich befand, da mein Vordermann (denke Dir das Glück!) gut reiten konnte. Ich kam sehr ermüdet und wüst nach Hause, habe schlecht geschlafen, und suchte dies wohl auch einzuholen, wenn nicht Dein lieber Brief mich geweckt hätte. In ihm ringen zwei Elemente, das liebreiche Gefühl und die verständige Einsicht, beide ja mir vertraut, und so wie Du sie giebst willkommen! Gegen nichts von allem Strengen, was Du sagst, ließe sich ein Wörtchen einwenden, glücklich genug, wenn unsere beiderseitige Verständigkeit nicht zuläßt, daß die, verschiedengearteten Gefühlsreihen die sich in unserem Verhältnisse durchkreuzen, uns zum Kreuze werden! Das Liebe, Sanfte und Schöne ist doch bei weitem überwiegend, und ich scheine mir hoffen zu dürfen, daß es damit gehen wird, wie mit der deutschen Sprache, der wir ja eingeboren sind, welche auch das widerwärtigste Fremde in ihren Gefilden zu einer milderen Gestaltung zu verarbeiten weiß. — Die Zeit, die mir Dein Bote läßt, ist abgelaufen, ich möchte ebenso gern diese abgestumpften Zeilen zurückbehalten, wenn ich Dir nicht gar zu gern wenigstens das sagte und zeigte, daß Du mich in keiner freundlichen Innigkeit übertreffen kannst! Genug also mit diesen Worten, denen Du, liebe, theure Rahel, wirst glauben müssen. Lebe recht wohl, Süße, Gute! und freue Dich deiner Heiterkeit wie der des Himmels, die Dein liebes Charlottenburg so klar mir in's Auge fallen läßt! Dein V.

An Varnhagen.

Juli 1808.

Jetzt werde ich zu Tische gerufen; bis jetzt bin ich in der Sonne — lauter schlechte Nachrichten über Wohnungen einnehmend, sie wie eine Tolle suchend — herumgelaufen. Meine Mutter martert mich: und meine ganze Lage! Kaum kann ich mich mit großen Opfern retten. Weg, seh' ich wohl, werd' ich müssen: ich explizire es Ihnen. Für's erste, will ich so früh, als möglich, nach Charlottenburg zurück. Wollen Sie um 6? R. L.

An Rahel.

Dienstag, den 5. Juli 1808.

Liebe, gute Rahel! Dir für Deine heutige Botschaft recht zu danken, bin ich nicht im Stande; ich weiß noch nicht recht abzuwägen, was die Oberhand hat, die innige Freude wegen Deines Vertrauens zu mir, oder die wohlthuende Mildigkeit, die ich dadurch in meinem Herzen fühle, daß ich dieselbe von

Dir so ausgehen sehe. Dein Brief ist durchaus rein und groß, ob er auch passend ist, wirst Du von mir nicht erst hören wollen. Wie ganz verschwindet für den Augenblick das zürnende Gefühl der Rache, das ich sogern den Unsinnigen über die verwirrten Häupter stürzen möchte! und erwacht doch sogleich wieder, wenn ich daran denke, wie das schöne Maß, das Du in das Leben führest, gar nicht wird erkannt werden. Indessen hast Du Dir ein Genüges gethan, und dadurch das Beste! Lebe recht wohl! Ich gehe heute Abend zu Büjac, und werde gewiß zu rechter Zeit bei Dir sein. Dein V.

An Varnhagen.

Juli 1808.

Lieber Varnhagen, heute, da ich morgen noch einen Posttag habe, finde ich mir keine Ruhe, um nach Charlottenburg zu fahren und Paulinen dort zu sehen. Zu morgen will ich es ihr versprechen: Sie aber thun heute schon, was Ihnen bequem ist! Nur möchte ich es wissen. Wenn sich mein Schicksal nur setzte, ich kann bei der inneren negativen Gewißheit die äußere Ungewißheit schlecht ertragen. Adieu. R. L.

An Varnhagen.

Mittwoch, den 20. Juli 1808.

Lieber Varnhagen, ich habe mit Mad. Frohberg verabredet, daß punkto 6 ein schöner halber Wagen vor ihrer Thüre steht, der uns drei nach Friedrichsfelde fährt. Wollen Sie das? — so finden Sie sich bei ihr ein. Sie schreibt aber dem Husaren (Saint-Mars) ob der auch mit will: das wird Sie doch nicht abhalten! Ich bitte um eine Antwort; des Wartens wegen.

R. L.

An Varnhagen.

Freitag, den 22. Juli 1808.

Sie haben keine Vorstellung davon, mit welchem Schreck ich erwache! Eine hemmende Ueberlegung, die selbst nie zu

Ende kommt, drückt mir das Herz zu, und wie zurück. So blieb ich wie unentschlossen im Bette liegen; wie unentschlossen; denn wußt' ich nicht eben zu gut wie alles ist, und daß nichts zu beschließen ist? Heute fürchte ich mich noch besonders vor Ihrer Abreise; und wünschte nur wenigstens früher reisen zu können: so wurde mir alles zur Angst. Ich dachte, ich will es Ihnen schreiben; und nahm den Band Goethe in die Hand, und ging herunter. Da lag er neben mir, und ich wie verzweifelt neben ihm! — Ein Fest war sonst ein neuer Band Goethe bei mir; ein lieblicher, herrlicher, geliebter, geehrter Gast, der mir neue Lebenspforten zu neuem, unbekannten, hellen Leben gewiß erschloß. Durch all mein Leben begleitete der Dichter mich unfehlbar, und kräftig und gesund brachte der mir zusammen, was ich, Unglück und Glück zersplitterte, und ich nicht sichtlich zusammenzuhalten vermochte. Mit seinem Reichthum machte ich Kompagnie, er war ewig mein einzigster, gewissester Freund; mein Bürge, daß ich mich nicht nur unter weichenden Gespenstern ängstige; mein superiorer Meister, mein rührendster Freund, von dem ich wußte, welche Höllen er kannte! — kurz, mit ihm bin ich erwachsen, und nach tausend Trennungen fand ich ihn immer wieder, er war mir unfehlbar; und ich, da ich kein Dichter bin, werde es nie aussprechen, was er mir war! Noch muß ich weinen, so rührt es mich! — Nun haben Sie gesehen, wie ich nach dem Buche nicht fragte; und eine Art von Furcht, die meine Nachlässigkeit unterstützte, hielt mich ab von dem Buche; ich fürchtete, ihn und mich nicht darin zu finden. Dies auch als Zeichen meines Absterbens, meines Grams, meines Hinseins, wollte ich Ihnen auch schreiben; und ich verging vor Schreck und Erstarren und Weh darüber! aber dumpf blieb's, und unfruchtbar der Schmerz! Mein Freund, mein einziger Freund neben mir, und wir beide todt, todt! Mein Frühstück blieb ein wenig lange, und einen Augenblick ließ es die Angst doch zu, daß ich das Buch nahm. So lese ich auch ohne Muth und Hoffnung — und finde — grade was mir ist! Lesen Sie das im „Vorspiel" vom Dichter, Direktor und lustiger Person. Seite 14 sagt die lustige Person vieles, und am Ende:

Dann sind sie gleich bereit zu weinen und zu lachen,
Sie ehren noch den Schwung, erfreuen sich am Schein;
Wer fertig ist, dem ist nichts recht zu machen,
Ein Werdender wird immer dankbar sein.

Dichter.

So gieb mir auch die Zeiten wieder,
Da ich noch selbst im Werden war.
Da sich ein Quell gedrängter Lieder
Ununterbrochen neu gebar,
Da Nebel mir die Welt verhüllten,
Die Knospe Wunder noch versprach,
Da ich die tausend Blumen brach,
Die alle Thäler reichlich füllten.
Ich hatte nichts und doch genug,
Den Drang nach Wahrheit und die Lust am Trug.
Gieb ungebändigt jene Triebe,
Das tiefe schmerzenvolle Glück,
Des Hasses Kraft, die Macht der Liebe,
Gieb meine Jugend mir zurück!

Mein Freund hat es auch diesmal für mich ausgesprochen! Und niemals will ich an dem nun verzweiflen! Urtheilen Sie, wie er heute, in dem Augenblick, auf mich wirkte! Allen Dank, alle Zärtlichkeit hat er wieder in mir aufgeweckt. Dies mußte ich Ihnen doch ungefähr so sagen, wie es war. Und nun das geschehen ist, preßt sich doch mein Herz wieder zu. Ich will nun weiter lesen und Ihnen später schreiben, wie es mit dem Tag ist.

Es ist jetzt bald, oder schon zwei Uhr. Ich komme von Mad. Frohberg, und wir haben verabredet, daß ich und sie um 7 Uhr nach dem Hofjäger fahren — damit sie Kräfte zum Gehen behält — und dort dann im Felde spaziren gehen wollen und zu Fuß nach Hause. Kommen Sie uns nach, wenn Sie wollen, und geniren Sie sich in Ihrer Arbeit nicht; mir ist es lieber, wenn ich erst mit der Frohb. allein bin! Der Husar (Saint-Mars) kommt uns auch von hier aus um 8 nach.

Sie sagen noch ordentlich, ich soll schreiben! Sie können sich gar nicht denken, wie mich dieser Brief ekelt, den ich nur nicht gleich abschickte. R. L.

Sind Sie ein bischen vergnügt?

An Varnhagen.

Sonnabend, den 23. Juli 1808.

Ich bitte Dich! was ist das, daß in den besten Momenten ich Dich verletze? Dies selbst brachte mich, besonders gestern, da es so grell ausfiel, so auf, daß ich um eine Welt nicht Mildigkeit hätte aus meinem Innren lassen können; und dies Gefühl übertäubte auch die Angst, Dich unversöhnt gehen zu lassen! Noch schlechter bin ich erwacht! Und ein Zufall glaubte es auch nöthig zu haben, mich in der Nacht am Schlafen zu stören, und so wurde beinah nichts draus. Wie war Deine Nacht, Dein Erwachen? Wie ist Dein Fleiß in der Hitze? Und bist Du noch böse auf mich. (Drehe um.) Ich meinte es grade sehr gut: ich kann es Dir noch expliziren, und Du brauchtest solch häßliches Wort. Dies aber alles zu meiner Entschuldigung! Adieu, Lieber. Rahel.

Ich habe schon meinen Brüdern geschrieben: so trocken wie Häcksel.

An Rahel.

Sonnabend, den 23. Juli 1808.

Ich kann unmöglich, liebe Rahel, immerfort Deine herzlichen Worte empfangen, ohne zu antworten, mein ohne das baldiges Kommen darf nicht dafür gelten, denn warum bist Du so freundlich, nicht darauf zu warten? Ueberdies, wie tölpelhaft fällt es gewöhnlich aus! Ich ging gestern recht still weg, mir war als sollt' ich den Kopf in Wasser tauchen, die Gedanken gaben fast nichts zum Besten, und mein Gefühl war wohl heftig erregt, aber in kleiner Erscheinung, etwa wie der Staub auf einer Brücke schüttert, über die ein Lastwagen hinrollt. Du hast wahrhaftig keine Schuld, obwohl Du Ursache bist, daß ich sie habe. Ich halte mich ohne Zweifel zu sehr am Einzelnen fest, und möchte das Ganze hineindrängen. Bis nach drei habe ich gestern Nacht noch geschrieben, schlief dann einige abgerissene Stückchen, und war heute Morgen um halb sieben wieder auf, ohne eben viel auszurichten. Jetzt bin ich wieder am Schreiben, und zwar für die Post, daher ich nicht mit völliger Freiheit mich hier auslassen kann. Ich habe viel an Dich gedacht, liebe Rahel, und das recht mit Angst, wegen Deiner ungeheuren Verstimmung, Deinem Verzichtthun auf so viele Güter des Lebens, und noch kann ich mich einer gänzlichen Fahrlässigkeit gegen alle Dinge, die mir den Sinn anregen wollen, nicht erwehren, so sehr auch die einzelne heitere Lieblichkeit Deines Umganges dieser totalen Wirkung desselben auf Augenblicke die Wage hält. Lasse Dich dieses aber nicht betrüben, denn das Verdorren liegt in meinem eigenen Leben, und da ist's mir doch noch lieber, daß es durch eine große herrliche Sonne geschehe, als durch schändlichen Staub, der vom Wege her die Blätter überdeckt. Wer weiß auch, ob nicht durch nahes Regenwetter die Gewalt der Sonnenstrahlen zum Heile gewandt wird? Gegen sechs Uhr bin ich hoffentlich bei Dir! Adieu, liebe Rahel. Dein V.

Ich bin sehr ärgerlich, daß Du meine schlechten Buchstaben, die sich in ihrer Kleinheit zu verstecken lieben, zwingest durch Vergrößerung ihre Fehler mit zu vergrößern! Das Kleingeschriebene sieht doch besser aus!

An Varnhagen.

Dienstag, den 26. Juli 1808.

Lieber Varnhagen, wie ist Dir, bist Du noch so traurig? Hast Du ein bischen gut geschlafen? Ich gut, aber wie schwer erwachte ich; wie gedrückt, Stilling'sch, und dürr in der Seele. Sei Du nicht traurig. Mit Dir ist es ganz anders; Dir ist ja die Welt noch ein weiter Raum. Du bist ja unabhängig; durch Deine Lage, und Deine Talente, und alles ist ganz in Dir. Ich habe es untersucht, was mich drückt, es ist die Welt, die gährt, und für meine Augen nicht mehr blüht; auf sie bezog ich mich mit meinen Gedanken, sehe ich nun ein. Und ihr und mein Fall trifft zusammen. Und wirklich gefallen und betäubt liege ich da. Ich werde mich wie immer erholen zum neuen Fall, und so mit Stößen in die Erde.

Lies inliegenden Zettel von Pauline. Ich habe ihr geschrieben, ich würde um 6 bei ihr sein. Es fügt sich auf eine andere Weise, daß ich Dich heute nur spät sehen soll. Gegen 11 bin ich zu Hause. Mache es, wie es Dir nur lieb sein kann, sei aber nicht traurig! ich kann es gar nicht aushalten! Sei lieber boshaft, Lieber! Was wirst Du denn heute machen? sage es mir. Sei nicht betrübt, wie gestern: Lieber! Ich kann Deinetwegen nicht einmal ruhig traurig, oder vielmehr ernst und verdrießlich sein. Du darfst nicht so betrübt sein! Hörst Du, Lieber? Adieu! schreib mir ein Wort, wie Dir ist. Ich umarme Dich recht sehr. R. L.

An Rahel.

Dienstag, den 26. Juli 1808.

Mir ist wohl, liebe Rahel, und trauriger bin ich nicht als gestern, vielleicht nicht einmal so sehr, auch kann diese Betrübniß nur ihre Zeit dauern. Aber Dich so zu sehen, wie fürchterlich Deine Worte heute Dich zeigen, das giebt mir eine andere, die wie alle eigentliche Schwermuth, auf langes Anhalten hinaussieht, weil jeder Lebenstag ihr seine Nahrung bringt. So sagen die gemeinen Leute, man dürfe im Fieber nicht essen, weil man sonst die Krankheit fett und stark mache; nicht leben also, weil man dem Absterben Kräfte verleiht! Aber das darf nicht in Dir aufkommen, liebste Rahel, das darf nicht! Du bist so reich, so jung, so kräftig, ich sehe nicht ein, wie Du eines oder das andere jetzt noch verlieren solltest. Sieh, das Unglück bringst Du hervor, daß ich Knäbchen Dich, Rahel, trösten will! Die Spazierfahrt wird das besser! Sei recht fröhlich dabei! Ich komme um 11 Uhr; vorher will ich sehen mit Harscher rechtschaffen zu verkehren. Lebe wohl, Du Gute, Innige! Dein V.

Ich schriebe gern mehr, aber der Bote!

An Varnhagen.

Mittwoch, den 27. Juli 1808.

Lieber Varnhagen, ich gehe in's Deklamatorium, woran ich noch einmal zu erinnern gut finde, nachher bin ich bei Mad. Frohberg, und es wird zu einem Spazirgang noch Zeit sein. Das verbindet Dich aber zu nichts, und Du mußt Dich nicht geniren. Um 7 geht's an, und dauert kaum zwei Stunden glaube ich. R. L.

An Varnhagen.

Donnerstag, den 28. Juli 1808.

Lieber Varnhagen, heute ist der 28. Juli, der Geburtstag des Mädchens an der Brücke von Charlottenburg; wir schenken ihr immer etwas, und haben sie auch zu diesem 28. vertröstet. Diesen Morgen schreibt mir Pauline, sie sei von 5 Uhr an frei: und ob ich mich erinnere, daß des Mädchens Geburtstag sei —, ihr Kind sei aber wieder krank; ich möchte also in jedem Fall zu ihr kommen; und später könnten wir doch wohl ausfahren; entweder nach Charlottenburg, oder wo ich sonst hin wollte. Ich habe ihr geschrieben, ich würde kommen, weiß aber nun nicht, wie es mit uns wird. Das wolkige Wetter gefällt mir schon! — ich bin aber wieder abscheulich erwacht. Wie Du? Und schliefst Du, gingst Du gleich zu Bette gestern? Ich habe nicht einmal ein Buch hier; und weiß auch nicht, was ich dem Mädchen schenken soll. Gegen 10 bin ich zu Hause; und wenn etwas später, durch Ereignisse, die ich nicht regiren kann. Sehe ich Dich dann noch? aber genire Dich nicht. Bist Du noch böse auf mich? Ich glaube es nicht.

R. L.

An Varnhagen.

Mittwoch, den 9. August 1808.

Lieber alter Varnhagen, ich habe den ganzen Morgen an Dich gedacht, ich kann Dir aber jetzt nicht sagen wie. Mir wäre es lieb, wenn so Einer an mich dächte.

Es ist liebes munkliches Wetter, und ich war fest, ich müsse es mit Dir genießen. Und so soll es auch noch sein, wenn Du willst.

Pauline war eben einen Moment bei mir; sie fährt punkto 5 nach Charlottenburg; kannst Du ohne gêne, so fahren wir auch früh hin, und sie erwartet uns an der Brücke: kannst Du nur später bequem, so fahre ich mit ihr, und zurück mit Dir: oder, wenn Dir auch das bequem und lieb ist, so können wir dort bleiben, aber alles wie Du willst.

Inzwischen fahren wir auf einem Bauernwagen nach Moabit; Du, ich, und Pauline: aber sei freundlich; damit wir Vergnügen und nicht Verdruß haben. Sei, wie es in meinem Herzen für Dich aussieht!

Genire Dich nicht! Es wäre mir der Sonne wegen sogar lieber, wenn ich voraus führe. Adieu, Lieber. Ein Wort Antwort.

R. L.

An Varnhagen.

Den 9. August 1808.

Lieber Alter! Dein Billet scheint mir so freundlich, daß es mich rührt. Du glaubst überhaupt nicht, wie es mit mir ist seit dem Erschaudren. Höre mich, Lieber! Du weißt, wir haben noch keinen Mondabend diesmal nach unserer Art genossen. Heute ist einer von den letzten eklatanten; also habe ich die Idee, Du kommst nach Charlottenburg; wir genießen ihn, wenn Pauline weg ist, lassen uns morgen früh um 7 wecken, gehen nach der Stadt, so genießen wir den Morgen, Du bist zu deinen Geschäften hier: und ich auch bei der Frohberg, die heute eine Art von Katastrophe zu überstehen hat. Das kann Dich in nichts geniren. Du wartest an der Brücke, oder in meinem Hause auf mich; willst Du? O! ja. Der Abend wird gut sein. Und ich liebe Dich sehr! Rahel.

An Varnhagen.

Montag, den 15. August 1808.

Dies, Lieber, habe ich von Paulinen erhalten, und geantwortet; Du siehst darin meine Sinnesart, Pläne und Begehren, für heute.

Fahren wir allein, Pauline und ich, und spätlich, so könntest Du gleich mit: führen wir über Moabit, auch gleich dort ist es einsam, der Weg und alles. Mir liegt in den letzten zwei Tagen weniger dran, mit ihr gesehen zu werden. Auch bin ich verzweifelt genug. Jedoch wie Du es willst. Schlafen willst Du ja heute nicht in Charlottenburg. Ich hänge auch nicht dran. Ein Wort Bescheid. R. L.

An Rahel.

Montag, den 15. August 1808.

Ganz wie Du es willst, liebe Rahel! ich komme um 5 Uhr, und finde ich Dich nicht zu Hause, so fahre ich nach Charlottenburg Dir nach. Soll ich aber früher kommen, so laß es mir nur sagen, ich habe eben nichts zu thun, was heute fertig sein müßte. Indessen bleib' ich sehr gern mit Dir in Charlottenburg bis Morgen Mittag, und ich weiß nicht, wie Du sagen kannst: „Schlafen willst Du ja heute nicht in Charlottenburg.“ Wenn ich nachkommen soll, möchte ich gern wissen, und darüber bei Dir zu Hause Nachricht finden, ob Du über Moabit gefahren bist. Lebe wohl, Du Liebe! ich wäre gestern für mein Leben gern noch von meinem Zimmer aus zu Dir zurückgekehrt!

An Varnhagen.

Mittwoch, den 17. August 1808.

Da, Lieber, nimm dies Flacon: ich habe es ziemlich lange getragen; und ich gab es Dir nicht gleich, weil sein Stöpsel-Futteral etwas eingebogen ist, und wollte diesen Morgen ein anderes kaufen, bin aber (matt aus dem Bade) in den Laden in unserer Gegend umsonst herum gelaufen; solche unansehnliche Fetzpöbel giebt es gar nicht, wenn man sie suchte.

Ich gebe es Dir nicht als ein Andenken, wie man zu sagen pflegt: ich denke schlecht von Andenkens. Wie unähnlich wird sich die Zeit sein, in der ich es Dir reiche, mit der, in welcher es Dich an mich erinnren wird. Andenken sind beschämend; und oft peinlich. Ich gebe es Dir darum, weil ich Dir gerne alles verschaffen, besorgen und geben möchte! Finde ich in der kurzen Zeit noch ein hübsches, so tauschen wir. Hast Du geschlafen? Bist Du wohl? Ich streichle Dich mit meinen braun- und blauen Händen! Du Bösewicht! Adieu, Lieber!

R. L.

An Rahel.

Mittwoch, den 17. August 1808.

Tausend Dank, meine liebe Rahel, für Dein gütiges Geschenk, und Deine lieben Worte, die dasselbe begleiten. Ich glaube auch, daß es mit den Andenken nicht viel auf sich hat; als daß man bisweilen unverhofft an die Entfernten erinnert wird bei Erblickung solcher Gaben, mir ist aber das sinnige Andenken, das aus der Seele von selber zu Zeiten sich emporflügelt oder heraufschleicht, viel lieber! Das Flacon will ich sogleich füllen. Nimm hier indessen zum Gegengeschenk ein Dutzend kleine Couverts zu Billetten, jene waren zu Briefen.

Du siehst, ich muß alles machen, was ich schenke, das ist die liebe Armuth! Lebe wohl! In einer Stunde, etwas mehr oder weniger, bin ich bei Dir! Dein V.

Recht gut habe ich geschlafen!

An Varnhagen.

Donnerstag, den 18. August 1808.

Diesen Nachmittag kommt die alte Parthie zu Stande: ich fahre mit Mesdames Frohberg und Oppenheim nach Schöneberg; um 9, halb 10, bin ich wohl zu Hause; gewiß um 9, da häusliche Leute um diese Stunde essen.

Hast Du gut geschlafen? Ich las noch sehr lange, schlief aber doch sehr gut ein; und schlief auch lange. Jetzt aber habe ich Kopfweh von einem ankommenden Schnupfen. Nimm nicht zu viel aus dem Flacon! Du kannst nicht verdrießlicher sein, als ich es bin. Adieu, Lieber! alles ist mir verbittert. O! könnt' ich doch die Zukunft behandlen, wie sie's verdient; als wäre sie gar nicht! Sie verdirbt mir jede Minute: und ich kenne sie ganz genau; schlecht ist sie, und anders, als man sie fürchtet. Adieu! R. L.

An Varnhagen.

Donnerstag, den 25. August 1808.

Ich schreibe, damit Du nicht etwa von Deinen Freunden weg, aus dem Thiergarten, den ungeheuren Weg hierher machst, derweile ich dort bin. Um halb 6 will ich mit der Frohberg ein wenig mit Umwegen nach dem Hofjäger gehen: und dort in der Luft sitzen bleiben; und um 8 haben wir einen Wagen dorthin bestellt; weil das Zuhausegehen schlecht ist.

Du kannst also entweder mit, oder uns nach kommen, oder nach Deinem Belieben etwas anderes thun. Adieu, Lieber; ich bin schon lange zu Tische gerufen. Rahel.

An Varnhagen.

Freitag, den 26. August 1808.

Wie ist Dir, Lieber, Bester? Ein bischen gut? Hast Du geschlafen, und fühlst Du Dich erquickter? Gestern Abend riß

Dein Weggehen eine rechte Sehnsucht in mir; und ich hätte Dir auf der Stelle schreiben können, und viel besser, als jetzt. Aber ich weiß noch alles: nur leidet es das Sonnenlicht nicht, und reißt Einen ganz weg! So wäre es nicht in einer Berggegend auf dem Lande. Eigentlich vergehe ich doch hier, mit meiner ewigen Sehnsucht nach einem Aufenthalt; hier bin ich nur auf- nur festgehalten.

Iß nichts Schlechtes, gehe nicht in die Sonne; lese nicht ewig laut! und stärke Deine Brust auf eine andere Manier, wo möglich. Ich schicke Dir Dein Fläschchen und Deinen Pack Bücher. Ich bin Dir sehr gut; und küsse Dich auf die Augen. Adieu, Lieber! Rahel.

An Rahel.

Sonnabend, den 27. August 1808.

Ich muß heute nothwendig Schüz abwarten, liebe Rahel, der heute Abend wieder fortreist, und dem ich noch einige dringende Worte zu sagen habe. Ich komme also später zu Dir, meine Liebe! Du Arme, welcherlei mag nur Dein Verdruß gewesen sein! Zwar bereit liegt er Dir auf allen Seiten, denn wo die Umstände nicht dumm sind, lassen die Personen keine Lücke. Wie weh thut mir das! Dich recht heiter zu wissen, wäre eine meiner besten Freuden. Viel, recht viel Vergnügen. Dein V.

An Varnhagen.

Dienstag, den 29. August 1808.

Geh' nicht in der Hitze spaziren, Lieber! Die Sonne scheint heute so ausführlich; und es ist recht heiß. Bist Du bald eingeschlafen? Fühlst Du Dich heute besser? Wäre es nur wahr! Was kann Dir nur sein! Ein frischer gesunder Junge, mit Schwindel! Ich kann es überhaupt nicht ausstehen, wenn Einer krank ist, und man weiß nicht woher. Es beunruhigt mich bei mir, und Anderen; aber nicht aus Besorglichkeit, sondern weil es etwas Verwirrtes ist, und man nicht dagegen handlen kann. Mir ist ziemlich wohl, außer daß mein Kopf keine vigueur hat: sehr schön schlief ich nicht; ich glaube, meine

Standesveränderung ängstigt mich; wenigstens kann ich es nicht ertragen, wenn ich etwas Gemeines zu besorgen habe, worin ich von allen Seiten gehemmt bin, wovon mir weder die Ursach noch die Wirkung gefällt, sondern außerordentlich mißfällt. Zur Zugabe aber, als ich gestern zu Bette gehen wollte, und nach Linen frug, hörte ich, daß sie bei Robert sei, der wieder von halb 12 an das Fieber bekommen hatte. Mama weiß den Tod von ihrer Freundin, die Kousine hatte es ihr schon gesagt, als ich aufstand. Sie spricht nur viel drüber, und nimmt auch dies ganz anders, als ich dachte.

Wenn ich Dich wieder so spät sehen soll, als gestern, so lasse es mich wissen, Lieber: aber genire Dich in nichts; lebe ganz nach Deinen schwindlenden Einfällen; nämlich nach den Erfordernissen Deiner Gesundheit. Vergiß den Oktavian nicht. Erhitze Dich nicht mit Laufen: in die Luft gehen, ist genug.

Rahel.

Anmerk. Zwei folgende Briefe, aus dem Anfang des Septembers, sind verloren.

An Rahel.

Dienstag, den 30. August 1808.

Nur wenige Worte, liebe Rahel! Geschlafen habe ich wirklich sehr gut und ziemlich lang. Von Schwindel fühle ich nur leise Spuren, die ein frischer luftiger Spaziergang, im Schatten, leicht wegnehmen wird. — Wohl nur ziemlich spät wieder, meine Liebe, werd' ich zu Dir kommen können, aber nicht aus schwindelnden Einfällen, Du Böse! Chamisso ist bei mir, daher schließ ich! Sei recht fröhlich und lustig, und liebe mich.

Dein V.

An Varnhagen.

Sonntag früh, den 11. September 1808.

Ich schreibe Dir nur, lieber Freund, daß Du mir Neumann etwa heute Abend nicht mitbringst! Ich habe gut geschlafen, aber bei dem Erwachen ist mir unter anderer Angst die eingefallen. Heute hielt' ich es nicht aus; und wozu auch! Du kannst ja sagen, ich bin bei meiner Schwägerin, und machen, als gingest Du auch hin. Heute Morgen fühle ich, daß ich so viel geweint habe; wie Prügel fühle ich es, und auch mein ganzes Herz; und dann die liebe Angst! Wie ist Dir? Noch ist alles gut: ich kann Dir noch des Morgens schreiben, denselben Vormittag von Dir wissen; Abends sehe ich Dich, ach! und das ist alles; das volle Leben! aber welche todte Meilen sollen zwischen uns kommen — und auch dies Entsetzliche ist das Wenigste — und ich sollte mich nicht ängstigen? Wir lebten zu innig und einig dazu! Wo ein Herzschlag ist, ist Ernst. Wie konnt' ich ein Leben abwehren? Und nun geht es an's Tödten. Ja, ja, Mord! Hilft Läugnen hier, und Schweigen? Wir wußten's vorher: das heißt, die Worte. So wie der Puls schlug, waren sie Lüge; und nun soll das erregte Leben als solche behandelt werden. Gräme Dich nicht über mich! Noch sehe ich Dich; und denke, Du hast Freude gehabt. Sei wirklich ruhig, Lieber, Angenehmer! Du sahst doch, auch gestern war's noch oft gut. Gräme Dich nicht. Lebe, wo möglich! O! Lebtest Du doch! Sei nur froh! Ich kann Dich nicht besser über mich trösten, als Du mich kennst. Adieu. Rahel.

An Rahel.

September, 1808.

Meine liebe Rahel! Sie irrt sich, die Gute! in einigen Stunden habe ich eben heute, und bin noch dabei, fünfzig Seiten durchgesehen, indeß bring' ich es heute Abend mit, dieses Buch, und hoffe wenigstens einen Theil der mir übertragenen Durchsicht zur Zufriedenheit der Leser, der künftigen, besorgt zu haben. — Ich komme heute wohl erst gegen 6 Uhr zu Dir, liebe Rahel! Ich danke herzlich für Deine liebevolle Nachfrage von heute früh. Mir ist ziemlich wohl; wüßte ich Dich nur recht vergnügt und fröhlich! Ich küsse Dich, Du Liebe!

Dein V.

An Varnhagen.

Montag, den 12. September 1808.

Wundere Dich nicht, daß ich Dir schon wieder schreibe; es ist mir ganz nothwendig, es tröstet mich. Ich wollte schon vorher, aber nun hab' ich den Godwi (von Brentano) ausgelesen, und der hat mich ganz geängstigt. Gott bewahre, welch trübes Buch! Schreibe mir doch auf, Lieber, was ich mir nun soll für eins holen lassen! Godwi ängstigte mich am Ende noch mit Marias Tod: ich glaube jetzt alles, besonders das Sterben: und gleich hätte ich zu Dir laufen mögen, und Dich sehen, und Dich anfassen! Wenigstens will ich Dir schreiben! Noch bist Du mir nah! Clemens (Brentano) sagt auch: „In unserer Zeit ist die Liebe gefangen, die Bedingungen des Lebens höher geachtet, als das Leben selbst, und daß die Nichtswürdigkeit über die Begeisterung siegen kann, hatte er mit seinem Leben bezahlt.“ Nämlich Maria. Das meint' ich, als ich gestern sagte, „man ist toll“. Ja. In Anstalten bringt man das Leben zu; man verschwendet's. — Wie ist Dir denn? Hast Du geschlafen? Ich schlief; erwachte mit einem minderen Schreck; aber er fand sich später als Angst zusammen; auch minder. Aber es ist alles eben so: es ist nur wie in einer Krankheit, mit Wellen. Du beruhigtest mich gestern auch mehr. Ich bitte Dich, mein trauter Freund, fasse Dich zur Heiterkeit wo möglich! Wolle nicht alles in Einer Minute zusammenfassen; Liebe, Weltleben, Wirken, Freiheit, und Studium; Du gehst nun zum Studium; thue es mit Geduld, die Anderen all, und die Größten, müssen diese Waffe mitnehmen. Denkst Du an uns zurück, so vergiß nicht, daß es doch einen Moment gab, wo wir Blüthe, Krone, Spitze des Lebens für einander waren; und meine Traurigkeit bürgt Dir's ja noch. Sollen wir nicht mehr als dies erleben, so ist es auch rar, wenn auch das Herz halb zurück bleibt. Du hattest es ja auch innig und heftig gewünscht! Frei bist Du ja auch; auch ziemlich; wieder wie es nur wenige sind, und wirst es noch. Ach! ich tröste Dich. Und doch ist dies alles auch wahr. Wir sehen uns noch heute: ich drücke dieses Bewußtsein so fest an mein Herz: und die wenigen Wochen reißen es mir weg!

Gestern, als Du weg warst, hatte ich noch eine große Alteration von unserer Köchin; sie hatte sich am Fuß verwundet, und viel Blut verloren. Ich entdeckte erst das viele Blut, und wußte nicht woher: ich blieb bei ihr, und tröstete sie über ihren Zustand. Ich verhehlte ihr nicht mehr, daß ich's wisse: sie hatte Trost nöthig: und das war welcher. Ich beneidete sie. —

Adieu! Lieber kleiner Bauer! Schicke mir die Kapotte!

Rahel.

An Rahel.

September 1808.

Freilich jetzt zu schreiben quält mich! Das hast Du richtig vermuthet. Und wie auch grade auf diesen Brief, den Du mir geschickt, mit einem Billet antworten, ich, der ich gewohnt bin, bis zum Ueberdruß im Schreiben ausführlich zu sein? Gieb mir nicht in die Rechnung Deine schlaflose Nacht, ich habe ja im Fieber gelegen, und nur wiederholte Störungen diesen Morgen trieben mich kopfüber in die gewohnten Wege und Geschäfte. Aber es will eben nicht besonders damit fort, alle meine Gedanken sind auf diesen Abend, und den hoffentlich noch unternehmbaren Spaziergang gerichtet, auch möcht' ich gern früh kommen. Mir ist sonst recht wohl, durchaus muthig im ganzen Leibe, und nur leise pocht innerlich ein dunkler Quell des Schmerzes an die Aderwände. Lebwohl, Du Theure! Deine Schönheit rührt mich im Innersten! Dein V.

An Varnhagen.

Mittwoch, den 14. September 1808.

Lieber, Bester, wie hast Du geschlafen? Ich sehr unterbrochen, und also schlecht, und seit halb 6 oder 5 wenigstens, bin ich wach. Mir war ganz krank; ich sagte es Dir gestern genug; die Nerven und die große Erschütterung des Herzens, das gewaltige Schwanken der ganzen Seele, welches alles sich in Angst auflöst, und beim Erwachen Schreck ist, rüttelt ja wohl ein wenig zusammen. Ich schlief gegen 9 wieder schlecht ein, und hatte den schönen Schreck noch einmal. Mein Ausziehen thut außerordentlich viel dabei! Erstlich schon etwas zu besorgen zu haben für eine Sache, die man verabscheut; wo einem Unrecht geschieht, das schlecht wirket; in einen fremden und keinen neuen Ort zu kommen. Meine Leidensgruft, das Stammhaus meiner Qual zu verlassen, mich plötzlich im strengsten Verstande des Worts allein, und ohne jede Hoffnung, ohne irgend einen Plan, mit der tiefsten Einsicht, mit der beleidigtsten Seele, ohne Muth zur Beschäftigung zu finden. Du weißt, wie ich sonst lebte. Umringt, verfolgt vom Morgen bis in die tiefe Nacht, wenn auch nur von scheinbaren Freunden. In meiner Familie belebt, und noch Unzählige mit mir im Verkehr; die Stadt, Theater und Musik. — Verzeihe! Nimm hier in der Stadt diese Klage noch hin! Es ist der Hefen unseres Umgangs. Ueber Feld, weiß ich, schon jetzt, werde ich Dir anders schreiben. Wozu auch so! Wer hat mehr Trennungen erlebt, als ich; ich kenne die Zeit in ihrem Fortschreiten; mit Riesenschritten und Riesenarmen reißt sie das Neue hervor, und tritt hinter sich alles zu Grabe. Drum, es mag Dich noch so wundern, gieb mir meinen Ring wieder! Laß mich etwas besitzen, Freundesauge gleich! Ich fürchte mich. So wahr ich lebe! Ich sehe in keines Menschen Gesicht die Sicherheit, die gewiß aus dem meinigen strahlt. Es wird mir ängstlich und ungeheuer. Ich kann nicht ohne den Ring zurückbleiben. Er weiß, wie ich alles meine, er sieht aus, wie ich, als ich jung war; lasse mir dieses Bild! Dir kann er nicht nützen; und was hülfe es Dir, wenn ich ihn mir ununterbrochen zurück wünschte! Du weißt, wie ich ihn Dir gab; es war ein redlicher, dankbarer élan des Herzens: er muß auch bei mir und meinem Herzen bleiben. Du wirst es einsehen. Verzeih, verzeih! daß ich mein Herz und seine Angst abschreibe; es kann nicht so ablaufen; ich war lebendig; Du ruhtest nicht eher, es war die Lust, mein Herz zu erregen, und Zaubermittel, es gleich zu stillen, giebt es nicht. Genug ich werde selbst dafür sorgen, und sorge schon. Hätte ich Vergnügen, Zerstreuung, ich sage es selbst, ich brauchte kein Glück. Sei Du ganz vergnügt; und sei gewiß, ganz ohne Dich, giebt es sehr Viele, die so leben müssen wie ich: Du hast mir das Herz aufgereizt; das ist alles. Dafür habe ich Deine Neigung gesehen. Es ist schon richtig! Gieb mir den Ring wieder, und sei vergnügt! Denke an die Scheine der Sonne, an Wipfel, Thäler und Berge, und an die stärkenden großen Luftzüge: und auch ich würde das freudig genießen. Sieh das Wetter! Adieu.

Rahel.

Komme nur nicht unglücklich; ich bin auch wohl! Allheilende Kraft allheilender Natur.

Ich bitte Dich, lieber kleiner Knabe, laß Dich von diesem Brief nicht quälen. Ich konnte den Ring nicht anders fordern: es wurde so. Lieber!

An Varnhagen.

Donnerstag, den 15. September 1808.

Ich habe geschlafen, mein Lieber, Lieber. Könnte ich es von Dir doch auch hören! Du hast gestern mein ganzes Herz gestärkt! So kann ich das Scheiden, die tolle harte Trennung ertragen; und ein Gedanke: der Gedanke, daß sie auch Dir bitter ist, daß sie nicht ewig dauern soll, rüstet mich ganz aus weiter zu leben, sie zu ertragen. Den Augenblick erträgt man ja immer; nur den Gedanken nicht, daß alle folgenden öde sein werden, je weniger man sie unwürdig macht, wenn man Leben spürt, und einmal weiß, wie das wirken muß, und drängt! Dein Betragen, obgleich ich es nicht nennen kann, so gut als wäre es das Gegentheil, und auch nicht zu bezeichnen — hat mich unsäglich gestern getröstet; darum fühle ich mich so gedrungen, es Dir zu sagen. Merktest Du es? O! könnt' auch ich mit dieser Eisenkraft Deine Seele berühren! Nicht für mich allein, auch für Dich, Lieber, Bester! Lasse nicht leicht von mir los; Du verlierst eine Welt an mir. Nie, nie findest Du vielfältigeres, leichteres Leben mit dieser innersten, innigen Treue, mit dieser Sicherheit und diesem Maße zusammen. Ich bin sonst in nichts etwas; ich weiß es, wie ein Anderer es wissen kann; aber mein Gutes ist doch einzig, das fühl' ich wie man seine Existenz fühlt. Es ist ja doch genug, daß wir uns jetzt grade trennen müssen: zerstäuben wollen wir uns nicht! Ach! ich habe gar keine Lust dazu!

Sieh wie ich Gentz liebe, mit dem ich keine zärtliche Verbindung hatte, der beinah acht Jahre weg ist, wozwischen ich durch das spanische Fegefeuer gegangen bin, und ermesse!

Ich scheue mich etwas, Dir meine Briefe an Urquijo zu geben! Weil darin meine größte Türpitüde an's Licht gebracht ist: so erniedrigend darf man sich auch in der größten Leidenschaft nicht von Schmerz auseinanderzerren und herumschleppen lassen: jetzt weiß ich es, und dies ist die eine ganze Hälfte der Ursache, warum ich wohl lieben, aber nie wieder einer langwierigen Leidenschaft im Bösen — im Guten wird es immer nur Liebe — in mir Nahrung geben werde, und kann. Ich habe das Feige und Verderbte immer darin erkannt, aber redlich, erlaube hier das Wort, geübt: man ergiebt sich der Liebe; guter, oder schlechter, wie einem Meere, und nun bringt

Glück, Kräfte oder Schwimmekunst Dich über, oder es verschlingt Dich als sein. Drum sagt Goethe: „Wer sich der Liebe vertraut, hält er sein Leben zu Rath?" Bedenke aber, wenn Du die Briefe liest, daß Urquijo nie sagte, er liebe mich nicht, ewig bei mir war, nur meine Liebe nicht glaubte, sie aber durch seine nie zu erfassende Eifersucht bis zum Grade der Raserei reizte. „Je t'aime, mais je ne t'estime pas", sagte er tausend- und tausendmal. Und so konnte er meine Leidenschaft bis zur Durchsichtigkeit auseinander zerren. „Je t'estime, mais je ne t'aime plus", sagte er den letzten Monat: und da packt' ich mordgewaffnet mein eigen Herz, mit meiner Hand; und ging; wie aus dem Leben. Denn ich wußte, es war wie zu einem schwarzen Tod: und schrieb selbst: ich wähle die Verzweiflung, die ich nicht kenne! Es war ein langes Morden. Und es entstand eine Wüste, die schrecklicher, als Schmerz, Riß, und Vermissen des Geliebten ist. Tadle mich, wie ich die feige Niedrigkeit tadle. Aber dies bedenke: und daß die Natur in ihn — und in mich zu diesem Zauber — einen Zauber für mich gelegt hatte, wogegen das hellste Bewußtsein des Denkens nicht schnell genug arbeiten konnte. Der Eindruck war stärker. Dies ist Liebe: und daß doch nur die Ehrfurcht vor dem Würdigen, das Verabscheuen des Unsinns und der Niedrigkeit, also ein Eid in Zorn, mir den Muth zum Mord gab; der allmächtige Gott, wenn er mein Bewußtsein kennt, weiß daß es einer war. Nun lies die Briefe! Heute bekommst Du sie. Sieh das schöne Wetter! Ich wundere mich über alles, wenn ich davon spreche; daß ich mich freue, daß ich noch liebe. Adieu, Du Lieber. Doppelt und mächtiger drücke ich Dich nach dieser Erzählung an mein Herz! „Ja wohl die Liebe unsterblich ist." So lange man lebt gewiß. Liebe mich auch! Rahel.

An Varnhagen.

Donnerstag, den 15. September 1808.
Abends.

Da, theurer, vielgeliebter Freund, sind die abscheulichen Briefe! Noch nicht alle; nur Urquijo seine, weil die doch zusammengereiht sind; hätte ich die entsetzliche Schachtel mit meinen, in der Unordnung, wie sie sind, geschickt, so hätt es Dich einige Stunden, sie zu legen, gekostet. Diesen Abend wollen wir das zusammen thun; denn es allein, für Dich zu thun, ist mein Ekel zu groß. Zusammen sputen wir uns, und ich lese nicht einen einzigen. Ich mache mir im Einzelnen gar nichts draus!

Wie ist Dir, mein Guter, Kleiner, Armer! Wie freundlich ist das Wetter! Und es ist wie umsonst da; als wäre bis zum künftigen Sommer eine Klappe über mein Herz gefallen, die den Sonnenschein nicht hinein läßt — O! wäre es nur bis zum künftigen Sommer; ich wäre ganz zufrieden und thätig — alles weil ich es mit Dir nicht mehr genießen soll! Ich sage es immer wieder. Das Ausziehen, das wüste, leere, einsame, verdrießliche, hämmert auch noch auf mein Herz, und preßt es in Angst zu. Gott, Gott! wie habe ich mir angewöhnt einen Freund zu haben, und bin von allen anderen Genüssen abgekommen: und auch von ihnen ausgeschlossen. Alles legte ich ja in Deinen Busen, suchte und fand es in Deinen Augen; wie leicht, wie willig nimmt man solches Leben an! In und mit Dir verliere ich auf einmal meine Art zu sein. Laß mich diese Klage machen! Sie ist ja gar nicht so zärtlich! Laß mich jede aussprechen: man kann ja doch nur so wenig sagen. Und noch bist Du ja da! Es war eine zu ächte Freundschaft unter uns, um daß ich nicht klagte, daß es nicht schmerzte, und daß es nicht der wirklichste Verlust sei! Auch für Dich. Sei aber nicht so sehr betrübt! Wenn es angeht, wollen wir heute mein Quartier besehen: wo nicht, morgen. Du mußt darin gewesen sein; es macht mich ruhiger, und tröstet mich. Heute Nacht träumte mir, ich sei mit Dir und vielen Leuten in Dessau; wir reisten auch; und sahen Gärten; als ich aber erwachte, war es mir unangenehm. Ich war wie angeführt. Und wenn Du weg bist, soll mir gar nicht von Dir träumen! Heute sehe ich Dich ja noch wirklich. Mir träumt fast nie von denen, die ich am meisten liebe. Adieu, lieber Engel! Sei froh! Noch sind wir zusammen. Und wir sehen uns auch wohl wieder. Adieu, Lieber! Es ist eine Frau zu mir gekommen, die etwas will. Adieu!

Rahel.

An Varnhagen.

Sonnabend, den 17. September 1808.

Schicke mir das Kapotel, Lieber, Sanfter! Falsches Herz! Damit Du sie bei dieser Kälte heute Abend wieder kriegen kannst. Wie sonnig, und wie kalt! Ich kann mich der Ungeduld nicht erwehren, wenn ich von südlichem Klima lese. So eben hat mir das der Fischer recht lebendig vorgetragen. Wie kann mich oft hier das Wetter beseligen und entzücken; wo die lieblichste Luft doch nur so wenig Wohlriechendes umgiebt! Man müßte ja unter wirklichen Blumen und Stauden vergehen! Hier, Lieber, ist diese unter Eis geborne Pfirsich — ich weiß gar nicht wie man es schreibt — und diese Nordtraube. Wenn man hier nicht mit seinen Freunden zusammen bleiben und hocken kann, ist es gräßlich! Adieu, Lieber, Bester! Sei vergnügt! Rahel.

An Varnhagen.

Sonntag, den 18. September 1808.

Laß mich ein Wort wissen über Dein Leibweh! Sieh wie das Wetter lächelt! Nun möchte man wohl in den Wagen springen. Palermo (das Panorama von Schinkel) habe ich auch noch im Leibe! Aber ich kann so geschwind doch nicht mit. Heute mußte ich alles zu meinem Einziehen zusammenpacken — nicht das zum Reisen —, Feu, der mir ausziehen hilft, sprechen; dessen Wohnung weiß ich nicht; er ist unpaß obenein; und ich weiß ihn für seine eigene Geschäfte nicht zu finden. Ich müßte mir einen Paß schaffen, Geld! Und die Nacht fahren. Doch will ich Delmar noch ausdrücklich schreiben, ob ich wirklich bei ihm absteigen soll, und dann noch mit meiner Modehändlerin hin. Du glaubst gar nicht, wie es jetzt in unserem Hause, mit dem Ziehen, und der Einquartirung, und der unseligen Tournüre überhaupt ist! Ich will aber doch Delmar gleich schreiben. Hier sind die beiden Bücher! Alles Trennungsanstalten! Muth, Muth! Bleibe vergnügt wie gestern. Sei frisch! Wir wollen uns fest einbilden, vornehmen, daß wir noch zusammen leben, und es geschieht! Adieu. Iß nicht so viel untereinander! kleines liebes Kind!

Rahel.

An Rahel.

Berlin, Dienstag den 20. September 1808.

Ich schreibe Dir, liebe Rahel, noch von hier aus, wo ich wider Willen noch auf einige Tage festgehalten bin, indem wir unsere Pässe, an die wir spät gedacht haben, erst übermorgen bekommen können, worüber Harscher, der keine Verzögerung gemacht hätte, nun, da sie gekommen ist, große Freude hat. Eine Gelegenheit scheint sich nicht zu finden, und Harscher ist unlustiger als je, zu Fuß zu gehen, er ist kränker und mürrischer geworden, weiß dies, und wird es darüber noch mehr. Ich bin seinetwegen sehr besorgt. Doch bleibe ich gewiß nicht über diese Woche hinaus in Berlin, ich würde auch krank davon.

Gestern Abend, schon Nachmittags, fing mein Leiden an, meine Besorgereien waren beendigt, ich kam von der trefflichen Cohen, die mir zum Abschied noch alles gesagt hatte, was sie zu fürchten und zu hoffen hat, und ich konnte mit aller Anstrengung der Phantasie ihr keine Aussicht zeigen, jemals zu einem auch nur beruhigten Leben zu gelangen. Mit bitterem Schmerz verließ ich sie, und überlegte noch recht die Worte, die sie zuletzt gesagt hatte, sie könne, was sie sehr betrübe, mit niemanden recht sprechen, gegen Viele, die manches verstünden, müsse sie immer noch das Tiefste verschweigen, diesem dieses, jenem jenes. Da war ich auf meinen eignen Zustand zurückgeworfen, liebe Rahel! Ich fühlte mir wie die Sprache benommen durch Dein Wegsein, und trostlos trug ich mein aufgeregtes Gemüth in dieser Wüste umher, keine Freundesgestalt that mir wohl, die Thränen waren mir nah, (Du weist ich weine schwer), und mit der innigsten Wehmuth ging ich allein in den Thiergarten, und mußt' es mir oft wiederholen, daß ich allein, ohne Hoffnung für diesen Abend sei, um nicht jeden Augenblick wieder in die Täuschung zu gerathen, Du seist noch hier. Ich sah die Sonne, die Straßen, die Alléen, die Leute, die ich sonst mit Dir sahe, Du einzige Rahel, an den festen, markigen, weichrindigen Stamm Deines tiefen Wesens angeklammert, und hinaufschauend in den vielbewegten, mannigfaltig erleuchteten Wipfel Deiner Gedanken: Gott! mir war, als wären nur noch dünne Stengel um mich her, die nicht so weit hinauf reichen mit den wenigen Blättern, die sie tragen, um mein Haupt zu beschatten. Bei Dir war mir so gränzenlos wohl, die süße Gewohnheit Deines Umgangs hatte mein ganzes Gemüth ergriffen, ich konnte Dir nicht nur mehr sagen, als jedem Anderen, sondern schlechthin alles, und du weißt, welch ein unsägliches Glück in diesem Sagenkönnen ist. So leicht, so reich, so fest und sicher war mir Dein Umgang: alles möglich, nur das Gemeine nicht, meine völlige Freiheit im Inneren, so viel ich auch schon davon hatte, hast Du mir gegeben, bis in die Fasern meines Leibes ging ja, Du sagst es selbst, die Besserung! Ich ging herum, wie verwaist, bekam Kopfschmerzen, und kehrte bei Reimer ein, wo ich Neumann traf; es war ein schlechter Abend, Politik nur erhielt das matte Gespräch; um zehn gingen wir, und ich in Verzweiflung so früh nach Hause; ich mußte klagen um Deinen Verlust, und jammerte, bis Neumann, der lange mein schweres, ununterbrochenes Seufzen angehört, endlich ging. Da legt' ich mich zu Bette, süße Rahel, und suchte Trost, es ist schrecklich zu sagen in Deinen Leiden! Ich las Dein Tagebuch, Du arme, liebevolle Rahel, und gab mich ganz dem Schmerze hin, der mich wirklich in meiner sehnsüchtigen Unruhe stillte, und sanfter werden ließ. Ich schlief gut. Heute Morgen war ich in Geschäften aus, den Nachmittag bei Bernhardi, Chamisso, Reimer, und endlich bei Wolf im Thiergarten, wo ich die beste Aufnahme fand; ich habe überall viel gesprochen, und konnte es gut, aber ich mußte verständig sagen, was ich bei Dir innig gefühlt, und so gesprochen hätte, und war mir bei jedem Worte dieses Unterschiedes bewußt. Meine Wehmuth war gränzenlos, ich kam mir ganz verlassen vor, ich wußte nirgends hinzugehen, wo mir wohl würde, alles ängstlich, leer zum Umkehren. Wie froh bin ich, Dich nicht in diesem Zustande gelassen zu haben! Liebe Rahel, Du hättest alles noch zehnfach heftiger empfunden, nicht weil Du mehr an mir, als ich an Dir verliere, sondern weil Du tiefer, dauernder, innig frömmer bist als ich. Wie gern leid' ich diese Tage, da ich sie Dir erspare! Ein ungeheurer Mangel, ein ewiges Vermissen, als wenn einem die rechte Hand abgeschnitten worden, mit der man gemahlt, musizirt, gefochten und Liebesbriefe geschrieben noch den Tag vorher. Gegen acht ging ich zur Frohberg, die sich wohl befindet, und gut aussieht, auch ziemlich munter war, Mariane*) und Julchen **) fand ich dort, erstere freundlich, an alte Geschichten

*) Saaling. **) Heyse.

erinnernd, letztere still; ich blieb mit der Guten noch eine Stunde allein, während welcher sie mir sehr lebhaft erzählte, von ihrer angewandten List, die Scheidung in's Werk zu setzen. Nach zehn Uhr ging ich einsam im Innersten fort, sah bei Harscher Licht, besucht' ihn noch, erzählte ihm erheiternd meinen Besuch bei Wolf, er aber war sehr herunter, war besorgt wegen neuer Schmerzen, die er fühlte, und die mich besorgter machen, als ich ihm zeigen durfte; sein Ueberdruß überwältigte meinen wenigen Frohsinn bald, ich suchte ihn jedoch zu beruhigen, und war sehr zufrieden, als er sagte, daß er sich auf den Schlaf freue. Ich kam nach Hause, zitternd vor Unruhe nicht zu Dir gehen zu können, Deine sonst lebenerfüllten Zimmer leer zu wissen, oder Leute darin, die wie Mäuse drin herumschleichen. Das galvanische Feuer sieht man in einer Lichtflamme als ein ungleich helleres, brennenderes, feurigeres Feuer brennen, zehntausend jener Flammen scheinen in einen solchen Funken konzentrirt zu sein: da mir Dein Leben, geliebte Rahel, so vorkommt gegen das Leben der Anderen, die ich hier weiß, so ist gesagt, welchen Strahl ich vermisse, es bleibt Nacht, höchstens dämmert es. Wär' ich nur erst auf der Reise, damit ich eine frische Gegenwart gewönne, eigene Anstrengung in freier Natur, Dein Andenken soll mir nicht schmerzhaft sein, sondern die wohlthätigste Erquickung, stark und heiter, meine Sehnsucht zu Dir edler, reiner, nicht weil mich friert, sondern weil Du Feuer bist! Doch ist auch das erste eine gut menschliche Regung, und gar nicht gemein, wenn auch gewöhnlich, daß man sich wärmen will! Bernhardi sagte mir heute auch, ich sehe seit einiger Zeit viel besser, fester aus! — Gute Nacht, liebe Aerztin, mögest Du sanft schlafen, in Deinem Magdeburg! — Ich schreibe an Dich sehr leicht, gar nicht schwer wie ich erst dachte, und ganz unbefangen. Gut' Nacht! — — —

Mittwoch, den 21. September.

Ich komme von einem weiten Spaziergang zurück, den ich durch den Thiergarten gemacht habe — Bernhardi war mein Begleiter, wir sprachen ziemlich viel, aber doch wenig genug. Das Wetter ist schwer umwölkt, wie unsinnig, kalte Luft, und doch so, daß einem beim Gehen sehr heiß wird. All seine Schwere drückte sich in mir als Verdrießlichkeit ab, träge war ich zum Umsinken bei aller Frische in den Beinen, die mir zu Achilleus Behändigkeit verhälfen; wenn ich sie gebrauchen könnte, um gleich zu Dir zu gehen, geliebte Rahel! oder doch wenigstens von hier fort. Was magst Du nur jetzt machen? Du bist wenigstens nicht kummervoll, denn das Reisen giebt Gedanken, die einen seiner selbst vergessen machen. Das weiß ich wohl, daß Du beklagst, mich nicht bei Dir zu haben, Du warst ja auch der süßen Gewohnheit lieblich überlassen, und gewiß, wir waren einander zuletzt ganz zukömmlich. Was konnten wir nicht reden! Wie unbesorgt und unverhohlen unsere Gemüther! Wenigstens meins, denn ich weiß, daß ich Dich nicht übersehe, und Dir vielleicht ganz andere Blitze des Geistes, als ich verstehen kann, hervorleuchten wollen, denen ich keinen Zunder bot. Diese Demuth hab' ich von ganzem Herzen; ich glaub' aber nicht, daß sie diesmal nöthig ist, meine innige Zuneigung füllte manches aus, und ein gemeines Wort wird gleich in eine andere Sphäre erhoben, wenn es liebevoll gesagt ist. Mit diesem Abend weiß ich nun gar nicht, was anfangen, ich würde Dir schreiben, wenn sich mir der Stoff lieblicher anböte, aber er hat so viele schmerzende Spitzen und Schärfen. Meine Unruhe steigt mit jedem Augenblick, ich gehe aus, weil mein Zimmer mir noch verhaßter ist, als während Deiner Anwesenheit. Zur Frohberg? vielleicht! ich bin aber ängstlich und verlegen da. Harscher und Marwitz sind heute Abend bei Winterfeld, der musiziren soll; aber alles ist mir so arm, ich kann nicht einmal bei ihnen betteln, ich erhielt vor wenigen Tagen noch so viel! — Nun morgen sind die Pässe fertig, übermorgen müssen wir fort, ich ertrage es nicht länger, sehe aber sehr gesund aus. —

Bei der Frohberg traf ich Böhm, der bald ging, dann kamen d'Houdetot und Sellier. Dieser kam glücklicherweise in den Zug zu erzählen, was alles für Berichte täglich einliefen von dem Corps d'Armée, welche Bittschriften, von der Art der französischen Soldaten, alles sehr lebendige Dinge, in deren Produzirung er sehr liebenswürdig war. Doch sonderbar, mir kam es so vor, als glaubte er, ungeachtet wir die größte Theilnahme und Vergnügen bezeugten, er also zu amüsiren gewiß war, daß er nicht nach Art und Ton der wirklich feinen und guten Gesellschaft verfahre, so wie Büjac einmal in ähnlichem Falle immer sagte, mais mon Dieu, je fais la commère! Sie erkennen's nicht, daß solches natürlich, daher vergänglich sei.

Später ging ich noch zu Winterfeld, wo die Musik schon aufgehört hatte, und die Leute bei leichtem Gespräch saßen, mir sehr willkommen! Sie freuten sich der Späße, die ich zum

Theil wiedererzählte. Auch über Friedrich Schlegel sprachen wir viel, von dem mir Nachmittags Bernhardi eine, seinerseits wenigstens geduldete, Liebschaft mit der Unger erzählte, und wie er dadurch vom Manne Vorschüsse an Honorar erlangt habe. Wahrhaftig, solcher Rohheiten, oder, warum es nicht so nennen? solcher Niedrigkeiten ist keiner von uns Jungen fähig. Dann ging es über Wolf'sche Perioden her, in seiner neuesten Schrift über Römisches Armenwesen, die er mir geschenkt, und worin ich zwei schiefe Sätze gefunden hatte, von deren erstem Harscher behauptete, er wäre klar, bis nach einer langen Disputation mit Marwitz, mir und Harscher, endlich der letztere selbst, was wir Anderen nicht vermochten, deutlich darlegte, worin die von uns bloß gefühlte Schiefheit liege, wo denn ein allgemeines Verdammungsurtheil gesprochen wurde. Seltsam, aber erfreulich, daß grade da, wo Wolf lasterhaft ist, wo er nämlich Eitelkeiten sagen will, wie an diesen Stellen, diese Lasterhaftigkeit ihm auch sein ungeheures Talent zerbricht, und er sie schlecht, schief schreibt! Ich bin in solchen Fällen ein guter Spürhund, Du noch besser als ich, liebe Rahel! drum freut's mich, Dir davon zu berichten.

Es ist spät geworden; was soll ich Dir jetzt noch mehr schreiben? Jetzt, da mich zumeist die Sehnsucht ergreift, das heftigste Vermissen angähnt! Der Augenblick nur des Empfangs ist doch bei Briefen Gegenwart, alles schreibt man als Zukunft, und liest man als Vergangenheit! Und wie habe ich gelernt, durch Dich, liebste Rahel, daß alle Zeit in die Gewalt der Gegenwart zu bringen sei, und ihr, die so mächtig, so reizend immer ist, weil sie eben *ist*, am Freudigsten sich hingeben solle. Du hast mich recht innig von Herzen lieb! Nicht wahr, Rahel? Dieser Gedanke ist mir so reicher Trost, und doch bin ich, seit Du weg bist, weniger vertraulich mit ihm, mir ist, als müsse ich Dir mehr Respekt und Ehre erweisen, als sich mit jenem verträgt: ich will's aber doch nicht thun, sondern trotzig behaupten, daß ich Deiner werth bin, Du erzdurchtriebene Rahel! Schlafe wohl! Morgen geht die Post, ich will siegeln. Schreibe nur poste restante nach Dresden. Wir gehen wahrscheinlich übermorgen. Lebe wohl! Vergesse nicht meine Gedichte an Minna Spazier. — Dieses Papier ist doch fast zu dünn, Du mußt den Brief schonen, sonst ist er bald in Fetzen auseinander. — So große Briefe schreib' ich selten! — Dein V.

1808. 1809.

Nach Dresden, Tübingen, Hamburg.

An Varnhagen in Dresden.

Leipzig, Sonnabend Abend, den 24. September 1808.

Theurer, Geliebter! Wie soll ich Dir nur alles schreiben! Fast thut es mir leid, daß ich mich über Deine Reise zerstreut habe. Gewaltsam entriß ich mich der Bangigkeit, der Sehnsucht, der Angst! Wie anders war es, als ich dachte! Ich glaubte, ich würde das Vermissen gleich mit Schmerz fühlen. Gott bewahre! Ich saß im Wagen, fuhr durch die Wälder, über die Felder; und war wie mit Dir! Ja! Ja, ich war zu lange, zu ernst, zu innig, zu verwebt und unbewußt mit Dir, um nur irgend etwas, es sei Gedanke, Genuß, wirkliche oder geistige Ansicht von Dir trennen zu können! Ich sah Deine Blicke, Deinen Haarschimmer, Deine Mienen schwebten mir vor, — ich fühlte Dich nah, meine Hände fühlten Deine! Kurz, Du warst ganz da! und nur wenn ich mich nach meinem Gram fragte, mußte ich mir erst sagen, Du seist nicht da! Geliebter Lieber! Wie sehr bin ich eingenommen von Dir, wie erwacht im Schreiben meine Liebe, meines Herzens Andringen an Dich! Ja! Lieber, guter Junge, ich fühl's; noch nie war ich mit so einem würdigen Aechten vertraut. O! wie ist das anders, wie befestigt das das Herz! wie sicher macht es, wie fest stehen: wie ist Trennung selbst unterstützt! — aber das dauerte nur den ersten Tag. Wie war ich erschreckt! Deinen geistigen, verständigen, sinnvollen Umgang in den Poren, mich so verschlagen zu sehen! Auch Deine Liebe, Deine Nähe, in jedem Sinn so gewohnt! Wir waren uns sehr nah! nicht wahr? sehr innig: nie, nie, nie kann das vergehen! Heute fühlt' ich's. Später werde ich Dir sagen, wie so. Wie wahr waren wir miteinander. Wie immer liebend Du! wie liebreich, wie ich auch nicht liebte, ich; wie fühlte ich Deinen Werth durch; wie fühlt' ich, daß Du wie ein Prinz mußt behandelt werden. Und jetzt bin ich Dir voraus! wie lieb' ich Dich jetzt! ich liebe Dich mehr, als Du mich; und so ist's auch recht. Nun bin ich zufrieden. Du sehnst Dich aber auch nach mir; mitten in der Zerstreuung! Solchen Umgang hat man nicht umsonst! Du liebes falsches Herz! Jetzt ist es 10 Uhr, ich trinke Kaffee — allein! — und schreibe Dir: ich komme mit meinem Bruder Moritz aus der Komödie, wir haben Minna Spazier in einem Schlagsregen weit vor dem Thore nach Hause gebracht; die war mit uns. Ich habe ein gutes Zimmer, in einer lebhaften vornehmen Straße, mit Sopha und allem Nöthigen, vornheraus; einen großen Alkoven mit einem Kabinet, er und meine Stube haben Ausgänge nach der Entree, ohne Kommunikation mit Delmar; es herrscht die größte Ordnung bei mir, ich habe mir ein Mädchen gemiethet. Alles mit Oekonomie und Verstand. Delmar war sehr artig, die Reise durchaus gut. Ich habe eine Art Notizenjournal gemacht: natürlich in dem Gedanken an Dich; und setz' es auch fort: Du sollst es haben. Nämlich wohlfeil, mit einem Menschen. Vorgestern fuhr ich aus Magdeburg, schlief in Köthen, kam gestern um halb 5 hier an. Mein Bruder kam bald, vor dem Spektakel war alles bei mir auf seiner Stelle, ich zog mich an, und ging — nicht zu Kersten, lieber Engel! — in die Komödie. Kotzebue's Intermezzo, vortrefflich gegeben; in meinen Blättern Details. Aß im Hôtel de Bavière, schlief schlecht, stand um 6 auf — ich mußte diese erste Nacht auf deutschen Betten im Komptoir schlafen: mein Zimmer war naß vom Schäuren — schaffte mir alles was ich brauchte, zog mich an, schrieb der Frohberg einen langen Brief mit Kommissionen und Neuem. Ging mit meinem Bruder Moritz zu Minna. Wir blieben allein; wir sprachen von allem, und Dir; sie schien gefaßt; sie frug mich, ob Du mich liebtest; ich sagte Nein. Sie frug mich noch vieles: ich erzählte ihr alles von mir, und daß ich nur Dich gesehen habe; sie schien anzunehmen, als wenn das ohne eine Verbindung nicht ginge. Der indirekten Meinung setzte ich nichts entgegen. Ich fand sie lieb; sie brachte mich nach Haus, sie ging. Nachmittag holt ich sie früh zum Theater, mein Bruder verließ uns; wir sprachen vom Hundertsten in's Tausendste: ich sprach das Wort aus, ich sei „gekränkt" gewesen. Sie frug mich; ich erzählte ihr mein Leben im Kurzen, und von Urquijo: ich frug nach ihrem: sie sagte mir, auf ihrem Leben ruhe ein Geheimniß; aber weitläufig erzählte sie's; sie wisse noch nicht, ob sie mir's je würde sagen können, schrecklich haben sich ihre Verhältnisse verwirrt, durch vier Wochen. Der Doktor Apel heirathet übermorgen; von dem und dem Anderen erzählte sie mir alles. (Ich pflichte ihr bei: und glaube sie verstanden, und die Sache begriffen zu haben. Der Dr. A. ist ein gemeiner — laß mich das Wort gebrauchen — Aristokrat. Sie ist über ihn weg, wie ich über Urquijo.) Kein Mensch wisse ihr Unglück, ihr furchtbares schwarzes. — — — Sie begreift's nicht, wie man nicht verlangen kann zusammen zu bleiben; und weint, und klagt sich an; und rühmt meine Stärke, — und kann nicht fassen, wie man sich nur in einer beschränkten Zeit fassen kann, sie würde ein Leben fordern. Und meint, ich fordere es nicht; weil ich schweige und reise, und das Leben kenne. Sie dünkt sich schwach, und mich stark. Auch bin ich es. Ich hielt mich für ganz unglücklich; und fand noch Dich! und leben will ich nun immer. Wenn auch ohne Liebe, und nur mit dem Leben. („Wie kannst Du ohne Liebe leben? ist das Leben?" frug sie mich vorher.) Auch bist Du mir so sehr theuer! Und Dein Leben soll sich gestalten, ausbilden, frei sein, wie es nur kann. Ich liebe Dich wie ein Kind, welches man schätzt; ich meine wie einen Sohn. Bist Du böse? Ich konnte nicht anders, als es ihr sagen. Ich kann Dich, wenn man mich auf's Gewissen frägt, und das Recht dazu hat, nicht verläugnen. Daß Du mich liebtest, habe ich dem lieben braunäugigen Weibe geläugnet. Ich wollte ihr um Gottes willen nicht weh thun! Nun sollst Du erfahren, wie so ich heute erfuhr, wie sehr theuer Du mir bist. Als ich Minna so ansah; und auch hörte, daß sie viel von Dir hält, und Dich liebte, und noch liebt; und sie recht gut fand, und hübsch; und mir dachte, wenn Du nun da wärst, und sie auch liebtest und gut fändest! meine Seele war ganz befriedigt; und ich fand's natürlich, daß Du sie liebtest; und liebte Dich doch, und gab Dir Recht. Kein Sturm, keine Unruh in meiner Brust. Ich weiß, die Wahrheit, die Gegenwart ist anders: aber auch schon Vorstellungen und Fragen machen Wallung; und ich fühlte nur Liebe und Einsicht. Du sollst Liebe und Glück und Hölle genießen. Du wirst es wissen! — Dies ist bei mir kein hyperbolisches, empfindsames Aufopferungsfeuer. Ich halte nichts von Theilen und Opfern. Aber liebtest Du: ich hälfe Dich krönen! Ich weiß nicht, wie es kommt, bei Dir fühl' ich so! Mir ist immer, als irrtest Du Dich bei mir, als verdiente ich Deine Liebe nicht. Du Lieber!

Als ich gestern der Stadt von einer Anhöhe nahe kam, sah ich weit über Leipzig weg, nach fernen Horizonten, und sah Berge in Duft, und vorher ganz von weitem eine Pappelallee, mit meinen rasenden Augen, die sich auf der Reise stärken. Ich frug den Postillion — ich ahndete es — wo der Weg hinführte — es war gegen Süden — „Nach Wurzen, Dresden zu", sagte er sächsisch. Gott! wie drang und lief mein Blick, mein Herz und meine Seele hin! Wo bist Du, Freund! Geliebter! Einziger, jetzt von mir! Wie peinlich, wie marternd war es mir die ganze Woche, nicht zu wissen, welchen Tag Du abgereist seist. Ich konnte keinen Ort, keinen Aufenthalt berechnen. Adieu, Geliebter, Lieber. Ich geh' zu Bette. Endlich will ich auf einem harten Sopha schlafen. Adieu, ich gehe mit Dir, und ohne Dich! O! Du Lieber! Adieu, adieu. Apropos, morgen kommt mit Ehrenpforten Bürgerwache 2c., vor meinem Haus vorbei, der König von Sachsen und Kaiser Alexander. Minna sieht es hier. Adieu. Ich küsse Dich hundertmal!

Montag früh, den 26. September 1808.

Lieber Englischer! Gestern Morgen gab man mir Deinen Brief. Im Gegentheil! Du schreibst hundertmal leichter, zusammenhängender und besser, als ich! — auch bin ich hier sehr zerstreut, sehr unterbrochen: muß für tausend Unwürdigkeiten sorgen, die mir den Kopf auseinandermachen: aber alles besser, als in Berlin geblieben ohne Dich; denke ich an die Straßen und an die Orte von uns beiden, und daß ich dahin zurück muß, so zieht sich mir das Herz! — Dein herrlicher, herrlicher Brief! wie unendlich freut es mich, daß Du mir über Wolf schriebst, und Dein schöner Ausdruck: „daß sein Talent zerriß". Du Lieber, theile mir alles mit; Du kannst mir alles sagen, und wie stolz, wie zufrieden macht es mich!

Du gabst mir Festigkeit! Kurz, wir thun uns gut. (Wie sonderbar, wie schneidend und schmerzend war unser Umgang im Anfang!) Wie verlassen, ja wie ausgelacht komme ich mir ohne Dich vor. Mit Dir, neben Dir, hatte ich zu allem Muth; Du lehrtest mich ausführen, was ich für gut halte; Du lehrtest mich, was ich wohl in der Welt hätte haben können: Du bist der Einzige in der ganzen Welt, der mich je lieb hatte, der mich behandelt wie ich Andere. Ja ich bekenne es Dir gerne mit dem ganzen Drang der Erkenntlichkeit; von Dir lernte ich geliebt sein, und Du hast Neues in mir geschaffen. Nicht Eitelkeit — auch ist die nicht so schlecht, als man sie macht: nur das Lügen durch und für sie ist schlecht — ist es, die ewig mein Wesen mit Befriedigung durchdringt, Du wirst es wissen, Du! — bei dessen rechter Vorstellung die Thränen mir in die Augen dringen — es ist das endlich gesunde, kräftige, wahre, wirkliche Empfangen der Seele. Sie nimmt und giebt, und so wird mir ein wahres Leben geboren! Freue Dich, wenn Du wirklich etwas von mir hältst, und mein Leben und Sein für ein außerordentliches nimmst; Du hast es zu einem menschlichen gestempelt: durch Dich erkenne ich an, daß es eines war. O! Lieber, könntest Du jetzt meine Rührung, meine Thränen sehen; meine Demuth; und könnt' ich Dir mit würdigen deutlichen Worten meine Befriedigung ausdrücken! Mit Dir war es mir anders als mit allen Menschen. Oft machte ich mir Vorwürfe: ich fühlte oft, wenn Du mich nicht liebtest, oder eine Andere, ich würde ruhig sein. Aber es ist richtig. Ich liebe in Dir, daß Du mein Wesen erkennst, und daß das Erkennen sich in Dir ausdrückt, und wirkt, und äußert, wie es geschieht. Ich liebe Dich überaus zärtlich wieder, Du hast es hundertmal gesehen; ich könnte mein Leben mit Dir zubringen; es ist mein sehnlichster, ernster, jetzt einziger Wunsch; ich weihete Dir es in Freude und der größten Befriedigung; ich erkenne Deinen ganzen Werth, und nicht ein Pünktchen Deiner Liebenswürdigkeit, und Deines Seins — Skala hinauf und Skala hinunter — entgeht mir. Ich bin Dir treu aus Lust, Liebe und der gelassensten Wahl. Ich habe keine Forderung über Dich. Ich bin Dein Freund, wie es ein Mann sein könnte. Du bist durch mich in nichts gebunden, ich möchte Dir mit meinem Blute dienen. Und ist es nicht natürlich, daß ich endlich — und es geschieht deutlich nur durch Dich — erkannt sein will: ich würde ja in Dir lieben, jedes Erkennen, und thue es auch. Ich habe genug allein, und Schatten von meinem Feuer kolorirt, geliebt: endlich umfang' ich Dich, Du lebst; und bist Du! Denke aber nicht, daß ich Dich ganz ohne Unruhe liebe. Dein Besitz ist mir nöthig in jedem Sinn. Aber wo Befriedigung war, da bleibt sie. Und in jedem Verlust, in jedem Darben, würde sie mir ewig Nahrung bleiben. „Ich habe es besessen, das Lebensglück." Kindische Menschen echauffiren sich noch nach diesem Besitze. Hat der Himmel eine Zeit ausgesetzt? Ein Schmachten nach diesem Glück trage ich im Herzen: aber so lange ich lebe waren Pfeile, Leid und Schmerzen nur die Antwort, die Nahrung, und soll ich nie mehr etwas haben, so denk' ich an unseren Sommer und Dich. Geht es Dir noch besser, als mit mir; so denk' ich entweder, so hätte es mit mir auch sein können; oder ich lerne etwas: und Dir geht es gut. (Ich schreibe sehr verwirrt, mein Bruder schreibt an meinem Tisch, und mein Mädchen näht in meinem Zimmer.) Du machst mich ganz toll von Glück, wenn Du mir sagst, man sähe, daß Du besser aussiehst: und daß Du fester geworden bist. Sag' mir nicht so viel Lob, Varnhägchen, daß Du lange nicht gut genug für mich seist! Ich kann der Zeit wegen Deinen kleingeschriebenen Brief nicht noch einmal lesen: und werde künftig noch ihn völlig beantworten. Schreibe größer, Lieber, und auf härterem Papier! Ich mache mir nichts aus dem Groschen Postgeld. Schreibe hierher nach Leipzig.

Gestern Morgen sah ich den Kaiser Alexander zu Fuß in meiner Straße, beinah ohne Begleitung, und gedrängt und gedrückt von Volk. Abends war die Stadt wegen dem König erleuchtet. Schön! besser als Berlin, die hohen Häuser und die Erker sahen wunderbar aus. Ich habe auch Minnas Kinder und einen Augenblick den unscheinbaren Herrn Adolph Wagner gesehen. Die Kinder kamen mir im Anfange garstig vor; sie sind aber liebenswürdig, und haben Geist. Minna, die Kinder und alles um sie her, fand ich rein und ordentlich. Nun noch sehr ausführlich von ihr — (Gott wie gestört bin ich! So eben mußte ich eine kaufmännische Schrift von meinem Bruder durchsehen: er reist morgen nach Hamburg: mir auch sehr unangenehm!) Gestern holte sie mich, mein Bruder war im Zimmer, zum Theater, sie kam früh um den Einzug des Königs die Kinder sehen zu lassen. Moritz las der Frohberg ihren Brief; ich sagte, ich habe einen von Dir: sie fing wieder an von Dir zu sprechen. — — — — Wir gingen lachend im Gedränge nach der Komödie, waren vergnügt mit meinem assassin von Bruder. Sahen nachher die Illumination. Diesen Morgen kommt sie. — — — —

Ich habe noch einen blauen Fleck auf dem Arm, für „jüdische Hofräthin"; er vergeht! wie lieb' ich ihn. Dich, Dich! Adieu, Lieber. — — Antworte mir nur bald. Vergnüge Dich. Dresden ist sehr schön. Ich hatte göttlich Reisewetter, heute wird's auch hier wieder schön. Du Armer! so schlecht war's in Berlin. Die Frohberg schreibt mir sehr lieb von Dir. Künftig! Der arme Harscher! empfehle mich ihm. Er soll himmlische Weintrauben in Dresden essen. Und Du, Kleiner, iß ja auch etwas! Nach Josty schmachte ich sogar. Adieu! Schreibe mir, wie lange Du in Dresden bleibst. Auch Delmar sprach viel von Dir, bedauerte immer, daß Du nicht nach Leipzig kämest. Er hält Dich für einen ersten Élégant! — Ich umarme Dich; sehe Deine Augen. Adieu. Weit bist Du!

Rahel.

Die Geschichte von Friedrich Schlegel und Mad. Unger wird wohl in der Erzählung nur so kraß werden müssen: diese Frau ist reell toll, sie schrieb sich mit Campan und vielen Franzosen auch so!

Gewöhne es Dir nicht leicht ab, mir alles mitzutheilen; Du lieber Freund, Deinem besten Freunde! Ach Entfernung trennt doch so sehr! Dein Brief macht mich ungeheuer stolz.

An Varnhagen in Dresden.

Leipzig, Dienstag, den 27. September 1808.

Soeben geht mein Bruder aus dem Zimmer! Wie sehnt' ich mich gestern, wie einsam find' ich mich. Wie war Nehmen, Geben, Sein, gemeinschaftlich: Du warst mir alles was mir fehlte, Bruder und alles! Meiner ist nun weg. Er erfreute mich nicht. Aber ich brauchte ihn hier. Immer mehr, und auch durch Dich, komme ich von ihnen ab: sie von mir. Durch Dich habe ich erfahren, daß ich nicht träume, daß es das giebt, wonach ich schmachte, ohne welches ich mich zu behelfen affektirte. Adieu, liebes Geschöpf! Morgen mehr, ich wollte nur die Erzählung von Minna los sein. Ich berechne alles, in Dresden. Adieu.

Mittwoch Abend, den 28. September um 6 Uhr.

Ach Varnhagen! welche Angst! Ich sehe wie fürchterlich es mit dem Schreiben ist, mit der Trennung! Alles möchte ich schreiben, und dann lebt man nicht; man schreibt bald nicht, und dann hat man sich verloren. O! Geliebter Freund, in welcher Angst fühle ich das: hier in Leipzig allein! Welche Tollheit, welcher Wahnsinn des Schicksals, und von mir, daß Du in Dresden bist, und ich gutwillig hier, oder zu Hause! Sorgt man denn immer für die Zukunft? Welche Stupidität! Und ist nicht jetzt auch Zukunft? Mit denselben Mittlen könnt' ich jetzt in Dresden bei Dir sitzen: nein! ich lasse, wonach mein ganzes Leben gestrebt hat; ich lasse es, und weiß jetzt nicht einmal zu sagen warum. Mit Anstrengung besinne ich mich noch, daß Du studiren willst, daß ich nicht dabei sein soll: und daß ein wahrer Plan — gestehen wir es nur — zu unserer Trennung, und keiner zu unserer Vereinigung gemacht ist. Ich willigte ein; wie ein armer Sünder; die Stadt, das Land, das Gesetz verdammt ihn, die Freunde lassen ihn, er geht; und es sieht aus, als ging' er willig; und so zerschneidet man auch willig sein Leben. Dies ist Ordnung; heißt sie erhalten. So mach' ich's. Auch Du, Varnhagen, findest nie wieder, was Du an mir verlorst! Unmöglich hätte ich dieses vollwichtige Gefühl des Verlustes, des Todes; wäre es nicht auch Deiner. Ich weine. Ich quäle Dich. Laß mich noch. Ich werde aufhören zu weinen, und dies bringt mich zur Verzweiflung; Du und ich, werden beide mit Schlechteren, mit Anderen vorlieb nehmen: und nie, nie wird es recht sein. Ich sage mir ja: Du warst glücklich, Du besaßest ihn: es hilft manchmal, aber nicht jetzt, nicht jetzt. Lautes, lautes Bangen im Herzen; ich sehe nicht, was ich schreibe. O! Verzeih! Du lobst mich immer so! und ich habe die Niedrigkeit, mich Dir so zu zeigen. Es ist niedrig, weil der Brief ankommt, wenn ich grade zerstreut sein kann; und Du nur verlegen bleibst: aber wie wahr ist es, wie ewig wahr! — Heute bekam ich drei Briefe, einen von der Guten — sehr gut — einen von Mama, auch gut, Robert drunter; einen aus Paris von Paulinen. Wie die Briefe mich nur beruhigten; es war während meiner Siesta; meinst Du, ich konnte liegen bleiben? Nein, zu Korrespondenzen bin ich nicht mehr. Ich sagte Dir schon oft — das erstemal, als wir allein waren, den ersten Abend — ich hätte mir Schaden am Herzen gethan, le cœur foulé;

heute sah ich's wieder; welche Angst, nicht auf der Stelle antworten zu können; alles rührte, alles bewegte, beunruhigte mich. Nein! kleine Geschäftsbriefe muß man haben, sonst nichts; mit denen man nicht lebt, muß man nichts zu thun haben; und mit denen man lebt, muß man zusammen sein. Und wir, wir, wir, mein gefundener Freund, sind getrennt, haben uns trennen müssen. O! wie fuhr mir das bei jenen Briefen auf das Herz, wie fiel mir ein, was ich Dir noch zu schreiben hätte! ihnen, daß mein ganzes Hiersein in Schreiben aufgehen müsse. Denn alles, alles möchte ich Dir gerne sagen. Als ich den ersten Tag in Brandenburg aufstand, und den Tag, die Sonne sah; wie drückt' ich den Gedanken auf mein Herz ab, wie ging es stumm zusammen unter ihm: „Dies ist die erste Sonne ohne Varnhagen, die sehe ich ohne ihn. Wehe!" und hier — so wie Abend wird, und ich gehe mit Minna ein bischen: „Du bist ja still, kannst Du mich nicht mehr leiden? was senkst Du Dich in Dich?" Und es ist nichts, als daß ich ohne Dich nicht mehr spaziren gehen kann; Grünes, Schattirungen, Licht, Leben, Bäume, wem wies ich es, an wessen warmer Seite, mit wessen Armdruck, mit welcher Sicherheit und Seligkeit, mit welcher Erfüllung sah ich es! Mit Dir, bei Dir, durch Dich! Ich habe alles, ich habe mehr verloren, als Du; ach! und ich freue mich meines Schmerzes, und des bittern Weinens; könnt' es Dich nur befriedigen, freuen, entzücken, wie es diesen Sommer gethan hätte: auch ohne dies, will ich diesen Gegenschmerz — wie Gegengeschenk — gerne aushalten.

Morgen geht die Post nach Berlin, das erfuhr ich um 4, ehe ich zu Minna ging, ich ging deßhalb vor der Thorsperre und Nacht nach Hause, um denen zu antworten; aber an wessen Brief setze ich mich; und warum? Ich denke, ich schreibe das Beste, meine Sehnsucht sonst weg. Ich lebe hier ziemlich einsam; um 8 stehe ich auf, weil doch dann Lärm neben mir ist; frühstücke, mache meine kleinen lästigen Einrichtungen, ziehe mich an; vor oder um 11 gehe ich zur Messe und zu Minna; um 2 esse ich mit Delmar und ein paar Herren; heute mit einer hübschen Berliner Putzhändlerin, die sich durch mich ganz beglückt fühlte; mir war sie auch lieb; lege mich ein wenig nieder, gehe zu Minna, gehe etwas mit ihr; gestern zum Beispiel blieb ich den Abend bis gegen 10 allein bei ihr; heute bin ich zu Hause; man giebt den Schwätzer; gestern Tell; beides wollte ich nicht sehen. Den Schwätzer habe ich zu oft gesehen, und

Trauerspiele sehe ich hier nicht. Gegen 10 kommt Delmar noch ein wenig zu mir, mit dem schönen Liman — mit der Brille, aus Berlin —, seinem Pylades; um 11 ist hier alles Grab. Unsere wahre Stunde! Mein Bruder ist weg; ich habe nun keinen Mann mehr. Einen Bedienten zu nehmen ist mir zu theuer: auch wohne ich nicht allein. Und Delmar traktirt seinen zu sehr als Gott weiß was; genug, er bietet ihn mir nicht an. Wie viel wäre es in Berlin anders? Schrecklich wäre es jetzt, und allein sein, ist nur ohne Dich sein; eine ordentliche, große, zerstreuende Gesellschaft hätte ich zu Hause auch nicht. Ich vergesse nicht, warum ich hergereist bin. — Die arme Minna lebt noch in großer Konfusion von ihrer Reise; und hat nicht viel, und auch nicht die Weise, Ordnung um sich her zu machen; sie sagt das alles auch selber; daß sie schwankt; und will mich immer bewundern: sie thut mir sehr leid; aber in ihrem Benehmen hat sie durchaus keine Haltung. Ein Kind ist ihr wieder krank, den Anderen befehle ich schon besser, als sie: die Mädchen haben etwas Schönes, Stilles im Gemüthe. Adieu, Lieber, nun schreibe ich den Anderen. Sei nicht böse, nur nach Dresden schreibe ich Dir so viel. Dein allerliebster, himmlischer Brief berechtigt mich auch dazu, was ich ohne Recht als Schrei ausüben würde. Schreibe mir wieder unter der Addresse, unter welcher Du mir noch von Berlin aus schriebest: es war eine Delikatesse von mir gegen Delmar; aber ich habe erfahren, sie lassen sich dicke Pakete Zeitungen kommen, und bezahlen zehntausend Thaler Porto des Jahres, also schicke dreist: ich bekomme die Briefe geschwinder. Adieu. Du denkst auch an mich! Morgen schreibe ich noch ein Wort.

Donnerstag früh.

Ist bei Dir auch Michaelstag? Hier haben sie einen wahren Sonntag daraus gebildet, mit Läuten und die Laden schließen. Auch geben sie ein großes Konzert, vielleicht gehe ich hin. Wenn Du nur nicht auch solch rauhes und trübes Wetter hast — Du siehst so den schönen Spazirort nicht im Frühling und in Rosen, wie ich ihn so oft sah —, dann ist die Brücke unangenehm, und die Berge sind nicht deutlich. Wie mag es Dir mit Harscher's Gesundheit gehen! Und ob ihr wohl über rauhe Berge in den kurzen Tagen die Reise noch zu Fuß durchsetzen werdet! Wie ich nur drei Meilen von hier war, so befanden wir uns plötzlich in einem anderen Klima: bis dahin war warmer, grüner, heller Sommer; alles Laub bewundernswürdig frisch: hier, bestaubt, dürr, entblättert, zerrissen, grau, löschpapiergrau; ewig bewölkt; krieblige, rauhe, recht kalte Luft. Die Sonne merkt, daß sie hier nichts zu thun hat. Auf den Boulevards ist erst ein wenig frische Luft, — obgleich ich ihre Anlage großstädtisch finde —, aber noch lange nicht der Waldgeruch meiner, unserer geliebten Straße. An Feld und Horizont ist hier nicht zu denken: in der Stadt ist nie Mondschein — denke an unsere Mondscheinfeste — er kann nicht hinein, und Laternen und Boutiken versehen seine Dienste; den kannst Du wenigstens in Dresden prächtig haben: an einem lauen Abend fahre auf der Elbe; von der Vorstadts-Komödie, das Bad genannt, nach Hause. Erhalte nur Deinen Körper, und komme nicht wieder in's Schwitzen. Und daß der Mund nur gut bleibt! Findest Du mich zu dumm? — Ich nehme nicht wieder so durchschlagendes Papier! Adieu, und immer Adieu! — Rahel.

An Varnhagen in Dresden.

Berlin, Sonnabend, den 8. Oktober 1808.
Mittag um 12 Uhr.

Denk' Dir, Varnhagen, drei Briefe, an Minna, an Delmar, und an Pauline, die mir wieder geschrieben hat, liegen auf meinem Tische fertig! Wie ich Datums erst schreibe, so habe ich mir diese vom Halse geschrieben! Wie ist mir aber nun auch! Sieh meine Handschrift! Seit ich Dich verließ, schrieb ich Dir! Jeden Luftzug, jedes Wort, jeden Schein und Schimmer wollte ich Dir mittheilen. O! Qual. Aber fürchte Dich nicht! Ich bin wie durchstählt — wahrlich wie nach einer gelungenen Brunnenkur — von Deinem Besuch — von meiner ganzen Reise. — Nein! ich fühle, es wird mir nicht immer schlecht gehen: daß Du kamst! welcher Sonnenblick über den ganzen Gesichtskreis meines zu lebenden Lebens! daß Du bei mir, mit mir warst! Welch heilsames Zusammensein! Ein Gefühl wie Gesundheit, Stolz, Genesung, und Hoffen, ist es ganz zugleich! Befriedigung ist's, daß endlich eine redlich wünschende, eine eben so sehnende Brust, den Zauber eines feindlichen Gewirres von Umständen, kurz, mein Schicksal, brach. Du kamst: und konntest es, weil Du wolltest; Deinem Herzen, der Liebe verdanke ich noch obenein, die Seligkeit, das Leben Deines Anblicks! Wie lieb ist es mir, uns Beide in der Fremde, unter ganz anderen und zum Theil so holperigen Umständen, rüstig, vergnügt, gesund und entschlossen gesehen zu haben! Sollte mich das nicht hoffen lehren! Und wie richtig, wie gesund geht das Gesunde in mir vor! O! wäre es mir doch je ein wenig gut gegangen! Kein kränkliches Anklammern ist die Folge von diesem innigen Bewußtsein, von dieser erhebenden Erfahrung. Auch Dich zu verlieren habe ich den Muth, und weiter zu leben. Nur durch Dich, kann ich Dich verlieren. Und dann ist es richtig. Dann entfällst Du mir, wie die Blüthe dem Baum: das ist schlimm: aber die ist nicht zu halten. Bleibe Du lustige Blüthe; das natürlichste Wetter beglücke mich oder nicht; ich der Baum, will auch den Winter ausstehen. Bleibe Blume, und frei: so nahm ich Dich an! Kein Krampf, nichts Gezwungenes mehr! man läßt es nur später, und schlechter. Beglücke mich der Himmel wie in Leipzig! oder nicht; ich kann jetzt im Herzen alles ausstehen. Mit Gesundheit durchschienen fühl' ich mich ordentlich! Mit der der Seele, und mit der des Körpers! Ich erkenne und fühle ganz das Glück. Lohn endlich, für meine redlichen Schmerzen. Ich starb nicht; ich genas. Wie lieb' ich Dich. Du weißt es, aber nicht wie ich; Du warst mein einziger Gedanke. Alles, jedes bezog ich auf Dich; bei mehr Schwäche kann solch ein Zustand zur Tollheit führen. —

Den ersten Abend schlief die B.; ich dachte an Dich. Aber wie stupid; denn ich dachte zu viel, wie Du an mich denkst. Wir schliefen gut im Waldhause. Den zweiten Tag aß und sprach sie ununterbrochen. Quälte mit Bedacht den verdrießlichen Mann, dessen Verdruß immer grade kurz vor dem Ausbruch zu Galanterie umschlug — ich glaube, fester Vorsatz, Prinzip bei ihm —, schon das ewige Essen verdroß ihn; ich glaube, aus Geiz und Unpäßlichkeit. Sie sagte ihm ewig, wie krank er aussähe. Bis zur Härte ging's. Ich mitigirte, und aß viel mit. Sie betrug sich durchaus wie Philine! Erlaube mir den Vergleich: ich habe keine andere Bekannte, Pauline kennst Du zu wenig. Sie war unerschöpflich über Akteurs und Stadtgeschichten. Alles war uns zusammen bekannt, mich liebte sie sehr, Dich lobte sie; und blieb in Einem Bedauren. Angeloppe (statt Enveloppe) sagte sie zwanzigmal in einem Athem. Kolisse, Ortheil; kurz, U giebt's in der deutschen und fran=

zösischen Sprache nicht; sie war gut, — und der Kutscher vortrefflich —, aber sie ließ mich die beiden letzten Tage wirklich nicht in Ruhe an Dich denken. Vorgestern Abend kamen wir mit der lieblichsten warmen Sonne den Potsdamer Weg in den blühendsten, sommerigsten Bäumen her —, hier ist noch alles grün und Sommer —; als ich die Stadt sah, dacht' ich: bei diesem Thurm wohnt die Frohberg; und mir wurde so bange. Ich frug mich, weil es mich wunderte. Ach es war, daß ich unsere Thürme ohne Dich, ohne die Hoffnung, sie je wieder mit Dir zu sehen, sah. Nur mit Dir kenne ich Berlin; so leicht gleitet das Süße bis in's tiefste Herz: ohne Dich dacht' ich hier, genoß ich hier nichts: und fremd war mir trotz des Wissens der Gedanke der Trennung geblieben. (Schon unser Land, trotz des wiedergefundenen Sommers, beklemmte mich. Schmutzig, arm und unzierlich fand ich es, ärger als je.) Ich ging von der B. zur Frohberg allein durch die Behrenstraße, die Sonne schien an den Dächern! Wie weh war mir! „Wie weh, wie weh", sagte ich ganz laut. Denn ich war allein in der Straße. Unser Viertel giebt mir die größte Sehnsucht, das zerrendste Bangen! Nur Dich denk' ich, nur Dich! — Ich ging zu Mama, der war ich nicht lieb; auch blieb ich nicht, ich ging in mein neues Haus, fand alles mitten in den Stuben, Line erschrocken: ich war guten Muths, bald war Raum und eine gewisse Ordnung. Ich ging zur Fr. zurück, um 11 schlafen. Gestern waren Tischler, Schlosser und dergleichen bei mir: nichts geht gleich: ich bin aber gleichmüthiger als je. Habe einen sehr guten Bedienten, ein sehr gutes — lustiges — ohne Dich! — Quartier, stelle die Dinge nach meinem Sinn und Bedürfniß, und unter den Händen wird mir alles wie mit einer gewissen Eleganz. Recht behaglich sieht's bei mir aus; tausendmal besser, als bei Mama, die schon sechs Wochen arbeitet, mahlt und tapezirt. Keinen Groschen lass' ich mir's kosten, nur hingesetzt und festgemacht wird alles. Aeußerst bequem, ruhig, ordentlich, rein und still ist alles bei mir. Ohne Dich! Gestern Abend sah ich Cellier und Mariane und Julchen bei der Fr.; ich hatte die Mädchen des Morgens unter den Linden gesehen; sie freuten sich sehr mit mir, und kamen den Abend. Auch Cellier ganz im Ernste. Er war recht gut; fragte nach Dir und lobte Dich. Rebecca hat mir wohl fünfmal gesagt, ich soll Dich sehr grüßen. Sie hat einen guten, herzlichen Brief von Saint=Mars; sie fand ihn nicht so sehr gut als ich. Nun aber. Sie wollte mir ihn für Dich geben: es freut mich, daß sie Dich so sehr ehrt. Mariane frug auch sehr hübsch nach Nachrichten von Dir.

Markus hat mich so gleichgültig wie gar nicht aufgenommen. Ich bleibe beim Heirathen [das heißt damit Drohen]! Mama machte, als wäre ich eine wirkliche Einquartirung. Auch ging ich gleich. Sie ist ungeschickt. Und sehr mager geworden. Vor lauter Nachrichten komme ich nicht zu uns und meinem Herzen. Bleibe es heute so! Ich bin so fatiguirt heute. Von Mittheilenwollen und dem wirklichen Schreiben. Hast Du Minna noch gesehen? Ich weiß nichts mehr über sie zu sagen. Den ganzen Weg habe ich mich beunruhigt, Du möchtest mir den Kuß übel nehmen, den ich Dir in Düben gab: aber alle Leute halten so einen für autorisirt; und thun es beim Abschied. Mir entfuhr er. Verzeihe ihn mir! Und daß er Dich nicht störe! Jetzt bist Du auf der Galerie. Jeden Schritt berechnete ich. Wie allein, wie ohne alle pointe bin ich hier! Hier, wo die ganze Gegend, alle unsere Straßen von Dir bezaubert sind. Welcher Mond war gestern an meinen Fenstern. Welche Aussicht ohne Dich! allein! —

Höre! Einer frägt vor der Bude des Panorama: „Was ist hier zu sehen? — Das Panorama. — „Noch lebendig?“ — Und ein Franzose, der es lange angesehen hatte, sagte: „N'y a-t-il point de changement ici?“ Sehr gut! Adieu. Liebst und vermissest Du mich auch? Thue es! mir zum einzigen Trost. Wahrlich Dein. Rahel.

Campan hat Paulinen besucht. Sie sagt, er wäre sehr lieb für mich. Briefe, alles, muß ich ohne Dich lesen. Chamisso sah ich gestern Morgen. Er grüßt Dich sehr.

Die alte Baronin Labes, Achim von Arnim's Großmutter, sah ich auf dem Schöneberger Weg zuerst; und den Präsidenten Kircheisen aus dem Thore reiten.

An Varnhagen in Tübingen.

Berlin, Mittwoch, den 12. Oktober 1808.
Morgen um halb 8.

Die Sonne scheint, und anstatt mich zu erfreuen, ängstigt sie mich. Ach wie hab' ich mich geängstigt, seit ich Dir schrieb!

Meine größte Angst ist, daß ich gar nichts werde thun können. Zur Fassung konnt' ich mich wohl fassen, aber nicht zur Beschäftigung. Wie verschlagen bin ich. Wie unbekannt hier mit mir selbst. Alles bezieht sich in diesen Zimmern nur auf mich; jeder Befehl, jede Ordnung, jede Bewegung! Gerechter Gott, wie entsetzlich traurig macht mich das. Sonst war alles für Viele, zuletzt für Dich. Ich bin allein und verschlagen, und nicht in der Fremde. Aus seiner Familie, von gewohnten lebendigen Gestalten zu gehen, ohne irgendwo hinzukommen, ist so unanständig, so verrückt, als traurig. Für niemanden hab' ich etwas zu besorgen, zu bedenken, als für mich! Nie, nie, nie noch war ich in der Lage. Du bist weg. Mein einziges Leben, der Freund. Das einzige Geschöpf, welches sich je für mich zeigte. Und ich sollte es aushalten! vor Angst nicht vergehen. Nun erst, seit Donnerstag verstehe ich erst Goethens Lied: „Vorüber, ihr Schafe, vorüber, dem Schäfer ist gar zu weh." Weh sag' ich mir laut und leise in meinem Zimmer, auf der Gasse. Mittag lauf' ich zu Mama, welches mir ein Gräuel ist, wegen des Zuhausegehens; dann such' ich zu schlafen, zu lesen; und geh' zur Frohberg, gegen 11 nach Hause; wo ich wie geschlachtet vor Schlaf — denk' Dir mich — in's Bett wanke, darin esse, oder gar nicht esse. Um 7 wecke ich schon im Nebel, Regen oder Sonne, die Leute; besorge noch bis jetzt eins und das andere, gehe mit der Fr. spaziren; und so schließt es sich wieder an Mama. Gassen, Scheine, Ecken, jeder Schritt erinnert mich mit einem bangen Schrecken an uns. Dir geht es nicht eben so, Du bist in der Fremde, mit einem Plane. Aber sei vergnügt, ich werde mich fassen. Die Frohberg ist über unsere Sommerreise sehr wankend; wirklich mir doch endlich im Ganzen zu wankend; in ihrer Lage, in ihrem Sein hat sie Recht; aber mir muß geholfen sein, und was hilft das mir. Denn sieh nur mein Herz wie es ist; ich denke an die Zukunft. So nenne ich die nächsten sechs Monate. Ostern muß ich hier heraus; will ich von hier weg. Pauline hat mir wieder hierher zwei Briefe geschrieben voller Schweiz und Berge. Rechne sie nur als eine Bekannte, aber ich muß doch eine haben. Sieh, so wogen böse Gedanken in mir. Ich weiß, es können Evenements kommen, und ich werde wohl rüstig bleiben: aber wie kommen sie? selbst das beste — Du —, war sein Kern nicht Trennung? Verzeih mir diese weibische Klagen! Ach wären sie ungegründet!

Taumelte ich nur nicht so umher; ginge nur etwas vor! Du hast gesehen, ob leere, hohle Wünsche mich treiben, ob ich nicht das ganze Leben mit einem Freunde, bei einem einzigen, in seiner ganzen Fülle und Mannigfaltigkeit finde. Und was ich leisten könnte, hat mir ja das zerstreute Schicksal noch nie abgefordert! Ich wünsche Menge und Zerstreuung, Occupation, und hasse sie. Du bist ja mein Schmerz und meine Angst. Dich soll ich künstlich, falsch und gewaltsam aus der Seele drängen! zurückscheuchen! Und Schmerz und Angst veracht' ich auch schon so sehr!

Ich habe mir Sophie Brentano's Novellen holen lassen; und habe einige contes von Diderot gelesen, les deux amis, ceci n'est pas un conte, und sur les femmes. Wie meisterhaft schön! besonders ceci n'est pas un conte. Wie himmlisch spricht er, bis zu einem gewissen Grade, von der Liebe. Aber wie sonderbar, auch sie nur sieht er kritisch: und so gut als man sie so sehen kann. Die muß man auch darstellend empfinden: mit der ist es doch umgekehrt! Von der Brentano habe ich nur noch wenig gelesen. Der Herbstnebel affizirt mir die Augen, und es ist klein gedruckt; Diderot rasend groß. — Nun steht wieder mein Kaffee auf dem Tisch, es ist still, und Ordnung bei mir, ich schreite nur von einem Tisch zum anderen. Freilich könnte es gut sein, wenn ich Dich, Dich den Abend erwarten könnte. Klug ist es? Rasend ist es, stupid dumm, sich das Herz auszureißen. —

Donnerstag, den 27. Oktober.

Mein theurer Geliebter. Welche Kluft von Zeit, welche Welten sind zwischen uns! Sieh wie lange ich Dir nicht geschrieben habe. Ich will suchen, Dir nach der Reihe alles zu sagen: wie schwer! Uebermorgen werden es vierzehn Tage, daß ich Deinen ersten Brief aus Dresden bekam, worin Du mir von der Brücke schriebst. Fieber bekam ich während dem Lesen vor Agitation — ich kann ihn jetzt nicht durchlesen um drauf zu antworten: aber ich werde es; und dann Punkt vor Punkt; wie heilte mich Deine Liebe: aber ich erinnere mich, er ließ mir doch etwas Herbes zurück: ich werde es auch wiederfinden, und Dir schreiben. Dein zweiter aber, den ich gestern vor acht Tagen erhielt, mit Deinem Journal, welches an Ort und Stelle ist, der antwortete meinem Herzen, und reiner Dank in Thränen quoll zum Himmel; reiner, ächter Dank. Du liebst mich. Antworten kann ich Dir noch nicht: ich bin noch zu schwach. Nur die äußerste Agitation treibt mich an den Tisch. Ich kann es wohl schwören: einer, der im Gefängniß ohne Papier und Tinte sitzt, hat nicht mehr Briefe in seinem Kopf gemacht, und peinvoller, als ich an Dich die letzten vierzehn Tage. Seit zehn Tagen habe ich ein Katarrhalfieber; gestern war der neunte Tag: ich hoffte, wie immer, der letzte: ich spürte aber auch heute noch Fieberbewegung: und habe zu bestimmten Stunden Nervenzustände. Immer so bei mir, jedes Fieber ist ein gelindes Nervenfieber; bis gestern war ich in dem tiefstruhigsten Seelenzustand dabei: es war eine Erlösung, die mir von oben kam. Ich konnte mich in meinen Zustand, in mein Haus, in Deinen Verlust nicht fassen und finden: ruhig machte mich plötzlich das Fieber. Glaube aber nicht, daß ich von Agitation krank geworden bin: von reiner Erkältung: Rheumatism auf den Nerven: wie ewig bei mir. Aber er hätte mich nicht erlegt, hätte ein überaus großer Schreck, der größte in meinem Leben, nicht meinen ganzen Körper abgespannt — so glaube ich: Mama war krank, und letzten Sonntag vor acht Tagen ging ich wohl schon um halb 11 zu ihr, um eine für mich nach ihrem Tode wichtige Schrift umzutauschen: ich hielt sie für krank, konnte und mochte sie aber weiter darin nicht schonen; um sie allein zu sehen, und auch aus Unruh, ging ich früh. Damals kritzte es mir nur im Halse, und ich war gesund. Auf der Treppe begegnet mir Fritze; St! sagte er, Mama schläft: das benimmt mich etwas; dabei habe ich meine Idee im Kopf. Er schließt den sehr großen Vorsaal auf, ich gehe durch nach der Kousine Zimmer, die ich beinah nackend finde; sie kömmt mir mit demselben Psten entgegen: „Ich weiß schon“, sage ich; und frage sie nach Mama'ens Nacht und Gesundheit: mit einemmale stößt Mama — zwei Stuben weit, dicht an ihrer Klingel, die Thüren zu — einen langen, hohen, unartikulirten Schrei aus: bei seinem Ende waren wir beide vor ihrem Sopha: wir hielten sie für todt: wir waren es. Ich sah nichts. Ich sagte nichts; nicht einmal: wie hab' ich mich erschrocken. Mama bot mir alles an. Eine wirkliche Viertelstunde sprach ich nicht: ich bemühte mich, Mama zu gefallen: ich glaube, ich konnte nicht. Ganz still, war Wein, so sehr ich' sie auch schonen wollte, mein erstes Wort. Ohnmachten, weiß ich nun noch gewisser, kann ich nicht haben; viele Stunden nachher zitterten mir die Beine: ich ging nach einer Stunde in die Sonne; zur Stärkung glaubte ich. Mama hatte nur ungeschickt gerufen. Die Kousine beklagte sich sehr. Montag vermehrte sich meine rauhe Brust: Dienstag hatte ich Fieber mit Brustbeklemmung; die auch noch gestern mit ihm eintrat. Weder Töne noch Licht konnte ich ertragen; wenn ich eine Fliege von meiner Decke scheuchte, schliefen mir Hände und Füße ein; erhob ich mich, war mir ganz schlimm wie aus dem Rückgrat heraus; ich defaillirte gleich. So ist mir ein paarmal des Tages noch. Gestern Morgen machte man mir eine Bestellung, die mich im Schlechten affizirte, und den ganzen Tag war, trotz aller anstrengenden Bemühung, meine Seele geängstigt von meiner Nervenwendung. Schon den Sonntag, als mein Fieber stärker geworden war, und ich an Doktor Böhm einen Tags vorher geschriebenen Zettel geschickt hatte, daß er doch kommen möchte, — bis dahin hatte ich ihn gar nicht gesehen, weil er selbst, an derselben Krankheit, lag, wie alle Menschen, und Mama auch; und ich gehört hatte, er würde den Tag wieder ausfahren, — den Sonntag hatte ich starke Gemüthsbewegung grade gegen Mittag, wo der Anfall immer prononcirt eintrat. Nämlich Doktor Bing tritt in mein Zimmer: er ist meiner Mutter Arzt: Robert hatte mir den Abend zuvor bedenklich oder nur besorgt von ihrem Zustande gesprochen, und mir auch gesagt, sie ängstige sich um mich; nun dachte ich, ihre Angst sei so gestiegen, daß sie von ihrem Arzt Rechenschaft über mich haben will; oder gar, daß der mich präpariren will über sie. Es war aber nur ein Mißverständniß. Fritze hatte nämlich meinetwegen Bing bitten sollen, zu meinem Bedienten zu gehen, den er schon sonst in der Kur hatte, und der, mit mir zugleich, sich an einem Blutsturz legte, und den ich den Tag vorher mit Höllenmühe (aus meinem Bette her) aus meinem Hause geschafft hatte. Bing war artig: blieb aber eine halbe Stunde; das emotionirte mich nur noch mehr! Wie verstärkte sich mein Fieber! Hände und Füße schliefen mir, Ohrensausen, die Stimme verging mir, und das Athmen, alle Pulse hörte ich: denn ich fürchtete mich, Böhm würde grade kommen; der wäre unwiderruflich aus meinem Zimmer gestürzt: kurz, die größte Szene hätte ich erlebt; bei jedem Wagenrollen glaubte ich sie schon sicher. „Mein Fieber nimmt zu", stieß ich endlich aus; Bing geht; in meiner ersten Stube höre ich sprechen, ich kann nichts unterscheiden: eine Person tritt ein, die ich nicht kenne; es war die Kousine, die ich bloß nicht erkenne; „Ich melde Ihnen einen angenehmen Besuch!" Mama! sag' ich; „Ja!" All mein Blut flammt auf vor Freude; es dauert eine Weile; ein Jahr für mein Fieber: sie tritt ein, ganz essoufflirt, zerstörte Gesichtszüge; von den Treppen und Zorn: „Nun! sagt sie, was hast Du für ein Logis, wo willst Du mit allen Stuben hin, ein Haus hätte genug"; dann wendet sie sich zu Linen; „und s i e, sie klagt über das Essen? Ich theile es bei Tische ab, es i s t genug, wenn nichts unterwegs davon genommen wird", — und so in e i n e m ungeschickten Strome fort. Ich war unfähig zu antworten; einige Thränen, die sie hinter meinem Schirm nicht sah, retteten mich; sie hörte nicht auf. „Wir wollen von etwas anderem sprechen", sprach ich schwer und tief aus meinem Fieber hervor! Sie war mit einem Bums stille. Ich aber konnte nicht mehr sprechen, nicht mehr freundlich sein — so wird alles zerdrückt. Sie hatte uns wirklich lächerlich wenig geschickt, und mir schon sagen lassen: abtheilen könnte sie nicht, sie wollte mir lieber aus dem Wirthshause bezahlen. Und nur, seit ich krank bin, ließ ich das Essen holen: sonst lief ich zu ihr. Jetzt bekomme ich viel und ordentlich. Robert besucht mich zweimal des Tages; die Schwägerin zweimal; Hanne und Fanny viel, und oft, und gerne. Nette Markuse alle Abend; die Gute zweimal; lächerlich, mit der Uhre, und nur des Anführens wegen; sie ist wieder in ihre Unleidlichkeit verfallen. Ich erzähl' es Dir späterhin.

Neumann war vorgestern bei mir; sehr herunter: ich ermunterte, in meinem Bette, noch ihn. Er war erst den Tag zuvor von den Redern'schen Gütern gekommen. Chamisso ist zu Fouqué, und war auch einen Abend, noch vor meiner Krankheit, bei mir. Sonntag, wie Mama da war, nahm er einen Augenblick Abschied. Er hat mir den Musenalmanach kaufen müssen; einer muß ihn doch haben; jetzt hat ihn Neumann. Sie sind ganz herzlich zu mir; ach Gott! ich bin auch besser mit ihnen, weil sie Deine sind. Lieber, alles, alles bewegst Du in mir. Seit gestern lese ich mit Pausen. Galmy habe ich mir genommen. Fouqué muß ich recht lieben; was mir an Anderen gesucht und übertrieben vorkäme, finde ich bei ihm anders; er ist gewiß ein lieber, ächter Mensch. Ich streiche an, was mir auffallend gefällt. Du wirst das Buch in Hamburg finden, in Hamburg; wo ich Dich nie sehen werde: wo Dir die Bücher hingeschickt werden — Chamisso sagte mir es noch. — Mein Herz zieht sich mir dabei zusammen, als wenn eine Hand es erdrückte, nach vielen Athemzügen wird's erst nach und nach besser. Sorge nicht, lieber Geliebter: heute nur spricht ganz die Kranke: und erzählte ich Dir nicht meine Krankheit, was ich wohl vermöchte, so wüßte ich aber nichts! Und Du würdest gleich sehen, daß Du nicht mit mir fortlebst. Du sollst, so lange es noch geht, alles wissen. Adieu! Heute schreibe ich nun nicht mehr! Heute ist nur eine dürre Erzählung mein Brief. Was ich vorher, vor heute schrieb, habe ich nicht durchgelesen. Morgen will ich noch etwas schreiben; und dann Deine beiden Briefe Punkt vor Punkt beantworten; Du rechnest aber diesen Brief und meinen künftigen für Einen: dieser soll nur fort, damit ich nicht noch etwa vorher einen von Dir kriege, und meine Angst über's Antworten noch höher steigt. Und damit Du von mir weißt. Du liebst mich ja. Ja, Du liebst mich. Gott! wie hab' ich es überlebt, Deinen zweiten Liebesbrief zu lesen! Wie krank war ich schon! Nie willige ich wieder in eine so wahr frevelhafte, gottverlassene Trennung, auf dieser Erde. Was will man denn noch? Anderes zu wollen, es für besser zu halten, das ist die lose Sünde. So taumelt man. Nein! Adieu. Ich habe Dir noch Anekdoten gesammelt, und schreibe jetzt alles für Dich — für Dich, geliebtes Geschöpf — in ein Buch: auch schrieb ich die beiden letzten Tage in meinem Bette einzelnes an Dich, was mich zu sehr quälte, und sehe es hier beim Briefe nach. Adieu, Geliebter, es ist 7 Uhr jetzt; ich zittre nur so und brenne: ich habe auch dies in Pausen geschrieben: die Kinder waren dazwischen oben. Adieu! Harscher hat in allem Recht, man fühlt wenn einer an einen denkt. Jetzt scheint der Mond wieder; er erschreckt mich noch ohne Dich. Adieu. Ich bin froher, daß ich zu Dir habe sprechen können. Aengstige Dich Du nun auch nicht. Adieu. Wie kann ich mich nicht von Dir trennen! Ich drücke Dich. Adieu!

Freitag, den 28. Morgens um halb 9.

Die Sonne scheint, und es ist sehr mildes Wetter. Du bist mein Gesundheitsschild: seit ich es nur vermochte, Dir zu schreiben, geht es mir besser. Wie entsetzlich schwer wurde es mir gestern, als ich's versuchte: wie zitterte ich, wie ward mein Athem, wie ward mein Kopf; mit Anrufe an den Himmel legte ich die Feder aus der Hand, mich an den Stuhl verzweifelt; und wartend: es ging doch; ich schrieb! Und nun hilfst Du mir! Auch Du bist mir ein Zaubermittel; war ich nicht ganz gesund, so lang ich Dich kannte! (O! ich werde es auch wieder, dies ist nur eine gemeine Krankheit, die nur in meinem Körper anders aufgenommen wird.) Ich schlief heute Nacht erquickend; und gestern Abend, trotz der Anstrengung, defaillirte ich nicht, wie jetzt um 11 oder früher immer geschah. Ich will auch versuchen, den Mittag ein wenig auszugehen! Die Nerven müssen durch Behandlung benachrichtigt werden, daß sie sich wie immer betragen sollen. Vielleicht interessirt es Dich zu wissen, was mir Böhm gab. Ich ließ ihn erinnern, als er noch krank war, daß er mir im Februar bei einem ähnlichen Fieber einen sehr abgepaßten heilsamen Trank von Orangenblüthe gegeben hatte; der keine Massen hatte, und nur wirkte was er sollte. Er verlangte die Rezepte; die liebe Kousine aber hatte sie verschmissen; da schickte er mir einen von rother Farbe, einer Säure, ich glaube Vitriol, man giebt ihn gegen Blutspeien; und die Orangenblüthe schmeckte ich auch. Er that mir nicht so gut, als der vorige. Diese Säure — ich kenne sie — spannt mich immer bis zur Besinnungslosigkeit ab; und die Blüthen wirkten nicht rein und exakt wie das vorigemal, in anderer Mischung. Er mochte sich wohl nicht haben besinnen können: oder er mag auch die Brustbeschwerden und den Husten berücksichtigt haben; denn dies thut er immer bis zum Pedantism: darüber hat er sich mir schon erklärt. Den Sonntag, als er zum erstenmal kam, es war eine Stunde oder mehr, nach Mama'ens Schreckensvisite, fand er mich schlafen; im Schweiß nach der Hitze entschlief ich jedesmal — denke nur nicht, daß es ein kaltes Fieber war: drei, vier Anfälle hatte ich manchmal; und immer in solchem Fieber so — und öfter, das liebt er nicht: auch hatte ich den Tag zum erstenmal Kopfweh: er ließ mir gleich eine Tasse Kaffee von zwei und einem halben Lothe machen; die ermunterte mich; aber in einem anderen Fieberanfall den Nachmittag, dacht' ich an Mama, ich mußte lachen: und so zum Schreck der Line lachen, schreien wie besessen, und weinen. Dies wirkte wohl die gewaltsame Ermunterung. Doch war sie nöthig; ich verfiel bald wieder in assoupissement, und nahm einen minder starken Kaffee. Ich dachte, das könnte Dich interessiren. Mich interessirt Böhm immer. Nun will ich mich leise anziehen, und Dir heute und morgen noch schreiben. Verzeih mir nur diesen Brief noch! Künftig, habe ich mir ausgedacht, wenn ich werde schreiben können, wie ich will, immerfort; so schicke ich Dir die Briefe, wie ein Buch, mit der fahrenden Post; ich werde mich erkundigen, ich glaube das kostet nicht so viel. Dieser wird noch sehr groß; und wenn er abgeht, ist erst ein Viertel von ihm fertig. Adieu, Lieber. Was machst Du wohl in der Sonne? Man sagt ja Wundergöttliches von der Tübinger Gegend. Hr. Froriep ist ja auch dort; der soll sie so gelobt haben. Adieu! Harscher hat Recht! Grundschlecht ist Schreiben. Adieu, Lieber! Ach wie ist alles!

Abends um 11 Uhr.

Ich will nicht zu Bette gehen, ohne Dir noch zu schreiben. Morgen muß und soll dieser Brief weg; und da werde ich auch nur noch wenig daran schreiben können, und da könntest Du denken, ich sei kränker. Eben geht die Gute von mir — künftig Details, sie schreibt wieder ein Buch — bis 9 war ich allein. Diesen Morgen um 10 kam Mama zu mir; sie blieb anderthalb Stunden: sehr gut. Du Gott! ich nehme all die Menschen, die Gute mit eingerechnet, zu bündig: ich habe die lichte Ueberzeugung; aber der Karakter, die Natur fehlt mir. Die Ueberzeugung muß jede Faser noch durchdringen, und die Natur ändern. Als Mama weg war, ging ich mit Fanny — kompletes Frühlingswetter — weg. Ich konnte nicht gehen, und ging doch: zu Mama; da verwickelten sich meine Nerven; ich war zu müde, und konnte nicht sprechen: ich nahm Wein und ging nach Hause; das ging schon besser; Böhm kam; befahl mir, die „italiänische“ Luft den ganzen Tag zu genießen: meine Einwendung, daß mir die Kräfte fehlen — er traf mich noch in der völligen Ermattung — und meine übrigen Klagen über Beschwerden, ließ er nicht gelten: er befahl, alle paar Stunden ein Glas Champagner zu trinken — bewährt bei mir — er imponirt mir, und ich bestellte mir Robert, der noch kam, zu nach Tische; weil ich noch keinen anderen Bedienten habe: er kam etwas zu spät, ich ging nach der Sonne; und das war nicht sehr gut: nur bis an's Thor. Ich ruhte mich lange; las Galmy aus, und kaufte mir eine Kante an einen Kragen: denn morgen, denk' Dir, will ich mit Fanny in eine Liebhaberkomödie gehen, wo alle unsere Schauspieler sein werden: ihre kleine Schulkameradin Mlle Eunike spielt Fanchon. Ein Kind voll Talent. Erkennst Du mich? Varnhagen? Ich weiß noch gar nicht, wie ich es prästiren werde; aber ich thue so. Du sollst auch in diesem traurigen Brief ein paar Anekdoten finden, die ich als muntere Blumen hinein sticken will. Jetzt aber steht Huhn für mich auf dem Tische; das soll ich essen. Allein. Und wie scheint der Mond heute: wie kränkt er mich! Wenn der schien, warst Du ohne Einrede mein; ich ganz für Dich, ohne Störung. Oben bei mir; so viel wir wollten; oder in Gottes Luft! Der Mond beklemmte mich gleich: und dies denk' ich hinterdrein. Wenn ich gegessen habe, schreib' ich Dir ab, was ich im Bette mit Bleistift schrieb. Adieu möchte ich Dir unterdeß sagen! (Mein Huhn war etwas erkaltet; schmeckte mir aber sehr gut.) Das schrieb ich in meinem Bette: „Nun ist es wahr, nun ist die rasende Zeit, vor der ich mich nicht einmal fürchten wollte. Dich zu lieben sträubt' ich mich; das war ja vernünftig; ich wollte dem Entbehren, dem neuen Fasten nicht den edlen Hals beugen; und es war doch edler, das Herz gehen zu lassen. Nur das Glück weigerte sich, blieb aus, wie immer." Nein, vielgeliebter Freund! es thut mir nicht leid: ich will es ausstehen. In Dir hab' ich den Freund, die Gesellschaft, oft den Lehrer, den Geliebten gefunden. Ich sollte geizig sein? Ich bin ja nicht nur verliebt! Wie sonderbar ist es, daß ich nach Galmy griff! Zwar in allen Liebesbüchern findet man seine Noth: aber hier endet er doch offenbar mit Trennung: und auch sieht man — hier wenigstens äußerlich nicht — woher! O! es gefiel mir sehr. Ich schrieb noch mit Bleistift: „Mit Dir könnte es ein Leben sein, — so ist es nur — ein Steuren, ein Steuren ohne Ziel!" Ja, Lieber, so muß ich denken, wenn ich Ruhe, Ordnung, Raum, in meinen Zimmern sehe; und nur Du, nur Du mir fehlst! —

Nun für die Anekdoten. Eine Dame, die während der Revolution ihrem Mann, der in Italien war, nachreisen wollte, hörte in der Gesellschaft auch von Reisen sprechen: Ah, monsieur, sagte sie, comme vous allez à Rome, vous poussez sûrement jusqu'en Italie; der Lärm unterbrach sie natürlich; je n'y trouve rien à rire, sagte die Frau, tout le monde n'est pas obligé de savoir la mythologie! Der alte d'Houdetot war dabei, und wollte sie nicht nennen. Vor ein paar Tagen forderte einer einen Kuß von Marianen Saaling, sie wollte nicht; „Was machen Sie sich aus solchem Mußkuß?" sagte Julie gleich. Diese Bonmots wären vielleicht ohne den traurigen Brief nie zu Deinen Augen gelangt — aufgeschrieben hatte ich sie jedoch — aber heute müssen sie fort. Nun aber adieu bis morgen. Lieber, was machst Du wohl jetzt? Könnt' ich Dich wohl küssen? Bist Du allein? Ich thue es. Adieu!

Sonnabend früh den 29.

Kämst Du in die Stube! Mir ist, als müßte ich Dir Gutentag sagen, als könnte ich Dir in die Augen sehen. (Was das arg ist; daß Du keinen Vornamen hast, bei dem ich Dich nennen mag!) Heute, mein Lieber, werde ich ordentlich keine Zeit haben. Jetzt bin ich aufgestanden; habe eine Botschaft an Mama abgefertigt, dann muß ich mich anziehen, das dauert jetzt noch länger; dann will und soll ich in die Sonne gehen, dann zu Mama; dann bei mir essen; und wo möglich schlafen, wenigstens ruhen. Und um 5 mit dem Kinde — mit einem wartenden Kinde — schon nach der Komödie; darum will ich das Essen und alles früher abmachen, damit nicht Uebereilen mich noch ermüde. Sei aber nicht besorgt. Seit vorgestern, daß ich, aus dem Bette wankend, es so weit gebracht hatte, Dir zu schreiben, mein geliebtes Zaubermittel! geht es mir mit unverhältnißmäßigen Schritten besser. Ich schlief wieder recht gut, und weiß recht klug, was ich essen und trinken muß. Sei nicht böse! dieser Brief soll nur noch mit der reitenden Post weg; und das heute; schicke ich ihn, nämlich hin; des Sonnabends fliegen sie ja wie toll, nach allen Enden hinaus, aus dem Posthause! Dienstag gebe ich wieder einen Brief — er gehört zu diesem, und soll eine genaue Antwort auf Deine Dresdner Briefe werden; mit dem ersten frage ich an — mit der fahrenden Post. Mit der schreibe ich aber so oft und viel als es mir einfällt. Wie ist es mit meinem Brief, den ich Dir an Gentz mitgab? Ich habe einen vortrefflichen von ihm gefunden, einen alten: daraus könntest Du sein ganz Gemüthe, und unser Verhältniß sehen. Beides würde Dir sehr gefallen. Ich war auch jetzt ganz erfreut und bewegt, wie ich sie las; denn es waren zwei Briefe: und die Kousine hatte sie eigentlich zu verwahren, diese, und einen himmlischen von Prinz Louis. Alles steht in dem. Seine ganze Seele.

Ueber seine Liebe spricht er ganz ausführlich; über sich und die Welt; und daß er sterben muß, und will. Und in welchem Tone! Mit welcher edlen Bewußtlosigkeit, seiner eigenen Trauer; wie überaus mild ist die, wie ernst er! wenn Du diesen Brief gelesen hast, kennst Du ihn ganz; kennst alle, die ich verbrannt habe; es sind nur Variationen; heftiger, eiliger, ausführlicher, oder lebendiger, von den Ereignissen des Moments aufgeregt. Schicken kann ich ihn natürlich nicht! — wie las ich ihn dreifach mit Schmerz, daß Du ihn nicht sehen konntest! — nicht einmal mit dem sichersten Menschen; von dem trenne ich mich nicht. Lebe tausendmal wohl! Liebe mich. Vergiß mich nicht! Auch Du bleibst meinem Herzen frisch, meiner Seele gegenwärtig bei allem was mir das Leben nur Neues zuführen kann! Ich liebe Dich. R. R. Grüße Harscher aus Herzensgrunde; wie dankbar bin ich dem.

An Rahel.

Dresden, Donnerstag den 13. Oktober 1808.

Liebe, theure Rahel! Ich begreife nicht, wie ich Dir nicht schon lange geschrieben habe, denn ich hatte die größte Lust dazu an jedem Tag, den ich seither wieder ohne Dich verlebt habe, ich weiß nicht wie viel ihrer sind, und mag sie auch nicht zählen! Das Sonnige und das Künstlerische wollte sich schwer hervorrufen lassen in mir während dieser Tage, und eines von beiden wenigstens muß mir die Adern beleben, wenn mir recht wohl werden soll; unter ersterem meine ich ein recht gesundes Gefühl physischen Wohls, was durch Anschauen der Natur, durch frohe zustimmende Geselligkeit mir gegeben wird; durch letzteres möchte ich eine edle, ätherische Geisteswendung bezeichnen, in der ich am Reinsten die Poesie schaue, aber weniger noch in Gedichten, als wie im Leben als Stoff zu möglichen Gedichten, offenbar wird, wo also Du leicht sehen kannst, daß solche kleine Versstücke, wie die beifolgenden, mit jener Stimmung nichts zu thun haben. Durch Arbeit sollt' ich ausfüllen, was zwischen den Erscheinungen von jenen liegt, und die ist mir natürlich noch stillgestellt bis Tübingen. Mir ist es gar zu gut ergangen, liebe Rahel, diesen verflossenen Sommer, ich gehe ganz irr herum, suche allerlei Gedanken zu fassen, und am Ende kehrt alles wieder um, und hält nicht Bestand. Ich kann mich des Trübsinns gar nicht erwehren, über meine ganze Existenz ist er ausgegossen, und diese darum nur desto umschaulicher nach Frohsinn und Witz. Immerfort fehlst Du mir, und weniger eine auf Dich ausgehende Sehnsucht fühl' ich in mir, als eben einen tiefen Schmerz über das Vermissen, als wenn mir aus der Seele ein großes Stück herausgeschnitten wäre, und nun die Gefühle an den wunden Rändern herumliefen, und die gewohnten Pfade nicht fänden. Ich möchte für mein Leben gern an Deinem Arm spazieren gehen, liebe Rahel, und dann neben Dir auf dem Sopha ausruhen; so ein einfacher stiller Gang muß ein unerfüllter Wunsch sein! Deine Augen sind ja wie Sonnenschein zur Begleitung, und Deine Worte wie Quellen so klar, lieblich, herbeiführend! Still nur, ich gerathe in Irrgänge des Schreibens, wenn ich mich auf solche Pfade der Beleuchtung einlasse; ich erzähle Dir füglicher kürzlich, wie ich gelebt habe.

Am Tage nach Deiner Abreise — schon auf der Rückreise war mir so bitter und dünn zu Muthe, daß ich dachte, schon vor zehn Jahren wäre es gewesen, daß ich mit Dir nach Düben gefahren, so weit alles entrückt mit Deiner Gegenwart — ging ich Morgens denn zu Minna, um Abschied zu nehmen, ungern, störrig. Sie war so unangenehm, so klagend, preisend und wünschend durcheinander gewirrt, daß es mir sehr schwer wurde an mich zu halten. Ich erklärte fest mein Mißfallen, und ging endlich nach manchem gewechseltem Wort, und manchem Zurückstoßen von meiner Seite, ganz verdrießlich weg, mit dem Bedeuten, daß ich schwerlich noch wiederkommen könnte. Nachmittags that es mir denn doch leid, so hart gewesen zu sein, ich ging wieder hin, fand aber Minna, die mit Wagner ausgewesen war, ganz ruhig, und so als wenn gar nichts gewesen wäre, keine Spur von Kränkung; vielmehr gab sie sich selbst Unrecht über ihr vormittägiges Betragen, sagte sie wolle Dir's selber schreiben, ich möchte sie nur nicht bei Dir anklagen, und versprach sich gut aufzuführen. Wahrhaftig, sie ist ohne Sinn, so unselbstständig, daß sie durch mein Mißfallen nur weiß, daß sie ungebührlich war, das fremde Urtheil ist ihr Maßstab, denn sie für sich hätte unausbleiblich gekränkt sein müssen. Nach solchen Dingen hab' ich mein Gewissen von allen Anklagen der Härte gereinigt, und ergebe mich drein, daß sie mit Ernst muß gescholten werden, wo ein Andrer an einer Miene genug hätte, und eine Viertelstunde harter Rede ist ihr nicht mehr als eine etwas mißfällige Zuckung der Wimper. Ihr geschieht kein Unrecht. Mir ist es aber doch sehr lieb, daß wir nach einer recht leichten halben Stunde ganz friedlich und ruhig schieden, ohne zu tragödiren oder zu komödiren. Genug davon, ich wollte, ich hätte dieses alles sparen können. Daß ich es nicht konnte, ist nur ein Körnchen des vielen Unkrautsamens, durch den die Frucht meines Ackers unterdrückt und verkrüppelt wird, überall blüht noch eine solche Blume leuchtend zwischen den gesunden Halmen auf. Mein Leben ist von vorn herein sehr disharmonisch, mein eigenes Handeln hat dies nur stets vermehrt, und ich verzweifle fast die übrigen Theile in einen vollen Einklang zu bringen! —

Den Nachmittag ging ich dann mit Lüders spazieren, der sich recht freute, mich recht zur Seite zu haben. Ich dachte noch am meisten Freude zu finden, glaubte ich, wenn ich die Oerter besuchte, wo ich mit Dir gewesen war, liebe Rahel, es zog mich hin, anderswo hätte ich nicht ausdauern können; zuerst ging ich nach Rudolf's Garten, wo es leer war, wie das letztemal, das ich mit Dir dort war, mir wurde ganz weh und wohl zugleich, ich fand wirklich den schönen Himmel sehr unnütz, da ich allein ihn doch nicht recht sehen kann. Wir gingen bald, und in's Theater! Das war zu arg, und doch noch das Beste, denn das Beste war zu arg. Mit welcher Wehmuth, welchem elegischen Trauern sah ich nach der Loge hin, in der wir zuletzt saßen, und die recht mir zum Hohn und zur Bitterkeit ganz leer stand, als läge es eben an ihr nicht, wenn ich Dich nicht hineinführte! Sie gaben den Wilhelm Tell, ziemlich gut; das Publikum war mäuschenstill bei den hundert ungeheuren Stellen, die man in Berlin rauschend beklatschen würde in jetziger Zeit. Lüders und ich hatten Hut und Stock zu halten, sonst hätten wir unseren Beifall nicht verholen, und ich auch so noch nicht, wenn ich nicht zu tiefbetrübt gewesen wäre, um in die fremden Händel einzugehen, aber kaum wußte noch der doch wirkende Zauber des Theaters mich zu beruhigen in meiner Kümmerniß, die mir alles unsicher machte, und ängstliche Blicke auf die Art meiner Lebenstage thun hieß. Im Hotel de Saxe kam ich neben Liepmann und Delmar zu sitzen, die beide sehr artig waren, und nach Dir fragten. Delmar wollte gern wissen, warum eigentlich doch Du so frühzeitig abgereist wärst, ich sagte ich wüßte nicht recht, wahrscheinlich

Laune, zuletzt sagt' ich ihm lachend, lachend damit er nicht glauben sollte ich wollte ihm auch es aufbinden, weil Iffland gekommen. Wir sagten bald gut Nacht, und gingen noch hierhin und dorthin. Am anderen Morgen kam ich erst um 8 Uhr aus Leipzig fort, erst das Frühstück, dann Lüders, der mich etwas begleiten wollte, hatten mich aufgehalten. Das Wetter war ganz außerordentlich schön, nur noch zu heiß, ich ging mit der größten Schnelligkeit vorwärts, war ganz fröhlich und sicher auf dem oft einsamen Wege. Abends um 11 Uhr, denn der helle Mondschein hatte mir erlaubt, so spät noch zu gehen, waren beinah acht Meilen zurückgelegt, und ich in Stauchitz angekommen. Die Leute waren schon zu Bette, eine junge Wirthin machte mir spät, unwillig und scheu auf; ich hatte gut ausgehalten unterwegs, und des Marsches brauchte sich niemand zu schämen, aber nun bedurft' ich auch, wenn ich den anderen Tag weiter sollte, völliger Erholung. Da war aber weder Bette, noch Stroh, kein Getränk als schlechter Branntwein, kein Essen, als unausgebackenes Brot; nicht einmal Licht wollte mir die Wirthin lassen, ich habe nie größere Unfreundlichkeit gefunden, ganz gegen die sonstige Weise der Sachsen. Auf einer Bank schlief ich spät ein, in tausend Gedanken an Dich, wenn das meine Rahel wüßte, dacht' ich, die Pflegende, sorgsame Gütige! ja, ja, es wollte mir gar nicht ein, daß ich so weit von Dir auf einer Bank schlafen sollte! Auch war's nicht viel damit, ich hatte nur einen Leibrock, und konnte vor Kälte kaum ausdauern, dabei war ich doch recht schläfrig aus Müdigkeit, aber gegen vier Uhr kamen noch eine Menge lärmende Passagiere von der Post, die blieben da, tranken Kaffé, und ich konnte nun Verzicht leisten auf fernere Ruhe. Um 6 Uhr bezahlte ich meine Zeche von 3 Gr. 6 Pf. und ging fort. Erst wollten die Beine gar nichts davon wissen, daß sie Gelenke hätten, als ich ihnen wieder eingeschärft hatte, benutzten sie dieselben rasch genug, ich machte fünf Stunden bis Meißen mit großer Anstrengung, da war ich so müde, daß ich die drei übrigen Meilen mit Extrapost zu fahren beschloß, weil ich doch nicht erst am anderen Tage in Dresden ankommen mochte. Harscher hat mich deßhalb nicht gescholten, sondern gefunden, daß die schlechte Nacht wohl verzeihlich mache, daß ich nicht zu Fuß ausgehalten. Dir habe ich's ausführlich erzählt, damit Du, liebe Rahel, nicht zu rasch der Weichlichkeit mich beschuldigest; was Du ohnedies schon gethan hast; aber warte nur! wenn ich einmal eine große Reise thue um Dich zu sehen, wozu ich nur dadurch Freiheit erlange, daß ich mich auf meine Füße verlasse, und nun zu Fuß ankomme, was ich anders gar nicht gekonnt hätte, dann sollst Du mir abbitten diesen Vorwurf der Weichlichkeit. Wie gut es mit mir bestellt ist, habe ich recht durch diese verfehlte Fußreise gesehen, ich kann weit, lang anhaltend, und allein gehen, dadurch bin ich um zehn Centner Ketten freier, daß ich das weiß! —

Heute Nachmittag habe ich einen entzückenden Anblick gehabt. Ich ging mit Harscher auf die Elbbrücke, kaum kommen wir auf die freie Höhe, so fällt uns östlich ein hellgrüner Schimmer in's Auge, und wie durch gutes Glück hergeführt, sahen wir ihn in seinem Beginne, denn er wurde immer größer. Der Himmel war rings umwölkt, dorthin auf die Berge nur warf die Sonne durch einige große Oeffnungen der Wolken ihre hellenden Strahlen, und da eine große vielfach gewundene Gegend von da übersehen wird, wo wir standen, so sah ich wie ein großes Gitterfenster von hellgrünem Licht in schwarzgrüne Schatten gelegt, aber weit gebreitet, die Gitter vielleicht breiter als die Scheiben, und, wie natürlich, nicht genau. Die hellen Punkte in dem lieblichen Grün hatten ihre noch helleren Punkte durch die in der Ferne kleinen blendendschimmernden weißen Häuser, die auf den Höhen zerstreut sind. Ganz tief, tief in der Ferne sah man wieder einen Fleck Sonnenschein gelagert. Dann sah man auf der entgegengesetzten Seite stark regnen, wie ein stäubender Nebel anzusehen, und auch hinter diesem großen Dunstschleier sah man ein wenig Land ganz in der Ferne sonnenbeschienen durchschimmern. Ich habe nie etwas so Schönes gesehen. Wie innig, wie sehnsüchtig dacht' ich an Dich, geliebte Rahel, an Deinen freudigen Sinn, Dein Auge, das in seiner Seheluft von der verklärten Gegend ebenso freudig könnte angeschauet werden, als sie nun von diesem! Du hast mir das rechte Wohlsein in der freien Natur aufgeschlossen, liebe Rahel, Du meinen Sinn geleitet, daß er nun eigenthümlich die Wundergebilde ergreift, und jeder Zauber, jede Lieblichkeit dieser Art will noch mehr als alles andere an deine wohlthuende Seite mich versetzen. Keinen Laut inniger Empfindung kann ich hervorbringen, ich fürchte erklären und rechtfertigen zu müssen, ohne Theilnahme voraussetzen zu dürfen, oder wohl gar zu allgemein, zu wenig originell möchte sie ausgesprochen sein. Gottlob, liebe Rahel, daß ich bei Dir nicht das Triviale zu scheuen brauche, nicht besorgt sein darf ungehört zu bleiben im einfachen Wort, oder langweilig zu sein in der Wiederholung! Nein, ewig frisch ist Dein reger Sinn, und wird nicht überdrüßig, dieselbe Zuneigung und Anschmiegung in demselben Wort immer auf's neue zu empfangen. Das ist die Lieblichkeit des Verhältnisses zwischen einer Frau und einem Mann, daß kein Wissen das Sagen überflüssig macht, wie unter Freunden, die nicht alle Tage auf's neu sich sagen mögen, daß sie sich lieb haben, sondern alle Stunden sogar es gern gehört wird, wenn eines zum anderen sagt: ich liebe Dich, theure Rahel! und dieses bildet sich auch in alles andere ab, was nicht dieses Persönliche zunächst betrifft. Harscher war auch sehr erfreut, sah aber nur drei Minuten hin, ich wohl eine Viertelstunde, dagegen sprach er viel über Landschaft und Himmel, und wie man in verschiedener Beleuchtung und zu verschiedener Jahrszeit eine Gegend betrachten müsse, um sie recht zu kennen, viel Gutes und Gesehenes sprach er, was ich ihm aber nicht verziehen habe, weil er lieber hätte hinsehen sollen in die göttliche Gegend über den dunklen Strom hin; der Himmel war wirklich nie so wunderbar mir erschienen, und Harscher selbst fand ihn auffallend genug. Es ist dies bei ihm nicht Kälte, sondern nur dialektische Richtung, in die er durch langwierige Krankheit etwas verstockt ist.

Harscher war während meiner Anwesenheit in Leipzig sehr fleißig in Benutzung der Gallerie, die er schon gut kennt. Seine Ansichten über die Malerei gestalten sich sehr eigenthümlich, und wie mir scheint sehr frei und schön, er läßt sich durch keine Autoritäten irre führen, und wollte die ganze Kunstgeschichte ihm eine durchführen; vielleicht aber läßt er durch anderweitige Ansichten sich wohl bisweilen etwas irren, die er in der Malerei wiederfinden möchte. Natürlich sage ich das nur sehr leise gegen Dich; die Landschaftsmalerei scheint er aus solchen Gründen zu lieben, weil sie nämlich unmittelbar die Natur darstellt; ich weiß, Du liebst sie auch, liebe Rahel, gewiß aus eigenen Gründen, mir ist sie immer fatal, wovon ein Grund der sein mag, daß sie ewig verkleinern muß, was bei Köpfen nicht nöthig ist; die Natur aber soll auch durch ihre Masse, das Ungeheure, das Gemüth treffen, und da ist es mir beunruhigend zu wissen, daß die Landschaftsmalerei nie mir in der Nähe das Große hinstellen kann; und wenn man auf Häuser malte, es bliebe immer Miniatur. Ich habe in diesen Tagen sehr viel mit Harscher gesprochen, und mich sehr mit ihm gefreut, wir sind sehr liebevoll gegen einander, und ich hatte die größte Freude ihn nach doch nur so kurzer Trennung wiederzusehen. O schöner Sommer in Berlin! Aber ich wollte, wenn nur die Freundschaft, nicht auch die Medizin und anderes, auf der einen Seite stünde, schon meine Wahl getroffen haben, und schriebe nicht an Dich Briefe, sondern an Harscher, denn ich sehe ein, alles beisammen zu haben, ist ein frevelnder Wunsch, der die Nemesis aufweckt. Der Sommer war freilich wunderbar eingerichtet, ich hätte nicht gewagt ihn so zu wünschen, und sah ihm nicht entgegen, wie ich ihm jetzt nachsehe, denn jetzt ist erst der volle Segen recht vor den Blicken aufgethan. Dir geht es darin wie mir, das sagen Deine Briefe genug, noch mehr die Einsicht, die ich in Dich habe.

Du bist wahrscheinlich alle Abend bei der guten Frohberg, ich ginge wohl gerne mit hin, aber wenn ich nicht grade gestimmt bin zu schreiben, sitz' ich in diesen Stunden ganz verlegen auf dem Zimmer, ohne Bücher, ohne Gesellschaft. Mir ist immer, als könntest Du gar nicht so übel dran sein, wie ich, denn Du hast ja die Rahel, die ich immer sehen möchte, wo Du auch seist bei Dir! Sehe nur so viel als möglich Gesellschaft, jeder neue Mensch erfrischt und erweckt doch, und Schleiermacher selbst befiehlt, wie mir Harscher erzählt, in seiner Ethik, unaufhörlich Menschen zu betrachten, weil selbst die, welche ganz untergeordnet sind, selbst denen, die sich hoher Bildung rühmen dürfen, von großer Erbauung und neue Aufschließung weiter Ansichten sein können. Laß nur nicht, liebe Rahel, — es ist fürchterlich solche Besorgniß finden zu können — die Schrift schon so uns getrennt haben, daß Du glauben könntest, ich wollte Dir was Neues sagen, wohl gar begründen: ich erzähl's Dir nur! Gesellschaft aber sollst Du sehen, damit Du fröhlich seist, das sag' ich wissend, daß Du alles besser weist, als ich! Ein paarmal doch habe ich mit Harscher anmuthige Gespräche gepflogen, über die Grausendinge, die schwierigsten Punkte der Philosophie, wo ich ihn bekennen machte, daß die Philosophen froh wären drüber weg zu sein; auch da ging das Wort von Dir aus, ich erzählte von der Furcht, die ich vor Dir gehabt, auch Deine Aeußerung, man wisse nicht wo man herkomme. Das gab denn über Gespenster, Ahndungen,

Magnetismus, den Zusammenhang des Geistes mit dem Körper, und über die Furcht vor sich selber viel zu reden. Harscher sagte, er sei überzeugt, daß auf physische Weise, uns freilich noch unbekannt, eine heftige genug gesteigerte Bewegung in seinem Gemüthe, bei einem entfernten inniggeliebten Freunde eine ähnliche hervorbringen könne. Wenn dies, fügte ich hinzu, so können auch Verstorbene erscheinen, wenn ihnen verwandte Lebende auf eine Weise affizirt sind, die ihnen auch im Leben Bewegung mitgetheilt hätte. Denn der Geist muß doch auch irgendwie und irgendwo bleiben, spurlos vertilgt kann nichts werden. Die Geschichte vom Grafen Lüttichau, dem seine Mutter Nachts erscheint, da der Vater im Begriff ist, ihn im Schlafe umzubringen, und der durch das Gespenst erweckt, außer Gefahr ist, schließt sich mir wunderbar an's Herz. Das Ich hat ja noch keiner ergründet, wie es besteht und wie es vergeht. Ich würde mich sehr freuen, geliebte Rahel, Dir alle die scharfsinnigen, feinfühligen Reden Harscher's über diese Gegenstände wiedererzählen zu können, aber er selbst vermag von seinen beweglichen Gedanken nichts schriftlich festzuhalten. Er bekommt immer größeren Respekt vor Dir, und manche Deiner Aeußerungen, die ich ihm sage, bringt ihn zu verwundernder Zustimmung; doch ist er im Ganzen völlig irr über unser Zusammensein. Ich aber komme mir vor, als wäre ich diesen Sommer in Athen gewesen, und brächte nun aus den dasigen Philosophenschulen ein neuerhelltes Wesen heraus, eine freigewordene Umsicht. Das ist Dein Umgang!

Vor einigen Tagen war ich auf der Bibliothek, wo mir zufällig ein altes Heft von vor achtzig Jahren her in die Hände fällt, und mit Erstaunen find' ich, denke Dir, die Geschichte von dem reisenden Schneidergesellen Tunelli, der Kaiser wird, welche wir aus den „Straußfedern" kennen, und die Tieck, der Freche, fast wörtlich hat abdrucken lassen, hie und da mag freilich ein Spaß von ihm selbst mit eingeflossen sein, aber der komische Stil im Ganzen, so wie die Begebenheit, findet sich ganz in dem alten Buche; das geht nun alles auf Tieck's Rechnung, wer weiß, wo noch manches andere stecken mag!

Neben uns wohnt eine jüdische Familie aus Königsberg, die so unaufhörlich und laut schnattert, daß wir gar nicht schlafen können, ich habe sie heute morgen auf einige Stunden stillgemauschelt, worüber sich Harscher mit mir kranklachen wollte.

Meine letzten Tagebuchsblätter schick' ich Dir nicht, es steht fast nichts drin, was ich nicht in Leipzig besser Dir gesagt, oder von Dir gehört habe. Alles Uebrige hab' ich Dir hier schon geschrieben. Lebe wohl, geliebte, theure Rahel! Du weißt es, Süße, es ist ein Brief, nur ein Brief, was Du empfängst, nur ein Umriß, dem Du Stimme, Farbe, Licht geben sollst! Lebe wohl, und sei fröhlich! Von Dresden aus schreib' ich Dir schwerlich noch, von Dir hoffe ich noch einen Brief zu finden, der aber schon unterwegs sein muß, denn die Antwort auf diesen kann ich nicht mehr abwarten, höchstens in fünf Tagen geht's fort. Grüße die gute Frohberg, der ich alles Heil wünsche, und Neumann und Chamisso. Robert aber bei Leibe nicht, ich kann ihn nicht leiden, gar nicht leiden. Was will der faule Pilz neben Dir schönem Eichbaum! Lebe wohl, Theure! Dein V.

Die Schlegel sah' ich einen Augenblick auf der Straße, sie bedauert sehr, daß Du nicht hiehergekommen bist, sie sagt, sie reise ganz ohne Furcht allein.

Von Fouqué habe ich einen liebevollen Brief, mit schönen Gedichten.

Schreibe doch über Prinz Louis!

Minna hat versprochen Dir die Abschriften meiner Gedichte zu schicken.

An Rahel.

Dresden, Sonntag den 16. Oktober 1808.

Liebe, theure Rahel! Es ist heute der letzte Tag, den wir in Dresden zubringen, morgen am Montage gehen wir fort; endlich, mir zur größten Freude! Briefe von Dir kann ich dann freilich nicht mehr empfangen, aber so hier zu sitzen und um zwanzig Meilen willen sich mit bloßem Lesen zufrieden zu geben, ist auch eine Qual, die ich durch Vergrößern gern verkleinern will. Höre, liebe Rahel, wenn ich reich wäre, kehrte ich von jeder Station noch einmal um, wieder zu Dir, und führe dann wieder eine weiter, bis ich endlich von Tübingen selbst umkehrte! Die Zeit, die ich hier seit Leipzig verlebe, war ich tausendmal versucht, nach Berlin zu gehen, und zur endlichen Abreise Harscher abzuholen am Tage der Abreise selbst, aber ich kann keine Kourierpferde bezahlen! Rede ich nicht auch, wie der Schweinhirt, der wenn er König würde, seine Schweine zu Pferde austriebe? Wenn ich reich wäre, bliebe kein Räumchen übrig für solche Betrachtungen, wir wären dann wohl beisammen, wie sich's gehört! Ich wollte ich hätte Dir gestern Abend geschrieben, da war ich im Innersten bewegt, und jetzt bin ich nur ermattet. Gränzenlos verzweifelt war ich gestern, ganz verloren in der Welt, mitten in der innigsten Sehnsucht zu Dir, zu Deinem Heldenwesen; mitten in dem größten Trost, den mir gab, zu wissen, daß eine, wie Du, lebt und da ist, und angeredet werden kann, stieg mir die tödtende Ahndung, nicht Ahndung eigentlich, sondern Furcht, in der irren Seele auf, daß auch Du, herrliche Rahel, mir einmal nicht genügen, zu gewohnt sein könntest, und ich nur übrig behielte mich stracks dem Tod in den Schlund zu stürzen! Aber freilich in der irren Seele stieg mir das auf. Ich kann Dir es sagen, und Dir kann es gesagt werden: welche Riesengewalt zieht mich in dieser Betrachtung zu Dir hin! Wenn ich an meine Freunde die Gedanken richte, so ist's mir immer als sollt' ich zurückschrecken, denn es würde zischen und unangenehm sein, das rothe Glüheisen in das Eis zu legen. Nur bei einem Weibe kann ich unverletzt ganz ich selbst sein, und ohne Mißlaute zu tönen. Du findest in meinem Tagebuche einiges, das eigentlich Dir wollte gesagt werden, aber lieber im Allgemeinen bleiben mochte, weil es ihm zu eng geworden wäre in den gedrängten Zeilen, wenn es sich hätte in seiner völligen Gestalt ausbreiten wollen. Gieb doch so bald als möglich dies Tagebuch an Neumann, der es Chamisso geben soll, und allen sei Achtsamkeit empfohlen. Die Verse leg' ich noch für Dich besonders bei, Du liebe Rahel, mit Deiner großen Gesinnung, und bis in's kleinste Fäserchen gedrungenen Schönheit! Wie dank' ich Dir Deinen letzten Brief! er macht mir Vertrauen zum Schreiben; wo so viel Innigkeit, so Eines in allen Worten, konnte niedergelegt werden und in das abgesonderte Sein eines Briefes gefaßt, da wird ja auch Sein sein, um die zertrümmerten Bruchstücke, die meines Wesens hier liegen, in Ein Bild, das alte, wahre, zusammenzusehen. Dein Brief war mir so schnell aus, den ganzen Tag hätte ich so fortlesen mögen, nicht nur eben mögen, ich war verzweifelt und klagte laut, obwohl Harscher zugegen war, daß ich ihn schon ausgelesen, und durch alles Anreden, Fragen und Rufen nicht zu einer Silbe mehr bewegen konnte! Aber ängste Dich nicht, süße Rahel, Du hast nicht wenig geschrieben, der Brief ist immer schon groß zu nennen: weiß ich denn, wie groß er hätte sein müssen, um mir nicht zu klein zu sein! Damit

Einer immer lesen könne, müssen Hundert immer schreiben. — —

Wie liebenswürdig sind Deine Erzählungen; jeder Zug in Deinen Schilderungen rückt Deine ganze Ansicht vor meine Augen. Ich kenne Dich doch recht gut; wenn ich auch oft falsch über Dich sprach, mein Thun war stets von geheimer besseren Einsicht geleitet! Mir geht kein leises Wort von Dir unbeachtet verloren, alles freut mich, weil ich es in Dir herauskommen sehe, Deine Gefühle, Deine Freuden und Schmerzen aus den Gegenständen, die Dich berühren, mir auf Deine Weise ergreife. Aber ich will mich gar nicht mehr verpflichtet halten, Dir immer zu sagen, wie mir ist, die Angst, daß Du es nicht wissest, läßt mich so und so nicht los! Ich erinnere Dich an Dein Versprechen, Rählchen, meinen Briefen nie recht zu trauen. Harscher schreibt jetzt eben an Chamisso, wie es eigentlich mit dem Schreiben beschaffen sei, ich wollte ich dürfte das hersetzen, es sind sehr gute Sachen, zum Beispiel daß auf einmal eine ganze Reihe sehr wohlgefügt dasteht, in der kein wahres Wort ist, und nichts von dem was man hat schreiben wollen, daß das Schicksal einem dabei die Kappe schüttle, und die begleitende Schellenmusik so mit in den Brief eindringe. Doch wenn man nur immer darüber schreiben will, ist es besser man unterläßt es ganz. Briefe sollen doch immer Bediente sein, deren Herrschaft man schon kennt. Der hier trägt meine Livrée, und ist wenn auch nicht geschickt, doch treu.

Höre, geliebte Rahel, so bald als möglich leihe oder kaufe den Cotta'schen Damenkalender! Ich habe Harscher die „pilgernde Thörin" vorgelesen, und soll es heute nochmals thun; er war in Einem Ausrufen über die Lieblichkeit und Meisterschaft des Dichters. Ich soll Dich aber fragen, ob Du nicht an dem Aufsatze mitgeschrieben, oder doch dazu geliefert hast. Er findet überall Erinnerungen an Dich in jenem Karakter, das Vornehme, Künstlerische, Lustige, und der tiefe Sinn, die feste Einsicht, verbunden mit der durchgeführten Kühnheit und Freiheit. Harscher zeigt mir jeden Tag mehr Sinn für Dich, hält Dich für einzig und wundervoll. Er begreift nicht, wie ich von Dir wegreisen konnte, aber das sieht er ein, daß ich in Berlin nicht in der Heilkunst fortschreiten mochte. Du hast recht, daß Du den Goethe so liebst, meine theure Rahel, ich finde Einen Geist in Dir und ihm, seine Jugendzeit besonders ist eine Nachbarin von Dir. Seit einigen Tagen les' ich viel hin und wieder in dem einen Band, den ich bei mir habe, und worin der „Faust“ steht, dabei fühl’ ich mich noch am nächsten zu Dir hingeschleppt, und sehe in Deines Wesens Gegenwart hinüber, fast wie durch Deine Briefe! Dieselbe reinschauende, tüchtige, wahrhafte Natur, alles zu nächst real, dann auch lieblich und überschwänglich idealisch! „Männer und Frauen sind nur mit Willen ungetreu“ sind das nicht Worte von Dir, theure Rahel, wie von Dir? —

Ich bin gestört worden, liebes Rählchen, der Maler Friedrich Meier aus Rathenau, Harscher’s Freund, und ein sehr vorzüglicher Mensch, war so lange bei uns, und wird auch wiederkommen. Ich bin ganz aus dem Ton gekommen, abgemüdet, erhitzt. — Grüße mir Rebecka recht sehr, auch die Anderen, die sich meiner erinnern wollen. Daß ich nicht die Abende dort oben bei Dir sitzen kann, jetzt, da kein sinnverschlossener Robert uns stören oder gar verjagen dürfte! An Charlottenburg kann ich nicht ohne die größte Wehmuth denken; wie ist es möglich, daß etwas so vorbei, so hin sein kann! O Rahel, Rahel, liebe Rahel!

Heute und gestern sind hier viele Franzosen eingerückt, lauter ausgesuchte, schöne Leute, bloß Grenadiere und Voltigeurs. Sie haben ein herrliches, kriegerisches Aussehen, das mich jedesmal anlockt, ihren siegreichen Adlern zu folgen, und den Krieg zu lernen. Ach wann werd’ ich endlich eine deutsche Kriegsmacht sehen? Mich verlangt dringend darnach! —

Ich kann heute nicht mehr schreiben, so ein Vorabend der Reise pflegt immer öde zu sein. Ich freue mich ungeheuer über das Gehen, und erschrecke fast mit Thränen über die Schritte morgen, die mich noch weiter von Dir tragen sollen. Wie vermiß’ ich Dich! Lebe wohl, theure, süße Rahel! Du mein liebes Bäumchen! Sei grün und fröhlich. Ewig Dein

V.

Am 13ten habe ich Dir geschrieben,
am 14ten Deinen Brief erhalten.

Wenn Du an Minna schreibst, fordere doch die Abschrift meiner Gedichte.

Lese doch: Lothar und Maller, eine Rittergeschichte herausgeg. von Fr. Schlegel.

Der Zauberer Merlin, } herausgeg. von Fr. Schlegel.
Die schöne Euryanthe }

An Rahel.

Baireuth, Montag den 24. Oktober 1809.

Theure, liebe Rahel! Hier wieder einige Blätter meines Tagebuches, die ich Dich bitte recht bald den Weg der vorigen zu schicken. Hätte ich für Dich allein geschrieben, wie ganz anders wären die Dämme dann durchbrochen, die durch so schlimme Trennung vor die Herzfluthen sich legen! Aber an dem Tagebuche konnte ich wohl hie und da ein Wort schreiben, nicht aber an meinem Briefe an Dich, daher alles mir zu jenem wurde. Du wirst schon sehen mit Deinen klugen Augen, wie es war, und wie es jetzt steht. Ich kann an mir für die Medizin lernen, weil der Schmerz in dumpfe Tiefe sich zurückgezogen hat, ist das Weh darum nicht geheilt; so weiß ich wohl, was für ein Riesenbild unter meiner Brust liegt, und vielleicht bald wieder auftobt, wenn schon, wie Sizilien unter dem Tyfoeus, die Oberfläche blüht, und bereit ist viele Strahlen warmer Sonnenpflege liebevoll einzusaugen. Ich bin jetzt fröhlich, wie ich nämlich fröhlich bin, offen vielem Schönen, wenn es kommt, es zu rufen, und zu bannen aber nicht gestimmt. Was hab' ich aber gelitten auf dem vollbrachten Wege! Wie ein Winterhof kam mir das Land vor, das mich umfing, wo ich vergehen sollte im Elende, während da oben die hellerleuchteten Fenster die liebe Stube zeigen, wo süße, liebevolle Huld meine ganze Seele auf ihrem warmen Gefieder trug. Ich kann's jetzt gar nicht mehr sagen. Worte, Klänge, Einrichtungen, Bewegungen, Hausgeräth, alles ging in großem, verwirrtem, aber langsamem Zug, daß jedes genug konnte betrachtet werden, in mein Gedächtniß ein, während die Gegenwart den Seinen die volle, ordentlich plumpe Existenz einer anderen Umgebung aufdrang, die mit Luft, Berg, Thal, Land, Wort und Blick das ganze Haus erfüllte und besetzt hielt, während jene schöne Königsfamilie in dem kleinen Gemach eingeschlossen blieb, im Gedächtnisse, während das laut geforderte und von der Gegenwart überall ergriffene Herz kaum einiges auf die Seite bringen, und der schönen, geliebten edlern Vergessenheit darreichen konnte. Ja, liebe Rahel, wie eine Einquartierung kommen mir diese Tage vor, die ich in Tübingen zubringen soll, und doch ist es nöthig, daß ich sie ertrage, um nicht gar von Haus und Hof zu kommen. Verlieren kann ich eigentlich nichts, als eben Lebenstage. Dein Einfluß strömt in mir ununterbrochen fort tausendarmig, Deine Schönheit, Deine Ordnung kommen auch diesen barbarischen Gewalten zu gut, und mein Dienen, mein Leiden ist besser, edler. Ich freue mich Deiner Natur, der Sicherheit daß Du lebst und schaffest, wie ein Zweifler, der erwünschten, gefundenen Ueberzeugung. Du sagtest mir einmal, es wäre in Dir, in der Tiefe des Gemüths, ein stiller, unerreichter See, zu dem noch niemand gereicht: wenn in mir ein solcher ist, so hat Dein Hauch ihm doch leisen Wellenschlag erregt, und das Tiefste, Beste in mir hat sich durch Dich aufgemacht. Wenn nur nicht jetzt, Deiner Nähe, Deinem Mäßigen und Beruhigen so weit entrückt, die Erregungen sich irr verkehren, die zum Schmuck und zur Ordnung der Seele haben wirken sollen! Sehr wenig kann ich jetzt mit anderen Menschen haben, daß sie es so geformt und ausgestellt haben, das, was mir sonst am meisten gefiel, ist mir jetzt zum größten Mißfallen, die freie Kunst, in der sich bei Dir lebendig und hell stets richtig das Schöne und das Tiefe entfalten ist mir immer im Auge, und dann widern mich die Bücher der Weisen an, wo die Dinge stehen, wie für Jahrtausende gesagt, und das Mißverstehen einzelner herausgehobener Sätze soll verhindert sein dadurch, daß auch die Gegensätze sollen herausgehoben werden. Wie beschwerlich wird dadurch das Leben, wie unangenehm! Sagen doch die Weisen selbst, wie sich eine Form festsetzen wolle, müsse man sie zerstören, denn in allen, in stets neuer müsse das Ewige sich zeigen, und liebe es, sich anders auszusprechen. Bei Dir thut alles das das Leben selbst, das nicht erstarren kann, und den Genius jedes Tages leicht seine schickliche Gabe zum Verbrauch absetzen läßt; die Luft nimmt die geredeten Worte, die im Reden blühten, ausgeredet aber verwelkt sind, als welke Blätter schnell von dem Baume, der mit neuem Laube sich begrünen soll. Schwerer und schwerer scheint mir mit jedem Tage das Schreiben, und bedenklicher! Ich möchte fast lieber ein großer Schauspieler, als ein großer Dichter sein. Da habe ich schreibend eben sogar die Hauptsache vergessen, und klein drüber schreiben müssen, recht zur Verhöhnung meiner großen Redensarten! — Meine Gesundheit ist ziemlich freundlich, ich aber freilich sehr bescheiden in Anforderungen, mir ist viel besser als gestern, da ich mich ganz hoch entzündet von stürmenden Gedanken in das schlechte Bette legte, wo ich doch gut schlief.

Wie geht es nur Dir, liebe, ja sehr liebe Rahel? Hast Du wohl heute auch so schönen Sonnenschein, wie hier? Es ist dabei kalt, aber reine Luft, Berge, die zum Fichtelgebirge gehören, seh' ich aus meinen Fenstern, ich sehe aber doch nicht hin. Meine Liebe zur Natur ist einseitig, sie will mit Dir sein, theuerste Rahel! Wie lieb' ich Dich, Du herrliche, tiefredende Natur! Sei nur recht stark gegen alles, und denke, du wärst es für eine andere, Dein Bruder soll vor Dir kriechen, hörst Du! Ich leide nicht, daß meine kluge Rahel von dem Tölpel soll übervortheilt sein. — Jean Paul ist Dir von Herzen zugethan, er rühmt Dich als eine einzige Erscheinung, und denk' Dir, wunderte sich und glaubte mir, als ich ihm sagte, ich wäre überzeugt, Deine Klugheit, Dein Verstand, Dein Witz, seien geringer in ihrer Art, als die Innigkeit und Gutheit Deines Gemüths. Er glaubte es, und wiederholte nur, daß jene ungeheuer wären. Er rühmte sich zweier Briefe von Dir, und sagte der eine aus Paris sei mehr als zehn Reisebeschreibungen werth, was Du für Augen habest! Ich war so eitel, liebe Rahel, ihm zu sagen, daß ich an die dreitausend Briefe von Dir hätte, worüber er vor Neid platzen wollte. Wenn ich bei ihm in einer Stadt wohnte, müßte ich ihm wenigstens zwei Worte aus jedem mittheilen. Es sei ein ungeheurer Schatz, ein einziger. Du schriebest vortrefflich, es sei aber nothwendig, daß Du an jemand schriebest. Er sei jetzt fähiger Dich zu verstehen, als damals. Er hält Dich für eine Künstlerin, für das Anheben einer neuen Sphäre, Du müssest aber unverheirathet bleiben. Ich war da recht in meinem wahren Sein, wenn ich nur Dich recht preisen kann! Freilich kömmt auch mir manches davon zu Gute, da ich sagen muß, Du seist meine Freundin, vertraute Freundin! Liebe, gute Rahel! — Auch Jean Paul gehört zu den Leuten, die wenig um sich bemerken, nichts scharf durchblicken, was sie berührt, sondern in ihre Gedanken eingeschlossen sind. Da sind wir andere Leute, Harscher und ich; von Dir zu schweigen, wir haben einen gleich beim Kopfe, haben feine Lebensart, Anstand, sind auf jeden Schein gefaßt. Jean Paul aber hat schon kleine Scheuleder an den Seiten, und sieht nur seine Straße vor sich. — Die Frau ist lieblich, aber ihre Aehnlichkeit mit Minna in Sprache und Zügen bringt mich sehr herunter. — Heute Abend will ich wieder einen Augenblick hingehen, morgen früh aber geht's fort nach Nürnberg, zu Wagen nun, das

Fußgehen hat ein Ende bis auf bessere oder schlechtere Zeiten, wir werden mit unserem Gelde wohl reichen. Schicke nur gleich, liebe Rahel, einen Brief nach Tübingen poste restante, ich wäre sehr niedergeschlagen von Dir dort nichts zu finden! Ich habe Deinen letzten lieben Brief so oft gelesen. Du hast so viele Liebkosungsworte, gutes Rählchen! Wenn Du mich lieber Kleiner nennst, bin ich sehr vergnügt. Es bringt mir meine große Ungeschlachtheit aus dem Sinne. Du liebst ja Schmeicheln. — Ich schreibe Dir wahrscheinlich wenig mehr über Dich, wo soll ich neue Wendungen genug hernehmen? Ich kann ohnedies nichts herausbringen! — Sei gesund und fröhlich, theure Rahel, Du geliebtes Kind! Vergnüge Dich, wäre es auch nur mit Masken, die die Anderen nicht vornehmen, sondern sind. Schreibst Du wohl an die Herz? dann grüße sie. Tausend Grüße aber an die leidende Freundin, die gute Rebecka, der ich recht frischen Muth einsprechen möchte. Die Luft ist hier schon ganz anders, trotz des Herbstes, und Harscher ist, obwohl er gelitten hat auf der Reise, völlig roth im Gesichte. Das thut das Klima, denke Dir den abgemagerten, todtenblassen, hypochondrischen Menschen des vorigen Winters! Die Frohberg muß reisen mit Dir im Frühling, nach Süden reisen. — Lebe denn wohl, geliebte Rahel! Schreibe nur ja, und bleibe gesund. Ewig Dein V.

Daß nur ja mein Journal nirgends liegen bleibt; es muß an manchen Orten für Briefe gelten, die ich nicht schreibe. Schärfe dies doch Neumann oder Chamisso'n ein!

Neumann wohnt unter den Linden Nro. 1. falls Du zu ihm schickst; doch Du weißt ja! Chamisso aber Schützenstraße Nro. 10. Lebe wohl, theures Herz!

An Rahel.

Nürnberg, Freitag den 28. Oktober 1808.

Theure, liebe Rahel! Deinem Verbote zuwider habe ich dennoch gestern Abend sechs Zeilen verbrannt, die den Anfang machen sollten zu einem Briefe an Dich. Es war ein thörichtes Bemühen, ich wollte das Herz zur Ruhe schreiben, und schrieb es in die größte Unruhe hinein; natürlich hätte von Dir mehr zu mir kommen müssen, als der bloße Gedanke, daß mein Sein zu Dir hinstrebt. Liebe, liebe Rahel, ich komme nicht zur Ruhe, das fühl' ich allzudeutlich in mir, und ich will nicht wieder so unbesonnen sein, meine unerkannte Sehnsucht für Sehnen nach einem bestimmten Gegenstand zu halten, ich will recht mit Fleiß daran glauben, daß auch Du mir nicht, wie ja überhaupt kein Mensch, den vollen Frieden geben könntest, wenn Du bei mir wärst: aber das ist gewiß, ich bedarf Sinn und Freiheit, ohne diese wird meine Unruhe ja Verzweiflung. Nirgends habe ich diese so gefunden, wie bei Dir, süße Rahel, und alles, meine eigne Einsicht, der Ruf des Volks, die Autorität der größten Männer, alles bürgt mir dafür, daß in dieser Zeit nichts Dir gleichkomme an Sinn und Freiheit und innerer Ordnung: Gott! wie heiß glüht jeder Puls in den Adern zu Dir, und müht sich umsonst ab in den engen, dunkeln Höhlen! Du siehst, wie in dem Ersten und Höchsten Du mir zustimmend, angefügt bist, es sieht aus, als ob berechnender Verstand in den Augen wäre, womit ich eben Dich und mich angesehen, aber, theure, süße Rahel! das innigste Herz ist darin, das brennendste Gefühl macht diese Berechnung! — Ich war gestern ganz niedergeschlagen, freudenlos wurde selbst die Freude durch mein Anblicken, ich wollte mich Dir ans Herz werfen, aber ich konnte nicht! ärgerte mich auch, daß ich Dich herrliche Natur zu Arzte meiner Jämmerlichkeit gebrauchen wollte, und sage Dir jetzt doch alle meine Schwachheit! Ich gäbe gern einen Monat meines jetzigen Lebens für einen Tag mit Dir, und lachte doch noch den dummen Teufel, der den Tausch vollzöge, wegen des schlechten Handels aus, den er gemacht hätte. Bei Dir leb' ich; in dem vollen, allseitig umschützten Gefühl meines ganzen Seins, angeschmiegt an den frischen gesunden Leib, wie gehalten und getragen über dem bewegten Wasser von den festen Stricken, die, wie aus den Blickesstrahlen Deiner Augen gedreht, auf mich herabgelassen werden. Wenn ich Dich sehen sehe, Dich reden höre, ist mein Dichtenwollen, dieser Urstachel meines zerkrümelten Lebens, befriedigt, das Leben selbst mir genug. Ich hätte bei Dir bleiben sollen, aber es ist nicht geschehen. In Tübingen kann ich nicht viel vorbereiten für die Zukunft, frei muß ich noch einmal werden, es ist nur um toll zu werden, das ein 24jähriger für den Rest noch ein halbes Jahr halb leben soll! Für den Rest? O nein, dann muß ich nach Hamburg, krumm liegen, die Leute bitten, sich von mir heilen zu lassen, oder doch merken lassen, daß auch ein Doktor da ist, der ich bin ꝛc.

Das sieht nicht allzu gut aus; indeß macht mir dieses alles bei weitem nicht den ärgsten Kummer. Wäre ich ganz ohne Talent, so könnt' ich ganz zufrieden sein mit Luft und Brot für Arbeit; aber ich fühle mannigfaltiges Talent in mir, nur kein siegendes, einzig arbeitendes, dieser Zwiespalt, der eigentlich Mittelmäßigkeit konstituirt, ist mein Unglück! Rahel, Rahel, Du hast mich wahrhaftig verwöhnt, Du solltest mir nicht erlauben, Dir solche Einfältigkeiten zu schreiben! Ich thät's auch nicht, wenn sie nicht wie schlechte Wege zwischen mir und Dir lägen, in denen ich stecken bliebe, wenn ich zu Dir kommen will, und wenn ich endlich doch durchkomme, wenigstens Koth davon an den Stiefeln mitbringen werde! Ich sehe zwar jetzt noch gar nicht, wie ich aus meinem Labyrinthe kommen kann, aber ich habe doch guten Muth, und vertraue sowohl meiner Rechtschaffenheit wie meiner Geschicklichkeit. — Die fünfte Lieferung meines Tagebuchs wird Dich amüsiren, denn sie handelt von Nürnberg, und ist wie dieser Brief hier in Nürnberg geschrieben. Sie erspart mir die Mühe, hier noch besonders von der Stadt, und dem Eindrucke, den sie macht, zu reden, weil ich bei meinem Tagebuche Deiner immer so eingedenk war, als schrieb' ich nur an Dich. Nur den Wunsch, der wie ein Springbrunnen immerfort in mir erhoben bleibt, mit Dir dies zu sehen, Dich über alles dieses zu hören, Dein Leben in alles sich versenken und blühend wieder erheben zu sehen, den mußt' ich dort verschweigen. So allein wie ich bin, denn Harscher bedarf noch meiner Anregung zur Munterkeit, habe ich von allem mehr die Wehmuth und den Aerger, als die Freude gehabt. Eigentlich besehen, von Kunstwerken und anderen Denkwürdigkeiten, habe ich fast gar nichts, die Zeit ist zu kurz, und ich bin gar nicht vorbereitet. Dagegen war ich heute mit Zieten auf dem Felde, in ganz anmuthiger Gegend, bei dem wärmsten Sonnennachmittag, und habe unter herzlichen Gesprächen mit diesem edlen Manne die innige Freundlichkeit der freien Natur gefühlt, und Dein Wesen in ihrer großartigen Bewegung ohne herbe Erinnerung mitgefühlt, Dich vermissend und doch vergessend, daß ich von Dir getrennt bin. Die Augenblicke frohen Seins will ich fassen, und in dem blauen Himmel meines Lebens so viel als möglich solcher lichten Sterne erblicken; selbst in Rom wäre mir ein solcher mehr werth, als alle Beleuchtung römischer Vergangenheit, die mir am Ende doch nur einen solchen Moment geben könnte.

Auf solche Ketzereien komme ich jetzt mehr und mehr; mein letzter Brief aus Baireuth muß voll davon gewesen sein, und es ist recht närrisch, daß ich derlei neben Harscher schreibe. Ich erkenne die Freilassung, die durch Dich meinem Sinn geworden ist, und die nun immer fortdauern muß. Wollte mich eine neue Erscheinung von Deiner Einwirkung befreien, so würde ich wieder unterthäniger, denn das hieße mich von der Freiheit befreien. Harscher aber thäte ich das größte Unrecht, wenn ich Dein Urtheil von ihm bloß einer so leichten Phrase, wie die obige ist, anvertraute, und darauf nicht rechnete, daß Du genug schon über ihn weißt. — Zieten wird suchen nach Berlin zu kommen nach einiger Zeit, und sucht bei Iffland engagirt zu werden, er wird natürlich auch dort Liberati heißen. Dann mußt Du ihm beistehen, und seinen Sinn für das Theater, für Musik und Gesang ausbilden. Er vermißt gar nicht sein voriges brillantes Leben, und sitzt ganz zufrieden in einem engen Stübchen mit seinem Mädchen, die ihm seit einigen Jahren überall treu nachgefolgt ist, und wie sie in Schlesien dem Rittmeister seine Pferde von den Feinden rettete, nun hier in Nürnberg dem Sänger eine Tunica näht, die er in der nächsten Woche als Titus in der Mozart'schen Oper brauchen wird. Sein Gemüth ist rein und von sanfter Wärme durchglüht, sein Herz tapfer und fest, sein Geist aber nicht allzu lebhaft, sondern träge wie Hamlets. Er hat mir heute sehr Rührendes, Inniges über sein Leben und den Zustand seines Gemüthes gesagt, mit herrlichen Worten, wie die sie oft finden, die ohne studirt zu haben gebildet sind. — Siehst Du wohl noch bisweilen ein Stück von den Berliner Schauspielern? Du solltest doch in der Routine bleiben; der Anblick dieser Schauspieler hier, gegen die ich so gar keine Feindschaft habe, hat mich trotz ihrer Mittelmäßigkeit, sehr ergötzt, sie meinen's doch gut, was ihnen auch hilft, und bilden sich nichts ein. Ein Leipziger Student ist Regisseur, der Direkteur heißt Reuter, wenn Du etwa von ihm gehört hast. — Was treibst Du nur, geliebte Rahel? Was liesest Du für Bücher? Schreibst Du noch etwas außer Briefen? Hast Du das Italienische angefangen, und erfreut's Dich? Hast Du neue Bekanntschaften gemacht? Thue nur immer wohl Allen, die Dir nahen, aber um Gotteswillen, geliebte Rahel, daß Dir niemand weh thue! Ich fürchte mich für Dich, Du bist so sanft, so gütig, sei hart und böse, Du bleibst doch ein Muster von Güte! Du wirst mich doch verstehen, wie ich's meine? Ich meine nicht etwas für mich, keine Treue, die ich mir retten möchte, sondern nur etwas für Dich! Was sich von Dir auf mich bezieht, ist mir in ruhigster Klarheit, da weiß ich nichts von Furcht, sondern bin Deiner gewiß, als einer Wahrhaftigen, bei allem Ganzen; was Du thust, ich verehre und liebe Dich, Dein Thun ist rein, zieht es Dich von mir ab, auch dann muß ich's loben, denn ich weiß, daß Du überall nicht erlogenem Schein dienen kannst, und das Wahre darf kein Mensch beklagen. Freilich wohl, liebes Rählchen, darf ich, so lang es in mir so ist, wie es ist, jeden, der sich Dir nähert, nicht anders als mit bitterm Grimm ansehen! Du liebe, gute Rahel! Antworte mir ein wenig auf jene Fragen! Ich habe auf dieser Reise den achten Band von Goethe sehr viel in Händen, ich lerne täglich neue Tiefen und Bildungen darin sehen; doch seufz' ich nach der Mannigfaltigkeit, und besonders ein griechisch Buch wäre mir Labsal. In zwei bis drei Tagen sind wir in Tübingen, dann richtet sich alles wieder ein; ich fürchte im Ganzen zu einer traurigen Wirthschaft. Es ist zum rasend werden, daß vielleicht Du in Berlin Dich allein grämst, während ich in Tübingen einsam traurig bin, und wir beisammen fröhlich wären, auf halb so großem Platz! Daß ich einen solchen Schatz von Briefen von Dir durchzulesen und zu ordnen habe, ist mir wie ein Licht in diesem Abenddunkel, und gern werd' ich weinend fröhlich sein! Arme, arme Rahel! Dein Leid wird mir zum Trauerspiel, an dem ich mich erholen will! — Wenn ich nur von Dir in Tübingen einen Brief finde! Ich habe Dir aus Dresden am 13., und 16ten Oktober geschrieben, aus Baireuth am 24sten. — Besorge nur ja mein Tagebuch bald und sicher weiter, an Neumann, oder an Chamisso, und an jeden mit geschärftem Befehl der glücklichsten Expedirung. Grüße beide recht herzlich, wenn Du sie zu sehen bekommst. An Rebecka die freundlichsten Grüße; ich hoffe die Eselsmilch fängt an gute Wirkung zu thun; gäbe es nur ein Mittel, ihr Gemüth zu erheitern! Zerstreuung kann nicht helfen, eher Sammlung. Die Erzählung ist doch wohl schon fertig gedruckt? — Adieu, lebe wohl, geliebte Rahel, ich mag heute nicht weiter schreiben; mögest Du gesund und fröhlich sein, Du lustiges Mädchen! Ich bin ziemlich gesund, könnt' ich nur erst andere recht dazu machen. Leb wohl! Dein V.

Den Brief an Gentz habe ich noch nicht besorgen können.

Schreibe klein, wie ich, Du böse Rahel! aber im übrigen, wie Du!

Harscher meinte, er sei so dünnen Leibs, daß einer glauben könnte! er sei einem Schneider als Faden davongelaufen, und wolle nun so sein Glück in der Welt probiren.

Kommt denn der König? Wahrhaftig, wahrhaftig, keine Regierung hier herum so gut wie die Preußische! In Stuttgart muß man wenn man sich dem Schlosse nähert, selbst bei Hagel und Schnee den Hut abnehmen. Der König von Würtemberg hat in öffentlichen Blättern befohlen, so weit man seinen Wagen sehen könne, solle man den Hut abnehmen, oder arretirt und streng bestraft werden. In der Komödie darf man nur klatschen, wenn Sr. Majestät, dann aber soll man. Sein größtes Amüsement ist Jagd und Zotenreißen. — Die baierische Regierung ist wenigstens in Nürnberg wenig geliebt. Schwere, schwere Zeiten! Dürften wir doch sagen: was gehen uns die Staaten an! Bei allen Auflagen ist es im Würtembergischen und namentlich in Tübingen, wie mir Zieten sagt, unendlich wohlfeil zu leben. —

Adieu, liebes Flankinchen!

Sonett.

Die Felder stehn im warmen Sonnenscheine,
Von zarten Herbstesfäden schon umstricket,
Und rings das Aug' in irrer Eile blicket,
Ob Sommerlust verspätet wo erscheine.

Vergebens daß die Wehmuth innig weine,
Im Seufzerhauche sanft der Wipfel nicket,
Und leis den welken Schmuck zur Erde schicket,
Daß nackt die Nester stehen und alleine.

Wohl weiß ich, daß der Frühling wiederkehret,
Ich darf um ihn nicht hoffnungslos verzagen,
Und Wiedersehen muß das Leben bringen.

Doch alles Leid, was mich indeß verzehret,
Was ich nur dir und Sommerau'n darf sagen,
Macht diese Thräne mir ins Auge dringen!

Abends spät.

Sage mir doch einiges über meine Gedichte, liebe Rahel! Ich will künftig größer schreiben!

An Varnhagen in Tübingen.

Sonntag Vormittag um 10, den 30. Oktober 1808.

Du entzückst mich ja! zu Geliebter! Worauf soll ich denn nun zuerst antworten! (Ich habe gestern unmittelbar als ich meinen Brief abgegeben hatte, Deinen aus Baireuth bekommen.) Du wirst es gewiß nicht rathen, worauf ich nun doch zuerst antworten muß! „Daß sie es so geformt und ausgestellt haben, das, was mir sonst im «Meister» gefiel, ist mir jetzt zum größten Mißfallen.“ Solche Worte, mein geliebter Knabe, mein rechtmäßiger Liebling, schreibst Du mir! Was ich Jahre lang in mir verheimliche; oder eigentlicher, was keine Worte zum Kleide finden konnte, und keinen Platz zum Auftreten, spinnst Du mir hervor, Du bildsamer Kunstverständiger! (Diesen Titel erkläre ich Dir noch.) Und das ist es nicht, was mich entzückt! Nein, was mir den Trost in's Herz gießt, ist, die große Freude über diese schwer zu findende Wahrheit! jeder solche Fund, jedes solches Wort, diese Fähigkeit, macht Dich mir gewiß; versichert Dich mir. Sieh mein ganzes Herz! Ich bin ganz selbstsüchtig: wie zur Beute geht's in mir her, da Du einmal weg von mir bist: da Trennung möglich war! Als gestern Deine Lobströme aus Deinem geliebten Brief über mich kamen, frug ich mich am Ende, warum ich nicht bescheidener wäre, nicht beschämt? Ich fühlte nichts von dem; nur Befriedigung; ich freute mich. Nein, nein! da unser Leben nun einmal äußerlich getrennt ist; da es hat sein können, da ich Dir mein Herz und seine Liebe doch nicht reichen kann, da es das Element der Lebenstage zusammen zugebracht, doch nicht aufnehmen will; mußt Du eingenommen von mir sein! Treibhaushitze muß vorzeitig, verwirrt, matter, oft in Winterluft stärker scheinend, hervorbringen, was große Sonne beachten, und gedeihen lassen sollte, zu ihrer eignen Freude. Theurer, Theurer! Vielgeliebter! Es war falsch, daß wir uns trennten. Wir wußten — umgekehrt, wie es Andere machen — nicht wie sehr wir vereinigt sind: wie groß die Vereinigung war; aus jedem unserer Worte bricht's hervor; aus jedem Augenblick des Entferntseins entwickelt sie sich: in Schmerzen arbeitet sie sich aus unserem Innern hervor. Laß es Dir sagen, mit nichts zu theuer erkauftes Gut! Nur Deine Schmerzen stillen meine: wenn Du mich liebst, ist es mit meinen auch so. Wenn wir uns auch einander ermahnen, ruhig zu sein, und zu leben! Nur Einen uneigennützigen Gedanken habe ich gehabt, seit Du weg warst. Vor meiner Krankheit ging ich in unserer Gegend; die Stadt war zu ruppig; eine erstickende Leere; Angst befiel mich — wie am meisten auf der Gasse — und da rief ich zuerst aus wahrem Herzen: „Nein, es ist gut, daß er wenigstens weg ist, und dieser tödtende Anblick und Eindruck ihn nicht treffen kann!“ Das war das einzigemal. Es ist uns beiden gleich zu Muthe, meiner Seele Geliebter! Heute Morgen, Rouleau und Schirm war noch zu, brachte mir Line ein kleines Bouquet, von meinem neuen Bedienten — ein ältlicher, der bei Pauline war, und sich mir schon angetragen hatte — ich litt ohnehin etwas, und sah es nicht; später, als ich erholt, und das Licht eingelassen wurde, sah ich blaßrothe Nelkchen, gelbe Violen, einige Aurikel, und eine kleine weiße Nelke. Ganz unerwartet rochen sie so gewürzig, als nur im Sommer vom Beet. Und wie traurig gleich war es mir: Du standst zwischen ihnen! Ich kann nicht dafür; ich kann Dich auch nicht schonen; ich kann nichts, nichts, ohne Dich genießen! Und wird es besser sein, wenn's anders sein kann? frag Deine innere Seele, Dein wahres Herz. Nein, nein, nein. Nimmermehr: und Du sagst auch nein. Dieser Brief wird Dir Schmerzen machen; aber willst Du etwas anderes, als mein wahres Herz? Soll ich in mich hinein lügen? das heißt, zu Dir. War es nicht gestern auch so; lebt' ich wohl, während ich mich über der Kinder Spiel so freuen mußte? floß sie nicht in Bitteres die Freude: marterte ich mich nicht ab, Dir es nicht mittheilen zu können? Gönnt' ich's wohl einem Zuschauer; wußt' ich nicht, daß nicht Einer es sehe wie es ist; überfiel mich Dein Verlust nicht wie Zauberwolken, die sich vor, und in mir stellten?

Beklag' Dich wenigstens nicht über Dein Schreiben, Varnhägken! Du kannst noch alles sagen! Wie kannst Du denn solche Kleider aus den Worten machen, die jedem aufkeimenden Gedanken wie Trikot anschließen! Und so reich bist Du geworden: wie Quellen springt es ja aus allen Ecken, bei jedem Tritt hervor. So hast Du mir geschrieben; ich bin es gewiß. Könnte Harscher nur Deine Briefe sehen! Da kannst ja alles sagen. Wenn ich Dir mal sagte, Lieber: „Es wäre in mir ein tiefer unerreichbarer See“, so sagt' ich nicht dabei „im Gemüth“, und nicht: „unerreichter“. Sondern ich glaube, es ist in meinem Geiste etwas für Menschen Unerreichbares; und diese Mitgift fremder Welten trägt jeder mit sich umher: bei mir ist es zum Bewußtsein gekommen. Wie der Geist und seine Zweifel erschüttern können; wie unser Gewissen, unser abgemachtes Leben, der Blick dahin, auf uns wirken kann, dies kann kein Mensch auf den anderen üben — dies meint' ich, und dies muß ich deutlich machen — bis dahin wirkt Liebe nicht; sonst dringt die in all unsere Bestandtheile: und so fühle ich sie, wenn ich liebe. Mein Gemüth hast Du „erreicht", mein ganzes Herz. O! ja, Theurer, schreibe mir immer von mir! dadurch hör' ich von Dir! „Die Liebe ist eine Wiederholung", sagt Novalis. So das Meer, Quellen, alles Reiche, was man ihr vergleicht. Wie selig machte mich das, was Du mir in Deinem zweiten Dresdener Brief über Goethe schriebst — Wort für Wort wird der noch beantwortet —, wie entzückt, wie stillt diese Bewunderung von Goethen, was Du über ihn sagst, mein Herz; es ist mir der höchste Bürge, der größte Beweis, daß Du mich liebst. O! man kann nicht lieben, ohne Goethe zu lieben: er ist das Ideale durch wirkliche Mittel dargestellt; das Leben selbst. Darum bin ich so entsetzlich gekränkt, wenn wirkliche Menschen gegen ihn sprechen. Sieh meinen Stolz: so denk' ich aber.

Erinnerst Du Dich unserer Zänke noch! Küssen könnt' ich sie! Nach jedem Ausfall von Dir, war ich Dir ergebener: schmiegt' ich mich mehr an; war ich vergnügter. Hundertmal klüger ist das innere Herz, als alles. Ich wußte, daß es Felsstücke waren, die Feuer sprengte; Liebe! Weißt Du noch, als wir einmal mit vielen Leuten von Charlottenburg fuhren, und Du gar nicht sprachst, und Dich bissest, und an meiner Treppe gehen wolltest; und ein Wort Dich hielt? Die größte Liebe war alles! Wie hart warst Du in Charlottenburg; wen nanntest Du! und Du kränktest mich doch nicht. Die Verwirrung ärgerte mich, und Deine Liebe zog meine Liebe wie einen Strom herauf. Wie gerne zeigt' ich sie! Jetzt merkst Du sie ganz! Wenn Du mich so liebst, wie ich bin; wenn ich Dir so viel werth bin; so freue Dich! Diese, deren Existenz zu wissen Dir so lieb, so nöthig ist: setzt ihren höchsten Lebenspunkt in Dich; kann ohne Dich nicht mehr genießen; hatte nie, was sie in Dir besitzt; den Geliebten, der es werth ist. Und hat, trotz der größten Leidenschaft, trotz der Krankheit des stärksten Herzens, nie einen Verlust gemacht, als der wäre, Dich zu verlieren. Weil Du von mir weißt: weil Du mich liebst; und die Natur ausgesprochen hat, daß wir uns ergänzen sollen. Wenn jemals harter Wille, oder harte Jahre, Deinen Verlust heischten: und ich schwiege, glaube mich nie getröstet. Nie. Bis ich's selbst sage: und dann — sagt's eine Andere. So müßt' ich mich umwandlen; vom Baum zur Schlange. Dies wisse!

Sag, Lieber, Bester, wie so denkt denn Harscher jetzt so gut von mir? Was hast Du ihm denn von mir sagen können? Wie leid ist es mir nach seinem Einen Worte: „Er wisse nicht, wie Du Dich hast von mir trennen können", daß er nicht alles weiß! Mich dünkt, ich bin es ihm schuldig; ich betrüge ihn. Wie wenig; wie schattenartig, gewiß schattenrißartig, bin ich ohne meine Liebe. Drum verklagen und hassen mich ja so Viele, weil nur so Wenigen ich mich habe in ordentlicher Liebe zeigen können; weil mir ein wirkliches Glied, das Lebensherz möchte ich sagen, dann fehlt; bin ich denn ein Monstre, muß ich's scheinen, es bezieht sich das alles auf das Fehlende: und sie haben Recht. Apropos! Bedenke, daß die Tausende Briefe an U. und an die Fr., die Du von mir hast, meist nicht ächt sind: bis auf die Bülletins; ich mußte mich herabstimmen; und ihnen lügen; und mich ihnen verständlich machen, und allerlei Töne versuchen. Adieu aber für jetzt! Ich bin recht müde. Nächstens, wenn Deine Briefe beantwortet sind, von der gestrigen Komödie, von Jean Paul; Minna schrieb mir nur neulich: „Varnhagen war noch zweimal bei mir: er war nicht frei; also konnt' ich's auch nicht sein." Wie ich Kräfte haben werde, fordere ich Deine Gedichte von ihr. Nun zieh' ich mich an, lese Dein Journal, und schicke es Neumann. Du liebst mich, Du liebst mich sehr! O! theure Briefe! in der theuren Zeit; wo etwas von Dir so wenig zu haben ist! die schönsten Briefe von der Welt. Ein solch Buch, und Du bist berühmt! — Ich werde Dir etwas von Rivarol, Freund von Chamfort und Mirabeau — Art Deutsche — über l'imagination schicken. Er ist ein großer Bonmotist. Les Anglaises ont deux bras gauches, sagte er auch. Ueber die Hamburger soll er unerschöpflich sein. Ils se cotisent quand ils veulent dire un bonmot, meint er. Diese Worte wieder zur Ermunterung. Adieu, zu geliebter Freund.

Montag früh nach 11 Uhr, den 31. Oktober.

Lieber, wie hat mich Dein Journal entsetzt; ich war selbst sehr angegriffen, als ich's las, gestern Abend gegen 7: eher konnte ich nicht. Ich hatte den Morgen zu lange an Dich geschrieben; ich wußt's nicht so genau: dann holte mich die Fr. ab. Mit großer Mühe ging ich etwas mit ihr. — Als ich las, Du habest hundertundzwölf Pulsschläge in einer Minute gehabt, dröhnten mir gleich wieder die Hände und die Füße — welches ich Einschlafen nenne. Mein Trost war, Dich besser zu wissen; und daß Dir nicht die Lungen, sondern die Brustmusklen weh gethan hatten. Ich wußte vorher, Du würdest krank werden: die Jahreszeit war zu spät, aber ich wollte nichts sagen. Und die Reise ist ja doch gut. Wir waren also zugleich krank, und der arme Harscher auch. Ich bitte Dich, warum ist denn das so schlimm, wenn ihm die Mandeln schwellen? Sonst äußerte sich jede Erkältung bei mir dadurch, und Fieber hatte ich auch wohl dabei. Und meine Aerzte schienen doch nie besorgt. Wenn man innen keine Sonne hat, nach der sich wenden, so ist es wirklich schwer mit einem edlen Körper solchem Klima widerstehen: mich erlegt es immer; bei Dir hätte ich ihm vielleicht widerstanden. Böhm trat vorige Woche beinah schreiend mit den Worten in mein Zimmer: „Toll sind die Menschen, ich begreife sie nicht, die zu leben haben, und nicht nach Süden gehen; ich bin gebunden: aber der Kaiser von Rußland möcht' ich nicht sein, wenn ich in Petersburg leben soll." Er ist nicht einer von denen, die ihre Kranke wegschicken; nicht einmal nach einem Bade läßt er sie willig, sein Einfluß und seine Nähe ist ihm das Liebste. Gestern fand ich uns wieder rasend, nicht in Palermo zu sein; und hatte eine Sehnsucht, als ob ich's kennte. Aller Nebel ist hier jetzt: immer über den Mondschein weg! und in Stunden, wo er ganz aus eignen Kräften und Mittlen kommen muß: als um 11 Abends gestern, und jetzt, zu Mittag! Will der Kaffee und Zucker als Nebel herüber? Eins beschwöre ich Dich, bei dem was unter uns obwaltet! Schreibe mir jedesmal, wenn Du krank warst; und wie Du es warst, und wenn Du es bist. Du siehst, mein sehr Geliebter, ich thue es auch. Auf solche Weise wollen wir uns nicht schonen! Die Sicherheit, bei dem Getrenntsein, geht über alles: ist unentbehrlich nöthig. Sonst überlebt man's nicht. Du schwörst es mir. Ich schäme mich über das, was ich gestern schrieb; ich zeigte mich so schwach: quälte Dich so! was sollst Du denn thun? Durch solche Minuten gelange ich zu Besserem; erlebe sie mit mir: ach! sie sind auch wahr!

Sieh, Kleiner, wie klein ich schreibe: es strengt mich gar nicht an, wenn ich immer eine feine neue Feder nehme; Dir zu gefallen, weil Du's liebst: und des Postgelds wegen. Dieser soll mit der reitenden; sonst ärgerst Du Dich zu sehr, daß ich von Deinem Baireuther Brief so lange nichts weiß, der kam, als meiner ging. Und auch weil ich krank war. Ich dachte Jean Paul wüßte nichts mehr von mir! und das Bischen, was er wissen könnte, wäre böse. Ich schrieb ihm zuletzt über die Weiber, die er immer vorkommen läßt, und verlangte andere. Das, dacht' ich, hätte ihn gebissen! nämlich mich für dumm und vorwitzig zu halten. Er ist aber ganz gut. Wie Du ihn schilderst — dick ist er also jetzt? Daß seine Meinungen sich so biegen, steht hell und klar in seiner Aesthetik und Levana: schlechte Bücher. Anpochende, aufhauende Meinungen fürchtet er; und daher imponiren sie ihm auch. Und da die letzten gerade so waren, so fügte er sich unter, mit zu vieler Liebe, wie ein bestraftes fürchtendes Kind. Dabei ist sein Arbeiten spinnenartig, und gleich kommt jeder Vorrath in sein neuestes Gewebe. So hat ihn auch die kühne Richtung der neumodischen Empfindsamkeit, nach Altmodischem, als Katholizism und dergleichen, erschreckt; und seine kriecht ihr etwas nach, ihr eignes natürliches Gehege vergessend. Der muß sich für allein halten, um original zu bleiben; jedes, viel, alles, kann er mit dieser Gabe nicht ergreifen. Sein Traum einer Wahnwitzigen ist göttlich; und seit recht lange mal wieder ächt. Wie schön gleich geschrieben! Da sieht man recht, wenn er sich versenken, isoliren will, was er dann ist; Umgang mit noch lebenden Schriftmenschen, auch nur ihre Bücher, ihre Kritiken nun gar! ist ihm todschädlich. Wie so er mich nur für humoristisch hält; mich dünkt, ich habe nie etwas in seiner Gegenwart gesagt: aber ich weiß schon, weil ich sein Komisches so rasend goutire. Und das weiß er. Dazu gehört auch Humor. Mit den Schenkläppchen hast Du Recht. Daß er sagt, ich müßte unverheirathet bleiben, da thut er mir nicht sowohl Unrecht, als den Ehen. Denkt er noch an vorräthige, abzulebende, und sollen die nicht, wie das Leben, eben gelebt werden? Es ist wahr, ich bin so auch gut: weil ich gut bin. Aber wie schlecht könnte man auch da gedeihen! Und will er mir Kinder absprechen?

Oder hat er mir ein Fürstenthum in der Unordnung für Bastarde zu geben? Darin hat er Recht: einer schlechten Ehe würd' ich mich nie fügen; denn wer meinen innersten Beifall und meine Neigung verletzt, behält mich nur als eine Gefangene; und das müßt' ich sagen, weil ich's wüßte; und da nicht lügen würde, wo nichts als Wahrheit schön sein kann, und wo ist Schönheit zu Hause! Gesteht Jean Paul ein, daß es nur schlecht sein kann? Ich nicht: wenn es mir auch so ginge. Darin hat er aber Recht, daß er sagt, ich müsse an jemand schreiben; das gefällt mir rasend, daß er mein Talent, die Zusammenstellung meiner Fähigkeiten so gesehen hat. Adieu! ich bin unterbrochen. Robert ist gekommen. Wie wir über Jean Paul sprechen! Einen Liebling. Unseren; wirklich einen von mir. Adieu bis heute Abend oder morgen!

Dienstag früh um halb 10, den 1. November.

Du Lieber! „Es ist Dir, als sollte Deine Brust nicht mehr zusammenhalten", schreibst Du in Deinem Journal. Fasse Dich wo möglich, geliebte Kreatur! o! wie seh' ich diese Worte ein. Wie krank fühlt man den kranken Theil, wenn die Seele ihn nicht mehr hält, wenn die selbst darbt, und nichts mehr zu schicken hat. Laß Dich das stärken, daß ich hier auch wie abgehauen sitze, und keine andere Existenz kenne, als Dir schreiben; mich bis zur Ermüdung mit Dir beschäftige; alles möchte ich für Dich ordnen, verwahren, bereiten; und vergebens müdet man sich ab! Herr über den Raum wird man nicht. O! Trauter! mein Freund, es freut mich die Sehnsucht! Deine, und meine auch, ich will sie ja! Wie Du mir in Deinem ersten Brief von Dresden die Beschwerden mittheilst, die Du von Leipzig zu kommen hattest, und mir die Worte sagst, Du habest im schlechten Wirthshause gedacht: „Wenn das meine Rahel wüßte!" denk' ich, ich soll vergehen vor Seligkeit! O! das ist Liebe! und Ueberzeugung von Liebe! Ich war Dir die Nächste! Ich hielt es nicht aus vor Wonne! Ich hielt inne mit dem Lesen. Ein ganzes Wetterleuchten von Befriedigung und hellem Glück mußte ich in meiner Seele abwarten. Du kannst es gewiß nie fassen, wie sehr Du mich gefreut hast: noch nie hattest Du mir solch Zeichen, inniger, voller, vertrauender, hingebender Liebe gegeben. Ich denke, ich vergehe! Darin aber, Varnhägken, hast Du Unrecht, ich habe Dich ja nie für weichlich gehalten, also kann ich's auch nie gesagt haben. Noch möchte ich Dich auf der hölzernen Bank küssen! Wie hätte ich Dich geküßt! Mit Eins wär' Dir bequem gewesen. Ja, Du hättest Dich auf meine Schulter gelegt: gewiß hätte ich auch Dir etwas zu geben gehabt. Du Geliebter! — Gestern wurde ich recht garstig gestört: erst wollt' ich's verbeißen und weiter schreiben, aber es wurde auch danach: Du wirst's dem Ende wohl ansehen; nicht ein Wort sagte ich mehr von dem, was sich mir schon vorgedrängt hatte: wo solch ein Kreuz über dem Wort steht, kam Robert: erst wollte ich's Dir gar nicht sagen, weil Dich der zu sehr ärgern würde, dann dacht' ich aber, die Störung ohne den Grund davon zu sehen, sei noch ärger. Es war wieder später geworden, als ich dachte; ich sehr müde, und ich ließ mich von ihm zu Mama führen, wo ich der Frohberg Rendezvous gegeben hatte. — Das nur noch über Jean Paul's Aeußerung! Ist es denn mit Liebe nicht so, wie mit der zu uns? daß wir vor Wonne und Einigkeit gar nicht fühlen, daß wir uns lieben müssen? Und war ich nicht schon so verheirathet? Und ist es nicht verheiratheter, unverheirathet zu bleiben, wenn man es auf diese Weise nur allein ist? Meint er aber von mir so, weil es so ist, müsse es so sein, wie mit allem in der Welt; dann sag' ich Ja, mit einem Ausrufungszeichen! Wundere Dich nicht, daß ich mich hier so eingelassen habe. Wenn man mich loben will, und man verfehlt mein Innerstes, eben so, als meine stumpfesten übelwilligsten Tadler, und man will mir gar einen Platz anweisen, wozu das Schicksal — welches so unendlich ist, daß es zum kleinsten Beschluß die Welt, wie sie ist, und von je her, braucht — nur ein Recht hat, dann empör' ich mich; und thut man's gegen Dich, laut. —

Sagt mir, liebe Kinder, mit welchen Menschen, mit welchen Wirthen, mit welchen Lohnlakaien müßt Ihr in Dresden gelebt haben, um nichts von Tharant zu erfahren: Tharant und die Gallerie werden zugleich genannt, sehen alle Menschen. Du bist ganz irre, Varnhägken, Deine Beschreibungen sind sehr gut. Ganz besonders aber die beiden von der Dresdener Brücke, und noch besonders die erste! Du kannst es wohl! Wie hab' ich aber die Anderen bedauert, und wie schämt' ich mich vor ihnen, daß sie nur Dein Journal, und ich Deine Briefe bekam. Wenn man die Briefe hat, aber nur dann, — sieht man, daß das Journal gar ohne die Briefe nicht zu verstehen ist. Alles vom ersten doppelt. Obgleich Dein zweiter Brief beinah noch liebevoller ist! Liebling! Ich halte mir meine Augen, aus Lust! die Deinen zu halten, zu streichen! Ich antworte noch auf beide Dresdener Briefe: wenn ich ganz stark bin. Ich werde nun heute nicht mehr so viel schreiben: — und will mich wirklich etwas zu Rathe halten. Also wenn Du nächsten Posttag nichts hast, keine Angst! Heute esse ich hinterm Gießhaus mit Robert und dem Herrn von Möllendorff, der mich gestern sehr angenehm und herzlich bat, bei einem neuen Restaurateur Dallach. Da will er mit mir über die Kinderkomödie sprechen. Um halb 3 muß ich auf dem Platz sein, vorher Mama sehen, etwas gehen, und den großen cours de propreté machen. — Chamisso ist noch bei Fouqué: Neumann aber, dem ich Sonntag vor acht Tagen Dein erstes Journal und den Almanach gab, der mich krank genug verließ, dem ich letzten Sonntag das zweite mit einem Billet, worin ich ihn um dessen Besorgung und meinen Almanach bat, zuschickte, hat sich seit der Zeit nicht um mich bekümmert; und mir noch nicht geantwortet.

Ich bin ja ganz verwundert über Lafontaine! den Deutschen. Ueber dessen Erzählung in dem Almanach! Zwar habe ich noch nie etwas von ihm gelesen, — und noch nichts aus, was ich etwa auf dem Tische fand, — als diese Erzählung; und es ist möglich, er wiederholt sich. Jedoch glaube ich, das Gute darin, weil es das überaus Einfache ist, qualifizirt sich auch für den Gröbsten nicht zur Wiederholung. Für mich hat er ganz neu, und so idealisch als es möglich ist, daß es sein kann, die Eltern der Rebecca erfunden, und geschildert. Und mit einem Ernst, und unangefochten bis zum Tragischen verfolgt. Und ganz bis zum Ende schön, wie ihre Seelen gar nicht versöhnt werden, nur ihr Herz unter allen Umständen der Tochter bleibt. Die Szene des Zanks, wo die Mutter ihre Macht ausüben will, und die Herzensinnigkeit und Gottesglauben sie Alle verbündet, ist sehr schön! Hätte er nur dem Vater einige Züge mitgegeben, wodurch man sehen könnte, daß es ein gescheidter Mann ist: mir geht das sehr ab. Ich dächte, wenn man so viel Talent hat, könnte man mehr haben. Auch der Geliebte müßte mehr sein, als der ehrliche Nimrod; einiger Geist würde ihn sehr schmücken, und das Buch accentuiren; aber es fließt ein schöner Bach durch ihn. Ich bin ganz Deiner Meinung in was Du über Goethe's „pilgernde Thörin" sagst; und bin froh, daß Du es gesagt hast. Mir kommt es ganz wie eine Uebersetzung vor; nicht als ob es übersetzt wäre; aber die Meisterschaft liegt doch darin, Franzosen, ihre Lebensweise, ihre Sprache, so aufgefaßt zu haben, um sie unverloren, in unseren Kräften, bis zur kleinsten Phrasenbewegung wiederzugeben; und dabei für seine Erkenner so sehr Goethe zu sein, und zu bleiben, wie nur jemals! Dies heißt doch eigentlich übersetzen; und bürgt für jede zu unternehmende litterale. Es freut mich in die Seele, daß er Dich an Diderot erinnerte. Adieu Lieber! Künftig von Sophie Brentano, Friedrich Kind und Rochlitz. Heute bin ich zu müde. Das Stück leere Papier ärgert mich. Wenn's auch nur einige Bogen sind, ich habe Dir recht viel geschrieben. Und das Papier schlägt nicht durch. Ich soll Dich sehr von der Guten grüßen! Bleib' ihr nur gut, wenn ich auch manchmal auf sie schimpfen muß. Ich bin immer stolz, ihr den Gruß zu zeigen, der sie so stolz machen soll. Adieu! Ich habe gar keine Liebesworte, und schäme mich fast sie zu schreiben, seit Du sie so liebst. Ich schmeichle Dich aber doch, Jüngechen. Denke Dir, daß ich mit diesen Worten Dein Herz halte; und Dir mit der größten innigsten Zärtlichkeit die Hand küsse. Adieu! Rahel.

Nun hast Du Cotta gesehen? Ich möchte fast sagen — wie Line, die mir jetzt alle Tage erzählt, „wenn erst England nach Paris kommt", — wohnt Tübingen noch in ihm? — Julie sagte neulich, als der Singakademie gesagt wurde, sie solle beim Einzug des Königs am Frankfurter Thor singen, und man sie ganz ermüdet hatte: „Ich mache die Thor-heit nicht mit." Adieu, vergiß mich nicht!

Anmerk. Von J. P. F. Richter finden sich aus jener frühen Zeit noch ein paar Briefblättchen vor, die hier stehen mögen. Er schrieb an Rahel:

1.

Berlin, den 6. November 1800.

Geflügelte! — in jedem Sinn; denn hier hätten Sie noch einige Wintermonate lang Ihre Reiseschwingen zusammengelegt behalten sollen. Mit unbeschreiblichem Interesse hab' ich einige Ihrer Briefe von Ihrer Freundin, die sie so sehr verdient, gelesen; aber mit eben so vielem Schmerz. Sie behandeln das Leben poetisch, und das Leben daher Sie. Sie bringen die hohe Freiheit der Dichtkunst in die Gebiete der Wirklichkeit, und wollen die Schönheiten dort, auch als Schönheiten hier wiederfinden; — aber die poetischen Schmerzen sind, in die Prosa des Lebens übersetzt, rechte wahre Schmerzen. — Vor der Muse ist der Teufel schön und die Parze, aber sie wohnet nur in uns, und der Teufel so oft außer uns, und hat dann keine milde Beleuchtung.

Leben Sie froh unter einem Volke, das Sie besser fassen werden, als dieses Sie.

Schreiben Sie mir, aber kein Brief wird mir gefallen, als der längste. — J. P. F. Richter.

2.

Berlin, den 9. Jänner 1801.

Mit Zuneigung und Freudigkeit hab' ich Ihren Brief an mich und Ihr vortreffliches Votivgemählde von Paris gelesen, und mit herzlichen Wünschen für Ihre rasche, kräftige, geflügelte Natur. Mög' Ihr Herz nicht verkannt werden, auch nicht von — Ihnen! Mögen die Menschen, da Sie oft, glaub' ich, ohne Orthographie handeln so wie schreiben, darüber den geistigen Werth nicht übersehen! — Aber gerade, wenn die Seele am schönsten spricht und tönt, wird sie Andern unsichtbar, wie die Saite verschwindet, wenn sie tönt. — Jedes Blättchen, und noch mehr jedes Blatt von Ihnen wird mich erfreuen. Friede und Freude sei mit Ihnen! Richter.

An Varnhagen in Tübingen.

Sonnabend Morgen, den 5. November 1808.

Endlich bin ich verdrießlich. Weißt Du was das heißt! Aber was kommt auch zusammen. Die Jahreszeit selbst wird toll: und schon seit dem Juli — Du wirst es lächerlich finden — konvulsirt der Winter in den Sommer hinein! Jetzt aber, heute, waren die Rinnen gefroren: noch beinah konvaleszent, muß ich mit meinem angeborenen Feind dem — dezidirtesten den ich je erlebte — Nordostwind kämpfen; der schon der Sonne allein eine Helle giebt, der mir die Nerven, wie es ein Strick ist, zusammendrehet. Es ist nur Schade, aber nicht wunderbar, daß das mit meinem Innren und meiner ganzen Lage mir nicht den Tod giebt. Seit gestern quäle ich mich damit, ob ich Dir schreibe, oder nicht. Lügen kann ich gar nicht: bei Dir gerade tritt die ganze Wahrheit hervor. Und doch habe ich Dir auch Hübsches zu schreiben. Mein ganzes Leben ist eine Marter, wie ich Dir mein ganzes Leben mittheilen will. O! die Gaben, die ich habe, hat man nicht umsonst! dafür muß man ausstehen. Mein scharfes Wissen, Sondern und Scheiden, das große Meer in mir, mein präziser, tiefer, großer Zusammenhang mit der Natur; kurz, das bischen Bewußtsein darüber, was hier doch so viel ist; kostet mich was! Welche Schmerzen, welche Unruh, welches Vermissen läßt das aufschießen; und wie muß ich es verarbeiten! Ich zweifle, daß Du selbst einen Begriff davon hast! Und wie ekelhaft, herabziehend ärgerlich, beleidigend, unsinnig, schwächlich, niedrig meine Umgebungen, denen ich nicht entfliehen kann; und die, so lang ich es nicht kann, mich auch verfolgen: ein gelindes Ausweichen hilft gar nichts. Ein einziges Besudlen, eine Berührung macht mich schmutzig, stört meinen Adel. Dieser Kampf dauert ewig! So lang ich gelebt habe, und leben werde! wodurch soll er enden? Diese Einsicht, nicht daß es bleibt, aber daß meine Konvulsionen umsonst sind, und doch nur mit all meinen Kräften aufhören können, bringt mich hart an Raserei! Alles was mir Schönes im Leben begegnet, geht mir fremd, als Besuch vorüber; und mit Unwürdigen soll ich, von der Welt, wie sie ist, ganz und gar, anerkannt leben, wohnen müssen! Das Kropzeug braucht mich nur. Und gesellig stellen wir uns beiderseits; sie, weil sie mich brauchen; und ich, weil ein Zweikampf, einer mit Blut, es nicht enden kann. Du siehst, ich bin außer mir! So nennt man es, wenn das wahre Herz spricht. Gottverlassener ist kein Mensch. Die Narren und Lügner beschützen sich unter einander. Ich habe aber kein Gesetz, keinen Verwandten, keinen Freund. Und bei dieser Ungerechtigkeit ärgert mich sogar der Tadel. Keiner, nicht Einer tadelt mich, der nicht in ihrer Meinung selbst gegen Alle gefehlt hat: meiner nimmt sich keiner an; mich verfolgen sie, weil ich für jeden bei dem Anderen sprach. So kann ich doch alles mit Exempel vor Exempel belegen.

Ich will Dich mit den kleinlichen — und auch mich — Geschichten verschonen, die mich aus der Entfernung her, dieser Ansicht zudrängen. O! wie entwachsen wäre ich ihnen durch Deine Nähe! durch die Nähe eines Freundes. Einer befreundeten Kreatur. Erfunden habe ich, daß die Gute ein sehr geringes Geschöpf ist. Ein- für allemal. (Wenn ich über einen Menschen ein- für allemal etwas denken will und muß, kann ich es mit Recht Erfinden nennen.) Anekdoten von meinen Brüdern, meiner Mutter, und jener Frau, wären doch so, daß Du Dich noch wundern müßtest. Mündlich, wenn's jemals Gottes Wille ist! Die Gute wollte mir neulich von einer Fête erzählen; wie ich wohl thue, mit Details, Bemerkungen, und ausführlich: sie sprach drei Viertelstunden, und dachte: nun ist's wie Rahel; aber sie sprach nach keiner Richtung; ihre Rede kam aus keinem Punkt, und im bloßen Zuhören, mit dem Zuhören, und durch unwillkürliche Mienen und Interjektionen, konnte ich, ehe die Phrasen geendigt waren, ihr vorgesetztes Urtheil ändern. Elle me faisait pitié! Und da war es, wo ich „geringe Kreatur" erfand. Die Frauen, die ich sehe, bringen mich ganz herunter, physisch; meine Nerven. Sie spannen mir die Gedanken so ab. Sie sind so erstaunlich matt, beinah unklug aus Zusammenhangslosigkeit. Und nehmen die Parallele von sich zu mir so gewiß an, daß nur aus dem Zimmer laufen mich retten kann. Lügen thun sie auch: weil sie's so oft nöthig haben, und weil Verstand zur Wahrheit gehört: und Lügen ennuyirt mich bis zur Krankheit: so ist auch meist ihr Unglück; und wenn die Kanaillen welches haben, kommen sie zu mir. Gestern kam ein Mädchen zu mir, die in starken drei Jahren meine Schwelle nicht betreten hatte: eine Freundin von Louis Geliebten, ich mußte denken, sie sei auch gegen mich; weil man in ihrer Gesellschaft mich verantwortlich für die Wege, die sich seine Leidenschaft erlaubt hatte, machen wollte; und sie war auch gegen mich; nun hat sie eine Katastrophe, sie übergeht all ihren Umgang, und stürzt weinend in mein Zimmer, ich fange sie auf; und bei mir findet sie Trost, Rath, Zusprechen, Schreibzeug, meinen Bedienten: kurz, eine Freundin. Gerührt war ich nicht. Auch nicht schmeichlend, aber thätig; und sehr wie ein Mann. Mir war so. So plagt mich jetzt noch eine andere Matte, deren Geliebter heirathet; Herr von Burgsdorf nämlich. Ein Lothario ohne Jarno's, seine Liddy's zu heirathen, ohne Zweikampf für mißbrauchte Gattinnen, ohne Güter und Geld für seine Bastarde! Solch Gedicht sähe ich gerne in der Zeitung.

Vorvorgestern war Frau von Boye bei mir; und später Herr von Koopmans; ich konnte nachher vor 3 Uhr nicht einschlafen; schlief vorgestern unsäglich lange: ward nämlich zu spät fertig, ging mit der geringen Kreatur — da erzählte sie mir's eben — über den Wilhelmsplatz nach den Linden im grauen Nordostwetter — schon — und von den Linden zu Mama, ihrem Mittagsmahl als Visite beizuwohnen: als ich nach einem Viertel auf 4 wegging, schien plötzlich nach vielen Tagen die Sonne. Sie leitete mich der Kirche vorbei nach des Königs Straße, seinem Palais vorbei, und weiter; die Charlottenstraße schien mir noch zu nah, ich nahm die Friedrichsstraße, und Deine; ich wandelte Deiner, und dann Harscher's Grabstätte vorbei; die beschienenen Bäume lockten mich wieder weiter. Wie Frühling war's; und auch wie ein stiller, fester, mit Schnee schon eingestampfter (aber nicht abgeschmolzen) Januarabend. So zogen mir auch Wetter, allerhand erlebte, durch das Gemüthe, wie durch die Brust; alle Gänge, die ich je gemacht hatte, mit ihren Bildern, und meinen unschuldigen Herzenslagen, zogen recht schnell, und doch sehr vernehmlich, und wie mit einemmale, wie eine zu übersehende Reihe — Banco's Geschlechte in etwas ähnlich — vor meinem Geiste vorüber. Ich wußte das selbst, und es war mir doch so sonderbar! Nur die Zukunft blieb ganz verschlossen, auch das dacht' ich auch nur einen Augenblick. (Die schließt in der That nur wirkliche Hoffnung, Narrheit oder Jugend auf.) Die milde Luft des Augenblicks erweiterte sehr meine Augen, ich sah weit. George's Garten, des Prinzen Haus — wahre Grabstätten — lockten mich; junge arbeitende, wollende, neugierige Mädchen und zeichnende Jünglinge waren an den Fenstern zu sehen, hinter schön gefalteten Gardinen! Der Garten war schon sehr licht, und dem Frühling, wenn er verspricht und die Unruh in die Adern treibt, nicht unähnlich; es war als tanzte der Herbst mit ihm; wie große Herren nach Schlachten und Krieg sich Feste geben! man geht doch hin, und man erfreut sich doch; weil es auch erfreulich ist. So schlecht wohl war mir, und angenehm schlecht! Nun lockte mich wieder die Brücke, ich ging hinüber, klar war das Wasser, die Sonne recht warm, und ich nach dem Schiffbauerdamm. Da dacht' ich, das ist Varnhagen's Weg, nach der Charité. Und mir wurde wieder weh! In der größten Sonne weiter! Am Ephraim'schen Garten mußt' ich umkehren; es wird zu einsam, und durch den Thiergarten konnt' ich doch gar allein nicht. Ich sah Deinen Weg noch einmal an, und kehre langsam um; indem ich's thue, hatte ich die Sonne hinter mir, und einen herrlichen, dicken, grünen, von ihr beschienenen Baum vor mir, der im Ephraim'schen Vorgarten steht. Ich gehe heran, um niedrighängende, noch sehr konservirte Blätter für Dich zu nehmen. Ich konnte es nicht aushalten, den Baum allein zu sehen: er hatte mir das Herz erquicken können! Als ich aber heran kam, war der Zweig doch viel höher, als es aussah. Ich war ganz allein; ein Bürger kömmt vom Thiergarten her an, mit einem Stock unter dem Arm, einem grauen Kleide, einem dreieckigen Hut. „O! mein Herr, Sie sind doch größer als ich, der Baum ist noch so schön grün, reißen Sie mir wohl ein Blatt ab!" Der Mann suchte mit großem Antheil das grünste, gab es mir recht mit Freude; und als ich mich bedankt hatte, und von ihm ging, sah er mich mit großem Vergnügen an; er schien sich zu freuen, daß Eine mit einem Schanzlöper, und Hut und Schal an so was Vergnügen findet. Ich habe es in Wasser gestellt, und schicke es hier mit. — Als ich zurück in die Friedrichsstraße kam, ward mir ganz matt, die Sinne schwanden mir: ich war seit meiner Krankheit noch nicht so viel gegangen; und hatte sie vergessen. Ich nahm mein Bewußtsein strenger zusammen, und kam, ohne Ohnmacht und ohne Sonne, nach Hause. Ich aß, las, und ging zur Guten. Da fand ich Raimond. (Cellier kommt jetzt selten, aber grüßt Dich sehr: nimmt an, daß ich Dich liebe; und sagt, ich habe sehr Recht; ich stritt nicht ein bischen. Er findet Dich wirklich sehr gut.) Der sprach von einem Freund der sehr gut deklamirte, aber weder Talma noch irgend einem nachmachte. Ich bat ihn er möchte ihn bringen, und er brachte dann gestern Monsieur Richard. Er sagte die Szenen, wo Othello vor dem Senat erzählt, durch welche Künste er Desdemona bekommen habe. Da mahlte er *sie* selbst ab, anstatt mit Entzücken, mit Seligkeit: mit Unglauben und Nichtbegreifen; er machte ihr nach. Falsch! Dies ist sehr französisch: jedoch auch deutsch. Dann sagte er eine Szene, wo Achill von seiner Geburt spricht, und was er thun will. Die sagte er wie ein Göttersohn! und schon mit einer physischen Löwenkraft. Auf unser Lob wiederholte er die erste Szene, weil er sie matt fand, und nun erst en train war; aber in eben dem Sinne und also wieder schlecht. Nun frug er nach Molière, und ich erschrak, wie er Tartüffe aufschlug. Zu bekannt! dacht' ich: aber ich Esel dachte nur an den Gang, an den Plan des Stücks. Er las den *also*! — Und ich lachte *so*, wie bei der vollkommensten Vorstellung. Wie ich in Iffland und Langhans in fünf Jahren nicht lachte. Diese Vollkommenheit ist aber selbst schon zum Lachen! Und Molière, — diese Sprache! — die hatte ich wieder vergessen — diese sprudlende Bewegung, dieser Witz, der gar keiner mehr ist; sondern Leben, die Sache! O! ich bitte Dich, goutire *den*! oder vielmehr, höre ihn von Franzosen, und Du mußt es. Zu dem und Lafontaine möchte ich Harscher zu

Hülfe rufen! Ich litt wieder, denn ich gönnte mir es gar nicht! Ein wirkliches französisches Spektakel. Großmutter, Mann, Frau, Jungfer, Tartüffe, Bräutigam, alles spielte er; schreien vor Lachen mußte man: und ohne krasses Nachmachen, ganz edle Nüancen, und doch die ächteste Komödie! O! hätte ich einen Zeugen, dem Du glaubtest! hätte es nur Chamisso oder Neumann gehört! Harscher hätte gewiß wie ich lachen müssen. Und sei nur still! ich dachte wohl vorher an Fichtens Wort des vorigen Winters: „Sie halten ein Lehrgedicht in Versen für ihre beste Komödie." Und fand es doch so göttlich! Wort für Wort! Der Mensch hat großes Talent. Vorher marterte er mich. Er hat erloschene Augen, und wandte natürlich wegen meinem Zuhören das Gespräch an mich, also mußt' ich ihn ansehen. Und sein einer Augapfel hat einen besondern Fehler; die eine Iris, das Schwarze im Auge, ist nicht g a n z. Ziegen haben es doch so ▭, er hat das rechte etwas so [], anstatt rund; für Andere unmerklich; aber mich schwindelte es so, daß ich die Lippen beißen mußte, hinausgehen wollte, und ihm mit der höchsten Anstrengung immer in's linke Auge sah. Raimond sagte immer, von meinem Lobe ergriffen, und auch vom Meister: „Quelle profonde connaissance du cœur humain!" und es war so wenig die Rede bei Molière vom cœur humain, als bis jetzt hier von Bomben. Wie die das nehmen! Und lachen bei denselben Stellen. Aber sie nennen etwas anderes cœur humain. Wie ich Molière so sehr liebte, erzählte mir Richard diese Anekdote von Piron: Il était au parterre, à voir le Tartuffe; et en fut si charmé qu'il disait toujours, oh! oh! que c'est beau, divin, charmant! enfin, des interjections; quelqu'un qui se tenait devant lui, lui dit à la fin: Monsieur, vous oubliez que vous étes dans un endroit public et que vous n'êtes pas seul! Comment? c r i a i t — aber schreien muß man — Piron, insensible! vous n'avez donc point de cœur? vous ne savez pas que, si cette pièce n'avait pas été faite, elle ne le serait jamais! Adieu, bester Freund, nimm den Brief wie er ist! Den schicke ich nun wieder heute des grünen Blattes wegen. Einigemal dachte ich, mit Bedacht einen Posttag zu lassen, damit Du Dich nicht ängstigst, wenn ich mal nicht schreibe. Aber, mir war zu weh! erlaube und verzeihe es mir. Ach, und ich weiß noch so viel! Ich bin aber so müde! Ich hätte nicht sollen von Dir gehen in Düben. Adieu! Grüße Harscher. Mein Leben ist jetzt ein Schreiben. Adieu. Rahel.

Werde nicht traurig! Man muß sich ja wenigstens schreiben können! man kann doch nur so wenig schreiben. Künftig eine Abschrift sur l'imagination. Adieu!

An Varnhagen in Tübingen.

Sonntag um 9 Uhr, den 6. November 1808.

Gestern gegen 4 schickte ich meinen Brief an Dich weg, und nach 5 bekam ich Deinen aus Nürnberg. Er liegt jetzt neben mir: Theurer, Herzensgeliebter! Es giebt keinen Namen dies Herz-Zerren auszudrücken! Du Lieber! Schon gestern Abend würde ich geantwortet haben; aber, bei rasendem Nordostwind hatte ich mich entschlossen, zu Hause zu bleiben, und bis er sich gedreht, nicht wieder aus der Hausthüre zu gehen; als ich aber eben Deinen Brief bei Lichte las, und das Katastrophen-Mädchen auch wieder bei mir saß, kam Hanne herauf, frug mich über meinen Abend aus, und als sie hörte, daß ich zu Hause bliebe, war sie wie außer sich, und ich mußte ihr bei Leib und Leben versprechen, hinunter zu kommen, weil Righini mit Mlle. Schmidt, seiner besten Schülerin und ihrer Lehrerin, kämen, und Musik machen würden: die beiden Mädchen konnten nicht so lange bleiben, bis ich Brief und Journal gelesen hatte. (Hanne las ein wenig Dein Journal: sie ist eingenommen von Dir, und zeigt es mir auf eine liebe Weise: sie spricht mir, und ich oft ihr, von Dir; Du weißt, wie ich sie liebe, die Ehrliche, Natürliche, und wie diese Aeußerung meine Liebe vermehrt! „Einer von unseren Lehrern, sagte sie vor vierzehn Tagen zu mir, hat solche Sprache wie Varnhagen, was mir das für Vergnügen macht!" — „Ich gehe jetzt sehr gern in die Schule", sagte sie schon vorher: und erklärte mir es anderweitig, und sehr richtig.) Nicht lange nachher, ich las natürlich noch immer, schickte mein Bruder mir Fanny, und ließ mich noch einmal sehr höflich bitten. Ich ging hinunter; fand sie schon, und ward wie eine Erscheinung aufgenommen. Wie das größte Amüsement. Du wärst zufrieden gewesen! — dachte ich gleich. Es wurde sehr schöne Musik gemacht. Und ich mußte weinen, wie der Souffleur im Meister, bloß weil sie schön war: so geht es mir schon seit lange. Mich ergreift's, daß es noch so was giebt: da ich (und Alle) so verschlagen lebe! Wir aßen gut, es war niemand da, als Vetter — dem ich von Jean Paul erzählte. Ein innerlichster Anhänger! Die Kinder so erfreut, und artig, so beruhigt, und gehalten, und frei von meiner Gegenwart, daß es eine kleine innere Fête war. Auch die Eltern wußten gar nicht, woran sie waren, und woher es kam. Hanne glänzte vor Satisfaktion: und sang ihrem Oberlehrer — die Mutter nannte sie witzig sein Enkel — eine sehr schöne Ariette von ihm, ohne das geringste Unangenehme, ohne Fehler. Gegen 12 ging ich hinauf, und langsam in mein Bette. Schlief ich? Dein Brief wogte mir in der Seele hin und her: mein Zimmer war geheizt, ich hatte meine grüne Decke, und ein Bett drüber, und konnte aus reinem Frost nicht schlafen. Dies nimmt bei mir zu, daß ich die Kälte aber auch gar nicht ertragen kann: je mehr sich mein Körper ausbildet: oder vielmehr umbildet. Wie soll das werden!

Zuerst von Deinen Versen — Du schreibst dies zuletzt! — Du Geliebter! auch meine Sehnsucht und zum erstenmal mein Verlangen nach Dir war heute Nacht zu groß! Mein Herz war dazu zu zerquetscht bis jetzt! Du hast's erhoben: mit Deinen Fragen an mich, zu Geliebter!!! Nichts anderes als Dich lieb' ich! So ist ja Liebe immer bei mir. Nie noch; nie, nie, nie hab' ich mich untreu erfunden. Und Du kannst es gewiß glauben, Liebe und Treue ist Eins. Daran ganz allein, und ganz gewiß kann man wissen, ob es wahr ist, daß man liebt; ob man untreu werden kann, oder nicht: kann man, so war es nicht wahr. Kann man, so hat Wohlgefallen, was eben kein Mißfallen war, mit vielfach fremden Ursachen, einen bis zur Unruh und zum Vergessen verhetzt; aber weiter nichts! Unsere Sinne behalten sich alsdann was Besseres vor, und unser Herz war nicht getroffen; und rührte auch nicht unser übriges Gemüth. Das glaube nur! Dich lieb' ich. Alle meine Briefe werden es Dir schon beantwortet haben: und wenn Du mich liebst, zu welchem Vergnügen! O! wie thut ein Wort, ein Ausdruck meinem Herzen wohl, oder weh, von Dir. Freilich, geliebtes Herz, ist das „keine Treue, die man sich rettet“, das denk' ich mit Dir, für Dich und mich: aber das ist Treue, die mit unserem Blute tief und gesichert im Herzen sitzt; wolltest Du meine da wegbringen, Du müßtest mein Herz zerstören, und vorher dies Blut in Thränen umschaffen! — und diesmal noch Dich umändern, damit meine Meinung von Dir verginge. — Nun, dann ging' es: so ging' es. Ach! — wie kann ich das manchmal fürchten. Theurer Freund, könnt' ich mich jetzt an Dich drücken; es wären mildere Thränen.

Du schriebst mir nur gestern — jetzt wirst Du's wissen — wie es mit meinem Italiänisch ist, und ich habe gleich einen Meister zum Lesen bestellt; der sichern Stunde, und des Diktionnaire's im Anfange wegen. „Das Wahre darf kein Mensch beklagen", sage ich mit Dir: und so bist auch Du frei; frei, frei zu sein! —

Deine Verse! „Die Felder stehn im warmen Sonnenscheine", gefällt mir überaus! „Die Herbstesfäden", Kanaille! Du fängst an, schön zu sehen! „Was ich nur Dir und Sommerau'n darf sagen"; schön! So auch das Gedicht mit dem Baum! Ich fühlte es gleich, woher es kam! Hättest Du's nur den Anderen nicht geschickt: nicht gleich! es war mir recht bitter; es hat mich recht verletzt. Aus Eifersucht nicht allein. Wenn wir uns mal sehen, werd' ich Dir's sagen: auf'm Papiere kommt es so hart; ohne Ton, steht so lang! Aber Du selbst wirst Reue gefühlt haben, indem Du's thatest: ich bin es sicher. Oder die beiden Gedichte waren nicht an mich; und ich habe mich geirrt. Bis zum Schmerz geliebter Freund! So eben habe ich Deine Zeilen gelesen, wo Du mir mit Worten sagen kannst, wie Du mich liebst, warum Du mich liebst! o! sage es mir! das ist ja jetzt meine einzige Lust! entfernt von Dir, ich sehe Dich, Deine Blicke ja nicht mehr! Ich möchte mich Dir „an's Herz werfen!" ach, Du weißt die mir gesagten Worte wohl nicht mehr, die Du mir schreibst! Wie bleiben die Menschen blind, die nur Bücher lesen, und nicht lebendige Liebe, Deine Briefe! „Mein Sinn, meine Freiheit, meine innere Ordnung" liebt Dich! — daß ich es sage: Deine Liebe zu mir! die ist so, die ist ein solches Ergreifen von dem, was ich selbst, und bis jetzt allein, in mir liebe, und erkenne, daß es jenseits aller Eitelkeit liegt; Eitelkeit ist Hohlheit, nichtig; dies ist das Reelste, was Menschenseelen erzeugen und genießen können. Und ich sollte mein übernatürliches Glück! nicht mit Thränen empfangen, erkennen, aufnehmen, genießen: und nur im Tode, im wahren Aufhören, im Zerreißen, lassen? Du kennst Deine Briefe nicht: nur Liebe, nur Liebe zu mir kann solche hervorbringen. Fieber machen sie mir, aus Bestreben, Dir drauf zu antworten: Dir auch zu zeigen, wie es in mir lebt. Vergebens! Thränen werden es! Sehnsucht! feindliche Angst, Dich zu verlieren! Du schreibst mir nach einem ganzen Strudel verständiger Kinderliebe — laß mir diesen Ausdruck: — „Es sieht aus, als ob berechnender Verstand in den Augen wäre, womit ich eben Dich und mich angesehen, aber, theure süße Rahel! das innigste Herz ist darin, das brennendste Gefühl macht diese Berechnung!“ — „Gott, wie heiß glüht jeder Puls nach Dir, und müht sich umsonst ab in den engen dunklen Höhlen!“ So ist auch mir, Geliebter! Freue Dich! jeder Schmerz ist für den Anderen ein Glück. Ja, solcher Witz ist die Liebe! das Modell zu allem was erfunden werden kann: von Menschen; die nichts können, als lieben, und dies ihr höchster Meister: und Probestück; Krone, Lohn, und Beglaubigung! Wer aber drückt sie aus wie Du; ihre geheimsten Regungen, ihre Gründe! denn auch sie hat Gründe: Du Liebling! Frage mich noch, ob ich Dich noch liebe, am meisten liebe! So hieß doch Deine Frage. Falsches Herz! theurer, geliebter Knabe! Noch eins aus Deinem vorigen Briefe muß ich erwähnen, was mich aus dem Grunde freute. Du sagtest, Du wärest jetzt lieber ein großer Schauspieler, als ein Dichter. Wie bürgt mir diese Aufwallung für ein neues Leben in Dir. Gott, wie freue ich mich Deiner Entfaltung. Lieber Kelch, was enthieltst Du! an meiner Brust erwärmt, an meiner Liebe! Wie aufgegangen. Wenn ich es nur nicht allein wüßte! ganze Städte machen um Minderes Lärm, und Feste! Und ein ächter, schöner Mensch! Soll ich schweigen? Ich bin so selig, und so stolz, und so unruhig. Mein Geist und mein Herz hat ein Kind! dies Kind ist mein Geliebter. Ein Theil des Olymps ist übereingekommen, mich irre zu machen; und ich sollte bei Verstand bleiben! Was geben mir die Götter, und was versagen sie mir! Soll ich auf ihrer Erde nur weinen, entzückt sein, lieben, sehen, und nicht Wurzel fassen! —

Nürnberg sieht Aachen, Leipzig, und dergleichen, ähnlich? mein kleines Konstantinopel! Schade, daß Du die Dürer nicht sahst, wenn auch nur flüchtig! Die und Holbein liebt mein Herz. Ich weiß alles was Du von Harscher sagen kannst, wie Du's meinst: laß Dir freien Lauf! ich lieb' ihn genug. Zieten, den ich hier wie er sich nennt (Liberati) nennen werde, will ich gut aufnehmen, wenn er zu mir kommt. Wie ist der zu beneiden! Wie irrst Du Dich, Varnhagen, wenn Du ihm Meistern vergleichst! Meister wollte sich hinaufklimmen durch diese ausübende Kunst; und Zieten verläßt Stand und Gesellschaft, wie man Banden und unbequemen Kleidern entsteigt, ist von Kunst und Freiheit bezaubert, will sie selbst kosten; verläßt, dessen er sich nie entäußern kann, als zu seinem Vortheil; denn jeden Augenblick, ist er wieder Zieten wenn er will: mit einem Degenhieb verstummt jeder Ton des Tadels: und unterdessen hat er der Liebe gelebt, weil er mit Geringem vorlieb nahm, was ihm sein Spiel schafft, worin ihn sein Bewußtsein über das, was er wirklich zu fordern hat, beruhigt. Der Glückliche! mit seiner Tunika, und seinen geretteten Pferden. Wenn ihn das Mädchen liebt. O! gewiß! — In's Theater kann ich nicht gehen: die Stücke sind zu elend, die Schauspieler und ihr Geheimerathsgeist mir zu verhaßt: ich bedaure Zieten! jedoch will ich ihm nichts vereklen.

Freilich kommt unser König! und die Menschen sind wie außer sich. Es ist auch, wie die Dinge stehen, ein Glück.

Denk Dir, Varnhägken, mein Erstaunen! Das Lied vom Häschen singt mir Line alle Morgen vor, wenn ich ein bischen traurig aussehe. Und ich dachte immer, sie sage falsch, wenn sie sang: „Wenn ich an mein Unglück denk, Thut es mich von Herzen kränk". Sie mußt' es mir gestern ganz sagen, und es ist eben so. Sie weiß es von jemand aus Pritzwalde in der Neumark. Sie will immer gegrüßt sein; und Dich grüßen. — Diesen Morgen ließ ich mir Dein gestriges Journal um etwas über Jean Paul nachzusehen, nochmal mit einem Billet von Neumann holen: er schickte mir einliegendes; Du wirst daraus sehen, daß er an Wilhelm von Schütz geschrieben hat: ich habe das einemal, daß ich ihn sah, ihn sehr dazu beredet: und wie ich sehe, glücklich: Du wirst auch sehen, daß Fouqué hier ist: glaubst Du, ich habe den Muth ihn bitten zu lassen? Gott bewahre. Und es ist doch Dein Freund. Er könnte gar mit der Frau hier sein, und vornehm spielen; ich müßte vergehen! für ihn noch besonders! Auch vertrage ich's nicht mehr; als käme es mir in den Magen. Wenn ich da die Bescheidene spielen soll, werde ich ganz verlegen. —

Ich bitte Dich, Varnhägeken! sage nicht mehr „Brüste", in Deinen Versen. Sie thun es jetzt Alle. Bei uns, im Deutschen, hat es durchaus den Nebenbegriff von häßlich! Häßliche Brüste! ja. Spricht man von einer Frau, und sagt

Brust, so weiß jeder Mensch, wie sie ist, und sein soll, und meist denkt man sie sich schön, wenn nicht Epithete sie noch schöner oder häßlicher machen. Mir zu Liebe, Schnäuzken! Friedrich Schlegel hat dies Unglück über die Welt gebracht.

Ich bin wie außer mir, daß Jean Paul auch die Flegeljahre für sein Bestes hält! — und sie fortsetzen will. Darin ist er offenbar am weitesten mit seinen Ideen über alles; nun muß ich ihm wirklich schreiben! Und daß er phantasirt, wenn er dichtet! Ich dachte immer, solche Phantasieen könne er so viel schreiben als er wolle: aber an Musik dachte ich nicht. Siehst Du! Er ist auch böse über Euer Spiel mit Goethe, — das Auftreten Wilhelm Meisters in Eurem Roman! Was von ihm selber darin vorkömmt, ist ja ganz gut, finde ich: der Götter-Steckbrief. Den Unerschöpflichen kann man ja ewig nachmachen.

Heute habe ich ein Billet in einer Loge genommen, die meine Schwägerin hat, ihr zu Gefallen; der Dorfjahrmarkt, Oper, und ein Ballet. Die kleine Eunike spielt: ich weiß noch nicht, ob ich durch den Wind laufe! Adieu, liebes theures Geschöpf, für jetzt! ich bin so müde! Adieu.

Montag Vormittag, den 7. November 1808.

Guten Morgen, Lieber! Laß mich das Häßlichste erst vom Herzen herunter haben! Dich und mich bitte ich um Verzeihung, daß ich von dem verworfenen adlichen Lothario noch einmal spreche. Ich schrieb Dir das letztemal, daß ich den Vergleich mit ihm und dem Meister'schen in der Zeitung zu sehen liebte. Der Teufel könnte wollen, daß Du zu prompt seiest! Setze ja nichts hinein ohne mich. Gar nichts! Die Elenden! Ich habe ein Meisterwerk als Antwort auf einen Brief, den ich ihr schrieb, von der Gräfin ***. Zeile vor Zeile könnte man vor dem Gerichte jedes gesunden Kopfes kassiren lassen: und Zeile vor Zeile widerspricht sich selbst in dem niederträchtigen Sinn, den sie ihren eigenen Gedanken zur Darstellung übergab: ein Spuk von gutem Kopf machte ihre eignen Reden untereinander zu Schanden. Ich antworte diesem adlichen Aase nicht! Dies ist nicht nur ein Schimpfwort. Sie beträgt sich nicht als eine lebendige Adliche — handlend nach welchen Grundsätzen es auch sei! — sondern es ist wahrlich ihre Aeußerung die Ankündigung eines Verwesens, der ekelhafte Rumpf eines vorigen Seins liegt da, ohne noch von neuer

Organisation zum Leben aufgenommen zu sein! Viel zu viel von ihnen! —

Ich friere noch immer so, Varnhagen! Gestern war ich im Theater. Da war es hell, die Kinder mit mir, das war aber auch alles. Ein Ballet, wo drei schlecht tanzende Indianer immer aus einer Iffland'schen Höhle hervortanzen, bis — wie vom Konditor angezogene — Spanier im Mittelmeer — hinten in der Mitte — landen wollen, die auch, kaum auf dem Boden, wieder schlecht und à propos du maître des ballets tanzen, und wo ein dicker Bootsmann, mit einer Flasche, betrunken aus dem Schiff sich auf eine Bank schlafen legt, die zwei Indianerinnen finden ihn, rufen den Indianer, trinken von der Flasche, nehmen eine Pistole, die losgeht, fallen zur Erde, Spanier laufen hinzu, die Indianer weg, man zieht sie aus der Höhle, giebt ihnen Halsbänder, eine Uhr die repetirt, die Indianer gebärden sich wie ihre — eigentlichen — Lehrer, die Affen in der Zauberflöte, ein Spiegel entzückt sie: sie begucken ihn immer von hinten — mein einziger Genuß im ganzen Ballete — die spanischen Damen sind die Christenheit selbst von Galanterie; man schickt sich zur Abfahrt; ich kam aber den Schiffern zuvor. Dies nennt man ohne Umstände, großgedruckt: die in Indien landenden Spanier. Und die Kasse lacht sich die Haut voll, statt sie voll geprügelt zu kriegen. — Nachher ging ich zur Guten, da fand ich Nette Markuse. Die Gute sprach viel von ihren Büchern, ich bekam beinah Krämpfe, redete nichts, und hielt mir die Hände um es auszuhalten: zum Glück hatte ich Brustschmerzen von der Kälte: das thut sie mir jetzt im Zimmer; sonst fühlt' ich das nur bei heftiger Kälte, bei vielem langen draußen sein und laufen. An Süden aber glaube ich auch nicht mehr: schon lange nicht: und alles bestätigt mich. Es sind Briefe aus Bayonne vom 16. Oktober hier, wo die Menschen sich zum Erstaunen über die Kälte beklagen, die sie ausstehen müssen. Schreib mir von Deinem Wetter! Meine Brust ist im Bette wieder besser geworden: jedoch bin ich die eigentliche Heiserkeit, oder viel deutlicher, wie die Franzosen sagen — le rhume de la poitrine — nicht los. Denk Dir nur nichts dabei! denn ich nehme nach meinem Fieber wieder zu: mein Fleisch ist schon wieder ganz feste. Meine Nerven spitzen sich bloß immer mehr: und wollen lauter Gutes haben! Dich, und gute Hitze!

Nun muß ich Dir wieder von den Urquijo'schen Briefen sprechen! Vergiß nur um Gottes des Allmächtigen willen nicht, daß sie auch das Verächtlichste, was nur in meinem Leben ist, enthalten; meine größte Türpitüde! Dieser Fleck war faul. Obgleich es die reinste Flamme war, die mein Herz verbrannte, von ihm selbst entzündet. Ich log. Die schönste Lüge, die einer wahren, großen Leidenschaft. Ich log; um mir das Leben zu fristen. Ich log; ich sprach die Forderungen meines Herzens, die Gebühren meiner Person nicht aus; um das mörderische Nein nicht in Worten zu hören; ich ließ mich ersticken; ich wollte mich nicht durchbohren lassen: elende Feigheit; ich wollte, Unglückselige! das Leben des Herzens schützen; ich stellte mich vor, ich stellte mich hinter, ich bog, und bog, und bog. Als ich endlich, niedrig behandelt, mein eigen Herz auf das Schild legte, und wie mit dem Schwerte das „oui" außen auf dem Brief forderte, war es wirklich aus. Meine Seele wußte es vorher. Es ging aber um den Werth, um die Möglichkeit meines Seins überhaupt: und ich übergab mich — wie ich ihm schrieb — der Verzweiflung, die ich nicht kannte: niemand kennt sie; sie und den Tod; und wer die nicht fürchtet, der weiß nur nicht, was das ist: nicht wissen. Wählen muß man sie aber beide manchmal. Und auch den Tod hätte ich erfaßt; hätte es meine Meinung erfordert, ich weiß es. So war ich lange niedrig: Du wirst es in allen Briefen sehen; vergiß aber mein eigentliches Ich nicht: und überschätze auch nichts. Lange hätte ich gerne diese Lüge grade, worauf sich die Besten unseres Zeitalters etwas einbilden, und welche zum Theil die ganze neue europäische Liebe konstituirt, recht auseinandergelegt, bezeichnet, in all' ihren Verzuckungen und Retiraden dargestellt, zerlegt, damit sie nie wieder lebe; aber so gewiß und wahrhaft sie mein Geist erfaßt hat, so hat er doch nicht Kräfte, sie Fichtisch zu zerlegen, oder Goethisch vorüberschreiten zu lassen: wie ein zitirter Geist, der sich stellen muß. Geläng' es Dir, Freund! — von dem ich, trotz meiner holperigen Worte, weiß, daß er den gräulichen Sinn meiner armen Rede verstanden hat. Ich glaube, hätte der Gubernator dieser Erde nur ein Exempel solcher Liebe, in all' ihren Wendungen und Möglichkeiten, in ihrer höchsten Kraft, Aechtheit und Reinheit, gewollt, gepaart mit dem höchsten Bewußtsein über sich selbst, und also in größthöchster Möglichkeit ihrer Martern, wo der ganzen Seele Umfang, wie mit Facetten versehen, diente, jeden

Schmerz reflektirend zurückzuschicken, so wäre es mit mir genug gewesen: wie ich es oft in Gebeten forderte. Aber wir, und alles was wir wissen, bezieht sich auf etwas was wir nicht wissen; und daher kann man auch so viel schwatzen wo nichts dahinter ist: und schweigt so selten; weil es doch schwerer ist an das zu denken, was man nicht sieht. (Hier hat mich Quast und Robert gestört.) Dies ist alles Urquijo begegnet; wie sonderbar! Er weiß von nichts. „O! wie sonderbar ist es, daß uns nicht allein das Unmögliche, sondern auch so manches Mögliche versagt ist!" Mein einer Text aus dem Meister. Darauf brachte mich diesmal nur das Wort:- sonderbar. Wie allein habe ich sein müssen! Sieh, ich konnte nicht einmal einen Freund finden, — Du hast mir in den ersten Tagen unserer Bekanntschaft abgefragt, was ich unter einem Freund verstünde; und als ich fertig war, sagtest Du: dies haben die Alten Freundschaft genannt; es sei die antike Freundschaft, — und die hohlen Luftbilder belebte ich alle selbst. Ein Roland, ein Don Quixote ist nicht wahrer, wahrhafter, als ich. Der Menschen Begehren sicherte mir ihr Leisten; ich glaube, sie hätten nur zu fressen brauchen — nun gar weinen, oder wünschen! — um daß ich sie hielt für das, was ich war. Und doch betrog mich keiner. Ach! wär' ich nur einmal — von diesen vier Worten ist ein jedes zehnmal unterstrichen — betrogen gewesen, so kennt' ich doch die Hoffnung! Bei mir aber, ist beschlossen, soll die nur mit der wirklichsten Gewißheit zusammen eintreten. — Du wirst schon alles aus meinen Briefen nach dieser Erinnerung, und der Kenntniß, die Du von mir hast, ergänzen. Ich vermag nichts zu sagen. Das Wesentlichste, bis jetzt Unsägliches bleibt zurück; das, was ich aussprechen soll, das, was nur sich auszusprechen vermag, kann, wenn es auch Schmerzen nur erzeugt haben, nur im Glück ausgesprochen werden (wenn es auch scheinen mag, mein Schmerz sei beredt); im Glück, oder im Tod. Bis dahin bindet Scham mich noch. Wahres Unglück schämt sich; habe ich immer gesagt: oder vielmehr nie; einmal mir es selbst aufgeschrieben. —

Es ist zwei Uhr, die Sonne scheint über das Feld von Dächern, was ich mitten aus meiner Stube durch meine Fenster sehe; es ist aber kalt, ich geh' nicht aus, in der fremden Stadt. Ich bin in meiner einfenstrigen Stube; weil sie leichter warm wird. Du weißt doch noch ungefähr, wie es bei mir ist: ich weiß aber von Dir gar nichts. Gott, Gott! Varn=

hagen, wie gerne schriebe ich Dir einen ermunternden Brief! Wie gerne wollte ich Dir gestehen, daß mich etwas freut! Laß Dich nur von mir nicht niederschlagen: Du sollst ja studiren! das soll ja helfen zu allem. Du Herr Gott — hätte ich nur Geld, kein Wort wollte ich mehr verlieren. Aber ich kenne wahrhaftig solche Leute, die ohne Geld doch alles unternehmen: und es geht; die können aber auch Schulden aushalten. Und Gott weiß was! Aber ich kenne welche. Eine derbe Schlechtigkeit thäte ich nun beinah bald! es dauert zu lang! Adieu! ich bin wieder so müde! Sei nicht böse auf mich! ich war so ennuyant!

Dienstag um 9 Uhr, den 8. November.

Es thut mir recht leid, Dir so ungraziöse, so wenig erfreuliche Briefe, und auch so sehr schlecht geschriebene — das seh' ich eklatant aus Deinen — zu schicken. In meinem letzten nach Dresden hin dachte ich nicht zu klagen: Du sahst auch, ich habe mich bei der Abreise nicht gebärdet; ich kann ja nicht dafür, daß wir inniger und vereinigter gelebt hatten, als ich selbst dachte, und Du auch! Ach! wäre mir immer so klar, als gestern Abend! Nette war bei mir — eine Art Verfolgung, aber wenn ich sie jetzt verstoße, hat sie Asyl und alles verloren; sie wohnt zwar wie immer bei der Tante. — Sie lenkte das Gespräch wie immer: und ich sagte ihr, Finck käme mir vor wie ein Kind; ich hätte keine Erbitterung, fühlte keine Amertüme; sie wunderte sich sehr: ich habe ihn auch nicht zuletzt geliebt, sagte ich ihr — obgleich dies nicht der merzende Grund war, — aber auch über Urquijo bin ich nur böse, daß er noch jetzt Verträge macht, daß ich nicht kommen soll, wo er ist; daß er's sich beim Prinzen Louis unterstand; das einzige — er hatte alle übrigen — Haus in der Stadt, wo ich während drei Jahren hinging; sonst ist er ja so unschuldig wie das Beil, das einem großen Mann den Kopf abhaut: er kann ja noch zehnmal hintereinander auf Welten wie unsere kommen, ohne ahnden zu können, daß es je solch Geschöpf geben kann, wie ich bin. Und ich sehe es ein, ich muß ihm odiöse geworden sein, mit meiner Liebe, und meiner Denkungsart; muß ihn so konfuse gemacht haben, daß er mich für ein Monstre hielt wie's keines giebt; für eine Fanfrelüche, einen Mephistopheles. Und man kann nicht lieben, wenn man will. Sie sagte vieles dagegen, was er dann nicht hätte thun oder dulden sollen. Ich aber konnte fortfahren, klar über mein eigenes Ich zu werden, und o! könnte ich jetzt so sagen! mein Brief wäre nicht so schlecht: glaube es. Solche Geschöpfe, wie ich, werden nie aufgenommen: ich weiß zu viel, und halte mich selbst; dies ist keine Grazie; die Attitüde des Auflegens ist eine, und wird gesucht, reizt zum Aufnehmen. Nun haben zwar die anderen Geschöpfe auch ihr Unglück, sie wissen von nichts; sie sehen das gar nicht, was mich in ihrer Lage, in ihrem Glück zum Wahnsinn bringen kann; aber es bleibt beim nicht wissen; und mein Unglück ist doch größer, denn ich kenne es und die Nothwendigkeit davon, wie meine Existenz, größer, mehr, höher — ich kenne das Wort nicht! — ist. Ach! ich wußte gestern auf einen Moment — aber ich sagte es Nette'n nicht — alle Gründe, warum es mir so gehen muß: und es beruhigte mich ganz, einen Augenblick — immer vermag das der Geist über's Herz. Und doch werd' ich den herbsten Wünschen wieder überliefert, den größten Wogen des Gemüths! Ich wußt's auch gestern schon; und der Wunsch, es möchte doch nicht so sein, und mir die Helle des Augenblicks bleiben, wie gutes heilsames Wetter, war mein erster Wunsch, aus der dunklen Zukunft im Herzen; da liegt sie zu ewiger Entfaltung drin! Verzeih mir! auch Dir zeige ich mich so ungraziöse. O! ich verstehe es ja sehr gut, was schön ist oder nicht: und sehe auch das; wenn es auch mich betrifft. Aber sei nur ruhig, und mach Dir keine Sorge! Du kennst mich ja in der Nähe, und da bin ich besser: bequem, leicht, und lustig genug. Auch weißt Du, habe ich ja einen starken Hals, wie ich Dir schon sagte, und wende den Kopf wohl wieder empor, aus dem finstern Abgrund! Eins muß ich Dir noch sagen, was ich gestern in meinem Bette dachte, und das zum erstenmal in meinem Leben. Daß ich mich, als ein Verwandter, und élève von Shakespeare, von Kindheit an mit dem Tod beschäftige, kannst Du glauben. Aber noch nie konnte mich mein Tod rühren; und auch daran, daß das nicht so war, dachte ich nicht. Gestern aber, in meinem Bette, dacht' ich, daß ich Dir doch heute noch schreiben wollte: wenn Du an das denken wolltest, was mir begegnet ist — da Du doch so vieles weißt, so viel eigentlich, und nur vieles noch nicht, — so sollst Du auch denken, daß einen Tag, von dem ich Dir schon sprach, ich mit Urquijo im Thiergarten von der Bleiche aus ging, und ich eine schöne fremde Dame in einem Wagen in der Nähe sehen wollte, er, ohne daß ich errathen konnte warum, ganz wüthend und zusammenhangslos geworden war, er mir sehr Hartes sagte: und ich nur seufzte: Dieu! Dieu! er hinzufügte: „Que veux-tu, Finck t'a déjà traité comme cela, cela ne doit pas être nouveau pour toi!" Dieu! sagte ich beinah nicht zu ihm, im tiefen Walde, gegen dem Wasser, bei der Abendsonne, si cela était dit dans une tragédie, tout un parterre frémirait, en fondrait en larmes. „Eh bien! sagte er, c'est vrai; cela-même devrait te détacher de moi; cela devrait te prouver que nous ne pouvons pas vivre ensemble", — dergleichen war das letzte, unterstrichene, das andere wörtlich. Ich schwieg und sah in die Luft. Dann später sagtest Du mir: Nemesis habe mich einen Urquijo, und den so finden lassen müssen. Und dann in Charlottenburg: „Ich wünsche Dir Urquijo zurück, der wußte Dich zu schätzen." Mit Nemesis hattest Du Recht: denn ihr Kreis um mich, in dieser Sache, ist geschlossen. Aber wie habe ich denn verbrochen, daß Einer mich dem Anderen in die Hände wirft, bis die Göttin selbst wieder vor mir steht, mich versteinert und beruhigt! Daß ich Liebe, in einem Herzen von Sanftheit und Liebe gemacht, nicht wie ein Fels die klare Quelle, festzuhalten wußte? Ich konnte es nicht. — Mein Leben, jede Faser in mir, erlaubte es nicht. — Nun zertrümmere mich die Rache, oder was es ist, Schicksal, Gerechtigkeit, — dies, dacht' ich gestern, muß Varnhagen wissen, wenn er an mich denken soll: und wenn ich todt bin. Mir schien, als müsse ich sterben — als ob mein Herz über diese Erde wegzöge, und ich würde ihm folgen — und mein Tod that mir nachher leid: denn noch nie, nun sah ich es, hatte ich gedacht, daß er irgend einem Menschen leid thun würde: von Dir wußte ich es; und es war zum erstenmal in meinem Leben, daß ich das dachte; und daß ich wußte, daß ich's noch nie gedacht hatte. So einsam habe ich gelebt. Wisse es. Ich dachte auch, wenn ich todt sein werde, wird Varnhagen erst wissen, was ich für Schmerzen hatte; jedes Schreien wird vergeblich sein, meine Gestalt begegnet ihm in aller Ewigkeit nicht: weggewischt bin ich dann, wie der Prinz, und Gualtieri. Und niemand kann mir dann wohlthun; mit dem stärksten Willen, mit der Ausübung der Verzweiflung nicht: dieser Gedanke an Dich, über mich, war es, der mich endlich rührte. Ich habe es Dir ziemlich schreiben können: ich dachte es doch noch ganz anders; aber ich nahm mir fest vor, es Dir zu schreiben; wenn es Dich auch martert. Ich lebe ja, und liebe Dich. Ja, Varnhagen, meine Liebe war hart: überlege es Dir. Auf Seligkeit, nicht weil es meine war, und jeder eine solche Liebhaberei an seiner haben muß, aber weil er sie kennt. Aber Du sollst sie wo möglich sehen, ihre Gänge nachspüren, denn selten ist so viel Kraft und so viel Schmerz, und diese Unbefangenheit! Denn welche Entwickelung ging in jedem Sinn dabei in mir vor: wem diente, und wen kannte ich nicht dabei, was wußte ich nicht! Kurz, Du sollst es wissen, weil es reich und sonderbar war; und ich eine Seele haben will, ein menschlich Wesen! —

Ueber die Darstellung der Gegenden denke ich bei weitem anders als Du; bin aber heute zu müde! Sie darstellen, oder sie beschreiben, ist schon ein unendlicher Unterschied, und bald muß ein Dichter das eine, bald das andere. Du zum Beispiel hast in Deinem ersten Dresdener Brief die Brücke ganz göttlich beschrieben; und willst Du je in einem Gedicht eine Beschreibung, so brauchst Du nie eine bessere zu machen. Herr Goethe aber, zum Beispiel, hat durch seinen ganzen Hermann und Dorothea durch — ohne daß einer so gütig ist, daran zu denken, — von der ersten Zeile bis zur letzten, so genau eine Gegend, einen Tag, und sein ganzes Wetter und Schreiten dargestellt, daß es ein Element seines Gedichts ist; und wie ein wahrer Tag, eine wahre Gegend es machen hilft; das weiß ihm, meines Wissens, noch keine gedruckte Zeile Dank. Wer da nicht die Gegend sieht, von der Goethe spricht, dem fehlt die camera obscura, von der Jean Paul spricht: und Goethe hat es so eingerichtet, daß sie wirklich beinah fehlen kann, und nur derjenige sie nicht sieht, den man etwa zweimal hintereinander an denselben Ort führen, und ihm einbilden kann, es seien verschiedene. Du wirst nun ungefähr den Weg sehen, den ich gehen will: ergänze Du es! Von Deinem unendlich schönen Sprechen werde ich ganz faul und noch ungeschickter.

Denk Dir, Varnhägeken, als ich vorne in Friedrich Kind fand: „Meiner schwesterlichen Freundin in Leipzig", und er aus Dresden, hatte ich gleich ein so schnelles, plötzliches, unzuverhinderndes Vorurtheil, wie man's gegen Juden hat. (Nicht weil ich eine bin; sondern weil wir in Deutschland doch kein anderes haben.) Und wie eklig war auch das Buch; wie süßlich-nichts! Rochlitz ist gar nicht zu lesen: da blätterte ich nur: einige Malven von Kind habe ich noch umgeblättert. Pfeffel aber! Sage, was ist das für ein Mann? Der ist ja sack-grob? bei dem riskirt man ja alles, wie bei einem deutschen Schauspieler auf den Brettern! dem ist ja das gröbste Begehren nicht genug; der muß ja noch einen Teufel haben, der den Leuten auf dem Rabenstein in's Gesicht speit! den stellt man pêle-mêle neben Richter, und Goethe? Das nenne ich égalité; solcher liberté sollte doch ein Konstitutiönchen gesetzt werden! Sophie Brentano schreibt in allen Stilen, wie der Pariser Sänger Garat singt. Von ihren Novellen konnte ich nur den ersten Band haben, der mitten in einer aufhört. Sie macht Cervantes und ihrem Manne zugleich nach; und dem ersten nur seine vollendete Eleganz. Kann man das? und kann man es mit Brentano'schem Witz; der sich selbst wie auf einem Stuhle wiegt, und zu faul aufzustehen ist? Sind es Uebersetzungen, oder keine? Als absichtliche Mischung, und Probestück zu irgend einem Beweis, ließ' ich sie mir gefallen. Es amüsirt auch genug. Und Talent zur Nachahmung ist drin; aber bei der Nachahmung zu wenig Bewußtsein. Adieu, Lieber! Liebe mich. R. L. Sei nicht böse! Es muß alle Posttage ein Brief kommen: bis jetzt mußt' es so sein. —

Gestern im früheren Abend war Mad. Liman, des jungen Louis (den wir Tettenborn nennen) Mutter, Nettchens Tante, bei mir. Sie frug nach der Friedrich Schlegel, die sie sehr liebt: ich erzählte ihr alles was ich wußte, und von ihrem vorigen Manne noch, und ihren Söhnen; ich sprach lange und vernehmlich; die Liman wollte immer Rad schlagen; als ich fertig war, sagte sie, dick wie sie ist, nach einer kleinen Pause, langsam und vernehmlich, und wie nach einem Beschauen von fünfzehn Jahren, jedes Wort accentuirt, und in der größten Unschuld, und Bedauern: „Nun, wird die Herz bald klüger sein, als sie." Ich schrie auf! und sagte, das muß ich schreiben. „Gott bewahre, sagte sie! aber wahrhaftig!" Wir lachten alle. Es ist erschöpfend, finde ich. Noch eins, Lieber, wundere Dich nicht, und ängstige Dich nicht, wenn ich mal nicht schreibe. Die Freiheit muß ich haben.

Ich muß den Brief noch mal aufreißen. Du könntest sonst denken, meine Brust sei schlimm. Sie that mir gestern nur etwa acht Minuten weh; ein wahrer Krampf aus Kälte. Der Wind hat sich etwas gedreht. Ich geh' zu Mama. Krause Wolken haben schon die unsinnige Helle unterbrochen. Un rhume de cerveau, sagt man, und un rhume tombé sur la poitrine. Adieu, Du Alter!

An Varnhagen in Tübingen.

Mittwoch Abend nach 1 Uhr, den 9. November 1808.

Du denkst, es ermüdet mich weniger, wenn ich Dir einen Tag nicht schreibe? Gott bewahre! Heute war ich zwar krank, um 2 ging ich doch in ziemlich mildem Wetter aus. Aber wie matt! Hanne war spät bei meinem Diné; dann lag ich, und dann las ich, und dann ging ich hinunter, weil ich nicht ausgehen konnte und sie mich gebeten hatten. Frau von Boye war still da, Vetter und Mlle Bauer; es wurde Musik gemacht. Nun bin ich oben: und will doch den Tag nicht vergehen lassen, ohne Dir auch zu sagen, daß ich unaufhörlich an Dich denke; es geht bis zum Stupidwerden. — Dich will ich nur nicht so ermüden, sonst schrieb' ich Dir beständig. Lieber, Lieber, ich bin mit diesem Erfülltsein meiner Seele doch ganz zufrieden; aber wie soll das werden? wahrhaftig! müde wird man davon. Der Mond scheint nach mehr als vierzehn Tagen — so lange scheint er diesmal — mit einem Hof trüb in mein Fenster. Alles ohne Dich! Alles ohne Dich. Fühlst Du, verstehst Du das? Mein Essen ist ja da; auch ohne Dich! Lieber, Bester! Adieu. Was machst Du jetzt? — Ich sprach viel, während die Anderen aßen, mit Vetter über Schreiben, und Sprechen: und von Gualtieri. Adieu!

Freitag Abend, den 11. November.

Es ist gleich 12 Uhr: ich komme von der Guten, wo ich erst um dreiviertel auf 10 hinging, weil Chamisso und Neumann bei mir waren; und gegessen habe ich auch nun schon. (Da schlägt es 12.) Chamisso hat mir fünf kleine Gedichte von Fouqué für Minna Spazier gebracht, mit der ich noch immer in Almanachs-Korrespondenz bin; eines, „Die Warnung“ genannt, und das vor Poesie-Machen warnt, gefällt mir sehr gut. Es ist ernsthaft: ein kleines, an Adelbert von Chamisso ausgeschrieben, auch. Ein großes, an August Wilhelm Schlegel, minder. Ich schicke sie ihr morgen; und habe den Brief dazu bei der Guten, in Gegenwart der Herren d'Houdetot und

Raimond, unter der lautesten Konversation geschrieben, deren Reden sie nicht scheuten oft an mich zu richten. Ich wollte es los sein. Morgen soll ich früh zu Mama; die heute selbst mit diesen Worten, nach vielen Klagen, zu mir sagte: „Seit Du weg bist, nehmen sie sich alle Freiheit; ich höre kein vernünftig Wort mehr; ich werde ganz dumm; was soll ich machen! — unter den Menschen!“ mit den nämlichen Worten. Ich erschrak aus Rührung. Ich ging mit ihr in der Sonne bis an das Thor; ich sollte Fremde mit ihr besuchen, und traf die Leute nicht: morgen gehen wir wieder hin. Gott! ich bedaure sie: und daß sie mich nicht, und sich nichts zu erhalten und zu schaffen weiß! Lieber Varnhagen! Morgen schicke ich keinen Brief an Dich auf die Post! Du wirst mal sehen! Es wird Dir recht fehlen, recht schmerzlich sein, einmal keinen zu haben! Und wie ist mir: als müßte ich einem eine Operation machen, als beginge ich eine schlechte That! Und doch will ich einmal nichts schicken: ich habe die größte Lust. Varnhägken, Lieber! wie soll das werden? Die Tage, wo ich Dir nicht schreibe, habe ich gar nicht gelebt! Die Angst wächst. Wenn ich auch viel spreche mit den Menschen, und auch lache, und bin wie sonst; wenn ich wieder allein hinaufkomme, den Schreck! Wie ein Fall! Stupid find' ich mich unten. Heute sprach ich recht viel mit Deinen Freunden — doppelter Schmerz, — auch mit den Franzosen. Ach, und es zerrte mich heimlich am Herzen; die Angst, daß die Tage vergehen, ohne Leben, ohne Dich. Als liefen köstliche Wellen vor mir vorbei, die ich Dir, die ich mir zum göttlichsten reichsten Genuß, zu allem was Menschen nur wünschen, sich nur bereiten können, auffangen könnte, und ein wichtiges, eiliges, trauriges Geschäft hielte mich davon zurück; Du wärst im Krieg, so etwas; so ist mir! Jede ist ein Schatz, und ich lasse sie! So ist's! Wir sind zur Besinnung; jeder Moment ist, wäre ein Schatz, und sie laufen! Dies Zauberleben — sonst ist es nichts — läuft. Ja! Freund, das ist meine Angst! Du siehst, Lieber, ich kann mich nicht fassen. Du hast mich überschätzt. Und toll müßt' ich sein, könnt' ich's. Es ist ja keine Spannung, meine Liebe; keine Leidenschaft. Meine Sehnsucht ist ja richtig; ich habe ja den wirklichsten Verlust gemacht, den es giebt. Einen einstimmigen, lieben, mich ergänzenden, auffassenden, mich liebenden, geliebten, lieblichen Freund, Gesellen, Geliebten! Was soll uns denn die Erde bieten? Ich sage mir ja alles! ich sage mir ja wie es wäre, wenn ich Dir nicht mehr gefiele; Du mich nicht mehr liebtest; Du eine Andere liebtest: ich weiß ja schon, was ich machte. Aber diesmal war es ja kein Farbenbild, aus meiner eignen Sehnsucht vor meine Augen gestellt. Ich fühlte, Du fühltest mich; mehr weiß man ja von sich selbst auch nicht: soll ich mich denn vorher morden, weil ich sterblich bin? Ach, mein einziger Freund jetzt! wenn es Dich auch ängstigt, lass' es mich Dir sagen, wie unglücklich es ist, welch ein Schmerz, welch ein Missen, von Dir getrennt zu sein; sag' es auch! so lange Dir so ist! Gute Nacht! Ich bin noch nicht ganz stark; und echauffire mich zur Nacht. Lebe wohl! Meine Seele ringt zu Dir; und schläfst Du nicht — dies hindert — so fühlst Du es. Ich glaube so etwas. Gute Nacht. Könnte uns das Schicksal nicht begünstigen; und denke Dir meine Gedanken! — wäre es ein Glück für Dich, wenn wir zusammen wären? O! jetzt ja! Adieu, Adieu!

Sonnabend Abend, den 12. November.

Die Boye war bei mir, und hat mich so herabgestimmt, daß ich unwürdig und unfähig bin, Dich, mein Geliebter, anzusprechen! Den ganzen Tag war es mein Trost, wie ich Dir diesen Abend schreiben würde; da ließ sich der Unhold melden, und ich Unwürdige, Unselige, die immer wieder dieselbe lâcheté hat, nehme sie im größten Widerwillen an! Ich war mit Mama aus gewesen, hatte dann mit Hanne bei ihr gegessen: war nicht sehr wohl, schlief, las; gegen 8 kam die Schwedin. Und jetzt ist beinah 12. Sieh mein Unglück. Tausend Dinge hatte ich Dir zu sagen. Nun bin ich so zerlumpt! Heute schicke ich Dir keinen Brief auf die Post: und habe auch keinen bekommen; zum erstenmal den Sonnabend! So kommt alles! Mama frug mich heute ganz erstaunt, und mit dem höchsten Interesse, ob ich aus dem Orte noch keine Nachricht hätte; wie es Dir dort ginge. Und wollte gar nicht glauben, daß ich das noch nicht wisse. „So geht's der immer!" ging in ihrer Seele vor: und ich hört's am Ton, und sah's am Gesicht. Sie frug's bei der Gelegenheit: ich gab dort den Brief für Minna Spazier ab; und sie dachte, es sei, wie immer, Deiner! Den ganzen Tag dachte ich an Dich: heute mit tausend Liebe, da ich dies grade der Boye nicht zeigen wollte! Deinetwegen! Adieu, morgen! Lieber, Lieber! Heute grad liebt' ich Dich sehr. Ob Du auch den Himmel so siehst?

Tausend Klumpen Sterne sitzen ganz dick dran, als ob sie herunter fallen würden. Unserer steht hinter meinem Hause weit mehr westlich. Ist das so? Adieu. Gott! was machst Du jetzt? Die Zeit flieht auch ohne Dich. Gott, Gott!

Sonntag Mittag um 12, den 13. November.

Ich habe die abscheulichste Nacht gehabt; nicht geschlafen, und doch keinen Gedanken, nur den Aerger darüber; es geschieht mir seit einigen Jahren, daß ich Endes November, wenn es sehr klatschiges, schlappes Wetter ist, von Insomnien geplagt bin, jetzt ist's aber noch früh im Monat, und kein Gedanke von Regen: nun empfinde ich zwar noch die Nachwehen des Fiebers, welche immer acht Wochen dauern, wenn das Fieber neun Tage währte; aber ich schlief doch noch vor vier, fünf Tagen; besser wenigstens. Ich weiß schon, ich merke, daß ich die Boye nicht vertragen kann — obgleich ich auch ohne sie nicht schlief — wie den Grafen Tilly; und ich merke auch, wie sich mein Körper spitzt, und was er für Menschen nicht mag. Ich sage nicht in meiner Unwissenheit „Körper"; denn außer, daß ich deutlich weiß, was mich ennuyirt, und mir schon als Ennui schadet: so ist es noch dabei ganz körperlich. Meiner will keine unfrische Menschen mehr annehmen, die nichts von Grünem, von Leben, von dem Regen in der Natur wissen, und die auch kein Gefühl für andere Körper haben: sie dünsten heilig anders aus! bewegen die Luft anders, berühren mein Gehirn, mein Gehör, anders; und affiziren meine armen Augen! Wie gesund wurden wir, in unserer Gegenwart! Ist Deine Brust gut? Sind Deine Lippen noch in Ordnung? Lasse sie nicht verderben! Lieber, englischer Patiente!

Was ich den Donnerstag machte, habe ich Dir nicht geschrieben: da war ich bei der Guten, ganz allein, die mir von Liebe und dergleichen etwas erzählen wollte, und aus dem Vormachen — sich und mir — nicht herauskommen konnte; ich schwieg erst lange, und dachte auch, ich würde gar nicht reden; dann stellte ich ihr aber doch bündig einige Dilemma's vor; bloß vor, ich schlang sie nicht hinein; vor denen sie stehen blieb, und schwieg. Ich bin nicht besonders böse auf sie: ich sprach nur von ihr. — Gegen 11 verließ ich sie; und war so nervenirritirt, so unfähig zu Bette zu gehen, daß ich noch unten hineinging; früher war Hanne aus, und mit der Mutter nicht oben gewesen; Mlle Bauer hatte ich hinunter spedirt, Vetter und Nettchen wußte ich auch da; ich lief zu den Kindern an ihr Bette, die ganz selig waren. Fanny sprang gleich aus ihrem Alkoven nach Hannen's Bette, und wir küßten uns auf Mord. Hanne ihre Seligkeit ist, zu mir zu laufen, oder wenn ich komme. Und es geht doch jetzt bei mir nichts vor! Ihre jüngste liebste Kammeradin ist ihr nicht lieber — vor einiger Zeit, wir waren ohne Licht, ich noch krank, und Fanny und Hanne mit mir allein; wir lachten, die Kinder sehr: so stößt Fanny mit einemmale aus: „Hier lache ich doch noch!" und so ging's weiter; ich frug nach keiner Erklärung, Hanne hörte es vor Lust und Lärm nicht. — Wie mich das freut! Wenn sie meine Tochter wäre, wäre es eben so; nicht wahr? ich glaube es. Glaubst Du es? O! ja! „Mit Dir habe ich immer zu reden", sagt Hanne. Dann ging ich zu den Anderen, ich sprach unaussprechlich viel, lachte wie in einem Schwindel, hatte auch welchen: kurz einen kompletten Anfall lustiger Hypochondrie — ich kenne mir das —, die Anderen amüsirten sich. Als ich hinauf kam, konnte ich kaum essen, und schlief nicht; wenigstens ungeheuer schlecht. Denk' Dir, Varnini, ich war noch nicht aus dem Thore; und seit dem Tag, da wir zuletzt bei Kersten waren, nicht im Thiergarten: ich scheue mich, allein hin zu gehen: mich dünkt, ich halte mir die Zeit zurück: alles möchte ich nicht thun. Die Gute sagte es nicht einmal: „Wir wollen hinaus!" Die könnte ich ewig die verhaßten Linden herum führen, oder auch nur um die Theemaschine herum: es wäre der Sinnlosen genug, der Bolzen die Sonne, der Dampf die Wolken, der Kessel der Chimborasso (oder wie heißt Humboldt's dummer Berg?). Ein Lord und ein Kamin wäre Apoll und der Tartarus. Dann wäre Himmel, Erde, Hölle, Zukunft, Liebe, alles fertig. — Ich könnte aus Schwäche bis Weihnachten so fortfahren! Denke Dir noch Eins, Jüngeken! Anstatt die Jägerstraße zu lieben, hasse ich sie. Sieh mein Tückenherz! Im Anfang schämte ich mich durchzugehen: haßte und beneidete alle Nachbarn, und dachte, sie könnten nun mit Ruhe und Schadenfreude da sitzen, nur ich, ich Unselige, hätte hinaus gemußt. So vermied ich die Straße mit den weitesten Umwegen, und war bitterlich gekränkt, geängstigt; nun, daß ich sie doch einmal sah, hasse ich sie: sie ist meiner Einbildung fremd; ganz fremd; nun, daß ich von ihr bin, ist nichts mehr drin; was war denn drin, außer ich? und der Weg zu den edlen Spazirgängen. Die Ecke lieb' ich noch, an der Markgrafenstraße, wo ich in der Sonne und im Mond mit Dir mich umschwang: sonst ist sie mir ganz zerstört! Wäre ich ein Emigrant, ich haßte meine veränderte Heimath, ich fühl's, bloß weil ich sie verlassen mußte; und die todten Gegenstände es litten: und auch ihre Physiognomie verloren. Als ich grade nach Paris — und um zu bleiben, und sehr gekränkt — reisen wollte, sah ich in der Jägerstraße mit Jean Paul Richter aus dem Fenster, und sagte ihm: „Ich begreife es gar nicht; ich reise in acht Tagen; und seit ich meiner Reise gewiß bin, werden mir alle, die bekanntesten Gegenstände fremd; ich erkenne die Ecke drüben nicht mehr; sie ist mir wie die fremdeste Straße." Es war wahr. Er sagte ganz in sich gekehrt, und beinah mit Kopfschütteln: „Das ist eine große Phantasie. Sie haben eine große Phantasie!" Wie so? sagte ich. Er schwieg, und ich auch; weil es von mir war. Ich verstand ihn nicht; und verstehe noch nicht was er meinte. Denn es war ja ein Unvermögen, und ganz negativ! Meinte er, daß ich mich so los denken konnte, und die neuen Gegenstände mir schon vorhielt? Antworte mir. Kurz, mit der ollen Jägerstraße ist es unverhofft wieder so! Es ist Tücke dabei; ich fühle es. Ich hasse sie: sie ist mir fremd. Der Waldgeruch, den ich dort oft empfand, wird auch hier sein, in der Charlottenstraße. Und ich warte ihn nicht ab! Gott soll mich nicht so hart strafen!

Es ist Dreiviertel auf 1. Ich habe in le génie du christianisme von Chateaubriand, welches ich schon einmal nicht auslesen konnte, heute Abend die Episode, Geschichte des René gelesen. Lies sie! Der Anfang entsetzlich langweilig, und gewöhnlich, und dann große Schönheiten. Der schließt die ganze Welt und die Augen zu, und sieht mit seinem ganzen Genie in sein Herz. Sonderbar! Lies es! — Unversehens schreibe ich Dir ein Tagebuch. — Bei der Guten, wo ich allein war, las ich eine Vertheidigungsschrift der Gräfin Lichtenau von ihr selbst geschrieben, gegen Männer, deren Namen ich vergessen: einer ist der Verfasser der „Feuerbrände". Auch darin sind gute Stellen; ihrer Wahrheit wegen, die man ihnen anmerkt. Und für mich viel Amüsantes, die ich die ganze Welt, die darin vorkömmt, kenne. Alle Leute! Musik, Opern, Fêten, Stücke, alles. Und auch Geschichten.

Lieber, Bester! Mir ist so bange, keinen Brief von Dir zu haben! Nun habe ich gar nichts. Das war mein Ein=

ziges! Seit Nürnberg habe ich nichts! Ich, die ich auf Briefe gar nichts halte, weil sie das Zeichen der Entfernung sind, schmachte danach! Deine Briefe, ich habe es erst heute bedacht, machen mein ganzes Leben aus: halten mich hin. Und dürft' ich Dir nicht schreiben, ich müßte vergehen! Adieu! Ach wie zu ist die Welt. Finster, windig, Winter alles. Alles! Adieu!

Montag Abend um 12 Uhr, den 14. November.

Ich weiß, wenn ich Dir diesen Brief schicke, Du merkst es gar nicht, ob ich heute geschrieben habe oder nicht; und doch leidet es mein Gewissen nicht! Das Blut steigt mir nach dem Kopf, daß ich die Feder nicht führen kann, so viel habe ich gelesen. Morgen sage ich Dir, was. Bei der Guten las ich auch noch ein Buch aus: und als ich jetzt aus der Hausthüre ging, und mich vermummte gegen den Regen, überfiel's mich so plötzlich, daß Du nicht mit mir, wie immer bei den Stimmen, ich allein bin! Ach und wie einsam hier! und immer! Und was las ich, was dacht' ich, was schrieb ich nicht heute! Adieu. O! Gott, dieser Wechsel, dieser Kampf, dieses sich Trösten! ewig? Adieu! adieu! Verzeih! Und keinen Brief von Dir! ich ängstige mich nicht. Gar nicht. Nie. Deine Ankunft; die Beschäftigung: ich weiß alles. Adieu!

Dienstag, den 15. Mittag.

Ich schäme mich, Dir diesen abscheulichen Brief zu schicken: aber wenn ich schreiben soll, wird's so wie ich: und Du könntest Dich ja auch betrüben, wenn die Post ohne Brief von mir käme. Jetzt eben habe ich für Mama und mich einen langen Brief an meine Schwester im Haag schreiben müssen: und da es unsere Lage, meine letzte Geschichte und den künftigen Sommer — Mama soll hin — betrifft; so hat es mich nicht ermuntert! Die Anstrengung des Schreibens allein fatiguirt mich zum Tode. Ich bin noch von gestern nicht ausgeruht, und habe nicht viel und nicht erquickend geschlafen — auch will ich in den Straßen allein umherlaufen. — Ich schrieb mir gestern Morgen viel aus Chateaubriand ab: alles eigentlich für Dich; ich las ihn auch: dann ging ich zu Mama, aß, legte mich etwas, las wieder Chateaubriand; er ärgerte mich mit seinen Urtheilen über Litteratur so, daß er mich empörte wie ein schlechtes Stück: meine Nerven waren schlecht, ich mußte ihn wegwerfen: ging nach 7 hinunter, fand Alle beschäftigt, und nahm wieder ein Buch: lettres familières de Montesquieu, der in England, Italien und Deutschland war. Sehr interessant, sehr lebhaft; und immer mehr Aufschluß über seine Nation, ihre Werke und ihre Gesellschaft; die mit ihrer Staatswirthschaft zusammen klebte, und riß. Ich hatte das Buch einen Abend zuvor im Katalog angestrichen für meine Schwägerin, die mir die Arbeit auftrug. Ich las einige dreißig Seiten: ging zur Guten, nahm auch dort, unter heftigen Gesprächen der beiden letzthin genannten Herren, die Lichtenau, las den Theil aus, und durchsah noch einen zweiten, der Briefe an sie von der ganzen Welt enthält; Engländer, Franzosen, Deutsche, Italiäner, Spanier; wenige nur kenne ich nicht persönlich. Doch sind die Briefe ohne Witz und Geist: ich sah sie nur darauf an. Das ganze Buch auf einer sehr unteren Stufe erhalten! Die Gute weiß aber auch gar nicht was sie liest. „Gnädige Freundin!“ ist ein Brief von Hirt überschrieben, an die Gräfin Lichtenau; ich lachte, und zeige es der Guten: „Ja!“ sagt sie auch lachend, „und sehen Sie! «Liebe Lichtenau!» ein anderer von Lavater!“ Das ist ja aber gar nicht lächerlich, mußt' ich ihr endlich sagen, weil sie gar nicht schweigen wollte, und mit einer Art von Ringen mir das Buch nahm, um mir das Wunder zu zeigen! Ich mußte ihr ordentlich sagen: Das ist ja gar kein Vergleich; wie meinen Sie denn das? Sie blieb dabei: weil sie sich vorgenommen hatte, eine Bemerkung zu machen, die mir nichts voraus lassen sollte. Wie kann man so hundedumm sein. Ich bin empört, siehst Du, daß ich das erst recht jetzt bemerke. Ein Wort! vielleicht zu Hirt's Entschuldigung. Er hatte damals fünfzehn Jahre in Italien gelebt; und wirklich vielleicht die Ausdrücke konfundirt: in einem Lande, wo jeder, der nicht Cicerone ist, Eccellenza — wie Monsieur beinah — bekommt! Man verwechselt so etwas. So kann es gekommen sein: dumm ist es doch, es stehen zu lassen: und es kommt einigemal vor. Mich freut's, daß die Leute zeigen müssen, wie sie sich gebärdet haben, groß und klein! Adieu, Lieber! Verzeih diesen Brief; ich muß ein wenig gehen. Nach meiner Lektüre gestern las Mr. Raimond bis 12 mit Gewalt Uebersetzungen des Milton von Chateaubriand vor; vom Paradies und Engeln; meine Feinde! Um 12 echappirte ich: er hielt mich an der Hand; ich ließ ihn, nach dreimaligem Ansetzen, endlich lesend dort. Rahel.

Mach' Dir nicht ein zu großes Gewissen! Wenn ich Unterhaltung hätte, wäre ich minder so, wie ich bin. Adieu, Lieber! Fleißig kann ich auch nicht recht sein, meine körperlichen Kräfte versagen es: ich war mal so krank: ich kann nur so sein wie Du mich kennst. Es wird auch wohl besser.

Ich war allein in den Straßen: es hat mir nicht geholfen. Am Ende begegnete mir Robert mit Hrn. von Drieberg, Koreff's Freund aus Paris. Ein hübscher Mensch. Brünett. Vielleicht bekomme ich, wenn ich diesen weggeschickt habe, noch einen Brief heute von Dir! Adieu Bester. Sei vergnügt und lasse Dich von mir nicht stören! Es ist nebliges Wetter! einen Moment wollte es sanfter sein. Adieu! Es ist bald 4 Uhr, ich war auch bei Mama. Adieu!

An Rahel.

Tübingen, Donnerstag, den 10. November 1808.

Rahel, geliebte Rahel! Ich weiß nicht wohin mich retten vor dem Ungeheuer von Brief das ich in mir trage, oder das ich selber bin, ein Brief an Dich rafft mir alle Glieder zusammen, und da liegt alles bereit, und soll nur eben noch geschrieben werden; jetzt wie schreibt man Kopf, Brust, Leib, Arme und Beine! nein, das geht nicht, es muß zurückgetragen werden, ich behalte mich hier, und kann Dir nur einige Worte schicken! ich zerreiße diesen Anfang auch wieder, weil er mir mißfällt, aber ich habe schon zu viele zerrissen, und gerathe in zu große Angst! denn ich habe Dir viel Wichtiges zu sagen, und will nicht länger warten. Seit dem ersten November bin ich hier in Tübingen, und ringe täglich darnach, Dir zu schreiben, am siebenten bekam ich Deinen sehnlichst erwarteten Brief, und war nur heftiger und dringender aufgereizt, aber in diesen drei Tagen war auch Aeußeres mir Verhinderung. Ich habe hier keinen frohen Augenblick gehabt, keinen, in welchem ich mein tiefes Leid vergessen, und ganz Einem Eindruck hingegeben gewesen wäre, wie sehr auch lieblicher blauer Himmel, warme Luft in schöner Thalgegend mich umschmeichelten. Von meinem Schmerze, der noch beim Ankommen im schönen Mondschein geschlummert hatte ich in dem Schatten von allerlei Bildern der Universität, des Studiums und des südlicheren Lebens, aber um so schrecklicher erwachte am anderen Morgen, als jene

Bilder wie Nebel hinschwanden, und mir das wahre Sein dieses Orts ungehemmt in die Seele brannte, weiß ich Dir wenig mehr zu sagen, liebe Rahel; ich habe ihn so durchgelitten, daß ich fast erstorben war für seine Reizung, ich weiß aber, daß ich mich den dritten Tag auf's Bette warf, und einige Stun den weinend vergingen, zuletzt darüber, daß das thörichte Herz in unsinnigem Dienst fortfuhr zu schlagen! Das Erwachen Morgens war wie das eines armen Sünders, dem der Stab schon gebrochen ist; ermattet nach ödem, verwirrtem Schlaf, brachte ich die Stunden in irrer Beschäftigung zu, und fühlte ununterbrochen einen Schmerz der stillen Verzweiflung wie einen Strom durch meine Brust ziehen. Nachmittags wurde es immer am ärgsten, ich wünschte den Tod, weil der Gedanke der entsetzlichen Entfernung von allem Lieben, die ungeheure Verstoßung, die Gefangenschaft mein Inneres ja fortdauernd abtödteten. Die schönen Wege vor der Stadt, das göttliche Wetter, alles, was mich hätte freuen können, empörte nur desto mehr meine Traurigkeit, halbtodt kam ich nach Hause, lag auf meinem Zimmer, die Augen trübe, die Zähne zusammengebissen, bei jedem Anblick eines Buchs, einer Scheere, die anderswo schon um mich gewesen waren, in Verzweiflung! Harscher hat dies alles mit mir gefühlt, er war gebeugt vom Unglück, wie ich, und wir waren meistens beisammen und redeten uns gegenseitig aus, in fürchterlichem in's Auge Fassen der vielen so gearbeiteten Wintertage, die uns bestürmen sollten. Ich rede, als wäre das alles vorbei, aber es ist noch, arme Rahel, und nur mein Muth, mein unermüdetes Streben hat einen Funken in das Irrdunkel geworfen. Wie nur soll ich Dir's alles sagen? — Du kennst mich, theure Rahel, ich habe Dir von meiner Unruhe gesagt und geschrieben, auch daß ich nur Eins über mich weiß, leider nur ein Negatives, aber dieses mit der gewaltigsten, wahrhaft göttlichen Ueberzeugung, nämlich daß ich ein verdorbener großer Dichter bin, oder vielmehr, daß der Stoff, woraus ich gebildet worden, nicht hinreichte. Alles andere in meinem Wesen ist mir unbegriffen und völlig dunkel, ich höre keine Stimme in mir, ich fühle keinen Zug, der mir nur auf's Leiseste anzeigte, welches mein Beruf sei, und die Welt, meine Armuth, drängt mich einen zu erwählen, zu verfolgen, festzuhalten. Herkömmlich, aus Gewohnheit studir' ich Medizin, jedesmal war ich ganz ohne Schmerz, wenn äußere Umstände mich nöthigten, anderes zu ergreifen, doch ist sie mir durchaus nicht mehr zuwider, als ein anderes Treiben, lieb und nützlich wäre mir nur eins, frei zu leben ohne Stand, ich weiß was ich leistete für mich und für Andere in solcher Freiheit, wenn gleich die jetzige Einrichtung der Welt meinem Leisten keinen Namen ausdrücklich beizulegen weiß, so wenig wie Deinem, welches ich nur darin dem meinigen vergleichen will. Dieses ist mir aber gänzlich versagt. In diesem Unglück komme ich mir vor, ich schrieb es schon in einem anderen Briefe, wie eine Laune der Natur, die einmal hat sehen wollen, wie sich solche Elemente, die in mir vereinigt sind, zusammen darstellen, und ich bin das unglückliche Thier, das man, weil's eben zum Experimente gebraucht wird, ohne Haß und Bosheit lebendig aufschneidet. Mein Leben ist einmal zerrissen, aber es fehlt mir nicht an Muth, mit einem Stückchen noch fortzuleben, ich will auch alles anstrengen, und sollte das Versuchen bis an das Ende des Lebens müssen fortgesetzt werden. Darum ist es denn wirklich klug, so lange nichts mich entscheidender ruft, bei der Medizin zu bleiben, und ich will Arzt werden. Man kann nicht alles zugleich haben, Du hast mir einmal noch in Berlin darüber geschrieben, und kräftig fielen mir heute Deine Worte in's Herz, und auch Harscher wollte mich trösten, indem er sagte, daß ja selbst die Erde nur immer mit einer Hälfte wache, und mit der anderen schlafe! Dieses sagte er auch, um sich selbst zu trösten. — Gut denn, ich wollte mir wohl gefallen lassen, eine Weile bloß das Studium herrschen zu lassen, während alle meine anderen, sogar die mächtigeren Triebe schlummerten: aber um Gotteswillen! Kinder, wer kann so bitter-grausam gegen mich sein, und mir denn die Medizin als Studium anrechnen? Studium, in dessen freiem Genuß mir das Herz lacht, die Seele befriedigt ist, bis in die schwierigsten Fleißproben hinein, das ich auch genossen habe eine kurze Zeit, und von dem ich selbst in dem Harten das Harte nicht fühlte! Ich habe es ja gesagt, das Herz ist mir nicht entzückt, die Seele nicht erfüllt von der Medizin; verbiete sie mir einer, und ich werde nicht unglücklich sein, und drum ist es Arbeit, bloße Arbeit, die ich vollbringe, weil ich in der Welt meine Existenz erwerben muß, bitterer vielleicht als eine anderer Art, weil sie durch ihre Form das wahre Studium nachäfft. Ich lebe also nicht, wenn ich in der bloßen Medizin lebe, und hier ist mir nichts anderes vergönnt; denn auch die Poesie muß ich liegen lassen, weil die Medizin mir wohl Zeit genug giebt, mit ihr zu spielen, aber nicht, ihrer Erscheinung ein würdiges Fundament unterzulegen. Hier aber ist nichts anderes, ich bin verwaist! Nun noch diese andere Verwirrung in meinem Leben will ich Dir darlegen, theure Rahel, und damit mein Vertrauen zu Dir bis auf die kleinsten Tropfen ausschütten. Es ist dies mein Verhältniß mit Fanny! Du weißt einiges, und ich bin sicher, daß Du aus diesem was Du gesehen hast, leicht was ich hinzufüge richtig einsehen wirst. Wie es auch darin, in der Liebe, mit mir ist, kann ich nicht ergründen, und nur beschreiben die oberflächliche Erscheinung. Du hast darüber ein Billet von mir, auf das ich mich berufe. Für ein Unglück ist es allerdings zu halten, so von der Natur eingerichtet zu sein, wie ich, unfähig einer großen Leidenschaft, und fähig der schönsten Liebesmomente, die mir unmittelbar durch ihr Dasein die Ueberzeugung geben, daß sie zu dem Besten gehören, was je die Natur erzeugt, und anhänglich und zärtlich bis in den tiefsten Grund der Seele: aber es muß doch ein großes Geschlecht sein, eine ganze Formation, zu welcher meine Art gehört, wie schon Sagen andeuten und Scherze. Ich liebe Fanny, ich schreibe ihr die innigsten Briefe, ich war entschlossen sie zu heirathen, und wäre glücklich mit ihr gewesen, und auch ihr treu, denn nur die Abwesenheit löst mich aus der Gewalt der Persönlichkeit der Geliebten: Du weißt welche Wendung dieses genommen hat. — — Aus den beiden Stellen, die ich aus ihrem letzten Briefe Dir abgeschrieben habe, wirst Du sehen, wie sie selber es ausspricht. Sie rechnet auf meine Rückkehr, wie auf das Erscheinen des besten Freundes, und wird mit mir, in stillem Umgang, wehmüthig froh die geträumte Vereinigung betrachten, von der das Schicksal so vieles abgehandelt hat. Und gewiß, wenn ich Arzt werde, bleibt mir auch in jeder anderen Rücksicht nur Hamburg zu wählen, weil ich nur da meines Fortkommens gesichert bin. Aber ich habe Fanny'n nicht verhehlt, daß mir unser künftiger Umgang eine große Aengstlichkeit errege, weil er von allen Seiten Unschönheiten zu ertödten hat, wozu ihm durchaus die Gewalt fehlen muß, und ich fürchte mich gleicherweise hinzugehen und wegzubleiben. Und wenn ich nach Hamburg gehe, welche Hoffnung hab' ich denn Dich, geliebte Rahel, wiederzusehen, an deren Seite zu leben mir das unschätzbarste Glück ist? Je besser es mir dort geht, je mehr Praxis ich bekomme, und ich werde sie suchen müssen, je mehr stell' ich mich fest! Abscheulich aber wäre mir der

Gedanke, Dich mit Fanny an einem Orte zu sehen, und wäre auch mit jeder von Euch beiden mein Umgang so geartet, daß jede, auch als Verliebte, keine Eifersucht auf die Andere fassen könnte. Ich habe keine so lieblose Freundschaft! — Sage, theure Rahel! ist das nicht ein ungeheures Unglück so verworren zu sein? Und wenn ich ehrlich, rein, wahrhaft bin, wie ich es denn einzig aus innerer Nothwendigkeit sein muß, so kann ich jetzt durchaus keinen Ausgang finden aus diesen Irrsalen! Sieh, Du herrliches Weib, ich kann Dir das alles sagen, was ich Fanny'n in seiner Ausdehnung nicht sagen kann, am wenigsten die Art meiner Liebe zu Dir, weil sie es nur betrüben, keinesweges aber verständigen würde; es wäre denn, daß ich bei ihr wäre, und die Rede sich in jede augenblickliche Wendung ihres Gemüths bequemen könnte; ich betrüge sie daher nicht, sondern habe nur das Bewußtsein über sie. Dir kann ich das sagen, es greift Dich vielleicht an, theure Rahel, denn Du mußt sie hassen, solche Verwirrungen, und das Unverstandene ihrer Auflösungen, aber ich kann Dir es doch sagen, und das ist ein so ungeheures Glück, daß ich staunend es zu ergründen strebe, und nicht vermag! Dies beurkundet Dich, geliebte Rahel, als die Königin meines Lebens, die sehnende, richtende, schützende, helfende! In allen diesen Tagen hab' ich nur Dein Leben angeschaut, und gezittert, es von dem meinigen jetzt entfernt, und vielleicht später ganz von ihm sich entfernen zu sehen! Darf ich Dich tadeln, wenn Du den wirren Sinn des unentschiedenen Knaben fahren lässest, der Dir weder Sammlung noch Zerstreuung gewähren kann? — So weit habe ich gestern Nacht geschrieben, dumpf und verstört, nachdem ich mich sehr geärgert hatte, nicht allein zu sein, denn Harscher blieb, wider seine Natur, auch als ich endlich anfing zu schreiben, immer bei mir, und redete gleichgültige Dinge in mein Schreiben hinein, und brachte meinen Aerger auf's höchste dadurch, daß er immer sagte, er sehe mir's an, daß ich irgend einen besonderen Verdruß habe, und rathe mir, vom Schreiben abzustehen. — Heute habe ich einen schlechten Vormittag, ich schlafe unglücklich, das ist der rechte Ausdruck, und fühle mich krank, ohne Eßlust, so unselig, daß ich die Momente des heftigsten Schmerzes zurückrufe, weil sie doch gedrängtes Leben enthalten, vielleicht das Beste und Tiefste meines Lebens sind. Ich will und muß aber weiter schreiben, wenn mir nicht neue Angst anwachsen soll! Liebe Rahel, wie bin ich mit Dir beschäftigt! wie ruf' ich jede Lebensbewegung von Dir an! Nichts hat mich hier erwecken können, nichts mir die Seele kräftigen, als Deine Briefe! Ich habe viel in den früheren, die ich in Berlin noch von Dir bekam, gelesen, und bin erstaunt über die große Härte in ihnen, die ich damals nicht so fühlte, und jetzt nachfühle! Aber auf jedem Punkt ist Wahrheit, und doch auch Sanftmuth. Sehr viel habe ich auch in denen an die Frohberg gelesen, und fühlte, nach Maßgabe des Lesens, eine Welt voll Leben sich um mich versammeln, ich war wie in einer flachen Oede, und auf diese Zauberworte stellten sich hier ein Berg, dort ein Wald um mich, und Dinge, wirkliche Dinge drängten sich an meine Seele. Rahel, ich bin ein dünner Faden neben Dir schönragendem Baum, ich weiß es, und möchte verzweifeln über meine Unkraft, die so durch Liebe neben Dein quellendes, stromgewaltiges Leben gestellt ist, ich fühle meine Armuth in jedem Sinn gegen Deinen Reichthum, zwanzig wie ich mußten drauf gehen, um nur Deine Augen zu bilden, und in meinem Kopfe, dem Sitze des Höchsten, ist nicht mehr Lebensgeist verbreitet, als in einem Deiner weniger bedeutenden Glieder; ich meine dies alles nur für die Kraft, für das eigentliche Thatleben, nicht so für den Sinn, mit dem ich Dir näher stehe, und durch den ich, dieses alles fühlend, vielleicht doch noch verdiene, mit Deinem Wesen so vereinigt zu sein, als Du selber ja nun erlaubt, gewünscht hast. Ich bin krank ohne Dich, und nur die äußerste Muthlosigkeit kann mich dahin bringen, auf Dich einen Augenblick Verzicht zu thun, immer finde ich meine Gedanken, meine Träume, meine Aussichten unvermerkt auf Wege gewendet, die zu Dir führen. Dahin gehört das schattig im Hintergrunde aufwankende Bild, als deutscher Arzt und Litterator in Paris zu leben, wo Du, Rahel, wohl zu finden sein könntest. Auch Harscher habe ich vieles von Dir vorgelesen, besonders aus dem Briefe an Rebecka, noch mehr aber erzählt. Der Erfolg zeigt, wie sicher mein Sinn mich geleitet hat, es jetzt zu thun. Hier bin ich wirklich bestürzt, in der Unbehülflichkeit des Schreibens, ich weiß nicht wie Dir die Sache ganz darlegen. Ihm wie mir ist Dein Leben, das Wissen von Deinem Dasein, ein Trost des eigenen Lebens, ein Sieg, eine Siegesfeier! Du bist ihm ein reines, unschuldiges, wahrhaftes Wesen, in dem das Schönste der Menschheit sich auf's höchste erhoben hat, die größte, wundervollste Erscheinung. Er glaubt zwar, daß Schleiermacher mehr verstehe als Du, was in dem Mann und gelehrt sein liegen kann, oder daß Du ungeheuer mehr siehst, als er, der nicht vermocht hat Dich zu erkennen und anzubeten. Dein reines, wohlwollendes Gemüth in seinem unergründlichen Himmel ist ihm nun eben so klar, so heilig und liebenswürdig, wie das einzige Talent, die Riesensinne, an die er früher schon geglaubt. In Deinen Worten findet er die höchste Spekulation, wie sie im Leben sich gestalten muß, das tiefste Mark der Philosophie. Alles was Du sagst, möchte er augenblicklich wie von ihm gesagt, wenn er die Kraft dazu gehabt hätte. Noch eine zeitlang Deines Umgangs zu genießen, könnte, so meint er, seinem ganzen Leben ein Impuls, eine Erhebung, Erfüllung gewähren. Verzeihe mir die ungeschickten Ausdrücke, Harscher sagte alles das inniger, tiefer, schöner und mit der Kraft und Ruhe einer verjährten Wahrheit und Einsicht. Ich mußte Dir doch etwas davon erzählen! Das hab' ich nun zu Stande gebracht, ich Armer! er wird Dich besser verstehen, als ich, Dich reicher anregen, als ich, Dein Gespräch in höherer Sprache, in Deiner, führen, während Du bisher gütig mit mir, dem Unwissenden, in meiner redetest; aber es soll mich doch freuen, denn ich sorge ja zumeist für Dich; daß die königliche Blüthe in himmlischer Luft schwebe, ist mein innigstes Wünschen, ich habe sie erkannt, und muß sie in die Augen der Besten stellen, wenn auch ich keinen Platz unter ihnen habe. Wie tief schmerzt mich aber doch die Demüthigung, daß auch Harscher mich für unfähig und unwürdig hält, in Deinem Leben so zu stehen, wie er mich für den Augenblick stehen sieht, und nicht begreift, wie Du mir die Briefe alle geben konntest! Rahel, geliebte Rahel, ich werfe mich weinend in Deine Arme! — Wir haben zwei Abende in den schrecklichsten Bewegungen zugebracht, und unseren ganzen Zustand vielfach durchgearbeitet. Das Ende davon hat folgendes, aus meinem muthigen Fortstreben entsprungenes Resultat geliefert; ich will gegen das Unglück kämpfen, und nach dem Glücke greifen! — Harscher geht in wenigen Tagen nach Basel, um den Winter dort in seiner Familie zuzubringen; ich bleibe noch hier, vielleicht zwei Monate, bis ich von Hamburg Geld genug habe, um fortreisen zu können, zu dessen Herbeischaffung ich alles mögliche sogleich thun werde. Bekomme ich es nicht, so vertraur' ich hier den Winter im Elend, und thue was ich vermag, aber nicht in der Medizin, damit ich nicht ganz hinfalle, und weiß Gott, was ich anfangen werde. Bekomme ich aber genug, oder sollte es durch Verkaufen meiner Wäsche genug werden, so reise ich gewiß zu Neujahr nach Wien, wo ich denn auch den Sommer zu bleiben gedenke, und Harscher wiederfinde. Ich kann mich nicht entschließen Dir eine ausführliche Beschreibung von Tübingen zu geben, es seien wenige Züge! Die Stadt ist häßlich, dumpf, schmutzig, alle Straßen liegen voll Mist; die Einwohner sind armselig, es giebt nicht einmal schöne Gesichter; die Universität ist unbedeutend, gemein, kein begeisternder Mann, unter den Studenten der schlechteste Ton, die Mediziner meist Barbiergesellen. Kielmeyer liest wenig, ist nicht umgänglich, diktirt alles, und seine Hefte schon in Harscher's Besitz. Das Klinikum ist eine ganz neue Anstalt, ohne Ausdehnung, ohne rechten Fond, der Vortrag gut, aber nur für Anfänger, für unser Bedürfniß gar nichts, jetzt sind 2 oder 3 Kranke darin, Autenrieth selber wundert sich, daß unser einer hieher kommt, da für die wahre Praxis hier fast nichts, gar nichts zu erlernen sei. Dieser ungeheure Irrthum, in den wir gerathen sind, und der uns um hundert Meilen, mich um die glücklichste Lebenszeit gebracht hat, ist Reil's Anrathen und dem allgemeinen Gerücht aufzubürden, nicht uns, die wir unschuldig darunter leiden. An Gesellschaft ist hier gar nicht zu denken, man ahndet gar nicht, was hier alles fehlt, ich kann wirklich hier nur mit Mühe denken. Sopha's kennt man kaum, einen Tisch hab' ich mir machen lassen, nur insofern man hier wie auf dem schlechtesten Dorfe alles entbehrt, ist es hier wohlfeil zu leben, alles was man haben kann, ist für den Studenten doch sehr theuer. Der Nachtwächter ruft jetzt schon Abends um 8 Uhr, und hat sonst um 7 gerufen, bis der jetzige Regierungsrath es nicht mehr leiden wollte. Die Gegend ist schön, aber melancholisch, und erdrückt mich durch das Gefühl der Einsamkeit. — In Wien, das habe ich nun durch nicht allgemeines Gerücht, das weiß ich, sind gute Anstalten, ich finde dort alles, um den mir auferlegten Versuch, zu sehen ob ich in der Medizin durchkomme, glücklich fortzusetzen, was ich so lange ich nicht eine Erleuchtung bekomme über meinen Beruf, oder einen entschiedenen Widerwillen vor der Medizin, doch immer als ein Glück ansehen muß. Ich kann auch nur in einer großen Stadt leben, wo es Gesellschaften, Theater und Juden giebt, mehr um zu wissen, daß es da ist, als es zu genießen. Dort findet Harscher Musik und Gemälde, und wenn alles reißt, so ist es von dort in die weite Welt nicht weiter, als von Tübingen. Dorthin zu gehen, ist mein fester Entschluß, ich hoffe alle Hindernisse zu übersteigen, und verlasse mich gewiß nicht! Dein Ausdruck! Jetzt das Beste, liebe, o liebe Rahel! ich habe ja nicht für die Medizin allein kombinirt, auf Dich habe ich gerechnet, Deine Gegenwart scheint mir so sonnig auf diesen Weg, der ohne Dich nächtlich und kalt ist! Komme nach Wien mit dem ersten Frühjahr, und lebe dort den Sommer! Dahin findet sich immer Gelegenheit, der Aufenthalt ist reizend, und auch von da ist leicht überall hinzugehen. Wenn ich auch nur den Sommer dort bleiben kann, so bleibt doch Harscher noch den künftigen Winter dort, oder geht nach Paris vielleicht mit Dir, wir wollen Dich köstliches, nicht und nie genug erkanntes Himmelskind pflegen und hegen, wie wir beide in uns den Beruf fühlen, Priester zu sein dem Schönen und Menschlichen! In Paris seh' ich Dich wohl wieder, mein Leben kann nicht ruhig an Einem Orte vergehen, es war bisher zu wild, zu schicksalsvoll! Aber warum auch so weit hinaus sorgen? Deine Zukunft sagst Du, liebe Rahel, sei sechs Monate: komm, verlebe sie in Wien, an meiner Seite, in meiner Liebe, zu meinem einzigen Heil und Trost, und flechte meine Einsicht in Dein Leben hinein, daß es sich aufkläre; durch Dich, und vielleicht mit Dir, muß ich noch viele Veränderungen erleben, das sagt mir meine Ahndung! Gott! welch' ein orgueil für mich, wenn ich der erste, obwohl schwache unansehnliche Eingang wäre, zu dem Garten, worin es endlich Dir nach Würdigkeit ergehen soll, wo Dir Verehrung und Liebe und Verständniß aufblühen sollen! In Wien, oder in Prag, worüber die Reise führt, findest Du noch wohl gar Deinen Freund Gentz ich will mich freuen Dir Besseres aufzufinden, als ich bin, nur das könnte mich in Verzweiflung stürzen, Dich von Unliebe, Unverständniß unerkannt geopfert zu sehen! Bilde Du nun aus den Plan, den ich ersonnen, sehe alle Vortheile und beseitige durch Deine ungemeine Klugheit die Hindernisse. Nimm auch nicht die Unwerthen zu bündig, sei rüstig und frei für Dich und mich; es ist die größte Belohnung darin, auszuführen was man wünscht, ich habe das an meiner Reise nach Leipzig für das ganze Leben gesehen! Ich wäre nach Berlin zurückgekehrt, wenn das nicht meine Reise verdoppelte, und ich vielleicht die einfache nur mühsam ausführe. Auch könnte ich wirklich nur mit schwerem Herzen im kommenden Sommer die Charité wieder besuchen, und wir würden weinen, nicht anderswo, sondern wieder im Thiergarten, den Sommer zuzubringen, unter den alten, widerwärtig gewordenen Gesichtern. Wenigstens die Abende sind wir immer beisammen, geliebte Kleine! Du Tigerin und Circe! ich fürchte mich nicht mehr vor Dir! — Ich bin ordentlich wie krank, mag nicht essen, fühle mein Sein nicht klar, sondern dumpf: das vergesse nicht, theure Rahel, wenn Dir dieser Brief an manchen Stellen nicht lieb werden will, ich bin so innig gerührt von Dir, aber es bleibt im Herzen! — Ich habe auch hier in Tübingen, und es jammerte mich recht, daß es hier solches giebt, Deinen hellleuchtenden Stern, den Jupiter, glänzend in seinem blauen Meere schwimmen sehen, und es war mir, als müßt' ich in ihm wie in einem Spiegel Dein holdseliges Gesicht erblicken, während eine Scheidewand von Bergen zwischen uns, nichts aber zwischen dem Stern und Dir steht. — Eine Ahndung davon war in mir aufgestiegen, Du müssest krank sein, doch gesellte sich ihr eine Thörin von Ahndung, Du wärest auf dem Wege hieher, und ich wußte nicht mehr, welcher glauben. Ich hatte keinen Brief von Dir vorgefunden, wie mich das geschmerzt hat! Ich bitte Dich, ja nicht mit der fahrenden Post zu schreiben, es dauert noch einmal so lange, und ich bin so sehnsüchtig! Jetzt ist auch Eile nöthig wegen der Reise nach Wien. Du bist doch jetzt wieder wohl? Deine Beschreibung des Fiebers überzeugt mich von seiner Gefahrlosigkeit, und Doktor Böhm's Behandlung gefällt mir sehr. Aber Du arme Kleine hast doch viel gelitten! Wie freut mich Dein Brief! Innig erquickend ist er, ich habe erst nach seinem Empfang den muthigen Entschluß gefaßt. Deine Worte über Galmy sind mir so lieb, ich habe von je mit großer Liebe an dem Buche gehangen, ich glaubte einst, es würde eine ganz andere Bedeutung für mich gewinnen! Dein Gefallen soll Fouqué'n auch erfreuen, ich schrieb's ihm. Von Diderot kenne ich nur zwei Erzählungen, „les deux amis", und das „Testament", die gewiß sehr schön sind, es ist lange her daß ich sie gelesen, aber ich weiß noch genug davon, um zu sehen, wie sein Geist Dir ein muthiger, unlenkbarer Knabe sein muß. — Bringe die Briefe von Gentz und Louis doch mit nach Wien, ich sag' es nicht aus Habsucht, ich lasse sie Dir gern, mein Verlangen geht nur auf Deine, die möcht' ich alle besitzen, meiner Priestertreue mir bewußt, die anderen nur lesen! — Deine ganze seelengute Lieblichkeit spricht in dem Worte zu mir: „mit einem wartenden Kinde", wie Du mir von Deiner kleinen Fanny erzählst, mit der Du, kränklich noch, schon um 5 Uhr in die Komödie gingst. — Deine Mutter erkenn' ich wieder in allem, was Du von ihr sagst, Du schreibst alles sehr klar, was vorgeht. Für die guten Anekdoten aber, hier diese als Gegengeschenk! Ich sagte Harscher, ich müsse Dir schreiben ob's gut sei hieher zu kommen, „schreib ihr um Gotteswillen, es wäre hier so schlecht, daß sie noch dreißig Meilen hinter Berlin ziehen möge, um destoweniger zu riskiren, nach Tübingen zu gerathen". Hier ist ein junger Dichter, Namens Luwig Uhland, von dem hie und da Gedichte gedruckt stehen, über die so wie über sein Gemüth ich kein Urtheil habe, er sieht aber sehr plump aus, läßt den Mund offen stehen, und macht zum Ersatz, wenn er redet, die Augen etwas zu. Von diesem aber will ich nichts erzählen, sondern von seinem Großvater, der hier vor kurzem in hohem kindischem Alter lebte. Wie dieser einmal im Bette lag, und schlief, machte ihm einer zum Scherze Sporen an; der Alte, erwachend am Morgen, und Sporen an den Füßen fühlend, sagte sehr unwillig: „Der nachlässige Bediente hat mir die Stiefel ausgezogen, und die Sporen vergessen." — Er war über ein Stipendium gesetzt, das aber nur Studenten von einem gewissen Alter gegeben wurde; einem der noch zu jung war, und ihn darum sollicitirte, sagte er endlich mit großen Vorwürfen: „Nun so machen Sie doch, daß sie älter werden!" — Dieses Stipendium brachte die jungen Leute unter seine Aufsicht, eines Abends, als er revidiren wollte, hörte er vor der Thüre im Zimmer seine Stimme, mit deren Nachahmung sich einige ergötzten, da rief er draußen verwundert zu sich selbst: „bin ich denn schon drinne?" — Das sind meine Geschichten! — Meine Gedichte waren wie in Dresden, so auch hier in Tübingen, nicht unbekannt, Conz, ein Professor hier, hat den Almanach eigen, und ihn herum geliehen. Ist das nicht zum Erstaunen? Grüße Chamisso und Neumann herzlich, ich schicke ersterem ein paar Worte. Sage Rebecka'n und ihren Schwestern viel Schönes von mir, besonders Julien, die so vortrefflich ist! Das sind nur Judenmädchen, ich wünsche Glück dazu! — Eine Neuigkeit! Man sagt Goethe schreibe einen Roman, der mit dem „Wilhelm Meister" in Verbindung stehen werde, da wird ihn unser Roman ärgern, der hoffentlich bald wird fertig gedruckt sein. Aergere Du Dich nur nicht, geliebte Rahel; wenn ich Goethe spräche, wollt' ich's ihm wohl ausreden. Lebe wohl, geliebtes inniges Wesen, sei meiner eingedenk, und behalte den Muth, den Du mir gegeben hast! Harscher grüßt Dich herzlich! Lebe wohl, und komme nach Wien! Ueber diesen Vorsatz, meinen, sage noch nichts, bis ich ihn ausgeführt, oder doch des Geldes gewiß bin, außer Chamisso und Neumann, aber auch diese sollen schweigen. Adieu denn, ich muß wohl aufhören! In inniger Liebe ewig Dein

Varnhagen.

Kannst Du mir Adressen nach Wien geben, so thu's doch! Mir ist etwas besser nach dem Kaffee, der hier unumgänglich mit gebrannten Mohrrüben gemacht wird! — Ein göttlicher Sonnenblick liegt vor mir auf einem Theile der Stadt. — Lebe wohl! Dein! —

Daß nur ja dieser Brief nicht in fremde Hände kommt! —

Ich habe Dir von Baireuth am 24. Oktober, von Nürnberg am 28sten geschrieben.

Ich habe den Brief wieder aufgemacht, weil er erst morgen weggeht. Meine Sehnsucht ist gestiegen, mein Schmerz liegt unter ihr, und hebt sie mit jedem Schwellen in die Höhe. Liebe, gute Rahel! kömmst Du denn nach Wien? oder werd' ich dort im Elend verwaiset sein? Elend hieß bei den Alten Ausland, ich bin wohl nirgends daheim, als bei Dir, theure Süße! zum wenigsten im Arm eines Weibes! — Der Ludwig Uhland von dem ich früher nach meiner Art schrieb, ist mir seit heute durch viele Gedichte, die ich zu Gesichte bekommen, sehr würdig, und tief, aber deswegen doch nicht zu meinem Umgang. Was sagst Du zu dieser Stelle:

„Sie war der Glanz meiner Jugendtage; des Morgens
„Morgenstern, des Abends Abendroth. Ein Kuß von ihr!
„ein Abschiedskuß! Und sind wir uns nicht bestimmt für's
„Leben, so mögen wir uns doch bestimmt sein für einen
„Kuß. Und drängt sich in einem solchen Kuß nicht eines
„Lebens Lust und Schmerz?"

Harscher meinte, sie müßte Dir gefallen. Der Mensch geht nach Paris, vielleicht nimmt er sich dort auch äußerlich etwas auf. Jean Paul sagt sehr gut, eine Reise nach Paris, die vor 20 Jahren nur einem Fürsten offen und zukömmlich war, sei jetzt nur eine Studentenausflucht am Ende der Universität. — Ich bin sehr mißbehaglich; weder Schlaf noch Eßlust will sich einstellen, und der Kopf ist mir ganz störrig! und am meisten ängstigt mich das heftige Verlangen, den Kopf klar zu haben! Ich seufze nach einem guten Ereigniß, aber die Menschen müssen sich ordentlich vereinigen, um sich wechselweise solche herbeizuführen, man sollte einen Orden dazu stiften, die Gefälligkeit der Franzosen ist ein sehr ausgedehnter Versuch dazu im Kleinen! —

Wenn Du nach Wien kommst, geliebte Rahel, und Berlin auf längere Zeit verlässest, so verbrenne nur ja keine Briefe! Hat Deine Familie keine von Dir aus der frühesten Zeit? Gott wie lebenerregend sind Deine Briefe, sie sind mein bester Trost, wie wäre es mit mir, wenn ich ohne diesen Schatz hier wäre, Goethe kommt mir oft etwas dünn dagegen vor!

Den Brief an Chamisso magst Du lesen!

Den Brief an Gentz besorg' ich sobald ich kann, was, hoff' ich, bald sein wird!

An Varnhagen in Tübingen.

Montag, den 14. November 1808.

Ich weiß ja schon alles und darf es Dir nicht sagen: es sähe ja aus, als ob ich Dich drängen wollte. Und selbst unsere Korrespondenz müßte aufhören. Doch lüge ich nicht. Denn warum sollte ich in meiner Armuth meinem Herzen, meiner Seele nicht freien Lauf lassen: ich bin ja frei; was versäume ich; was habe ich zu verlieren. Immer nur mein ganzes Ich, welches ich vergeblich reiche; ja auch vergeblich, wenn man's fordert: fordert, wie Du es thatest. „Ich betrog Dich doch", sagtest Du in Leipzig vor dem Thore. „Ich wußt' es ja", antwortete ich. Und was soll ich auch antworten. Es ist als ob einem ein Diener ein köstliches Geräthe, ein Kunstwerk von einem Freunde zum Liebesgeschenk, zerschlagen hat: man spricht, und es bleibt entzwei! Erinnerst Du Dich, es war den Tag, als wir in den Garten gingen, wo das Glockenspiel ist. Ich weinte dort sehr. Auch sagte ich Dir: Vergiß den Tag nicht, wo wir in Richter's Garten waren, daran will ich was anknüpfen! Du frugst mich auch nicht weiter. Du wußtest das Leid: und ich fühlte es. Nachher weißt Du wohl alles was wir noch thaten, es war der letzte Sonntag. Du sahst, ich konnte lieben, genießen, vergnügt sein. Den Morgen hatte ich Dein Journal aus Dresden gelesen. Gabst Du mir das mit Bedacht? Ich muß es denken. Glaube nicht, Lieber, daß ich noch den Gedanken habe, der sonst, unlängst sogar! meine höchste Religion war, und dem ich um mein Leben nicht ungetreu geworden wäre: andere Frauen zu schonen! In offenbaren Krieg könnte ich mich mit ihnen setzen: und auch in heimlichen: jeder sehe, was er erringen und gewinnen kann; sie mit ihren verwickelten Verhältnissen, — Folge, unumgängliche, einer unreinen Seele, eines dunklen Kopfes, und keines muthigen immer edlen Herzens. Die, solche schone ich nicht mehr: es hälfe ihnen auch nicht einmal. Ich ehre sie nicht, und ich bin tausendmal besser. Rein, und ehrlich komme ich jedesmal; eben so, und arm und gekränkt muß ich gehen. Ich erkenne keine Parallele mehr an! Aber wenn ich auch jung wäre; ich würde Dich alsdann gewiß nicht verlassen haben: ganz eigenmächtig; Deiner Verhältnisse gar nicht gedenkend; aber es befällt mich eine andere Angst; wenn ich denke, Du bist mit mir, bei mir, und hegst das Bedürfniß, den Wunsch in Dir, noch von der Welt auf allen Seiten zu kosten. Krieg, Wissenschaften, Gesellschaften, Reisen, alles muß Dich anziehen, fordern, Menschenverkehr; und Du hieltest Dich dann für gebunden. Ich überlebte es nicht! Für gebunden, nicht, weil Du mich nicht verlassen willst, aber weil Du nicht wissen würdest, was ich indeß wählen soll. Ich vermag es nicht auszusprechen, worin der Unterschied liegt in uns Beiden, daß für mich auch die Welt in ihrer ganzen Bewegung da ist, und daß ich doch von meinem Herzen so beschränkt und befriedigt, beruhigt sein kann: Du nicht. Nicht weil Du ein Mann bist: es beschränken sich die Thätigsten in der Art, und gerade die. Du aber erstickt est, unterwürfest Du Dich einer solchen Lage, man hemmte Deinen eigentlichen Lebenspuls. Wie ich, wenn eine Pflicht mich verschlänge, daß ich die Herzensneigung verbergen müßte. So ist's. Schlimm! Unterdeß sprudelt unsere Anhänglichkeit für einander, unsere Einsicht über uns — gegenseitig —, unsere Würdigung, in Liebe in unseren Briefen: und wir lügen. Soll ich drein schlagen, und den zarten Rest, was die Götter nicht versagten, auch verheeren? Ich schreib's hier nieder, damit Du erfahrest, daß ich mich nicht betrog; daß ich mir das selbst bürge; und daß meine mörderische Einsicht doch meine Liebe zu Dir nicht mordete, sondern wieder nur auf mein Herz einschlug, wie immer! Dies drückt mich, dies! Und es ist zu bewundern, daß ich Dir so schreiben konnte! O! Gott! Könnte ich, dürfte ich doch nur Einmal in ungebundener Liebe sprechen! zu einem Menschen, den ich nicht zu verlieren gedächte! Ach, wie einfach wären meine Worte, mein Thun dann! Heftig, leidenschaftlich, uneben, hält man mich jetzt! Ja wohl! wen Gott umhertreibt, kann der sich halten! und lieblich sein? Ach ich vergehe vor Schmerz!

Und doch könnt' ich mich fassen und was anderes wählen; eine andere Verbindung: wenn wieder ein Mensch mein Herz locken könnte: ich lüge nicht! Aber nie wird Lockung und Segen zusammenkommen. Drum lass' ich's so: und lüge halb; mit Dir. Und doch brauchte ich nichts, als Dich. Zweifle, wenn Du es wagst! —

Anmerk. Der Brief wurde in ein kleines Reisebuch vom Jahre 1808 eingeschrieben, und nicht abgeschickt.

An Varnhagen in Tübingen.

Freitag früh um 10 Uhr, den 18. November 1808.

Gestern Abend habe ich den Sigurd gelesen, den mir Chamisso gestern Morgen brachte; es that mir in der Seele leid, daß ich Dir nicht, als ich die Hälfte und Dreiviertel davon gelesen hatte, gleich schrieb! Lange, lange nicht hat mir etwas so gefallen! So schön kam es mir vor, so fest, so eigen, so ächt, so still ersonnen, frisch mit Gesundheit ausgeführt; so wenig Ueberflüssiges gesagt darin: zusammenhängend und neu, von einem neuen Menschen endlich glücklich gefertigt. Indem ich's las, freut' ich mich immer schon des Lobes, und Deiner Freude und Zufriedenheit, welches ich Dir aus vollem Herzen spenden würde. Seine Runen kamen mir bis in den innersten Sinn, mit ihren Reden; und die erste Geliebte Sigurd's, die da nichts traut, und das Ganze; wie ich nur Lady Macbeth, und Einmal Juden die lange Nacht habe weinen sehen, so mußt' ich das Buch weglegen, und Schleusen eröffneten sich innen, laut reden und ächzen mußt' ich dabei. Aufgelöst und geschlossen schien mir ganz klar auch mein Leben; — es that mir gut endlich! — und das Ganze so schön! Du kennst meinen Haß gegen jede andere als die olympische Mythologie, gegen nordische Sagen, Runen und dergleichen, und die neue Hoffnung auf die alten Nebelgötter. Alles das that mir nichts: und Dein lieber Freund, der liebe Fouqué, traf richtig mein doch unbefangenes Gemüth! Aber seit Sigurd's Tod, und noch etwas früher, ist das ganze Gedicht nicht mehr hübsch. Wie stirbt er langsam: und nicht mehr wie er: und welche lange Unterhaltung mit der Frau! Am Ende wird ihm alles zur Rune — Fouqué'n — beide Frauen Sigurd's, die Brüder, alles! Alle weissagen, und das Interesse, das Menschliche, ist ganz begossen mit trübem wankenden Runenspiel. Mich dünkt, wenn man solche Wesen, wie Runen, Hexen oder dergleichen, aufführen soll, so muß ihr Thun, und ihre Zwecke uns undeutlich, unklar bleiben: aber das Handlen der Menschen, die sie bezwingen, müßte uns immer, unter ihrer Gewalt, auch ganz ohne sie, vernehmlich und verständlich bleiben. So ist's im Macbeth, und in ähnlichen schönen Werken. Ich weiß nicht, ob er hier alten Geschichten gefolgt ist: aber er hätte es nicht thun sollen. Wunderschön hat er die Wirkung des Tranks dargestellt! Aber Sigurd wird nachher nie wieder Sigurd! Der sollte lange hin und her sprechen und handlen? der nicht einen Betrug durchschneiden? Was bindet ihn oder seine Ehre? Die zweite Frau liebte er ja nur aus Krankheit! Das, und wie er seinem Mörder das Schwert nachwirft, ist sehr schön. Seine Frau war so schön gezeichnet; warum wird die zuletzt auch eine Rune? und grämt sich nicht simpel: das war ja wunderschön, daß sie nicht im Palast bleiben wollte, wider der Brüder Vermuthen, und daß sie im Anfang nicht weinte! Und die edle Heldin Brynhildis muß auch noch so viel Wirrwarr reden! Die Mutter Grimhildis müßte nicht so abgehen; die müßte noch toll werden, oder noch Gräuel mit eigner Hand verüben. Der Vater ist gut geschildert. Aber Sigurd ist zuletzt am schlechtesten und nicht zum Kennen. Sehr schön ist es, daß Brynhildis die Runen hört, wie ihr Sigurd den Ring giebt! Der Mensch hört manchmal einen Gedanken in sich rauschen; er kann ihn nicht verstehen; wie in eine tiefere Fluth verliert er sich wieder, man thut was man angefangen hat; und das Ende kommt über uns! Das ist göttlich, wenn Grimhildis zur Tochter sagt: „Ich hab' Dich schon mehrmals gewarnt, mein Kind, sprich nicht so trübe Worte. Worte zwar sind leichte Luft, doch aus dem Menschengeist, dem hochgewaltigen, schaffenden, gehaucht, faßt sich ihr Leben sichtbar zur Gestaltung, trifft schwer oft auf die Brust, der es entsprang"; wie sehr schön: und daß Grimhildis es sagt! man kennt sein ganzes Leben wie es kommen muß: und dann muß man's doch mal sagen: und dann kommt's. Wie hat er mit himmlischer Galanterie die erste Liebe des Sigurd ausgedrückt! Dies ist eine andere, als die Orosmanen und die französischen Herren bis jetzt redeten! jedes Wort ist eine Herzensbezauberung! und ihre Antworten! und der himmlische Abschied! wie er sich vor sie hinstellen muß: sie weiß alles. Das Vorspiel ist durchaus schön! ganz hochartig ist der Abschied der Mutter, Hiordysa. „Und schöß'st Du auch noch einmal als ein Nordschein durch diese Hallen hin — es bleibt nicht fest. Die Mutter giebt ihr Antheil weinend auf!" So wollte Schiller sein; wenn er eine Mutter vorhatte, und an antike Dichter, Werke und Menschen dachte. Bei Fouqué kam's. Und was sie denn allein sagt! „Zur Kammer zurück." Welche Schönheit! Angebetet hätte ich Fouqué'n, hätte er bleiben können, wie in diesem Vorspiel. Wie der größte edelste Held, ist es selbst: mit so wenig Aeußerungen zeigt es so Schönes, Tüchtiges, Großes, Liebewürdiges! Seine Zueignung an Fichte war mir ein Fest! aber auch da läuft mir eine mißfällige Ader durch; die massive Hoffnung auf diese verwitterte Gedichte! dies linder, leichter berührt; und man hätte eine Seligkeit an dem braven lieben Kerl erlebt! Himmlische Worte hat er drin gebraucht! „Verkrüppeltes Gebild ausländ'scher Sitte, fremder Tauglichkeit", und recht wie ein Meister endigt er, der Brave. O! er macht gewiß noch herrliche Sachen. Wäre nur Sigurd's Ende schön! Du siehst, ich mache als ob Du das Gedicht geschrieben hättest! Du kennst mich, wenn ein Buch schön ist. Und ich erwartete es gar nicht! Noch dazu, als ich Chamisso fragte, sagte er so ungewiß und schwer: ihm gefiele es — gefiele es? — mir würde es der Sagen wegen nicht gefallen. Kurz, er war lange nicht so sicher, als ich's jetzt bin. Du freust Dich wohl recht? antworte mir, Knautsche! Und sag' mir auch, was Harscher sagt. Und sehr ausführlich, was Du meinst.

Vorgestern habe ich den ganzen Tag nicht gelesen noch geschrieben, um meine Nerven in Ruhe kommen zu lassen: gestern Morgen auch nicht: heute will ich auch nur dies schreiben. Liebes Menschelchen! Ich muß mich doch ein bischen grämen, wenn ich morgen wieder keinen Brief habe. Dann sind es vierzehn Tage. Ja ja! der Schreck war recht, als Du sagtest, Du würdest reisen. Still aber! nicht wieder so! —

Morgen früh um halb 12 habe ich zum erstenmal meinen italiänischen Meister Montucci. Vorgestern Abend hatte die

Gute ihre Nachbarn, alte gute Geheimeraths-Leute, die wohlhabend sind: ihre Schwestern, und Raimond. Gestern war sie allein, und weinte; ich war wieder so atroce, daß es mich nicht rührte; ich hatte Dreiviertel Sigurd gelesen, und andere Saiten aufgezogen: das eine Viertel las ich noch vor dem zu Bette gehen. Aber auch träumen that ich süß davon. Ich fand in meinem Zimmer, wo mehr Betten waren, als meines, eine große Puppe in einem; von welcher ich bloß wußte, daß ich sie seit fünf oder sechs Jahren verwahren sollte, aber schlechterdings nicht für wen: das sagte ich auch Chamisso, der bei mir war, und danach fragte: mit einemmale geht er an's Bette, und sagt: „Das ist ja eine Leiche": ich gehe erschrocken hin, und sage: „Sie sehen ja die Maske überm Gesicht, es ist eine Puppe!" — „Ja, über dem Gesicht, erwiedert er, aber die Hände und der Leib!" Es war wahr, ich sah die Leichenhände. Ekel, nicht Furcht, ergriff mich — ich fühlt' ihn den ganzen Morgen krankhaft, — ich sah nicht wieder hin: und große Besorgniß wegen Polizei und Gefängniß ergriff mich: diese Vorstellung war über der Deutlichkeit eines Traumes; ich äußerte sie gegen Chamisso, mit der Angst, daß ich mich schlechterdings nicht besinnen könne, wie ich zu der Puppe komme, und nur wisse, daß ich sie von einer Frau, die ich viel gekannt habe, zur Verwahrung habe, — wie Sigurd. Chamisso rieth mir, sie wegzuschaffen; und ich sagte ohne Gewissens- oder Gespensterangst zu Linen: da wir uns nun nicht besinnen können, mußt Du sie in den Ofen stecken und verbrennen. Der Ekel blieb mir, in anderen verwirrten Träumen, und auch jetzt. Wie dumm! Adieu. Morgen mehr! Ach hätte ich doch ein Wort von Dir! Tausend und tausenderlei Gedanken muß ich denken! nicht wegen Deinem nicht schreiben. Wegen Dir, und mir; und unserer Trennung, und unserem Leben. Adieu!

12 Uhr Abends.

Ich kann gar nicht viel lesen oder schreiben, so steigt mir das Blut nach dem Kopf. Diese Wendung hat nun der Rheumatism genommen. Ich war bei Mama, aß spät, schlief, las in Rivarol, Du mußt's auch lesen: über Dante, dessen Hölle er übersetzt hat. Sieh es nur durch: er erzählt des Dante Leben vorher; und spricht sehr deutlich über das Gedicht selbst und dessen Entstehung. Selten ist so etwas klar, wenigstens für mich. Er hat recht viel Einsicht drüber; und über seine Sprache, die französische. Jetzt muß ich Dir aber gewissermaßen die schlechteste Stelle aus seiner Vorrede zitiren, weil Du ein Buch danach — man hat doch gewiß öffentliche Bibliotheken in Tübingen — suchen sollst, welches nicht bitter sein muß. Er sagt, die, welche das Original verstünden, würden noch fragen, warum man nicht Wort vor Wort übersetzt habe rc. Nun fährt er fort: „Nous renvoyons ces personnes à une traduction du Dante qui fut faite et rimée sous Henri IV par un abbé Grangier. Les tournures de phrase y sont copiées avec tant de fidélité, et les mots calqués si littéralement, que cette traduction est un peu plus difficile à entendre que le Dante même, et peut donner d'agréables tortures aux amateurs." Ich bitte Dich, nur nicht zu glauben, daß Rivarol nichts vom Dante wissen kann; lies ihn drüber, und Du wirst Dich wundern. Denke auch nicht, daß ich aus Faulheit Dir auftrage, den Abbé Grangier durchzusehen; ich denke bloß, Du wirst ihn besser verstehen und beurtheilen wegen des Lateinischen: und daß es Dir lieb sein kann, weil ich über Dante's Zeit und ihre Anekdoten viel Aufschluß in ihm vermuthe, und die Uebersetzung schön. Ich will ihn mir von unserer Bibliothek auch einmal durch Chamisso geben lassen. Jetzt nur kann ich so viel nicht lesen. Und noch dazu soll es mit dem Italiänischen los gehen. Heute las ich in Rivarol, und weil ich nicht weiter konnte, ging ich gegen 9 mit den Kindern hinunter: aber auch da hatte ich wieder die Dummheit zu lesen, bis mir das Blut nur so summte: es thut's bald jetzt. Morgen habe ich die Stunde, esse bei Mama, und um halb 5 muß der Brief auf die Post; da wird's auch nicht mehr viel werden. Lebe wohl, Lieber. Ach! ich wäre recht fleißig, wenn meine Gesundheit darin fest wäre. Das kann ich auch nicht! Adieu, Lieber, alter kleiner Junge!

Sonnabend, den 19. Vormittag.

Ich erwarte Montucci. Fürchterlich habe ich geschlafen, gewacht und geträumt heute Nacht: ein Traum verfolgt mich: Robert ist immer verwundet, und blutet sich todt. Im Schlaf entwickelt sich all mein Rheumatism; und ich kann gar vor Irritation nicht schlafen; erwache ich, so habe ich Schmerzen in den Kopfknochen; mir dringt Schweiß aus, oder theilweise wird mir der Körper kalt wie Marmor, so daß ich die Stellen mit den Händen halte. Es kommt gewiß auch mit daher, weil ich

Abends allein bin, und weder so herumgehen, noch mich ohne Nachtheil beschäftigen kann: Du weißt, 11 Uhr ist bei mir noch früh: und um diese Stunde bin ich immer allein. Aber erkältet habe ich mich doch; ich weiß den Tag: ich ging Abends zur Guten, und mein Hut ging mir auf, flog mir ein wenig vom Kopf. Du kennst den perfiden Gendarmenmarkt mit seiner Ecke. Es war vor meinem Fieber. Wenn ich nur einen Brief von Dir bekomme! Schreibst Du aus Schreibeangst nicht? das denk' ich am meisten: oder hat man mir einen Brief weggenommen, weil Du etwas Mißfälliges schriebst? Die Regierungen sind jetzt sehr scharf: ich bitte Dich, störe unseren schriftlichen Umgang nicht durch ein solches Wort! mir zu Liebe! es ängstigt mich überhaupt. Da klingelt mein Meister! Nachher noch ein Wort. Ich schreibe Dir immer so überaus schlecht; Ausdruck, Handschrift, alles. Ich kann mir gar keine Zeit nehmen; und bei Dir am wenigsten, nicht einmal eine Phrase zu ordnen: indem ich sehe, daß sie schlecht ist, und es viel besser weiß, lass' ich sie stehen. Ich muß es doch einmal sagen; damit Du weißt, daß ich es weiß. Auch sind meine Nerven jetzt, und mein Bangen sehr schuld. Schon das Federführen kostet mich, und irritirt mich, wie es ein Anderer gar nicht glaubt. Ich hatte ja schon halbe Jahre, wo ich gar nicht schreiben konnte: und jetzt soll es meines ganzen Lebens Labung sein! und — Du Armer — wird eine Klage. — Es war mein Meister nicht, wie Du siehst. Wenn ich nur einen Brief von Dir bekäme! Antworten könnte ich nun heute nicht mehr. Auch dröhnt es mir mehr noch als die Tage; das Schreiben. Gestern, als ich von Mama, die verhaßte Jägerstraße doch durch, wie vom Teufel getrieben, nach einer Ueberlegung ging, und kaum von Mama'ens Platz umlenkte, kam ein Einspännerchen vom Gendarmenmarkt, mit einer Frau und einem Mann, dessen Pferd ausriß, die Zäume vorn überm Pferd, kein Vorübergehender konnte es halten, und so, wie rasend um die Jägerecke nach Mama'ens Platz; ich seh' nichts mehr, höre ein Geschrei und einen Ruck. Leute, die die Ecke herum kamen, sagen, das Rad sei entzwei, und der Mann unter dem Wagen; ich ging an einen bekannten Laden, weil ich mich schwinden fühlte; alle Menschen waren rausgestürzt; nach einer Weile tritt ein Unbekannter vor unseren Laden, und sagt mir, vermuthlich meiner Blässe wegen: „Die Füße sind ganz; ich habe das Pferd an der Schleusenbrücke selbst halten helfen; sie sind gerettet.“ Ich dankte dem Manne. Es war wahr. Dies machte mich ziemlich krank gestern: seit dem Schreck bei Mama will mein Körper gar keinen annehmen; und ist doch so empfänglich dafür. Eklige tournure! so was kenne ich. Die Frau auf dem Wagen sah so roth, gespannt und verzerrt, und stier nach dem Pferde, wie ich's schon oft auf großen Bildern gesehen habe, in Schlachtstücken, und für übertrieben hielt. Die Straße war, um halb 4, ganz leer beinah, und das Pferd wie auf einer Bahn: das Ganze sah doch gut aus. Ich weiß gar nicht, wie man bei solchem Saisissement das sehen kann? Und beides ist wahr. —

Es ist kein Brief gekommen! Ich muß diesen abschicken: es ist halb 4, ich muß ein wenig schlafen. Dies ist mein sechster Brief nach Tübingen: ich schreibe es immer auf. Adieu, Lieber, sehr Lieber! Adieu! —

An Rahel.

Tübingen, Sonnabend, den 19. November 1808.

Nun sind alle Briefe schon unterwegs, die ich geschrieben habe, um meine Lage zu ändern, ich bin gelassen, aber zugleich, wie nach einer letzten Anstrengung, ermattet. Unnützer sind die Tage geworden, und getrennter meine Seele von all dem Frischen, was ich gewohnt war, und was sich noch in der Thätigkeit entscheidenden Schreibens zuletzt gezeigt hatte. Ich schreibe jetzt nur um zu schreiben, weil Du nicht so lange ohne Brief von mir sein darfst. Deinen 3ten Brief, den kleingeschriebenen großen, bekam ich zwei Tage nach dem Abgang des meinigen, zugleich mit Briefen von Chamisso und Fouqué, die ich zuerst las, und ganz langsam und bedächtig, und auch dann, als ich diese beendigt, griff ich noch nicht nach dem von Dir, er blieb wohl eine Viertelstunde vor mir liegen; die Dämmerung hat wohl einige Schuld dabei, aber ich war ihr darum nicht böse. Die tiefste Innigkeit war in mir wach geworden, liebe Rahel! sie schwebte mir in der Brust wie in Kreisen herum, in sich selbst zurückkehrend, daher die Stille; daß der Brief da lag, war mir Befriedigung, erst spät flog ein Streifen ab, und auswärts, und ich mußte anfangen zu lesen. Da ich Deinen Lippen nahe war, brauchte ich Dich nicht immer zu küssen, Deine Augen, mir immer offen, ließen mich frei, noch viel anderes zu sehen, und doch war ja Dein Kuß, Dein Blick mir Seligkeit! Das ist nur Leben, Freudigkeit, was gegenwärtig ist, das heftigste Fortschreiten wird in die Gewalt der Ruhe gebracht; jene innerste Freudigkeit, als ich Deinen Brief bei mir wußte, und noch um nichts befragte, war solch ein Fünkchen der großen strahlenden Sonne der Gegenwart, die jetzt wieder längst in mir von den dichtesten Wolken umhüllt ist, völlige Nacht! Hier habe ich auch eine Gegenwart, — ein schmaler schwindelnder Steg zwischen den ungeheuren Klüften und Abgründen der Vergangenheit und der Zukunft, und sie kann zu einem Faden werden, ja zuletzt nur zu einer Gränze zwischen den anderen, also nichts — aber das ist das Leben großer Geister und schöner, daß ihnen die Gegenwart zunimmt auf beiden Seiten, stark wird durch unwiderstehliches an sich reißen der Zukunft und Vergangenheit, was so weit gehen kann, daß sie, die vorher nur Moment war, als ganzes Leben dasteht, die Vergangenheit vor die Geburt, die Zukunft hinter den Tod fällt. Je schöner, freudiger das Leben, desto mehr nimmt seine Theilbarkeit ab, alles bleibt größer — mit Dir, geliebte Rahel, wäre ich niemals auf jenen schmalen Steg gekommen, meine Gegenwart wäre ein schönes, weites Land, mit Berg und Thal und Wald, und alle Ströme aus der Vergangenheit kommend müßten schon gleich an der entlegenen Gränze die Oberherrschaft der Gegenwart erkennen, und des sie repräsentirenden königlichen Moments — — ich weiß nicht, ob ein Mensch verstehen kann, was ich sagen will, und hier mit Ungeschick und Angst niederschreibe; ich möchte gern noch vieles über die Zeit und das Leben in ihr sagen, ich fühle Gedanken in mir, aber es will sich nichts ordnen, wie unsinnig stoßen sie sich gedrängt an der Thüre, und hindern einer den anderen sie aufzumachen. Vergieb, liebe, theure Rahel! jemand anders schrieb ich gar nichts von der Art, an Dich durft' ich's versuchen, Du siehst wenigstens die Unordnung drin, und in der ist das Meiste von mir zu sehen. Harscher meint auch, was einer nur schreiben könne aus sich, müsse auf irgend eine Art sich doch verstehen lassen. Mein Kopf ist entsetzlich schwer, ich glaube ich könnte mich am Ende an diesen Aufenthalt gewöhnen, jeder Tag bereitet einen auf den anderen vor, und die hier verlebten haben mich schon so ergriffen, daß ich gar keinen lebhaften Schmerz, dem ersten gleich, mehr empfinden kann. Das macht mich schaudern, aber es ist ganz wahr, ich fühle mich unsäglich öde, arm und dumpf, recht dünnen Geistes, wie gemacht für solche trübe Augen, erdfarben eingefallene Wangen, und die Müdigkeit in allen Gliedern! Meine Natur ist wie umgeschlagen, ich kann nicht einschlafen, und dann reichen drei Stunden dieses traumdurchwühlten Schlafs nicht hin, um die Wirkung Einer gesunden Schlafs zu ersetzen. Den Tag über bin ich müde und verdrossen, zum Gehen träge, zum Lesen oft zu müde. Meine Brust leidet jetzt gar nicht, sie war vor einigen Tagen nicht ganz gut, ich hatte einen unangenehmen Auswurf; durch einen Absud von Cascarilla, den ich mir verschrieb, hat sich alles gleich gegeben. Dies schreib' ich Dir, weil Du's verlangst, liebe Rahel! — Ich gehe fast gar nicht aus, als zu Tische; besuchen kann man hier niemand, auch Cotta nicht; das Wetter ist selten günstig, und die Gegend, der man es noch ansieht, wie reizend sie im Sommer sein muß, ist überaus trübe, einen melancholischen Anstrich soll sie sogar in der schönsten Jahreszeit haben, und es giebt nirgends einen Ort, wo man guten Kaffee bekommen könnte. Die Studenten sind sehr kläglich, kein freies Regen, keine Jovialität, und doch Ungezogenheit! Feige sind sie auch, wenn nicht gerade vor der Degenspitze, und Pistole, was man nicht wissen kann, weil's nicht vorkommt, doch vor den Gesetzen, denen sie gram sind, aber sich demüthig unterwerfen. Ihr Fleiß ist zum Lachen; einer, sonst ein lieber, guter sinnvoller Mensch, sagte mir neulich, er habe sich ein Gewissen draus gemacht neben seinen medizinischen Büchern noch Gedichte zu lesen, und daher sei ihm zum Beispiel der „Wilhelm Meister" noch unbekannt; aber daran dachte er nicht, das Lesen solcher Bücher auf den Abend zu verlegen, den er regelmäßig im Wirthshaus zubringt, seinen Schoppen Wein zu trinken, wie hier allgemein Sitte ist. Da that ein Hallenser ganz andere Stückchen, im Fleiße sowohl, wie im Jubeln. Die Theologen sind vollends wie die Fliegen; sie wohnen alle, oder doch meistens, in einem Kloster unter strenger Aufsicht, und zu gewissen Stunden sieht man sie ungeheuer häufig auf den Straßen in ihrer vorschriftsmäßigen schwarzen Kleidung, mit seidenen Strümpfen und Schuhen im größten Koth, und mit dreieckigen Hüten. Diese Theologen machen den dritten Theil der hiesigen Studenten aus, und mehr, so daß kaum 200 freie übrig bleiben, meistens Inländer und Schweizer, die sich nicht vortheilhaft auszeichnen, von der infamen Raçe größtentheils, die hoffnungsvolle Jünglinge heißen. — Es bleiben nur die gemeinen Leute übrig, mit denen man umgehen kann, unerschöpflichen Witz, wunderlichen Humor, gute Fröhlichkeit und frohe Gutmüthigkeit findet man unter dem Volke, und ich darf vermuthen auch bürgerliche Tugenden; alles trinkt Wein; wenn auch oft so schlechten, daß ihn unser einer für Essig nähme, er wirkt doch auf eigene Art, und die Leute haben nicht diesen Ingrimm über ihren Zustand, den man bei armen Leuten so oft findet. Aber es ist kein schöner Schlag Menschen, ihre Lustigkeit ist auf die Dauer langweilig, oder man müßte selber unbefangen und schon sonst fröhlich unter sie kommen. — Dienstag, am 15ten, war hier Markt, bei unserem Speisewirth große Gesellschaft, fast lauter Jäger und Förster, schöne, ruhige, erfahrene Leute, gescheut und sicher, dabei mild und freundlich. Wir saßen unter ihnen bei Tisch, mein Nachbar zeichnete sich besonders aus, war früher Wachtmeister in österreichischen Diensten, und trug ein Ehrenband auf dem grünen Rock, sein Hut war ganz durchlöchert, ein Wilddieb hatte nach ihm geschossen, als er im Wald herumstrich. Er erzählte die Sache ganz einfach, die Anderen hörten und sprachen verständig um ihn her, es kamen auch andere Geschichten vor, von Füchsen, die Menschen und Schafe angefallen und dergleichen. Mein Nachbar war schon öfters von Wilddieben geschossen worden, ich erschrak über die Infamie, daß diese braven Leute verpflichtet sind, den Wilddieben aufzupassen, wobei sie hundertmal ihr Leben wagen, nicht einmal zuerst schießen dürfen, wenn der Wilddieb auch sie angreifen will, und daß dennoch dieser, wenn er ergriffen wird, nur um 10 Gulden gestraft wird, wie unverhältnißmäßig! es ist empörend! Damit wir recht in der Jägerei lebten, fügte es sich, daß ein Bauer einen ungeheuren Adler, der in der Gegend war geschossen worden, hereinbrachte, und vorzeigte, ein schönes, kräftiges Thier, die ausgebreiteten Flügel gaben eine Breite von sieben Fuß, die Augen waren noch nicht ganz erstorben, denn vor einer halben Stunde hatte er noch gelebt. Es war ein schöner Anblick, ich freute mich sehr! — Ach liebe Rahel! nicht wahr, wenn Du dabei gewesen wärst? Du liebst Jäger, wie alles wirkliche, auf ein rechtes Werk gerichtete. Ich dachte unaufhörlich an Dich, ich hätte Dir in die Arme fallen, mein Herz an Deine Seite drücken mögen! Liebe, liebe Rahel! Kopfschmerzen bekomme ich, wenn ich so angestrengt denke, wie es wäre, wenn ich Dich bei mir hätte, Du sprudelnder Lebensquell, und ruhiger Wasserspiegel! Wenn ich bisweilen denke, Du kämest nicht nach Wien, so seh' ich auch dort nur ein größeres Tübingen, ach! ein verlorenes, zerquältes Leben! Du kommst gewiß! Könnt' ich nur schon jetzt wagen, was später doch geschehen muß, ein ungebundenes, dem Wunsche folgendes Leben zu führen mit Dir! Aber es liegt noch viel verworren, wovon die Enden, bei denen es zu lösen ist, erst durch die Zukunft gebracht werden. — Ich schreibe viel an meiner Novelle, die noch hier fertig werden soll; ich kann nicht recht fort mit der Feder, und doch gewährt sie mir die einzigen guten Augenblicke; wenn ich sie nur erst ergriffen habe, aber dazu fehlt mir oft der Muth. Die Novelle wird viel Gutes haben, ist aber sehr ungleich, da der Anfang schon über ein halbes Jahr alt ist, und ich ihn nicht neu schreiben könnte. Sage mir ein Wort über die früheren Gedichte aus Dresden, das eine Sonett ist glaub' ich gut, die anderen wenig sagend, ich höre Tadel lieber als Lob, denn er hilft mir das Lob gewinnen, wonach ich eigentlich trachte, und was noch weit entfernt liegt. — Der „Wilhelm Meister" begleitet mich zu Bette, der Homer empfängt mich wieder beim Aufstehen, was dazwischen liegt, sowohl auf der Tag= wie auf der Nachtseite, ist dumpf und traurig, selten erhellt. Der „Meister" entzündet mich mehr als je, ich dringe mehr in das Einzelne, und gewinne einen freieren Blick über die kunstreiche Komposition. Die erste Hälfte ist mir am liebsten, und wunderbar! auch bei der „Ilias". Wie schön und tief ist es, daß Aurelie in ihrer Erzählung immer unterbrochen wird, im Gange der Begebenheit schon ist ihr innerster Zustand abgebildet, und ist es nicht so, daß um bestimmte Gemüthsarten sich ganze Gattungen von Begebenheiten versammeln, die bei anderen nie vorkommen? es ist, als wollten sie ordentlich zuhören, weil für sie etwas gesagt wird. Darum geschehen echten, edlen Menschen fast niemals Infamieen, zum Beispiel Prügel, oder fürchterliche Krankheiten, die den Leib schänden! — Der Roman fängt nicht mit dem Helden an, sondern mit seiner Geliebten, und auch die sehen wir erst im Spiegel der Alten. Wilhelm wird uns immer der interessanteste sein, denn die anderen Personen sind unserem Erkennen nahe, er unserem Herzen, wir wissen mit Marianen und der Alten das Verhältniß zu Norberg, sie sind mit uns, stehen an unserer Seite, und alles bezieht sich auf den Nichtwissenden, Wilhelm, um sich sind sie nur verlegen seinetwillen. Und dann, nachdem uns der Glückliche in den süßesten Umarmungen gezeigt worden, eilt der Dichter ihn auf das menschlichste, treueste Verhältniß zu führen, er stellt ihn der ehrenfesten, verständigen Mutter gegenüber, gleichsam die Wurzel seines Lebens wird aufgedeckt, und nachdem die Kinderzeit berührt worden, ist uns Wilhelms ganzer Karakter vollständig und auf immer erkannt, an ihm können wir nie mehr irre werden, er braucht jetzt nur in die Welt hinausgestoßen zu werden, er ist für uns fertig. Mehrere kleine Züge in der Jugendgeschichte sind zum Entzücken; und doch ist dieser Anfang, man muß es gestehen, weit entfernt von der späteren Meisterschaft der Prosa unseres Dichters, die Mäßigkeit ist nicht immer ohne Unruhe. Warum verzweifelt einer, wie ich, nicht, wenn er diesen Dichter liest, und doch selber schreibt? Ich glaube, ich verzweifelte, wenn ich ihm näher stünde, man muß auf der Höhe sein, um sich in die Tiefe zu stürzen. Ich schreibe und dichte, lacht nicht, auch mir ist's Ernst! — Ich fühle aber doch, daß ich etwas verzweifeln könnte, nur nicht grade des Schreibens wegen, sondern ganz im Allgemeinen. Du siehst, geliebte Rahel, Deine Lobsprüche machen mich wohl stolz, aber nicht übermüthig; wäre ich bei Dir! Ich möchte Dich umschlingen, mit Dir, an Deiner Seite, immer sein, an Deinem Herzen liegen, und dagegen muß das, was mich sonst überglücklich machte, Dein Lob, wie eine arme Gabe erscheinen, hinreichend kaum so lange davon zu leben, als Zeit erfordert wird, wieder um ein fristendes Almosen zu bitten. — Sieh! daß meine Haare wieder gewachsen sind, und Deine Hand sie nicht wieder schneidet, nach Deinem Sinne, das betrübt mich so niederschlagend! Deine Lieblichkeit bedarf doch Deines Geistes nicht ganz, wie meine Liebe nicht des meinigen, es ist nur ein dunkler Zusammenhang da, und mir hebt alles von Deiner Lieblichkeit an, wie Dir billig von meiner Liebe; weil der Zusammenhang so dunkel ist, kannst Du auch Dich hingeben mit Deinen unermeßlichen Schätzen an den armen Jungen! Liebe, herrliche Rahel! — Durch Deine Briefe seh' ich ganz genau, Du Theure, Dein jetziges Leben, es ist mir keine ängstigende Lücke, ich sehe Dein Aufstehen, Dein Frühstücken, Dein Ausblicken nach dem Wetter, Deine Gänge, und Gespräche, auch Deine gereizte Gesundheit, denn Kränklichkeit kann es nicht heißen, sehe ich genau, und das ist mir so lieb, so tröstlich, daß ich ordentlich meinen Schmerz anknüpfen kann an befreundete Szenen, da er sonst ganz unselig in der Weite umherschweifen müßte. Wenn das Tröstung ist! möchte man sagen, aber freilich ist es eine, wie die Thränen, es ist die Sanftmuth des Schmerzes. — Könnte ich Dir nur antworten, auf alles was Du sagst, Dir sagen, wie es mich gefreut hat, wie ich kein Wort übersehen! Aber ich weiß nicht wohin mit allem, ich habe Dir immer so viel Neues zu schreiben, und Deine Worte machten mich ja auch im Gespräche so oft verstummen, weil sie erschöpfend sind. Ueber Jean Paul dank' ich Dir herzlich Deine Ausführlichkeit, Du hast Deine Natur gegen ihn gerettet, und ich möchte es ihm schicken, so bündig und antwortlos, wie wenn man gegen einen Verstorbenen schreibt, man darf ihm keine Gegenregung mehr zutrauen und zumuthen, es muß daher auch so gesagt werden, daß man sie nicht vermißt, das hast Du gethan; was Du über seine Furcht vor dem Neuen sagst, und das Verderben, das ihm entsteht, wenn er sich um anderes bekümmert, als um sich selbst, müßte ihm eine wahre Erlösung sein, wenn er es erführe, und dran glauben wollte, was doch möglich wäre. — Noch muß ich hier einige Worte hersetzen, damit sie dastehen für die Zukunft: ich will weissagen, und prophezeihen, daß Richter's Sohn Maximilian ein großer Feldherr werden wird. Ich habe dies erst gestern, als ich an den Knaben dachte, gesehen, es war mit einemmale mir klar. Es wäre auch nicht übel an der Zeit, daß unsere großen Männer mitunter was anderes würden, als Gelehrte, zum Beispiel Könige, oder doch Minister, wenn jenes zu schwer fiele. Mich erquicken im tiefsten Herzen die neuen preußischen Einrichtungen, die Erhebung des Volks, und seine Beachtung. Freust Du Dich noch so an den Spaniern? Der Marquez de la Romana soll ja die Franzosen auf's Haupt geschlagen haben! Die Zeitungen sagen es anders, man hat hier im Lande aber noch andere Quellen, der Bibliothekar des Erbprinzen, Namens Rehfues, reist gegenwärtig auf des Prinzen Kosten in Spanien, und von ihm sollen alle Nachrichten sein, die in der Allgemeinen Zeitung stehen. Ich wollte, wir hätten Nachrichten von Bribes, ich habe hier sehr oft mit Liebe an ihn gedacht. — Wie geht es denn der guten Frohberg mit Briefen? fehlt ihr, der armen Leidenden, auch noch dieser Trost? Ich hoffe, ihre Gesundheit wird fester, und ich grüße sie von Herzen! — Julie ist wahrhaftig die größte Meisterin in Wortspielen; und das in ganz unerhörten, neuen Kombinationen, es thut mir herzlich leid, daß ich so arm bin, keine Probe meines hiesigen Witzes ihr zusenden zu können! — Chamisso wird wahrscheinlich, wenn Du es erlaubst, liebe Rahel, den Herrn Alexander von der Marwitz zu Dir führen, dem Harscher dieser Tage schreiben will deshalb, er fühlt zu tief, was er verloren hat, um nicht seinem Freunde diese Reue ersparen zu wollen. Ich möchte Dir wohl vieles schreiben, über die noch ungeübte Geselligkeit, die noch zugeschlossenen Sinne desselben, aber das wirst Du am besten sehen, und das Meiste an ihm sind seine Tugenden. Sei etwas gütiger gegen ihn als gegen Harscher, es geziemt Dir der Meisterin ja doch mehr als ihm, den Anderen zum Heraustreten seines Geistes zu zwingen. — Ich weiß nicht, wie so mir heute das Schreiben, auch das mechanische, so schwer wird! Ich schreibe Dir so kleine Briefe gegen die Deinigen! Mit Schrecken jedesmal nehm' ich das letzte Blatt in die Hand, weil es das letzte ist, und weinen möcht' ich, so oft ich einen Brief von Dir ausgelesen habe. Liebe Rahel, was soll aus mir werden? wenn ich noch lange von Dir getrennt bin, versiegt mir alle Fähigkeit zur Freude! Ich mag Dir auch nicht gern mehr schreiben, habe genug mit Dir korrespondirt, meine Gedanken schrumpfen ein, der Kopf wird mir leer. Lebe wohl, geliebte, theure Rahel! Ich sehne mich zu Dir, ja wohl zu Dir! Ich schreibe Dir bald wieder, denn die Antwort auf meinen letzten Brief möchte zu lange ausbleiben! Lebe wohl! ich küsse Dich! Denke an unsere Verabredung, und werde, wie ich auch schreibe, nicht irre an mir. Ich liebe Dich! Sei fröhlich und gesund! Ewig Dein

Varnhagen.

Harscher hat sich verspätet, er geht erst am Donnerstag nach Basel.

Deinen Brief vom 30sten Oktober und folgenden Tagen bekam ich am 14ten November, meiner war am 12ten abgegangen, der erste aus Tübingen an Dich, wenn der nur richtig ankömmt! Lebe wohl, Süße!

An Varnhagen in Tübingen.

Dienstag Abend um halb 5, den 22. November 1808.

Diese Minute habe ich Deinen Brief aus Tübingen vom 12. November ausgelesen. Dieser muß auf die Post. Jetzt gleich. Thaten, Thaten, nicht mehr Worte! So zeige sich, so lebe meine Liebe für Dich, so belebe sie mich; dich! Heute Nacht war ich tödtlich krank, Rheumatism auf den Nerven. Böhm half mir mit einem Löffel Medizin, die ich noch nehme, das kommt nicht zur Sache jetzt! Entschuldigt nur die wenigen Zeilen. Robert und Herr von Drieberg reisen in vierzehn Tagen nach Wien. Wäre nichts weiter, ging' ich mit denen. Warten sie wider Vermuthen länger, und ich bin steingesund, so suche ich noch mitzureisen. Im Frühling aber komme ich auf Ehre. Du weißt, daß nach diesen Worten nur der Tod oder Krieg mich abhält. Ich wollte ohnedies, siegt der Held der Zeit, nach Paris; wo nicht, nach Wien. Du bist mein theurer Geliebter, mit Dir leb' ich; Dir folg' ich, wo ich kann. (Nur nicht nach Hamburg. Darüber künftig. Die erste Zeit gehört mir; und überall fang' ich an, mich, und keinen Anderen, nicht immer Andere! zu erkennen.) Auch folgte ich Dir, wäre es nur Dein Wunsch. Giebt es höheres Glück, als: einen Wunsch, so ausgedrückt, so gefühlt, zu erfüllen! O! wir Wahnsinnigen, Harscher, Du und ich; wären wir doch von hier aus nach Wien gegangen. Ich hoffe, der bessert sich; und besucht künftig die, die Du liebst: und auch ich will mich bessern, und die Du liebst, demüthig bitten! — Du kannst Dir denken, wie mich Harscher's Beifall freut! Seit ich Dich kenne, bin ich ganz ordentlich und komplet stolz. Was weiß er denn aber so Gutes von mir? Ich weiß wohl, daß ich ein charmantes Mädchen bin, wenn man mich recht und lange kennt. Bedenke nur, wie mir der viele stumpfe Tadel that: und dann der gute Rath! Varnhagen, ich war recht krank, konnte mich noch nicht regen. Aber Dein Liebesbrief hat mich geheilt: ich wollte Hanne zum Diktiren holen lassen: sie war noch nicht da: Du hast mich gestärkt, Deine Liebe: ich kann plötzlich schreiben. Aber groß. Gott, Gott! Nicht mehr, wie ich Dich an mein Herz drücke, wie ich Dich in meinem Herzen liebe. Nur kommen, nur kommen. Ich komme. Ich sehe, wie Helden unzärtlich scheinen, nicht sind: die können handlen. Ist es mir doch unmöglich, mein Herz in Worte tropfen zu lassen. Nur kommen. Ich komme nach Wien, und finde meinen geliebten Herzensfreund: und da ist Heimath und Gesundheit. In jedem Sinn. Adieu, die Post geht. Briefe sollst Du haben. Dies ist mein siebenter Brief nach Tübingen. R. L.

An Varnhagen in Tübingen.

Freitag früh, den 25. November 1808.

Du wirfst Dich weinend in meine Arme! Varnhagen, ich küsse Dein Herz, drücke Dich an meines, sehe in Deine Augen und küsse sie. Laß Dir doch von Harscher nicht bange machen! Und erinnere Dich, wie es eigentlich mit uns ist. Unseren lustigen, lieben, kindischen, heitern Umgang: unser Laufen, Essen, Luftgenuß, Jagen nach Vergnügen; unser anspruchs-, plan- und zweckloses Sein. Und wenn es nöthig ist, Deine Drohungen, die Zänke. Vergißt Du denn unser Bestes, daß uns nie einfällt, etwas vorstellen zu wollen! Und was sollt' ich auch vorstellen? wenn eine Guillotine vor mir stände, wüßt' ich nicht zu sagen, was ich bin; hülfreich bin ich und athmend, sonst kann ich mich auf nichts besinnen. Und glaube es mir, mein Freund, nun da ich es sage, ich bin beschämt, wenn es mich auch freut, daß ihr mich so lobt! Nun will ich erst was werden, wo möglich; Dir was sein; Harscher'n, wenn es mir glücken kann! — mich dünkt, das Leben trat nie frisch und freundlich zu ihm; groß, hat er es selbst ausbrüten wollen, — wie sollte es meine Seele befriedigen, Deinem geliebten Freunde Freude und Heiterkeit zu verschaffen, durch mein Schaffen — durch das viele Bewegen und Anregen — mir ist wie Tasso'n mit der Krone auf dem Haupte: „Hebt sie hinweg", sagt er, „und seht auch mein beschämt Gemüth." Lies die Stelle; ich habe sie von je geliebt, und verstanden; und wußte nichts von Glück. Auch Goethe rieth die Folge davon im Gemüth; und mit welcher stillen Pracht, wie herrlich gelungen, durch welche große Veranstaltung, hat er diesen Lebensmoment aufzustellen gewußt, für Wenige; durch das Bild der wirklichen Krone; durch ein Gemüth, als Dichter offenbart. Der liebe Dichter; bei dem alles gediegen wird, zum Weitergeben! Verzeih, Varnhagen, wenn ich Dienstag frug: „Was weiß denn Harscher von mir?" Ich war so krank, so außerordentlich agitirt, es war so dunkel, ich las den Brief zuerst stellenweise, die mich so erschreckt hatten; nun habe ich wieder nachgelesen, daß Du ihm von meinen Briefen an Rebecka lasest, und ihm von mir sprachst. Es muß ja beides gut gewesen sein! und willkommen, sagt meine Seele; halb stolz, halb beschämt und furchtsam. Vergiß aber ja nicht, wenn Du im Verlauf die Briefe liest, und auf

Unverständliches kommst, mich immer zur Rechenschaft zu ziehen und abzufragen! Ich werde jedesmal antworten, sobald ich mich nur der faits erinnere; wie es in meiner Seele vorging, weiß ich immer. —

Mein theurer Freund! ich bin mit Eins geheilt, seit Dienstag; seit ich weiß, daß ich Dich (wenigstens zum Sommer) wiedersehe. Mit allem, was mich umgiebt, versöhnt! Zimmer, Stadt, alles ist mir wieder erträglich; manchmal lieb. Die Worte fehlen mir; scheinen mir überflüssig! Nur Deine entsetzliche Gährung ängstigt mich! Dein Alleinsein in Tübingen; und die Reise durch die dunklen, rauhen, kalten Wintertage. O! wärst Du hier! wie schön könntest Du mit Baron Drieberg und Robert fahren. Sie bitten mich unendlich, mit ihnen zu reisen — Drieberg ein harmloser Mensch; noch kenne ich ihn wenig; er ist natürlich, — sie versprechen sich allerhand Hülfe in Ansehung ihrer Werke und Bekanntschaften von mir. Da Du, Geliebter, dort sein wirst, was könnte mich abhalten, als meine gestörte Gesundheit, mit der ich nicht so in den Winter hineinreisen kann; da der Winter sie nur stört. Ich will nicht weitläufig über sie werden; Böhm hob es gleich, als er's wußte, auch er war wieder krank; ich habe ihn nur zweimal gesehen, gestern wieder nicht; heute kommt er wahrscheinlich, denn er ist aus. Heute will ich nichts thun; ich hab's auch Böhm geschrieben; denn der Rheumatism ist fast weg, aber die Nerven zu gestört, (die beiden Mächte widersprechen sich,) die sollen sich nun erst setzen. Schreiben, Geliebter, wird mir am schwersten! Sei aber ruhig! Nur lege es nicht schief aus, wenn Du meinen Brief nicht so leidenschaftlich und zärtlich findest, als sonst. Die Gewißheit, Dich zu haben, zu sehen, macht es mir unmöglich, mich wie vorhin zu äußern! Auch schreibe ich, um mich zu schonen, nur das Nöthigste! Apropos, man muß sich gewöhnlich Pässe, ohne die aus seinem Orte, von Wien kommen lassen, wenn man dahin will. Willst Du dem Grafen Bombelles ein Wort schreiben? ich will es durch Vetter, seinen Intimen, abgeben und unterstützen lassen. Ich kenne ihn gar nicht. Oder willst Du alles durch Vetter besorgt haben? Schreib' es auch Harscher'n. Sei gut mit Robert!! und mit Drieberg: wer weiß, wie wir die noch brauchen! folge mir, mein Kind! Du findest Koreff in Wien. Bessere ich mich sehr, das heißt bin ich ganz stark, und die warten ein wenig, es ist etwa gefroren und Mondschein, so reise ich doch noch mit ihnen. Mache Dir aber darauf keinen gewissen Staat, denn sonst grämst Du Dich. Robert kann und soll Dich in sehr nützliche und angenehme Häuser führen. Von mir bekömmst Du Briefe an unseren Minister Grafen Finckenstein, wenn Du dies willst; an Fürst von Ligne; Bele-sprit, himmlischer alter Mann, mit einer charmanten Familie; General-Feldzeugmeister; und mein Freund in Prag [Gentz] soll Dich an die ganze Litteratur und den ganzen Adel empfehlen, wenn Du willst. De Ligne liebt mich sehr, und wir sind auch sehr liirt; alles auf französisch. Er hat viel geschrieben: kleine Schriften, Poesieen. Koreff ist ein Pfeiler. Nur bitte ich Dich Eins! reise nicht etwa von Wien, eh' ich hinkommen kann. Denn neulich schrieb ich meiner Schwester, sie müsse machen, daß Mama zum Sommer zu ihr käme; ich wolle sie bringen. Ich dachte von dort aus nach Paris zu gehen, und da mir nichts gelingt, noch je gelungen war, endlich im Waldgenuß mit Pauline zu leben. Campan hat mir wieder dringend geschrieben, und mich seiner Einsamkeit versichert. Dich wieder zu sehen hatte ich keine Hoffnung. Nun kann ich's sagen. Auf diesen Brief hatte meine Schwester noch nicht geantwortet; vorgestern kam aber ein Brief von ihr an uns Alle; daß ihr Mann erster Kommis nach dem Minister beim bureau du culte (geistliches Departement bei uns) mit einer Besoldung von dreitausend und fünfhundert Gulden geworden wäre; Entree bei Hofe und die Erlaubniß, weiter als Advokat zu praktiziren. Sie sind übrigens ganz wohlhabend. Meiner Schwester Schwiegervater ist auch Rechtsgelehrter, und hat den Auftrag, mit noch Zweien, ein Gesetzbuch beim Könige einzureichen. Also Ehre und Geld. Mama hat nun gesagt, sie wolle im Frühling gewiß auf ein Jahr hin. Mich geht das nichts an, wenn wir in Wien sein wollen! aber Du mußt dort sein! Sei nicht böse, Varnini! Eigentlich bist Du doch mit Harscher nach Tübingen ziemlich in's Blinde hinein: er hatte Recht, er war seiner Heimath nah, und der schlimmste Fall war der, er reist dahin, wie es nun geschieht, Du aber, aus Lust und Liebe, sitzest in dem Neste; und er hat weder Mittel noch Wege, Dich mitzunehmen oder wegzuschaffen. Behalte Muth, Lieber! mit uns Beiden soll es ewig anders sein! Wir schaffen einander fort. Nie sprach ich über Deine Pläne, weil ich nicht offen sprechen konnte, Deiner Hamburger Verhältnisse wegen, die mir immer mißfielen, — verzeih meine

Kürze hier! ich bin zu erschöpft, das Blut wogt mir so nach dem Kopf! — aber weil ich dazwischen mit meinen Wünschen stand, ziemte mir nur Schweigen. Du hast nun aber alles von selbst ausgesprochen; und es bleibt mir nur „Ja" zu sagen, „Du hast Recht! so fand ich's längst." Das Ganze war unreife Jugend von Deiner Seite; wäre, verjährt, zur Lüge, für Dich unerträgliche, geworden. Sei ruhig über Dein Schwanken; so äußert sich es nur: nur so, wenn Du Dich fest machen willst; wo Licht nicht Dein innerstes Wesen anzieht. Ich habe geschwiegen, als ich mich von Dir zu trennen glaubte: und werde wieder schweigen, wenn Du Dich zu Trennung, welche es sei, gezogen fühlst. Alle edle Menschen gedeihen nur frei: Du aber würdest, auch unedel, frei sein müssen. Ueber Fanny ein andermal; dies, was meinem Geiste von ihr vorsteht.

Am wichtigsten ist das, was Du mir schreibst: daß Du durch gutes Glück und Praxis in Hamburg grade am ärgsten gebunden sein würdest. Sonst schien es Dein Glück; und da war ich auch zufrieden. Ich hätte mir Waldglück gesucht. Nun ist es anders: und ich brauche der Worte nicht mehr. Nimm aber noch einmal, und für ewig, die Versicherung, daß Du mit mir immer, und jedesmal frei bist, und bleibst. Dein Sehnen, Deine Liebe zu mir, kann mich nur beglücken; ein Band, was Dich hält, nie, nie! Ein Vogel auf Deinem Zweig bist Du bei mir; ewig wählst Du andere. Kurz, Du kannst Dich nicht freier wollen, als ich Dich will. Sei vergnügt! Junger Mensch! Lebe, und fürchte Dich nicht; und treibe was Dir gefällt in den Wissenschaften. In der Lebensaufführung: in den Mittlen zu den Plänen, folge mir ein wenig! Ich werde erfahren, ob ich Dir die sechs Louis mit der Post oder durch eine Assignation besser schicke; und morgen noch ein Wort hierüber hinzufügen. Adieu. (Jetzt war Böhm in Gesprächen dreiviertel Stunden bei mir; und geht mit den Worten: „Unthätig bleiben ist jetzt das, was zu thun ist: verstehen Sie?") Er hat mir nichts als Limonade — in einem Quart drei Löffel weißen Wein — verordnet, und auch die Bäder eingestellt. Er fand mich schreibend, und zürnte, als mein Blut oben, der Kopf steif. Ich sagte, es seien Geschäfte, und machte ihn sehr gut: er blieb ja auch! Auch sind es Geschäfte; sei nicht böse, daß es nur Geschäfte sind. Aber diese lieben Geschäfte! führen uns zusammen: wenn ich Dich sehen werde! Jetzt habe ich wieder zu allem Geduld. Du auch? Liebling! Millionen Dank für Deinen Liebesbrief und die Gedichte. Das kleine, mit dem Fädchen! Lieber! denk' Dir! die paar Worte von mir, die Du Fouqué'n schickst, gefielen mir überaus, und kamen mir gar nicht vor wie von mir: es macht Deine liebe Hand!

Neulich kam Julchen ganz erkältet von der Singakademie in Hundewetter zur Schwester: „Da haben wir eine Todtenhymne für Madam Loos — auch ein gewesenes Mitglied — singen müssen, sagt sie; dummes Zeug! wenn ich todt bin, kräht kein académicien nach!" Gestern sprachen wir, die Gute, Raimond, Nettchen und ich, von Rüsen und Lügen: plötzlich verfällt Nette in ihren Ton, und sagt, mit dem Kopf in den Schoß gesenkt, ungeschickt matt-traurig und halb laut: „Wenn es doch keine Lügen gäbe!" ich dachte schon, wie es dann auch keine Wahrheit gäbe; und dergleichen; aber die Frohberg sagte eben so schnell, und mit einem himmlisch verzweifelten ironischen Ton: „Dann? würde die Wahrheit schaden!" — Adieu, Liebling! bis morgen. Böhm, und das Ausruhen, haben mir gut gethan. Adieu! Grüß Harscher auch recht ausführlich von mir.

Sonnabend früh, den 26. November.

Liebling! Die sechs armen Friedrichsd'or sind auf der Post, — sie kommen mit der fahrenden; dieser Brief geht diesen Abend mit der reitenden, — und gehen noch diesen Morgen zu Dir. Ich habe vorgezogen, nach eingezogenen Erkundigungen, Dir sie auf diesem Wege zu schicken: mit Banquiers kostet es auch etwas, und unsere Namen laufen in ihren Komptoiren umher, mit dieser Lumperei! Geliebter Varnhagen, wär' ich doch reich; oder nur reicher! Von Dir bin ich nun überzeugt; zu sehr Geliebter! Prinz! Du lieber Prinz! Laß Dir noch Eins sagen! Vor Deinem Dienstag'schen Brief: als ich noch keine Hoffnung und Idee hatte Dich wiederzusehen: freut' ich mich doch in der Seele, daß, da Du mich gewünscht, begehrt, nach mir gegriffen hattest, daß Du mich so vollkommen erlangt hattest. Ein in Erfüllung gegangenes Wünschen ist wie Sonnenzauber; so hell, so fruchtbar, so in's Unendliche sich weiter gebährend, wenn er nicht auf taube Blüthen fällt; ich bin so durchdrungen davon, als vom reichsten Wirken der Natur, in lebendigen Gebilden; worüber sich auch nichts sagen läßt, als

Vergleiche, die sie schwächen, weil wir es nur empfinden, und nichts Aehnliches nachzubilden vermögen! Du griffst nach mir: Du liebtest mich zu haben; und der Sommer ist Dir gelungen; es wird mich ewig freuen. Böser Prinz! den ich alsbald so nannte. Verzeih mir, Lieber, daß ich gestern schrieb, Du möchtest in Wien bleiben bis ich komme! Du schreibst ja selbst, Du willst nur hin, wenn ich komme: ich las es wieder nach. Ach! hättest Du nur Wetter. Ich fürchte mich so, daß Du durch den Winter vielleicht — gehen sollst! Jetzt schon scheue ich jeden Regen, jeden Windstoß, jede Finsterniß, die Mond und Sterne bedeckt. Deine Gesundheit! Du wirst allein reisen! Schreibe mir ja, wo ich hinschreiben kann: und schreibe mir immer; Deiner Rahel! Ueber Prag geht's wohl nicht? — Warum wundert sich denn Harscher so, daß ich Dir meine Briefe gab? Das ist ja gar nichts! Er wird noch sehen, wie alles ist. Leicht und gut, natürlich und lustig. Ich will nur noch wenig schreiben; denn Schreiben schadet mir. Apropos! Du mußt, da Du den 12. November erst Einen Brief von mir hattest, viele nicht bekommen haben! Dies ist mein achter nach Tübingen. Immer eben so adressirt als mein erster. Ich will die Datums abschreiben: den 29. Oktober; den 1. November, den 5., den 8., den 15., den 19., den 22.; und heute. Und alle groß. Wo sind sie? — Schreib Harscher'n diese Anekdoten: „Écoutez donc, oh! écoutez", sagte Einer in einer Gluck'schen Oper, „voilà de la douleur antique!" „Pardieu!" antwortete ihm der Andere, „donnez nous du plaisir moderne!" — Frau von Villars, Frau des Marschalls, die in Spanien war, sagte: „Je sens l'ennui en entrant dans un salon espagnol, on pourrait le couper avec un couteau." Und „Quand on a vu l'Espagne, c'est le seul pays où l'on ne voudrait pas bâtir des châteaux." Adieu, Lieber! ich will mich durchaus nicht anstrengen. Hanne hat mir aufgetragen, Dich zu grüßen. Sie hat mir wieder von ihrem Lehrer gesprochen, der so spricht wie Du! Die Frohberg grüßt sehr; und hat Julchen alles bestellt, die ist très-sensible, und freut sich: Mariane war noch nicht dort. Fräulein von Castillon, eine Freundin der Mädchen, schrieb Marianen: „Ich bin außer mir, diesen Abend nicht zu Euch kommen zu können! Ich habe rrrrasende Zahnschmerzen." Mit vierzehn R, mir gefällt das sehr. Mit meiner Gesundheit geht's im Steigen; ich hapere aber doch noch, geh' nicht aus, und kann nicht schreiben. Adieu,

adieu. Ich drücke Dich mit der größten Liebe an Herz und Mund! Deine R. L. Hättest Du nur meine Briefe! Du weißt, was ich auf Minuten halte! — Die Stelle ist auch gut, die mir Harscher anpreisen läßt. —

An Varnhagen in Tübingen.

Montag Abend, bald 7 Uhr, den 28. November 1808.

Nein, nie sehne ich mich mehr nach Dir, als im Mondschein: es ist gar kein Sehnen; es ist als ob Du bei mir wärst, und ich könnte Dich nur nicht fassen. Er scheint jetzt, mit all' seinen Sternen! goldnen und silbernen; sie flimmern wie Grüße. Und ich rede mir nicht aus, daß heute in der Luft nicht etwas Gutes für mich, für uns vorgeht. Ich bin noch gar nicht wohl; und doch vergnügt. Ich habe Deinen Brief. So will ich par excellence den Brief nennen, der mir verspricht, Dich zu sehen! Lieber! Ich kann noch gar nicht gut schreiben: und auch nicht lesen. Neumann brachte mir diesen Morgen Euren Roman „die Versuche und Hindernisse"; und da ich allein war, und es Dein Buch ist, las ich doch ein paar Kapitel; aber das Blut drängt mir zu sehr nach dem Kopf; er wird mir steif, und Nervenzittern beginnt. Ich legt' es weg, um Anfälle, die neue auf Zeit hinaus erregen, abzuschneiden; ging in's andere Zimmer ohne Licht; das kühler war; und da überfiel mich der Mond, und Du: Geliebter! Auch Dein Buch verstehe ich, da ich Dich, Deine Wuth und jede Deiner Regungen kenne, besser: Du bist doch Karl im Anfang; mit der Frau; mit dem Laufen, und mit dem Schlagen! Lieber! Nun höre ich auch auf zu schreiben: ich will durchaus besser sein! Adieu.

Dienstag Morgen, den 29. November.

Lieber Varnhagen, ich werde Dir nur das Nothwendige schreiben: ich will mich absolut schonen! Heute Morgen um halb 6 war ich vor Nervendröhnen und Ohrenzischen noch nicht eingeschlafen: nach zwei Tassen Thee, die ich den Abend trank, und welches seit fünf Abenden das Einzige war, was mir die Nerven in Gleichgewicht brachte, wurde mir so. Nun trank ich diesen Morgen Kaffee, der mir anders nicht bekommt. Da aber die Sonne hell scheint, und die Luft rein ist, und mein

Körper ein Bedürfniß darnach hat, will ich mit einemmale ausgehen.

Erstlich also! schreibt die Gute — ich lasse es; spräche sie nur nicht ewig davon — ein Buch; ihre Geschichte! — wozu sie das Tagebuch braucht, welches Du hast: ich bitte Dich, schicke es mit der fahrenden Post. Nun Deine Pässe zu Wien! Wenn es nur nicht schadet, daß Du in Düsseldorf geboren bist! verläugne es lieber, wenn es nöthig ist: nenne Dich von Hamburg, oder hier. Dies muß aber auch nicht gefährlich sein. Nun ein paar Anekdoten. D'Alembert kam zu Madame du Deffand und sagte: „Nous avons abattu des forêts de préjugés!" — „Ah! c'est pourquoi vous me faites tant de fagots!" erwiederte sie. — Ein Bischof läßt seinen Arzt holen; und schreit ihm entgegen: „Docteur, je n'y tiens plus, mes douleurs augmentent, je souffre comme un damné!" — „Déjà, Monseigneur?" — Julchen kommt zur Schwester nach einem Thee von einer Madame. Nachdem sie Menschen und Anzüge vorgerechnet hat, sagt Rebecka: „War D. auch da?" — ihr Liebhaber, — „Nein", sagt Julchen, „der kommt nie, wenn Menschen da sind; nur immer allein; aber es spricht niemand mehr davon, weil es schon so lange her ist; und da es der Gatte und Brama erlaubt" — mit einer ehrwürdigen Gebärde. „Da es Brama erlaubt", ist ein großes Komödiantenmotto: aus Axur, glaub' ich. — Adieu, Liebling! Sei ruhig über und für mich. Du bist mein Geliebter: und lies meine letzten Briefe durch, um es zu wissen; heute kann ich nicht schreiben. Und seit Deinem Brief bin ich so froh, daß das größte körperliche Unbehagen mir den schönen Frieden, die liebe Hoffnung, das gesunde Frohsein, nicht aus der Seele nehmen kann! Ging' es Dir, meinem lieben kleinen Jungen, mein geliebtes Kind, doch auch so. „Greife nach dem Glück!" sei nicht verzagt: bilde Dir nicht ein, Du müssest nach einem Brote leben, wie die Anderen; Du bist nicht so! Und Deine Kräfte sind anders gestellt. Genug, Du bist klar über Dich; bist Doktor; kannst auch in der Medizin Dich nach Behagen vervollkommnen; Du hast eine Freundin, die wie ein Freund ist; ich. Bist frei in jeder Art. Und Gelegenheiten, Dich weiter in der Welt zu bringen, finden wir ganz unausbleiblich: und auch Du allein fändest sie. Halte Dich indeß gut zu Koreff, Robert und Herrn von Drieberg. Er ist Komponist. Laß Dich aber auf kein Engagement ein, ohne es mir zu melden.

Vertrau auf Jugend, Leben, Kraft, Deinen ächten Sinn; meine Einsicht. Auf unsere Freundschaft! Ich sage nicht: Liebe; die ist besonders: und hier weniger. Adieu! ich küsse Dich aus ganzer Seele! R. L. Neumann hat mir versprochen, einen Brief an Dich zu bringen.

Ich war aus, Varnhägchen, und es hat mir die Nerven zusammengebracht, und wohlgethan. Unweit meiner Thüre begegnete mir Wilhelm (Neumann), der mir den Brief für Dich gebracht hatte; ich forderte ihn gestern nur in der Idee, daß es Dir wohlfeiler kommen würde, wenn ich ihn klug einlege. Er sagte mir auf der Gasse, er liege bei mir, und zwar offen, auch um ihn nicht dick zu machen; „Ich werde ihn nicht lesen", sagte ich; „Lesen Sie ihn", sagte er. Ich wollte auch nicht, und da er so kleingeschrieben war, gar nicht. Doch fing ich an, und las ihn aus, da er Dich lobte; wie war ich bestürzt, mein Lob zu finden! Von Prinz Wilhelm hätte es mich nicht mehr gewundert. O! es freut mich sehr, wenn Deine Freunde mich goutiren! Ich habe mit Wilhelm alles, was er Dir schreibt über seine Lage, abgesprochen: er wird es nun schon gut machen. Vielleicht finden wir in Wien, wo ich schon Häuser im Sinn habe, etwas für ihn: ich habe ihm das gesagt, aber nicht, daß ich hingehe. Erschrecke Dich über Winzer nicht: er hat sich gewiß nicht umgebracht. Sein Schwiegervater war schon lange unzufrieden mit ihm, er lebte ohne Ueberlegung: zum Beispiel kaufte Gemählde, welches jetzt von Fürsten nur Eine Familie kann. Den hinterlassenen Brief mußte er so einrichten, damit sie ihm nicht auf die Spur kommen; zwei hatte er seiner Frau hinterlassen; einen, den man ihr gleich geben mußte, er würde ihr in eine Abendgesellschaft nicht folgen: einen anderen gab man ihr drei Tage nachher mit der Todesandeutung; drum glaub' ich sie nicht. —

Es ist 3 Uhr, da giebt man mir einen Brief von Dir! Theurer Engel, ich bin erschöpft, ich habe Deinen Liebesbrief gelesen! Ich küsse Dich! Ich komme nach Wien. Wir leben zusammen. Wir sehen zusammen, wir athmen Eine Luft, Ein Thal. Vom 19. November ist der Brief, den ich so eben las. Millionen Dank! Ja, liebe mich ohne Sorge. So lange Du mich liebst, hast Du mich wie ich bin. Und schreib mir nicht mehr, daß Du erst in Zukunft mit mir wirst leben können. Es erschreckt mich! Gleich; und immer; und so lange bis Du etwas anderes bedarfst und wünschest. Liebe Deine Freundin getrost! Mehr Fülle in der Erwiederung findest Du nicht! Hoffe, hoffe! wir richten noch viel zusammen aus! Welch ein „orgueil satisfaisant“ für mich, daß Deine Freunde Dich jetzt so loben. O! sähe Wilhelm erst die Briefe an mich, Du alter Zauberer! dem die Worte stehen müssen, wie er will! Ich werde Herrn von Marwitz gewiß gut aufnehmen. O! Gott, wie leid thut mir das mit Harscher! Blödigkeit war es von mir. Ich mache ihm aber gewiß noch mal Freude! sag' ihm das. Und er soll mir glauben, daß ich blöde war. Ich bin es öfter; dann stell' ich mich schlecht dar. Gewiß! Die kleinen Gedichte habe ich nicht durchgesehen, ich muß essen, ich vergehe; Liebling! Ginge solcher Brief nur nicht zehn Tage! einen von heute vor acht Tagen bekommst Du erst Donnerstag! Drei hast Du erst? Adieu. In Wien, in Wien! Schreibe mir nur immer, wenn auch nur ein Wort! —

Deinen Liebesbrief, ich küsse ihn! Du lieber bester Junge. Die Gute hat ihre alten Mucken. Sie hat einen Brief von Saint-Mars. Ich denke auch mit großer Liebe an Bribes, und küsse Dich ehrlichen Kerl noch besonders dafür, daß Du das thust. Hätte ich ordentliches Geld, so holtest Du mich von hier! Adieu. Ich werde der Guten Deine ehrenden Grüße bestellen. Nun esse ich, der Brief muß weg. Jedesmal wenn ich krank bin, bittet mich Mad. Sander par billet zum Thee. Ich hatte es immer vergessen, wenn ich Dir schrieb; ich werde mal hingehen: ich glaube, sie ist an meiner Krankheit schuld. Wie Iffland an Jena! — Schleiermacher heirathet ganz bestimmt die Wittwe des Predigers von Willich. Und friert Mad. Herz diesen Winter, so ist es, parce qu'elle lui fait grâce du Koppelpelz. Ja!

Nun küss' ich Dir die Lippen, und nun kein Wort mehr! Rahel. Vielleicht, vielleicht auch nicht, Sonnabend!

Dies ist mein neunter Brief nach Tübingen.

Man sprach Julchen von Lapis infernalis; sie sagte gleich: Labes theatralis? —

An Varnhagen in Tübingen.

Mittwoch Abend um 12 Uhr, den 30. November 1808.

Ich will nicht zu Bette gehen, mein vielgeliebter Varnhagen, ohne diesen Brief anzufangen; den ich schon nachmittags anfangen wollte; aber zu frühes Nachtwerden und falscher Kalkül mit dem Lichtanzünden machten, daß ich eher den Doppelroman in die Hände nahm; und viel drin las. Der affaissirte mich; und der Drang Dir zu schreiben, oder vielmehr alles was ich Dir sagen konnte, war zu sehr zurückgedrängt, um es noch bei Lichte und mit meinem bösen Arm zu thun. Mein ganzer Rheumatism ist mir als grober materieller Schmerz endlich in den rechten Arm gezogen nach vieler Unschlüssigkeit, und hin und her Wechslen im Genick, Rücken und so weiter. Mir recht lieb! denn nun habe ich die Nacht geschlafen; war heute Morgen wieder in und nach dem Schneien aus. Hauptsächlich, Geliebter, fing ich des Schnee's wegen noch diesen Abend an zu schreiben. Im Schneewetter lernt' ich Dich kennen! Schnee lag auf der Gasse, als Du mich anredetest: so sehr lieblich und liebenswürdig, auch der Gleichgültigen. Liebes Geschöpf! Von mir wohlerkannter Prinz! Man sollte meinen, es sei ein Jahr her; und es war doch erst im März, dünkt mich, so ungefähr. Mir war das Wetter eine Feier! Ob Du Dich auch dabei an uns erinnren wirst! Theurer, Lieber. Eins muß ich Dir heute noch sagen: wie Du meine Seele gefreut hast. Du hattest „die Närrin von Hoffnung", ich könnte nach Tübingen kommen. Ich weiß, lieblicher Freund, was das heißt, und welche Hoffnungen ich hege! Hör' ich ein Schellen, ohne gleich berechnen zu können, wer es sein muß, so weiß ich, welch ein Blitz von Wahnsinn mir durch's Herz fährt. Das ist Liebe, Varnhagen! Bedürfniß, den Freund unseres Herzens zu sehen! O! wie beseligte mich Deine „Närrin von Hoffnung"! Seit Du in Leipzig warst, ist alles Gute möglich, und gleich dort sagte ich Dir, das ist ein Handschlag von Glück! Und auch erklären läßt sich sein Verfahren. Dein Herz ist zu mir gewandt: und so lange dies ist, kommen wir, und sind wir zusammen. Nun nur noch, was ich heute machte: Vormittag besorgte ich etwas für Dich, und dann ging ich zu Mama, zur Guten und mit ihr spaziren. Dann Essen und Ausruhen; dann Lesen, dreiviertel von Eurem Buche; Klavier zu spielen versucht' ich, aber mein Arm wurde schlimmer: nach 8 kam Wilhelm (Neumann); wir sprachen vieles über Euer Buch; dann kam Markus; dann Mlle. Bauer, dann Robert. Neumann mußte um 10 zu Tische gehen; die anderen Beiden blieben; nach 10 kamen Mad. Frohberg und Mr. Raimond. Diese alle Abende, so lange ich zu Hause bleibe. Den Morgen hatte ich Wilhelm das geschickt, was für ihn in meinem gestrigen Brief gelegen hatte, mit ein paar Zeilen, worin ich gelobte so artig zu sein, als er mich schilderte. — Kinder! mit „Wilhelm Meister" in Eurem Roman — nicht die Ohrfeige, an der bin ich noch nicht — ist's zu arg! Aber, ich war allein, als ich das Blatt las, wo er erschien, und ich wußte es doch schon, und mußte laut lachen und inne halten. Fock's seine Verse sind meisterhaft! Du Kanaille! Was mir mißfiel, weiß Wilhelm: ich bin zu faul dazu. Nun nur noch ein Wort von Julie. Mariane schwindelt mit einem Licht umher, und es fällt ihr ein Wachstropfen auf die Hand. Uf! schreit sie auf; besieht aber die Hand wie es trocknet, und sagt: Sieh Julie! eine Pocke! „Ja! aber wachsinirt!" sagt die gleich. Nun Gutenacht! Verführer auch von Weitem! Auch von Weitem küsse ich Dich aus vollem Herzen; mit der größten Sehnsucht und Verlangen! Adieu, Lieber Lieber! Adieu!

Donnerstag Mittag um halb 1 Uhr, den 1. Dezember.

Ich sollte Dir in diesem Augenblicke gar nicht schreiben! Ich habe über, weit über eine Stunde auf meinen dummen Italiänisch-Meister gewartet, und nun ist er doch nicht gekommen: ich war müssig, und enthielt mir das Schreiben an Dich. Heute sollte meine zweite Stunde sein; ein Meister ist mir so unausstehlich; bis er weg ist, bin ich den ganzen Tag in Angst. Du kennst mich mit Bestimmtem. Jetzt noch fürchte ich, er kann kommen! Sobald ich über die Aussprache sicher bin, Adieu mit ihm! Auch habe ich die Nacht wohl geschlafen, und mein Arm ist besser; aber, obgleich ich in einer beinah nicht geheizten Stube schlief, that mir das wohl der Schweiß, nun aber fühl' ich wieder den Schnupfen, der mir die Nerven trakassirt, und hatte heimliche Uebelkeiten bis jetzt. Ich weiß bestimmt, daß mir der Rheumatism als Schnupfen das Gehirn affizirt. Heute ist auch vernebeltes Schneewetter: und Himmel und unsere Luft ein unentschlossenes Schneegedünst. Für diesen Winter seh' ich dem Schlottern meiner Gesundheit nun entgegen: ich hänge immer mehr vom Wetter ab. Nun aber genug von dem Ekel! und von unseren Angelegenheiten! Ich hab's nun vom Herzen, und Du, lieber Gedanke, wirst mich erheitern! Ich bitte Dich nochmal, Koreff, Robert und Drieberg zu menagiren! Sie mögen Dir vorkommen, wie sie wollen. Gegen Robert hast Du nichts, als daß er mich nicht mehr liebt, ehrt und anerkennt: er thut es nach seinen Kräften, und macht es mit sich selbst nicht besser. Uebrigens will der nur bis zum Sommer in Wien bleiben; und ich spreche nur für Dich; verekle ihn nicht bei Koreff; blieb' er auch länger, so würde er uns nur wie in Berlin, und noch weit weniger hindern. Weil wir's nicht litten. Die drei sollen Dir nützen, will ich. Drieberg ist ganz von Koreff geleitet, aber seines Standes und Vermögens wegen — dies mächtiget — zu gebrauchen. Ich hab' ihn nur dreimal gesehen; auf der Gasse; einen Abend bei mir; eben den, wo ich kränker wurde, Alle um 10 wegschickte, Robert zu Böhm, und ein Billet von Mlle. Bauer geschrieben um 11 zu Böhm, worauf die Arzenei erfolgte, von der Du weißt. Mein Betragen von diesem Abende, wo ich schon litt, und lag, muß Neumann, der auch da war, so gefallen haben. Ich konnte Drieberg à son aise setzen, und die Anderen mit ihm: ich strengte mich an, physisch; da er das erstemal bei mir war. Dann sah ich ihn noch, glaub' ich, den Morgen drauf oder den zweiten Tag, er holte Robert zum Restaurateur von mir ab; da sprachen wir mehr von Musik, ich gab ihm welche durchzusehen: er bat mich mit nach Wien: nun ist er auf dem Lande bei seiner Mutter. Dies ist alles was ich mit ihm habe. Du sollst es wissen, mein Liebling! sonst könntest Du Dir vielleicht seine schleunige Einladung, mit nach Wien zu reisen, nicht erklären. Es kommt von Koreff und Robert, und meiner natürlichen Art, und meiner Musik und meinen Bekanntschaften. Jedoch sagte ich zuerst, ich möchte mit. Es war also wohl wahrscheinlich den zweiten Tag nach meiner üblen Nacht.

Ist es Dir recht und natürlich, den Sommer noch in Wien zu bleiben, so komme ich natürlich, weil ich mir auch nichts Schöneres denken kann, als zu sein wo Du bist! Kommt etwa Harscher Dir nicht nach; oder Du willst früher nach Paris; so reise ich mit Mama nach Holland; und Du holst mich von Amsterdam, oder von Leipzig, wie es Dir näher ist, ab. Da Deine Studien Dich nun nicht mehr stören sollen! nur unser Geld uns einschränkt. Hätte ich nur mäßiges, so machte ich es so: ich ginge mit dem Frühsten nach Teplitz zu meiner Gesundheit; und da holtest Du mich nach Wien oder Paris, wohin Du wolltest. Jetzt ist es so: tausend Thaler werden mir alle Jahr gereicht; zur Reise, es sei nach Paris oder Wien, suche ich zum Frühling in jedem Fall etwas zu bekommen. Mit tausend Thalern kann ich in Wien, wo man mit baarem Gelde reich ist, leben: unsere sieben Groschen gelten dort einen Gulden: und schon wie ich im Oesterreichischen war, konnte man durchaus für einen Gulden haben, was man hier für einen Thaler hatte. Und mir kannst Du glauben! Hier hast Du die ganze Exposition. Das Wesentliche ist die beschränkte Summe; und daß ich mit Dir in Einem Orte leben will. Das Uebrige arrangirst Du nach Willen, Kräften, und Umständen. In Berlin bleib' ich nicht: denn vorigen Sommer schwur ich mit lauter Stimme in den Sonnenhimmel hinein: „Daß, wenn ich künftigen Sommer noch in Berlin bliebe, so solle alles, was mir geschehen sei, recht sein; und Gott soll nie was von mir wissen wollen!" Ich würde mich selbst nicht mehr erkennen, und mit mir weiterleben können; wenn ich solch einen Eid bräche. Die Veranlassungen zu solchem, und die innere Verfassung, in der so etwas geschieht, sind mir der eigentliche Eid; und der laute Schwur das Merkmal davon. Vergiß nicht, daß Koreff sehr gute medizinische und gelehrte Verbindungen in Paris hat. Nun nimm Dir den ganzen Winter zu Ueberlegungen — bloß der äußeren Lage — und Untersuchungen; darnach richten wir uns.

Ja! Varnhagen, eh' Du mir noch entgegenkamst, war es wahr, fühlt' ich, und sagte ich, daß ich nicht mehr allein lieben könnte — verliebt lieben —; Du weißt, wie Deine Liebe mich gewonnen hat: Du weißt aber auch, ob sie sich betrug, wie eine gewonnene! So wie Du mein Herz rührtest, empfand ich Deinen Liebreiz; ja, und oft früher; aber beides kam zusammen! und da war auch keine Bedingung mehr! Du weißt, wie ich mich schämte, als Du mich allein liebtest! (Und noch! dies verschweige ich!) Aber frage Dich selbst, hast Du wohl seitdem einen Augenblick Unzufriedenheit empfunden, daß ich nicht frisch und stark, und immer zärtlich Dich liebe? O nein! Daß es Dir ewig so gehe und so gelinge! wünscht Dir Deine innigste Freundin, Deine Geliebte, ich! Und Du liebst mich wegen meiner Lieblichkeit? Wenn Du, da Du den inneren Zusammenhang meines Wesens erkannt hast, — Ja! Du hast mein schamhaftes Herz in seine Tiefe verfolgt; mein Gemüth hinter der Laune hervorbekommen, die widriges Geschick und gerechter ekler Stolz um es stellten. Und mein Herz sollte Dir nicht entgegen schlagen, und von dieser Art von Liebe gewonnen, gerührt, und glücklich sein? In dem Sinne ist es wahr, was Du sagst, daß Deine Liebe von meiner Lieblichkeit ausgeht; und meine, von Deiner Liebe. Eine Arme, von sich und von der Natur Versteckte zu erkennen, erforderte Deine Gaben: diese erkenne ich; und würde sie auch ohne aufgefor- derte Persönlichkeit lieben! Ich habe mich selbst vor Deinem Brief schon längst, und aufmerksam, und still untersucht: und so ist es. Ich, die lang Verwünschte, Einsame, Mißhandelte, sollte nicht für Liebe zu mir empfänglich sein? Sieh'st Du's ein? Aber darum liebe ich Dich nicht. Liebe von einem Men- schen, den ich nicht mag, macht mich rasend: im Gegentheil! Adieu, Geliebter, Liebenswürdiger! Ich bin schon lange nicht mehr allein! Hanne sang Skala, jetzt ist ihre Mutter da! sie hatten mir schon längst die schicklicheren Worte geraubt! Heute noch, oder morgen, Adieu, Lieber!

Abends gegen 12 Uhr.

Für's Erste, mein geliebter Freund, bitte ich Dich, mir über öffentliche Angelegenheiten nichts zu schreiben; mir zur Liebe! und wenn Du mich achtest: störe unsere Korrespondenz dadurch nicht. Man hat wieder solche Dummheiten gemacht, und solche dumme Briefe geschrieben, daß wohl alle von Neuem wieder aufgemacht werden. Folge mir darin; Du weißt, ich verstehe diesen Gang, aus Erfahrung, die mir von ungefähr wird; Du bist einmal aus dem Lande wo Du her bist, — begnüge Dich damit, in Sprache und Wissenschaft frei zu sein! Sei in Wien in jeder Hinsicht auf diesem Punkte verdoppelt vorsichtig. Ich kann Dir die Neuigkeiten, die mich noch eigenst bestimmen, Dir diese Bitte zu thun, nicht mittheilen: sie sind zu miniatur, und beziehen sich doch auf Hauptgemählde.

Die Zeitungen sind voll der Zufriedenheit und des Dankes der Franzosen gegen unsere Stadt und Nation; und umge- kehrt. Unser Invalidenhaus wurde von ihnen, und ihre Mili- tairpolizei von uns beschenkt; den 5. gehen sie; kurz, wir schei- den von einander wie zwei gebildete Nationen; wir mögen zusammen gekommen sein, wie wir wollen. Sie erwähnen unseren Preußen-Bildner, Friedrich den Zweiten, namentlich. Lies es wo möglich selbst: der Sieger vergißt aber auch in Burgos seine nordische Ueberwundene nicht, und gedenkt derer, die ihm durch ihr Betragen mißfielen, im dritten Bulletin aus dieser Stadt. Sie betragen sich hier beim Abschiede ganz wie

Sieger: aber fest, würdig, gebildet. Lernten das die, die dies nicht verstehen! Prampiren ist wirklich nicht an der Zeit. Hier erwarten wir den König. Die Nationalgarde wird den Soldaten eine Meile entgegen gehen. Vorgestern war des Nationalobersten Jordan Geburtstag, der Generalstab gab ihm ein Diner, wo alle Kapitains, von jeder Kompagnie sechs Gemeine, der Minister Voß — einziger von preußischer Seite im Augenblick, — und unser künftiger schon ernannter Stadtkommandant Graf Chasot, waren. Letzterer hat dem Generalstab der Nationalgarde, und allen Hauptleuten, seit seiner Ernennung die Visite gemacht; und mir scheint es dadurch wahr, was man sagt, daß die Offiziere der Nationalgarden das Port-Epée und den Rang als wirkliche Offiziere bekommen werden. Dies sei Dir genug; und nun muckse nicht! wie man hier sagt. Heute Nacht reist auch Herr Raimond, unser letzter französischer Bekannter. Dem alten d'Houdetot hat die Kaufmannschaft hundert Louisd'or verehrt. Es ist mir sehr lieb, daß der ehrliche, heitere, leidende Mann, der wohlthätige, ein wenig genährt abreist. Mit großem Vergnügen fand ich heute Bribes in Eurem Buche so ähnlich und ehrenvoll bedacht! Sonntag, wenn dieser Brief weg ist, will ich ihm schreiben: er soll wissen, der liebe Kerl, daß wir noch an ihn denken: und herzlich wünschen, ihn wieder zu sehen. Das schreibe ich auch von Dir. Adieu. Mein Alter! Die Augen thun mir etwas weh. Adieu.

Ich war diesen Abend bei der Guten. — Wie habt Ihr nur Wilhelm Meister mit den Ohrfeigen können abreisen lassen! Infam.

Mit dem Worte infam endige ich nicht! Sei nicht böse! hörst Du, Lieber? —

Freitag Morgen, um halb 11 Uhr, den 2. Dezember 1808.

Dieses großen Briefes wegen habe ich starke Lust Dich um Verzeihung zu bitten! Entschuldige ihn damit, daß manches darin steht, was Du wissen sollst; darum schrieb ich ihn schon gleich wieder zu morgen; und hauptsächlich auch, weil ich will, daß er zu Weihnachten schon in Deinen Händen sei. Dies ist für mich, trotz Schleiermacher's Weihnachtsfeier, das einzige Fest im Jahr; weil es noch lebt, und sich wirklich und wahrhaftig auf das Leben bezieht, welches wir selbst noch leben. Dies habe ich mir gar nicht erfunden noch ausgedacht, sondern es dringt sich mir durch seinen eignen Lärm, den es macht, auf. Die ganze Welt will der ganzen Welt Vergnügen machen; und da will ich auch! Seit Hanne und Fanny bei Verstand sind, wird ihnen ordentlich aufgebaut: mit gedecktem Tisch, vielen Wachslichtern, und so vielerlei Geschenken man ihnen nur auftreiben kann; und ordentlich mit Ueberraschung, und Thüre aufreißen: und das noch dies Jahr. Voriges Jahr sehr hübsch. Auch den Domestiken werden ihre Geschenke dabei gelegt, und Kuchen, Früchte, Konfitüren. Es bleibt jedesmal rührend. Voriges Jahr war das so; und dann bei mir, wo ich Robert, Pauline, Bribes, die Kousine und Louis Liman und Mama beschenkte; Pauline mich, Mama, die Kousine und Robert, Robert mich; Bribes im Schreck — er wußte die Sitte nicht — mir ein Etui, das er schon hatte. Wir fuhren nach den Laden umher, und aßen dann sehr gut, mit Champagner. Dies Jahr schenke ich Hanne'n — sie will es, und that Verzicht auf die Ueberraschung — ich lege es doch hin — ein Halsband von Rosenperlen, das sind solche schwarze wie ich trage, und Ohrringe von derselbe Masse; Fanny'n ein weißes Hütchen mit Federn; Line'n schönen Kattun, den ich in Leipzig für mich gekauft hatte; meinem Bedienten, den ich nicht liebe, Geld. Vetter'n, der seit acht Jahren eine Tasse von mir hat (und die Kinder immer aus Leibeskräften beschenkt — sie stricken und häklen dann auch vor Gewalt, diesmal näht ihm Hanne ein Trageband aus, noch trägt er vom vorigen Jahre Pariser von ihrer Arbeit —), wovon ihm der Deckel, der sein ganzer Charme war, zerbrochen ist, lasse ich heimlich einen machen. Dir, Lieblingsfreund, schick' ich einliegendes Päckchen, welches Du nicht eher aufmachst, bei Todesstrafe, als Weihnachtsheiligabend punkto 6 Uhr. Dann ist schon Nacht; und ich denke mit Millionen Liebe und tausend Küssen an Dich! Ich fürchte mich vor der Sehnsucht. Meinen Liebsten habe ich dann nicht! Schwarze Weite, weite Nacht trennt ihn dann von mir! Wir wollen uns aber doch freuen. Sei nur nicht zu neugierig; meine Gabe ist leider gering. Aber die Liebe! Wir lieben sie beide. Du glaubst wohl, mein Knäbchen, ich habe an Deine Haare nicht gedacht, bis Du davon sprachst! Recht! daß es Dir auch leid thut. Laß sie Dir nur eben so schneiden, wie sie waren; nur dreiviertel vom Hinterkopf ganz kurz, und die Seiten; das Uebrige länger wie es war, man kann das sehen. Du hast Recht, die Menschen sollten sich zur Gefälligkeit verbinden: Goethe schlägt's im größeren und im kleineren im „Meister“ vor! Ich dachte schon oft, viele Wohlhabende, Edelgesinnte, wären, ihr Vermögen zusammen gethan, reich. Ihre ganzen Kräfte nämlich. Selten sind sie frei, und die Freien finden sich nicht. Mich dünkt immer, es könnte gehen. Daher auch mein Vorschlag zur Güte mit Koreff und Drieberg; dies nicht so kraß genommen auf ihre Thaler, aber im Ganzen; und für's Erste. Als ich Drieberg zum zweitenmal sah, kam er mir minder hübsch vor: Neumann findet ihn accurat wie ich; er hat einen kleinlichen, für mich störenden, beinah trivialen Zug um den Mund. Seine schwarzen Augen sind freundlich, wenn es Zeit ist; aber unkundig, so auch das ganze Sein. Er macht aber einen gefälligen Eindruck, und würde als Ritter hübsch aussehen und gelobt werden. Du wirst ihn sehen, ich will Dir nicht zu viel vorgreifen. Neumann wollte loslegen; ich war in allem seiner Meinung, besänftigte ihn aber, ohne Dich zu nennen, mit meinen Ansichten über einen jungen edlen kunstliebenden Mann, und wie der da, wo er nicht durch sich selbst erfreut, zu gebrauchen sei, und daß man ihn nicht in den Rachen Schlechterer müsse schlüpfen lassen. Er sah es ein. Folge mir auch ein wenig in der Konduite, Söhnchen! Du weißt, ich kann Dir nichts Niedriges rathen. Vertheidige Deine besseren Meinungen sowohl über Leben als Wissenschaft bis auf's Blut; nur mache nichts persönlich, und ärgere nicht!

Ich habe alles, was mir von Prinz Louis eingefallen ist, und was sein Innerstes schildern kann, und was er nur mir sagte, aufgeschrieben; um es Dir erzählen zu können. Seit ich weiß, daß ich Dich sehen soll, kann ich Dir schlechter und besser schreiben: besser, weil die Briefe, trotz ihrer Vehemenz, bald ohne diese Gewißheit versiegt wären; und schlechter aus Ungeduld! — Wir wollen sehen, wie es mit dem kleinen Maximilian — Jean Paul Richter's Söhnchen — wird. — Morgen habe ich meinen Meister, und setze nur noch ein Wort hierzu. Adieu! Ich ziehe mich an und gehe aus.

Abends, bald 12 Uhr.

Nun muß ich Dir auch ein Bonmot von mir erzählen! Vor einigen Tagen sagte ich in Nettchens und Frau von Boye's Gegenwart, nach einer langen Pause, sehr gelassen und in Gedanken verloren: „Gut sind die Menschen alle, aber sie taugen nichts!" Es fiel mir selbst wie den Anderen und beinah schneller, auf. Ich will Dir auch sagen, wie ich dazu kam. Nette erwähnte wieder einige Exempel meiner Verrufenheit: und da kam Frau von Berg mit vor und ihre Tochter Gräfin Voß; und die Boye erzählte, daß Madam Fichte — ich hatte nach seiner Gesundheit gefragt; er hat Gicht — mich gelobt habe; mit den gehörigen Ausrufungen von „Schade!" Darauf erzählte ich, daß Wolf sich nicht geschämt habe, mich verrucht zu nennen, obgleich er mich nie gesehen habe, noch irgend einen Akt. Nun verlor ich mich in Bemerkungen — vielerlei, und daß er, ein Gesichtsergründer, öffentlich so betitelt und angesehen, besser wissen sollte, was Ergründung sei und zu ihr gehöre; und daß sein Gemüth die Treue hätte aufnehmen müssen, ohne welche man in der Wissenschaft ein Stümper, und ungalant im Leben ist und bleibt; daß ich es mit ihm, den ich auch weder mündlich noch schriftlich gekannt hätte, als er noch zu Halle lebte, besser gemacht hätte, und nie den Schmutz geglaubt und in mir aufgenommen hätte, den man von ihm und seiner Tochter erzählte; bloß, weil es Schmutz war, — daß diesen Sommer seine Tochter mit einer Familie, die mit ihnen auf einem Hof im Thiergarten wohnte, intim umgegangen sei, die ich, der man eben Schuld giebt, ihren Umgang nicht zu sichten, zeitlebens vermieden habe wegen ihrem Ruf und ihrem Betragen. Darauf verlor ich mich in Gedanken, und dachte, diese Leute hätten auch Wolf's verschmäht, vermieden und verhöhnt, wenn sie ihnen nicht so nah gekommen wären; und Wolf's, nichts von ihrem Rufe wissend, fanden Geselligkeit, Musik, Sprachen, Thee, — kurz, was man in Versen rühmt — Einer biß den Anderen nicht, und sie lebten sehr gut. D a r a u f brach mein Bonmot raus. Alle Tage, mein Trost und Freund! kommt mir das Erbärmliche erbärmlicher vor; und gar nicht mit Ingrimm, Zorn, oder Wehmuth. Nein, ganz in Zerstreuung verloren, wie über eine Sache, die so gewöhnlich ist, daß man sie zeitlebens schon weiß. Meine Lage bringt es auch mit sich; so paradox dies im Augenblick klingt. Meine Einsicht ist so tüchtig, meine Weltkenntniß so gereift, daß diese bestätigenden Entdeckungen meinen Geist nicht bereichern noch stutzig machen; mein Gemüth kann nur noch von Edlem, Ausgezeichnetem, G e i s t v o l l e m und - r e i c h e n affizirt werden: denn vom Schlechten bin ich im Aeußeren so sehr herunter und zurück, als es nur mit mir ging: Neues ist hier nicht möglich; und diese Lage bleibt nun wohl ohne ungeheure Revolution — im Schlechten — wie sie ist. Gutes! Glück, Du kannst mich entzücken und beschäftigen; und Einfluß auf mich haben! Sonst — ist es wie es war. Habe ich mich nun etwas deutlich gemacht? Gute Nacht. Ich war bei der Guten, die aus lauter Langerweile leidend ist. Vormittag war ich im schönsten Wetter weit allein in den Straßen spaziren. Es wirkte so gut, daß mir luftig in der Seele, hell und klar im Kopf zu tausend Gedanken wurde; und ich genoß vom ganzen Gange so recht eigentlich den Genuß. Wie vieles wußte ich mit einemmale deutlich, was Jahre lang ungeboren als Schmerz in meiner Seele lag, und nun hervor an die Sonne, im hellen Bewußtsein, beruhigendes Gut wurde. Ich empfand den Besitz der mancherlei Gemüthsreichthümer recht schwelgend, und doch fromm, möchte ich sagen; denn meine Freude war nur Freude, und glich einem erwärmend erhellenden Lichte. Auch dachte ich über die ganze Masse der Menschenbildung; und ob wohl alle Essenz davon, das höchste Entzücken edler reichbegabter Menschen aneinander, und jeder andere erhellte, erhobene Moment im Leben, das Placken und Jammer Aller werth ist, den es zum Dünger Jahrhunderte lang erfordert? Arbeitende Karrende, und ich, brachten mich auf den Gedanken. Du wirst seine Skizze in Deiner herrlichen Sprache schon ausführen.

Ich habe heute Körte's Ausgabe der Gleim'schen, Müller'schen und Heinse'schen Briefe angefangen. Gleim auch gefällt mir sehr! Du zeichnetest mir Heinse aus. Sonst mußten junge Deutsche doch noch anders kämpfen. Manches Kämpfen that ihnen aber wohl. „Ardinghello“ habe ich früher zweimal mit Mißfallen gelesen. Sonst kenne ich von Heinse nichts. Gute Nacht! Schläfst Du wohl?

Sonnabend Morgen, den 3. Dezember.

Himmel! der Brief nimmt kein Ende. Ich muß aber wieder von Deinen Pässen anfangen, weil ich gestern erst wieder erfahren habe, daß ein mir bekannter Putzhändler, und eine Frau, deren Mann in einem der angesehensten Komptoire in Prag Buchhalter ist, und die ihm dorthin mit hiesigen Pässen folgen wollte, noch in Dresden liegen, ohne über die Gränze zu können. Sieh Dich also ja vor, Lieber; daß Du mit Deinem beschränkten Reisegeld und Deiner unbeschränkten

Ungeduld nicht auch liegen bleibst. Wenn man zum Beispiel von hier nach Wien will, so muß man hiesige Magistratspässe an die österreichische Behörde bringen; dann giebt sie welche; und dabei muß man sich Pässe aus Wien kommen lassen. Die Pässe des Orts, wo man wohnt, werden gewiß auch den Geburtsort erwähnen: erkundige Dich bei Dir darnach! Und antworte mir, auf welchen Namen und Titel, und Magistratspaß, ich Schritte zu Wiener Pässen machen soll: und ob Du an den Grafen Bombelles schreiben willst. Der Mlle. Markuse, die auch nach Wien reist — die Seligmann'sche, als Gouvernante — gab er Pässe mit der Bedeutung: diese wären gut. Sie will sich aber auch nun, wegen der Frau und dem Putzhändler, noch mal bei ihm melden. Ueberlege das, Knautsche. Die Antwort bis zu mir dauert über zwanzig Tage; zehn geht jeder Brief; und kann man gleich schreiben, wenn einer ankommt? geht immer gleich eine Post? Fatal! Adieu. Ich erwarte meinen Meister. Lieber Varnhagen, diesen Brief vergiebst Du mir!

Auch hab' ich Dir gestern zu sagen vergessen, daß noch immer auf der Straße, und auch gestern, mitten im Glück mich die Sehnsucht nach Dir am plötzlichsten und heftigsten packt. Wären wir doch bei einander! Adieu! Lieber Liebling.

Rahel.

(Einlage.)

Dies wird Weihnachtheiligabend erbrochen.

Hier, mein lieblicher geliebter Freund, nimm diesen Rubin, den ich schon lange von meiner Mutter habe, zum Weihnachten; tausend Liebesküsse von mir sind darauf! Du kannst ihn verlieren, weglegen, zerbrechen, aber seine Farbe verliert er nur mit seiner völligen Zerstörung. Du bist mein Liebling, und ich bleibe ewig Deine Rahel.

An Rahel.

Tübingen, Donnerstag den 1. Dezember 1808.

Drei Briefe hab' ich nun von Dir, theure, geliebte Rahel, zu beantworten, und müßte verzagt mich niedersetzen, wenn ich mich nicht unserer Verabredungen erinnerte, und getrost schreiben könnte, ohne zu antworten, ohne recht zu schreiben. Genau, sicher und lebhaft stehen Deine Tage vor meinen Augen durch Deine Briefe, und werden mir Gegenwart, ich erblicke alles, nirgends ist eine Lücke, und so lang ich lese zieht sich meine Betrübniß wie eine Landenge zusammen vor den Strömungen des Sonnenmeeres, worin Dein Geist lebt, es ist nur eine schwache Verbindung zwischen dem früheren öden Land, und dem folgenden, das sich gleich wieder in traurige Ebene ausdehnt, wenn ich fertig bin mit Lesen; ganz aber verläßt mich das Gefühl der Traurigkeit und Einsamkeit nie. Wie ich Dir's danke, liebe, süße Rahel, daß Du mir so viel schreibst, so viel Geschriebenes nämlich, und ich so lange an Deinen Briefen zu lesen habe, daß so viel mehr Zeit hingeht, die weniger erfüllt ist mit Trübseligem; das kann ich Dir gar nicht sagen, es zieht sich aus dem Geiste ganz zurück, und durchdringt mir körperlich die Brust wie mit Liebesschauern, ich triumphire, daß meine Rahel mir so wohl thut, so unermeßlich reich ist, und rüstig. Deine Briefe sind nicht wie kleine, köstliche Geschenke, die sich Liebende geben, sie sind wie ganze Vermögen, befrachtete Schiffe! Recht ist dieser Vergleich, er giebt mir auch ein Bild für mich, der ich für Indiens Edelsteine und Gold nur Kleinigkeiten, Scheeren und dergleichen schicke! Wie ich Dir antworten soll, kann ich gar nicht fassen, gewiß rechnest Du auch nicht darauf, zumal jetzt, da ich so unsicher bin mit meiner Feder, daß ich schon einige Anfänge zu Briefen verbrennen mußte, ja mein Sinn ist so umhüllt, daß ich hier diese Buchstaben wie betäubt und verwirrt ansehe, gleichsam als schrieb' ich mit ungewohnten Lettern. Aber ich bitte Dich, geliebte Rahel! lasse mein weniges, mein abschweifendes Schreiben Dich nicht abhalten, mir so viel zu sagen, als Du nur magst, es geht bei mir keine Silbe verloren, ich sehe jedes aus Dir hervorquellen, und Du erweckst Leben und vielfache Lebensregung, wenngleich ich nicht im Einzelnen Dir es wiederzugeben vermag! — Ich erwarte nun mit jedem Tage einen Brief von Dir, der meinen ersten Tübinger beantwortet; es ist noch alles beim Alten, außer daß Harscher schon nach Basel abgereist ist, und ich nun ganz allein bin. Wie ich in Deinem letzten Briefe die Stelle lese, wo Du von einer Reise nach Holland sprichst, zu der schon Schritte gethan sind, habe ich wirklich laut gelacht, es wäre ja wunderbar, wenn alles so glatt ginge, warum sollte mit einmal das Glück so günstig sein! Und ich muß Dich aus treuem Herzen warnen, nicht zu leicht auf meinen Plan einzugehen, da ich ja für nichts bürgen kann; und Dich vielleicht nach einem halben Jahre auf's neue verlassen muß, meiner Existenz wegen, während in Holland Deine Lage leicht eine dauernd angenehme Wendung nehmen kann, wenigstens was den Aufenthalt betrifft. Neue Irrsale für mich, neuer Kampf mit Möglichkeiten! Eben daß alles möglich ist, wird zum größten Hinderniß, wäre nur von irgend einer Seite erst Eins recht entschieden, dann ließe sich alles andere leicht darnach fügen, aber es ist als wenn zehn Wanderer unterwegs wären, um einander zu treffen, keiner ist ansässig. O liebe Rahel, wenn auch daraus nichts wird, daß ich Dich in Wien wiedersehe, so weiß ich wahrhaftig nicht, wohin ich mich wenden, es ist mir nichts reizend, nichts erquickend, alles nagend und bekümmernd, was ich mir aussuchen könnte, ich habe die Lust verloren, nicht die Lust zu irgend etwas, sondern die Lust schlechthin, ich verzweifle in manchen Augenblicken, je ganz aus diesen inneren und äußeren Verwirrungen herauszusteigen, und alsdann fehlt mir auch die Kraft, sie herrschend durchzuführen bis an mein Ende, wozu ich mich sonst wohl entschlossen fühlte, wenn mir nicht gelänge, wieder in heitere, freie Unbefangenheit zu kommen. Dieser Aufenthalt ist auch wirklich zu traurig, ihn im einzelnen zu sagen, den Schmerz, den ich unausgesetzt empfinde, ist mir zuwider, aber das ist gewiß, der kleinste Gegenstand, der mich hier umgiebt, trägt ihn empor, und läßt ihn ein, wenn er sich senken will und kleinen Zwergen von Freuden Platz für ihre Tänze geben, ganz aus dem Bewußtsein fallen. Das Wetter war lange Zeit naß, man konnte durchaus nicht ausgehen, zwanzig Schritte zum Essen, und dann zurück in das unheimliche Zimmer, ganz zerknirscht und unselig, ohne Ordnung und Geschäft. Gestern und heute hat es stark geschneit, in diesem Augenblick aber thaut es schon wieder, und hört man das Schneewasser von den Dächern herunterplätschern. — Seitdem Harscher fort ist, über dessen Abreise ich wirklich geweint habe, leistet mir Kerner, von dem ich wohl schon geschrieben habe, alle Abend eine zeitlang Gesellschaft, er meint es sehr gut mit mir, sieht mich ungern mißvergnügt, und thut mir alle Liebe, auch hat er vielen Sinn und ein schönes Gemüth; allein wir haben zu wenig zusammen gelebt, er überhaupt in zu enger Sphäre, und seine Richtung ist von der meinigen zu sehr verschieden. Ich fühle Harscher's Weggehen in jeder Minute, es ist seitdem alles in mir stumm geworden, und die Worte, die ich höre, scheinen nur wie aus einer Ebene um mich her zu tönen, oft sogar zu mir herauf, der ich gewohnt war sie aus der Höhe zu empfangen, als Lichtfunken vom Himmel. So war es mit Harscher's Reden, die nie aus niederen Gesichtspunkten kamen, sondern aus seiner Höhe, die meistens mit der Höhe der ganzen Zeit zusammentraf. Und wie vieles haben wir in der letzten Zeit gesprochen, wie verständlich einander! Ganze Geschichten, Regionen, Ansichten werden mit einem Worte aufgeregt, bekannt durch vieljähriges Zusammenleben, und das lebendige Gespräch eilt über die längst gebauten Brücken flüchtig hinweg zu dem neuen Gefilde, das ein neuer Gedanke, ein neues Gefühl ihm aufgeschlossen hat. So ist es ja auch mit Dir mir schnell geworden, liebe Rahel! Der Fleiß, womit ich die Zeit unseres Zusammenseins genutzt habe, das rastlose Arbeiten, erneuter Streit, erneute Versöhnung, die haben uns eine zehnjährige weniger eilfertige Bekanntschaft ersetzt. Zornig werd' ich gegen das Schreiben, wenn ich Dich einen Augenblick bei mir denke, Dich verstehende, geliebte Rahel! Nur diese Unseligkeit mit Dir zu besprechen, Dich zu sehen, wie Du mitsiehst, mitfühlst, und wieder mitsehen, mitfühlen heißest, das könnte mich fröhlich machen, ganz fröhlich, Du liebe Rahel! Mit dem Schreiben geht es wirklich schlecht, ich kann es nicht sagen, wie Du, meine Schreibart ist anders, gut in ihrer Art, aber unvollkommen in der Ausführung, es lügt alles, wie einer, der eine fremde Sprache wortarm spricht, und dabei ahndet, oft weiß, daß die Worte eine andere Geltung haben, und er nur ungefähr seinen Sinn herausbringt. Ja, liebe, süße Rahel, ich sehne mich unaufhörlich zu Dir, möchte immer bei Dir sein, Dich an mein Herz drücken! Dein Schmerz freut mich, beruhigt mich! — Ich weiß nun genau, warum Dich die Leute so schelten; wenn sie einen außerordentlichen Geist antreffen, so thut's ihnen nichts: sie denken: ich bin doch gutmüthiger, menschenfreundlicher! und wenn sie die schönste Güte sehen, so bleibt ihnen auf dem gerührten Gesicht noch ein Lächeln, das sagt: ich bin doch klüger! So bleiben sie immer oben, und in der That haben sie doch sehr oft recht. Beides aber im höchsten Grade vereinigt zu sehen, anerkennen zu müssen, das bringt sie zur Verzweiflung, sie schaffen sich eine scheinbare Erleichterung durch Schimpfreden. Sie kennen Dich aber auch nicht recht, sonst könnten sie's doch nicht! Wie freuen mich die Worte Deiner Mutter! wie viel mehr noch die Worte Fanny's, und ihre und Hanne's Zuneigung! Was Du ihnen thust, thust Du ja mir auch, die lieblichste Erfrischung der Seele, die tiefste Realität in dem Scheinzustand! Wie ist es möglich, ruf' ich aus, daß es Dir schlecht gehen kann! es ist ein Schandfleck für die Welt! — Verzeihe! ich dachte Dir noch viel zu schreiben, heute Nachmittag, aber es ist wahrlich vergebens, daß ich mich anstrenge, ich bin müde, wüst, verdrießlich! Lebe wohl! geliebte Rahel! ich wollte Dich nicht so lange ohne Nachrichten lassen, ich schreibe Dir bald besser! Lebe wohl, und sehe, daß ich mit der innigsten Liebe an Dir hänge. Ewig Dein

Varnhagen.

Das Blatt braucht nicht weiter zu gehen; wenn Du willst, behalt' es!

Ich gehe heute Abend Springer und Phantasmagoristen sehen, es wird wohl nichts rechtes sein! Leb wohl, Liebe, Süße!

An Varnhagen in Tübingen.

Dienstag Abend bald 10 Uhr, den 6. Dezember 1808.

Zwei Tage, Sonntag und Montag, habe ich vergehen lassen, ohne Dir zu schreiben: mit dem größten Vorsatz, und doch wie in Gewissensbissen. Ich that es, um meinen elenden — oder himmlischen, mit der ganzen Atmosphäre in genauem Rapport stehenden — Körper ausruhen zu lassen. Wenn ich Dir von dem Wetter nicht vorher den genauesten Bericht abstatte, so kann ich gar von dem, was mir wichtiger ist, nicht sprechen! — Vorgestern wirkte denn endlich das Wetter so ganz verbissen und so unbedingt, und ganz nach seiner Art auf mich, daß ich evident erkannte, daß ich es nicht könne, mir fest vornahm, es nicht zu thun, und auch wie losgelassen es meiner Mutter ankündigte, und verständlich vortrug, keinen Winter mehr zwischen so nordischen Wolken, als die unserigen sind, abzuwarten, und über mein zu übelbehandeltes Haupt kommen zu lassen! Mir war den Tag so, als ob ich ein Klavier wäre, dessen Saiten man mit Bedacht abgewirbelt habe, die in Unordnung untereinander geschrollt sind; und die nun, bei der leisesten äußeren Veranlassung, unordentlich untereinander schwirren. So fühlte ich mich; die Wirbelanstalt in meinen Händen, und Fingern vorzüglich. Ein wirkliches Dröhnen und Schwirren am ganzen Körper, wo nur ein Nerv ist. Heute ist nun das Wetter auf seinem Gipfel von Schlechtigkeit — gestern war ein wenig mehr Zusammenhang drin; und ich war auch gleich ein klein wenig besser; Abends kam aber plötzlich dicker Schnee, Nette störte mich früh im Italiänischen, ich ging in die Ennui-Gruft zur Guten mit ihr, trank dort halb aus Bedürfniß, halb aus Ennui, Thee, kam krank nach Haus, und erst nach Erbrechen, und einer halben Nacht Rippenschmerzen — nicht vom Brechen — schlief ich. — Heute fing das Wetter mit dunklem nassen Dunst an, und nachdem es die ganze Nacht mit Mollen gegossen hatte; von der Erde bis zu unserem Himmel stritten Dunst und Regen um die Herrschaft, die sie jetzt noch kämpfend — der stärkste Wind, und die entschiedenste Unentschiedenheit von Luft drunter — theilen. Ich spielte viel Klavier diesen Morgen, und man kann's wohl üben nennen: dann las ich Italiänisch mit dem Wörterbuch, und schrieb auch ab, was ich gelesen hatte; ein von mir selbst erfundenes Uebungswerk. (Ich habe erst zwei Stunden gehabt, und mich heute zum erstenmale selbst gequält!) Um 3 Uhr mußte ich im Zimmer auf und ab gehen, so stieg mir das Blut nach dem Kopfe; dann aß ich, legte mich, weil ich auch nicht gehen konnte, aber nicht zum Schlafe; weil mir der Ueb-ligkeiten macht. In diesem Liegen und in der Dämmerung kam Hanne zu mir; nach einer großen halben Stunde wurde sie geholt, und bat mich, hinunter zu kommen; — ich las, und kaum konnte ich's eine Stunde, so mußte ich wirklich hinunter, weil mir zu sehr das Blut nach dem Kopfe stieg! Ist das nicht eine Verzweiflung, wenn man ganz gesund war — das heißt eigentlich ist —, einen heitern, regen Geistesmoment, eine ruhige Seele, Hoffnung für's Herz, den ernsten und nöthigen Vorsatz, Italiänisch zu lernen, hat; und Wolken, Winde, Klima, Götter, halten einen ab! Und wie fühlt' ich mich oft! als wäre ich aufgelöst, wie die Elemente selbst. Das nimmt zu mit meinem Körper; alle Winter. Vorgestern wollte ich wirklich vergehen: und Dir es schreiben. Aber eben aus Abstimmung ließ ich's, und weil ich auch erst einen Brief von Dir erwarten wollte: das ist die zweite Ursache, warum ich endlich meinem Liebling in zwei Tagen nicht schrieb.

Weißt Du, warum ich Dir besonders schreibe, mein einziger Vertrauter, und Lare! — meiner Gedanken, und meines Aufenthalts — wegen Heinse! Denke nur nicht, daß ich stupid bin! Ich habe mich bloß gröblich geirrt; und das wieder auf Anstiften meines Gedächtnisses! Wie ich Dir sagte, „Ardinghello“ gefalle mir nicht, meinte ich beständig ein anderes Buch, dessen Titel mir nun nicht einfällt; ist Dir so etwas vorgekommen? Vorletzte Nacht besann ich mich erst auf den wirklichen „Ardinghello“, weil ich mir den göttlichen Briefsteller Heinse gar nicht mit dem anderen odiösen Buch zusammenreimen konnte. Ich hatte, als ich Dir das letztemal schrieb, von den Briefen nur wenige gelesen. Der liebe, liebe Kerl. Die strotzende Pflanze; der Ehrliche! warum hast Du mir das Buch nicht viel heftiger empfohlen? da Du doch von Friedrich Schlegel's Gemähldebeschreibungen so eingenommen bist! wie anderer Art sind die! Heinse's. Dem hatte Gott seine richtigen fünf Sinne gegeben — und allen ein weites Gesicht —, und dann den köstlichen, von Musen und Grazien bereiteten, von Apoll bewilligten, dazu, der sie alle zusammenhält. Ich kann mir wirklich einen gut ausgestatteten Menschen, einen solchen, nicht denken, ohne einen Areopag von Göttern, die ihm Gaben mitgeben, auf die Erde! Also nicht nur Redensart! Ich wollte Dir erst vieles über das Buch sagen; nun ich weiter darin bin, kann ich nur über ihn sprechen. Weißt Du's noch? wo nicht, lies es nach, was er über Rubens sagt! besonders, wie er so lange von ihm spricht, ohne ihn zu nennen; anfangend: „Es war einmal ein Mann.“ Ein Meistergeschichtchen. Goethe, glaubte ich, nur könne so etwas! Und die Beschreibung der Amazonenschlacht, des Falles Sanherib's, die Beschreibung der Rubens'schen Landschaft! er athmet sie ein, er riecht sie! Wenn ich nur Raphaels Johannes in der Wüste sehen könnte, das, glaub' ich, ist sein bestes Bild; ich habe die berühmtesten in Paris und Dresden gesehen; aber diesen Gedanken machte mir schon Forster in seinen Ansichten; und Heinse giebt mir dieselbe Sehnsucht. Und wie er von meinem besten Freund, dem Apoll von Belvedere, spricht! den ich nun persönlich kenne, und der ganz vertraut mit mir war, — dabei, mußt Du wissen, hasse ich nichts so, als über Gemählde schreiben; und die neueren Babler haben es mir gar verekelt. Die stimmen sich erst katholisch, katalogisch, chronologisch, papstmittelaltrig-geschichtlich; und dann legen sie los; zeigen unseren Augen, und den Griechen, den Platz an; und zeigen dem, der Sinne hat, welche ihnen fehlen. Sinne, Sinne, die fünf Sinne! Gott! könnte man doch solchem fleißigen, strebenden, sich allein emporbewegenden Mann, wie Heinse, etwas anthun! Oft habe ich geweint bei diesem Buche. Sonst konnte Preußen stolz sein: und Friedrich der Zweite wog uns in die Höhe in Europa: wir hatten alle einen Theil an seinen Siegen; von, und an seiner Einsicht: ich auch! Nichts wäre ich, bei meiner Geburt, ohne ihn; er gab jeder Pflanze Raum, in seinem sonnezugelassenen Lande. Und eine Ehre war's, sich daher zu nennen; und wirklicher Vortheil für Leib und Geist! Antworte mir hierauf nicht. „Ardinghello" ist mir nicht mehr in allen Details gegenwärtig; aber noch sind mir die Briefe lieber. Adieu, bis morgen.

Donnerstag, den 8. Dezember.

In Erwartung des Italiänisch-Lehrers! Lieber, Bester, nun sorge ich gar wieder beständig, Du möchtest in dem fatalen Wetter reisen, und das zu Fuß! Halte es lieber noch etwas in Tübingen aus: da einmal Deine Studien sich doch nicht mehr nach einem direkt äußeren Ziele richten: Studiren, Grüblen und Schreiben kannst Du ja unterdeß dort auch. Die Wege, die Berge, die Straßen, die Monate, sind zu rauh und finster! Liebes Geschöpf! wärst Du bei mir! Ich wollte Dir die trübe Zeit versüßen. Und wie gut wäre mir! — Du hast mir geschrieben, ich möchte Dir etwas über Deine Gedichte sagen; über die, die Du noch von Dresden schicktest. Ich habe sie noch nicht wieder nachgesehen: ich werde es aber thun; und was ich nun sage, bezieht sich im geringsten nicht besonders auf sie: denn ich weiß nichts von ihnen in diesem Augenblick. Heinse aber, und sein Foyer in sich, macht mich natürlich an junge Schriftsteller denken; und an meinen liebsten. Seine wirklichste Gestaltung, und den Platz, den er einnimmt, als der Mensch, als welchen er sich zeigt, und da ist; und dadurch, als Schriftsteller: dies ist er doch nur, und verdankt er sich und wir ihm, dadurch, daß er sich selbst glaubt: und keinem Anderen. Auf seine Kräfte, und die Zusammenstellung seiner Gaben kommt es nicht an; dies macht ihn nur ärmer oder reicher. Aber jedes, was er aufnimmt, von der geringsten Sensation an sich, bis zum größten Aufruhr; von der oberflächlichen Wahrnehmung, bis zu seinem strengsten Denken; hat er sich selbst zusammengetragen; und nichts Vorgefundenes von den größten Meistern nimmt er in sich auf, ohne es bis zu seinem Blute, mit neuer Insekten- oder Löwenarbeit, zu verwandlen. So scheint mir der Mensch aus seinen Briefen; seine Arbeiten kenne ich nicht. Das Eigene, Herz und inneres Leben Ansprechende, was er selbst hat, müssen sie immer haben. Dieser Mensch nun bringt mich wieder auf den Gedanken, den ich seit kurzem für Dich habe, seit Deinen Klagen, Deiner Angst über Dein Talent; seit Deinem Entschluß über Dein Studium. Frei mußt Du sein: und innerlich noch freier. Laß Dich ganz gehen, wenn Du arbeitest — dichtest —, denk' an keinen Freund; an kein Muster, an die größten Meister nicht — als um zu vermeiden — an kein Drucken; an nichts! Folge Deinem innersten, süßesten Hange; stelle Dich dar: alles was Du siehst, und so wie Du's siehst. Was Dir das Liebste, das Schrecklichste, das Peinlichste, das Heimlichste, das Verführerischeste ist, das kehre hervor mit Deinen göttlichen Worten. Nennen kann ich es noch nicht: aber Du hast ein einziges Talent. Warum verstehst Du die unverständlichsten Zustände und Regungen in Dir, die wetterartigsten, mir, in farbenreichen, hellen, hervorspringenden, immer schön- und kunstreichen Worten darzustellen. So behandle Welt, Publikum, Papier, wenn Du dichtest. Ich bin's gewiß, dann wird's einzig gut. Nur dies ehrst, vergötterst Du, die Welt, und ich, in Goethe, Shakespeare, Cervantes, und in allen Großen; daß es sich darstellt; noch Einmal wie es die Natur that; je reicher, je mehr die Welt darin enthalten! und dann irren die schwachen Leser und Seher; und denken, es ist nur die Welt, die dargestellt ist. Mit nichten! Schwache Nachahmer vergessen aber sich; und wollen eine Welt ohne sich darstellen. Solche giebt es nicht! Jeder sieht mit seinen Augen, lebt mit seinen Sinnen eine Physiognomie hinein. Ich weiß, hiervon bist Du durchdrungen; und hast mir, ich besinne mich nur nicht, wo und wie, was Aehnliches gesagt. Du hast eine solche Einsicht in Dein Wesen, welche vielleicht noch nie ein Mensch Deiner Art, und wie Du Dich schilderst und findest, gehabt hat: Du bist so ehrlich, mit Anlagen es nicht zu sein; daß es ein Wunder — nicht moralisch genommen — ist. Dies allein muß Dein Talent originalisiren auf eine Weise, wie es vielleicht noch nie geschah, und schaffen, wie es noch nie keins gab. Denn dazu gehören bestimmte Talente; bestimmte Akkorde von Gaben. Diese Ueberzeugung raubt mir nichts! denn ich sehe es, wie ich Dein Gesicht sehe. Auch hierin ist nicht Stärke und abgesondertes Wesen auf die gewöhnliche Weise dargethan: und wie es ist, erhebt es sich über sich selbst; und eine neue Stärke geht aus ihm hervor, ein neuer Zusammenhang; beinah ohne Anlagen dazu. Das giebt Dir Deinen Reiz: denn dies ist Dein Eigenstes: dies macht Dich zum Varnhagen unter den Menschen: dies, wissen sie's auch nicht zu nennen, sehen sie Alle; dies und die natürliche Sanftheit, aus Deiner ersten Natur entspringend, macht es pikant und beruhigend zugleich. Nur im Aufruhr dieser Deiner zwei Naturen, weicht alle Ruhe; und dann bist Du, und machst Du gehässig, wie niemand. (Dies auch unsere Zänke.) Aber wirst Du Herr dieser beiden Naturen; so entsteht eine neue Frucht auf der Erde. Die liebe ich ja so! und kannst Du sie als Künstler wieder nachahmen; neue, schöne Kunststücke. Stücke der Kunst: ich weiß nicht, ob es Werke werden. Kannst Du mich wohl verstehen, Lieber, wie ich mich ausgedrückt habe? Ganz schlecht ist es nicht. Gesehen ist es gut. Liebe, rechtes Durchdringen, gehört zum Sehen und Erkennen. Warum kann ich nicht sprechen, wie Frau von Fouqué zum Exempel! Ich hielt es vorhin vor Kopfweh nicht aus; mußte aufhören und mich ausruhen; glaub' es nur, daß beinah nie meine Nerven zum Schreiben gestimmt sind, macht es auch, daß ich nicht besser mich ausdrücke: ewig bin ich übereilt, wie gar kein anderer Mensch es ist; ich sehe es ja bei Anderen! Da ich jetzt überlese, was ich Dir geschrieben habe, sehe ich die Lücken, und das Unzulängliche in Ausdruck, und Phrasen, und allem was ich gesagt habe, nur zu sehr ein! Es wollte nicht heraus, aus meinem Kopf. (Meinen Meister, den Abscheu, habe ich auch gehabt: so wie ich nur richtig ausspreche, sehe ich das überaus dumme und schwein'sche Vieh nicht wieder: ich verstehe Machiavelli's Komödien besser als er: dabei komme ich vor Ekel um! strikt wahr!) Ich wollte Dir nur recht anrathen, mein geliebter Freund, und liebes Kind, recht Du selbst zu sein; recht in Ueppigkeit und Schwelgerei zu arbeiten, Dich recht auf Dich selbst zu besinnen; und zu machen, als wärst Du allein auf der Welt; wenigstens als sprächest Du eine Sprache für Dich allein, und müßtest erst erwarten, ob welche kommen, die sie auch sprechen. Wie soll ich es Dir nur ausdrücken?! Das wird Dich nicht vom Verkehr mit allen lebenden Schreibern und Schriften scheiden; im Gegentheil, der wird immer mehr zu- und unter die Hände fallen; aber greife und behandle es ganz nach Deiner Art. O! ich seh' im Geiste, welche Art von Werken Du liefren könntest, und habe nicht einmal dies Talent, es auszusprechen. Ich lege Dir ein kleines Blättchen ein, was Heinse über die schweizerischen Landtänze sagt: natürlich habe ich nie welche gesehen; aber ich weiß doch, daß es so wahr ist: wie man es an guten Portraiten sieht, daß sie ähnlich sind, ohne je die Menschen gesehen zu haben, die sie vorstellen. Rembrandt hat solche in der Pariser Galerie! und wie schön, wie perlenartig abgesondert hervorsprudlend, wie wenig bedacht die lieben Worte, mit denen er es erzählt!

Varnhägchen, ich vergehe, verdorre hier ganz! ohne Dich; ohne irgend eine Freude für meine Augen. Ohne Liebe. Ich martere mich nur ab: und mein Leben soll zu Briefen werden! Wenn wir die Galerien zusammen sehen werden; die Luft zusammen genießen werden! O! komme, komm bald. Manchmal ist's, als sollt' ich gar nicht allein bleiben können. Selbst das Wünschen wird schwächer: man vergeht allein! Zu lange waren wir schon entfernt, ich fühl's: nicht Liebe allein herrscht zwischen uns — obgleich Liebe ohne Geisteseintracht, — Wechselberührung — und Ergänzung nichts ist; und diese auch ohne Liebe wieder nichts: wie Verstand und Schönheit; und tausend dergleichen Dinge — auch die schönste Zustimmung der Gemüther und des Geistes; ein wahres Bedürfniß sind wir uns in unserer Verschiedenheit, und Plauderei, die wir nun einmal angefangen haben, und die möglich war! Es ist nun so geworden, daß keiner, nicht Liebe, nicht eine andere Eintracht sich mehr darein zu mischen hat, als wir selbst; und es bleibt gewiß deliziöse! und ist so nöthig! Gott, ich habe so lange nichts von Dir gehört, daß ich gar nicht mehr weiß, ob es mit Dir auch so ist. Du wirst Dir mich noch abgewöhnen. Laß mir diese Furcht! Sie muß Dir lieb sein! Ich habe sie nicht; und habe sie doch. O! Varnhagen! im argen Winter getrennt! Schon auf dieser Erde! Immer toller, alle Tage wahnsinniger kommt es mir vor, je mehr ich die Welthändel sehe und bedenke, daß man seinem innersten Herzen nicht lebt. Dies zu thun, hat solchen schlechten Ruf; weil simulacres von ihm herumlaufen. Ihren elenden verwirrten Sinnen und Einsichten, und ihrem Geize nach falscher, hohler, sie bestrafender Ehre folgen die Leute; das betitlen sie: ihr innerstes Herz; und darunter soll meines leiden. Wie rein, wie ein Keimblättchen in einer Mandel, so zart — ist der innere wahre Wunsch; wie heilig! O! hätte ich ein Kind! wie wollt' ich ihm auf diesen horchen helfen; alles würd' ich dem opfren. Dies ist des Weibes, der Mutter Geschäft, und ihr Talent. Ich habe jetzt in der Art alle Tage das bitterste, empörendste Leid; Hanne so erdrücken zu sehen, an der dürren Mutter Seite; nicht Mutter, Gebärerin! Und dies allein würde mich aus dem Hause treiben. Jedoch sehe ich die Kinder viel; ihr Trost und ihr Vergnügen! Auch helfe ich in jedem Fall Hanne'n mit meiner Mutter diesen Sommer nach Holland. Markus hat es Mama schon bewilligt; denkt aber, ich weiß es nicht; nur Hanne und ihre Mutter wissen es nicht. Adieu für jetzt. Lieber, wie weit bist Du! — Nun habe ich wieder gehört, die Leute, die in Dresden liegen blieben, hatten nur vom hiesigen Gouvernement Pässe, und nicht von Hrn. von Bombelles, der verspricht Mlle. Markuse, mit seinen nach Wien zu dringen. Doch thu' Du alles, um sicher mit dem Hinkommen zu sein. Adieu. Ich warte, ob ich Sonnabend keinen Brief von Dir haben werde.

Freitag Vormittag, den 9. Dezember.

Nun habe ich Dir wieder ganz etwas anderes zu schreiben. Ich weiß nicht, ob es noch im Oktober, oder im November war, als ich alle Woche Briefe für schweres Geld, von Campan und Pauline aus Paris erhielt; mit dem größten Andringen, dem innigsten Wunsch — aus wahrem Bedürfniß — ich möchte zu ihnen kommen (Campan's ewiger, und bis jetzt liebster, unter den wirklichen Plänen); daß ich endlich, gewiß in meiner Seele, mit Dir nicht leben zu können (weil nach Hamburg ich Dir nie gefolgt wäre, und keinen anderen Plan und Gedanken Du mir nie geäußert hattest), und ganz zernichtet von der noch frischen, und ewigen Trennung von Dir, beleidigt durch alles, was nur hier durch Geist, Herz, und Sinne, und durch Gedächtniß, zu mir gelangte, Paulinen, einmal von meinem Inneren geeilt, einen deutschen großen Brief schrieb; worin ich sagte, daß ich ganz losgelassen, nicht allein frei, sei; daß hier mir Hölle wäre, daß ich es überdrüssig wäre — „alle das Neigen von Herzen zu Herzen!" — Dich, ohne Plan uns wiederzusehen, habe verlassen müssen — und was Du mir warst, mit wenigen, aber den treffendsten Worten, die je aus meiner Feder gekommen sind —, daß ich endlich mal einen Freund, oder eine Freundin, finden möchte, mit denen ich bleiben könnte; daß der alte d'Houtetot ungefähr in vierzehn Tagen nach Paris reise; daß sie Campan diesen ganzen Brief übersetzen und ihn um hundert Louisd'or für mich ansprechen soll; ich müsse aber bezahlen können, wann ich wollte, auf illimitirte Zeit; dann wollte ich zum Winter noch kommen; worum sie so dringend gebeten hätten; Campan mit dem Versprechen, niemand als mich zu sehen. Diesem schrieb ich einen Zettel dabei, er möchte Paulinen den Brief bringen; sich ihn von ihr übersetzen lassen: ich wäre zu müde ihm zu schreiben, und Mangel an Zutrauen wäre es nicht, daß ich nicht direkte schriebe. Das wußte er: und es war auch wahr. Der Brief war weg, und ich bekam weder von ihr, noch von ihm Antwort. Mir sehr gleich; das wirst Du aus meinen Schmerzbriefen an Dich gesehen haben; obgleich ich davon nichts erwähnte; so ging unser Umgang schriftlich fort; an jenen Brief, seine Forderung, und ihre Antwort, dacht' ich nicht mehr: sie haben nichts, wußte meine Seele: und wozu sollen sie schreiben! Du hast Dich zu sehr über das Postgeld beklagt, und sie haben noch keine Gratis-Addresse gefunden. Ich schreibe Campan unter der seines Onkels — Postdirektors — umsonst. Die Zeit verging, durch unsere Briefe mir angedeutet und bedeutend; dadurch allein. Und endlich kam Dein Brief, in dem Du mir sagtest, nach Wien wolltest Du, wenn ich auch wollte. Und nun war ich froh und glücklich. Du kennst mein Herz, meine ganze Seele; und alle meine Antworten. Unterdeß hatte ich noch einen Brief von Paulinen erhalten, der sich mit meinem kreuzte; und worin ihre Addresse war. Den hatte ich verlegt, und konnte ihr Briefe von einem kleinen Mädchen — die von hier aus Pökelfleisch von ihr haben will! — nicht schicken; bildete aber dem Kind ein, sie seien weg. An Campan die dreidoppelte Addresse zu machen, und ihm auch dann noch mit zu schreiben, war ich zu faul, zu krank, zu beschäftigt mit anderem Schreiben, und auch Lesen. Gestern Abend lese ich; es klingelt scharf! Ein Briefträger bringt mir diesen Brief von Campan, den ich Dir mitschicke, weil er ganz muß gelesen werden. Ich suche also nochmal mit der größten Anstrengung nach Paulinens Brief, und finde ihn; denkend, in einigen Posttagen, bei guter Gesundheit, schreibst Du ihr. Ich habe wieder mein Buch: wieder stark geklingelt. Herr von Quast; der mir sagt, er komme um mein Befinden, und um Paulinens Addresse; es reise morgen früh sein bester französischer

Freund nach Paris; und er habe ihr geschrieben. Nachdem wir uns über den Zufall etwas besprochen hatten, mußte er gehen; ich wollte ihr nun, die zwanzig Groschen zu sparen, auch mit dem Reisenden schreiben. Das habe ich gethan; nur beiläufig vom Gelde: daß ich nicht wisse, was Campan damit meine, daß sie mir welches besorgen will, da sie mir nicht einmal geschrieben habe. Nichts vom Wiener Plan; denn wozu sie ängstigen; dies zu erfahren hat sie im Frühjahr Zeit — und wer weiß um ihre Pläne: obgleich sie bis jetzt, alle auf Luft, und die Schweiz, gingen; und ihre letzten Briefe würden auch Dir gefallen —, nur daß ich nicht in Berlin bliebe, und daß ich wohl, wo es auch sei, mit Dir sein würde: den Winter aber müßte ich meiner Gesundheit wegen hier aushalten.

Nun verstehe mich aber recht! Geliebter Freund! Mein theurer Varnhagen. Du kennst meine Ehrlichkeit: und ich gebe Dir mein heiligstes Wort! Campan's Brief, der übrigens nichts Neues, nicht mal Geld enthält, bestimmt mich nicht zu dem, was ich jetzt sagen werde. Aber der Zeitlauf und der Krieg. Und meine Ahndung in diesen Dingen, die bis jetzt Kassandraartig war! Auch wirst Du meinen letzten Briefen diesen Gedanken schon angelesen haben. Wien, wie es ist, steht vielleicht — und bei mir gewiß — nur bis diesen Herbst. Dieser Umsturz ist der letzte. Und nur in Frankreich wird Ruhe sein. Hast Du's für Deine Wissenschaft nöthig, in Wien zu sein? Ich folge Dir! denn keinen Sommer, diesen um eine Welt nicht, lebe ich ohne Dich! — Wenn Du noch eben so denkst, und es ganz Dein Glück ist, wie meines. Sonst, so ist es jetzt mit meinem Herzen, ist es meines nicht. Und hiermit sag' ich Dir nochmal, aus dem reinsten Herzen, und wie auf Moses feurigem Berg, vor den furchtbarsten heiligsten Geistern! Du sollst frei sein! und Du bist frei. Kein Wort gegen mich, keine Aeußerung, keine mir gemachte Hoffnung, bindet Dich. Du kannst gleich abstehen: auf jedem Posthause abstehen! Wir bleiben, wie wir sind. Dieselbe Güte, dieselbe Wahrheit: das Süße kann nur fehlen; und das bedarfst Du dann auch nicht. Mein Herz will ich Dir nicht verhehlen! Du weißt, — und ich wiederhole es durch nichts, als durch mein Sein —, ich liebe Dich: und wünsche mir mit keinem Anderen lieber zu leben als mit Dir; aber der Sturm, die Ambition in meinem Herzen — wie soll ich es nennen?

— ist besänftigt dadurch, daß Du heftig, wie ich es wollte, mit mir und bleiben wolltest; und ich mußte von diesem Herzen, was ich ganz gab, nichts zurücknehmen. Mir ist, ich habe meinen Antheil, meinen Anspruch, meine menschliche Forderung an das Glück, weg, — durch Deinen Brief, durch Deine Liebe! Willst Du nun nicht mehr, ist der Wunsch verdrängt; verloschen; so bist Du nicht so stark als ich; vielfacher, oder anders; genug, ich weiß es nicht! Aber auch Deine schönste loheste Herzensflamme schlug in meines über zur Nahrung: und ich hab' es gehabt, und gefühlt, das Glück: ewig ist nichts: und frei mußt Du ewig bleiben. Ist Dein Glück noch, mit mir zu leben, so wollen die Götter mich närrisch machen, so selig wäre ich: aber ohne Dein Glück ist mir Deine Gegenwart keines: ohne Deine ganze Freiheit im Glück. O! verstehe mich! Könnt' ich Deinen Kopf halten, Dich küssen, Du müßtest mich verstehen!

Schreib mir also genau. Willst Du nach und bleibst Du den Sommer in Wien, so komme ich auch. Vielleicht schickt mir Campan noch die hundert Louisd'or. Ich nehme sie ohne Anstoß; ich würde sie ihm auch geben; er hätte sie auch gefordert. Wie oft gab ich schon Summen, die mehr, als diese seine, meine Kräfte überstiegen. Und ihm muß es dann gleich sein, ob ich zum Frühling, oder künftigen Herbst nach Paris komme. Bekomme ich nichts von Campan, so muß das alles doch gemacht werden: ich reise nur schlechter. Meiner Mutter habe ich meinen Schwur, und daß ich nach Wien will, schon entdeckt. Sie nimmt mich eben so gerne nach Holland mit: oder läßt mich direkt nach Frankreich. Wie man nie Geld bekommt, so glaub' ich auch an das von Campan nicht. Ueberlege nun alles für Dich und mich. Und laß Dein Innerstes und Deine Studien Deine Lenker sein. Ich fürchte mich jetzt äußerst, äußerst vor Deutschland. Und länger als bis zum Herbst bleibe ich nicht drin. In der Schweiz, ja! — Morgen soll ich bei Mama essen, habe meinen Meister, und werde Dir nur noch ein Wort schreiben können.

Fouqué hat mich ordentlich gekränkt mit einem kleinen — wie ein Komödientextchen großes — Gespräch zweier Edelleute, über den Adel, welches er hat drucken lassen. Es ist so winselig, als ob einem Adlichen der Adel aus dem Bauche abgehen wollte, und er nun Grimmen und winselige Gefühle hätte. Hätte er doch lamentirt! oder geflucht, oder einen staatsmännischen Rath gegeben: alles nicht! Aber ein Gemische von allen Willensregungen dazu; „Ich liebe den Adel, weil er sich auch von Adlichem herschreibt"; hätte er sagen sollen, und damit gut. So spricht er aber wie die Juden, denen man ihre Gesetze als überaltet, in Europa nicht passend noch möglich, und all ihr schon verthanes Sein bewiesen hat; und die dann sagen: ja aber — und wissen nicht was — es ist mir doch so unheimlich — sie sagen weh — dabei. Eine rechte Kränkung war es mir von meinem neuen lieben Fouqué! und ich habe jetzt schon das verzweifelte Gefühl drüber, welches er in drei, sechs oder fünfzig Monaten darüber haben wird, es geschrieben zu haben. Ich kann nicht mehr vor Ermüdung. Adieu.

Sonnabend, den 10. Dezember.

Heute kommen unsere Truppen herein: jetzt. Die Offiziere — dreihundert Couverte — speist die Stadt im Komödiensaale; der erste Rang ist für die Offiziere genommen: übrigens ist Freikomödie, Harlekin und ein unbedeutendes Stück. Die ganze Stadt ist hin, um sie zu sehen: ich nicht. Den ganzen Morgen hab' ich häufige, bittere Thränen der Rührung und Kränkung geweint! O! Ich habe es nie gewußt, daß ich mein Land so liebe! Wie Einer, der durch Physik den Werth des Bluts etwa nicht kennt; wenn man's ihm abzieht, wird er doch hinstürzen. Ich kann aus losgelassenem Schmerz nicht hingehen, jeder Reitknecht mit preußischen Pferden, der vorbei geht, pumpt mir einen Strom von Thränen ab. Ich sprach laut im heftigsten Schluchzen zu meines Freundes Büste. Ja, ich bin von meinem Lande genährt und erzogen; und denke, und bin doch modifizirt über alles, wie die Besten darin: dies wäre mir in jedem Lande geschehen: aber ich habe ja in meinem gelebt; sehen, und denken, und Antheil nehmen lernen: und wahrlich, ein jeder war hier geschützt; und das fühlte ich immer. Was mich unaussprechlich kränkte diese Woche, war, daß mir ein preußischer Militair begegnete, dem die Jungen nachliefen, und alle Menschen nachsahen; und auch ich wußte nicht, ob es ein Offizier, ein Unteroffizier, oder ein Soldat war! Vielleicht kannst Du doch nicht fühlen, was das heißt — für einen Berliner, unter Friedrich dem Zweiten zum Theil erzogen. Wie ein Schweizer Berge kennt, ein Franzose Höflichkeit übt, ein Engländer von seinem Parlamente weiß, so wußte hier bis auf die albernste Demoiselle jeder, was gut marschiren, aufsitzen und dergleichen war. Ohne zu wissen, daß sie es wissen. Und nun schloß ich nur, es sei ein Preuße; und erkannte den Grad nicht mehr! Nun aber kein Wort mehr! und ich beschwöre Dich auch, mir nichts über Politik zu antworten. Wir wollen nach Frankreich; nach dem kunst- und wissenschaftreichen Paris; und dann weiter, oder in die Berge. Ich gewiß! Dies alles nur Wunsch, Du handelst nach Deinen Bedürfnissen. Ein für allemal. Mein Kopf ist ganz angegriffen, so beschäftigt mich der Welt Lauf. Borniren thut mich mein Land doch nicht; was Närrisches drin vorgeht, ärgert und frappirt mich genug; und die große Weltbewegung, und die Kadavergestalten, die sie verdrängen muß, ergötzt mich doch! Gott, wie himmlisch schön sieht in diesem Augenblick meine lange breite Straße aus, dicker Schnee, heller Sonnenschein, und ein dicker Strom Menschen strömt durch so weit man sehen kann, Du weißt wie weit, von den Soldaten zurückkommend! Und denke Dir meine abgelegene Gegend, eine Meile. Vom Bernauer Thor kamen sie. O! könntest Du die malerisch schöne Straße sehen; die schöne, wirklich schöne Stadt. Alle Franzosen sagten es auch. Ich hatte nicht geglaubt, daß noch so viel Kutschen in der Stadt wären. Der Lärm! O! wärst Du hier! Ich thue nichts, als vom Fenster nach meinem Brief laufen; und weinen. Von weitem nach der Mohrenstraße marschiren jetzt welche. So viel Pelze und Damen glaub' ich sind in der Welt nicht. Nun habe ich welche gesehen: ein Trupp ging hier vorbei; sie sahen gut aus. Wie Franzosen; sehr gut: und wie aus dem Krieg; und doch wohlbehalten. —

Vorgestern sah ich endlich Julchen und Marianen selbst; und bestellte ihnen alles von Dir: wie hold frugen mich die Mädchen nach Dir! wie vom Herzen, und verbindlich, und schön lächlend, ließen sie Dich grüßen! O! hättest Du doch den Blumenanblick von hinter einer Thüre gehabt; ich wünschte es Dir so herzlich. Julchen weniger verlegen als Mariane, die immer nicht mit sich hin weiß! aber wunderfrisch, wie weiß und rothe Rosen, aussah. Ich gönnte es mir nicht allein. Ich habe aber das Glück, für wen ich mich erkläre, der geht durch; oder ich unter mit ihm. O! wäre ich doch eine Fürstin! wie wollte ich Gutes thun, und wirken! So viel Freundliches, was noch keinen Namen hat! Ganz gewiß. Nun geh' ich zu Mama; warte, ob ich keinen Brief von Dir habe, und mache diesen zu. Lies Campan seinen lieben Kinderbrief: die schöne Seele; so ist er in allem. Bekomme ich noch das Geld von ihm, so brauchen wir's zur Reise nach Paris. Verliere ja Campan's Brief nicht, denn das wäre ihm sehr unangenehm. Schicke mir ihn lieber wieder; und sei überhaupt nicht geizig mit Postgeld für mich; etwa weil ich Dir vom theuren Porto schrieb. Ich will Briefe von Dir! Adieu. Die Post muß weg; ich habe wieder keinen Brief: wenn Du nur noch zu Tübingen bist! Nun schreibe ich ohne Brief von Dir nicht wieder.

Ich komme von Mama! Ich habe mich geirrt, Freikomödie ist nicht; aber die Ränge sind in Beschlag genommen. Lies doch die Zeitungen, da steht alles drin. Adieu! Sieh! warum schreibst Du mir nicht? vielleicht bekomme ich doch heute noch einen Brief. Adieu! Schreibe mir! Rahel.

Die Stelle von Heinse: „Im letzten Haus von Unterwalden ob dem Kernwald kam ich noch zu einem Schweizertanze, der mich zwei Stunden lang inniglich ergötzt hat. Ihr Tanz ist das ernsthafteste, feierlichste Zittern der Lust in allen Wesen, das bis zur Angst geht, besonders bei den Mannsleuten. Alle ihre Bewegungen und Tritte und Schwenkungen sind sehr freiwillig, und hängen viel von jedem ab. Das Jauchzen dazwischen, das einem wiehernden Gegirre gleicht, macht es vollkommen zu einem erlaubten öffentlichen Vorspiel von Hochzeit.“ — „Wiehernden Gegirre“, ist das nicht wie in einem Portrait? Untersteht sich ein Mahler, fällt es ihm ein, in einem ersonnenen Gesichte solche Disparate anzubringen, wie sie in der Natur wohl da sind, für die, welche sie sehen? So schön malt er auch Lavater: ich habe nie eine Zeile von ihm gelesen, und bin überzeugt von der Aehnlichkeit.

An Rahel.

Tübingen, Dienstag, den 6. Dezember 1808.

Theure, geliebte Rahel! Ich habe alle acht Briefe von Dir, Du glaubst von den meinigen wären welche verloren! Ach ich habe nur drei geschrieben, dies ist mein vierter! So weit bin ich zurück, auch kann ich Dir nicht antworten, das ist wirklich unmöglich, Deine Briefe sind so reich, daß ich zu jedem Goldstück nur einen Groschen legen kann, und auf diese Weise will ich Deine Gedanken und Gefühle nicht armselig begleiten. Du umringst mich mit Zaubergärten, und immer neue, immer neue Blumenfelder steigen auf, ehe ich noch die nächsten genau und liebevoll in dem Einzelnen ihrer reizenden Gebilde erkannt und aufgenommen habe. So steh' ich unter Deinen Briefen, liebe Rahel, und ein Hauch der Liebe weht durch die bewegten Farbenkronen unaufhörlich lieblich zu mir, und überschüttet mich mit den zahllosen Düften! Aber ich springe heraus, damit ich mit Dir reden kann, und nicht versucht werde, Dir in meiner Unbehülflichkeit Deine eignen Gaben anzubieten. Bald hast Du mich ja doch wieder eingefangen, ich springe, und springe, und wo ich hinspringe, entfaltet sich doch gleich wieder vor meinen Füßen eine neue Briefblume! Ganz entzückt bin ich darüber, daß Du nach Wien kommst, liebe liebe Rahel! Es ist also gewiß! Ich komme ja nun auch, in jedem Fall; entweder um dort noch ein Jahr in der Praxis mich zu üben, was doch gut wäre vielleicht, nützlich gewiß zu vielem, oder um dort eine Stelle zu suchen. Ich gehe aber erst im März hin, mein Aufenthalt hier kostet wenig, und von der Zeit an fahren von Ulm Schiffe die Donau hinunter bis Wien, eine Reise, die bequem, anmuthig und besonders nicht theuer ist. Ob ich noch ein Jahr studiren kann, oder ich nach einigen Monaten auf nichts mehr zu rechnen habe, darüber erwart' ich in drei Wochen Entscheidung von Hamburg. Meine Verhältnisse dort sind ungeheuer schmerzlich, und haben mich in diesen letzten Tagen fürchterlich leiden gemacht, die überschwänglichste Wehmuth wogt in mir, und diese innige, zärtliche Zuneigung verfestigt sich mehr und mehr, was mich tief erfreut! Es ist die Zuneigung des Unglücks, des Schmerzes, unauflöslich, aber in nichts hemmend, nicht ausschließend, was nicht schon meine innerste Natur ausschließt. Ich weiß noch nicht recht zu sagen, wie es ist, mir ist aber nicht bange dabei, ohne Angst. Will sich alles so fügen, daß ich zum Arzte reifen kann, ohne daß ich mich mit sorgenvoller Eile in Treibhaushitze zerarbeite, wo ich doch unschmackhaft bliebe, steht mir noch das eine volle Jahr frei, so würd' ich es doch nicht ohne Zittern von der Hand weisen können, denn seit acht Jahren war mir doch diese Richtung immer mehr oder weniger vor Augen, und es bleibt immer bedenklich, diesen den Faden nun wegzuziehen, an den sie sich angereiht hatten, und dann auf eine lose Vergangenheit zurückzublicken: reißt aber hier fremde Bewegung den Faden ab, wie ich fast glaube, daß geschehen wird, dann muthig den Blick vorwärts, und wenn ich zurückblicke, soll mich die Vergangenheit nur erzürnen, nicht betrüben. So viel um nach Wien zu kommen, werde ich zur bestimmten Zeit in jedem Fall beisammen haben: dort ist mir nicht bange! Ich dachte anfangs gar nicht an die ungeheuren Empfehlungen, die Du mir geben kannst, und verzagte doch nicht, durch persönliche Darstellung, eine Offizierstelle, oder doch ein gutes Sekretariat zu erlangen, ich bin gar nicht unbrauchbar. Freilich wäre es nur recht nach meinem Sinne, wenn ich dabei an die Person irgend eines Großen attachirt würde, aber auch dazu hätte ich ja Hoffnung, wenn auch nicht gleich anfangs alles sich fügte. Dies ist der schlimmste Fall, und ich kann ihn nicht schlimm finden. Aber es hat Augenblicke gegeben, wo ich fast verzweifeln wollte, weil ich nur schnödes Abweisen überall dachte, und alles reißen sah, das hat aber gute Wege! ich bin ja rüstig, und mein größtes Verzagen sieht äußerlich noch wie Muth aus, wodurch schon viel gewonnen ist. Aber hier werd' ich indeß ein trauriges Leben fortführen. Harscher ist in Basel glücklich angekommen, wird bewundert und allgemein beliebt; aber nein! liebe Rahel! er hat Lust und Macht, mir fortzuhelfen, er ladet mich dringend ein, nach Basel ihm zu folgen, wo Tisch und Wohnung in seiner Familie mir offen stehen. Ich werde es aber doch nicht annehmen, weil ich hier die Wohnung doch bezahlen, Holz verlieren, und auf die Reise viel Geld verwenden müßte, auch dort in den eleganten Zirkeln, ungeachtet des Freiseins von den Hauptausgaben, mehr brauchen würde, als hier für alles zusammen, und sparen ist jetzt meine Hauptbeschäftigung, die mir leicht wird, weil ich es zu einem Zwecke thue, der mir so sehr wichtig ist. Auch die Reise nach Ulm zurück, würde dann mehr kosten, als von hier aus, obgleich ich den Vortheil hätte, sie mit Harscher zusammen zu machen, denn der geht nun gewiß nach Wien. — Ich lese und schreibe hier, schlafe viel, und werde, je nachdem ich Nachrichten bekomme, nach einiger Zeit entweder Medizin eifrig treiben, wenn ich noch ein Jahr frei habe, oder Italienisch lernen, wenn ich mich auf Litteratur und Militair werfen muß. Bis jetzt habe ich noch so viel zu besorgen, hierhin und dorthin, und bin viel zu ergriffen von innerlichen Bewegungen, um anhaltend zu schreiben oder zu lesen, vier Zeilen, einige Seiten, dann muß ich meist wieder aufstehen, und meinen neunschrittigen Spaziergang im Zimmer wieder anfangen. Draußen kann man gar nicht gehen, es ist immerfort regniges, feuchtes Wetter, nur die Nächte sind hell vom Mondschein. Schlecht, sehr schlecht sind meine Tage, und wenn ich bisweilen auf einen Augenblick mich glücklich fühle, so ist es wenn ich im „Meister" oder Homer die Seele zur Ruhe gelesen habe, oder durch Fortführen meiner Novelle heiterer Thätigkeit überliefert: aber wehe dem Augenblick, da ich gleichsam aus diesem Thun erwache, dann seh' ich recht, wie anders auch dies wäre, wenn ich erwünschter, wohlthätiger Gegenwart mich erfreuen könnte. Denn eines stärkt alles, und alles das eine wieder, eine ewige wechselseitige Steigerung! Meine Novelle habe ich vor fast zwei Jahren erdacht, vor anderthalb Jahren angefangen, und jetzt, wie sonderbar, indem ich sie dem alten Plane getreu vollende, muß ich mich selbst, mit jetzigen Stimmungen und Gefühlen, ganz darin verarbeiten. Ich komme aber glücklicher davon, wie billig, es geht meinem Helden schlechter, warum sollte der Dichter nicht soviel Eigenliebe haben? Doch wer weiß auch, es findet vielleicht einmal einer, daß doch mir es schlechter ergangen ist! — In Deinen Briefen lese ich jetzt nicht, seitdem Harscher weg ist, sie machen mich zu traurig, das Schmerzliche fällt ganz in meine Seele, und das strahlende Licht in ihnen kann ich nicht weitergeben. Ja, das ist ein schönes Wort, theure, liebe Rahel! für alles Schöne, was ein Gemüth darreicht, und Du setzest darein einen wahren Liebesreiz des Dichters. Wenn Du von Berlin fortreisest, so trage nur ja Sorgfalt für Deine Papiere, verbrenne nichts, sondern gieb alles in sichere Verwahrung, das Beste aber nimm mit. So manches, was Dir jetzt unbedeutend scheint, wird es einst nicht sein, und mit vielen Briefen von Anderen, die an sich wenig mehr des Lesens werth sein mögen, lassen sich vielleicht einst die Deinigen loskaufen. Schreibst Du noch an Jean Paul, wie Du wolltest? Der fällt mir ein, weil er einen so großen Werth auf Deine Briefe legt! Thu' mir und Harscher doch den Gefallen, und schreibe, aber auf ein gesondertes Blatt, einiges über Schleiermacher auf, und was Du an ihm für bornirt und schattig, und was für im Lichtschein der Wahrheit stehend erklärst. Harscher ist daran sehr gelegen, da er in Deinen, seinen und Schleiermacher's Ansichten die größte Uebereinstimmung findet. Daß seine Ansichten zunächst sein sind, ehe sie auf Schleiermacher zurückgeführt werden, zeigt Harscher schon dadurch, daß er dies findet, was jener schwerlich fände. Was Jean Paul von Deiner Phantasie sagte, glaube ich zu verstehen; er meint wohl darunter nicht bloß die Einbildungskraft für Entferntes, sondern, was auch der Griechische Namen sagt, den Bilderschein überhaupt, Deinen Sinn, der da Sonne sieht, wo Anderen nur ein Schimmer wankt, wie Du selber sagst, und dem, wenn das Gemüth sich gelöst fühlt und weit von den Gegenständen ab, wie Du damals im Vorsatz der weiten Reise, auch dann die Gegenstände nackt erscheinen, weil nur das äußere Auge sie sieht, das seelenvolle, eindringende Sehen sich mit dem Gemüthe, dem es angehört, abgewandt hat. Doch ich mag wohl nicht viel deutlicher sein, als Jean Paul's Schweigen; auch verstehe ich ihn nicht sowohl, das hatt' ich falsch ausgedrückt, als ich seine Meinung sehe, anschaue wenn ich mich lebhaft zu der Szene hindenke. — Noch muß ich Dir etwas über Pfeffel sagen, den Du so grob findest; ja freilich! der arme Mann! er ist der Leiter eines Erziehungsinstituts in Colmar, vielleicht nah an achtzig Jahr alt, und mußte sich als zwanzigjähriger Jüngling auf der Universität wegen einer Augenkrankheit beide Augen ausstechen lassen, was er heldenmäßig aushielt; und seit der Zeit ist er hoffnungslos blind, denn das Organ selbst ist nicht mehr da. Es schilt ihn niemand, viele lieben ihn. — Wie sehr hat mich das gefreut, was Du so ausführlich über den „Sigurd" sagst! Ich habe das meiste abgeschrieben und heute an Fouqué geschickt. Du liebe Rahel! Ich soll Dir ausführlich darüber schreiben? Ich freue mich Deiner Worte, selber habe ich keine; die wenigen die ich hatte, habe ich an Fouqué geschrieben, und weiß sie nicht mehr. Die Runerei wurde mir auch sehr fatal, auch hat mir eine zu weit gehende Härte in der Sprache oft mißfallen, weil ich weiß, daß sie wo nicht absichtlich hineingebracht, doch absichtlich stehen gelassen worden. Das ganze Gebild ist aber groß und herrlich, ein schöner Felsen mit Wald bekränzt. Wafurloga, die Flammenburg, ist wunderherrlich. Auch die Stelle, die Du nicht anführst, wo die erste Gemahlin Sigurd's nach dessen Tod den Hort herbeischleppen läßt, und sich auf Gold legt, und immer mehr Gold begehrt, darauf zu sterben, hat mir sehr gefallen, sie könnte ganz rein sein von dem Weissagen. Blut und Gold sind schön beisammen. — Ich lege Dir einige Worte über den „Meister" bei, die ich erst nur für mich aufgeschrieben hatte, um sie gegenwärtig zu haben, jetzt möcht' ich gern meine Scham, so wenig geschrieben zu haben an Dich, mir ein wenig damit verbergen. Verzeihe mir, liebe Rahel! Du wirst an diesem Briefe sehen, wie kalt und öde es in mir ist, und wenn ich alle Heere in mir erwacht fühle, kann ich nicht schreiben. Deine Briefe sind herrlich. Wie kannst Du alles, alles sagen! Grüße Hanne bestens, auch die gute Frohberg, Julie und Mariane! Koreff in Wien? es ist mir weder lieb noch unlieb, ich muß ihn erst wieder kennen lernen. Schone Dich, liebe theure Rahel! sorge für Deine Gesundheit! ich bin bei niemandes Krankheit so ängstlich wie bei Deiner, wegen Deiner feinen, im Bewußtsein detaillirten Organisation. Lebe wohl, theures Herz! Ich sehe Dich wieder; nicht wie in Leipzig auf wenige Tage! nein, liebes Rählchen, auf lange! Gott grüße Dich. Kann mir Vetter durch Bombelles einen Paß, oder wenn das nicht geht, eine Empfehlung an den österreichischen Gesandten in Stuttgart, Freiherrn von Crumpigen, verschaffen, so thut er mir einen großen Gefallen. An Bombelles selber zu schreiben, ist mir beschwerlich, ich finde nicht leicht den Ton für ein kleines Billet, und zu einem großen Briefe, dessen Ton ich gleich hätte, bin ich fast unfähig. Aber ich lasse ihn sehr grüßen, wir sind ja confrères en apollon! — Der Grangier ist hier nicht; die Bibliothek ist übrigens im Winter geschlossen, und nur mit Mühe bekomme ich einige Bücher. Sie ist auch nicht reich, vor 200 Jahren ist alles, wie mir der Bibliothekar, Professor Rösler, sehr zierlich zu sagen meinte: verbronnen! Der Mann ist Professor der Geschichte, Johannes Müller's historische Schriften kommen ihm wie Romane vor, er haßt alle Phantasie, und hat welche! Denk' Dir die Qual des alten Mannes! Leb' wohl! Leb' wohl! geliebte Rahel! wir kommen doch noch auf einen grünen Zweig! Deine Briefe sind Tauben mit Oelzweigen; herrliche Verkündigung! Dein

Varnhagen.

Cotta ist artig gegen mich, und hat mir gesagt, ich soll ihn besuchen. Von ihm hatte ich das von der Donaufahrt erfahren.

An Varnhagen in Tübingen.

Mittwoch, den 14. Dezember 1808. Vormittag.

Gestern, Lieber, erwartete ich in der größten Ungeduld, oder vielmehr nur in strenger Erwartung, einen Brief von Dir: ich dachte, er müßte Antworten enthalten auf die von mir, worin ich Dir antwortete, daß ich nach Wien kommen wollte. Meine erste Antwort war vom 22. November, gleich den Tag, als ich auch Deinen Vorschlag und Plan erhielt, und grade die Nacht krank gewesen war; Sonnabend drauf, den 26. November, schrieb ich Dir gleich wieder, wie ich es den Posttag vorher versprochen hatte, und schickte auch noch ein Kouvert mit der fahrenden Post, die denselben Tag abging; nur natürlich später ankommen muß. Wie überaus verdrießlich war ich nun gestern, nicht allein, was ich richtig berechnete, auf zwei Briefe, die ich Dir noch nach der Zeit geschickt habe, keine Antwort in Deinem Briefe zu finden, sondern auch auf die zwei hier erwähnten nicht! Und statt dessen, ein laues Erstarren von Deiner Seite zu finden! Kein frisches, ewig festes Vertrauen auf mich! Warum bist Du nicht wie die berühmten zwei Freunde, von denen auch Schiller spricht; die sich für einander dem Tode einliefern; und wo jeder wußte, der andere würde es thun. Fühlst Du nicht, wie ich für Dich bin? Wenn Du die Kraft hast gegen mich zu stehen. Erstlich berechnete ich den Gang der Posten falsch; und glaubte, Du hättest mir schon mehr antworten können im gestrigen Briefe — nun weiß ich, er ist den 1. Dezember geschrieben, und meiner vom 22. November kann nur den 2. Dezember angekommen sein. Zehn Tage geht wenigstens ein Brief. Verwünschte, von uns selbst bereitete, wahnsinnige, alberne Trennung! — In diesem Irrthum, bei dem mühsamen Lesen, bei Augenweh im Schneewetter, und einbrechender Nacht, und ausbrechender Ungeduld, verstand ich Deinen Brief nicht: es war nach 3, als ich ihn bekam, oder noch später, ich wollte eben essen; es dunkelte während dem Lesen, trotz daß es am Fenster geschah; ich also, so wie der Brief zu Ende war, laß gleich das Gedeck wegnehmen, und setze mich hin und antworte Dir; sehr ärgerlich — ich glaube Dich wankend —, als ich zu Ende den Wachsstock zum Sieglen fordere, weil der Brief weg mußte — ich dachte wenigstens, er müsse noch wie unter den Franzosen um halb 5 auf die Post — schreibe ich noch Liebesworte bei Lichte an den Brief: Hanne kommt; wundert und freut sich, daß ich noch nicht dinirt habe, invitirt sich: ich mache endlich den Brief zu; immer nicht sicher in mir, ob ich ihn wegschicke; „Einen ganz ekligen groben Brief hab' ich da geschrieben!" sag' ich zu Hanne. „Schick' ihn nicht ab!" schreit mir das Kind. Wie ein Orakel war es mir. „Ich will auch nicht; Du hast Recht!" — „Wie man sich nachher ärgert!" setzte sie hinzu, „und immer ist's umsonst und ganz anders." Ich küßte sie: wir aßen. Sie, Suppe, und alles mit: förmlich dinirt. Sie mußte mir noch ein Blatt Deines kleinen Journals, die kleine Reise mit Kerner betreffend, vorlesen; dann wurde sie geholt. Es war eine kleine Fête für sie, so an meiner Korrespondenz Antheil zu nehmen; ich bestellte ihr Deine Grüße. Ich habe meinen schlechten Brief nicht vernichtet; weil Du ihn doch wirst gerne sehen wollen, wozu Du alles Recht hast; es kann geschehen, wann Du willst. Nun will ich Dir auch sagen, welche Stelle in Deinem Brief — durch alles Mißverstehen noch erhöht — mich gekränkt hat: „Es wäre wunderbar, wenn alles so glatt ginge, warum sollte mit einemmale das Glück so günstig sein! Und ich muß Dich aus treuem Herzen warnen, nicht zu leicht meinen Plan einzugehen, da ich für nichts bürgen kann, und Dich vielleicht nach einem halben Jahr auf's neue wegen meiner Existenz verlassen muß, während in Holland Deine Lage leicht eine daurend angenehme Wendung nehmen kann, wenigstens was den Aufenthalt betrifft. Neue Irrsale für mich, neuer Kampf mit Möglichkeiten! Eben daß alles möglich ist, wird zum größten Hinderniß, und so weiter." Lieber, Lieber! wie krankhaft! Und das bei einer Freundin wie ich! Das „Glück", von dem Du sprichst, bin diesmal ich. Ein wankend Herz, ein Geist ohne Wahl, die dies befestigt, das ist Unglück, Tragie, wogegen keine Fortuna was kann, kein Ereigniß. Wer mich findet und wählt, hat dies Unglück nicht. Und Zweifel und Kleinmuth werden in seiner Seele geboren. Frei ist man durch Erkenntniß: und selbst der Tod, der das Leben mit in die Freiheit hinüber spielt oder reißt, ist oft so gewählt worden. Deine «Existenz» wirst Du immer haben: schreiben, übersetzen, oder was es ist, kannst Du an jedem Ort. — Du wirst nun bereits meine Pläne, Vorschläge, und Gründe, gelesen haben — Doktor bist Du: praktiziren kannst Du auch in Paris; ich werde Dich in nichts, und an nichts hindern; und wo Du bist, lebe ich gern, und gut: willst Du, wohin ich nicht hin soll und kann; gehst, Du Verbindungen ein, die unserer entgegen sind; so bleib' ich oder reise, und lasse Dich. Das weißt Du nun schon. Hamburg, habe ich Dir, in meinem gestrigen, nicht abgeschickten Brief geschrieben, ist und bleibt, bei seinen Freiheiten, ein grober, auch ein unhöfischer Ort; und ist eigentlich für Dein Wesen auf die Länge nicht. Um dort Praxis zu bekommen, muß ein junger Arzt schlechte Soumissionen machen: ich weiß es: und die Gesellschaft dort ist ein schlechtes Zunftwesen; und am Ende sind es doch nur die Reichen, und haben niemand über sich, zum Hoblen. Auch bleibt's mit Hamburg nicht wie es ist. Dir war der Ort als Zuflucht und in Fanny's Schimmer lieb; in meinen Augen aber für Dich das häßlichste Verhältniß. Dies meine innerste Herzensmeinung; die ich von je hegte; aber zu blöde, und auch nicht berechtigt war, herauszusagen. Ich folge Dir also, wohin Du willst; so lange Du es wünschest (und wiederhole Dir wieder: jetzt gleich, und für immer und ewig, mit mir es nur nach Deinem üppigsten, frühlings- und kinderartigsten Herzenswunsch zu machen); nur nicht nach Hamburg, nur nicht nach Rußland, weil ich nicht einen Winter dort aus lebte, das fühle ich nun bei der russischen Kälte, die wir hier haben; aber die erste sibirische in Rußland streckte mich nieder! Ich gehe während der hellen klaren Kälte nicht aus. Neumann war gestern Abend bei mir: ich zeigte ihm Deine kleine Reise mit Kerner. Armer Lieber! Er nahm es sehr einsichtsvoll und herzlich, daß Dir so arg zu Muthe ist. „Er muß fort", sagte er. Er spricht etwas mehr als sonst. Ich schrieb ihm gestern ein Wort, wie ich es mit ihm verabredet hatte, daß ich einen Brief noch aus Tübingen von Dir hätte: und daß Herr von Fouqué noch dahin schreiben könne. Für den wollte er's wissen: aber Neumann hatte ihm schon vorgestern geschrieben, er möchte dreist schreiben: Du bekömmst also vom lieben Freunde ein Schreiben: und ich freue mich, es Dir, obwohl vielleicht mit seinem Brief zugleich, anzukündigen. Ich ließ um so getroster meinen gestrigen liegen, weil er doch nun von neuem nichts Entscheidendes enthielt, und ohne Deine Entscheidung nichts enthalten konnte. Als daß ich Dich liebe. Und Du mein lieber Sohn bist. Sonnabend muß doch nun ein Brief von Dir kommen, worin steht, daß Du meine hast: dann werde ich wieder keine rechte Zeit zu antworten haben! Ich fürchte mich so vor Deiner Reise, des Winters, der Kälte, des Wetters wegen! Ach Gott, kämst Du doch noch zu mir! Schreibt Dir denn Harscher nicht? wie mag denn der in der dicken Schweiz gereist sein! Nun sieh das ganze Verzeichniß von allen Briefen, die ich nach Tübingen geschrieben habe: — — der gestrige liegt: und dieser soll gehen.

Armer Lieber! sei nicht so melancholisch! Sieh! wie kam der vorige Sommer? und jede sechs Monate können dergleichen gar nicht Auszudenkendes enthalten. Wenn ich bei Dir sein werde, und Deine Augen um Beifall, Tadel, untersuchen kann, um Lob befragen kann, werde ich Dir noch Tröstlicheres sagen: schreiben kann ich auch nichts wahrhaft Tröstliches, und Schmeichliges. Mir ist aber auch oft so arg! aber sinken lass' ich mich doch nicht: ich denke ja nun, ich sehe Dich wieder. Mache es doch auch so! Siehst Du, daß Du ein fürstlich Leben haben mußt, und nicht in öder, gesellschaftsloser Stadt ein Bücherleben führen kannst? Es haben nicht alle Menschen Handlangergeister, und können in Büchern stöbern in dem ganzen langen Tag — meine Tinte geht schon wieder g a r nicht! — von allen Göttern bereitet; eine Art Ruhm zusammen zu tragen, von dem sie sich nachher nähren, wie Würmer von Staub; ohne Saft, Licht, Sonne, Farbe, Luft und Wasser. Schelte Dich nicht! Sich Widersprechendes kann der kleine, kleine Mensch nicht: klein ist er sehr, ganz klein! Du vermagst zu leben, und das Leben zu sehen; hast ein Talent, auszudrücken was Du gesehen hast; und mehrere; und kannst, lebend mit Menschen, Luft, Farben und Freiheit, noch vieles geschwind lernen. Verzage nicht so leicht. Am wenigsten über Deine Existenz. Ueber diese kann ich nur mündlich ganz nach Herzenswunsch mit Dir sprechen. Nun erwarte ich Deinen Brief, Geliebter!

Die berühmten Römerinnen sind es recht umsonst. Gerechter Gott! was ist es leicht und natürlich, sein Vaterland zu lieben, wenn es einen nur ein bischen wiederliebt: man thut es ja schon ohne Gegenliebe. Ich will gar nicht mehr unglücklich sein, und viel Armuth still ertragen, wenn ich nur daran denke, daß unsere Soldaten keine Prügel mehr bekommen. Der Magistrat hatte ihnen Röcke entgegengeschickt; tausend schöne Züge von Eintracht und Einsicht und schnell geheilter Thorheit gehen hier vor; ich weiß aber nicht, welche heilsam sind der

Post zu vertrauen, und welche nicht. Könnt' ich doch nur nach meinem Tode mein Land glücklich sehen! Das wäre Existenz genug! Scharf ist den Soldaten Artigkeit anbefohlen, und wird auch geübt: doch laufen noch rohe Geschichten mit unter. Ein Kaufmann hier — der Name ist mir nur entfallen — bekam vier Gemeine von den Husaren zur Einquartirung — wir haben jetzt unsere eignen Truppen für's erste mit Wohnung, Licht und Holz zu versorgen — ein Lieutenant ohne Billet kam mit und blieb; der Wirth ließ ihm höflich andeuten, daß er auf sein Haus kein Billet habe; der Lieutenant aber ward murrend und ging nicht; die Wirthin kam, es ihm höflich auseinanderzusetzen, daß er nicht bleiben könne, er widersprach ihr, und blieb; nun kam der Mann, und sagte es ihm nachdrücklicher, worauf der Mensch denn endlich sagte, sie könnten thun, was sie wollten, aber sie würden es schon sehen, er ginge nun, da er einmal da wäre, nicht weg; und so stürzt er dem Vater in die Arme. Es war ihr seit zwei Jahren todtgeglaubtes Kind. Schlittschuh zu laufen, war er ausgegangen, und nicht wieder zurückgekommen. Sie hatten Trauer um ihn getragen; er aber war nach Kolberg gegangen, hatte sich anwerben lassen; und so hat er sich zum Lieutenant geschlagen. Nun wurden aber die Eltern böse, daß er sie in Gram und Angst gelassen hätte: er aber sagte, das habe er müssen, wegen des Augenblicks, den er nun erlebt habe. Ist das nicht eine schöne Geschichte? — (Gamet heißt der junge Husarenlieutenant, und war bei einem Uhrmacher in der Lehre.) Adieu jetzt, Hanne ist hier: es ist nach zwei Uhr. Ich esse heute mit Mlle. Bauer und Vetter unten. Gefüllten Kohl und Sahnentorte. Adieu, Lieber!

Sonnabend Vormittag, den 17. Dezember.

Ich kann nicht dafür, und Du kannst nicht dafür, und Du sollst mir schreiben wie Dir ist; aber Dein letzter Brief — der mit der kleinen Reise mit Kerner — hat mir die Gewißheit geraubt, Dich wiederzusehen; die allein mich aufrecht erhielt, die meine Nahrung war, wie der Saft den Baum erhält; ich liege nun seit dem. Vielleicht irre ich mich auch, und Du hast auch nur aus Angst so geschrieben; aber Du hast mich angesteckt: vielleicht ist es auch der Winter, der mich kränklen läßt, und daß ich endlich herabgestimmt werde. Denn bald, wie eine Jagd in meinem Körper, haust der Rheumatism auf meinen Musklen, bald in meinen Nerven; und gestern ging ich wieder einmal in Verzweiflung aus: aus wahrem Unbehagen schrieb ich Dir in zwei Tagen nicht. Aber warum, wenn ich Dir so „reichbeladene Schiffe" schicke; ermuntern sie Dich nicht mehr? nicht einen Augenblick? Du selbst fühltest es; und schriebst mir immer drunter: laß Dich von meinen Ausdrücken nicht stören, verkenne meine Anhänglichkeit, den Wunsch bei Dir zu sein, nicht. Verzeih' auch mir, daß ich so schreibe! Es ist auch eine Erleichterung! Und behielte ich's auf dem Herzen, ich könnte Dir nie wieder besser schreiben. Schreib' auch ganz wie Du willst! und sollt' ich noch tausend Briefe bekommen, die trübe sind und ängstlich machen. Hörst Du, Lieber? Ich rede Dir zu; und küsse Dich dabei! — Mein ekliger Meister war hier; und nun kann ich erst wieder schreiben. Ist es wahr, „daß mein Schmerz Dich freut! Dich beruhigt?" — Lieber Englischer, wie sehnt' ich mich vorgestern nach Dir! oh! wie zerrissen: wie abgerissen fühlt' ich mein Herz; mich. Mich dünkt, kein Uebel kann über mich kommen, wenn wir bei einander sind. Und vom Leben würd' ich schmerz-erleichtert in Deiner Gegenwart lassen!

Ich habe vorgestern Nachmittag, mitten in den Heinse'schen Briefen, ein berühmtes, oder doch vielmehr nur ein jetzt viel besprochenes Buch ganz geschwind gelesen; weil es mir Mad. Liman schickte, ich hinein sah, immer das Interesse suchte, und so wohl beinah ein Viertel las, und es so schlecht fand, daß ich es schnell durchzusehen beschloß. Dies Buch, Jacopo Ortis, aus dem Italiänischen übersetzt, hat mir Italien ordentlich verdorben. Als hätte ein Müßiggänger einem eine schlechte Figur in eine himmlisch stille Aussicht hineingekleckst. Solches nordisches, armseliges Brüten hätte ich nie hinter den Alpen vermuthet; und eh' ich erfahren hatte, daß es wirklich ein Welscher geschrieben, glaubte ich ein Deutscher hätte es dort gethan, und ein anderer habe es übersetzt. Vaterlandsliebe, und verliebte Liebe, spielen da solche abgeschmackte leidende Rollen, heben sich gegenseitig auf; aber nicht empor, daß einem so matt wird, als dem Jacopo — schon der Name! — selbst. Einem Vater werden da drei bis vier Personen geopfert, der nicht drei Sous werth ist, und den der Verfasser noch loben zu müssen glaubt. Kurz, ein sehr schlechtes und schlecht konzipirtes, unangenehmes Buch. Da aber die häßliche Geschichte wahr sein soll, so stirbt doch Einer so natürlich am

Ende, daß der Tod mir mich selbst zu packen schien; und da dacht' ich an Dich mit der Sehnsucht! — Ich erwarte heute oder Dienstag einen entscheidenden Brief von Dir; und will jetzt ausgehen. Kommt heute keiner, so schicke ich diesen heute so weg, wie er ist. Adieu, lieber Varnhagen. Nun daß ich Dir alles geschrieben habe, kann ich Dich wieder aus ungestörter Quelle lieb haben: und habe Dich sehr, aus Grund des Herzens lieb! Lieber!

Gleich 4 Uhr.

Ich komme nach Hause, geliebter Freund; will essen, und finde Deinen Brief, in dem Du mir sagst, daß Du im März nach Wien kommen willst. Du wirst mich also empfangen — wenn man anders nach Wien reisen kann; welches ich nicht glaube. Sehen muß ich Dich. Mir sagt's heute, und heute wie ein Augure, mein krankes geängstigtes Herz. Ja, es ist krank. Und nur einen Augenblick war es belebt; als Du mir, das erstemal so gewiß schriebst, Du kämst nach Wien. Du schreibst es wieder; aber, heiliger Gott! ich bin so ängstlich — ich kann es nicht mehr glauben, daß es wahr wird. Und könnte man nun nicht nach Wien? Kämest Du nach Paris? Thäte es Harscher? Von dem hängt doch immer viel ab bei Dir. Bedenke! — und verzeihe meine Angst, meiner verstrickten Seele! — alles schlägt mir fehl, alles in der Welt, außer Du. Und der Winter, meine wirkliche — und auch außen wirklich gewordene — Einsamkeit, mein feines Nervenspiel — ach, so wie es mich erhöht, und erhellt, kann es mich sehr elend, in gräuelvolle Abgründe stürzen machen. Meinem Geist, meiner Einbildungskraft ist alles möglich, ach! und meine Erfahrung widerspricht ihnen in nichts. Das bischen von den Menschen angenommene physische Möglichkeit, ist mir auch nichts. Laß Dich nicht traurig machen! Aber wenn Dolche auf mich gezückt wären, Kanonen ihre Rachen gegen mich blökten, ich würde hinfallen, aber nicht anders sprechen können. Das Ungewisse tödtet mich. Ich muß Freiheit haben und Gewißheit. So war ich immer; und eine lebenslängliche Verheimlichung, Unterdrückung dieses Bedürfnisses, des innersten Seins, dieses Bluts-, Nerven-, Denk- und Geistesverhältnisses, hat es nicht geändert, getödtet: nein! ausgewachsen ist es, zum mich tödtenden Leben-Giganten ist es geworden! Fürchte Dich nicht! Ich werde mich besänftigen.

Aber wie ein schwarzer, dicker, tiefer Höllenfluß wogt's schmerzhaft drückend in mir herauf; keine Welle noch zu unterscheiden, daß des Geistes- oder das Sonnenlicht andere Bilder in ihnen spieglen könnte! Furcht wird's, reine Furcht! Ach es hat sich mir auch nicht erfüllt! ich muß verderben! Sprich nicht so! nicht „besser als in Leipzig", nicht „längere Zeit werden wir uns sehen", sondern immer; bis uns etwas trennt. Ich bin ein wahrer Sterblicher; nur den Tod kann ich mit Leichtsinn erwarten; den man vor lauter Leben nicht kennt: keine andere Drohung kann ich aushalten!

Dein Brief voll Liebe; Dein herrlicher Brief; der mir so ausgesuchtes Lob spendet, hat mein Herz doch nicht mit dem heilenden Worte berühren können, welches wohl giebt, — ich weiß es! ach! — Deine Gegenwart! Hätte ich tausend elende Thaler, so wärst Du hier: jetzt; in einem Monat. Und lasse gewiß mehr zurück, wenn ich sterbe. Ach man ist wahnwitzig. Werde nur nicht traurig von mir! — Daß Blut und Gold aus Einem gemacht sind, dacht' ich auch neulich: wie kommt's, daß Du's nun schreibst? Ich wußte, daß Pfeffel alt und blind ist: davon allein hätte er höflicher werden können. Aber von Ausstechen wußt' ich nichts. O! der Unselige: o! wie fürchten macht mich das, so etwas, jede Zukunft: wie unvollkommen! wenn es in einer Zeit so etwas geben kann. Es freut mich grade bei meiner Beklemmtheit, daß es Harscher'n jetzt vergnügt geht. Versprich mir nur, daß, kann man nicht nach Wien, Du nach Paris willst; dann wird mir wieder besser. (Gott, wie finster schon.) Pässe sollst Du haben; zu rechter Zeit.

Das was Du mir über „Wilhelm Meister" schreibst, will ich nachher lesen. Es ärgert mich recht, daß meine Briefe an Urquijo alle in meinem infamen Französisch sind. Die können Dir doch nicht gefallen; außer, die große Liebe, der Schiffbruch, das Verschlagensein — in Gegenden, die die Alten Hölle genannt hätten — mit Bewußtsein! Kurz, die ganze Veräußerung des Herzens, und des Lebens! Weißt Du, welcher von ihm mich am meisten zermalmte, vernichtete, wo ich Gottes Hand schwer fühlte, und für immer; und wo vor Furcht und Niedersturz der Schmerz selbst erschrack und schwieg? Einer; welchen er mir nie geschickt hatte, und der auch nicht eingebogen ist; und der sich unter die mir zurückgeschickten verloren hatte, und so zu mir als ein Zeichen Gottes kam; es lautet drin, oder er fängt auch wohl gar an: „Non, tu n'as jamais connu la volupté!" Er meint, geliebt zu werden, wo ich liebe. Der Wahnsinnige! und dann sagt er, ich liebe ihn nicht. Adieu! Bei Mama habe ich mich heute auch über einen Brief meiner Schwester geärgert. — Ach bleibe Du mir! und ich will denken, ich habe alles. Ich versichere Dich, ohne Dich habe ich nichts. Antworte mir! Und lasse Dich von mir nicht bestürzen. Dienstag muß ich an die ganze holländische Familie französisch schreiben; die mir schrieb. Adieu! Ach Gott! könnt' ich Dir doch wieder vergnügt schreiben. Ich scheute mich immer es Dir zu sagen, aber es muß doch heraus! Du weißt, was ich habe; davon gehört natürlich die Hälfte Dir. Antworte mir hierauf nicht. Ich würde ja alles von Dir annehmen. Hätte ich nur was. Ich Elende. Lerne nur Italiänisch! da kommen wir doch noch hin. O! könnt' ich Dich umarmen! Rahel.

Ich werde Alle grüßen, und Neumann den Zettel schicken. O! Gott! o! Gott! wäre es Sommer und ich mit Dir im Freien. So natürlich! und so fern — so unmöglich — —

An Rahel.

Tübingen, Donnerstag, den 15. Dezember 1808.

Geliebte, theure Rahel! Ich wollte Dir heute Nachmittag schreiben, um noch den Brief abschicken zu können, aber zögernd mehr und mehr hab' ich nun die Zeit verstreichen lassen, und erst übermorgen geht mein Brief ab. Die unlieblichste Wüstheit, die ich in mir fühlte, und die einen Schmerz im Kopf erzeugte, ein Klopfen, das sich der genaueren Beobachtung entzog, hat mich gehindert, und ich konnte mich durchaus nicht entschließen, einige flüchtige Zeilen, die in ihren groben Zügen kaum einen schönen Keim enthalten hätten, auf eine so weite Reise auszusenden. Jetzt da die Post geschlossen ist, fühl' ich mich etwas heller, wozu lautes Lesen homerischer Verse gewiß viel beigetragen hat, und da sitz' ich Armer nun hinter der Post, um wenige Stunden zu spät! Das ist ein rechtes Weh! Zwei Briefe von Dir hab' ich wieder seit meinem letzten bekommen, liebe Rahel! welch' liebe aufmuthigende Briefe! Es ist, als wenn sie sich vor der Thüre erkundigt hätten, wie man heute mit mir reden müsse, und wann ich am meisten allein sei, allein, ohne Ideenblitz, ohne Phantasieenschein, ohne Thätigkeitsstürme, dann kommen sie und sprechen schlau nach meinem Bedürfniß; um so treffender, um so heilsamer, als ich ihnen doch die Unbefangenheit auf keine Weise absprechen kann. Auch Dein Christgeschenk hab' ich nun, Du liebes Kind! und breche gewiß das Siegel nicht vor der bestimmten Zeit, ich will es recht festlich empfangen, Dein Geschenk, und den Schmerz nicht scheuen, mir meine Einsamkeit recht einleuchtend zu machen durch den Schein des heiligen Abends. Die Fingerspitzen haben mir aber doch schon verrathen, daß eine Brustnadel zwischen den Kartenblättern liegt, nun denk' ich hin und her, wie sie wohl aussehen mag, und ob ich an der Form werde erkennen können, daß Du sie gewählt hast aus vielen. Zweifelhaft bleibt das immer, da die Wahl ja so streng auf das Vorhandene angewiesen ist, auf den Erfindungsgeist Anderer. Ich werde ja sehen! — Gestern faßte ich schon frühmorgens den heldenmüthigen Entschluß, auf den Abend einige Stunden bei Cotta, der mich das letztemal freundlich eingeladen hatte, zuzubringen, und zog nach langer Zeit wieder einmal meinen schwarzen Rock an. Wie nun der Abend kam, mußte ich mir noch auf alle Weise den möglichen Nutzen aufzählen, den ich von Cotta's näherer Bekanntschaft haben kann, um meinen wankenden Vorsatz zu befestigen. Ich ging endlich im abscheulichsten Regenwetter, das den Schnee keineswegs bezwang, durch die glatten, wasservollen Straßen. Wie ich angelangt bin, ist Cotta verreist und kommt vor Neujahr schwerlich zurück. Ich habe mich recht ausgelacht, und ging dann mit Kerner, der mir auf dem Rückwege begegnete, einen Schoppen Wein trinken, wobei ich einen hiesigen Doktor, so daß er's hören konnte, einen dummen Kerl nannte, aus bloßer Wahrheitsliebe, ohne Zorn, ohne Aerger, ohne Uebermuth, ach im Gegentheil, sehr bescheiden! Das war alles! Die Wirthsleute, bei denen ich sonst gegessen habe (jetzt esse ich zu Hause eine Milchsuppe, und brauche gar nicht auszugehen als auf die Post) halten mich für was Besonderes, und trauen nicht recht, daß ich Doktor und Arzt sei. Vor einiger Zeit waren hier Prinzen aus Baden ganz inkognito, und schienen heimliche Dinge zu betreiben, die vielleicht Zusammenhang haben mit den neulichen wichtigen Verhaftungen in Karlsruhe, das mag die Frau auf den Gedanken gebracht haben, ich sei auch etwas von der Art, worin meine für die hiesige Gegend übermäßige Feinheit sie bestärken konnte, genug, sie hat es Kerner'n im Vertrauen fragend mitgetheilt. Es amüsirt mich kaum, und ich kann nur wie Mignon sagen, ich wollte ich wär' es! Ueberhaupt sind mir hier die Leute insgesammt nur in so fern etwas, als ich sie vielleicht brauchen könnte, und auch diese Rücksicht hat mich noch nicht zu Besuchen bewegen können, außer bei Cotta, der glücklich entwischt ist. Ich bin den Leuten hier gar nicht feind, aber nirgends würde ich Freude finden, ihr Sinn thut mir nicht wohl, und die geistvollen müssen unschön bleiben. Auch find' ich mich recht gut in meine Eingezogenheit, was mir fürchterlich daran ist kömmt ganz aus dem Gemüth, dessen verwirrtes Ringen sich darin so nackt abbildet, und nach allen Seiten unendliche Leere findet, in die es sich ausdehnen kann. Von den Geliebten so entfernt zu sein, könnte mich sehr traurig machen, und jedes sich Aeußern des Gemüths trüben, aber doch den innersten Kern in seiner hellsten Lichtsphäre lassen, wenn nicht zugleich von allen diesen Banden das Herz erschüttert würde, indem überall stürmisches Regen, nirgends eine stille Blüte ist. Der Geist, der für sich selber doch nicht Rath finden kann, müdet sich ab im harten Dienste des Herzens, dem er nicht genug Kombinationen zu schaffen weiß, um dieses sonderbar verwilderte Leben, das sich schon so sehr festgerannt hat, mit den schönen, den häßlichen engverwebten, Fäden, aus der Irre zu retten. Es muß alles mit so wenigen Mitteln gezwungen werden, und der kleinste Schritt reißt gleich Schritte Anderer mit sich, während er selbst noch erst hypothetische Geltung hat; alles hat seine eigenen Zeitverhältnisse und Raumverhältnisse, deren Berechnung mit vielen unbekannten Größen einen schweren Kampf zu führen hat. Mich freut Dein Wort, geliebte Rahel, daß ich den Winter mit Ueberlegungen zubringen soll, denn es giebt wahrlich noch viel zu bedenken! Inneres und Aeußeres zu prüfen! Wenn ich noch ein Jahr in Wien studiren kann, so ergeb' ich mich nachher immerhin einigen Jahren medizinischer Praxis, die mich freilich auf keine Weise so befriedigen könnte wie Kriegführung, oder ein höheres Schreibergeschäft, aber auch nicht in Gefahr setzt, als Offizier im schönsten Frieden an den Thoren zu liegen, und Spitzbuben arretiren zu lassen, noch mit einmal eine vortheilhafte, ehrenvolle Stelle an der türkischen Gränze zu bekommen, die einmal nicht vermieden werden könnte. Aber glaube nur nicht, liebe Rahel, daß mir alles wieder verleidet sei! Ich bin so muthig, so ergreifend, wie nur je, und will nur eben, wie der Besonnenheit nicht den Muth, so auch dem Muthe nicht die Besonnenheit entziehen! Das nur bleibt in jedem Falle gewiß, daß ich Dich wiedersehe, geliebte Rahel! Und dieses Frühjahr wiedersehe, in Wien! Du müßtest denn nach Holland gehen, was vielleicht neben der Annehmlichkeit auch große Vortheile für Dich hätte, und also später nach Wien kommen. Ich hoffe aber das wird nicht sein! Obwohl sich auch damit für mich eine leidliche Muße in Hamburg kombiniren ließe, vor der ich mich aber auch in vieler Hinsicht fürchte. Du sollst nur in jeder Art frei sein, geliebte Rahel! Unser Wiedersehen, unser fröhliches, regungsvolles Zusammenleben ist dann auf den Herbst verwiesen, aber doch auch nach Wien, nicht nach Paris, wo ich ersaufen müßte noch zur Zeit. Eine Stelle in Deinem Briefe ist durch dieses beantwortet, Liebe! Sei ganz keck in Deinen Entschlüssen, und was mich betrifft, so glaube nur fest, theure Rahel, daß ich mich für wohl versorgt halte, wenn ich die Verwaltung meines Wohls Deinen Händen anvertraue! Du siehst, auch mit Paris ließe sich noch vieles bedenken; wenn ich Medizin fortstudire, und in Hamburg einige Gelegenheit zu Uebungen finde, so könnt' ich doch vielleicht bis zum Herbst vorbereitet genug sein, um auch die dortige Fülle nicht scheuen zu dürfen, die mich sonst erdrückte. Das Beste ist, daß wir noch einige Monate unentschieden bleiben können, was in Dingen, die man selbst entscheidet, nie beunruhigt, und mir diesmal, da ich von Fanny und auch von Harscher noch starken Eintrag in mein Lebensgewebe erwarte, zur wahren Beruhigung wird. Ja, liebe Rahel, ich habe Dir es schon gesagt, und wiederhole es, ich bin Fanny'n auf immer mit der größten Innigkeit zugethan, und kann ihr nicht weh thun, während sie selber in unglücklichen Widersprüchen sich verzehrt, und ziehe aus tiefster Neigung, nicht aus Weichheit oder Vernunft, einer grausamen zweifelhaften Heilung vor, selber einen Theil ihres Kummers, ihres freudenlosen Lebens in mein Leben herüberzunehmen. Ich entscheide nichts über die Zukunft, eben weil ich nichts Entschiedenes habe, was entscheidend wäre: und auch Du, geliebte Rahel, sagst wiederholt, ich müsse frei sein. So kann sich denn alles begeben, zum Vagabund und zum Hausvater sind mir die Leitern gleich hoch, zum ehrwürdigen Arzt, und leichtfertigen Attaché eines Großen. Freilich müßte die Vagabundenanlage sehr klein werden, oder sich rasch in einem meiner

Söhne ausbilden, um den Hausvater nicht aus dem Hause zu treiben. Aber ernstlich, es wird eine Seite von mir immer von Fanny und unserer, einst so hoffnungsvollen, Neigung angesprochen sein, und heirathen werde ich entweder nie, oder eine von Euch beiden! Ich weiß, daß ich damit etwas Ungeheures sage, dadurch ungeheuer, daß ich es zu Dir sage, geliebte Rahel! Aber ich bin dabei nicht besorgt, denn daß Du eine solche bist, wie ich Dich erkenne, dadurch wird alles in den gewöhnlichen Maßstab gebracht, die Verhältnisse bleiben dieselben in großen wie in kleinen Zahlen. Auch ist es alles im Grunde ganz anders, als ich es sagen kann, nicht etwa ein mehr oder weniger, sondern die schriftliche vollends, aber auch die mündliche Darstellung dieser meiner seltsamen Gefühle, für die ich weder Freundschaft, noch Liebe, noch Neigung, noch ein anderes mir bekanntes Wort gebrauchen kann, kommt mir wirklich vor wie ein Leib, zu dem wohl Herz, Lunge, Gehirn, und viele andere Theile vorhanden waren, aber doch auch viele fehlten, deren Stellen aber doch, eben weil es ein Leib werden mußte, mit der allgemeinen Haut überzogen sind, als wäre darunter alles in Richtigkeit. Du siehst aber, theure Rahel, daß die leiseste Schonung, und der heftigste Schmerz in mir gegen Fanny sind, die mich von ihr den größten Einfluß auf meine Entschließungen, und ihre Billigung höchst begehren machen, welches mich, da sie mich mit dem größten Wohlwollen liebt, nur auf kurze Zeit verstören kann, da die längere immer auch Einsicht giebt. Darum ist es mir besonders lieb, nichts eilig thun zu müssen; damit sich alles ruhig entwickele; darum auch, wenn Du nach Amsterdam gingst, und ich von Hamburg Dich dort abholte, wäre mir der Zwischenaufenthalt in Hamburg sehr gelegen, alles zu ordnen und zu beruhigen. Dann müßten wir freilich von Amsterdam nach Paris, denn das zeigt die Karte, an die ich vorher nicht dachte, welche unschickliche Reise die von Amsterdam nach Wien! Indeß halt' ich diese neue Aussicht für schlechter, weil sie aufschiebt, für gefährlicher, wegen größerem Geldaufwand und Verlassung des deutschen Bodens. Laß Dir nur um Gotteswillen durch nichts in meinem kümmerlichen Schreiben einreden, geliebte Rahel! ich wäre wankelmüthig, ich bin es nicht! aber freilich fest in meinem Sinne nur das, daß ich Dich wiedersehen will, und an Deiner Seite reifen zu meiner völligen Kraft, die Mittel können immerhin wechseln, und sie sind genau zu prüfen, da von ihnen so viel Nachheriges bedingt wird. — — Ach liebe, theure Rahel! wie hab' ich mich gestern nach Dir gesehnt! Ich fühlte das Getrenntsein in aller Rücksicht, als wahren Lebensüberdruß, und wenn auch vieles noch, was nicht Du ist, mich schmerzt durch seine Entfernung, so ist doch Deine mir ein Symbol für alle geworden! Ich habe die ganze Nacht nicht geschlafen, und konnte doch auch nicht lesen, und die Stille hier, von der Du gar keinen Begriff hast, führt mit Gewalt die traurigsten Gefühle des Verlassenseins in die Seele. Deine Briefe legt' ich zuletzt auf meinen Tisch vor das Bett, und fühlte schon durch diese Nähe einige Strahlen eines frischen Lebens auf mich scheinen; aber ich Unglücklicher las dann einige Billets aus unserer Sommerzeit, da fiel mir der Abstand zu schwer auf's Herz! Liebe, liebe Rahel! — Schnee liegt noch immer, aber es friert hier sehr stark, an Ausgehen ist gar nicht zu denken, die Berge sind jetzt fürchterlich anzusehen, und nirgends eine freundliche Einrichtung. Man weiß hier von gar keinen solchen Dingen, wie sie in anderen Städten sind, ein Konzert ist regelmäßig Sonntag Nachmittags um 3 Uhr, Besuche kann man Abends nur von 6 bis 8 machen, dann essen die Leute, und um 9 Uhr gehen in der Regel die Damen zu Bett. Du weißt, daß ich eben nichts leide durch diese Einrichtungen, aber es ist so widrig, macht so unwohl, diese Ungefügigkeit und Stumpfheit um sich zu wissen! Uebrigens bin ich ganz sanft und milde mit allem, was mich berührt, aus Gefühl und aus Grundsatz; Du hast von mir, liebe, besorgte Rahel! in Wien für niemanden etwas zu fürchten. Sei darüber ganz ruhig! Du wirst wohl den Brief zu sehen bekommen, den ich gestern an die Gute geschrieben, und mit dem absurden Tagebuche fortgeschickt habe: wenn ich gegen Alle, die mich nicht mehr anziehen, als die Gute, nur halb so sehr artig bin, so wirst Du gewiß zufrieden sein! Was Du über Drieberg (den ich recht gut kenne) an Neumann gesagt hast, finde ich durchaus richtig und überzeugend, ich glaube aber, daß ich meistens von selbst in dieser Art die Leute behandele, wenn mich nicht eine wirkliche aufdringliche Störung meines Innern durch Solche zur Feindseligkeit reizt. — Du willst so gut sein wegen Pässen nach Wien alles einzuleiten? Ich bin von Hamburg, schon seit langer Zeit, dort bin ich ja am meisten ansässig, und aus Düsseldorf wurde mein Vater ja verwiesen. — Der Roman könnte mich jetzt etwas erquicken, ich hab' ihn aber noch nicht. Nicht wahr, gedruckt nimmt er sich doch ganz anders aus, als damals, wo ich viele Tage einige Kapitel in der Tasche trug, und Du Gewalt gegen Gewalt setztest, wenn ich sie Dir vorlesen wollte? Liebe Rahel! Die klare Unmöglichkeit, die ich vor mir sehe, jetzt gleich, so schnell eine Extrapost Tag und Nacht es vermag, zu Dir hinzureisen, und Dir in die Arme zu fallen — ich höre Deinen kleinen Schrei! — bringt mich zur Verzweiflung! Dies, worauf ich immer zurückkomme, schlägt alle meine kleinen Hoffnungen nieder, und jede, die schönste Aussicht, wird zerrissen durch die öde, öde lange Zeit, die ich noch warten muß! Wäre es nur Sommer! Und da sagst Du, Liebe, ich soll nicht von der Zukunft reden, jetzt gleich als mit Dir mich betrachten? O Theure, Liebe! es ist ja wirklich als hätte ich die Lebensluft vorausgeschoben, um dort rechte Fülle zu haben, und behülfe mich hier mit dünnen, kaum erhaltenden Athemzügen. Oft muß ich glauben, daß ich gar nichts werde mit rechter Kraft ergreifen können, am wenigsten ein Studium, so ärmlich ist mir's! Laß mich Dich nur wiedersehen, geliebte Rahel! Dann wird noch alles gut. — Ich habe Dir noch so viel zu schreiben, aber es wird zu spät. Lebe wohl, geliebte Rahel! Ich küsse Dich! Lies den Brief an Neumann, wenn er Dir nicht zu klein geschrieben ist. Liebe, gute Rahel, ich habe nichts, was ich Dir schenken könnte, das thut mir so leid. Nicht einmal ausschneiden kann ich was rechts, ein hiesiger Instrumentenmacher hat mir meine Scheere verdorben. Leb wohl! leb wohl! Grüße die zu Grüßenden! Ewig Dein Varnhagen.

An Varnhagen in Tübingen.

Sonnabend Abend, den 17. Dezember 1808.

Nun hab' ich geweint; und es ist mir in der That, als sei ein Tropfen gelöst von dem finstern Strom in mir; ein Tropfen, nicht mehr! Ich habe in Heinse's Briefsammlung gelesen. Es ging ihnen wie uns. Man sollte sich nicht trennen! Drei sind schon todt: Gleim, und Heinse und Forster. Sie wollten sich immer sehen. Sie waren Männer; Gleim schon, wo ich jetzt lese, neunundsechzig Jahre alt; Müller sechsunddreißig, und wie sehnsüchtig, wie lebendig, feurig ihr

Wunsch, sich zu sehen; und immer zunehmender. Auch sie interessirte Europa, und was für Menschen darin geschehen sollte, so lebhaft! Wie sie riethen und kombinirten! Vom Fürstenbund, von Joseph, von Friedrich Wilhelm, vom damaligen Koadjutor Dalberg, von allen Gelehrten, ihren Werken, den Kriegen; wie wahr, wie wahrscheinlich sah alles aus; wie jetzt! Ihre Herzen schlugen in unsäglicher Unruhe von Wunschesstürmen in ihrer Brust, wie unsere! auch wir wissen nichts; und können nur leben: und thun's nicht; wie sie. Einige wenige und zwanzig Jahre haben kluge Leute zu Narren gemacht; und die uns preisgegebene erste Sandfläche der Erde scheint wirklich verändert. O! wie weint' ich über ihre Liebe: mit welcher Leidenschaft empfand ich ihre Sehnsucht, ihre stürmenden Wünsche mit! Ich hatte es nöthig, o Gott! auch ohne Gegenstand müßt' ich ewig fortlieben! Nun seh' ich es; es sind die geistigen Schläge meines Herzens, aber alle Herzen sind nicht so: das hab' ich erst heute in meinem Kopfe erfahren. Den Unterschied hab' ich in tausend Schmerzen erlebt; auch gefühlt; aber nie genannt, und in meinem Geist aufgestellt. Der mir so sehr bekannte Johannes Müller ist mir doch lieb geworden: man liebt so zärtlich, ängstlich, ehrenvoll keinen neunundsechzigjährigen Mann, wenn man nicht wacker ist: und aufhören kann das auch nicht. Und nun ist es mir wieder lieb, daß er in Kassel, in einem sich zurechtrückenden Staate, ist! Es geht zwar karg mit ihm her, und man sieht selten sein Gemüth in reichen Bewegungen: aber er spricht wohl nur nicht davon; und geht einen anderen Weg (wozu ich die Veranlassung in seiner Seele und eigentlichen Geschichte wohl auffinden möchte); aber einzelne und auch sehr schön ausgedrückte Aeußerungen sind mir unumstößliche Beweise, und bürgen mir für die schönsten Regungen in ihm. Daß er Frauen nicht liebt, kann ich nicht ganz für den Grund seiner so ganz, im Ganzen nur, sich äußernden Liebe, und Fähigkeit zu all ihrem Gefolge, in ihm ansehen, sondern halb als Folge davon. In seinen körperlichen Anlagen ist gewiß das Wesentlichste und die Wurzel zu suchen; aber dem früh sich entwickelnden Geist muß doch auf die Spur zu kommen sein, und das möchte ich. Wüßt' ich nur mehr von ihm, ich wollte schon! Auch gelesen habe ich nur Schlechteres von ihm, und beinahe nichts. Für jetzt Adieu. Die Frohberg ist gekommen: es ist so, daß die mich in der Kälte besucht, die mir sehr schlecht thut. Adieu bis später.

Sonntag früh, den 18. Dezember.

Die Frohberg störte mich gestern sehr; nachher war es mir lieb, daß sie da war; wir sprachen viel; nämlich sie erzählte mir viel; ich war unpaß, mir war äußerst unbehaglich; unter anderem erzählte sie mir Oeffentliches, was meine ahndende Unruh bestärkte. Ach Gott! Wenn nur Friede bleiben könnte; und würde. Ich sehe es gar nicht ein, wo wir uns sehen können! Und nicht eine dumpfe Ahndung foltert mich allein; Einsicht ist's. Ach wäre ich doch schon in Frankreich. Mit den Pässen hat es also bis zum März noch Zeit; Du mußt mir aber vorher schreiben, auf welchen Namen und Geburtsort, oder wenigstens Wohnort, Du sie fordern willst: ich schreibe davon schon jetzt, weil einige Monate leicht bei solchen weit reisenden Briefen weggehen. Mich dünkt nur ein wenig zu weitläufig für Bombelles, dem Du nicht schreiben willst, und den ich nicht kenne, daß er nach Stuttgart schreiben soll. Doch könnte ich ja seine Bekanntschaft wohl leicht machen: und habe ich nur Einen erst in meinem Zimmer! Jedoch wirst Du mir noch auf alle meine Skrupel und Vorschläge antworten, eh wir weiter etwas thun. Eines wundert mich in Deinem gestrigen Briefe; Du schreibst mir so bestimmt, „daß in drei Wochen Du von Hamburg Antwort haben würdest, ob Du noch ein Jahr frei sein kannst". Also hast Du doch schon dorthin von Wien geschrieben; und hast auch eine Antwort, was könnte denn sonst so Schmerzliches von dorther sein? Und auch, daß Du nun weißt, in drei Wochen grad Antwort zu haben? und hast Du schon eine; was hielt sie ab, entscheidend zu sein? Von dorther ist mir nie alles klar, und war es mir von Anfange her nicht. O! hätte ich doch die Tugend gehabt, darüber gleich, als Du's zuerst berührtest, recht von der Leber mit Dir darüber zu sprechen. Es ist etwas Konfuses drin! Dies müßte man mir ausreden, wenn ich's nicht glauben sollte. Gestern gleich um 5, wie mein Brief nur weggeschickt war, wollte ich Dir einen anderen schreiben und auch nachschicken; weil ich seine schlechte Wirkung wohl kenne. Aber vergebens! Krank war ich vor Niedergeschlagenheit; die Glieder mir gelähmt, der Wille in ihnen gefangen, auf der Brust eine Last wie von einem zusammengestürzten Pallast! Heftige Kopfschmerzen. Line hatte mir, indeß ich bei Mama war, einen Knoben in den Ofen gelegt; dabei las ich Deinen Brief, und schrieb mit meiner bangen Seele, mit einem kranken Körper aus der ihm verhaßten Kälte kommend — so lag ich wie vernichtet mit diesem wälzenden Willen in mir, der zur anderen Last sich gesellte, und sie nicht einen Augenblick von der Stelle bringen konnte, wieder neu gepeinigt da; essen konnt' ich beinah nicht; ich ließ die Lichte wieder wegnehmen; und wollte mich in Dunkelheit und Schlaf wicklen. Vergeblich! Schlaf kam nicht, und die Dunkelheit besänftigte mich nur wenig: aber die Kopfschmerzen gaben sich; ich ließ Licht geben und las; für eine Thräne ein Königreich! dacht' ich, wie Richard für ein Pferd. Ich las lang, endlich konnt' ich etwas weinen. Ja, wir hätten uns nicht trennen sollen. Sieh mal, wie Du nun in Tübingen sitzest, und wie ich hier; zum Erbarmen! — der feindlichsten Götter selbst. Du bist für schweres Geld herumgereist, ich auch; dafür hätten wir eine kleine Sommerreise machen, und dann wieder zurück, oder uns nach einem zweckmäßigen Ort hin transportiren können! Wir folgten aber infamen klugen Einsichten, die jetzt ganz dumm sind; und nicht unserem Herzen, unserem Wunsche; Du sitzest in einem Neste, bist nicht fleißig; und ich vergehe hier. Und so werden wir's wieder machen! Ich war natürlich still, und wollte in Deinen Plan nicht reden, und ergab mich in alles! Aber künftig mache ich es für mein Theil nie mehr so! Nach unserem Wunsch und Herzen gehandelt, und man hat der Ewigkeit was abgerissen! Ein dummer Streich, sagte ich schon lange zu Moritz, der eben so denkt, ist eine Glorie: den macht man gewiß nicht umsonst, und da hat man seinen Vortheil vorher weg; und schlechten Narren nur ist er nicht erlaubt. — Es ist das Placken nicht werth, wenn man die hingerafften Reihen der Gestorbenen ansieht, die alle ein wenig leben wollten, wie wir; und nicht dazu kamen. O! hätte ich doch ewig nach dieser Einsicht gehandelt. Niedrig war ich nie, nach schnöden Gütern und fremdem hohlen Beifall zu langen, und zu bettlen; aber leicht ließ ich mein Liebstes, um Andere zu schonen, und ihrem Geschrei zu entgehen. Wahnsinn! mein Leben ist bald hin! in welchem Wälzen von Schmerz und bitterem einsichtsvollem Fasten; dem Tadel bin ich doch nicht entgangen; dem Grabe nah, und noch in Kindeszustand; bis sogar mich meine Mutter wegstieß! — Vorgestern dacht' ich so über Menschenleid und Liebe; und dachte, die höchste Leidenschaft verliert den schwarzen Zauber, die Todesschärfe, wenn man eine Mutter hat, wie sie sein kann: so soll sie sein. Wie oft dacht' ich: könnt' ich an den verständigen Busen der meinigen fallen! es wäre ein heilender Altar! Wenn ich Deine Mutter wäre, und Du littest, wie ich gelitten habe; oder eine Tochter, und ich stünde zur Stütze da! schmerzkundig, und die meinem Stamm, meinem Blut, meinen Sinnen, ich ihrem Schmerz einverleibt! Nie kann da das Unglück in solcher Wüste hervorbrechen; und jedes Verhältniß schon wird mild, klar, muß sich reiner gestalten; und das Schlechte weicht von Haus aus vor dem Ehrwürdig-Lieblichen zurück in die „Nacht des Herzens" — wie Fichte sagt, — denk Dir eine junge liebende Mutter wie ich; die liebste Freundin, die tiefste Vertraute ihrer Kinder, ihr Spielkamerad, in Musik, Wetter, Gesellschaft, Putz, Leben, Gedanken. Herr des Vermögens! welche innere gewisse Stütze dies ist! Solch eine ist Gottes Statthalter auf Erden. O! Gott! es giebt ein Glück in diesem verwirrten Jammer hier! aber keiner versieht sein Amt, und die Welt geht unter. Das in ihr, worum allein gelebt werden soll. Ich hatte nie ein Amt! Jedes Geschäftchen, das mir vorkam, habe ich gottgefällig treu besorgt. Man lobt mich: und umsonst. Bitterer Tadel ist schon auf mich gefallen: und er hat mich nicht berührt. Oft war ich schlecht: ich wußte es: und war, und bin auch getrieben es zu sagen; aber es würde mir zu viel Unrecht geschehen, weil ich mich nicht ganz sagen könnte; und ich schwieg in meiner Verstocktheit. Aber nie habe ich einen Freund erst verlassen, ihm gefehlt; einen Geliebten, einen Dienstboten, einen Armen, Eltern, Geschwister. Niemand kann mich meines Wissens mit einer That anklagen. Und ich bin verwaist, so zu sagen: und um hohle, lügenhafte, sinnlose Narren drängen sich ganze Familien, und halten sie empor! oft um eine einzige Lüge! — die ich um Peru's Schätze nicht ausüben möchte: nicht könnte. O! wie habe ich es zeitlebens gewußt, was Eltern sein können! Wie es mit Geschwistern sein könnte. Was ein Freund ist. Ein Geliebter. Ein Landsmann. In Komödien sind Andere gerührt davon: wenn es gedruckt ist:!! und in ihren Zimmern ziehen sie einen Fußteppich, eine Porzellanvase vor. Ich wußte, und bejammerte es in meinem armen Herzen von früher Jugend auf; und nannt' es nicht; aus Unschuld, Scheu, Liebenswürdigkeit, und Jugend, und ließ mich schimpfen. Empören that ich mich, wenn's Andere betraf, und da machte ich mich noch mehr verhaßt. Eine Mutter, ein Vater, ein Bruder, ein Freund, kann einem das Leben retten! Und hat man ihn gefunden, so verläßt man sich feig! lâche. O! Varnhagen, verstehe mich! denke nicht, daß ich mich nur loben will. Ich sehe mein tolles Leben nur an: und will den Rest festhalten. Adieu! ich geh' zur Guten, wenn ich angezogen bin; ich soll ihr neues Buch durchkorrigiren — den Gedanken nach für mich Arbeit. Schicke ja ihr Journal!

Mittwoch um 1 Uhr Mittags, den 20. Dezember.

Gestern, Lieber, konnte ich Dir nicht schreiben; von 10 bis 12 erwartete ich vergeblich mein Heidenvieh von Italiäner: dann kam Mama zu mir: ich zog mich an, und mußte zur Guten; denn ich will fertig sein mit dem Durchsehen! Sie hat schon vierhundert und ich weiß nicht wie viel Seiten beschrieben! so kraß wahr, und lügenhaft sich und Andere dargestellt, was sie erlebt; so keinen Menschen aufgefaßt, den sie gesehen; daß ich ihr kein Wort darüber sage; und dies sei auch an Dich das letzte. Dann aß ich, legte mich noch etwas hin; kaum lag ich, als mir Line Hrn. von Drieberg, ohne ihn nennen zu können, als einen Fremden, der mich sprechen wollte, herein ließ: das ist sonst nie erlaubt, aber es geschah: ich blieb liegen; Hanne kam; er ging nach dem Theater; sie ging auch: ich lag noch; Mlle. Bauer kam, Hannen zu Weihnachten etwas fertig sticken zu helfen. Ich schrieb Briefe nach Holland an die Familie, wovon mir Ur- und Stammväter geschrieben hatten. Markus, Hanne, Ludwig Robert und Mad. Frohberg kamen. Heute, jetzt, soll ich wieder ihr Buch nachsehen, ich werde aber hingehen und es auf morgen bestellen: denn bis jetzt habe ich auch nach Holland und Hamburg schreiben müssen, und nun muß ich wegen der Briefe zu Mama, und dort auch noch klieren.

Dir, lieber Freund, wollte ich sagen, daß ich so de but en blanc nichts über Schleiermacher zu sagen weiß, daß ich ihn lange nicht gesehen und lange nichts von ihm gelesen habe. Du weißt, daß Aeußerungen nur der allernächste Augenblick bei mir erzeugt: und ich leider keinen aufgespeicherten Geistesvorrath habe. Wirklich leider! Weil bei meiner Schärfe und Eigenheit das ein amüsanter Schatz wäre; aber eine Eigenschaft schließt die andere aus! — und wo das Einmal nicht geschieht, und sie zu harmonischer Wirkung zusammenfallen, steht gleich das da, was ich mir unter Genie denke: und auch gleich abgöttisch liebe! Es wird ja wohl Zeit haben, bis ich Harscher sehe; dann wird schon ein Wort das andere geben: und seine Worte mir Gedanken anfachen. Was ich mir von Schleiermacher erinnere, so hat er, bei aller hohen Unschuld, keinen Blick zum Aufgreifen dessen, was in der Wirklichkeit um ihn her vorgeht; und man kann ihm ein X für Unschuld vormachen; also sollte er beim Grüblen, Predigen, und Handlen bleiben, aber nur nichts dramaturgisiren, und sich in detaillirte Welt- oder Thee-Händel geben! Doch auch das mag ich wirklich nur auf diesem Blatte zu Euch und mir gesagt haben.

Was Du mir über den „Meister" geschickt hast, hat mich ganz besonders gefreut; auch ich gehe bei einem Buche mir ganz unbewußt in solche Details: jetzt habe ich nur keine Zeit; ich nehme aber das Buch, und antworte Punkt vor Punkt. Ich werde schon streiten! Eins streit' ich schon ganz par cœur! „Sie niemals begreifen, warum denn keiner den Anderen auf seine Gesinnung reduciren kann"; Du hast Recht, der fremde Ausdruck ist hier hart, vornehm, ärgerlich! Das bemerkte ich auch, erinnere ich mich, als ich das Buch las. Aber zu meiner entzückendsten Bewunderung! denn mit einem einzigen etwas aufgedrückten Pinselstrich, mit einem Stäubchen Farbe, hat der humoristische, schnell Mittel findende Dichter hier die Situation der Disputirenden dargethan! Daß ihm das in einem solchen Buche zusteht, welches weder Helden noch Götter, sondern kleine europäische Menschen in winzigen Verhältnißchen, und ihren zerschnitzten Meinungchen darüber, schildert, glaube ich. Das ganze Buch ist für mich nur ein Gewächs, um den Kern herumgewachsen, der als Text im Buche selbst vorkommt, und so lautet: „O wie sonderbar ist es, daß dem Menschen nicht allein so manches Unmögliche, sondern auch so manches Mögliche versagt ist!" Du kennst die Stelle von mir. Und dann die andere: daß dem Menschen jeder Strich Erde, Fluß, und alles grnommen ist. Mit einem Zauberschlag hat Goethe durch dies Buch die ganze Prosa unseres infamen kleinen Lebens festgehalten: und uns noch anständig genug vorgehalten. Daran hielten wir, als er uns schilderte; und an Theater mußte er, an Kunst, und auch an Schwindelei den Bürger verweisen, der sein Elend fühlte: und sich nicht wie Werther tödten wollte; den Adel wie er ist, und der den Anderen als Arena — ich weiß das Wort jetzt nicht — vorschwebt, als wo sie hin wollen, zeigt er beiläufig, gut und schlecht, wie es fällt. Dann bliebe noch die Liebe; und darüber ist die gedrängteste Bemerkung die, welche ich anführte, und wo sich Geschichten darum bis zur Niedrigkeit und bis zur Tragik bewegen; die Menschen treffen sich nicht; Vorurtheil, wenn sie sich getroffen haben, trennt sie! der Harfner, Aurelia und so weiter, und da der Mensch hier nichts begreift, weil ihm die andere Hälfte, wozu dies Irrspiel gehören mag, fehlt; so bricht Meister und Goethe in die Betrachtung aus, daß unser Mögliches hier, was wir dafür halten, auch mit Ketten gehalten sein mag, an Pilastern, die auf anderen Welten ruhen, die wir wieder nicht kennen: unterdeß bewegen sich aber die Menschen, und das trägt er uns in seinem Buche wie in einem Spiegel vor. Verzeih, und sieh die entsetzliche Eil'!! Vieles von Dir hat mich über die Freude entzückt, daß mir es auch aufgefallen war! besonders: „Die Befriedigung seiner Wünsche ward eine reizende Gewohnheit." O! Lobströme! der stille große Mann. Die Worte mahlen den Zustand: und eine wirklich wahre Betrachtung ist immer so. O! Welt. Wie alt, wenn man das weiß. Also so alt bist Du auch schon? Künftig einmal über jedes Wort. Wir müssen Bücher zusammen lesen! Du lieber alter Kerl! Ich war gestern schon ganz unwillig bei allem was ich that; bei Sprechen, Schreiben, Gehen: und immer heimlich fort, daß ich so klägliche Briefe schreibe, so erstaunlich alberne Klagen führe. Allen Menschen und allen Staaten geht es seit Ewigkeit schlecht, und ich komme nun noch mal, und wimmere! Nur Eins ärgert mich, ich könnte so vergnügt sein, und das können nicht alle Menschen. Es gehört so wenig bei mir dazu, Du wirst es gesehen haben! aber auch so weniges gehört nur dazu, um mich zu stören. Hélas! Wäre nur Frieden! Mit Wien zweifle ich immer mehr! wohin den Sommer? Adieu. Nachmittag noch ein Wort: vielleicht einen Brief von Dir. Adieu! Sieh dies Schmieren. Adieu, Lieber! Es ist kein Brief von Dir gekommen: dieser muß weg; ich habe bei Mama gegessen.

Rahel.

An Rahel.

Mittwoch, den 21. Dezember 1808.

Meine geliebte, theure Rahel! Gestern Abend bekam ich Deinen großen, lieben Brief, und war vergnügt den ganzen Abend bis zum späten zu Bette gehen, da las ich Deinen Brief zum zweitenmale — es dauerte beinah eine Stunde, o Dank Dir, geliebte Rahel! — und schlief in der Freude, ihn heute zu beantworten, vergnügt ein. Ein rechtes Fest dacht' ich mir zubereiten zu können — hätte ich doch die Nacht geschrieben! da war es so festlich in meiner Seele, in jedem Winkel ein sich mitfreuendes Licht angezündet, ach und in der Erwartung des geliebten Gastes war vergessen, daß er nicht kommen würde! Gegen Morgen nach vielen anderen Träumen, ward mir auch der Traum ich sei in Berlin nach einer großen Reise wieder angekommen mit Harscher, und wir wohnten in der Friedrichsstraße, dem George'schen Hause schräg gegenüber, mir war aber unsäglich weh, ich bejammerte jeden Stein, den ich sah, denn alle waren mir wie Trümmern, und schrecklich waren mir die Leute, die ich sehr regsam in den Straßen fand, denn sie kamen mir vor wie Insekten, die in Ruinen sich anbauen, und es nur nicht wissen, daß auf jedem Sandkorn eine herrliche, blühende Freude gestanden hat. So lebt' ich drei Tage in der Qual unaufhörlichen Absterbens, denn erst dann fühlt' ich recht den Tod der früheren Gestaltungen, wenn neue Lebensregungen in die Stelle eindrangen, die sie leer fanden, und es wurde immer lebhafter in der Stadt. Wenn einem Kinde die geliebte Mutter und die innigen Geschwister gestorben sind, und nun eine fremde Stiefmutter mit unzähligen Stiefgeschwistern dem Kinde das leere Haus erfüllt, muß ihm solches Weh in's Herz dringen! Endlich nach drei Tagen — warum so spät? ich fragte mich's im Traume — fällt mir wie ein Blitz in die Seele, ich will zu Rahel gehen! Und heißathmend warf ich mich in Kleider, das Herz schlägt mir vor unaussprechlichem Entzücken, daß ich nun gerettet bin, ich bin wie toll darüber, Dir so nah zu sein, und eile auf die Straße, damit ich mich genau überzeuge — ja es ist die Friedrichsstraße, nun nach der Jägerbrücke ist nicht weit! Rahel, denke Dir, da wach' ich auf von der Anstrengung, und richte mich im Bette in die Höhe, und glaube, liebe Rahel! wachend und aufgerichtet noch eine Sekunde lang ich sei in Berlin, weiß aber daß das vorige ein Traum war, glaube nur ihn in Berlin geträumt zu haben; will wirklich aufstehen und Dich besuchen — und da seh' ich, daß ich in Tübingen geträumt habe. All dieser Wechsel in einer Sekunde! O weh, was muß ich da für ein Gesicht gemacht haben, als ich nun zurückfiel! So lebhaft mir der Traum noch jetzt ist, so wenig weiß ich von dem Gefühl nachher, ich weiß nur ungefähr, daß ich, vorher so groß und stark, nun mir in der größten Kleinheit erschien, zusammengesunken durch ein inneres Wegnehmen, auch als wenn die besten Nervengeflechte mir plötzlich entzogen wären. Ich will nichts darüber sagen, liebe, theure Rahel! In Tübingen. Aber ich lag dann noch lange dumpf im Bette, und habe den ganzen Tag verloren, denn der Kopf ist mir immerfort schwer und träumerig, die Sinne stumpf, und das Herz betäubt. So hab' ich die beste Zeit vergehen lassen, und kaum mich entschließen können dies zu schreiben; aber Morgen geht die Post, und da ist es gut, wenn ich den Brief schon angefangen habe, das weiß ich aus Erfahrung! — Heute Abend muß ich zu dem Doktorschmaus Kerner's hingehen, dessen Disputation ich heute Vormittag versäumte, weil mir zu schimpflich zu Muth war. Auf die Lustigkeit des heutigen Abends aber hatte ich mich seit Wochen gefreut, bloß der Veränderung wegen, aber ich bliebe jetzt lieber zu Hause, wenn nicht der gute Kerner so gestimmt wäre, daß er glaubte ich verachte sein Fest und seine Gesellschaft, und da geh' ich lieber hin, besonders da ich dort nicht einmal so viel zu scheinen brauche, als ich bin — was mir schwerer wird, zu scheinen, als das, was ich nicht bin — und mich doch ihre Fröhlichkeit mit fortrafft, wie ich oft erfahren habe; es ist jetzt bald Zeit; gegen 6 Uhr; hier zu Lande ein Abendessen, so lebt der Kleinstädter doch am Ende wie der Pariser Weltmann, denn meine Milchsuppe um zwölf Uhr kann ich doch wohl ein Dejeuner nennen? Komme ich nicht zu spät und zu abgeglüht nach Hause, so schreib' ich wieder an Dich, geliebte Rahel! Ich habe so viel zu schreiben, und weiß es nie anzufangen, das Neueste schiebt sich immer vor, und das Alte weiter und weiter zurück! Leb wohl indeß!

Da bin ich um Mitternacht wieder zurück, liebe Rahel! Die platte Freude dieser Leute, die erst ganz spät in ein fürchterliches Krächzen und Blöken ausartete von verstümmelten Liedern, hat mir sehr weh gethan! Ich mußte unaufhörlich an

Dich denken, Liebe! ach und war über die Maßen traurig, so viele Leben, jedes richtig und vollständig, um mich zu sehen, und Deines nicht, o liebe Rahel! Du mir heiliges, geweihtes, Altarlicht; das mir in die tiefste Seele leuchtet, während diese anderen Alle mir nur vorkommen wie in den Straßen stehende Laternen, die einem auf dem freien graden Wege zu nichts helfen, und einen nur durch ihre Helle erinnern: hier ist eine Laterne, stoße Dich nicht an den Pfahl! — Wie lebhaft dacht' ich mir, Du säßest mir gegenüber! Hättest Du da gesessen, geliebte Wohlthäterin! ich wäre aufgesprungen, und hätte Dich an mein Herz gedrückt! Ja, wie Sonnenschein im Frühling bist Du mir, geliebte Rahel! ein frisches, munteres Leben, das auch die Knospen und Blüthen, die es selber erzeugt hat, und die blauen Bergflüßchen, die es selber aufgethaut hat, noch lange freundlich umglüht. Du Theure! Wär' ich doch bei Dir! — — Und Du sagst von mir, ich könnte Dich mir noch abgewöhnen! Wie Du diese Furcht hast, und auch nicht hast, so ist sie auch, liebe Rahel, in mir gegründet, und doch immermehr gegründet, denn es ist nicht möglich! Soll ich Dir sagen, daß nichts von allem, was ich erlebt habe nichts, je mich, der ich so zerstückelt bin, so im Ganzen getroffen hat, wie Dein Sein? Ach ich weiß, daß ich damit nur wenig sage, denn ich habe noch so vieles hinzuzufügen! Sieh! mein Gemüth ist ganz arm auf die Welt gekommen, und muß sich, wenn andere in der Erdengesellschaft jeder gleich Anfangs einen Einsatz gegeben hat, oder doch jederzeit, es liegt nur an ihm, geben kann, scheu zurückziehen von dem Spiel. Leer ist es in mir, wirklich meistens leer, ich erzeuge nicht Gedanken, nicht Gestalten, weder den Zusammenhang kann ich darstellen als System, noch das Einzelste heraussondern in ein individuelles Leben als Witz, es sprudeln keine Quellen in mir! Wahrhaftig, diese Leere, die ich in mir fühlte ist das niederschlagendste von der Welt! Ich bin zum Franzosen geboren, der alle diese Abgründe mit leichten Fallbrücken der Konversationssprache zu übergehen weiß. Aber in dieser völligen Leerheit bin ich immer offen, ein Sonnenstrahl, eine Bewegung, eine Gestalt des Schönen, oder auch nur der Kraft, werden mir nicht entgehen, ich erwarte nur, daß etwas vorgehe, ein Bettler am Wege. Was ich aber gesehen und gefaßt habe in früherer Zeit, das ist mir, es sei gegenwärtig oder nicht, in abwechselndem Nähern oder Entfernen; die schönsten Bilder, die liebsten Freunde haben in meinen

Gedanken Fluth und Ebbe, oft steigt Ein Bild mit seiner vollen Farbengluth in der hellsten Luft vor mein Auge, und der innigen Anschauung des Bildes entfaltet sich alle Liebe in mir, dann seh' ich, und erkenne, was ich bisher nicht bemerkt hatte, und oft in der Abwesenheit verstehe ich einen Menschen viel tiefer als wie ich täglich mit ihm umging. Nie wird mir ein Bild schlecht, nur verhüllt. Aber doch dadurch, ich fühl' es schmerzlich! daß mir schlechthin Alles in der Seele wie untertauchen kann, ist mir alle Ausdauer, ja ein großer Theil der Festigkeit benommen. Und doch habe ich dadurch noch keinen Freund verloren, kein Verhältniß gelöst gefunden, sondern alles ist mir wohl verwahrt. Wie dem Manne der alten Welt nur ein Freund möglich war, so sind mir, dem Uebermodernen, neben vielen Freunden, auch mehrere Geliebte möglich! Aber freilich sind es wohl keine Geliebten, und ich brauche nur das Wort, weil ich zu schwach bin, ein neues zu erfinden, und Freundin um nichts besser wäre. Wenn Du, geliebte Rahel, auf mich eindringst, fühl' ich mich wie überschüttet von Lichteswonne, und ich möchte die Lust, die, wie Apollons Begeisterung der Pythia, dem Menschen zu gewaltig ist, schnell vertheilen aus der Enge meines Seins auf verbreitete Gegenstände durch schönes Handeln; so entzückst Du mich, so kräftigst Du mich! Und wahrlich! nur unbedeutend ist in diesem Verhältniß die Liebe! Ich bin Dir ganz anders verbunden, Du erfreust mich ganz, Dein Anschauen, und der Besitz nur, sofern er ein Organ des Anschauens ist, und das Anschauen beruhigt! Liebe, liebe Rahel! Du hast ganz unrecht, je zu glauben, ich könne Dich verlieren! Die tiefste Sehnsucht zu Dir kann meine Brust nie verlassen, ich muß ewig zu Dir ringen! Und nur wie in dem erzählten Traum kann der Schmerz diese Sehnsucht umhüllen, nie das Glück, nie die Freude; und auch aus diesem Leiden ringt sie sich ja doch wieder zum Bewußtsein empor! — Was Du mir geschrieben hast über mich, süße Rahel, ist mir ganz verständlich und lieb. „Ehrlich mit Anlagen es nicht zu sein", Du liebe Seherin, das ist der rechte Fleck, aus diesem Kerne sind die ganzen laubverwirrten Bäume meiner Lebensjahre aufgeschossen! Es ist real ausgesprochen, in seiner Naturgestalt, was ich in meinem wenig realen, aber formellen Sinn aufgefaßt hatte, als Triebe zum wilden Weltleben und zum häuslichen Bürgerthum. Und gewiß, seit jenem Charlottenburger Bekenntniß hierüber, ist das ganz mein Fall geblieben, nur daß die Richtungen stärker geworden sind, aber beide! also ist nur der Gegensatz gespannter, schnellender geworden. Mich soll verlangen, ob nicht, wenn sie noch stärker werden, sie sich einander berühren und dann in einander übergehend verzehren! Jetzt herrscht aber doch am meisten die freie, muthige Gesinnung bewegteren Lebens, und ich hätte sie gewiß längst erwählt, wenn nicht für mich, der ich ohne Rang und Vermögen bin, ein so großer Theil der anderen, sorgfältig arbeitenden und auf Einen Punkt hin fleißigen Gesinnung erfordert würde, und durch Herausbilden aus zu sehr getriebenen Verhältnissen, zugleich das Ausbilden dieser, und meiner selbst, befördern. Auch will ich mich selber warnen, die Dinge nicht zu schwer zu nehmen. Von Hamburg aus erwarte ich nun recht wichtige Nachrichten, kann ich noch studiren, so wird mir Paris fast eben so nützlich sein, als Wien, wenn ich nur Kraft genug habe, mich zu beschränken, und alle Neigung auf die Medizin zu wenden (was ich kaum glaube!), die durch die fremde (in dieser Rücksicht mir ganz fremde) Sprache nur noch schwieriger wird. Schwerlich aber kann ich dann dorthin, ohne vorher in Hamburg gewesen zu sein; aber ich denke jetzt, eben nicht den ganzen Sommer, sondern nur einige Monate, und ich könnte etwa im August nach Amsterdam kommen, Dich abzuholen. Kann ich aber nicht fortstudiren, so bleibt mir Wien der einzige Ort, wo ich auf angemessene Art ein Geschäft zu hoffen finden darf; was stünde mir dann wohl in Paris offen? ich kann übrigens nicht einmal genug Französisch! Die guten Leute könnten mich höchstens in deutschen Arbeiten, vielleicht gar gegen mein Land, gebrauchen! Oder bist Du kenntnißreicher oder erfindungsreicher als ich, und wüßtest mir vielleicht auch dort ein Unterkommen, wobei ich nicht alle Freiheit verliere? — Ich glaube aber doch, daß ich einiges Geld bekommen werde. — Was sagst Du dazu, der Kaiserin Josephine zum Beispiel etwa eine Sammlung ausgeschnittener Sachen überreichen zu lassen? Das ist mir hier in meinen tollen Gedanken wieder eingefallen. Wenn die Gute es reichlich bezahlt, kann ich mir's gefallen lassen, diese Kunstwerke so gut wie den Apollon von Belvedere in der Bonapartischen Gewalt zu wissen. O ich sehe im prophetischen Geiste schon, daß es auf 14 Tage Mode wird, sich mit solchen Sachen zu beschenken, und es laufen Bestellungen ein, und ich lege mir Gesellen zu, und Papierfabriken und Scheerenschleifereien an, wie Nicolai seine

Werke selbst verlegte, und in eigener Druckerei drucken ließ. Hätt' ich nur erst wieder Eine gute Scheere! Das wäre vor der Hand viel!

Mein Schreiben, Du Liebe, hast Du freundlich angesehen; ich weiß wohl daß die Neigung nie Dein siegreiches Sehen bethören kann, aber doch freundlich macht sie den sonst nur klaren Blick! Ich verstehe da nicht alles so ganz, und möchte Dir aus dieser Dunkelheit doch einen Einwurf machen: freilich sind meine Briefe das Beste, was ich schreiben kann, und mein Tagebuch ist besser als meine Bücher, denn das wirkliche Leben, Ich, der ich doch da bin, macht das zusammenhaltende Netz, oder besser, den Boden für diese Pflanzen. Das ist sehr unkünstlerisch! Und mein Einwurf ist nun der, daß ich nie ein Buch werde schreiben können als wäre es ein Brief, und keinen Weg sehe, wie die Schreibart sich dahinauf steigern könnte, daß sie sich der anderen unterschöbe. Mein Wollen wird hier wohl wenig ausrichten, viel Deine liebliche Leitung! Ich vertraue Dir ganz! Die sorgfältige Betrachtung großer Werke, die Muster sein können und sollen, betreib' ich fleißig fort, als anderweitige und doch verwandte Uebung, denn ich muß die Formen recht kennen, Du hast Recht, zum Vermeiden. Es gehen mir doch nach und nach Gedanken auf, die mich trösten; wenn ich sonst von der Form immer anfing, so hab' ich jetzt über die Geschichte des deutschen Kaisers Heinrich IV. eine eigenthümliche, mir ursprüngliche Ansicht gewonnen, die wenn ich sie darzustellen vermag, mein schon lang vorhabendes Trauerspiel über diesen Kaiser wirklich erheben muß, und wie sonst das Ganze, macht mir jetzt nur das Detail Angst. Er hat manchen Zug in seinem Karakter, dieser glücklich-unglückliche Kaiser, den ich in der tiefsten Seele verstehe, Schwäche und Stärke wie ich! Und durchaus keine willkürliche Annahme ist dabei, sondern meine Ansicht ist aufgewachsen mit meinem Lesen der Geschichtbücher. Heinrich wollte geliebt sein, ohne es zu wissen, daß er dies wollte; alles was ihn nur als Kaiser, als Helden, als edlen Regenten verehrte, war ihm verhaßt, die ausgezeichneten Staatsmänner, die unvergleichlichen Heerführer, die Tüchtigen aller Art, die ihm dienten, befriedigten ihn keineswegs, er stieß sie von sich, opferte sie auf, und nur die waren ihm heilig und unveränderlich lieb, die seiner Person, dieser in ihm dargestellten Menschenformation, zugethan waren. Ein schöner, lauterer Naturtrieb! daher hatte er Günstlinge, aber keinen schlechten, denn die liebten ihn nicht, und Maitressen, aber die nicht geschichtlich geworden. Er führte Krieg gegen seine Unterthanen, gegen den Pabst, meist mit ausgezeichnetem Unglück glücklich. Aber das entsetzliche Schicksal trifft ihn, ihn, der am meisten die Naturliebe suchte, ihr am empfänglichsten war, daß sich seine Söhne gegen ihn empören, und der eine ihn auf das Infamste der Krone beraubt. Herrliche Züge sind von ihm da. — Das ist im Ganzen meine Ansicht, und diese Einheit der Geschichte, die mir anfangs, wie allen damaligen Personen immer, nur dunkel war, und unerkannt anzog, giebt der Tragödie die hellste Klarheit. Sage mir doch was Du davon hältst; ich habe freilich nur wenig hervorbringen können! — Von inniger Liebe fühlt' ich mich eines Abends für den großen Kaiser Friedrich Barbarossa erglüht, eine Liebe, wie sonst nur Gegenwart sie erwecken kann; und wenn nicht meine jetzige Gegenwart zu sehr austilgt die Furchen dieser Herrlichkeit, so wird eine schöne Saat aufgehen. — Was hilft aber alles das, geliebte, theure Rahel, da ich hier bleiben muß noch monatelang, und nicht zu Dir kann! Es ist ja als wenn ich in Amerika wäre, und ein halbes Jahr zur Reise brauchte! Ich habe eben die 6 Friedrichsd'or erhalten, warum hast Du Böse nicht wenigstens einen Gruß dazu geschrieben? so nacktes Geld! ich danke Dir herzlich! Ich lege es als einen unangreifbaren Schatz zurück, als das Palladium meiner Reise, nach Wien oder nach Paris, denn geh' ich erst auf einige Monate nach Hamburg, so bleibt es unangetastet zur künftigen Reise! Von Lüders bekomme ich auch noch eine gleiche Summe, vielleicht mehr; ich kann nur leider wenig sparen hier, ich brauche an Holz allein entsetzlich viel, und es ist hier strenge Kälte, der Schnee ist oben in den Wolken und unten auf der Erde fest. Ich bin aber mit meinen Ausgaben so, als bettelte mein Bruder das Geld vor den Thüren zusammen, was ich verzehre! O wie schmacht' ich nach dem Sommer! — Ich wußte, daß Dir Heinse gefallen würde, ich durfte Dir ja nichts heftiger empfehlen, Du trautest mir nicht! Wie hast Du mich mit den Nibelungen abziehen lassen, ich vergeb' es Dir in meinem Leben nicht! Liebe Rahel! ich küsse Dich, Du Süße! Ich erinnere mich nicht mehr genau des Einzelnen in den Briefen, nur des im Billard zu Genf gewonnenen Louisd'ors, und der Belehrung an Jacobi über die dortige Art es zu spielen, es ist zum Lachen herrlich. Die Stelle die Du mir abgeschrieben hast, ist ächt und kräftig, vollkommen anschaulich. Heinse's Briefe sind auch besser als seine Werke; obwohl man auch den „Ardinghello" loben muß in vielen Stücken. Die Hildegard von Hohenthal (über Musik) kenn' ich nur dem Namen nach, und daß es sehr unzüchtig sein soll. Zartheit und Lieblichkeit liegen bei Heinse sehr oft hinter seiner Kraft versteckt, das unterscheidet ihn von Goethe, bei dem sie von der Kraft hervorgestoßen werden. Wie schön Heinse's frühe Urtheile über Goethe! Wie schauderhaft war mir dabei, und die Jahreszahl über den Briefen! Aber liebe Rahel, wie erschöpfend, wie strahlend Dein Ausdruck „mit Insekten- und Löwen-Arbeit", o Du liebe Rahel! Du ewig Sehende, ewig Schaffende! — Wie freu' ich mit Dir mich an den Preußen! Ich sehe sie, die lieben Soldaten, die doch kluge, doch freisinnige Regierung! es wird gewiß in nicht langer Zeit sehr schön in Berlin; warum bin ich nicht jetzt dort! ich Unsinniger! — Indem ich Deine beiden letzten Briefe wieder ansehe, gehe ich unter vor Schmerz! Wie soll ich beantworten, was ich mitfühle, mitsehen, ganz mitleben sollte! alle Deine lieben, belebten Worte! Nicht zufällig, wie der Sämann, wirfst Du die reiche Saat hin, ein Korn geht auf, ein anderes nicht — sondern jedes faßt Leben und Lebensnahrung, und wird zur vollen Aehre! Und ich lebe davon! Liebe, liebe Rahel! wie umfass' ich Dich, wie drück' ich Dich an mein Herz! „Die Plauderei, die wir nun einmal angefangen haben, und die möglich war!" O liebe Geliebte! wenn Dir jedes Wort zur Aehre wird, so laß auch ich hingegen keine umkommen, wenn ich auch meistens schweige! Ja wohl! ja wohl! wir müssen beisammen sein, und fürchterlich mahnt dazu Dein Wort „die Trennung schon hier auf der Erde" ich zittere bei dem Gedanken, Dich nicht wiederzufinden, und schrecklich ist mir das Gefühl, daß diese Zeit durch das längste Leben nicht ersetzt wird. Es ist ganz gewiß, daß wir uns wiedersehen! Ich freue mich unmäßig darauf!

Wie verdrießt mich das übrige weiße Papier! Aber es wird spät, und der Brief muß heute auf die Post, es kränkte mich, ihn später um drei Tage bei Dir zu wissen. Lebe wohl geliebte theure Rahel! Grüße Neumann und Chamisso. Auch Marwitz, wenn Du ihn siehst, ich weiß nicht ob ihm Harscher schon geschrieben hat. An die Gute viele Empfehlungen. Die schönsten Grüße an die liebe Hanne und Fanny! Auch an

Mariane und Julie viel Schönes. — Die Deputation der löblichen Judenschaft, die dem König entgegenzieht, ist eigentlich für die kleine Fanny, sieh aber zu, ob die Aeltern nicht ein Aergerniß dran nehmen, daß ich ein Goi ihrem Kinde so etwas schicke. Es ist aus den Zeitläuften. Feineres, besonders Blumen, verweigert meine Scheere, doch hoff' ich nicht lange mehr. Leb wohl! leb wohl! Ewig Dein Varnhagen.

Den Brief Campan's schick' ich gleich zurück, er ist sehr ehrlich und gutmüthig. Man begreift wie einer der so aussieht (sein Bild gefiel mir sehr) so schreiben muß.

Den Doppelroman hab' ich noch immer nicht, und auch nicht mein Diplom. Sag' doch das Neumann. Adieu, liebe, süße Freundin!

Ich habe Dir am 10ten und 19ten November und am 1sten, 6ten und 15ten Dezember geschrieben. Erst 6 Briefe mit diesem!

An Rahel.

Tübingen, Sonntag, den 25. Dezember 1808.

Theure, geliebte Rahel! Auch die wenigen Worte, die heute in mir sind, will ich Dir schicken! Gestern Abend hatte ich Dir schon vieles geschrieben, ich mußte es aber heute zerreißen, denn es taugte nichts, es war ohne Zusammenhang, wie man kaum sprechen darf; mich hatte das Weinen gestört, und die davon schlimmen Augen. Könnte ich nur heute besser schreiben! Aber Du nimmst nicht mein Schreiben zum Maßstab meines Gefühls; Du weißt ja, daß das schwere Herz tiefer in die Brust sinkt! Gestern Abend um 6 Uhr, liebe Rahel, löste ich die Kartenblätter, der Augenblick war da, auf den ich mich alle diese Tage so sehr gefreut hatte, ich wußte nun denkst Du an mich, und weißt auch, daß ich an Dich denke! Das Herz schlug mir geheimnißvolle Schauer in alle Adern, ich war aufgereizt, der kleinsten Nervenbewegung ganz hingegeben: und da fand ich Dein schönes Geschenk, Liebste! und die lieben festen Worte, die mir in der tiefsten Brust laut wurden. Wie hab' ich mich gefreut! Es war doch wie lebendige Berührung, wie vor die Sinne hingestelltes Leben! Dein Geschenk, Deine Worte, belebt durch das in denselben Augenblick treffende innige Sehnen, was Du zu mir hattest, und mir zu Dir wußtest! Ja, geliebtes Wesen, es war wie eine Erscheinung, das Gefühl Deines

Daseins hat mich durchschauert! Dein herzerfreuendes Leben. Wie nun war es mir, mich an diesem Kinderfest beschenkt zu sehen! Ich habe als Kind an diesem Abend nie etwas bekommen. In danke Dir, Liebe! Sehr ausführlich dacht' ich gestern an alle mir bekannte Häuser, meine Freunde und Freundinnen, und stellte mir vor, wie jedes auf seine Weise diesen Abend zubringt, und hoffe keines so traurig und einsam. Ach ich mußte bitter weinen! Was hilft der Augenblick? ich konnte Dich ja doch nicht ergreifen, doch nicht sehen, und war in der Stadt, im Lande, ganz allein! Diese leere, unnütze Einsamkeit drückt mich ganz nieder, jetzt, da Kerner auch nach Hause gegangen ist, steht mir auch nicht ein Ohr offen, ein Wort, wie ich es rede, zu hören, und auch ich sehe nichts und höre nichts, es kann sich nichts ereignen, kein Mensch kann kommen, und jedes Buch ist hier alt und hat auf dem Wege jede Frische abgestreift. So geht der Tag, und so die Nacht, in schnellem Wechsel, denn daß es so schnell geht, und ich's doch nicht aufhören sehe, macht mir erst recht bange vor der noch vor mir liegenden Zeit. Mir ist, als hört' ich den Tag vorbeisausen, und sein Flügelschlag rauschte höhnend in mich hinein, obwohl Du jetzt nicht lebst, nur so hinzehrst, es wird Dir doch gerechnet an Deinem Leben für ein halbes Jahr! Und wenn ich nun vollends denke, wie ich so glücklich bei Dir sein könnte, und so ganz in aller Ordnung diesen traurigsten Winter als den fröhlichsten nur hätte anzunehmen brauchen! O liebe Rahel! ich begreife nicht, wie es geschehen konnte, Du wußtest es, und ich wußt' es, noch in Sachsen, es muß in meinen Tageblättern stehen, wollt' ich umkehren, und ich mochte nur nicht Harscher auf der Landstraße verlassen. Am 11ten September schriebst Du mir in einem Billet: „noch ist alles gut, ich kann Dir noch des Morgens schreiben, denselben Vormittag von Dir wissen, Abends sehe ich Dich — aber welche todte Meilen sollen zwischen uns kommen." Geliebte Rahel, liebste, süße! Das soll nicht wieder geschehen, ich thue gewiß nach meinem innersten Wollen, und setze nicht mehr die Schritte vorwärts fort, wenn es mich bei den Haaren zurückzieht, der Fall wird nur desto ärger. Ich will nicht verkennen, was mir doch dieses abgeschiedene Leben, das so arg ist, daß ich oft davor erstaune, oder vor dem vergangenen, daß es möglich war, auch wohlthätiges giebt, ich glaube eine ganze Entwicklung geht in mir vor, die durch das täglich erneuerte Leiden rein auf sich selbst noch angewiesen wird, aber es ist doch, ja es ist doch nicht anders, als wie ein Blinder besser fühlen lernt. Und in alle diese Trübsal, wie ich sie noch nie empfunden habe, stürzt nun mit einmal gestern durch Geisteszauber, durch die Verabredung der Stunde, durch das Dasein Deines Geschenks, Deiner, diesen Augenblick meinenden und treffenden, Zeilen, der Strahl Deiner heiteren erfrischenden Gegenwart! Nicht wahr, ich mußte weinen? Aber ich schmachte nach solchen Schmerzen! — Hast Du Dich denn, geliebte Rahel! gestern recht erheitert, aus dem traurigen Andenken an mich, durch den frohbewegten Lebenswechsel um Dich her? O gewiß bist Du auch recht schön beschenkt worden, nur von mir hast Du nichts bekommen! Das hat mich auch sehr gekränkt gestern; Dir muß es süß gewesen sein mich erfreut durch Dich zu wissen. — Mein Zimmer ist mir sehr zuwider, und ich verlass' es nicht einen Augenblick; der dicke Schnee ist durch den stärksten Frost auf der ganzen Gegend festgehalten, und alles ist traurig und öde, die Kälte, deren ich mich am Ofen kaum erwehre, mir auch sehr feindlich, und ein Kaffeehaus oder dergleichen Einrichtung, wenn ich mich auch einmal dazu bequemen wollte, gar nicht vorhanden. Du wirst fragen, wie ich denn alle Zeit hinbringe: ich weiß es selbst nicht! Mein Schlaf ist desto ausgedehnter, je mehr ihm die Träume und Unruhe an Dichtigkeit nehmen, ich gehe in meinem Zimmer auf und ab, lese etwas laut im Homer, in alten Chroniken, sehe nach dem Feuer im Ofen, schneide etwas aus mit meiner wieder leidlichen Scheere, und der Abend ist da, dann schreib' ich wohl, sechs, sieben Zeilen, ruhe dazwischen aus, sinne auf eins und das andere, lese allerlei nach, und so ist die Nacht da, ich schlafe spät ein, und wache nicht selten nach einer halben Stunde wieder auf, wo ich denn bis an den Morgen auf eine müde Art wach bleibe, deßwegen ich auch Nachtlicht brenne, um dann wenigstens lesen zu können. Deine Briefe an mich (es sind schon viele!) liegen alle Nacht auf meinem Tisch am Bette, aber ich wage selten darin zu lesen, es kommt mir vor, als sollt' ich, ein in langem Fasten begriffener, mit einem von reicher lebendiger Nahrung genährten Athleten ringen, wenn diese gewaltigen Glieder eines so begabten Lebens auf mich einstürmen. — Eine kleine Novelle von vier Seiten, eigentlich nur eine Anekdote aus Schack's Leben, werde ich heute Abend fertig machen; Charlottenburg und Friedrichsfelde werden darin angeführt, ich that es uns zu

Liebe, obgleich es stillschweigend in der Geschichte lag. An Friedrichsfelde sollt' ich wohl lieber nicht erinnern, doch Du hast es mir gewiß verziehen! Ich war recht ungefüge, aber Du wolltest auch gar nicht gut und lieb mit mir sein, nur gesellig, und meine Trauer wurde Aerger und Bosheit. Ich finde, daß ich eigentlich nur ein Cotterie-Schriftsteller bin, der Doppelroman, die Novellen — alles hängt doch gewaltig fest in der Schale, am Baume selbst, und läßt sich schwer anderswo genießen. Ich glaube die großen Werke Goethe's und Cervantes sind auch so aufgewachsen, blieben aber von ihrer Zeit und Lebensumgebung getrennt eben so frisch. In „Hermann und Dorothea", wo der Wirth will, sein Sohn soll große Städte sehen, werden Frankfurt und Straßburg genannt, Goethe's Heimath und Universität, ach mir zum unsäglichen Entzücken, ich sehe die Liebe mit der der liebe Dichter diese Namen hinsetzte! Auch Schleiermacher macht in seinen Schriften solche kleine Streiche, aber heimlicher, und sie gefallen mir sehr. Vetter hab' ich mit seinen Schneidern in meiner größeren Novelle zum Sprechen ähnlich, und recht tragisch angebracht, und doch so, daß er sich geschmeichelt fühlen muß. Wer's nicht weiß, nimmt's für eine kluge Erfindung. — Den „Attila" von Werner hab' ich gelesen, ein unsinniges, plumpes und gemeines Buch, die Mystik ist abgeschmackt, gemein nenn' ich es, weil es durch Karikatur in den Karakteren sich der Wirkung versichern will bei dem Pöbel, die eine gemäßigte edle Darstellung nur bei den Gebildeten gewiß hätte, und beim Pöbel nur möglich ließe. Dann Klingemann's Theater; der ist so fade, so plump, und ungeschickt, daß er Glück machen muß, seine Helden führen eine Sprache, die zierlich ist und edel, aber ohne Ursprünglichkeit; wie die Phrasen in den Romanen und Briefen der Frohberg, sie könnten aber auch die Rollen tauschen, ohne daß man's merkte, einer spricht wie der andere, die geschichtlichen Karaktere sind unwürdig verhunzt, besonders mein göttlicher Kaiser Barbarossa, und empörend ist es, ganz niederträchtig, wie der Mensch auf jeder Seite mit den Wörtern: Deutsch, Deutscher, Deutschland, prahlt, diese köstlichen Gewänder sind bei ihm die schmutzigsten Lumpen. Und der Rüpel spricht ordentlich von dem E, was im Deutschen so häufig die Verse kleinlaut mache! Das ist wohl wahr, aber wie doch kann's ihn kümmern? Wegen der Sprache seiner Helden, soll er den „Reineke Fuchs" lesen und die Bibel. Von Goethe les' ich fast täglich etwas, ich beklage, daß er nicht mehr geschrieben hat aus der guten bürgerlichen Zeit, die er in „Hermann", den „Mitschuldigen", „Stella", und anderen unverbesserlich dargestellt hat; er hat seine Figuren bis an die äußerste Gränze geführt, deren Ueberschreitung, wenn sie möglich wäre, der Schritt in das wirkliche Leben mit Fleisch und Blut wäre!

Von Hamburg habe ich noch keine entscheidende Antwort, überhaupt lange keine Briefe. In meinem großen Warten ist noch dieses kleinere eingeschlossen, ich bin wirklich sehr begierig zu erfahren, wie sich alles noch machen wird, es ist doch alles in und außer mir schwankend, mit den heftigsten Schwingungen! Ich bin nun bald vier und zwanzig Jahr alt, sollte da nicht ein Mensch entschieden sein? Vielleicht bleibt es bei der Entscheidung, die ich für den Augenblick habe, daß nur während der Pendel schwingt die Uhr geht! Ich wär' es zufrieden, könnt' ich nur bei Dir sein! würfe mich nicht eine nahe Mauer zurück, wenn ich zu Dir aufschwinge! Liebe Rahel, ich sehe Dich wieder, das ist gewiß! Liebe, Liebe! Hätte ich nicht so viele Sachen, Wäsche zum Beispiel die einem jungen Menschen nöthiger ist als Geld, deren Transport so viel kostet, und die ich doch, um nur nicht gar als Bettler herumzugehen, an Ort und Stelle haben muß, wo ich länger leben will, ich scheute nicht Berg noch Thal, nicht Kälte und kurze Tage, und wäre nach einer dreißigtägigen Fußreise bei Dir; so durch Geld gehemmt zu sein, wie ich, ist fast eine Schande und lächerlich! Aber wenn ich, wie es sein kann, eine Stelle suchen muß, wär' ich in dem geldarmen Berlin und Preußen, das so reich ist an brauchbaren routinirten Leuten, übel dran! An Deine Prophezeiung über Wien glaube ich doch nicht, ich bin überzeugt, Spanien und Portugal fristen ihm die Blüthe viel länger, als Du glaubst. Auch wäre dann noch immer Zeit fortzugehen, und Italien, sogar Italien! in der Nähe! Doch wünsch' ich und weiß ich jetzt noch nichts Bestimmtes, ich muß abwarten, was sich fügt, und füge mich mit dem, was noch fügbar an mir bleibt, mit Freuden Deinem leisesten Wunsch! Nun lebe wohl, geliebte, süße Rahel! Ich danke Dir, und küsse Dich herzinnigst! Grüße meine und Deine Freunde! Leb wohl, theure, geliebte Rahel! Ewig Dein

Varnhagen.

Sage doch Neumann wiederholt, ich hätte „Karl's Hindernisse" noch nicht! und erwartete auch sehnlich die angefangenen Blätter des 2ten Theils! Leb wohl!

Von Harscher hab' ich seit dem ersten kleinen Brief keinen wieder.

An Varnhagen in Tübingen.

Dienstag um 4 Uhr Nachmittag, den 27. Dezember 1808.

Nun muß ich von der Verabredung Gebrauch machen; nur so zu schreiben, wie ich kann. Eh ich Deinen Brief, wo das Blatt an Neumann drin liegt, gelesen hatte — das ist erst jetzt geschehen —, wollte ich Dir schreiben, daß ich erschöpft bin; daß ich vergehe. Vergangen bin. Mangel an jedem Genuß; an Umgang, an allem, haben meinen Mißmuth bis zur höchsten Ueberreife gebracht. Heiligabend hat mir den Rest gegeben. Ich sah niemand, den ich liebte, schenkte für vieles Geld; und bekam auch manches: nichts was mir lieb wäre; dieses Fest gewöhne ich mir ab. Dann kann's mir kein Leid mehr bringen. Den Abend wurde mir mit Einmal so angst; ich bildete mir ein, Du eröffnetest das Blatt, und denkst an mich. Mir ist seit dem Abend, als wenn ein dunkles böses Schlangenthier sich an meinem Herzen festgesogen hätte, und es nun nicht mehr losließe. Ich bin erschöpft, mein Geist erfindet nichts mehr: ich sterbe; oder es muß mir eine Nahrung von außen zukommen. Ich hoffe nicht. So war mir vor Deinem heutigen Briefe. Du wirst es aus meinen beiden oder drei letzten schon gesehen haben. Auf Deinen heutigen muß ich Dir nun aber antworten. Daß ich — meiner Geschichte und meinen Herzmuskeln nach — nichts Zweideutiges mehr ertragen kann. Du bist frei: denn was ist schön ohne Freiheit? Ich bin auch frei. Ich erwarte also Campan's Briefe, und Paulinens: bleibt nur einer von ihnen in Paris, so gehe ich auch hin; von Holland aus: wo ich umsonst mit meiner Mutter hin kann. Bleibt keiner, so gehe ich zu meiner Gesundheit nach Teplitz: und entschließe mich von dort. Wien fürchte ich, wegen dem Krieg und dem Aufgebot: da ist es dann nicht wie hier. Napoleon siegt: und an den Sieger schließ' ich mich. Du kommst mir nach, wenn Du Dich gedrungen fühlst; und wenn Du kannst. Wie bereit ich war, mit Dir zu leben, weißt Du. Zu keiner Art von Verwirrung habe ich mehr Zeit: meinem Alter, meinen Leiden, und der Natur meines Geistes, und meinem empörten Gemüthe nach. Du weißt auch, wie still ich in Leipzig schied: als ich dachte für immer. Die drei Monate, die ich noch hier wohnen kann, werden genug sein zu meiner Pariser Korrespondenz: und genug für Dich, Dich in Dir zu ordnen: Du schreibst mir dann wegen Pässen. Robert hat heute dem Grafen Finckenstein, unserem Gesandten in Wien, um seine geschrieben. Finde diesen Brief nicht hart. Ich bin auch sehr in Eil: und hatte ihn lange so auf dem Herzen; drum konnte ich die letzten Posttage gar nicht schreiben. Dein Brief gab heute den Ausschlag. Du sprichst darin, wie Du mir einmal ganz zuerst in Charlottenburg sprachst: Vagabund oder Bürger, meiner Natur sind Oder's so fremd, daß ich nur bornirt darüber sprechen kann. Also lieber nicht. Mir fällt aber immer ein, was Goethens Carlos dem Clavigo sagt, im Beaumarchais; anderes, als dieser musenvergessene Mensch weiß ich auch nichts. Könnt' ich verhindern, daß dieser Brief Dir in der rauhen Entfernung kein Leid macht! Vergeblich! Es entwickelt sich Stufe vor Stufe, Folge aus Folge; und das Reich des Herzens und die anderen Reiche scheinen ohne Zusammenhang. Glück hat der, dem dieser Folgengang wohlthut: Unglück der, dem er wehthut. Gott! jedes Wort meines Briefes wird immer härter! Aber ich habe mein Thier am Herzen: und Sehnsucht läßt es nicht einmal heraus: nur Härten gegen mich und jeden! Lieber hör ich auf. Adieu. Ich kann nicht mehr lügen. Trau' auf mich, wenn Du mich bedarfst. Im höheren Sinn: in Liebe. Adieu.

Rahel.

Antworte mir: ich werde Dir auch schreiben. Auch jetzt meine schlimmste Stunde; nach Tische im Fieber, ich kam von Mama: der Brief muß weg. Deiner war der, worin Du mir sagst, Du seist im schwarzen Rock bei Cotta gewesen. Du scheinst Dich zu beruhigen: ich gewöhne mich hier an nichts, bin in einer bekannten fremden Hölle. Alles beleidigt mich: und ich sterbe aus Langerweile. Adieu. Ich werde Neumann das Blatt schicken. — Mach Dir kein Leid um mich: und ändere nur keine Entschlüsse. — Warum schickst Du denn der

Frohberg ihr Journal nicht! Sie wartet mit Schmerzen drauf, und grüßt Dich.

An Varnhagen in Tübingen.

Mittwoch, den 28. Dezember 1808.

Wenn ich Dir doch mein innerstes Herz und all meine Gedanken abschreiben könnte; dann müßtest Du zufrieden sein. Wenn Du keine Lücken sähest, würdest Du alles sehen und es richtig finden! Es ist mir nicht möglich, Dir so zu schreiben wie bisher: mein Herz ist gehemmt. Du mußt mich wenigstens zur Hälfte so kennen, wie ich wirklich bin; wenn Du Dich nur an alles erinnerst; was ich Dir je schrieb; was in allen Briefen steht, die Du sonst von mir hast; an alles, was ich je in Deiner Gegenwart sagte und that: an mein ganzes Betragen, in jedem Moment, gegen Dich. Alles in mir, und auch aus mir, ist ein Wahres, organisches lebendiges Ganzes. Es ist Dir gelungen, mich zu verwirren. Aber wie? Wie man Einem von außen einen gesunden Körper verwunden kann; oder mit einem gewaltigen Druck das Blut hemmen kann; die Verletzung, der Schmerz ist unvermeidlich; der lebendige Körper aber regt sich gewaltsam unwillkürlich dagegen, entwindet sich dem Drucke; heilt von der Verletzung, erholt sich seinen Kräften nach. So mit mir. So wird es sein. Was hilft das Lügen: auch könnte ich es nicht ausüben, hätte ich auch meine Ursachen dazu. Zu den Quellen in meiner Brust, zu denen ich Dich ließ, die frei vor Dir hinströmten; in den Tiefen meines Geistes, wo ich Dich hinschauen ließ, neben denen nun ein Gebäude von Lügen langsam aufzuführen, ist mir unmöglich: ich habe dazu keine Lust, keinen Grund, keine Fähigkeit: Dich würde ich nicht betrügen; nichts verläugnen mag ich einmal, um Dich zu schonen! Du weißt jetzt, in welchem Zustande Du mich, im vorigen Frühjahre trafst; wenn Du's auch damals nicht wußtest. Nie hoffe ich etwas von Menschen; Du erschlossest mir mehr noch in Deinen Briefen als in Deiner Gegenwart das Herz. Es liefen mitunter Aederchen, die mir fremd waren und nicht gefielen; ich verhehlte Dir es nicht. Aber Dein Drang zu mir schien dem, dessen ich zu Menschen fähig bin, zu ähnlich, als daß ich bei der Störung hätte hart verweilen sollen. Gefehlt! ein Pünktchen, ein imperzeptibles

Pünktchen, wird zum Fels, der sich uns in den Weg stellt. Ich weiß es von je: es ist auch diesmal so. Frei sein in der Folge der Zeit; oder sich unbedingt geben; sind zweierlei. Ich vermag mich nie anders, als so zu geben, wenn auch der, der mich empfangen soll, nicht unbedingt durch seine Eigenschaften alle meine Fakultäten in Anspruch nimmt. So gab ich mich Dir nach Deinem Briefe, in welchem Du sprachst, noch zu Weihnachten nach Wien gehen zu wollen. Ich erklärte Dich frei. Das thue ich noch; und ewig; und einen jeden: und mich. (Weil das Gegentheil etwa so wäre, als das Denken verbieten wollen.) Aber mitten in der ersten Vollziehung des ersten Aktes zu einer That, ist man nicht frei: mitten in der Vollziehung aufhören, heißt nicht vollenden; und hat mit frei oder nicht frei sein nichts gemein. Jemand, der Lust hat den Fandango zu tanzen, und aus Ungeschicklichkeit oder Mangel an Kräften mitten drin aufhört, hat keinen Akt der Freiheit ausgeführt. Ich weiß es nicht, wie es kommt, — es muß ein Mangel an Grazie sein, — daß mich noch nie ein Mensch errathen hat; daß Du so fehl geschossen hast, wundert und kränkt mich am allermeisten! denn Du bist ein Deutscher: mit Dir habe ich jedes Wort aus meiner Seele gesprochen, noch eh es uns betraf. Meine innige Bescheidenheit macht, daß mir auch keiner etwas reicht; weil ich von keinem etwas fordern kann. Es ist wahrhaft Bescheidenheit, Erkenntniß; der Geber muß sich getrieben fühlen; und flößt man das nicht ein, so verdient man's nicht; so denk' ich von mir, und Anderen! Aber warum geb' ich immer: wenn ich auch nur ein armseliges Gäbchen dieser Art annehme? So verdroß es mich Weihnachten in's tiefste Herz, neben den wichtigsten Angelegenheiten desselben (weil eine Quelle diese Ströme über mich gießt), daß Vetter mit einer infamen Tasse kam, die er mir schenkte; mit dem Bedeuten, „es wäre ungeheuer schwer, mir etwas zu schenken, er selbst fände eine Tasse wie vom elendesten Philister von Berlin: aber seit acht Tagen überlege er mit Hanne und ihrer Mutter, und sie können nichts finden." Das Viehzeug! Mir, schwer etwas zu schenken! die das Nöthigste sich nicht anschafft! — ihnen allen das Eleganteste schenkt, was sich ihre geheimste Eitelkeit nur wünscht, warum weiß ich denn ihnen Freude zu machen? — keinen Hut, der nur honett aussähe, auf dem Kopf hat, das Aelteste, Häßlichste trägt! Also glauben sie, für sie hätte ich nur die gebildete Wahl? den Geschmack;

und aus meiner Person mache ich mir nichts? — Es ist ein Mangel an Grazie in mir, daß ich mich nicht kann geltend machen.

Ich kann auf die Liebesworte in Deinem Briefe auch nicht mit einem einzigen antworten. Varnhagen, Du wirst die Unmöglichkeit, meiner Natur nach, davon einsehen; und diesen ganzen Brief habe ich angefangen, damit ich Dir wieder weich schreiben möchte! Vergeblich! unbezwinglich ist mein strotziges starkes Herz. Alle Tage wird es unbiegsamer, je täuschungsunfähiger, je schneller einsehend mein Geist. Auch gebricht's mir an Zeit zu einem Herumführen meiner selbst; nur mich selbst müßt' ich täuschen können, wenn ich Dich schonend gängeln sollte. Nein, mein — über alles empörtes Herz vermag es nicht. Ich will in so fern uns verehren, daß die strengste Wahrheit, wie ich sie selbst nur weiß, bis zur verzweiflendsten Härte Du von mir erfahren sollst. Das ist alles, was ich kann. Aus meiner Brust ist noch nie etwas gekommen, was nicht aus Herzensblut gemacht war; und keine schmeichlende Liebesworte gehen jetzt da hervor.

Eigentlich ist äußerlich nichts verändert: und Du hast keinen anderen Entschluß zu nehmen. Wir wollten ja den Winter en suspens lassen. Mein bester Rath, nach meiner besten und freundlichsten Einsicht, ist nun der: Du gehst — da Du doch nicht Medizin in Tübingen studirst — mit dem ersten Wetterhauche nach Hamburg; da lebst Du Dich innerlich und äußerlich ein, so gut Du nur kannst; und siehst wie es geht. Jetzt, von nun an, spreche ich nur für Dich; und es ist nicht Unfreundlichkeit, daß ich Dich nicht nach einem anderen Orte lade. Hamburg sitzt Dir in den Gliedern: entweder es wird ein Theil Deiner selbst, oder Du mußt es wie ein Fieber in Deinem Bette abwarten. Ich kann nicht den entferntesten Genuß haben, und nicht einmal Ruhe, Dich mit dieser Krankheit im Körper wiederzusehen; ich, die ich sie überstanden habe, kann auch an diesem jugendlichen Ringen Deiner emporwachsenden Natur mit Kinderkrankheiten, keinen Theil nehmen. Ich also existire nur, nach Deiner Umwandlung; entweder zum Arzt und Gatten, oder zum freien Mann. Noch einmal also: habe ich Geld genug, so gehe ich nach Teplitz, mir die Gicht für drei oder mehrere Jahre aus dem Körper zu spülen. Kann ich dies nicht; so soll die Reise in lauer Frühlingsluft, die mir betrügerisch von schöner Zukunft sprechen wird, allein mich heilen; und wird es auch. Dann gehe ich, höchst wahrscheinlich über

Amsterdam, nach Paris. Geht Campan nach einem Bade, — kann ich mir dies in den drei Monaten noch erschreiben —, so lass' ich Amsterdam liegen, und segle direkt. Auch das habe ich nicht nur so hingeschrieben, daß ich mich an den Sieger Napoleon anschließen will. Auf mir ruht ein Fluch: ich habe, in keinem Ereigniß, Glück. Bin ich glücklich, so kommt's von meinem inneren Reichthum; und daß ich nie Unwürdiges wählte, und also frei bin. Bis jetzt nun habe ich unter den Auspizien, im strengsten Verstande, unter den Flügeln von Friedrich dem Zweiten gelebt. Jeden Genuß, von außen her, jedes Gut, jeden Vortheil, jede Bekanntschaft, kann ich von seinem Einfluß herleiten: dieser ist über meinem Haupt zersprengt: ich fühle es besonders schwer! Sein eigner Geist — und grade weil er meinem so unähnlich ist, will ich ihm blind gehorchen, und nicht aus meinem Geiste Elend weiter spinnen — befiehlt schnell eine kühne Wahl; auch er hätte sich schnell entschlossen, ich folge seinem Winke, und gehe zum nächsten Großen. Ueberdies kann ich hier nicht bleiben; und außer bei Napoleon ist allenthalben Krieg: so ist die Sache auf deutsch. Von Dir hoffe ich, daß Du Dich nicht von meinem Thun und meinen Briefen stören lassen wirst. Du gehst unbefangen nach Hamburg; und noch außerdem, daß das nach Wahrheit gehandelt ist, halte ich es für ganz heilsam für Dich, daß Du aus Deiner Zwiefachigkeit mit einemmale von mir gehoben bist. Eine Verbindung mit mir, und wäre sie nur auf eine Minute, muß rein sein: rein gebe ich mich. Nun trete ich ganz und gar ab; und Du kannst nun fühlen und sehen, wie Dir ohne mich ist. Thue Fanny'n nicht weh: mache nichts geschwind. Und laß Dich jetzt nicht von mir übertölpeln! Ein Tröpfchen Krankheitsstoff würde die Entzündung, bis zu aller Ewigkeit hinaus, zu den lohsten, lichtesten Flammen treiben können: und wir raisonirten und dissequirten wieder einmal *wie* jetzt! *Darin* verlasse ich mich nun auf Dich; und mache Dich dafür verantwortlich. Ich hatte gestern, als ich Deinen Brief in der Dämmerung las, einige Stellen nicht gesehen; so nicht einmal die, wo Du sagst, Du heirathest noch einmal Fanny oder mich —! und Liebesworte beinah gar nicht. Mir ist wie leichter nach diesem Briefe. O! möchte er Dir auch das Herz erleichtern, den Geist lichten! Wie kann er aber anders? Kein süßes Liebesschmeichlen enthält er: aber mein redliches, wahres Gemüth opfert noch Dir; mein Geist beut Dir noch alle seine Beute:

die Sorge um Dich bewegt mir noch das Herz. Noch freue ich mich, daß Dir in meinem Besitz einer Deiner heftigsten Wünsche erfüllt war! Es wird mir auch ewig lieb sein, daß Dich mein Umgang nicht zurück brachte, nicht ärmer machte, daß er Dich vorwärts brachte, und reicher machte! Ich dachte einen Augenblick, nicht allein zu sein! ich bin es in einem Sinne wieder. Das ertrage: ich ertrage es auch: und sieh es als eine nicht zu entgehende Folge an, daß die Melodie von allem was ich Dir nun sagen werde, auch nur so ausfallen kann, als von dem längst allein Pilgernden. Hauptsächlich und besonders, geh nach Hamburg. Lulle Dich nicht wieder ein, zu einem schmerzhaften Erwachen; dem Du mit nichts entgehst! Dies: geh nach Hamburg! ist der Inhalt dieses Briefes. Das ist in allen erdenklichen Fällen gut. Erwäge mich ganz wie Du mich kennst; alles was Du von mir weißt, und Du wirst sehen, daß nichts anderes herauskommen kann. Und vergiß nicht: daß bei Urquijo, ich nur so lange in Türpitüde blieb, als er mich durch Eifersucht Liebe wähnen machte: und daß von dem Moment an, wo dieser Wahn nicht mehr halten konnte. ich hinab sprang. Und so würd' ich von Hölle zu Hölle in Ewigkeit springen; wenn der Urgeist meine Natur nicht auseinanderfahren ließe! Adieu, Lieber! Ich schreibe wohl noch bis übermorgen anderes an diesem Briefe.

Abends beinah 12 Uhr.

Gott! Gott! was habe ich Dir auf Deinen Liebesbrief für eine bourreau-artige Antwort geschrieben: ich lese sie durch: ich möchte sie anders: und kann nicht ein Wort ändern: ich mag's machen wie ich will! Im Grunde aber ist meiner mehr Liebesbrief, als Deiner. Mir sind nur immer die Henkeraufgaben beschieden! diesen alten Fluch, diese verteufelte Rolle kenne ich schon! Lasse Dich diesen Brief und meinen letzten nicht betrüben: Lieber, Bester! Sorge auch gar nicht für mich! Es ist ja nichts verändert für Dich: ich habe ja nur mit deutlichen Worten ausgesprochen, wie's in Dir ist; ich bestimme ja nun nur endlich, was geschehen soll. Ich kann auch davon, bei der größten Zärtlichkeit gegen Dich, bei dem größten Besorgtsein, wie schwarz auf weiß gesetzte Worte in der grausen Entfernung auf Dich wirken müssen — wo zehn, und wieder zehn Tage langsam vergehen, eh Einer von dem Anderen ein Zeichen hat —, nichts abändern. Du mußt nach Hamburg.

Ich würde Dich vor einer Reise dahin ungern sehen! Gar nicht gerne. Laß uns ganz wahr sprechen. Du sagst — ich kann die Stelle bei Licht nicht nachschlagen —: „Du kannst Fanny nicht kränken oder ihr weh thun: das Leiden, oder Unglück, verbindet Euch: und Du würdest lieber — eh sie unglücklich machen — ihr einen Theil Deines Lebens opfern.“ Dies ist doch der Sinn. Gut. Wovon glaubst Du denn nun soll sie heilen? ohne daß eine Amputation nöthig wäre: oder welchen Ersatz soll ihr Leben ihr für Dich bieten? Du mußt hin. Ich sage es nicht ein bischen, nicht entfernt, aus Großmuth. Solche Großmuth habe ich abgeschafft; ich sage es, weil Du mir mit einem Wurm im Herzen nichts bist; und weil Du diesen Wurm im vollen Ueberfluß speisen mußt. Deine Unruhe darüber kenne ich seit dem Sommer. Mal sagtest Du, Du habest eine Braut; mal nein; ein andermal, sie wolle Dich nicht, und Du lachtest; vielemale, wie heilig, wie innig Dir diese Verbindung sei: und daß Du ganz glücklich mit ihr sein könntest. Mehr giebt es ja nicht; diesem inneren Dir heiligsten Hange nicht zu folgen, würde ewig einen Keim von Unruhe in Dir lassen; der jeden Augenblick bis zum höchsten Sturme aufwachsen kann; und dies ist Dein Fall jetzt; sein Beginnen ist es, das Dir das Herz im eigenen Busen schwanken macht; vergebens erheiterst Du Deinen Geist; eröffnet er Dir Blicke, das Herz, der Sitz des Lebens, bewegt hinwiederum Dich und all Dein Beginnen. Ich will, ich muß das Schwanken inne halten; schon wogte ich mit; mir aber brächte es den Tod; nicht eine Minute halte ich es aus, will ich es hinfort in irgend einem Falle aushalten, wo ich Einhalt zu thun vermag. „Du kannst alles für Dich wählen“; benutze das: und wähle was Dich beruhigt; beruhigte Dich aber diese Wahl auch nicht, so ist das, was Du von Dir glaubst, ein Wahn; und es heißt so: „Du kannst nichts wählen“; das ist umgekehrt, von allem! Ich aber bin überzeugt, daß die linden Gefühle, die linde Lage von Hamburg ein Element für Dich sind. Du liebst den Mittelpunkt von Deutschland, und aller Litteratur; Du fühlst Dich heimisch dort; Du liebst die Verfassung der Stadt. Alles ist gut, wenn Du es nur einmal als Deinen Port ansehen willst. Wenn ich in einigen vorletzten Briefen anders sprach, so ist das nur bedingungsweise, wenn Fanny Dir nicht Ruhe und Glück geben konnte; und dann, aus meinem Gesichtspunkt über Hamburg, der hier keiner ist. Du mußt es nun durchaus versuchen — Versuch ist ja, eigentlich genommen, alles was man thut; geht es nicht, so muß man's lassen — und es ist, innen und außen nach, das Schicklichste, Bequemste, Heilsamste; das nichts widerspricht. Ich will zwar hier nichts gelten: aber auch mir das Liebste.

Ich weiß nicht! was ich schreibe, klingt unfreundlich. Und ich könnte zu mir selbst nicht anders sprechen, wenn ich in Deinem Fall wäre. Zärtlichkeiten durchlaufen diesen Brief nicht! das macht ihn so hart! — aber denke sie Dir jetzt auch mal; denke sie Dir hier! wie halb, wie falsch — angebracht, mein' ich — wie matt, wie halb unsinnig, wie weinerlich, wie unschicklich, wie unwahr, oder zerreißend müßten sie hier herauskommen. Fühlst Du's selbst? Deine Wehmuth fürcht' ich in der argen Entfernung über diese Wahrheit; und daß sie Dich vielleicht wird abhalten wollen, meinen einzig richtigen Rath zu befolgen; und Deinen Schmerz! Und doch möcht' ich Dich nicht sehen! Unsere beide Würme blieben in den Herzen, und wir übertölpelten uns; Einer den Anderen, und ein andermal ginge das Dissequiren wieder los. Davor mögen mich die allmächtigen Götter schützen! Ich möchte Dir viele, viele, viele Reden mit meiner Stimme gesprochen schicken; worauf Du auf der Stelle hin und her antworten könntest: ich möchte nicht bei Dir sein. So ist's mit meinem Herzen. Sieh es, wenn Du kannst. Vor Hamburg möchte ich Dich nicht sehen. Briefe sind so langsam, so weitläufig; folge meinem Rath: laß Dich von diesem einen leiten. Gute Nacht! Es ist dicker Schnee und Mondschein. Neumann war heute Abend hier; er gewöhnt sich zu mir! Menschen! wie mir alles vorkommt! wir waren nicht allein, und er sprach mir nicht von Deinem Blatt, das ich ihm diesen Morgen geschickt hatte; er nannte Dich nicht; es war mir etwas lieb. Wie närrisch! Adieu, schlaf recht gut.

Donnerstag Vormittag, den 29. Dezember 1808.

Ich bin so unruhig über den Eindruck, den Dir mein letzter Dienstag'scher Brief besonders, und dieser hier machen wird, daß ich Dir immerfort schreiben möchte. Ich wollte heute Campan und Paulinen schreiben, vergeblich! Morgen! Gestern Abend war ich ganz munter, außer Neumann waren Mlle. Bauer und Hanne bei mir, und Mad. Frohberg kam auch; die Anderen gingen, sie blieb beinah bis 12: ich schrieb Dir, aß nicht, ging um 1 Uhr zu Bette; mein Nachtlicht knisterte, plötzlich bekam ich entsetzliches Nervendröhnen und Ohrensausen: weil ich Line wohl acht- bis zehnmal wecken mußte mit großem Schreien, sie schnaufte immer so, das Unthier! Dies gewaltsame Wachen machte mir das Dröhnen: um 3 setzte ich das Licht hinaus, gegen 4 schlief ich ein; um 5 weckten mich holzhauende Nachbarn; um 7 schickte ich zu ihnen; dann fuhr meine Schwägerin Holz; in meinem hohen Geschoß hört man alles wie auf der Gasse selbst: auch sind meine Gehörnerven besonders auf's krankhafteste gereizt diesen Winter; und die allein machen mir Gichtzustand, ganz ohne Erkältung: obgleich Kälte der erste Grund war. Es war nichts, was ich diese Nacht nicht fluchte; und ich weiß nicht, ob ich in langer Zeit werde wieder mit Gott sprechen können. Ich war wahrhaft schlecht. Von gegen 9 schlief ich bis gegen 11. Ich fühle mich wie nach einem Fieberanfall, und die Irritation am Kopf machte mir Erbrechen. Ich bin angezogen: und mir ist besser.

Lieber, Bester! denke nur nicht, daß ich mit einemmale toll werde! Ich fürchte, Du meinst es sei ein Einfall; und Du begreifst gar nicht was ich will, ärgerst, und betrübst Dich, und ennuyirst Dich, in der Fremde da, in der Entfernung, untereinander! Du kannst denken: was will sie denn, ich habe ihr ja das schon alles lange gesagt; — aber eben daß es alles, nämlich allerlei war, das mußte am Ende den Vorschlag in mir reifen, welchen ich Dir mache. Es ist im Grunde der Deinige, Dein eigener; der ganze Unterschied ist der: ich reise Dir nicht mehr nach, sondern Du mir; wenn Du willst und kannst: und dies ist ganz richtig; ich bin innen und außen frei; und Du nicht. Du weißt, was Du findest, und ich wüßte es nicht. Verstehst Du's, Lieber? Man kann's doch nicht ändern, da es doch einmal so ist. Nur nichts für die Zukunft noch besser verwirren! Es ist mir in der innersten Natur gar zu sehr zuwider: und wenn unsere eignen Wünsche nicht an's Tageslicht hervorwollen, sage um Gottes willen! was ist dann, was sind wir dann? Es muß so bleiben, Varnhägchen. Geh aber bald hin, was sitzest Du bei Cotta? doch, nach Deinem Gemüthe! Und Du vergißt doch nicht, daß ich Dir alles besorge was ich kann? — Ich hatte vorgestern übersehen, daß der Guten ihr Journal schon abgegangen ist, und mahnte Dich drum; verzeih! Auch schrieb ich Beaumarchais anstatt Clavigo, als ich das Stück nennen wollte; ich schlug's noch denselben

Abend nach, was ich anführte: nämlich daß Carlos sagt, nichts ist erbärmlicher als ein Mensch, der zwischen zwei Empfindungen schwebt ꝛc., ich habe das Buch wieder nicht. Er setzt in dieser Rede noch eine Menge zu, welches ich mich weder erinnerte, noch an dieser Stelle glaubte; und das meinte ich nicht.

Welcher häßlicher, harter, in nichts schöner Winter! ich war noch nicht im Thiergarten, noch aus keinem Thor. O! mein Gott, wie wurde heute Nacht wieder Teplitz in mir wach. Nur das heilsame Bad, die Sommerluft im lieben Thal gegen Norden mit Bergen bedeckt! Ich glaubte schon wieder in meinem Bette, kein Gott könne mich abhalten, dahin zu gehen, so elend fühlte ich mich. Auch wird es wohl nur der böse Krieg können; sonst, wenn mir noch oft so arg wird, geh' ich im früheren Frühling hin. Es wird sich schon alles bis dahin aufklären.

Ich lese jetzt, um Französisch zu lesen, und Gutes — diese Sprache brauche ich doch nun einmal, und ich befinde mich wahrlich in ihren Büchern wie auf Chaussée — Voltaire's „Dictionnaire philosophique". Eigentlich, wenn man an den Titel denkt, zum Todtlachen, es sind anecdotes historiques et littéraires, höchstens; aber des choses assez curieuses. Uebernatürlich seicht, nur zu oft, aber plaisant, und für einen Ignoranten wie ich, immer noch unterrichtend: Du könntest mir umgekehrt sagen, der müßte grade ganz Himmlisches lesen. Ach nein! Es giebt ja schon an die hundert Litteraturen; eine immer über die andere vermuthend, suchend, grüblend; und der erzählt so manches. Und besonders, daß er sich nur selten und augenblicklich aus seiner Zeit und Paris windet, ist mir wichtig zu beobachten; und daher auszudenken und zu finden, womit — denn seine Prosa wirkte sehr — er auf diese Nation, dieses Paris wirkte; und wie gelind er gehen mußte, und wie bald nachher die öffentlichen Staatsanstalten aufstampften, und wie wenig doch nur wieder vermißt wird nach dem Einsturz beim Aufräumen. Ein wenig Wechsel der Fortünen; eine Anlage zum Krieg, Denk-Saamen für Nachbarn; wirklich, im Großen gesehen, eine kleine Veränderung, ꝛc.! Sieh mal, wie nachdenkend sich Deine Närrin anstellt. Adieu! Sei vergnügt. Gott, nun fürchte ich mich wieder, daß ich Sonnabend einen Brief, einen freundlichen Brief von Dir kriege, der noch von nichts weiß! Es schadet nichts! es muß schon alles richtig werden. Adieu!

Den 31. Dezember, Morgens.

Lieber, Bester, ich schreibe Dir nur jetzt, weil es mit meinem Kopf auf's höchste gestiegen ist! und ich, wenn ich nun Nachmittag noch einen Brief erhalte, und einen Liebesbrief, der mich affizirt, nicht werde antworten können. Meine Gehörnerven sind so affizirt, daß ich beinah nicht mehr leben kann; denn wann hörte man nicht etwas! Das Sensorium so heftig, daß ich ein beständiges Dröhnen in Hand und Kopf fühle, vor den Ohrensausen nicht mehr liegen kann, vor Blutdrang nach dem Kopf keine Lage finden kann, und bis 2, 3, auch 4 Uhr und länger oft, zubringe wie in Tortur; alles hindert und stört mich! Der Drang des Blutes ist gar nicht vom Blute, sondern weil die Gefäße im Kopf die Kräfte nicht haben, es gehörig zurückzuschicken; und so habe ich sogar Beklemmungen beim Athmen. Ich kann weder lesen noch schreiben, weil ich den Kopf so gebückt, als es dazu nöthig ist, gar nicht halten kann. Ich schrieb es Dir in den vorigen Blättern nicht, weil es da noch nicht auf's äußerste war. Die letzten Nächte war Feuer auf dem Schinkenplatz, und meine Nachbarn klopften gegen 5, wo ich grade einschlafen kann; nun ist's auf dem Giebel! sagen die Franzosen. Also nur noch dies. Nehmen wir unsere Angelegenheit nicht so ernsthaft! Ich habe seit einiger Zeit nachempfunden und erfunden, was mein Freund in Prag (Gentz) sonst immer sagte: „sich verführen lassen, sei die größte Liebenswürdigkeit!" und, dies Wort in der höchsten Bedeutung genommen, ist das auch wahr. So wie wir es bei uns Beiden anwenden dürfen! Ich habe Dich, Du mich verführt: wir waren es Beide werth; der Moment, in welchem man es ist, der ist einem ja alles werth, und es ist eine Sinnlosigkeit und Gemeinheit, wenn man den vergißt; das hab' ich mir den ganzen Winter ausgedacht. So, mein Kleiner, denke auch! Sei vergnügt, und befolge meinen Plan. Und die mitunterlaufenden Schmerzen wollen wir verschweigen; Du nicht! Glaube nicht, daß ich plötzlich gleichgültig geworden bin. Ich kann aber ohne Ordnung in mir nicht weiterleben; und da hab' ich es denn, da wieder die Nothwendigkeit, der verfolgende Riese, vor mich getreten ist, so eingerichtet. Auch wirst Du meine Eil' im Schreiben bemerken: und die macht alles härter. Ich soll für Mama was kaufen. Morgen feiert die Familie meiner Schwester Geburtstag bei ihr. Soll mich an=

ziehen: muß noch an Paulinens Brief etwas schreiben — habe gestern Campan und ihr geschrieben —. Soll essen, mich ruhen, und um halb 6 bei der Guten sein, um mit Graf Egloffstein — nicht dem, von dem ich sprach — eine Konferenz über ihr Buch zu haben! — Apropos, ich schrieb Dir Dienstag, ich hätte Dir in zwei Posttagen nicht geschrieben; es war nur in Einem: mir kam's so lang vor: weil ich bis jetzt Dir alle Tage schrieb. Wenn ich aufwache, ist mir arg: wäre ich nur weg! Die Pläne und alles, wie fremd meinem eigentlichen Sein! Mache Dir über nichts von mir, nicht über meine Gesundheit Unruh. Vielleicht kann ich im frühen Frühling nach Teplitz! Adieu, Lieber! Nun will ich sehen, ob ich heute noch einen Brief von Dir kriege. Adieu. Nun Adieu, Lieber, es ist beinah 4 Uhr! Die Gute hat so eben Deinen stattlichen Brief — Kanaille! — und ihr Journal erhalten. Und geweint und ꝛc. Deinen etwanigen heutigen Brief mit der reitenden Post kann ich nicht abwarten. Ich muß auch noch essen: mußte noch Geschäftssachen an Paulinens Brief dran klätern. Laß Dich nicht, liebes Kind, von dem Gewoge in meinem Brief anstoßen und schwankend machen: nach denen Gemüthsbewegungen müssen sich solche Leute wie wir nicht richten: ich konnte sie nicht vermeiden in meinen Lagen; körperlichen und den anderen, zu lang argen. „Ich bin zu blasirt über Schlechtes!!“ (mein Bonmot vom vorigen Jahr), sondern halte Dich an die Meinung: die unsere Handlungen bestimmen muß. Und an mein Herz; — wie es ohne Einrede der Umstände wäre — dies Herz kann Deines trösten.

Gestern Abend war Frau von Boye und Herr von Koopmans bei mir, Nettchen und die Gute; ich dachte es sei mein letzter Abend; das Gehirn im Kopf sank mir; so matt machten sie mich. Nein! so was bin ich denn doch nicht gewohnt, da hatte ich's besser. Heute soll ich mit denselben und einer kleinen Gesellschaft unten sein: ein bischen muß ich's thun. Adieu, Lieber! Adieu! Muß denn alles sich verbittern, auch unsere schönen Briefe! Adieu! Und ich Dir weh thun. O! wie mußt' ich, wenn ich es that. Adieu! Sieh mein Herz.

Rahel.

An Rahel.

Tübingen, Mittwoch, den 28. Dezember 1808.

Geliebte, theure Rahel! Ich muß Dir heute noch schreiben, obwohl nur wenige Zeit noch übrig ist, und ich auch der nöthigen inneren Ruhe entbehre, um auch dieses Uebrige schreibend auszufüllen. Vor zwei Tagen habe ich Deinen köstlichen Freiheitsbrief bekommen, und ich hätte auf der Stelle geantwortet, wenn ich nicht meinen im Lesen gefaßten Entschluß hätte wollen sich bewähren lassen durch Tage und Nächte hindurch, ich darf ihn Dir jetzt nach gestern ungeheuer erlittenen Schmerzen kühn sagen! Ich folge Dir! Ich ergreife Dich! In sechs oder sieben Wochen kann ich Geld genug beisammen haben, um eine Reise von hundert Meilen zu machen, ich erwarte Deine Antwort, ob ich zu Dir jetzt schon kommen soll, um Dich nach Paris abzuholen, oder Dich am Rhein erwarten oder in Paris treffen soll. Mir ist wirklich gar nicht bange, ich werde schon zu thun finden, und verlasse mich auf Dich! Laß uns auch diese Sorge gemeinschaftlich sein, wie nach Deinen Worten das, was Du hast! Ich werde ein schönes, großes, beruhigtes Leben bei Dir führen, geliebte Rahel! Aber ich bitte Dich, laß Dich's nicht betrüben, noch weniger erzürnen, wenn ich auch mit Thränen, die nicht der Freude des Wiedersehens gehören, in den Augen, Dir geliebte Rahel, in die Arme stürze! Ich zerstöre die letzten und einzigen Hoffnungen in der liebevollen Brust Fanny's, ich vernichte die letzte Hälfte der einst entzückenden Aussicht, nachdem sie die erste von gleicher Wahrheit gedrungen, in Nacht verhüllt hat. Daß sie begann — ach und auch mit welchem Weh — rechtfertigt mein Vollenden zwar, aber eben weil sie auf geringeres nun alle ihre Hoffnung gesetzt hatte, ist es um so schrecklicher! Ich fühle, daß ich ihr Herz zerreiße, und die Schmerzen, die ich in ihr sehe, wüthen tausendfach wiederholt in meiner Brust. Du siehst, die Wahrheit ist fürchterlich, aber sie ist doch Wahrheit, und muß in ihrem unhemmbaren Aufsteigen alle Wolken wegstrahlen! Fanny ist ein liebevolles, inniges, edles Geschöpf, eine trostreiche Freundin, ich bin ihr ewig zugethan, und fühle ihre Leiden, daß sie schwach ist, muß die Thränen vermehren wie es die Ueberzeugung von dem wahrhaften Sein emporsteigert. Sie hat Freude an mir gehabt, wie an einem lieben Bilde, ohne diese Freude auf Besitz zu beziehen, und dies wird wieder eintreten, so können wir uns nie verlieren! Aber das Band, das mich an sie fesselt, reicht über die ganze Erde hin, und so bin ich frei, völlig frei! Schonend werde ich dem kranken-den Gemüth mein Entferntbleiben mittheilen, sie hat durch nichts um mich verdient, daß ich grausam gegen sie sein dürfte. Ja, vielleicht ist es nöthig, daß ich sie sehe, und in gesprochenen Worten ihr die Einsicht und Beruhigung gebe, die den schriftlichen nicht gelänge; ich thäte das jedem meiner Freunde zu Liebe, wenn er meiner begehrte, und wie viel mehr ist eine solche Freundin! Aber nichts hindert mich mehr, Dich den Sommer zu sehen, mit Dir nach Paris zu gehen, mit Dir zu bleiben! Ja Rahel, geliebte Rahel, Du bist mein Glück, Dir will ich vertrauen! Hätte ich genug Geld gehabt, ich wäre schon abgereist zu Dir, ich habe aber wieder dringend an meinen Freund Lüders geschrieben. Durch einen Brief meiner Schwester sehe ich, daß die meisten meiner Briefe noch nicht in Hamburg angekommen sind, ich will nur hoffen, daß dies eine bloße Verspätung sei! Ich habe daher von Fanny die entscheidende Antwort, von der ich Dir schrieb, daß ich sie erwarte, noch nicht bekommen, und nun hilft es dem lieben Weibe nichts, wenn sie auch noch so freundlich, noch so thatkräftig ausfällt! Verzeihe Rahel! Dieses nur auf die Schmerzen Sehen in einem Briefe an Dich, könnte Dich leicht kränken, aber es dringt sich mir auf, und indem ich Dir meinen Entschluß sage, mögest Du an diesem Wege, den er vor Deinen Augen durch so vielen Jammer zurücklegt, neu und sicher seine innerste Wahrheit bewährt sehen! Und nur erst spät hab' ich die Feuer um ihn hergelegt, ich habe ihn zwei Tage mit kräftiger Freude, mit schmerzlosem Muthe als mein Glück und mein Heil gepflegt und gehegt. Es ist mir, als wären mir alle Geisteskräfte wieder frisch geworden, und auf's neue lachen mir tausend Studien freudig in's Herz; jetzt, da nicht mehr wie eine Einquartierung die Medizin mich bedrückt, sondern wenn sie kömmt, nur als ein heiterer Gast erscheint, ein willkommener Besuch! Herrlich wird es mir sein, geliebte Rahel, ein schönes Glück, das unter diesen Schmerzen siegreich aufsteigt! —

Ich habe an Harscher weitläufig geschrieben; aus seinem letzten Briefe wirst Du sehen, daß ihm an Wien nicht viel liegt, und vielleicht war ihm auch Paris bei der Stelle im Sinn. Ich sehe seiner neuen Antwort mit Ungeduld entgegen.

Ich aber gehe mit Dir! Dabei bleibt's! — Den Brief, den Du zurückgehalten hast, will ich sehen, wenn ich bei Dir bin. — Endlich hab' ich den Roman erhalten, grüße meine Freunde, und sag' ihnen, ich würde in diesen Tagen antworten! Leb wohl, geliebte, theure Rahel! Wie heiß sehnt sich mein Herz nach Dir! Leb wohl! Leb wohl! Bald sehen wir uns wieder! Antworte mir nur ja recht bald, doch das thust Du von selbst! Sag aber auch alles, wie Du es haben willst, und Du kannst auf mein Thun rechnen, mit der einzigen Ausnahme, daß ich vielleicht auf einige Wochen nach Hamburg muß, was ich aber doch nicht glaube, und nur thue, wenn es wirklich nöthig ist. Dann käm' ich höchstens um drei Wochen später zu Dir, denn von Hamburg nach Berlin oder nach Leipzig, wo ich Dich nun treffen soll, ist es eine kleine Reise. Leb wohl, leb wohl, geliebte, theure Rahel! Dein

Varnhagen.

Ich schicke Dir, was ich ausgeschnitten habe, damit Du es besser aufbewahrst, als ich, der ich immer versucht bin, es wegzuschenken.

Die Post ist hier so schlecht, daß ich mir diesmal einen Postschein will geben lassen, damit Du diesen Brief sobald als möglich bekommst. Adieu, Liebe!

Ich hatte Harscher Deine Worte über den „Sigurd“ geschickt!

An Varnhagen in Tübingen.

Dienstag, den 3. Januar 1809.

Lieber bester Junge, ich bin rasend in Eil: es ist 4 Uhr, ich nüchtern und halb ohnmächtig, habe erst jetzt Deinen Brief bekommen, und antworte nur heute, weil meine beiden letzten Briefe hart sein mußten. Ich habe Deinen Brief mit Campan's zurück. O! welch ein Hieb in's Herz wird nun jedes Liebeswort von Dir! und wie voll Liebe, Deiner Liebe, ist grade dieser Brief. Ich bin grade heute ganz verzweifelt! Mußte Moritz nach Hamburg und Details schreiben. Vorgestern wollten sie bei mir stehlen, und haben meinen Entrée aufgebrochen; sie wurden gestört: ich war zu Hause, sah aber keinen, nun habe ich die Sorge, den Embarras, die Furcht, die Angst, den Aerger — alles von Mama, daß ich hier wohne auf die elenden sechs Monat —, nun lauf' ich, renne ich; denn niemand hilft mir; lasse an Stadträthe schreiben 2c. Also verzeih, sieh ein, die Kürze dieses Briefes. Wahrlich es fehlt mir an Liebe heute nicht.

Die sechs Louisd'or schickt' ich Dir ja denselben Tag — und hab's dabei bemerkt — als ich Dir einen großen Brief mit der reitenden Post schickte; also war's nur ein Kouvert. Marwitz habe ich noch nicht gesehen: bei Neumann werde ich Deine Aufträge betreiben. Wie befindet sich Harscher in dem ernsthaften Winter? Ich wünsche Dir oder mir Geld! und ekele mich, noch ferner davon zu sprechen! Darauf kommt alles an. Uebermorgen bekommst Du meinen argen Brief. Ich ängstige mich seit er weg ist; könnte aber auch jetzt nichts anderes schreiben. Mache, wie es Dir gemüthlich ist! Ich werde thun, wie ich kann. Ich werde noch viele Noth haben. Mama will erst spät im Sommer reisen. Ich muß im Frühjahr fort: weiß aber nicht wie. Ach! Gott. Ich habe rechte Sorge, rechte schwere Sorge: und nicht von Himmel und nicht von Hölle Hülfe!

Ich will ja gern mit allen meinen Kräften, wenn ich Dich in Paris treffe, oder Du mir nachkömmst nach einem Orte, für Dich sorgen: und nach Deiner, nicht nach meiner Art. Aber ich bin müde, so sehr müde: alles so müde. Aber Deiner Liebe nicht: Du bist doch noch der Einzige, der sich etwas aus mir macht. Wenn ich nur wüßte, wie ich fortkomme, und ob Campan und Pauline in Paris bleiben! Einen muß ich doch finden. Ich bin ja hier schon so allein. So gräßlich, wie man's gar nicht, wie's niemand denkt. Die Gute ist mir alle vier Wochen untreu, und als Null soll sie nun in meiner Seele stehen. Bald will sie mit, bald nicht: und um solcher Ursächelchen! Grüße sie nur immer in vollem Schmeichlen. Ich will sie belügen: und Ruhe von ihr haben. Armer! möchte ich zu Dir sagen, der nichts in seiner Seele festhalten kann! wie Du es selbst beschreibst. Aber vielleicht verlangst Du zu viel von Dir: und es ist mit allen Menschen so! Ich für mich weiß nichts mehr zu sagen. Wenn Du mich liebst, wird es sich finden: ich kann nicht mehr ringen. Mit und um nichts: und ein errungen Glück ekelte mich von je. Frag Dich selbst, ob ich Dich genug liebe; ob ich ehrlich, und brauchbar zum Umgang bin. Und lebe wohl! Die Nacht sinkt. Ich umarme Dich. Rahel.

Meiner Fanny werd' ich die ausgeschnittenen Juden abgeben. Die Konskription kommt hier gar nicht zu Stande, so viel Menschen lassen sich anwerben: die wohlerzogensten Juden, und alles; ach! es möchte jeder den alten Ruhm wieder aus der Erde graben. Wie die Seigneurs sehen unsere Soldaten aus: höflich comme il faut: wie die Franzosen. Sie bekommen keine Schläge mehr!! —

Du wirst noch ganz schwach werden von der alten Milchsuppe. Die Fête bei Kerner goutirte ich. Adieu tausendmal!

An Rahel.

Tübingen, Donnerstag, den 5. Januar 1809.

Liebe, theure Rahel! Ja so ist es, und dabei bleibt es, ich komme nach Paris, oder, was damit eigentlich doch allein gesagt sein soll, ich bin frei, und kann mich jeder auch leichteren Eingebung überlassen. Bin ich einmal von hier fort, so ist alles gut, dann beginnt erst das neue Jahr für mich, jetzt bin ich noch hier und warte. Von Hamburg habe ich nun die lieblichsten Briefe bekommen, ich brauche für das nächste Jahr nicht zu sorgen, und weiß nur das noch nicht, ob ich nicht ehe ich weiter gehe, vorher einige Wochen in Hamburg zubringen soll, worüber ich nun auch in 14 Tagen Entscheidung haben werde. Ein großes Verlangen treibt mich dort hin, ich möchte mit Fanny sprechen, und ihr tausend Dinge einleuchtend sagen, die ich ihr auf keine Weise schreiben kann, weil ich ihre Wendung des Sinnes und Gemüths genau kenne, und daher genau weiß, wie die ausführlichste, schriftliche Darstellung ihr einzig die Schmerzen der Wahrheit gäbe, deren Freuden doch immer größer sind, und grade für ihr Gemüth völlig eingerichtet. Doch möcht' ich nicht ohne ihr ausdrückliches Verlangen diese Reise machen, da ich in meiner eigenen Unruhe und Qual noch genug befangen bin, um nicht mit völligem Vertrauen die Zerstreuung fremder zu unternehmen. Ist aber die Antwort verneinend, und habe ich indessen Geld bekommen, so setz' ich mich auf die Post nach Berlin, und falle Dir um den Hals! Wir wollen dann zusammen die gute Jahreszeit abwarten, um nach Paris zu fahren, worauf ich mich unsäglich freue! Liebe Rahel! Oft kommt es mir hier wirklich vor, als könnte ich in meinem ganzen Leben keine Freude mehr haben, bei der nicht ein dumpfer Schauder erlittenen Schmerzes wäre, und dann fürcht' ich mich vor jeder freudigen Begebenheit, weil mir fast der Schmerz lieber ist, als jener Schauder eines kalten Naturtodes: aber vor Deinem lebhaft erweckten Bilde muß alles das schwinden, und wenn ich auch nicht zu kindlicher Heiterkeit gelange, so bleibt mir doch Entzücken übrig, denn Du bist mir ein herrlicher Wein, und ich berauscht an Deiner Seite, und das mag doch kein geringeres Glück sein, das Leben in daurendem Rausch als einen Aufflug zum unerreichbaren göttlichen Sein zu führen, oder in frischer Heiterkeit und stillem Wirklichkeitssinn das menschliche Sein in seiner Mitte erreicht zu haben. Mir geht es hier schlechter als je, an manchen Tagen kann ich gar nichts schreiben, kaum lesen, und kann nicht einmal zu Thränen kommen, sondern fühle nun unnennbare Unseligkeit; am besten ist mir, wenn ich an meinen Novellen schreibe, die mir auch ziemlich gelingen, an manchem wirst Du Deine rechte Lust haben! Zu Briefen habe ich gar keine Lust mehr, ich bin zu abgemattet schon, und soll die Dinge, die mit wenigen Worten gesprochen wären, auf tausend mögliche Stimmungen hin, die im Empfänger sein können, im voraus kombinirt niederschreiben, was kaum der Mühe werth wäre, wenn es Staatsverhandlungen beträfe, aber meine Armseligkeiten! Auch bin ich wirklich wortarm, wie Du an diesem Briefe siehst. Was Du über Johannes Müller sagst, hat mich hart geschlagen wegen meines einseitigen Hasses, ich beuge mich beschämt! Auch habe ich es gleich an Harscher geschickt, der als Schweizer noch eine besondere Freude daran haben wird. Es ist ordentlich, als wenn mir eine Versöhnung mit der Welt vorginge, in Napoleons Proklamation an die Spanier ist eine Stelle, die mich von ihm überrascht und entzückt, wo er sagt, der Edelmuth möchte wohl gar zu loben sein, der in ihren Anstrengungen liegt, es steht aber besser dort; auch ist sein Verzeihen gegen die Generale und Junta's wirklich groß, es ist nicht bloß klug, bei solchen Siegen und solcher Macht konnte er ohne Gefahr einige Klugheit der Rachsucht opfern. Mich haben aber die spanischen Angelegenheiten fürchterlich angegriffen! Wie sollte mich's freuen, jetzt die Preußen wiederzusehen mit den überall knospenden Trefflichkeiten! Wenn dieses Geschlecht nur den Baum der Bildung glücklich hinüberschafft zu anderen, so sind seine Bemühungen schon gesegnet, daß ihn zukünftige große Männer in dieser Nation wenigstens nicht wieder als junges Pflänzchen an einen Pfahl zu binden brauchen. Ich kann heute nicht weiter schreiben. Lies aber doch den Brief an Neumann, er enthält meist Litterarisches. Ich wollte ich hätte Dir gestern geschrieben, ich bin gar zu unmuthig heute, und friere noch dazu! An Ausgehen ist gar nicht zu denken, todt und öde alles! Lebe wohl, geliebte Rahel! Ich freue mich auf die Zeit, da ich nicht so frieren werde! Habe mich lieb! Ewig Dein Varnhagen.

Ich habe am 1sten, 6ten, 15ten, 25sten und 28sten Dezember an Dich geschrieben und am 14ten an die Frohberg, der braucht aber an die 24 Tage, ich hoffe die Reise schneller zu machen.

Deine Briefe habe ich alle, soweit ich welche haben kann. Leb wohl, meine Liebe!

Vor einigen Tagen habe ich mir in der Wuth die Haare abgeschnitten, die mir vor den Augen herabhingen, und diese mir noch mehr als Schnee schwächten; mit 2 Schnitten, es war schon dunkel, und ich hatte noch kein Licht; ich sehe wohl besser, aber nicht aus!

An Varnhagen in Tübingen.

Sonnabend gegen 12 Uhr Morgens, den 13. Januar 1809.

Theurer inniggeliebter, ewig mir lieber bester Junge! Gestern erhielt ich — es ist kein Tag der Post, und ich muß mich noch erkundigen — Deinen Brief vom Weihnachtstag, Deinen ächten, lieben, innigen, aus dem Herzen geschriebenen Brief: der auch grad und tief in meines ging. Du lieber Freund! für ewig ist die Vereinigung, die uns für einander entflammte. Aecht ist unsere Ueberzeugung von einander: wir haben das Wahre von uns von Angesicht zu Angesicht gesehen: und so lieben wir uns: so lieb' ich Dich, bester geliebter Liebling! Wie weh, wie leid that es mir, als ich Deine frommen Liebesworte in meine Seele hinein las, und sah, Du habest meinen bösen Brief noch nicht, daß Du ihn noch bekommen mußt: und dacht' an Deinen Schreck, an Deinen Gram: an die Perplexität. Und doch, mein ächter, gewisser, mir ganz lieber Freund, wiederhol' ich ihn selbst mit diesen Zeilen. Denn was bleibt mir zu thun! (Nur Eines hat sich verändert, ich habe gestern einen sehr innigen wichtigen Brief von Moritz gehabt, worin er mir bis zu zweitausend Thaler des Jahrs und alle nur mögliche thätige Hülfe, Schutz und Rache versichert: also die ersten paar Jahre kann ich gewiß so viel haben; und uns aus Noth, Mangel und Verlegenheit ziehen. Das ist viel!) Ich kann nur meinen Sinn und keines Anderen Sinn in der Natur befestigen. Ich liebe Dich: Deine Liebe zu mir: Deine Kenntniß von mir ist mein Süßestes in dieser Welt. Aber machen kann ich nichts. Unser Zusammensein muß auch Dein Glück, Dein reines Glück, ohne Trübung sein; Deine Verhältnisse müssen rein sein; dann schwankt Deine Seele nicht mehr. Glaube mir, so ist es. Lieben kann man nicht Zwei. Und wählen zwischen Zweien kann jeder, wenn er nicht wahnwitzig ist und sein Gewissen nicht scheut. Dies bringt die Natur der menschlichen Seele, ihr Geist sogar mit sich. Also hierüber kein Wort mehr!

Denke Dir, lieber Freund, so eben erfahre ich, daß es Freitag, und nicht Sonnabend ist. Ach! ich hatte eine wichtige, harte, aber auch belohnende Woche! Ich habe Ludwig Robert nicht allein im Leben erhalten, sondern ihm in der Schmach der zerreißendsten physischen Schmerzen beigestanden, mit meinem schwachen, aber elastischen, gottgesegneten Körper, sondern ihn aus dem Gräuel gerettet, in solchen zerreißenden Schmerzen auseinander zu gehen. Er hatte eine Blasenentzündung, zugezogen durch Eisumschläge, weil Böhm sich irrte, und eine Erkältung für eine andere Krankheit hielt: in Einer Nacht kamen Blutigel, Bad, dreierlei Arznei-Einreibung, Lavement; Aderlassen von zehn Unzen Blut rettete ihn. Gott was habe ich sehen und erleben müssen: ich allein blieb, weil sein Gesicht und sein Zustand mir bedenklich schienen, mit meinen Domestiken; Mama und die Kousine schliefen; Arzt und Wundarzt holte ich; beten zu Gott dem Allmächtigen that ich. Nie habe ich gewisse Gebete umsonst gethan! Ich hatte das Glück, alles zu besorgen, einzusehen, zu schaffen; und er ist gerettet. Mehr aber erträgt eine menschliche Organisation nicht. Auch ließ ich Arzneien weg, aus eignem Entschluß, die ihm schlecht thaten. Kampher konnt' er nicht ertragen. Ich kann an nichts denken: nur noch immer beten und danken, daß Gott gnädig meine verzweifelte Gebete erhörte, mir Kraft und Einsicht schenkte: und daß ich, nur ich allein ihn befreite. O! und meine Theilnahme (Gott hat mich als Engel wirken lassen, er wäre in Schmach gestorben): die allein tröstete in einem höchsten Zerreißen des Organismus. Herzensfreund, ich schreibe Dir sehr unterbrochen: denn ich bin noch bei Mama, und es müssen ewig Umschläge gemacht — (bei diesem Worte war ich wieder über eine Stunde vor Robert's Bette: Böhm wollte die Umschläge und tausend Kleinigkeiten noch, und ich muß in dem fatalen Logis — so unbequem! — alles ordnen! Kurz, Alle führten sich wieder auf, daß man es zur Warnung sollte drucken lassen!! Auch war Hitzig bei ihm, und der brave wünschte meine Gegenwart: und Roberten erheiterte der Besuch sehr, und da wollte ich ihn ihm konserviren; auch kommt Hitzig morgen wieder: da er gehört hat, daß ich jetzt noch den Tag über dort bin. Von Dienstag zu Mittwoch war die Gräuelnacht!) — werden. Das Schlimmste ist, daß ihm die Disposition zu dieser Schreckenskrankheit nun für immer eingepflanzt ist! Er wird, so lange es kalt ist, im Bette bleiben müssen: sich ewig hüten müssen. Der Keim muß ausgerottet werden! ich werde die thätigste Sorge tragen, daß er nach dem alles auflösenden und zugleich stärkenden Teplitz kommt. Ach Gott, der Böhm'sche Fehler muß gutgemacht werden. Der unglückselige Junge bleibt es sonst für sein Leben. Jedoch weiß er dies alles nicht. Ueber mich sei ruhig: ich hatte zwar viel auszustehen dabei: bin aber gesund geblieben. So ist mein Körper immer: wenn er Anderen nothwendig ist, so bleibt er sehr zusammen. O! welche tiefe Einsicht habe ich wieder über's Leben bekommen. Heute kann ich Dir nur nichts mittheilen, künftig alles! Mündlich. Ich verstehe auch viel von Krankheiten; und kann wirklich mit Einsicht und That helfen. Ich bin eine Mutter ohne Kinder. Ach welch wildes Haus war es! Da sah man die Unordnung. Ich hatte aber meinen Bedienten, Line, unseren vorigen Feu holen lassen, und noch einen Bedienten, einen klugen Krankenwärter von einem Abend bis zum anderen Morgen angeschafft. Jetzt schläft Einer um den Anderen. Fritze war selbst krank. Und die Kousine führte sich gräuelhaft auf; Andere schliefen, und waren auch schlecht. Genug davon! Ich bin aber noch ganz voll davon: und weine noch immer aus Glück, daß Gott ihn von den Schmerzen erlöst hat! Du aber, mein Freund, wenn Du es nicht kannst, lerne von Stunde an Aderlassen: eine große halbe Stunde eher hätte er von der Tortur können befreit werden, wenn Böhm es gekonnt hätte, und wir nicht noch erst den Wundarzt hätten holen müssen. Eine Schande wäre es, wenn Du ausschneiden und nicht aderlassen könntest. Nach seinem Fehler war Böhm ordentlich wieder groß in Sicherheit, Ruhe und Kunst. Ach Gott, hätte ich von dem Uebel gewußt! vierzehn Tage laborirte er an Schmerzen; und so lange hielt es Böhm für ein anderes Uebel: und ich gleich für Erkältung: und in keinem erdenklichen Fall hätte ich Eis gelitten.

Liebe mich: und sehe mich. Morgen noch ein paar Worte. Apropos! Daß Du Goethe immer mehr liebst, ist Balsam auf mein Herz! „Ein Schritt, und es ist Wirklichkeit." Ja, Varnhagen! ja, mein Freund! bearbeite Kaiser Friedrich! Ueber Werner hast Du mir auch gut geschrieben! Adieu. Ich muß Moritz antworten, auf den herzlichsten, edelsten Brief: auf einen, wie ich sie meinen Brüdern zeitlebens schrieb. Es ist ein Zauber in ihn gefahren. Wundere Dich nicht, wenn ich Dienstag nicht schreibe: es kann aus Ermüdung und Mangel an Zeit unterbleiben, wenn ich auch noch Sonnabend einen Brief von Dir kriege. Adieu, theurer, aus dem innersten Herzen und in der tiefsten Meinung geliebter Freund! Dein Weihnachtsbrief war ächt; und Dein Herzensgold klingt klartönend an meines. Adieu für jetzt, 11 Uhr Abends. — Nun bin ich zu Hause! Wie angegriffen! Ich finde von Dir, Geliebter, einen dicken Brief! Ich fürchte mich, ich erbreche ihn nicht zur Nacht. Mit Robert geht's nach den Umständen sehr gut. Die leiseste Erkältung, und folglich Vernachlässigung, und er schlägt zurück. Denk Dir also, wenn Du kannst, meine Sorgfalt, meine Mühe; und meine peinigende Sorge, wenn ich schlafen gehen muß. Böhm hatte doch ganz in allem Recht. — Gute Nacht! Wie fürchte ich mich vor Deinem Briefe: dies ist Antwort auf meinen schlechten. Adieu, ich erliege dem Echauffement und den Nerven! Adieu. —

Sonnabend, den 14. Januar. Vormittag.

Wieder bei Mama. Ich wollte zu Hause bleiben diesen Morgen, und hatte auch Robert prävenirt; aber gegen 9 erfahre ich, daß er die Nacht übel zugebracht hat; ich springe aus dem Bette, schreibe Böhm flehend: bereite Mama in einem anderen Billete vor, daß er früher kommen wird, und was sie zu bestellen und zu sagen nicht vergessen soll: schreibe Robert, — damit er sich nicht entsetzt, — ich müsse mit Vetter zu Bouché Blumen kaufen fahren, zu einem Geburtstag, den er feiern muß, und würde doch noch den Morgen kommen. Nun bin ich hier; Böhm war grade weggegangen, es thut mir leid; Robert ist wie gestern, nur große Neigung zum Schlaf: Böhm hat ihm Kaffee verordnet. Die Frohberg hat mir ein aufgebrachtes Billet geschrieben, daß ich sie nicht besuche. Heute bekam ich's. Ich athme fast nicht! und nur die Sorge erhält mich fest auf den Beinen. Ich antwortete ihr: „Sie scheinen von nichts zu wissen", und nannte sie: „Liebes Kind." Ließ ihr aber mündlich durch den Bedienten sagen, sie möchte sich ihre Schwestern holen lassen. Wenn ich sie nun wieder sehe, kriegt sie alle Wahrheit für's Leben: die stupide Puppe!

Nun von uns, mein Herzensfreund! Ich erbrach Deinen dicken Brief doch gestern Abend. Harscher seine fremde Schrift fiel mir zuerst in die Augen; ich las den Brief. Ich kenne ihn so wenig! und sein Lob stärkt mein Herz. Wie natürlich find' ich seine Ausdrücke — sonst, als ich noch nicht gehetzt war, schrieb ich auch so — ich verstehe auf dem Punkt, aus meinem eigenen Gemüthe und meinem eigenen Geiste, wie er sie meint; und finde eine große Aehnlichkeit, in unserem unbestechlichen Sehen; wie wir die Dinge finden, — ich meine nicht gradezu irgend ein bestimmtes Urtheil, sondern nur — wie wir sie in uns stellen; und wobei er, wobei ich mich nicht aufhalten kann, der Sicherheit des Einsehens wegen; die den mir unverkenntlichen Ueberdruß und die Kürze im Ausdruck hervorbringt. Kurz, eine Geistesähnlichkeit, die sich schnell in der tiefsten Tiefe erkennt. Ich kenne ihn wenig: aber den ersten Abend bei der Hofräthin Herz vertheidigte er das Gesicht von Kosmeli gegen die unkundigen Angriffe der Anderen: und seine Ruhe, seine Kürze, das was ihn endlich, und nur dies, zu reden zwang, setzte mich über ihn nach meiner Art gleich au fait. Ich habe es Dir nie gesagt! wer kann alles so aus sich herauslassen, eh man ganz der Aufnahme versichert ist; denn in der That sind solche kleine Intimitäten des Denkens ohne das ausgedehnteste und tiefste Verstehen, folglich ohne die herrlichste Aufnahme, wie ich's nenne, lächerlich. Grüße ihn tausendmal; und sag' ihm, das Spektakel, mich wahr zu sehen, sollte er immer haben: und ich wäre auch gewiß, daß wir uns auf eine liebenswürdige Art miteinander einleben würden; es würde ihm ganz angenehm häuslich neben mir zu Muthe werden; und ich stellte mir so viel Gutes von unserem Umgang vor, daß die Hoffnung dazu für mich ein schöner gedeihlicher Trost wäre! Ganz gewiß!

Du, mein Theurer, Geliebter, Du reisest nach Hamburg. In jedem Fall. Du mußt sie sehen, die Frau; mußt mit ihr leben; mußt genau wissen und erfahren, wie Eure Herzen sich entwicklen. Sind Wunden da, müssen welche gerissen werden, so müssen sie rein ausheilen: entweder durch glückliches Zusammenleben, oder reine Trennung. Ich, Lieber, Guter, mag Dich eher nicht wiedersehen. Stärker, baumfester, reiner, entschlossener, leichter einsehend, in mich selbst eindringender, werd' ich mit jeder Nacht; nichts Schwächliches, Verwundetes, Zweideutiges, Krankes, Hinhaltendes, Erbärmliches, Panari-artiges, in Seelen, kann ich mehr dulden. Du weißt das, und Du weißt, wie Du mir lieb bist. Mein Entschiedenes wird Dich entschieden machen, und Dein Entschiedenes Fanny'n. Wohin Du Dich nur entscheidest, ist Glück: ohne Dein reines, kann mir von Dir keines kommen. Nicht einmal Ruhe zu einem edlen, freien, natürlichen Umgang. Etwas war schief mit Fanny; gleiche es zu ihrem Glücke, wenn es geht, mit ihr aus: oder so schmerzlos als möglich. Ich mag hinfort mit keiner neuen Frau — ist sie nicht wie ich — etwas zu schaffen haben; sonst würde ich Dir sagen, zeig' ihr alle meine Worte: aber im Gegentheil! ich verbiete es Dir! Ich habe, und will mit niemand zu schaffen haben, als mit Dir; und nicht einmal, nur negativ. Ich sage nur, was ich nicht will. Harscher'n aber kannst Du mein innerstes Herz zeigen, und jedes Wort sagen, was ich je schrieb und sagte. Dies ist mir lieb. Du, Lieber, sei ruhig! Ich bin es auch. Und lasse Dich in Hamburg nicht abwinslen! Ich kenne Frauen; das Edle in der Mischung hält grade den Wahnsinn zusammen und den Unsinn. Handle aber ganz nach Deinen A u g e n und nach Deinem Herzen. Könnt Ihr Glück für einander sein, so ist es ja so gut als möglich. Ich bin zufrieden mit dem, was sein kann, grade mit dem. Nur sei verständlich für sie, sanft und heilend; ich — will weder mehr Krankenwärter in der Welt spielen, noch habe ich ein Herz im Busen, bourreau zu sein. Mit Fanny ist alles Deine Sache. Ich trat rein zu Dir; das ist

Dein Verhältniß. Mache Dich auch nicht unglücklich: bloß, weil Du's nicht aushalten wirst. Verstehst Du? Deinen lieben Brief, Deinen Dank für meinen, mein Herzensfreund, habe ich eingesehen: und Du weißt, ob meine Seele denken kann. Ich umarme Dich tüchtig und zärtlich mit ganzer Liebe dafür! Es bleibt bei der Hamburger Reise: ich werde noch durch meine Korrespondenzen mit Campan und Moritz, von meinem Gelde und meiner Gesundheit, entschieden werden. Noch ist Januar: und in einiger Zeit weiß ich auch mehr von Dir. Adieu, Geliebter! Ich muß noch an Moritz schreiben. Nein! schöner Ausgeschnittenes giebt es nicht! die kleinen Rosenbouquete! Engels! die verwahre ich gewiß. Du Lieber!

Nun laß Dir Neuigkeiten erzählen! Bernhardi ist, nach seinem verzweifelten Zwist mit seiner Frau, von München wiedergekommen, und hat sich nur Ein Kind mitgebracht: sagend, er habe es nicht über's Herz bringen können, ihr mehr zu nehmen?? nach dem Prozeß, nach der Prozedur! Ist auf eine Art eingenommen von ihr; hat einige Tage sehr gut dort bei ihr gelebt; erzählt, sie lebe sehr gut: habe vier Domestiken, kurz alldergleichen und etcetera. Ein Mann, und habe er achtzehn Wissenschaften in seinem Kopfe, dem man Einmal eine Frau zum Lieben aussuchen kann; und der allerhand in ihm von kühlen eitlen Leidenschaften aufblasende Winde für sein Herzensfeuer, von gesunden, geläuterten Sinnen entbrannt, halten kann; dem kann man zeitlebens was einbilden; und die magere Tieck ist nun einmal erkoren, nicht grade geboren, dem dicken Bernhardi was weiß zu machen. Und noch weiß ich! Wohlleben imponirt: die Mittel dazu werden immer vergessen. Menschliche erste Natur; das Grüblen über die Dinge ist die Natur des Geistes, zweite menschliche Natur. Das Geschichtliche der Sache weiß ich vom unschuldigen Doktor Bing, Fichtens Arzt. Dem es besser geht: er hat nur noch Gicht an der Hand.

Da unsere Landesdikasterien verändert sind, so haben wir Staatsräthe bekommen — eigentlich Minister, — Wilhelm von Humboldt, aus Rom, ist einer; und hat viele Departements unter sich: unter anderen die Schulen; und auch die Universitäten. Vorvorgestern ist er angekommen; er soll sehr überlaufen und genöthigt sein, Vielen absagen zu lassen: Du weißt, er ist mein Intimer; auch war er gestern früh schon mit seinem Sohne bei mir, aber ich war hier. Ich werde ihn mir zu

Rathe halten: in jedem Fall! weil es mein alter Jugendfreund ist; und er Dir, Liebling, nützlich zu jedem Etablissement sein kann. Ich werde Dir melden, was mir von ihm zu erwarten steht. Und ob Du in einiger Zeit, wenn er hier bleibt, Dich ihm etwa selbst präsentiren mußt. Ich glaube, ich kann viel von ihm erhalten — er hat auch in Frankreich und allenthalben Verbindungen und Gewicht, — ohne ihn im geringsten zu hintergehen. Nun lebe wohl. So eben habe ich mit Hanne und Mama Deine Bouquets besehen: sie sind wirklich unglaublich. Sie wollen Rad schlagen; Mama bewundert Künstliches immer übermäßig. Jetzt sieht sie Robert; Hanne zeigt sie ihm. Adieu. Deine Rahel. Mich kränkt das übrige Papier. Ich habe die Hofräthin Herz durch ihre Mutter von Dir grüßen lassen. Reise ja mit Klugheit. —

An Rahel.

Tübingen, Sonntag den 15. Januar 1809.

Meine theure, geliebte Rahel! Wenn Du meine letzten Briefe (vom 25sten, 28sten Dezember und 5. Januar) richtig erhalten hast, und wie ich diese Du die Hoffnung hegest, daß auch die Deinigen in meinen Händen sind, wie ich denn in der That keinen vermisse, so wirst Du leicht begreifen, daß mir an Dich zu schreiben wo nicht mißlich, doch unnütz dünken mußte, bevor ich nicht die sehnlichst erwartete Antwort auf meinen vorletzten Brief empfangen, die vielleicht schon unterwegs und unabänderlich ist. Ich hätte Dir auch nicht geschrieben, wenn mich nicht die Angst ergriffe, daß Du Deinerseits vielleicht auch meine Antwort abzuwarten gedenken möchtest, und mit dieser Angst ein tiefes Sehnen zu Dir zu reden verbunden wäre, ein Sehnen, nicht Dir vieles zu sagen und mitzutheilen, sondern nur Dich zu sehen, Dich zu grüßen, was ich ja nicht anders vermag zur Zeit als auf diese traurige Weise! Was ich Dir zu sagen hätte, ist darum aber nicht weniger beunruhigend, und nur, weil kein Schein der Möglichkeit, alles schriftlich abzuthun, übrig ist, kann ich ruhig schweigen, und unbefangen hin und wieder ein Blättchen abpflücken von dem Baum, und Dir zuschicken, während hier ein kalter Luftstrom in den zurückgebliebenen schauert. Mußt Du nicht mit mir lächeln, geliebte Rahel, über den Zufall, wie ich als ein kleiner Mensch das nennen will, was bei einem großen Schicksal heißt, über den schlauen Zufall, der meine solche Briefe mit Deinen solchen sich kreuzen läßt? Den Inhalt Deiner Briefe, das weiß ich wohl, habe ich erzeugt, und selbstgesponnene Fäden winden sich um mich, aber der Zufall ist auch nur in der Zeit, worin leider auch unser Leben, und alle meine Verwirrung. Was hilft es, am letzten Lebenstage die Einsicht zu erlangen von den Bestimmungen der vergangenen Tage: nur Zusammentreffen ist Glück und Liebe, und ich sehe mit unseliger Traurigkeit, wie ich voraus bin oder zurück, daher immer allein, außer dem Moment da in meinem Eilen, oder in dem des Anderen wir einander vorbeikommen! Deine beiden letzten Briefe waren mir um so fruchtloser, als ich, wo ich nicht irre, einen Tag nach meinem entscheidenden, einen von Dir bekommen hatte, der mir das größte Frohlocken gab, weil ich aus innerem Triebe schon gethan hatte, wozu er mich bewogen hätte, wenn es nicht schon gethan gewesen wäre. Nichts hat mich in Deinen Worten verletzt, ich sahe ihnen muthig in die Augen, obwohl ich mich von ihren Blicken zusammenschmelzen fühlte in immer kleinere und kleinere Gestalt: denn ich fand mich zuletzt in der, in welcher ich mich immer gefunden habe, und die Wahrheit hat für mich nichts Furchtbares, weil sie mit dem Wahren in mir einig ist, und ich das Lügenhafte, Nichtige, mit bitterer Feindschaft von je in mir aufgesucht habe, und nur über die Schmerzen klagen muß, welche entstehen wenn die verschlungenen Pflanzen auseinandergerissen werden, von denen die schlechte der guten durch die Länge der Zeit zur umkleidenden Rinde geworden, und durch ihr Wegreißen eine wunde formlose Stelle läßt, die spät heilt. Ich habe es immer gesagt, und wiederhole es, liebe Rahel, ich bin Deiner nicht werth! Müßt' ich nicht mit der seligsten Freude Dich verlassen, wenn ich den sich Dir nahen sähe, der Deine ganze Seele erfüllte, nicht weil Du Dich mit ihm erfüllen willst, sondern schlechthin weil er Dich erfüllt? Harscher's Verwundern über Deine Güte zu mir habe ich ja selbst gefühlt und oft ausgesprochen; ich mußte da wohl zagen und fürchten, liebe Rahel! ich konnte mich nicht vergessen, und nur dann mich unbedingt in Deine Arme werfen, wenn ich gewiß war, daß unter allen Verwandlungen, die dem Menschen gegeben sind, und deren Gestalten er wie durch Zauber zu gewissen Zeiten annehmen muß, keine wäre, die Dir unerträglich dünkte. Diese Zeit, die ich mit Dir so glücklich verlebte, habe ich Dich von Tage zu Tage in schöneren Gestalten gesehen, und war von dem Zweifel an dem Geringsten aufgestiegen zum liebevollen Glauben, zur festen Ueberzeugung des Schönsten und Heiligsten, und auch jetzt steigt mein Glauben an Dich mit jedem Gedanken an Dich: aber Du hast das Schlechteste in mir nicht gesehen, dessen Gestalt mich die Mitgabe meiner Natur oft anzunehmen zwingt, und dessen erste Erscheinung die Schrecken und Reue geben muß; darum habe ich mir Mühe gegeben, es Dir in meinen Briefen zu zeigen, und mit aller ersinnlichen Kunst mir den Zwiespalt, der in mir ist, aufgereizt, gegen Dich natürlich zunächst in der Form, die Zeit und Verhältnisse in diesen Tagen mir aufdrangen, als Dich und Fanny, ich hätte es ebenso als Deutsch oder Griechisch aufstellen können, zwischen jeden zwei Dingen kann sich die brückenlose Tiefe für schlechte Gesinnung niedersenken. Ich freue mich noch, Dir nichts verhehlt zu haben, Dir vielleicht schneidender meine Unseligkeit gezeigt zu haben, als sie mir empfunden war, nicht wegen der Art, denn die und ihr brennendes Weh vermocht' ich nie auszudrücken, sondern wegen der Dauerhaftigkeit, welche die glühenden Eisen in dem Bilde geschriebener Worte, auch gesprochener, erhalten, während doch das Eisen erkaltet und die Flamme nicht haftet. Ich habe wohl zu heftig Dich angegriffen, Du fühltest Dich schwankend mit meinem Schwanken, Du lässest mich los. Wäre ich gegenwärtig im Stande, mich frei zu bewegen, könnte ich reisen, so müßte ich sehr unruhig sein, mit von mir selbst bewunderter Geduld aber wart' ich nun, da ich nicht vom Fleck kann, die neuen Entscheidungen mit den kommenden Tagen ab, und durch meine düsteren Tage, denen, ununterbrochen beinah, angstvolle Qualen zur Unterlage dienen, worauf sie ihre langweiligen Stunden mit kläglichem Schein einiger Anmuth hinführen, geht ein sonderbarer Gleichmuth, den ich für Stärke halten muß, weil aus ihm mir manches Thun geworden ist, das ich verloren hatte, und aus ihm mir ein jedes Ding, als ein Baum, ein Haus u. s. w., in mehr erfüllender Kraft zu den Sinnen spricht, und weniger als sonst in einer weiteren Beziehung mächtig zu werden verlangt. Ich glaube wirklich, daß ich in meiner hiesigen Einsamkeit mich völlig erkannt habe, und daß ich durch sie, was freilich niemand bemerken wird, sehr verändert bin; da ich mich aber nicht entschlossen habe, mich durch eine Kugel außerhalb dieses Seins und der Erkenntniß dieses Seins hinzusetzen, so bin ich eben noch in der Noth=

wendigkeit weiter zu leben, und damit beschäftigt; ich klage über nichts jetzt, als daß ich noch nicht Geld genug habe, um fortzugehen, und sorge übrigens dafür, es zu bekommen. Sonst habe ich allen wärmeren Antheil an mir aufgegeben, und sehe mich wie einen fremden armen Teufel an, nicht einmal mit dem Mitleid, das man an einem hat, weil man sich in besserem Zustande befindet, was bei mir, der ich beides bin, eine glückliche Unmöglichkeit ist. Jenen Entschluß jedoch, dem ich mich vertrauen wollte, muß ich überaus loben, denn ich faßte ihn in einer Zeit, die langdauernd mich erglühte, und Schmerz und Entzücken in meinem Blut gleich stark zur äußersten Höhe trieb, und jetzt, da Deine Briefe so lauten, wie zu wissen mich damals vernichtet hätte, dauert dieser Entschluß fort, da seine Form zwar zerstört ist, aber sein Inhalt es nicht werden kann. Ich bin bereit nach Hamburg oder nach Berlin zu gehen, an beide Orte jedoch nicht auf lange; den Sommer bringe ich in Paris zu, wenn ich hoffen kann, dort nicht allein zu leben, was mir dort nicht viel besser wäre, als hier, weil die großen Anstalten des Lebens dort mich nur dann erquicken, wenn die Fremdheit der Nation mir vermittelt wird durch liebe Gestalten. Soll ich meine theure, geliebte Freundin von Amsterdam abholen, so wird mich nichts davon abhalten, und wahrscheinlich geschieht das dann von Hamburg aus. Komme ich aber ehe ich nach Paris gehe, und ohne nach Hamburg zu reisen, nach Berlin, so ist das freilich einzig um Deinetwillen, aber es darf Dich nicht ängstigen, denn ich mache meine ungeheuren Ansprüche nur unter der Form der Anspruchslosigkeit. Du irrest Dich doch völlig, liebe Rahel, wenn Du glaubst, ich habe mich in Dir geirrt; Deine Briefe haben mir in Rücksicht auf uns nichts neues gesagt, nur Worte für das alte, sie haben mich nicht gekränkt, obwohl sie ungeheuer hart sind, denn ich hatte, durch die Einsicht meiner geleitet, ihren Empfang vorbereitet, ihre Härte durch Zuvorkommenheit gebrochen. Aber eines hast Du in mir nicht recht gesehen; Du hast nicht sehen können, welche Gestalt die Welt dem gewinnt, dessen Leben weder durch Vermögen, noch Familie, noch Talent fest in ihr gegründet ist, und so die Relationen, die bloß äußerlich sein sollten, von Jugend auf in sein Gemüth verarbeiten mußte. Ich meine damit weder eine Besorgniß für die Zukunft, noch die Uebermacht des Bedürfnisses über den Geist, vielmehr habe ich aus reiner Geisteswendung heraus, und auch wohl aus

Trotz, schon mehrmals in meinem Leben zum Schrecken aller die mich liebten, alles mit Füßen getreten, was mich hemmen wollte, oft roh genug: sondern einzig das mein' ich damit, daß jede Gegenwart dadurch kann verdorben werden, wie diese jetzt ein Beispiel ist, und das äußere Schwanken in Möglichkeiten das innere bedingt; ich hätte bisher keinen Akt meines Willens vollbringen können, und Du hast ganz recht, daß ein gehemmter keiner ist. Darüber wäre noch viel zu sagen, aber im Schreiben mag ich nicht den Versuch machen, es gehörten zu viele Data dazu, die geschrieben aus ihrer Flüchtigkeit, dem besten was sie haben, herausgerissen würden. Wenn ich's recht betrachte, so bin ich noch eben so unentschlossen als vorhin, aber nicht aus Mangel meiner, sondern aus Mangel des Stoffs zum Entschluß, denn wenn Du ihn nicht freiwillig wieder giebst, den Stoff, den Du mir weggenommen hast, so kann ich freilich nicht einmal mit Recht seine Zurückgabe fordern! Was Du mir aus „Clavigo" anführst, wußte ich wohl vorher, aber das ganze Stück besteht ja nur dadurch, daß dieses von Carlos Gesagte nichts hilft; es ist nicht besser, als wenn man einem Sterbenden durch die Einsicht des Todes helfen wollte, da sein Gefühl des Todes überdieß noch weit dringender ist, als der Anderen Einsicht. Doch schelte ich Dich deshalb nicht, denn Du sagst es auch nicht meinetwegen, sondern Deinetwegen, weil Du Dich von solchem entfernen willst, und mit Recht: wollte mich doch auch Harscher nicht recht zum Freunde, freilich schon in der Blüthe unserer Freundschaft, weil er, ehelos bleibend sein Lebenlang, immer einen ganzen Menschen hingiebt, und seine Freunde ihren besten Theil den Frauen zuwenden sehen muß; es flieht noch billiger eine Natur vor der anderen, ich natürlich nicht vor Dir! mir ist wohl in der Sonne, sie aber findet keinen Grund bei mir zu verweilen. Wir wollen nun sehen, ob ich Dir nachreise! Wenn nicht, so ist es ein Zeichen, daß mir sonst wohl ist, und das wird Dich immer freuen, nur freilich muß ich auf den möglichen Fall immer wissen, wo Du Dich aufhältst, und ob es auch ein Land ist, wo ich hinkommen darf, denn wie Du mir nicht nach Rußland folgen wolltest, so nehme ich auch eines aus, das ich aber nicht hinschreiben mag, sondern mündlich sagen werde. Ach, liebe Rahel! so sehr fühl' ich unsere Innigkeit gestört, daß ich schon fürchte, Du saugst Böses aus meinen Worten, die so verwirrt dastehen, und ängstlich prüfe, ob eine heftige Stimmung, in welcher Du heut über zwölf Tage sein könntest, nicht vielleicht Tücke in mancher Aeußerung findest, die dann vertheidigungslos dasteht! Dieses fürcht' ich um so mehr, da meine liebevolle Sehnsucht zu Dir, die bis hieher, ich schwöre Dir's zu, geliebte Rahel, mit voller Innigkeit mich durchströmt hat, sich schwerfällig bewegt in meiner mehr als je zügellosen Schreibart, die mir selber kaum klar wird, und dann weil ich seit einer kleinen Pause am Ende der vorigen Seite mich wirklich sehr aufgebracht finde, und was ich jetzt als Zorn Dir gradheraus in's Gesicht sagen will, sich früher wo ich nur an Deine Lieblichkeit lieblich dachte, und Dich, wenn Du bei mir gewesen wärest, entzückt an mich gedrückt und geküßt hätte, wohl als Tücke mir unbemerkt könnte eingeschlichen haben. Wenn unsere Briefe je zusammen gedruckt würden, müßte sich meine jetzige Antwort auf Deinen eisernen, gediegenen, kolossalischen Brief sehr übel ausnehmen, aber nichts destoweniger muß ich mir bei den Lesern noch mehr Schaden thun, und Dir sagen, daß wenn Du jetzt neben mir säßest, ich Dich nicht anrührte als um Dich auf's Blut zu kneifen, so unliebenswürdig als möglich, damit Dir der bloße Aerger bliebe; und wenn Du zur Frohberg gingst besuchte ich die für mich, nicht von Dir mitgebracht, und quälte Dich dann dort als eine Fremde; ich weiß wohl, Du lachst darüber, daß ich Dir achtzig Meilen weit drohe, und ich lache selber darüber, indem ich es schreibe, es ist aber dennoch, auf meine Ehre! der wahre Grund meines Herzens, und darum schreib' ich es auch trotz des Lachens. Denn ich frage Dich selbst, ist es zu dulden, zu erlauben, zu vergönnen, daß Du mir so trotzig schreibst, auch wenn ich wirklich unrecht gehabt habe bis hieher? und das ist noch nicht so arg, daß Du alles sagst was Du sagst, sondern Dein eigenes Gefühl, Dein wiederholtes Ausrufen über die Härte, wodurch ich sehe, daß es in Dir härter aussah, als von Dir abgetrennt auf dem Papier! Nein, durch Liebkosungen allein bist Du nicht zu bezwingen, Du bist ein widerspenstiges Geschöpf, Du möchtest mir wieder einmal gern einen Tisch umwerfen zwischen Dich und mich, und während meiner Verlegenheit hinausgehen, ich aber bin nicht mehr verlegen, und nicht mehr so schreckhaft. Liebe Rahel! — Ich komme eben von Kerner herauf, dem ich inzwischen eine Stunde Gesellschaft geleistet habe. Er ist seit einigen Tagen wieder hier, aber krank und bettlägerig, so daß ich den größten Theil des Tages bei ihm bin, wo ich ab und zu auch andere Leute sehe, aber diese halbe Gesellschaft schlägt mich vollends darnieder, und erinnert mich wie mit glühenden Zangen daran, von wem ich entfernt bin! Ach, geliebte, süße Rahel! ich wollte Dich kneifen, thue aber nur mir weh! Den ganzen Tag schwebt Deine helle, befriedigende, lebensfrische Erscheinung, Dein liebenswürdiges Wesen vor meiner Seele, und ich fühle jeden Moment, der so schlecht vorübergeht, was er sein könnte! Zürne mir nicht, Du Liebe! Ich zerrisse diesen Brief gleich, wenn ich Zeit übrig hätte, Dir einen anderen zu schreiben. Ich bin Dir ergeben, liebe Dich, sehne mich nach Dir! Ich kann, ohne verloren hinzusinken, nicht die Hoffnung aufgeben, Dich wiederzusehen! Aber ängstige Dich nicht, wenn Du mir vielleicht schon geantwortet hast und mich fortdauernd von Dir weisest! Ich will ja Deine Freiheit nicht verletzen, Dich nicht plötzlich überfallen, sondern die Zeit reifen lassen nach ihrem eigenen Gange; thue unbedingt was Du willst, recht liebe Rahel überlässest Du mir mein Handeln, es wird sich ja zeigen, was ich abgesondert vollbringen kann, unser jederseitiges unabgeredetes Thun wird auch hervorbringen können, was unserem sorgsamsten Kombiniren, wie es scheint, nicht gelingen sollte. Ich bin auf alles gefaßt.

Sieh! eben kommt zum Schlusse meines Briefes noch der Deinige vom 3ten Januar. Meine liebe arme Rahel, daß Du Dich mit solchem Volk ewig herumschleppen mußt! Wenn Dich nur ein heiterer Sommer trösten wird! Ich hoffe es! Leb wohl, geliebte, theure Rahel! Ich kann heute nicht mehr noch schreiben, ich küsse Dich tausendmal! Grüße die Freunde! Ewig Dein Varnhagen.

N. S. Die Frohberg grüß' ich auf dem Schlußblättchen wie es sich gebührt. Ich freue mich aus nichts Etwas zu machen, denn grade ein solches Etwas, das man aus Nichts macht, verdient sie denn doch wirklich, in allem Ernst!

Die Preußen freuen mich in der Seele! Aber hier in Würtemberg — das läßt sich nur erzählen! Hier kriegen sie Prügel, ganz neuerdings eingerichtet, nicht nur nicht abgeschafft.

Im Doppelroman sagt Neumann's Jean Paul: Himmel! welch ein Himmel! Im „Morgenblatt“ steht zum 1sten Januar ein Aufsatz vom wirklichen Jean Paul, da heißt's: „Himmel! welch' ein Himmel!" Das heißt ja fast prophezeihen!

An Mad. Frohberg bitte ich mich bestens zu empfehlen, und ihr zu sagen, daß ich mit der tiefsten Theilnahme ihrer eingedenk bin, und im Vertrauen auf meine redliche Gesinnung es wage, mein Andenken in ihr bisweilen flüchtig aufzuregen.

An Varnhagen in Tübingen.

Dienstag, den 16. Januar 1809.

Lieber Bester, nur zwei Worte; ich leide noch sehr an Mama, an Markus, an der Kousine, an Robert, der noch mit Umschlägen liegt, an Böhm, der nicht kommt, an Mama's Quartier, an ihren verdorbenen Leuten. An der Kälte und an dem Weg; an dem übernatürlichen Aerger. Aber alles ist gut; denn Robert hat nicht wieder Schmerzen gehabt. Humboldt war diesen Morgen bei mir. Gestern hatte ich vom 20. Dezember einen Brief von meinem Freund (Campan), aus Madrid, und mit Bleistift von unterwegs. Er trauert, daß das Grab vom Cid und von Chimène zerstört ist; rühmt das Großartige des Landes, und spricht würdig vom Krieg. Auch mich freute der große trait von Napoleon. Eines Helden Herz zu lieben, ist eine Lust. Du, mein Freund, mußt immer gewisser nach Hamburg; denn, siehst Du? in dem letzten Brief vom 5. Januar, wo einer an Neumann drin ist, bist Du doch wieder traurig, und wirst es immer wieder werden. Nein! Geh hin; geh ja hin! Trage das „Band, das über die Erde reicht", ab: oder wickele Dich darin ein. Sonst verwickele ich mich mit darin. Geh ja hin, und bald. Deine Wehmuth könnte ich nicht dulden; Dein Dortsein und Dein Glück dort, ganz gut. Denke nicht, lieber Junge, daß ich böse bin: eben habe ich Campan und Moritz eben so geschrieben: ich bin nur zu zerärgert; und Kürze sieht Härte ähnlich. Setze Dich auf's Reine mit der Frau; hauptsächlich sie über sich: selten sind es Frauen: Du weißt, was ich von ihr urtheilte, eh' ich wußte, daß sie Deine Braut sei. Ein unreiner Schritt, und den nicht zerschnitten, und man macht einen unreinen Weg: und ist man gütlich und schwächlich, so spielt man edel, und verwirrt sich halb willkürlich: dies sie, nicht Du. Kurz, lebe dort: und jammere nicht, wenn Dir dort wohl werden kann. Wie es mit Dir ist, weiß ich, aber nicht ganz wie so. Mich affizirt nur Liebes von Dir; das Andere nicht mehr; und Reines nur will ich; Festes. Kann mein Herz nur aufnehmen. Uebrigens alles wie Du kannst. Auch Halbes, wenn Du willst; nur bei mir hat's keinen Eingang. Geh doch bald nach Hamburg.

Ich war vorgestern bei Mad. Sander auf zwei Stunden, sie hatte mich wieder bitten lassen. Es waren Menschen da; Schede mit der Schwester: Alle stürzten auf mich mit Fragen nach Varnhagen. „Gestern habe ich Brief gehabt", sagte ich. Schedens werde ich bitten lassen. Er will mir die Nibelungen lesen; ich will nicht: auch Redtel setzt sie über Sigurd, und ich soll sie lesen. (Mein Essen steht, und wird kalt.) Die Leute alle dort ehrten mich. Mad. Sander frug gleich sehr unbefangen und artig nach Dir, ich antwortete eben so! und ich zeigte, daß Du mein Freund bist. Die Schede ist ein liebes Mädchen. Sie und des Arztes Meyer Tochter frugen mich über Euren Roman aus. Wir drei dachten ganz gleich, besonders Mlle. Schede und ich, und sie blüschten mich unpartheiisch zu finden; Theremin nur allein sprach nur Einmal zum Gruß mit mir. Ich ging eher als Alle, zu Robert. Die Schede sprach von Deinen Händeln, aber gütig, lustig und ehrlich: ich tadelte Dich: und lobte Dich. Das imponirt am besten. Redtel konnte sich der auffallendsten Liebe zu mir nicht enthalten, und wollte auch nicht. Es freute mich recht, daß Alle zu mir von Dir sprachen. Frau von Boye, Herr von Koopmans, Frau von Bardeleben mit dem Mann, Mad. Köls und Tochter, Mlle. Auguste Klein, und noch ein Herr, ein Dichter aus Hildesheim, waren da. Mad. Sander äußerst still. Adieu. Künftig werde ich wohl nicht schreiben, ich will mich ruhen. Grüße Harscher! Künftig das Urtheil über den Roman. Heute Mangel an Zeit. Mein Essen! Wie ärgert's mich, daß Campan so lange bleiben muß. Adieu. Ich liebe Dich!

R. R.

An Rahel.

Tübingen, Dienstag, den 24. Januar 1809.

Meine süße, geliebte Rahel! Schon hatte ich mir gestern vorgenommen, Dir zu schreiben, und mich in der munteren Stimmung zu Dir zu wenden, die, wenn nicht von ihm verursacht, doch dem Wetter gestern ähnlich war, ein frischer Kampf eilender Gewölke und schönen Himmelblau's, worin dieses zuletzt siegte: als ich noch Deinen lieben beglückenden Brief bekam, und nun mein Verlangen mich zu Dir zu wenden, so auf den Gipfel gestiegen fühlte, daß ich fast verzweifelte, Dir schreiben zu können. Ich wurde aber gestört, noch im Lesen Deines Briefs; der Professor Conz schickte mir seine Kinder, ein paar hübsche Knaben, denen ich denn etwas ausschnitt, aber die Weile, die sie bei mir waren, zerstörte mir den ganzen Abend, sie sind gar nicht lustig, lachen gar nicht, und sind dabei nicht einmal sehr wohlgezogen, ich glaube aber alles ziemlich ohne ihre Schuld. Spät auf den Abend wollte ich Dir schreiben, ich las aber lieber Deinen Brief noch einmal, und las ihn im Bette. Heute nun ist Posttag, und ich kann's nicht über's Herz bringen, mich morgen der Reue preiszugeben, Dir nicht geschrieben zu haben. Ach, liebe theure Rahel! es ist nur ein kleines Linderungsmittel meiner Reue, denn ich weiß schon im voraus, wie morgen, daß ich nicht vermag Dir das zu schreiben, was ich möchte, ja ohne welches alles andere Schreiben mir nichts bedeutend ist. Deinen Eindruck, geliebte Rahel, kann ich nicht sagen, den ich doch fühle in meinem ganzen Wesen, den ich sehe und greife, aber nur als Dich selber, Dein lebendes Bild. Du bist mir Wahrheit, Natur und Sinn, schon genügen mir meine Augen nicht, um Dich zu sehen, ich muß es mit den Deinen thun! Und es gelingt mir, Du bist mir Auge geworden, ich habe dieses Glück, das aber so ängstlich ist! Dunkel fühlte ich alles vorher, was Du sagst und thust, und springe zu, und sage: das ist's! aber allein bring' ich's nicht herauf, es ist als ob in dem Räderwerk die Maschinen fehlten, die das Erz das innen wohlverarbeitete nun auch an's Licht bringen unter die Menschen. Ich fühle recht Dein Leben, die Anschauung, die ich von Dir habe, ist gleichsam mein Herz geworden, und ich zittere nur ängstlich, Dich nicht umschlossen zu wissen von meiner Brust! So dacht' ich gestern inbrünstig an Dein ächtes, in diesen verwirrten Lebenseinrichtungen überall aus der Urquelle der Menschheit strömendes Leben, und zuletzt, wie ich schreiben wollte, und nicht konnte, wie ich keine Worte, keine Gestalt fand, die diesen Eindruck festgehalten hätten, auch nur für mich allein, mußte ich ganz traurig werden! Wie hast Du mich aber getröstet, Du Liebliche, daß Du mir so völlig vertraust und einsiehst, wie Du in mir lebst! O Du klugäugige Zauberin, Dir ist es nicht nöthig alles erst zu hören, Du weißt alles auf anderen Wegen, als die gemeinen Menschen! Du bist mir so lieb, daß ich ganz die Furcht vergesse, die ich vor Dir hatte, und Deine Verwandelung nicht mehr scheue; denn einen geheimen Schauder übst Du doch auf mich aus, und wenn ich mich Dir angehören fühle, so bleibt's doch immer als gehörtest Du nicht recht daher, und als müßte sich Dir die Zauberheimath, aus der sie Dich als Kind einmal geraubt haben, wieder aufthun. Aber ich lasse mir das Glück nicht entreißen, so lange es vergönnt ist, mich an Dich anzuschmiegen. O liebe, innige Rahel! wie frei und ruhig athm' ich an Deiner lebensreichen Brust! — Ja, liebe süße Freundin, ich gehe zunächst nach Hamburg, es muß alles in's Reine kommen, und beruhigt werden, ehe ich Dich wiedersehe! Ich gehe sobald ich kann, schwerlich aber früher, als in vier Wochen. Daß ich im Sommer nach Paris komme ist unabänderlich gewiß, sobald ich Dich dort weiß, denn ohne Dich kann ich dort nicht ausdauern, ehe ich das dortige Leben mit seinen Gelegenheiten für mich allein lernte, könnten Jahre vergehen, ja ich würde bei meinem wenigen Rollin-Französisch überall stecken bleiben. Ich hoffe noch immer, Dich von Amsterdam abzuholen. Vor allen Dingen sage mir aber, unabhängig von aller Besorgniß und Aengstlichkeit frag' ich es, ob ein einzelner Mensch in Paris mit 500 Rthl. auskommen kann jährlich, es kommt nicht darauf an, ob man für 20 Louisd'or schlechter lebt oder besser, mir ist nur darum zu thun, daß ich weiß, man könne davon wohnen, heizen, essen, kurz eben existiren; Du wirst das leicht ermessen können, Chamisso schrieb einmal, man könne dort davon kaum athmen. Du wirst aus Harscher's letztem Briefe, den ich beilege, sehen, daß er noch nach Wien will; was er von der Medizin sagt nimmt mich aber sehr wunder, da zwischen uns ausgemacht war, wir bedürften weniger guter Lehrer als reichhaltigen Sehens, ich bin mit den Kranken zufrieden, und ich hoffe es

Harscher auch noch beizubringen, daß er Paris vorzieht. Uebrigens sag' ich Dir insgeheim, geliebte Rahel, daß ich mit Händen und Füßen in die Medizin strebe, es ist einmal nicht anders, ich habe mich darein ergeben, und gar nicht kleinmüthig, sondern sehr munter; obgleich ich noch nicht recht verstehe, wie ein Arzt bestehen soll, der weder philosophisch, noch naturforschend im Großen, noch gelehrt im Einzelnen sein wird, denn von allen dreien Richtungen bin ich völlig ausgeschlossen. Ich beschränke mich lediglich auf die praktische Medizin, wozu ein Sinn gehört, den ich mir vielleicht wohl zutrauen darf, aber doch von philosophischem Geiste unterstützt lieber sähe, als so auf sich allein beruhend. Jede Krankengeschichte ist mir doch anziehend, und der Anblick eines Arztes überaus wohlthuend, ich fühle die Freude der Waffenbrüderschaft. So habe ich erst kürzlich einen der ersten Aerzte so verfahren sehen, wie ich mir's im stillen ausgedacht hatte bei dem Kranken, freilich keinem gefährlichen. Wie Du den Doktor Böhm schilderst und lobst, das ist Balsam auf mein Herz (den Ausdruck nehm' ich Dir!), dem im Neide das größte Wohlgefallen am Beneideten bleibt. Du liebe, hülfreiche Rahel! ganz ausgesprochen ist Dein herrliches Wesen in dieser Geschichte mit Robert! Du bist einzig! Ich aber, ich gestehe Dir, daß ich, indem ich Dich bewundere und gerührt bin von Deinem wunderreinen Thun, nur Dich und Böhm sehe, und der Kranke als solcher mir ganz verschwindet; aber freilich mußt Du da liebende Sorgfalt haben, um auszurichten was der Arzt auf seine Weise mit erkennender Sorgfalt erreicht. Deine Angst, Dein Gebet, Deine Thränen, machen mir ein seltsames Gefühl, sie scheinen Dich über die Studienjahre wegzuführen, und erkennen zu lassen, was das krankende Leben begehrt, ohne Therapie, ohne Materia medica. Mir scheint Böhm mit den Rückfällen zu viel Wesen zu machen, so arg ist's wohl nicht; aber vielleicht erzielt seine übergroße Vorsicht in den Anderen nur die nöthige, da die nöthige empfohlen sie zu geringe anwenden ließ. Aderlassen kann ich nicht, und werde es schwerlich lernen; einer der es nur im Nothfall gebrauchen will, hat keine Uebung darin, und wird geängstigt durch die möglichen schrecklichen Folgen der Ungeschicklichkeit; man fände auch kein Ende, wenn man auf solche Fälle sich vorbereiten wollte, auch die wichtigsten Operationen müssen oft auf der Stelle gemacht werden, dazu sind aber die Chirurgen, zu deren Kunst und zu der der Ge=

burtshelfer ich keine Beschaffenheit habe. Die Gute hat mir ja einen sehr verzwickten Zettel geschrieben! Sie thut mir von Herzen leid! aber daß sie meint die Wahrheit mache ein Buch gut, und besonders eine solche Wahrheit, wie die ihrige, die auf den Stühlen und Fußdecken liegt, statt den Kern der Erde zu berühren, das ist doch artig! Das hab' ich erdacht, daß viele Menschen gar nicht existirten, wenn's nicht gewisse Sachen gäbe, sie haben mit der Erde gar nichts gemein, sie werden von Konvenienzen geistig und leiblich gemacht, Baumwipfel, die in der Luft schweben ohne Stamm, während die ächten Bäume aus tiefer Erde auf kraftvollem Stamm viel höher ragen, und auch wenn man sie umkehrt, nicht verderben können, weil der Wipfel sich zur Wurzel und die Wurzel zum Wipfel sich leicht umbildet. Warum sag' ich, ich hätte es erdacht! ich sah ganz einfach Dich neben der Guten stehen, und Du rauschtest es mir zu. — Wie freut mich das von Deinem Bruder! Solange er Dich nicht auch mit dem Herzen erkannte, mußte mich alles, was Du mir von seinem kräftigen Geiste erzähltest, zugleich empören. — Von Fouqué schick' ich Dir auch ein Blatt. Rahel, Rahel, wenn die einmal alle zugleich laut werden, die Dich loben, das wird ein guter Lärm werden! — Die beifolgenden fünf Blätter sind so wie es sich gab, beschrieben worden, Lust an der Feder, nimm sie so! Zeige auch Neumann einiges davon, das ihn interessiren wird. Grüße ihn herzlich von mir! Ich habe weder mein Diplom, noch Manuskript des zweiten Theils der „Hindernisse" bekommen. Sag ihm das! auch daß ich den 1sten Theil an A. W. Schlegel geschickt zum Rezensiren, und einen zweideutigen Brief dazu geschrieben habe. Ueber den unseligen Bernhardi! Das Gericht müßte jetzt die Kinder beide der Frau zusprechen. Ich habe ihm nicht geschrieben, seitdem ich hier bin, und will mit seiner faulen Sache nichts mehr zu thun haben. Ich Narr hätte mich gleich für ihn, wenn er gewollt hätte, mit Knorring geschossen! Lebe wohl, geliebte Rahel, es ist schon spät, ich muß schließen! Ich drücke Dich liebevoll an meine Brust! Ach könnt' ich einen Augenblick meine Arme um Dich schlagen, und Dein liebevolles Herz fühlen! Lebe wohl, geliebte, sorgsame Rahel! Ewig Dein

Varnhagen.

Neumann soll mir schreiben.

Die Posten sind schändlich! In Westphalen wissen sie sich gar nicht zu helfen, und ein Brief geht langsam oder schnell, wie sich's trifft.

Ich habe Dir am 25sten, 28sten Dezember und am 5ten und 15ten Januar geschrieben. Schlechte, kleine Briefe! Leb wohl, Du Theure, Liebliche!

An Varnhagen in Tübingen.

Sonnabend, den 28. Januar 1809.

Drei Posttage sind vergangen, ohne daß ich Dir schrieb: auch habe ich in dreien keinen Brief von Dir erhalten: und es ist mir, als schrieben wir uns gar nicht mehr. So fremd ist mir das! So viel Affekte sind in der Zeit durch meine Seele gegangen. Ich glaube, Du bist schon in Hamburg: und schreibe diesen Brief nur auf gerathewohl, damit Du Dich nicht ängstigen mögest: solche Briefe werden immer schlecht: auch bin ich in der schlechtesten Stimmung. Ich bin endlich herunter. Seit dem letzten Dienstag vor vierzehn Tagen war ich Morgen und Abend, bis gestern, bei Robert; nur vorgestern Abend nicht. Und nun nicht mehr: morgen fährt er aus. Ich habe viel gelitten. Ich sage das nicht leicht; und geleistet. Alles in den Wind; oder wieder in meine eigene Seele hinein! Ich habe heute Campan wegen der abscheulichen Korrespondenz der Guten schreiben müssen, die, obgleich sie mir mit Worten auf Worte hat gestehen müssen, daß es keine ist, doch nicht unterläßt die Passion aufzuführen fünf Akte durch; mit der kleinen pièce! diable! Lies diesen einliegenden Zettel. Ewig will sie Theilnahme an dem, woraus sie selbst nichts macht. Mein Robert'sches Leid hatte das Gute, mich von der legitim zu entfernen! Ich vergehe in der That! nun ganz. Meiner dummen Schwester mußte ich heute auch plötzlich schreiben, weil sie mir einen dummen Reuebrief schrieb; Possen! Ich blieb so kalt wie eine Säule.

Heute habe ich erst Dein Tagebuch gelesen, was schon so lange bei mir liegt, — heute erst bleibe ich zum erstenmale zu Hause: jetzt ist es zwei Uhr —, und worin Du Justinus Kerner für mich sehr deutlich beschreibst! Mir ist er lieb! Den ließ ich sans façon abwaschen, und dann wäre er gut.

Auch ich habe Jung's Geisterkunde; das Buch und die Theorie gefallen mir sehr gut, — nämlich der Punkt, woraus sie geht, — er und die Geschichten grundschlecht. Ehrlich ist er auch nicht mehr. Siehst Du nicht, daß er sich nun schon zu glauben zwingt? oder vielmehr mit Glaubensreden seine störende Erkenntniß übertäuben will? Es geht ihm in einem anderen Weg wie Jean Paul; die Meinungen der Bücher, die er hat lesen müssen, haben ihn irre gemacht; und zum wirklichen Denken kann der vor Gemeinheit des Geistes und des langen Umgangs nicht kommen! Seine Deduktionen sind kinderhaft, und für einen studirten Mann zu bestrafen! seine Geschichten die lächerlichsten Offenbarungen von Pöbel — der nicht wahrnehmen kann — ohne Sinne und ohne je einen Namen. Ein gebildeter Mensch darf sich nicht einmal aufführen, wie der seine Verklärten sich noch herumtreiben läßt. Herumtreiben kann kommen; und schrecklich sein; aber so plump schneiderhaft doch wohl nicht. Das Buch hat das größte Interesse für mich. Sein Inhalt. Kerner's Geschichte ist mir lieber, als alle die in dem Buche. Ich möchte die Musik haben, die er grade spielte. In ihren Verhältnissen kann was sein!

Ich bin heute so aufgeboßt, daß ich gar nicht schreiben kann. Und so mag's wohl auch klingen, als liebte ich nicht, wenn Du schon in Hamburg wärest: im Gegentheil. Sprich da mit meinem Bruder; und über alles. Wie es mir geht: unter welchen Hottentotten ich bin. Gott, wüßte ich doch erst, wo ich hinreisen soll. Nach Oesterreich fürchte ich mich. Nach Frankreich muß ich. Das Wie ist nur noch die Pein. Aber ich muß. Adieu! Schreibe mir wieder. Ich liebe Dich! Und freue mich über den Eingang, den Goethe bei Dir findet, es wird noch besser werden! Nach Deiner Lehre bin ich ja auch noch jung! mir wachsen auch noch alle Erkenntnisse, wenn ich eine neue gewinne.

Gestern Morgen hörte ich in einem Saale des Schlosses eine Probe von Righini's Tedeum, worin die Stadt mitsang, und auch die Schwestern des Königs, und welches einen Tag nach seiner Ankunft im Dom aufgeführt werden soll; der Meister schickte mir ein perpetuell Billet zu diesen Proben und zur Aufführung: er frug mich auch nach dem Ende um alles! Leider log ich fast; mir gefiel es nicht. Keine Weihe, keine Kirche ist drin zu spüren: aber wohl gli infernali: und Theater, mit Einem Wort. Sage es aber niemanden! Auch war der Saal sehr ungünstig. Freitag wird eine andere Probe im Rittersaale sein, ich muß meinet- und Righini's wegen hin. Doch ist ein sehr schönes Gebet drin. Die Kastraten fehlten! Tombolini sang sehr kirchlich und schön: der einzige. Fasch Schule, schlecht. Einer hält sich an dem Anderen. Musik ist Freiheit im Ausdruck der Affekte; wo die fehlt, ist das ganze Wesen der Musik verfehlt; und eine verfehlte Ausübung einer Kunst also; und ist das Verkehrte auf's peinigendste, das heißt unkünstlerischste dargestellt; und ist umgekehrt, was Fichte vom Witz sagt: „Die Evidenz des Verkehrten." Ich habe von Theremin, der gestern bei Robert war, gehört, Schleiermacher habe auch, und eben so wie ich, ungünstig von dieser Musik geurtheilt; er soll nur wenig davon gehört haben: Theremin frug gradezu um mein Urtheil: ich hütete mich! Ich lobte sie. Righini ist zu aufmerksam auf mich; und die Menschen zu erpicht auf was ich sage.

Diese Minute! einen Brief von Dir! Dein Brief ist vom 15. Januar. O! wie hat jede Zeile mein Herz mit anderer Angst belegt und gepreßt. Undankbarer! Blinder. Ich liebe Dich. Dich zu sehen, mit Dir zu leben, ist mein höchster, ja und fast mein einziger Wunsch noch. Dies bald zu können, rief ich Dich nach Hamburg. Denn, soll ich Dich verlieren! — so wollt' ich's schnell. Wie eine Operation. Gegen mich, Unkundiger, war ich hart; und weil Du mich dazu zwangst, grob gegen Dich. Du gehst, wenn Du willst, wenn Du mußt, nach Hamburg: kommst dann nach Berlin: wo mein Herz auf Dich wartet; willst Du das nicht, so treffen wir uns wo. Mußt Du in Hamburg bleiben, so will ich's ertragen, weil ich muß. Hier ist mein Herz und meine Lage! Auch ich war in dem Strom, in dem Ausdruck meiner Liebe auch gestört: und mit guten Schmerzen! Undankbarer. Weil ich Dir nur den Entschluß, und nicht den Weg dazu zeigte, hältst auch Du mich für hart?! Ich bin es, ich Unselige! Und ewig! gegen mich. Ich wollte Dir nicht zwei leidende Weiber zeigen; und zeigte Dir ein eisernes. Noch jetzt, wenn Du mich verlassen mußt, werd' ich nicht jammern. Kommst Du, ist mir wohl! Schwanken liebe ich nicht: das ist die Gränze meiner Natur; weil ich's nicht verstehe. Und vom Schwanken kam unser Leid. Wann gab ich mich nicht unbedingt. Ich bin wie Harscher: auch ich gebe mich ganz. Und anders verstehe ich's nicht zu machen. Gott, wie neu habe ich diesen Winter gelitten! Und auch heute zieht es Seele und Herz zusammen: kein neuer Gedanke entsteht. Wähle Du nun, ich bin bereit, Dich zu empfangen, immer: und je früher je lieber! Was sprichst Du von Orten: jeder, wo ich nicht friere, und mich ausstrecken kann, ist mir gleich. Undankbarer! Mein ganzes Herz schließt Dich an mich. Lebe wohl, ich bin erschöpft von allem! Blinder! Antworte mir nur bald, ich ertrage all diese Ungewißheit kaum; besonders noch, weil sie den Aufenthalt betrifft, und ich von hier weg muß. Es wird nun Nacht, ich muß essen. Adieu. Wie quälst Du mich: und wie ewig rein begegnete ich Dir! Bereue nichts! Mir kann's nicht anders gehen! Ich seh's; mein Geist bereitet's selbst. Wär's mit diesem Leben nur genug; und bezög' sich nichts auf Künftig! Adieu! Liebe mich. Ich lehne mich an Dich: ich bin zu hin! Von allem habe kein Gewissen! Rahel. Es muß schon spät sein, der Brief muß fort.

An Varnhagen in Tübingen.

Sonntag, den 29. Januar 1809.

Lieber, geliebter Freund, viele Zeit vor dem Posttage muß ich Dir wieder schreiben, damit es ausführlicher und verständlicher wird. Heute Morgen gleich sollte es mein Erstes sein; jetzt ist es schon 2 Uhr, und wird nun nicht so gut werden. Aber Mama schrieb mir früh ein demüthiges Billet, worin sie zwar das Ganze auf mir, wohl dreimal, beruhen ließ: ich möchte hinkommen, und machen, daß Robert ausfährt — es ist Sommerwetter, — er sei zu verdrießlich: ich war gestern, weil die Stadt wegschwimmen wollte, und ich zu thun hatte, gar nicht dort; flugs zog ich mich an, und watete hin. Robert aber war knochengrob, und ganz unleidlich, und fuhr nicht; Chamisso und Hitzig kamen bald; mit denen redete er auch nicht; Hitzig sprach mit mir; der protegirt mich sehr. Dann suchte mich Wilhelm Humboldt dort auf, mit seinem zwölfjährigen Sohne, den er nur Sonntags aus einer Pestalozzi'schen Lehranstalt nimmt; mit dem ging ich weg, und bei der Guten heran. Nun bin ich hier, und soll mich sammlen, soll zusammen scharren, was schon in meinem Kopf viel besser zusammen stand. Habe Einsicht darüber, dann wirst Du Nachsicht haben. Daß ich die Freunde grüßen soll, habe ich Chamisso'n gesagt: er nahm sich's an.

Nun von uns, Lieber. Wie böse Du bist, Varnhagen! Was hätte ich denn thun sollen? Du Lieber! Deine äußere Lage, und wie die das innere Sein bedingt, habe ich wohl nicht vergessen; und sogar erwähnt. Sagte ich nicht, wenn wir nur Geld hätten, es wäre alles anders: und wissen wir nicht ohne alle Erwähnung, daß Stand ein Stück Geld, oder wieder die Bahn dazu ist? Was soll ich aber thun, als mich hinstellen zu Deinem Empfang, mit meinem ganzen Herzen; kömmst Du nicht frei, so weißt Du selbst, wie Du dann kommst. Lasse mich meinen gestrigen, kurzen, in Eil abgefaßten Ausspruch kommentiren, und ganz erklären! „Komm", schrieb ich: und „Du bist undankbar." Komm, ruft mein innerstes Herz; und gesagt hab' ich's, weil ich sah, ich irrte mich. Ich irrte mich. Weder Du noch ich werden sich ändern: ich handelte in meinem alten Irrwahn; wieder meinend, Festes könne Festes um sich her bilden; und der Evidenz der Einsicht müsse jeder Sinn weichen: und es ist grade nur die Natur des meinigen. Die Einsicht wird Dir; und das Gemüth läuft einen anderen Gang, wie ein Fluß; Gott weiß, von welcher Erdkrümmung, von welchen Planeten getrieben! Ich empfange Dich, wie Du kommen kannst, und wie Du kommen magst. Ich irrte mich wieder; ich wollte wieder etwas machen. Das kann ich durchaus nicht: vielleicht Andere auch nicht. Und es ist dumm, sich zu fürchten; ist jetzt nicht auch Zukunft? Diese will man immer so schön, so sicher haben. Liebt' ich Dich doch schon schwankend; warum will ich's für künftige, in einigen Monaten nicht. Der größte Hieb von Dir ist mir angebracht: Du zeigtest Dich gleich wahr, wie Du bist: jetzt kann's nur wieder so kommen. Und komm Du zu mir! Nachsichtig kannst Du aber doch mit mir sein. Stell Dir meine Natur, meine Art mich zu geben, Dir dar; und bedenke, was mir begegnet ist, alles! Mein Schicksal: da kommt der Ausdruck wohl aus dem Gleichgewicht. Und auch ich, Varnhagen, stellte mich Dir konzentrirt, und also ärger dar, als mit mir umzugehen ist. Daß Du meine Natur und mein Verläugnen nicht einsehen wolltest; nannt' ich undankbar. Nämlich, unerkenntlich. Aengstige Dich nicht über die Aeußerung, „daß ich Dir nicht zwei leidende Frauen zeigen wollte". Unglücklicher, als ich vor Deiner Bekanntschaft war, kann ich nicht werden. Und in einem vorigen Briefe schrieb ich schon: „Ich dachte eine Zeit lang, nicht allein zu sein; ich bin es wieder.“ Damit meinte ich nur das. Mußt Du mich also lassen, so thue es ganz getrost. Folge Deinem Herzen, Deinem inneren Sinn ganz! Willst Du, begehrst Du, eine Zeit lang mit mir zu sein; so komme auch! Mein Herz empfängt Dich! wie Du es Dir nur wünschen kannst, wie Du es schon erlebt hast. Findest Du das wieder eisern, tüchtig, kolossal — ich weiß, daß es auch Lob ist — so bin ich es! So wird mein Herz immer auf dem Papier. Ich versteh' nicht sanft, weiblich, lieblich, halb zu wählen: so daß man mich auffangen und halten muß. Und auch jetzt wähle ich Dich; und wieder ganz: so wie Du bist, und sein kannst. Diktire mir eine Handlungsweise: ich bin in den möglichen Wendungen erschöpft; in denen, die mein Geist ersinnen kann. Ich bin ja bereitet, überall jetzt; von meinem Karakter zu lassen (er wirkte ja nie nichts, als sich selbst), und mich leiten zu lassen. Ich will es ganz, in der That. Darüber, daß, wenn ein Besserer als Du käme; der mich ganz erfüllte, in Anspruch nähme, wie Du sagst, Du mich ruhig lassen müßtest; darüber gieb Dich auch zufrieden. Erstlich, bleibt das in aller Ewigkeit, bei einem jeden Paar Menschen der Fall. Eben weil die Möglichkeiten doch in's Unendliche gedacht werden können. Aber damit sei es so, als wenn ich des Nero — glaube ich — goldenes Haus bekomme; dann, reiße die Stadt, worin ich wohne, ein, und ich will still schweigen. Ich kann noch gar nicht begreifen, was Dich in meinem Brief empörte. Und wie diese Empörung wieder in das kleinliche Kneifen übergehen konnte? Auch ich, Geliebter, habe mich nicht geändert: und beim Kneifen — so fremd es mir ist — liebt' ich Dich heftiger! Erkennst Du uns? Ich küsse Dich jetzt! Carlos'se, werden nicht denken, daß Clavigo so enden mußte! Ich kann aber nicht entscheiden, welcher von den beiden Menschen den anderen besser aufzufassen vermag. Dümmer muß Carlos dem Anderen gewiß scheinen. Bei allem dem weiß ich jetzt wirklich kein Resultat für uns; außer, Du thust was Du willst; und meldest es mir. Mein Gemüth und die aufduckenden Wellen meines Herzens kann ich nicht mehr zeigen: Du kennst und weißt alles von mir: und das hindert mich. Adieu, Du Bösewicht! Ich schreibe Dir noch zum Dienstag! Wer weiß, was ich noch von Dir für einen Brief kriege! Liebe mich nur; Du Undankbarer!

Dienstag, den 31. Januar.

Du verweisest mich in Deinem letzten Briefe, worin Du mich kneifest, auf Deinen vorletzten; das heißt doch nicht diesen, den ich lese, und nicht den ganz letzten: ich habe den vorletzten wieder gelesen. Du sagst, „es sei unnütz, daß Du mir schreibest, bevor Du nicht Antwort auf Deinen vorletzten Brief von mir habest“. Was, und wie, mein Lieber, soll ich denn da entscheiden? Frei, zu allem in der Welt, bist und bleibst Du mit mir in aller Ewigkeit, rück- und vorwärts hin; das ist ausgemacht. In diesem vorletzten Brief schreibst Du mir melancholisch, Du erwartest noch von Fanny Antwort, ob Du nach Hamburg kommen sollst: und wollest ohne ihren ausdrücklichen Ruf nicht hin, Du aber fühlst Dich hingetrieben, ihre Qual mündlich — weil Du ihren Sinn und ihr Gemüth kennst — zu lindern, obgleich Du so herunter bist, daß Du es schwer vermagst: und in einem vorigen Brief schreibst Du schon mir, „Du habest die lieblichsten Briefe von Hamburg, und auch Geld für ein Jahr“. Sage mir also, lieber Varnhagen, was soll ich wohl da Entscheidendes antworten können. Nachdem ich aber in allen Winklen meiner Seele gesucht habe: habe ich in diesem Briefe hier doch noch eine Entscheidung dargeboten: „Komm zu mir, wie, wann, und auf wie lange Du willst!“ Eine andere weiß ich nun nicht! Dies ist übrigens für mich entscheiden; für Andere kann ich's doch unmöglich. Alle Verwirrung liegt, wie Du sagst, in den Umständen (und wahrlich, mir gefällt jetzt nur Eine Art, sie zu bekämpfen: mit einem Heere!): die aber gründen sich alle, und gründeten sich in der Vergangenheit, bloß auf diesen Deinen Gemüthszug, den Du mir auch ausgesprochen hast: „Du könnest zwei Geliebte haben.“ So bist Du gemacht; so fand ich Dich; so sollst Du mir und wirst Du mir willkommen sein, wenn ich das Glück haben werde, Dich wieder zu sehen! Ich war thöricht! aber, ich glaube, zum letztenmale in meinem Leben. Ich f ü h l e die Veränderung, die mit mir vorgegangen ist: ich werde nun nichts mehr ändern, oder bereiten wollen. Das ist eben so gut — so schlecht, meine ich — als Affektiren: weder außen muß man Umstände provoziren und zurecht stellen wollen; noch innen Gefühle: beides geht nicht; bleibt also unwahr. Edler ist's, weil es stiller und gescheidter ist, abzuwarten in Stummheit, und in anständiger Haltung, was geschehen kann, und was einem werden kann; und seine Einsicht darüber zu erklären (erhellen): werde ich das nicht so ausführen können, so werde ich bloß fehlen. Nun verzeih mir auch, Varnhagen! Ich setze mich auf Deinen Schooß, nehme Deinen Kopf, und küsse Deine Augen! Du fürchtest, „daß Dein Brief mich in einer heftigen Stimmung träfe!“ Wenige sind explosiver als ich: das weiß ich selbst. Unvernunft aber wirst bei mir, oder erzeugt vielmehr, die größte Explosion nicht! Nie hat Zorn etwas in meiner Seele geschaffen, was nicht lange ihr von meinem Geiste überkommen wäre. Zurückhalten kann ich es lange: aber nur früher oder später wär' es hervor gekommen. Das mußt Du doch auch schon bemerkt haben. An Dir, mein Lieber, ist nun jede Entscheidung: und ich erwarte sie mit reiner Seele. Noch Einmal aber, und aus Grund des Herzens bitte ich Dich, folge ganz und gar dem Deinigen: und wie ich mich schon ausdrückte, Deinen Augen! Nicht mehr meinetwegen; damit Dir, Dir, lieber Freund, wohl sei! Denk Dir Dich einmal, Jammer in der Tiefe, und einen Stachel in Deinem Herzen, an meiner Seite: jedoch komme wie Du nur willst, und magst und kannst. Ich weiß nichts mehr zu sagen! Und auch nicht, welche Wirkung dies Gesagte machen wird. Bin ich denn hart, wenn ich wähle, und scheide? Ist Einsicht haben und gebrauchen hart? Freilich lassen sich graziöse Frauen leiten; und auch die Tänze stellen das vor! Aber ich wäre noch ungeschickter, wenn ich anders sein wollte! —

Nun erwarte ich, ob ich heute etwa einen Brief von Dir kriege! Ich habe August Wilhelm Schlegel seine französische Broschüre über die beiden Phädren gelesen: schlechtes Französisch; und ein schlechtes Gemüth; und ein Gemüth zu Racine wie ein Auge mit einer Perl drauf! Ein verstockter, vorfleißiger — vorwitziger — Schwächling: ich bin sehr böse auf ihn. Stumpfer kranker Kritiker, der nichts von Liebe weiß; wie er nur noch seine Werke muß geschrieben haben; mir ein komplettes Räthsel; das Gehirn muß ihm ja dabei austrocknen, verbrennen; es muß ja alle Funktionen des ganzen Kerls verrichten! Neumann hat mir schon früh diesen Morgen les mémoires de Beaumarchais gebracht, ich forderte sie mal vor einiger Zeit: er ging im heillosesten Wetter zu seinem Buchhändler sich Geld auszahlen zu lassen für „Machiavelli“: es ist solcher Wind, daß Wellen auf dem Platze getrieben werden.

Du siehst ich lese noch dann und wann. Was fehlt denn Deinem armen Kerner? hat er Abwartung? weibliche? Verwandte? Ich bin seit Robert's Krankheit noch weichlicher geworden. Er hat doch keine Angst von seiner Erscheinung in der Krankheit bekommen? dergleichen giebt's. Humboldt sehe ich öfter: er ist wie vor fünfzehn Jahren. Gestern sah ich die „Unvermählte" von Kotzebue; in seiner, in des Kotzebue Art, ein Beweis von vier Akten mit Wohlthaten gespickt, daß Ledigbleiben keine Schande, und wohl gar schwerer sei, als Gattin zu sein: kurz, des Meisters und Parterres würdig. Beim Herausgehen traf ich meine Schwägerin, die sagte mit englischer Naivetät, und in einem unnachahmlich resignirten Ton: „Wie immer bei Kotzebue, ganz schlecht, und man weint: er schämt sich gar nicht!" und wirklich, er schämte sich nicht, sich selbst und die abgedroschensten Präzepte zu wiederholen, und ganz ärgerlichmachenden Edelmuth aufführen zu lassen. Auf Wiedersehen! Es dunkelt schon! So eben habe ich mit einem dicken, beinah roth-blonden Nachbarkind gegessen. Seit Neujahr habe ich es in der Kost (ich bedarf das Sieb der Geselligkeit; sonst wird mir jeder Genuß zu hart hinunter zu schlucken): die Leute sind arm. — Es ist kein Brief von Dir angekommen. Lebe wohl. Sei mir hold! Quäle Dich nicht, und thue nach Deinem Herzen! Ich will schlafen, und lesen. Ich bin jetzt recht gesund. Aber den März fürcht' ich ein wenig: mein Krankenmonat. Ich schreibe aber doch nun nur wenn ich Nachricht von Dir habe: also Du ängstigst Dich nicht. Du Häßlicher. Deine Rahel.

An Rahel.

Tübingen, den 4. Februar 1809.

Meine theure, geliebte Rahel! Wie ich mich eben hinsetzen will, Dir zu schreiben, überfällt mich ein Besuch, der mich einige Stunden aufgehalten, und ganz aus aller Stimmung gebracht hat. Ach Liebe, ich werde Dir nur wenig heute sagen können, und fühle das Herz voll süßer Liebkosungen! Durch die heftige Sehnsucht zu Dir wird mir jeder Augenblick des Getrenntseins zu einem solchen Schmerz, als wär' es der Augenblick der Trennung! Wie ich die inneren Kräfte mit Gewalt beruhigt habe, mit der Gewalt der Einsicht in die innere

Nothwendigkeit, so erwachen nun die äußeren zu heftigem Toben, die ausgestreckten Sinne zerstoßen sich an den Beleidigungen, die sie von Menschen und ihren Einrichtungen erfahren, statt daß ihnen ein freundlicher Sinn begegnen sollte. Ich sehne mich nach Dir, geliebte Rahel, nach Deinem frischen Sinn, Deinem Blick, Deinem Wort! Sollte Dir noch ein Zweifel entstehen können an mir, so wiederhol' ich Dir's, Geliebte Du! daß ich zu Dir mich sehne, und daß dies Sehnen mich zu Dir führen wird! Ich hoffe nun bald nach Hamburg gehen zu können, von dort nach Amsterdam, von da mit Dir nach Paris! Du bist mir der wahre Lebenstrost, bei Dir kann ich wieder lernen mich selber lieb zu haben. O jede kleinste Regung, die ich erfahre, schaudert zu der Erinnerung Deiner mein unbefriedigtes Gemüth hin! Ich frage mich fast weinend oft, wie mir, diesem, den ich so anders gesehen, doch diese Umgebung werden konnte; eine ausländische Blume, gewohnt neben Lorbeer und Orangen zu blühen, kann nicht mehr erschrecken sich im traurigen Nadelgehölz schlechter Tannen zu finden, jeden zarteren Duft erstickt in dem stockenden Terpenthin-Geruch! Glaube nur, ich seufze nach Franzosen und ihren feinen Sitten, ich vergöttere die gute Lebensart, die schützt und besänftigt, und gleichsam die vorläufige weitpoussirte Grenzoccupation vorstellt, innerhalb deren nun die Kultur des neuen Bewohners anfangen kann. Hier ist weder Bildung, noch Sein, noch die Kraft roher Natur, sie haben in ihren Gemüthern die alten Wälder ausgerodet, ohne noch Aecker und Gärten an die Stelle gesetzt zu haben, und überall ist feuchte, unentschiedene, halbwilde Fläche. Den schönen Sommer hier zuzubringen stürzte mich gewiß in verzweiflungsvolle Schwermuth, nur die garstigen Wintertage sind noch auszuhalten; das seh' ich in diesen schönen Sonnentagen, wo die milde Luft mich in's Freie lockt; das Wetter ist frühlingsartig, ein freundliches Drohen des gewiß noch rückkehrenden Winters. Zwei Abende habe ich draußen den Mond aufgehen sehen, ach Rahel, theure Rahel! hätt' ich an Deine Brust sinken können! Mit Thränen sah ich oft zu Deinem Stern auf, der gegenüber so herrlich glänzte, und meine Blicke fast nicht loslassen wollte! Ein kleiner steht jetzt immer schräg unter ihm, Du mußt sie sehen, wenn Du aus Deinem Fenster rechts hinaussiehst, der Anblick rührt mich jedesmal in das tiefste Herz! — Ich weiß nicht, wie so sich mir jetzt so oft das Gefühl aufdrängt, als müßt' ich Dich versöhnen mit mir, als müßtest Du mir wieder gut werden! Ich habe Dir auch so wenig geschrieben, und so selten. Darin will ich mich aber bessern, ich will in den bewegten Stimmungen mich der Unthätigkeit entreißen, mit der ich sie genieße und aushalte. Liebe, liebe Rahel! Ich kann nichts mehr sagen! mein Herz ist erschüttert von Dir! Es ist jeden Tag Zeit das Leben zu erwecken, und mag das frühere niederstürzen, das folgende will ich zu Dir auf den Berggipfel retten, wo die Sonne herrlicher glüht auf die ausgebreitete Tiefe! Lebe wohl, geliebte, süße Rahel! Es ist spät, ich muß endigen. Mit der heißesten Liebe umfass' ich Dich und schmiege mein Herz in Deine Brust! Leb wohl, meine Rahel! Ewig Dein

Varnhagen.

An beifolgendem Briefe liegt mir viel; lese die Worte an Eduard! Grüße die Freunde; daß Du Schede's bitten willst, freut mich; ich grüße sie, besonders Wilhelminen.

An Rahel.

Tübingen, den 7. Februar 1809.

O geliebtes, einziges Rählchen! Eben habe ich Deinen Brief bekommen, den in Oktav! Ich bin noch ganz im Gewirr der mich umrauschenden Quellen, die Deine Worte aufschließen, des frischen Blumenregens, den jede Beziehung von Dir zu mir auf mein Haupt herabschüttet! Seit vorgestern, da ich Dir einen flüchtigen Brief noch kaum schreiben konnte, versuch' ich jeden Morgen, jeden Nachmittag und jeden Abend, Dir recht zu schreiben, und verbrenne die nach den ersten Zeilen weggelegten Blätter alsbald wieder, weil mir alles ungenügend in seiner Unsicherheit dünkt. Ich schrieb Dir vorgestern, nachdem die liebste freudigste Innigkeit zu Dir unter fremdartigem Gespräch gleichsam unter dem Boden weg hinglühen gemußt, und nun die kleine Ritze, die ihr zwischen dem Augenblick, der mich befreite, und dem Abgange der Post, noch übrig blieb! Dann kann ich nie der Täuschung entgehen, daß ich meine, der weiße Briefbogen, über dem ich meine Sehnsucht zu Dir wie glühende Abendröthe hoch wogen sehe, werde die verkündende Röthe haften machen, in der mir seine Figuren, so lang' ich mit den Augen darüber schwebe, entgegen schimmern; ich weiß nur im allgemeinen, daß das Meiste verlöscht, denn mein ganzes wirkliches Leben scheint mir ja nur ein unvollkommenes Werkzeug, wenn ich sagen will, was mein Sehnen und meine Freude ist, daher ich mir selber das, was allein ich Dir sagen möchte, nicht enthüllen kann! Heute, wie ich Deinen Brief erbreche, und die ersten Worte lese, mußt' ich aufzucken vor Schreck; sage, Du zauberisches Mädchen, was spielst Du mir für Streiche, daß ich von Deiner Hand geschrieben lesen muß, was ich Dir schreiben will? „als schrieben wir uns gar nicht mehr" sagst Du; zum Glück habe ich das Blatt noch, das ich gestern anfing, da steht wörtlich so: „ich werde täglich scheuer, Dir zu schreiben, geliebte Rahel, täglich zweifelhafter. Immer enger werden die Briefe, jemehr sie sich von dem Zeitpunkt der ersten Trennung entfernen, und der Gedanke, der sich in dem ersten noch wie auf einer grünen Wiese herumtummelte, stößt sich in dem letzten schon beim zweiten Schritt auf jeder Seite an eine dumpfe Wand. Auch Deine Briefe sind anders, obgleich Dein schrankenloses Wesen nicht von jedem Spinngeweb' aufgehalten wird, wie ich, und Du die nächsten Mauern immer siegreich niedertrittst". Sieh dasselbe zu gleicher Zeit, in jedem nach seiner Weise! Ich fügte hinzu, daß ich Dich bald wiedersehen müßte, und wahrhaftig, ich weiß nicht, was sich diesem reinen, natürlichen billigen Trieb entgegen setzen dürfte! Ich glaube sogar, ich werde nicht eher ein ordentlicher Arzt, als bis ich bei Dir lebe, dann aber, mit meiner jetzigen Lust zur Medizin, ein ganz tüchtiger. Ach, ich liebe so sehr die Furcht, die ich vor Dir habe, die Circeische! In ihr schein' ich mir dem Geisterreich näher gerückt, der Form entschwebend, im Unendlichen wogend, zu welchem Aufschwung doch alle ringen, und das einem armen Undichter und Unphilosophen, wie ich bin, nur die Nähe und Zuneigung eines Lebens, wie das Deinige ist, so gewähren können; als ständen ihm die Flügel des Talents in Poesie und Philosophie zu Gebote. Daß ich zu Dir gehöre, ist keine Frage, ich will Dich begleiten, unbesorgt, ob Du auch zu mir gehörst, denn das ist Deine Sache, die ich nur sehen kann, indem ich Dich begleite. Wie kannst Du auf jenen Brief hin, den Du während des Schreibens bekamst, mich „Undankbarer", „Blinder" refrainsweise in dem Rest Deines Briefes schelten! Oder geschieht es aus demselben Grunde, den Du bei meinem Schelten nicht einsahest, aus Zorn und Lust zu karnöffeln, worin ja oft die größte Liebesgewalt ausbricht, und den ich aus Dankbarkeit nun auch nicht einsehen will? Geh! ich kann nicht schreiben, ich möchte die Feder lieber in Worte tunken, als in Tinte, und das machst Du Dir zu Nutze, und sagst, ich verstände Dich nicht, sähe Dich nicht ein und dergleichen. — Du verlangst nochmals Entscheidung über den Aufenthalt: nach Paris, Rahel, nach Paris! Ich gehe nach Hamburg, sobald mein Geld zur Reise hinreicht, was vielleicht in 4 Wochen erst ist, vielleicht sogar später, auch wäre mir ein sicherer Frühling willkommen, als dieser Januarische, der schon wieder abzunehmen scheint. Von da nach Amsterdam, oder wo ich Dich treffe; nur genire Dich nicht, wenn Du glückliche Gelegenheit nach Paris findest, und reise gleich hin, ich mache dann die Reise zu Fuß, sehr wohlfeil; denn das Geld ist das einzige, was sorgfältige Kombination fordert, und ich weiß noch gar nicht, wie es darin mit mir stehen wird. Auf keinen Fall fürchte ich mich, am allerwenigsten in Paris, nur in Tübingen wär' ich verloren ohne Geld. Vor allen Dingen will ich bei Dir ein Depot von Ausschnitten anlegen, von denen eine Anzahl von 50 bis 60 Stücken doch wohl in Paris eine kleine Summe für den ersten Anlauf einbringen kann. Freilich war das Verschenken das Schönste bei diesem Künstchen, und ich unterlasse es auch nicht, wie ich denn wieder drei Blumenkörbe dieser Tage verschenkt habe, aber ich denke ja an den Verkauf auch nur im schlimmen Fall der Noth, wo sich zu schämen nur Thorheit wäre. Von Froriep habe ich eine ziemlich gute Scheere bekommen, die vormals zu Augen-Operationen diente; nun will ich auch an Jean Paul ein Landschäftchen schicken. Ich mache großes Glück mit den Sachen, Cotta hat erst seit er dergleichen gesehen einigen Respekt vor mir, und von zweien Ausschneidern, die man kannte, sagte man, daß sie nichts vermöchten gegen mich. Ich finde, daß ich mit immer größerem Vergnügen ausschneide, und mich immer mehr schäme, damit zu glänzen, auch freu' ich mich am meisten, wenn ich die Kinder um mich versammeln kann, mit den gröberen Figuren, die aufrecht stehen, und zum Spielen taugen. Bei Cotta habe ich Jens Baggesen kennen lernen, einen sehr gefeierten Dänen, von dem Du wohl noch wenig erst weißt. Er dichtet dänisch und deutsch, weshalb ihn der hiesige Professor Autenrieth einen amphibischen Dichter nannte, was mir sehr gefiel. Seine Frau ist eine Französin, und lebt in Marly, wo auch Baggesen wohnt, wenn er nicht auf Reisen ist. Die Revolution hat er mit angesehen, und gilt für einen Vielerfahrenen. Ich kannte seine Gedichte zum Theil, forcirt in allen Stücken, bis zu schönem Versbau forcirt, plumpe Sprache und wiedergekäute Gedanken, hitzig und hanswurstig sarkastisch gegen Franzosen, gegen die Gottlosen aller Art, gegen Fichte, Schlegel 2c. Wie war ich verwundert einen gutmüthigen Kerl zu finden, ohne Schärfe in Blick und Gestalt, langsam und bedächtig, ohne doch mehr als sich selber zu bemerken, höflich ohne feine Lebensart, und bei großer Tölpelhaftigkeit seine Person aufdringlich anbietend! Die alten Witze, daß die Aerzte ihre Kranken tödten und dergleichen, Witze, die vergessen zu haben ein Glück ist, und die höchstens angedeutet, immer aber in neue Verhältnisse gesetzt werden sollen, schämt er sich nicht mit allem Gewicht ausführlich beizubringen, und dann Erstaunen und Lachen einzufordern, ohne Besonnenheit, in Tappen bei hellem Tage. Einen Faust hat der arme Schelm gemacht, einen politischen Faust, der viel aus Goethe parodiren soll, und auch an dessen Faust sich insofern anschließen, als der Held nicht der alte Faust, sondern dessen mit Gretchen gezeugter Sohn ist. Eine abscheulichere Idee läßt sich kaum denken! Und nun wiederholt sich an dem das Teufelholen. Aber lächerlich ist das noch, daß jetzt im Goethe'schen Faust Gretchen Kindermörderin ist, was freilich Baggesen nicht vorhersehen konnte. Das ist wie Werner mit Schleiermacher, wo jener versicherte er könne die Reden über die Religion fast auswendig, und dieser antwortete, es thue ihm leid, denn er sei eben dabei, für eine zweite Auflage alles zu verbessern und umzuändern. Uebrigens hat Baggesen auch nur eine Faust in der Tasche gemacht, denn wegen der heftigen Ausfälle auf Bonaparte und die Franzosen kann das Buch wohl nie gedruckt werden. Napoleon und die Franzosen haßt er auf ganz widerwärtige Weise, zum Ekel heftig und grundlos, denn alles Gute der Deutschen, weßhalb wir diese höher schätzen, ist ihm auch ein Gräuel, er hofft es mit Kant, Jacobi, Voß und Klopstock zu zwingen. Gar nicht abzusehen ist, warum sich der Mensch ewig zum Negativen wendet, in Frankreich lebt, gegen die Politiker schreibt und dichtet, da er noch so viel des Positiven in aller Ruhe betrachten könnte, zum Beispiel den „Wilhelm Meister" lesen, den er noch nicht kennt. Ein Zug charakterisirt seine Widerwärtigkeit vollkommen, daß er nämlich in früheren Jahren den „Werther" gelesen, und das

Buch gehaßt hat, wegen der Unmoralität; denke Dir den soweit moralischen Jüngling, was der für einen Sinn für Geschichte und Poesie haben muß! Wenn mir einer die Zunge herausstreckte wäre mir eben so lieb als so ein Tugendphilister genannt zu werden. Und der Mensch hat wieder alles was wir haben, seine Freunde, Geliebte, Gönner, Bruderseelen, ja sogar seine Philister; ganz auf die Art, wie ich einmal sagte, daß Goethe Kotzebue's Kotzebue sei. Mir sind alle überhaupt die verhaßt, welche mit Wuth Theil nehmen an allen politischen Dingen, und nur in diesen forschen, sinnen, Freude und Schmerz haben, ohne doch je selbst Hand anzulegen, ohne Soldat oder Staatsmann gewesen zu sein, oder zu werden. Dieses träumerische Behandeln der Wirklichkeit (träumerisch, weil, wie im Traum ihm alle nach außen thätigen Sinne gelähmt sind) ist die nichtswürdigste Schwärmerei in der Form des Verstandes, zu faul, um einen phantastischen Stoff zu erschaffen. Wie ekelhaft und unschicklich, von solchem Interesse seine Gedichte tragen zu lassen! Wo Goethe solche Verhältnisse berührt, zum Beispiel in den Epigrammen, fliegen sie lyrisch durch sein Gemüth und schlagen mit den Flügeln nur die unvergänglichen Gefühle aus seiner Brust, die einst in später Zeit machen werden, daß man um ihretwillen gern die geschichtlichen Noten liest; oder er stellt, wie in „Hermann und Dorothea", die eigenthümliche Gestaltung der Zeit in lebendigen Geschichtsbildern dar, die mehr als die Historien die Anschauung dieser Zeit den Nachkommen geben werden, gleichsam wie Menschen, die fortgelebt haben von da an, ewige Augenzeugen. Ich wüßte nicht welcher große Zug nachzutragen wäre zu dem Bilde der ganzen Revolution, das in jenem Gedichte gegeben wird. Denn allerdings ist das äußere Faktum bei Goethe und Baggesen gleich, jeder schließt sich an das Bewegende seiner Zeit an, besonders Goethe, denke an die „Ausgewanderten", „Werther", „Eugenie", „Beaumarchais", „Cagliostro", und vieles im „Meister", die Form aber von allem; aber innerlich ist es anders, der ist ein Gott indem er das thut, und der ein Gewürm. Nun aber auch genug von Baggesen, ich hoffe für immer! Und wend' ich mich nun sogleich zur Guten! Geliebte, beste Rahel! wie soll ich es sagen! nein im Diderot, Chamfort, Friedrich Schlegel, Lichtenberg und allen Besten, giebt es kein solch pikantes, unerschöpfliches, augenleuchtendes Glückswort, wie das von Dir ist, das Du unter den Zettel der Guten geschrieben hast! So

neben einander die verschiedenen Handschriften, die ich nur schlecht nachbilde: „Ich arbeite viel. Rsp. Sie arbeitet viel!
Rahel.“
Es giebt nichts Sprechenderes; unauslöschliches Lachen hast Du mir angezündet mit dieser Bestätigung und beglaubigenden Unterschrift! Rahel, ich kniffe und bisse Dich todt vor unsäglicher Freude, wenn ich Dich sehen könnte, wie Du das schriebst! Ha bei Gott! das ist Gunst des Himmels, einem solches in die Hände zu geben, und Legitimation, der Gunst würdig zu sein, sie so zu benutzen! Ich küsse Dich, mein geliebtes Rählchen! Mich sollte doch sehr freuen, die Gute erlöst zu sehen, sie beunruhigt, wie ein Wasserpfuhl auf einem Berge, man möcht' ihm eine Rinne graben, damit er hinunterlaufen kann. Ich würde Dir einen dankenden Gruß für die Gute schreiben, woran man wohl sehen sollte, daß wir in der Eleganz keine Stümper sind, Du darfst das Blatt ja aber doch nicht zeigen, sage also nach Belieben das Nöthige! Liebe Rahel, wie gehören wir doch zusammen! Wie freuen wir uns mit demselben, wie verstehen wir Scherze und Ernsthaftes zur beiderseitigen Zufriedenheit! Zwar Du gehst alle Sphären durch, während ich nur in wenigen wandle, aber wenn Du zu meinen kommst, findest Du mich doch stets, und gehst Du in ein Haus, wohin ich Dir nicht folgen kann, wart' ich ruhig an der Thüre. Was können wir nicht noch alles zusammen erleben, treiben und wagen! Süße, liebe Rahel! Ich weiß, was ich an Dir gewonnen habe, meine geliebte Zauberin!

So weit, geliebte Rahel, habe ich gestern geschrieben: heute nur noch wenige Worte! Ich bitte Dich, schreibe mir ja! Ich gehe nicht von hier fort, ohne Dir es zeitig zu sagen, und im ärgsten Fall würden mir die Briefe nachgeschickt. Von Harscher habe ich lange keine Nachricht, habe ihm aber viel von Dir geschickt, ich freue mich so sehr, Euch einander vertraut zu machen. Verzeihe, wenn ich nicht auf jedes in Deinem Briefe antworte, und schließe daraus nicht, daß das Uebergangene weniger in mich eindringe! oft ist's grade umgekehrt! Heute hat mich noch der Blumenkorb sehr aufgehalten, der ziemlich fertig war, und also noch mit sollte, aber das Papier war weich geworden, und ich fand viele Schwierigkeiten, auch bleibt er sehr zerbrechlich. Leb' wohl, leb' wohl, geliebtes süßes Kind! Ich küsse Dich. Ewig Dein

Varnhagen.

Neumann soll mir schreiben!

Man sagt nicht: ich ängstige, sondern: ich ängstige mich, verbe reflexive oder reciproque, Undeutsche Du! Leb wohl!

An Varnhagen in Tübingen.

Dienstag, den 7. Februar 1809.

Heut' vor acht Tagen schrieb ich Dir, ich sei gesund, und fürchte mich vor dem März: den Abend bekam ich Kopfweh — ein Evenement bei mir — Morgens erwacht' ich damit; Mittags lag ich im Fieber. Böhm ward mir geschickt: er untersagte mir streng den Wein im Thee. Verschrieb mir einen heilsamen weichen Trank, dessen drei Löffel das Fieber in beabsichtigten Gang brachten. Es war stark. Sechs Vormittage von 9 Uhr an hatte ich Migraine. Griff ich nach der Klingel, so konnte ich in anderthalb Stunden vor Palpitation nicht sprechen. Heute bin ich migrainen=frei. Aber noch unfähig. Meine Seele war heiter. Ich bin noch ruhig. Dies ist seit dem vorigen Februar mein viertes Fieber. Schöne Wendung! Böhm auch, sprach von meinem Blutsystem: ich weiß es besser; und wenn ich werde mehr sprechen können, werde ich's ihm sagen. Ich litt den ganzen Winter; außer vom 1. Januar an: dann fiel Robert. (Böhm bestand nicht so auf einem Rückfall bei ihm, als ich es that.) Diesen Sonntag — nicht, wie immer, Sonnabend — erhielt ich Deinen Brief, — wie froh war ich, Sonnabend als den Posttag, keinen zu bekommen! — Ich konnte ihn nicht lesen: seine Dicke ängstigte mich: ich erbrach ihn endlich: und fand den großgeschriebenen von Fouqué, in mehr als sechsmal Ansetzen gelang es mir ihn zu lesen: dann, gestern, machte ich's mit Harscher's so. Im größten Schweiß; und allen Anfällen: Sonntag hatte ich das Vermögen des Buchstabirens verloren: auch das ließ mich ruhig: sehen, geschriebene Worte, konnte ich auch nicht.

Fouqué's Brief ist ein Labsal, dieser unschuldige Himmelsbrief! Ich könnt' ihn küssen! Ich will gewiß verdienen, zu wissen, daß solch ein lieber Mensch in der Welt sitzt — nannt' ich ihn nicht lieb und ächt vorher? — dadurch, daß auch ich in Unschuld seine „Rache" lesen will, und werde: dies wird ihm und Dir bürgen, daß ich ganz seine verstand. War mir doch in ihm auch eine „Dissonanz", und Liebe machte sie auf=

tönen! Sagst Du ihm, daß ich seinen Brief habe? So grüße ihn tausendmal: hätte ich je sein Gesicht gesehen, so schrieb' ich ihm selbst. Den Brief behalte ich: hast Du doch so viele von mir. Er ist ein Ehrenkreuz für mich; und wie aus einer Waffe gemacht, die er wie ein Engel führte; daher auch eins für ihn. Ich bin recht stolz drauf. Aber viel zu freudig damit! Ich schickt' ihn sogleich Markus; weil er sehr eingenommen von Fouqué ist; und ihn über alle Neuere setzt: und damit er mich ehren soll: jetzt will ich prahlen. Also er kann sich entweder ächt freuen, oder großen Respekt vor mir haben; dacht' ich: er fand aber Fouqué'n prächtig. Herr Harscher soll mich nicht ruchlos nennen! oder ich werd' ihn bedeuten! Ich bin ja „geworden", und wenn ich einmal mit ihm spreche, wird er's wissen: nicht durch das was ich sage: aber daß ich's sage. Er soll mit uns kommen! nach Wien kann er nicht: sonst ging' ich ja selbst hin: sieben unserer Groschen sind dort ein Gulden: in Paris war ich: Wien ist nah an Italien. Aber in den Krieg, und in's Aufgebot hinein, reise ich nicht! Bitte Harscher sehr, mit uns zu gehen! Ich will ihm die Wirthschaft und Leben besorgen! Und wir können ja gleich nach dem Frieden — Napoleon ist schnell — nach Wien. Du bist also wieder in die Medizin verliebt! mir recht. Dies ist also mein letzter Brief nach Tübingen! Schick mir nur umgehend Deine Adresse nach Hamburg. Moritz muß auf Reisen sein: er antwortet mir nicht. In zwölf Tagen bekommst Du diesen Brief, dann bleibst Du noch vier. Den 24. reisest Du, nach Deiner Aussage. Man kann mit fünfhundert Thalern in Berlin leben: wie, weißt Du: eben so in Paris; nur Theater ist theurer. Auch dazu sind Anstalten zu treffen: verschwenden, wie ich Dich thun sah, wirst Du nicht können: doch giebt es dort keinen Josty; — aber eine Rahel. — Du schreibst mir ja zu viel Lob, kleiner lieber Freund: ich küsse Dich dafür; recht süß! — es kommt ja auch aus Liebe! F r e i l i c h u n d n a t ü r l i c h h o l s t D u m i c h v o n A m s t e r d a m; d a r a u f r e c h n e i c h. Wenn D i r nichts vorfällt. Deine Freiheit bleibt ewig. Kannst Du mehr Geld ergattern, desto besser. Neumann werde ich alles bestellen. Chamisso war einen Augenblick bei mir, der wird Eduard (Hitzig) von dem Diplom sagen. Du wirst nun lange kein Schreiben von mir erhalten können! Wo sollte es Dich treffen? Also änstige Dich nicht! In zwölf Tagen, wenn Du diesen Brief hast, bin ich längst aus und sehr wohl: auch werde ich Dir einen an Mad. Adelheid Goldschmidt nach Hamburg schicken, den Du dort abholen kannst, zum Trost. Weil Du nun so lange schmachten mußt, strengte ich mich heute so übernatürlich an! Im Anfang dacht' ich, es würde gar nicht gehen: und da waren auch die Phrasen noch mehr à la Tacite. Lieber Junge, rede ja Harscher'n, und auch meintwegen, recht nach Paris zu! Man kann wahrhaftig nicht nach Wien! Er soll nur den Artikel des Journal de l'Empire lesen! Wissenschaftliche Einrichtungen schützen sie: wenn die Sieger dort sind, wollen wir hin, wenn er will. Mir ist's wegen des Wohlfeilen: da bin ich denn gewissermaßen reich. Adieu. Tausendmal glückliche Reise und glückliche Ankunft! und alles Gute! Wenn ich auch heute noch einen Brief erhalte, ich schreibe doch nicht mehr. Deine Rechthaberin, die Dich küßt!

Rahel.

Deine Beiblättchen konnte ich noch nicht lesen. Siehst Du, mit dem Kleinschreiben! Adelheid Goldschmidt schicke ich den Brief: der Freundin der Guten. Sprich nicht von dieser: sogar Fanny'n nicht; hörst Du! ich will es nicht! kein Weib soll wissen, wie ich über sie denke! wenn auch Adelheid schon von Moritz instruirt ist: sei Du Stein über die Gute!

Sonnabend war Robert zum erstenmal aus, und bei mir. Ich freute mich ganz konvulsivisch: ich war noch au fort de ma maladie, er merkte nichts: er ward mir angesagt. Böhm ließ mich äußerst klug meine Medizin bis gestern Nachmittag, bald öfter, bald weniger, nach den Umständen nehmen: sie war schweißtreibend und einwicklend. Er kam täglich von selbst. Nun hab' ich die Blättchen gelesen! Ich wurde krank davon. Es ist wieder gut: ich habe gegessen. Ganz überaus, überaus schön ist, was Du über Knabenliebe und Freundschaft sagst! und nichts hinzuzusetzen: ich schreibe Dir aber künftig doch noch etwas drüber. Du mußt ordentlich Deine Physiognomie verändert haben; als das so fertig aus Dir heraus war; sie ist nun gewiß um einen ganzen Schritt ausgebildeter. Denn Kotz Sackerlot! — sagen sie hier — dies hängt mit mehr zusammen. Und Deine Goethen-Liebe ist mein ganzer charme! Adieu. Wo war denn sonst Deine Natur? Lieber! Alter! Ja! ja! wir zerstückelten Neuere! Ruchlos müssen wir gleich sein, uns schelten lassen; und doch Lumpen bleiben, mit unseren Sittchen und auch Gesetzchen! Kranke Europäer nenn' ich uns immer in meinem Kopf. Adieu.

An Rahel.

Tübingen, den 14. Februar 1809.

Schon daran gewöhnt sein mußt Du, theure, geliebte Rahel, daß ich Dir kleine, schlechte Briefe schreibe, und doch kann ich mich der ängstlichen Betrübniß nicht erwehren, wenn ich Dir wieder einen neuen zuschicken soll, dem ich nichts geben kann, als taumelnde Worte, da die Deinigen wie Festzüge umkränzt und freudebringend zu mir herziehen! Aber wie geht es mir auch! Seit mehreren Tagen muckt ein rheumatisches Zahnweh mir im Kopfe, das ich nur eben jetzt wieder durch Stille gestillt habe, und macht mich dumpf und empfindlich zugleich, jenes gegen ganze Ideenreihen, dieses gegen Einzelheiten in Gedanken und Gefühlen. Heute ist mein ganzer Vormittag durch Träume verwirrt und geschreckt, so daß ich Dir erst gar nicht schreiben wollte. Der Ausdruck für alles verfließt auch mehr und mehr in meine Stimmung hinein, statt daß er herausdringen sollte, und meine Unbehülflichkeit ängstigt mich; das alles behalte bei diesem und meinem letzten Brief im Auge, geliebte Rahel! Dein letzter Brief vom 29sten Januar hat mich in wohlthätigen Schatten aufgenommen, aus der brennenden Sonnenhitze, die mich überfiel auf der weiten Sandfläche, in der ich verirrt bin; Du liebes wahrhaftes Herz! Ja, ich komme zu Dir! und wenn ich auch nicht in die Himmelsbahn gelangen kann, die wie der Adel nur bei der Geburt den Menschen als sie selbst in ihrer ganzen Fülle ergreift, so werd' ich doch bei Dir gleichsam in hohen Wäldern und auf Bergen herum irren, deren Wüste nichts von den Schrecknissen der wüsten, rings offenen Ebenen hat. Nimm dies nicht für ein Mattgewordensein, geliebte Rahel! es ist nur der grane Grund, der hinter allen Freuden meines Lebens steht, und ihre Blüthe nicht hindert, sondern nur das ganze Gemählde trübt. Nein, voll aufbrechend, in kräftigen Farben, mit schwellenden Adern, blüht Dir mein Herz entgegen! Ich umfasse Dich mit freudigen Blicken! Ich bin im Leben ja doch auch wie ein Kind, das mit Thränen in den Augen, weil es geschlagen worden, neugierig und getröstet den Fremden sieht, der heimlich liebkosend an ihm vorbeigeht. Ich glaube zwar immer, daß es mit mir einmal nicht gut enden wird, aber ich kann ja doch nichts anderes thun, als trotzend fortleben, und immer neue Wogen beschwören. Wer einmal mit Zerrissenheit, Grimm und Schmerz so weit gerannt ist, wie ich, in's 24ste Jahr, das ich diesen Monat antrete, der mag noch so streng auf einmal die schäumenden Gestalten bändigen oder zerschlagen, in einer Minute springt an langer Kette das späte Kind früher Verwirrung auf, und zerstört die jahrelange Sorge. Die giftigen Wurzelfäden der Vergangenheit sind unsichtbar unter der Erde bis in meine weiteste Zukunft ausgesponnen, und in zehn, in zwanzig Jahren wird mir noch oft ein betäubendes Giftgewächs vor den Füßen aufschießen, das aus jenen weiterlaufenden Fäden, wo dünnere Erde sie bedeckte, an's Licht dringt. Aber sieh! mit dieser Einsicht, im Gefühl dieser Unseligkeit, ruf' ich aus: was hilft's nun! jetzt nur frisch weiter, das Stück muß ausgespielt werden, wenn auch ganze Dekorationen fehlten, denn es ist angefangen. Wenn ich zu Dir komme, werde ich mit diesen Gedanken schon so vertraut sein, daß sie wenig stören können, und sie hemmen mir jetzt auch kein Freudenspiel, nur erwecken sie auch keins, doch sehe ich wie sie Grund werden können zu den entzückendsten Lebensdithyramben. Breite denn die Arme mir fröhlich entgegen, ich bin frei, und Du bist's, auch von der Liebe, die sich verliebt, sind wir's ja jetzt, und das freut mich am meisten, weil die in mir die meisten Lügen erzeugte, und es auch, obgleich sie es in Dir nie kann, doch von Dir aus in mir wieder vermöchte. Aber Du hast dennoch Recht, daß man nichts machen soll, als nur so wie man alles macht, durch einen Entschluß würd' ich nichts in mir verändern, die allgemeine Bildung und Richtung entsteht erst aus den sich aneinanderdrängenden kleinsten Bildungen und Richtungen des Augenblicks, und in der That, ich weiß niemand, der einen Plan hätte befolgen können, obwohl ich jeden einen haben sah. Meine Plane halfen sich durch die Menge und durch das wenige Positive, woran sie hängen, ja mein ganzes Leid diesen Winter war ja fast nur der heilsame Zerstörungsprozeß dieser positiven Verbindung an Reales; die Ehe, die Medizin, die Kunst, die Freundschaft, alles hat die Freiheit gereinigt, ich will nicht mehr an diesen Freund, an diese litterarische Bahn, an diese ärztliche, an diese Häuslichkeit gebunden sein, ich knüpfte die Bänder nur so deßhalb, um den fehlenden Theil des Inhalts der Verhältnisse durch die angeführte Form dem begehrenden Herzen tröstend zu ersetzen. — Anfang des März, vielleicht früher, geh' ich gewiß nach Hamburg, auf unbestimmte Zeit. Ich denke es bleibt dabei, daß Du nach Paris willst; da wär' es wohl am besten, Du beredetest wo möglich Deine Mutter früh im Jahr zu reisen, und kämst so nach Holland; dahin macht' ich alsbald die Reise zu Fuß (im schönen Frühling, im wohlgeordneten Lande) und holte Dich ab. Sollt' ich Dich von Berlin abholen, so denke an die großen Kosten, die das machen würde, und zu denen ich nicht viel mehr beitragen könnte, als was die Fußreise erforderte! Nach Hamburg muß ich erst, auf jeden Fall, wegen allem, besonders weil ich vor Schmerzen nicht fliehen darf, die jeder Aufschub vergrößerte, und doch keiner schenkte. Ich möchte Fanny gern sehen, und es ist viel dort zu thun für mich. Schreibe Du mir aber doch ja noch hieher! Das schlimmste ist, daß ein Brief von Dir mir nach Hamburg folgt, und denke Dir, liebe Rahel, die Pein, wenn ich noch hier bleiben müßte, es kann ja tausenderlei kommen, und bliebe so lange ohne Brief von Dir! Es brauchen ja nur wenige Deiner lieben Worte zu sein! — Eine Zeitlang habe ich ganz den Wettertagen gelebt, die wunderbar durch meine Brust zogen, frische Lüfte, Sonnenschein, Windwolken, machten zusammen diese Tage, für deren Art ich vergebens einen Ausdruck suche, und die alles in mir aufregten, was je in solchen Tagen ich gefühlt, keine Ereignisse, keine Verhältnisse des Lebens, alles nur in Bezug auf's Wetter, das eine freudige Unruhe in mir aufregt, die nur dann erst traurig wird, wenn sie nirgends, nirgends für die wallenden Fluthen ein Bette findet, und überall sich von hohen Rändern umstarrt sieht. Jetzt, da mich die zugemachten Fenster wieder abscheiden von der nahen Berührung des Wetters, bezieht sich meine Stimmung auch wenig darauf; feuchte, kühle Luft, Regen sind mir wohl verdrießlich, aber zwingen mich nicht aus jeder Anschauung in die Gewalt ihres Einwirkens, wie die früheren Wettertage. Jetzt hängt dunkles großes Regengewölk wie eine Kuppel am Himmel, während rings am Horizont hellere Streifen sind, es ist recht ängstlich, als wollte der liebe Gott die gute Stadt Tübingen unter einer umgestülpten Theetasse einfangen. Solche Vergleiche macht mich Jean Paul leicht finden, er steckt mich mit dem „Hesperus" an, den ich jetzt, entzückt, lese. — Kerner ist ganz wieder hergestellt von der kleinen Halsentzündung, ich sehe ihn täglich, kann ihm aber nur wenig sagen, er kennt die deutsche Sprache nicht genug, weil er weder Philosophen noch Dichter der feineren Welt, überhaupt kein Buch aus, liest, und ich gewohnt bin, die Redensarten zu individualisiren nach allen Richtungen, wenn ich das Innigste und Tiefste in mir aussprechen will. Froriep's Kinder besuchen mich zuweilen, und sind ganz glücklich bei mir, mich aber machten sie neulich wehmüthig bis zum Stocken des Blicks und der Sprache, weil ich mit ihnen spielen wollte, und grade da alle Reflexion über mein verwirrtes Leben heraufschoß, und die Unbefangenheit und Lust des Augenblicks niederdrückte. Sie merkten's nicht, und spielten fröhlich weiter; zuletzt, nach einigen Stunden konnt' ich doch auch fröhlich mit ihnen sein.

Lies diesen abgeschmackten, schlecht berechneten Brief von Minna! Ich habe ihr seinen ganzen schlechten Grundtrieb in's Herz geleuchtet, aber ganz objektiv, beinahe natürlich, und eine Novelle geschickt, obgleich sie wegen der zurückgegebenen Gedichte gewiß nur lügt. Wie sie mit den allbekannten Schmeichelreden fein und einnehmend sein will! Es ließe sich eine herrliche Vorlesung über diesen Brief halten!

Geliebte Rahel; jedes Deiner Liebesworte dringt mir in's Herz! Schelte mich nur blind und undankbar, es sind doch nur Liebkosungen! Ach so tausend Gefühle strömen in mir zu Deiner süßen Nähe, aber mir ist es verhaßt, so weit hin Zärtlichkeit zu schreiben! Ich könnt' es von Dresden, von Halle, von Potsdam. Diese Entfernung macht mich nur zornig, sobald ich reden will. Lebe wohl, geliebte, süße Rahel! Grüße Chamisso, Hitzig, Neumann, Schede's! Die Gute recht artig und theilnehmend. Neumann soll schreiben, und auch mir! Leb wohl, leb wohl! Dein

Varnhagen.

Robert's „Omasis" geben sie in Stuttgart.

Schreib mir doch ob in Berlin eine Universität wird, das muß ja Humboldt zunächst wissen, und hier gehen zweifelhafte Gerüchte.

An Varnhagen in Tübingen.

Sonnabend halb 4 Uhr Mittags, den 18. Februar 1809.

Lieber Freund, ich erliege. Endlich wirklich vor Mattigkeit, Kränklichkeit, Ungewißheit und Chagrin aller Art. Du wirst Dich erinnren, daß mir Moritz so einen braven Brief schrieb. — O! Gott, nun soll ich wieder schriftlich erzählen! Du mußt bei Gott endlich kommen! — und mich vorher aufgefordert hatte, ihm zu sagen, ob ich seine Gegenwart hier nothwendig schätzte. Drei Briefe schrieb ich ihm hierauf, und in den letzten acht Tagen von Robert's Krankheit, er möchte kommen, und warum er es soll. In drei Wochen antwortet er mir plötzlich nicht: ich liege krank, und kann nicht schreiben, und boße und kombinire mich auch darüber todt! Zu dem Rest! Heut' vor acht Tagen erfahre ich von der ganz erschrockenen Mama, er habe dem Aeltesten geschrieben, wenn der nicht vor dem 15. Februar in Hamburg wäre, so käme er, Moritz, her. Dies beruhigte mich: obgleich sein Verstummen gegen mich ein Räthsel blieb und ein Aerger. Markus schrieb, er könne nicht kommen — schlecht von ihm; aber mir lieb —, ich erwarte also Donnerstag oder Freitag den Anderen. Keineswegs! Ein Brief von ihm kömmt, daß er — plötzlich — noch drei Wochen auf Markus warten will!!! Ich werde rasend, nachdem ich das Robert gestern Abend abgefragt habe, denn abfragen muß ich unter den Bruten alles! Ich setze mich hin, und schreibe Moritz vier Seiten, worin ich ihm wiederholt meine Lage vorlege; ihn des Unsinns gegen mich zeihe; und ihm sage, daß, wenn er nicht käme und mir schriebe, ich vor Ende dieses Monats in Hamburg vor seiner Thüre vorführe ohne Markus. Das wird ihn erschrecken! denn das fürchtet er. Ich aber denke nicht daran! Zweitens, daß ich unter jeder Bedingung wegginge, und warum. Drittens, daß, wenn niemand und auch er nichts für mich thun würde, ich ihm mein Ehrenwort gäbe — welches Du kennst, schrieb ich —, daß ich vor dem Ende dieses Sommers verheirathet bin! „Ich kenne einen klugen Menschen", setzte ich hinzu, „und fürchte keinen dummen Streich, wenn er von mir herkömmt." Dies wird den Aeltesten zur Besinnung bringen: dann muß man mir meine Mitgift zahlen, und Kinder kann ich auch noch kriegen. Noch setzte ich hinzu, ich würde es Mama'en annonciren, welches ich auch thun will. Diese retrogradirt schon wieder mit Holland aus den schlechtesten Gründen! Ich weiß nun nicht, wie ich fort kommen soll: alles schwankt und fehlt mir unter den Händen! Kaum noch halte ich es aus. O! erzählte ich Dir Details! Um Gottes- und meinetwillen, komm! daß ich mit Dir weg-kann! daß etwas fest wird. Moritz wollte auch nach Amsterdam; ich habe ihn auch ernstlich gefragt, ob ich etwa mit ihm könnte. Das stört uns nicht. Die Gute will auch nach Paris: ich aber will sie nicht; retten will ich mich in Freiheit und Gesundheit, und will keine Krankenreise an Seel' und Leib. Doch, reißen alle Stränge, nehm' ich sie! und sie muß sich fügen: weil ich mehr bin als sie. So atroce bin ich schon. Komme geschwind! Nun schreibst Du wieder vier Wochen! und immer von neuem vier Wochen. O! gerechter Gott, wir hätten uns nicht trennen sollen. Welcher Vortheil erwuchs draus? Solcher, den wir von der Hölle etwa auch hätten. Leid, unsägliches, mir durch alles Glück nicht wieder abzunehmendes, hab' ich dadurch erlebt. Zusammen muß man bleiben, oder sich glatt trennen; da wir das nicht konnten, war das erstere ein mordender Fehler. Moritzens Antwort werde ich Dir schicken. Eilf Tage ist Dein Brief alt, eilf Tage geht dieser. Wo soll ich denn nun noch künftig hinschreiben? Wenn Du diesen hast, sind zweiundzwanzig Tage von den vier Wochen wieder weg. Ich habe während meiner Genesung Wuthanfälle von Verzweiflung gehabt. Gott, Gott! wie toll. Ich war es. Du kennst mich nicht, Du kennst meine Leidfähigkeit, meine Phrenesie nicht. Und meine Geduld, ja Geduld, und Kraft, die mich hin führt. Wenn ich Dir es endlich sage; schreibe! Komme, ich bitte Dich. Nicht als Geliebter auf diese Worte, als Freund. Apropos! mit dem Heirathen meinte ich nichts: aber ich muß damit drohen, und bei Gott! ich thäte es auch im argen Fall, wenn ich könnte. Mein Kopf platzt mir: ich erliege. Adieu. Du machst ja göttlich Hände nach: und warst tausendmal witziger als ich! daß Du die Gute zu einem Sumpf! — vortrefflich! — auf einem Berge — wie richtig! — vergleichst. Matthisson den insipiden Tölpel und sein Gereime kenne ich zum Ekel aus Paris: auch spielte er sonst den Freund verrückter empfindsamer Damen, die ich kannte. Du bist vortrefflich über ihn! Sage Harscher'n, daß ich unendlich, unsäglich leide: er soll nach Paris kommen und mich heilen helfen. Ich würde es ihm doch leicht machen. Adieu! Ich vergehe! R. L.

Sei Du nicht auch wieder ungewiß; sonst muß ich wahnwitzig werden! Siehst Du, daß Krieg wird? Wenn Du nur erst in Hamburg bist, so ist das so gut als in Berlin. Wir werden wohl von hier, oder willst Du lieber, von Potsdam aus zusammen. Mach nur nichts Dummes in Hamburg! — Ich denke an alles! Und meine Gedanken sollen keine Schanze mehr finden. Auf ewig, fort Verstellung! Ach ich sterbe keines natürlichen Todes ahnd' ich; die Wahrheit führt mich früher von der Erde.

Apropos. Joseph Napoleon hat eine göttliche Rede in der Kirche in Madrid gehalten: so edel, so wahr, so groß, so heilig, so erhaben und unschuldig! Nichts Schöneres giebt's in der Geschichte seit je! Ich las sie in unserer Zeitung. O! wie herrlich, einen Menschen, der den Namen verdient, auf einer hohen Stelle zu sehen! Zum Muster! zum Führer! Freilich werden wir noch viel erleben! Alle Tage werde ich mehr zum Manne! wie ist das mit mir? Komme, komme! daß ich merke, daß ich ein Weib bin: geschrieben bleibt es schwach, wenn ich Dir sage, daß ich Dein bin, und mich freue, wenn Du Dich mein nennst und fühlst! Rahel.

O! wie echauffirt, wie betäubt; wie krank noch. Dies ist mein zweiter Brief — mein erster war an Moritz — seit meiner Krankheit. Fünf Seiten habe ich ihm heute geschrieben.

Ich breche den Brief wieder auf, um dies daran zu fügen: Natürlich sollst und kannst Du ohne Geld nicht kommen; aber sobald Du welches hast! dann zögere nicht mehr! Und warte nichts und keinen Frühling ab! Der zu gräßliche, zu abscheuliche kranke Winter, — krank im Wetter und allem, — der Darbe-Winter ist vergangen! Der Frühling fliehet auch so. Eile! ich eile auch, man wird doch aufgehalten, Du siehst's! Half mir mein winterlanges, wohlbedachtes, überlegtes Schreiben nach allen Seiten wohl? Verstehe mich und komme!

An Varnhagen in Tübingen.

Sonntag gegen Mittag, den 19. Februar 1809.

Da ich Dir Dienstag noch nach Tübingen schreiben will, muß ich nur gleich anfangen, und kann nichts Besseres thun. O! lieber theurer Freund, dies war ein gräßlicher Winter und Herbst. Ein Leben voll Glück sollte damit nicht errungen werden müssen. Wie betrübt, geängstigt, gedrückt, verzweifelt war ich noch vor zehn Minuten! wie ennuyirt! Noch soll ich mich, nach allem, was ich wahrlich schon erlebt habe, in solcher kleinen, niederen, ungewissen, nun gar einsamen, von Menschen und Künsten, und Natur geschiedenen Lage, herumbalgen. Und all mein Muth, meine Klarheit, meine Gaben, sollen mir zu nichts dienen können, als daß ich wie eine Verzweifelte — Verlassene — davonlaufen kann. Dies ist doch die trockene Geographie meines Zustandes. So war es doch diesen ganzen Winter — gespickt mit tausend Kränkungen, Neckereien, Beleidigungen und Unsinnen, ohne Labe für Herz, Geist, Phantasie (Hoffen durch Geist für Herz). Du weißt die drei guten Sensationen, die ich vielleicht hatte; ich theilte sie Dir ja mit! — als Du noch nichts wählen konntest, und auch mich nicht lassen konntest. Und können wir uns wohl gegenseitig durch etwas helfen, als durch Liebe und frischen Herzensmuth?! O und was ich sagen kann, und gesagt habe, ist das wenigste! Die Reihe der Gedanken, die bei mir in der Zeit aufgeregt wurden, der Aerger, der Verdruß, das Unbehagliche, das in jedem Augenblick in meiner Lage mich anpickende, anpackende, immer wiederkehrende, sich aus jedem Neuen neu erzeugende Ungemach, auf Menschen-Seichtigkeit, Schlechtheit und Dummheit zu meinem Wahnsinn gegründet; dies getrübte, gekränkte, empörte, und gesunde nie ermüdete Herz! diese Stützenlosigkeit nach jeder Seite! Auch Du, Varnhagen, mißdeutest meine Kraft. Ein siebzigfaches Leid, eine Aeußerung davon ist sie! Diese Woche habe ich erfunden, was ein Paradox ist. Eine Wahrheit, die noch keinen Raum finden kann sich darzustellen; die gewaltsam in die Welt dringt, und mit einer Verrenkung hervorbricht. So bin ich leider! — hierin liegt mein Tod. — Nie kann mein Gemüth in schönen Schwingungen sanft einher fließen, wozu dies Schöne in der Tiefe meines geistigen Seins wie in den tiefen Eingeweiden der Erde verzaubert liegt.

O! Gott! jede Aeußerung — und je kräftiger sie ist! — Ein Schmerz! Ein Schmerz, auf den ich nicht mehr immer hinhöre, weil er chronisch ist. So, mein Freund, hast Du wieder einmal geglaubt, daß ich Dich „Undankbarer“ nennte, sei Deiner Wuth ähnlich. Nein Geliebter! Ich sagte es wie es steht; wie das Weib zum blinden Manne. Du sahst nur meine letzte Kraftäußerung, und nicht mein sanftes, längst verschwiegenes Leid: und Liebe nicht sehen, sie aber fordern, und nur halb leisten — wie es war — ist undankbar. Wie richtig, Geliebter — und wie traurig — vergleichst Du mich — wie überaus witzig, nie hat man etwas erschöpfend Aehnliches über mich gesagt!! — vergleichst Du mich zu einem Baume, den man aus der Erde gerissen hat, und dann seinen Wipfel hineingegraben; zu stark hat ihn die Natur angelegt! Wurzel faßt der Wipfel, und ungeschickt wird Wurzel zu Wipfel! Das, Lieber, leider! leider! bin ich. Dies ist der Durchmesser meines Lebens. Seine erste Verschlingung zum Wirklichen. Laß dies mein Epitaph sein, und dies ist dasselbe, was mein „Paradox“ ist: und das ist tausendmal witziger — obgleich unendlich tief unter Deinem Baum — als mein: „Ich arbeite viel. R. Fr. Sie arbeitet viel! Rahel.“ Damit meinte ich weiter nichts, als die Indignation: „die denkt noch sie arbeitet! Sie, arbeiten!“ und dann gleich hinterher: „Ja! bei ihr ist auch alles Arbeit!“ und das alles drückt' ich aus Eil und Ueberdruß kurzmöglichst aus. Sonst meint' ich nichts: und es sollte keine Beglaubigung sein, wie Du meintest; ist das aber witzig, so war ich es: ich finde es nicht. Antworte mir hierauf; was den Geist so geregt hat, ist mir interessant, und wär's über einen verlorenen Westenknopf! Du warst unendlich witzig über die Gute, als Du sie neben den „Baum“ stelltest; und demonstrirtest, daß ihre Wahrheit sich nur auf die Decken in den Zimmern beziehe, etc.! Ihr Buch aber und sie, ist doch noch weit lügenhafter, als man ohne des allmächtigen Gottes eigenhändigen Witz, oder die Dummheit erfinden kann, die er in dem Puppenkopf zum Statthalter gelassen hat. Du siehst meine Empörung wieder. Sie lügt wie ein Räuber, mit der Pistole auf der Brust; und man muß sein schönes Eigenthum Wahrheit ihr lassen; oder dieses rechtmäßige Gut durch harten Kampf wiedererringen; und nur, wenn man sich dazu entschließt, kann man ihr ihr Attentat beweisen, sonst geht sie noch als weinender, verkannter, verwiesener Bettler ab! So hat sie mir es erst diese Woche mit vielen Umschweifen gemacht. Das Ende — denn wozu etwas anderes davon wiederholen! — war, daß ich als maréchaussée, und Richter zugleich, ihr endlich antwortete: „Wenn Sie wahr sein werden, dann werde ich Sie lieben.“ Sie wollte — wirklich — vor Weinen platzen, so hatt' ich ihr den Keil der Wahrheit in's Herz geschlagen, und es mußte springend von einander! — Geistig Zerknirschung genannt: — „Weinen Sie nicht!“ konnte ich nur sagen; und dabei blieb's! Nachher drehete sie in einem Brief auch dies Gespräch wieder um, Du kennst ihre Briefe nach wahren Szenen! — aber ein Tacitus'scher, unerbittlicher, ziemlich kurzer zeigte ihr ihren Kuschwinkel an. Nun hat sie sich zur Heiterkeit geneigt: und will mit nach Frankreich; ich soll es ihr aber sagen; das thue ich ohne Noth nicht; muß aber vielleicht. Ich werde es schon arrangiren zu unserem Guten; und nicht zu ihrem Schaden, wenn es sein muß. In den vielen Diskussionen sagte sie: „Hypochondrisch bin ich nicht“, — sie freute sich der imaginairen Anklage — „ich zwinge mich ja, jeder Andere läge“. Hypochondrisch sind Sie gar nicht! — kriegte sie — aber kranksüchtig! Sie denken Kranksein ist hübsch; und nie sagen Sie mit Freude: „Heute befinde ich mich gut!“ So kam ihre Liebe und alles vor. Sie zwang mich. Denn, ohne Hyperbel! will sie jede Woche eine neue chronische, aber galoppirende Krankheit haben. Wassersucht war die letzte. Aber das ließ ich auslaufen! Es ist immer ein Glück und ein Vergnügen für sie, wenn sie nach Frankreich geht: also wenn ich will, ist es gut. Sie bietet mir gradezu nichts dafür: ich will auch nichts. Ist der Mensch nicht genialisch, so will ich nur Freiheit von ihm. Negation; wo Negation ist. Will man's anders, so ist das Verwirrung, und meist leidenschaftliche. Also mit der sind wir fertig. Pfuhl bleibt Pfuhl; und Berg Berg! So wie sie lieblich ist, schmeichle ich ihr. Also so viel sie will: auch habe ich's ihr so versprochen. Ihr Manuskript sehe ich seit Robert's und meiner Krankheit nicht mehr an: es loben es ihr andere Korrektors, Professor Hartung, Graf Egloffstein. Nun sage Du mir, mein Lober! auf welchen Brief von mir, was stand denn darin, hat Harscher den geschrieben, den Du mir zuletzt schicktest, in welchem er sagt, man könne ganz gut über meinen des Teufels werden, er sei nur schon des Teufels. Was schrieb ich denn? Sage es mir! Bitte, Lieber! Es wäre ja Jammerschade, wenn Harscher vor lauter Lebensart zu keiner Art zu leben käme. Das muß nimmermehr geschehen! Wenn er nur uns nahe kommt. Wir wollen gewiß ravagiren — wir nannten es lange ravugen. — Seine „Schweinekrankheit“ ist ja keine; die kenne ich: die vergeht vom Leben selbst. Nach Wien wird er doch nicht in den Krieg hinein studiren wollen? Sag ihm das. Ist er wohl böse, wenn er denkt, ich habe seinen Brief? Er ist mir ja jetzt gut! Oder kann er sich noch nicht persönlich frei mit mir denken? Ich könnte gleich heute Mittag ganz bekannt mit ihm sein. Ich habe ihn ja gesehen: und er hat mich auch gesehen! Und da er alles von mir weiß! Und er soll auch.

Wie wahr, Varnhagen, mein geliebter, süßer Freund, ist das, was Du über Freundschaft auf einem kleinen Zettel mir schicktest: „Jedem Gebildeten muß man alles sagen können.“ Wie Schade! daß ich jetzt unfähig bin, Dir auf die Zettel, die ich so göttlich finde — auch Neumann ist sehr davon eingenommen; dem gab ich sie alle — zu antworten. Sprechen wollen wir darüber! Es fiel mir so viel dabei ein. Und daß die Gemeinen, die sich keine Rechenschaft geben können, in der Liebe so blind Recht haben; je gröber sie scheint; je mehr auf Aeußeres, auf den Eindruck gegründet! O! es fiel mir viel bei den Zetteln ein! Mündlich. Ich lasse Deine Briefe einmal drucken, und das Geld wollen wir verfahren: und die Welt hat doch noch Vortheil. Adieu. Ich erliege. Echauffement, kalte Füße, Kopfweh, wie ein Gewitter in der Ferne! Ich esse etwas! Adieu. Doch noch Eines, Schnäuzchen! In Deinen kleinen Gedichten, bei welchen ich Dich küsse — ich kann ja nicht gegendichten! — gefällt mir ungeheuer: „Selig die Stunden entfliehn, die mit heiliger Quelle des Lebens Deine Nähe getränkt, meiner beruhigten Brust“: aber nicht der Ausdruck: „Frühlingsliedchen“ in der ersten Zeile; alles Uebrige, von „Locken, die Du finster bewegst auf denkender Stirn“, wahr und sehr sehr gut. Gott, über wie viel mir Zugeschicktes müßt' ich noch reden und danken! Lieber! Mir angenehmer Verehrer; lieber Autor, theurer Freund! Aber wie Du sagst, so ist es wahr. Schreiben kann ich nicht mehr. Mit Dir will ich alles durchgehen. Morgen werde ich Dir noch etwas schreiben, heute überlebe ich's nicht mehr. Aber Eines noch, Herr von Varnhagen; sagen Sie, wie kommen Sie auf den rasenden Gedanken, ich werde, anstatt: ich ängstige mich, „ich ängstige“ schreiben! Es ist ja nicht einmal französisch, und ich weiß sehr wohl, ein verbe réciproque; „mich" hatte ich natürlich vergessen. Ich verstand Deine Phrase darüber erst ganz lange nicht, und glaubte, in dem Worte ängstige läge mein Fehler; und die beiden „ängstige" von Dir waren doch gleich geschrieben. Eine halbe Viertelstunde stand ich zum Ochsen gemacht (nicht durch Dich, aber dadurch, daß ich bei der Phrase stehen blieb; durch sie) am Berge. So schriebst Du: „Man sagt nicht: ich ängstige, sondern: ich ängstige mich, verbe réflexive" etc. Nun blieb ich bei den beiden „ängstigen" stehen, und das „mich" wollte mir nie einfallen: bis ich aus Verzweiflung an's réflexive ging. Adieu, Du uller Deutscher!

Montag Vormittag, den 20. Februar.

Ich war recht krank, diesen Morgen; bin es noch, und an Leib, Herz, Seele und Geist recht herunter. So wie lau Wetter ist, sind meine Nerven so abgeschraubt, daß ich todtenbleich bin, rothe Lippen — bei mir ein Zeichen des Leidens — habe, violet um zugeschrollte Augen bin, und bis zu Fieberbewegungen spüre; das Unbehagen steigt bis zum Erbrechen, und nach einer solchen Magenbewegung wird mir augenblicklich, und auf einen Augenblick, etwas besser; dann geht es wieder von vorne an. Nichts bringt aber dem Wahnsinn so nahe, als das sehr gesteigerte Ohren-Klingen, -Sausen und -Tönen zusammen: davon bekömmt man Herzpochen vor Angst. Böhm wird wohl heute oder morgen kommen — bis jetzt konnte er mir in acht Tagen keine Mittel geben. — Aber er kann mir nicht helfen: das Ganze sind lauter unregelmäßige, sich ohne Unterbrechung erzeugende Schnupfen, die auch zu Augenblicken sich, und das recht unvermuthet und auf die unregelmäßigste Art, in ihrer wahren Gestalt zeigen. Es ist auch mein Herz, von dem ich Dir schon früher sagte: „es hat einen Schaden" (zu sehr gebraucht). Dieses Lebensorgan kann wahr und wahrhaftig, in diesem Klima, nicht ohne Freude in mir bestehen. Nicht ein hundertes Theilchen von einem Tropfen gelangt dahin! Ich unterliege; und fühle es. Dies ist nicht Frohberg'sche, oder moderne Weibersucht zum seichten Amüsement! Neumann war gestern bei mir — er mag mich unterhaltend gefunden haben: ich sprach beinah viel, und Gutes — ich war aber außer mir: und besonders, als wir von Dir sprachen, und er mir von neuem sagte, wie nichts Du in Tüdingen zu suchen hattest etc.; und wie für diese Kosten Du hättest Freude haben können, und ihr gradezu entlaufen bist. Glaub' auch nicht, daß er ein Stäubchen in mich geredet hat; der ganze Wirbelwind war schon da! Wahnwitzig, kettentoll waren wir. Einen solchen Winter zu durchdarben! und daß Du mich in dieser Verwaisung ließest! denn — alles wußten wir im Oktober! Ich aber, laß sie mich so nennen, konnte gegen Deine Braut nicht sprechen. O! wäre ich steingesund, hätte Klima, Freunde; wahrlich, ich wollte das Beste anständig entbehren und vermissen. So aber bin ich ja wie unter eine Horde wilder Thiere gestoßen, die alle nichts sind, als fressender, verzehrender, personifizirter Mangel. Ich ertrag' bei meinem Gesundheits- und Geisteszustand die Sorge, die elende, mir im innersten Geiste verhaßte Sorge der Ungewißheit nicht! Für Pöbel ist die, der in seinem eignen Geist auch ungewiß ist, und dem wahrhaftig eigentlich alles, wenn er sich recht abfragt, egal ist. (Ein Blatt hier ist verloren.) Neumann und Chamisso, und hier Alle, wollen es mir immer nicht glauben, daß Du nach Hamburg gehen kannst, ohne hierher zu kommen: daß ich Neumann so um den Berg, negativ, etwas vorlügen muß, thut mir leid. „Sagt er gar nichts von hier?" frug er noch gestern. „Er denkt nicht dran!" und er meinte offenbar mich; und ich ließ es doch auf die Stadt fallen; und so immer! Zwar habe ich kein Engagement, einen jeden Kasse in meinem Herzen machen zu lassen; aber weil er doch gradezu meine Rede anders auslegen muß, und ich sie dazu setze! Er ahndet keine zärtliche Verbindung zwischen uns, das sah ich wohl gestern an einer Aeußerung. Und da es nicht Dummheit ist, gefällt es mir: er denkt: „die!" Nämlich, diese Rahel! Könnte ich Dir nur auf Deine schönen vielen Sendungen antworten! auf alles was Du von Goethe sagst; auf Deine Gedanken und Gedichte! Aber vergeblich; ich bin zu irritirt — in aller Art — zu schwach, das Wetter zu ungünstig. Darf ich Fouqué'n Deine letzten Blätter durch Neumann schicken? Ich habe auch dem nichts davon gesagt; aber weil ich sie so sehr liebe, wünschte ich, daß sie Fouqué sähe; von diesem Wunsche lasse Dich aber nicht bestechen! Gestern siegelte Neumann Deine letzten Tagebuchblätter bei mir für Fouqué ein, und da ward die Lust, das Bessere ihm zu schicken, lebendiger in mir. Neumann wird Dir schreiben, ich habe ihn darum gebeten. Sei mir nicht böse, daß ich mit meiner ganzen Traurigkeit mich heute auf Dich werfe. Ich hielt's nicht mehr aus! Ich konnte mich nicht mehr halten. Im grauen Fasttag stehe ich auf und gehe ich zu Bette: mit derselben Sorge, ohne Freude, und irgend eine Hoffnung für den Tag, und sorgenvoll für unsere künftigen. Und seit sechs Monat ist Winter, und ich glaube, ich und er waren nicht zweimal so gesund, daß ich nur zum Luftschöpfen ausgehen konnte. Verzeih mir! Ein andermal helfe ich wieder. Adieu!

Dienstag Vormittag, den 21. Februar.

Laß Dir sogleich ein Bonmot von der Guten erzählen und meinen gestrigen Tag, dann wirst Du alles wissen, was für's Erste nothwendig ist. O! die Marter! Mit der Feder in der Hand sein Leben nachzeichnen zu müssen, anstatt zu leben! Ueberlebst Du's noch? Als ich gestern aufhörte zu schreiben, war mir so wahnwitzig, so nervenunruhig, zu Muthe, ich war so unfähig irgend etwas zu thun, noch mich hinzulegen, das Wetter inkommodirte mich so völlig in der Stube, daß ich hinaus ging, im feuchtlich graulichen Nordwestwind, aber nur zur Guten, die wirklich liebenswürdig war: und nun ihr Bonmot zuerst! Sie erzählte vom alten Grafen Wartensleben, der sie fleißig besucht, und setzte hinzu, mit vieler Wahrheit, und proportionirter Lebhaftigkeit: „Er spricht aber jetzt so Unanständiges, und so gradeheraus, daß man es gar nicht mehr dulden kann; ich sagte auch gestern zu ihm: Lieber Graf, ich muß ja roth werden, wenn ich mich nicht schäme!“ Ich schrie ganz auf; applaudirte sie sehr — darin bin ich ganz Italiäner: wer mir das Applaudissement nimmt, das laute, nimmt mir das halbe Leben —, und sagte gleich, fast lächerlich vor lauter Ernst und Langsamkeit: das schreib' ich Varnhagen! Als ich zu ihr kam, erzählte sie mir gleich das Stück Leben, das ich noch nicht gehört hatte; Hartung hatte ihr ihr Manuskript zurückgeschickt; ich wollte es Hitzig geben, oder auch der Mad. Sander, oder Dir schicken. Sie las mir etwas vom Grafen Egloffstein, ihrem Verehrer, für den „Hausfreund“, womit ich nicht zufrieden war: über Verbesserung der Heerstraßen; sehr klein und kleinstaatig gesehen. Ich hatte ihm das Sujet aufgegeben; weil er von mir welche forderte. Ist es Zeit, so soll er's noch ändern. Auch schickte er mir's zum Beurtheilen. Wie findest Du mich mit Büchern? Hartung will mir auch eine Komödie, de but en blanc, zum Beurtheilen vorlesen.

Madame Du Deffand! Meine Augen will ich aber behalten! Diese alte Pariserin war blind. Manuskripte hören, mit Augen, ist genug! Als das abgesprochen war, frug mich die Gute rührend, wahr, und kindlich, ob ich sie noch wollte; und nachher sagte sie mir, ich sei hart mit ihr gewesen: sie habe auch Böhm, den sie wegen der Migraine, die von Agitation war, sprechen mußte, unseren Zwist erzählt — ich hatte es auch schon gethan; er hatte mich nämlich gefragt, eh' er sie sah, von welcher Agitation sie in ihrem Billete redete; — und ihm, vorzüglich für ihn, gesagt, „die Leute glauben immer, wenn sie grob waren, sie waren wahr, und legen sich ganz beruhigt zu Bette"; (nun schneit und hagelt's wieder, zusammen; —) und sie habe hinzugesetzt: „es gäbe ja Menschen, die keine Pille ohne Pflaumen und Rosinen einnehmen könnten, er soll ihr die Wahrheit so einwicklen." Sie sah mir freundlich und wahr dabei in's Gesicht. Ich nahm es gelassen, und sanft, aber ernst, obgleich lächlend für mich; und sagte ihr: „ich würde nicht mehr wahr sein; weil ich durchaus sähe, daß die Wahrheit, die der Mensch nicht vorher wisse, ihm auch nicht gesagt werden könnte"; etc. Sie küßte mir die Hände, und bat ernst wie ein Kind, ich m ö c h t e sie ihr immer sagen, sie w o l l e sie hören, und sie würde sie verstehen. Da war sie wahrlich sanft, liebenswürdig, kindlich und wahr: wir lachten dazwischen mit manchem strömenden Scherz, und Witz; sie war recht witzig. Aber ich sagte ihr, ob eine Wahrheit grob sei, oder nicht, darüber könne man ihr als solcher nichts anhaben; sie entspräche ihrem Wesen, wenn sie wahr wäre, und wo sie hin trifft, das wäre der Ort, der sie zur Grobheit oder Höflichkeit mache; sie bat sich wieder ächt, scherzend, sanft und lieblich, Pflaumen und Rosinen über den Pillen aus! „Nein, Liebe, das geht nicht, so habe ich sie Ihnen drei Jahre gegeben: da essen Sie die Pflaumen und Rosinen; und die Pillen lassen Sie mir liegen." Thu' ich das? „Ja!" Wir scherzten viel, und sie wollte nur, daß ich ihr noch gut sein sollte. Alsdann bot sie mir, sehr rein und ohne alle Prätension auf die That, oder welche mit ihr, hundert Dukaten an, die sie von ihrem Bruder nehmen wollte, und ihn dann mit ihrem Buche bezahlen will. „Sie gehen doch damit von mir", sagte sie, „ich erleichtere Ihnen das Wegkommen, aber ich will es gern." Sie freute sich damit. Ich nahm es n i c h t an. Sie braucht es s e l b s t. Bei ihr, wie sie mir giebt, ist es gradezu Schenken. Sie hat auch einen Zettel in einer neuen witzigen hier errichteten Lotterie für mich genommen, und meinen Namen drauf geschrieben: diesen Einsatz, fünfundzwanzig Thaler, werde ich ihr schon bezahlen! Dies alles kann niedrig scheinen, wenn man einen Freund zu seinem Herzen zurückziehen will; war aber durchaus graziös; und kam schön aus dem Herzen. Das Manuskript zu übernehmen, hatte ich ihr vorher versprochen: aber dann kam Robert, und als ich den nach Sander's frug, bedeutete er mir, daß die im Bezahlen nicht stark wären. Also dies war gleich nichts. Hitzig hätte es wahrscheinlich nicht geschwind genommen. Die Gute hatte mir schon längst gesagt, wenn es Hartung durchsähe, so wollte sie ihm beim Verkauf wenigstens zehn Louisd'or geben; eben so viel sollte ich Neumann anbieten — als es bei anderen, als Hartung's Verleger, gedruckt werden sollte, — wenn er es durchsähe, denn ich antwortete ihr, es würde ihn sehr ennuyiren, und er wäre faul. Auch von Dir, als sie es sich ganz leicht dachte, sagte ich, Du thätest es äußerst ungern; und ich würde Dir schreiben, es dem Ersten Besten für Geld aufzutragen; sie war es zufrieden: und obgleich sie in ihrem Briefe nun Dir es wieder zuwirft, so bleibt es doch dabei; entweder Du nimmst die zehn Louisd'or für Dich, oder ist es Dir auch dafür zu lästig, so, giebst Du's einem Anderen. Ich rathe Dir aber dazu. Wegen des Porto war sie sehr verlegen, und trug mir gestern auf, es bei Dir abzumachen; ich sagte, ich würde Dir es bezahlen; oder Du könnest es beim Verkauf abziehen: nun kannst Du's beim Korrigirgeld bekommen. Ich habe das Buch nur bis zur Hälfte eines Theiles, oder einen Theil gelesen; gestern aber, als sie mir wiederholend erzählte, Hartung habe ihr — ich kenne seinen Pedantism, er kann vor lauter Deutsch nicht mehr schreiben — alles umarbeiten wollen; sagte ich, es müsse alles bis auf Sprachfehler bleiben, Phrasen und Perioden. Das Buch ist ein abgemahlter deutscher Salon, und wimmelt von solchen faits: die Wahrheit, die darin aber regiert, wirst Du aus dem Streit erkennen, der von ihr, mir und Delmar drin vorkömmt; und dessen wirkliche Beläge Du in Händen hast, wie Du den wirklichen Zusammenhang durch mich weißt. Suche es zu verkaufen, Lieber! Es ist mir lieb, und gut für mich, wenn sie Geld hat.

Gegen 4 Uhr ging ich nach Hause essen; mit einer großen hübschen Nähterin, die ich jetzt oft bei mir habe; und die Neumann lobt; die amüsirte ich sehr; dann legte ich mich nieder; und schlief wirklich ein wenig ein: aber der unselige zehnmal während meinem Fieber und meiner Genesung weggeschickte Baron Bielfeld — unser letzter Gesandter in Konstantinopel — ließ mich wecken: Line hatte nicht den Muth, ihm wieder abzusagen. Ich bemühte mich drei Viertelstunden ihn zu ennuyiren, war aber dadurch in eine Laune gekommen, daß die Nähterin sich schon wälzen wollte, und daß er sich recht sehr gut amüsirte; endlich trieb ich ihn doch weg; und beschied ihn spät mit der Guten — der ich's erst habe erlauben müssen, so scheu war sie — zu mir zu kommen. Ich zog mich schnell an: denn ich fürchtete Baron Drieberg, der dreimal im Tag dagewesen war mich zu sprechen, weil er heute früh nach Wien abgereist ist, und durchaus, obgleich er gar nicht zu mir kam, Briefe dahin von mir haben will: Robert hatte mir dies schon Vormittag gesagt. Ich hatte noch das Halstuch umzunehmen, als er schon in die Stube trat. Ich schalt ihn gradezu: er begab sich gleich, durchdrungen, der Briefe: und ich Esel setzte mich hin, ihm einen nach Prag zu schreiben: vier große gestörte Seiten! als der Brief fertig war, und ich sieglen will, sagte er nein! dies koste hundert Louisd'or: ich lasse also meinen nur für meinen Freund (Gentz) geschriebenen Brief offen in seinen Händen. Was schadet mir ein junger Baron! — Meine Nähterin sagte: „der — in Vergleich mit Bielfeld — ist recht hübsch: aber doch so quatsch!" Ehrlich ist er. Ich trug ihm auf, den Prinzen de Ligne zu grüßen: und da wurde er wie außer sich, und wollte einen Brief! Ich — that es: aber nicht als Esel. Diesen alten Freund lieb' ich von Herzensgrunde, und will in Relation mit ihm bleiben; für Dich hauptsächlich; wenn Du mal nach Wien gehst: und so wollte ich mich bei ihm auffrischen. Ich konnte ihm, von Drieberg und Nettchen belagert und gestört an meinem Tisch, doch einen sehr guten Brief schreiben: von dem, als er fertig war, ich glaubte, es könne keiner sein; es war aber einer; und ein rechter Schmeichelbrief. Nämlich, er freut ihn gewiß. Und das französisch! Drieberg, ohne im geringsten etwas zu thun, als seinen Namen zu nennen, sehr empfohlen: „Je m'adresserais à Apollon, si j'avais l'honneur de le connaître." Kurz, der ist sehr gut empfohlen in der Gesellschaft. Meinen Freund in Prag habe ich auch für ihn um seine besten Bekanntschaften gebeten; dabei ist er Baron, hat Geld. So ist's. Die empfehle ich! Neumann bringt mir so eben seinen Brief. Adieu donc! Nun ist Neumann lange weg. Ich bin heute munterer, weil ich auf zwei Stunden relâche habe: einen Schnupfen, einen Husten, mit allen seinen Folgen, schon vor dem Anziehen und Schreiben schon heute Morgen abgemacht habe. Das ist mein doppeltes hundertfaches Verzweiflen, daß ich so vergnügt sein könnte. Es können wahrlich nicht alle Menschen. Nun warte ich, ob heute kein Brief von Dir ankömmt, und dann siegle ich zu. Gestern Abend, mitten in der Gesellschaft, war ich noch recht krank.

Ich vergehe vor Schlaf! Ich habe gegessen: war bei der Guten: die Unselige hat eine Migraine; Böhm war dort, und approbirte Meerrettig im Genick, ich ließ es ihr — oder vielmehr legte es ihr selbst mit vieler Klugheit; es soulagirte sie etwas. Sie läßt Dich noch sehr grüßen, und genehmigt alles was ich schrieb. Es ist kein Brief gekommen! Adieu! Böhm rieth mir in dem Wetter nichts, — „Warten Sie noch ein paar Tage", sagte er. Adieu, Lieber. Nimm Dich auch auf der Reise in Acht! Rahel.

Welch langer schlechter Brief! mein schlechtester an Dich. Es geht nicht mehr mit Schreiben!

An Rahel.

Tübingen, den 23. Februar 1809.

Nach Empfang dieses Briefes, geliebte, theure Rahel, schreibe mir nicht mehr nach Tübingen, ich reise in acht Tagen nach Hamburg ab. Gottlob, daß diese Lebensart nun bald abgeschlossen ist! Ich hoffe in diesen acht Tagen noch Briefe von Dir zu bekommen, geliebte Rahel! Kommen später welche an, so werden sie mir gleich nachgeschickt. Der gute Cotta hat mir das Geld, welches mir noch fehlte, bereitwillig vorgestreckt, und sollte ich doch nicht reichen, so werd' ich in Göttingen, Hannover oder auch schon in Kassel leicht etwas bekommen können. Damit ich nicht durch Schweigen darüber einen Schein der Unentschiedenheit gebe, so stehe es nochmals hier, daß ich von Hamburg nach Paris gehe, ob ich Dich von Amsterdam abholen soll, will ich noch erst von Dir erfahren. Harscherkommt gewiß nach Paris, wenn er weiß, daß wir bei unserem Entschluß bleiben. Lies doch meinen gestern geschriebenen Brief an Fouqué. Du wirst sehen, daß ich an ihn nur solches schreiben konnte, was ich schon geschrieben habe. Dir kann ich jetzt fast nichts sagen, die Zeit ist kurz, mein Kopf von schlechter Nacht verdumpft, und mein Sinn herumschweifend. Die Blätter, die ich Dir beilege, behalte doch für Dich, bis ich Dich wiedersehe, da sind sie mir vielleicht interessant. Die Himmelskarte zeigt ein mitternächtliches Gewitter, das wir hier erlebt haben, so sahen die Wolken aus, und wie ein Adler zog's auf der einen Seite nach Osten, das ist Napoleon, es war ganz genau so; nie habe ich schönere Wolken, Sternhimmel und Blitze gesehen, es blitzte nicht aus den schwarzen Wolken, sondern fern am Horizont wie aufgehende Sonnen, diese Wolken zogen alle ruhig fort, als wenn sie sagten: wir sind's nicht gewesen! Es dauerte anderthalb Stunden, und bei angenehmer Luft, bis zuletzt ein scharfer Sturmwind pfeilschnell alles vorüberjagte, daß nur ein Donnerschlag über uns war, der zweite war schon nicht mehr zu hören. Ich dachte innig an Dich, Rahel! — Stellen aus Kleist's „Penthesilea" hab' ich beigelegt: ein Meisterwerk, gegen das ich früher (ich kannte aber auch nur ein Fragment) ganz verblendet war. Die Fouqué'schen Sachen gieb an Neumann. Grüße alle. Lebe Du recht wohl, geliebte, süße Rahel! Eben kommen noch Froriep's Kinder! Schreibe mir nach Hamburg. Dein Varnhagen.

Vorgestern bin ich 24 Jahr alt geworden.

Ist nicht die Rezension der Goethischen lyrischen Gedichte im Januar der A. L. Z. von Wilhelm von Humboldt? Ich pflege mich in so was selten zu irren!

An Varnhagen in Tübingen.

Abends, den 26. Februar 1809.

Laß mich nur gleich mit dem Unwichtigsten zuerst anfangen; wie mit dem Gleichgültigsten, Fremdesten, dem Datum. So eben habe ich Minna Spazier geschrieben, deren Missive ich Dir auch hier einlege, daß ich allerdings ihr Paket erhalten hätte, und auf den Brief, der dabeilag, wie auf alle ihre, geantwortet habe, also wenn ich die Gedichte nicht erwähnt habe, so müßte sie doch von ihrem Empfang gewiß sein. Auch Dir hätte ich sie nicht erwähnt, noch geschickt; weil ich wüßte, daß Du sie wohl verlangtest, aber nicht gebrauchtest: daß das Postgeld den langen Weg nach Tübingen theuer wäre, und ich Dich zu dieser Sendung nah, in Hamburg haben wollte: daß ich Dir das, wie ihr, mit derselben Post melden wollte. Diese ewige interessirte Aufträgerin! Auch an Fouqué hat sie mir einen Brief geschickt — Neumann besorgte ihn, und der Liebe schrieb ihr gleich einen dicken wieder —, bloß weil ich ihr von ihm einige Manuskripte schickte: die mir Chamisso unverhofft brachte, dem ich von sich welche für sie gefordert hatte. So stellt sie sich auch jetzt zwischen Dich und die Amsterdamer Entrepreneurs! das ist keine Kunst. Zu viel von ihr!

Ich vergehe aus Verzweiflung; Aerger und Ungewißheit, und Kränkung hier! und der Gedanke, im frühen Frühling nicht fort zu können, und hier allein ihn wieder einbrechen zu sehen — zu vermuthen, an meinen Schmerzen, vielmehr — macht mich zittern am ganzen Körper. Moritz schrieb mir einen unwürdigen Brief, den ich Freitag bekam, gestern Mittag kam er selbst an. So fürchtete er, mich in Hamburg zu sehen. Ich war mit der Mutter und Allen so sehr unzufrieden, daß ich gestern hinging, und ihr Wahrheit sagte. (Vergeblich! sie versteht keine Sprache als jüdisch; so muß ich das, wovon sie den Sinn faßt, nennen; ich mußte ihr sagen: ich spreche russisch, und sie ägyptisch: wir können nicht reden. So kam es. Jedes Wort und jede That drehte sie mir, schon der Zeit nach, um; die Folge kehrte sie vorher; und gründete Schuld drauf. Erlaß mir jedes Schreiben, es qualifizirt sich nicht mehr dazu. Ich sagte ihr, die Brüder achteten und liebten mich nicht: dies wollt' ich sagen und zeigen; und meine Freunde seien sie nicht mehr. Dann ging ich in solcher Verzweiflung, daß sie sich fürchtete.) Aber ich annoncirte, daß, da ich kein anerkanntes Recht mitzusprechen hätte, bis ich heirathete, so wollte ich warten; und zu dem Familien-Koncilium, welches diesen Nachmittag um 4 Uhr Statt hätte, nicht kommen (da wird Rechenschaft abgelegt), und das Resultat von ihr, von der ich abhange, erwarten. Dies schrieb ich ihr noch Einmal diesen Morgen: damit sie's zeigen könne. Nun werde ich erfahren, was ich zu verzehren bekomme. Und dann gehe ich. Mit vier Groschen. Bei denen bleibe ich nicht. Die nenne ich nie meine Freunde. Und entferne mich schon, damit keine Täuschung entstehen kann. Noch auf anderen großen Bogen habe ich ihr geschrieben: die ich erst nach der Entscheidung abgebe. Wo drin steht: „es sind meine angeborne Brüder; das werden sie bleiben".

Dienstag.

Bis hierher schrieb ich gestern, als Nettchen kam, und bald nachher Neumann und Chamisso. Gott, gerechter Richter, wo soll ich Kraft, Geduld und Worte hernehmen, das alles zu schreiben! (Ich will versuchen fortzufahren, wo ich aufhörte.) „Meine Freunde müssen sie erst werden", durch Aufführung noch weit mehr, als durch einzelne That; und worauf ich ihr meine ganze Lage, und die Aufführung der Anderen schildere. De vaines paroles! — nicht eitel und nichtig allein, auch unnütz; und das ist vain. — Heute kam Moritz zu mir, war sehr verlegen, sprach sehr dumm, läugnete die ganze Vergangenheit: ich antwortete gar nichts Direktes, die Sache Betreffendes mehr — ich habe nichts zu sagen, da ich nicht klagen kann: und solch Gericht für die Gemüther, wo ich auftreten müßte, giebt's nicht. — Dann sagte er mir das Resultat. Nämlich: unsere Geschäfte sind ganz klar, das haben sie Alle zur Evidenz gesehen; manches ist nicht gut, weil der Staat es nicht ist — (hier ist, in Hinsicht der Geschäfte, die kompleteste Umwälzung: ob eine Universität herkömmt, weiß man eben so wenig, als daß der König kommt: und welche Armeen hier noch wohl durchkommen mögen!) — es wird der klarste Pakt gemacht, im Fall auf Mama'ens Tod, und auch auf ihr Leben. Sie setzt uns Alle als ihre Kreditoren, was sie nicht nöthig hätte; das sollen Alle unterschreiben: ich weigere mich es zu thun. „Denn, sag' ich, avantagirt uns Mama, so muß sie uns das, und nicht wir ihr es versichern: den Sinn meiner Genehmigung verstehe ich nicht!" Dabei bleib' ich. Ich unterschreibe nichts. Uebrigens, da nichts Riskantes unternommen werden soll, so werden Mama und ich mich einschränken müssen. Nun habe ich noch nicht erfahren, was man mir jährlich bewilligen wird; weiß also mein Hauptresultat noch nicht. Uebrigens wird man, so wie Baares einzuziehen ist, und einem die Arrangements nicht anstehen, Kapital bekommen können: ich also meines, oder die Hälfte davon, mit Vernünftigkeit fordern, wenn ich es besser in anderen Ländern zu placiren wissen werde. Natürlich leiden nun nur die, die nicht gehandelt haben;

und mein Geschrei war richtig. (Verstehst Du?) Aber, dem Geschehenen ist nur nachzusehen; und für künftig, wenn auch Beschränktheit, doch Klarheit, und, von innen her, große Sicherheit. Meinen Plänen ist nun auch von der pekuniären Seite in die Räder gefallen! Und ich muß, bei diesem völligen Bankrutt daran, wieder eine Geduld mehr haben! Es sei! So ist der Muß. Doch habe ich noch Muth, und einen Gedanken zu einem Vorschlag. Ich werde, sollte ich zu knapp zur Reise haben — die ich nicht scheue, auf dem Postwagen zu machen: wer nicht wagt, kann nicht gewinnen — und müßte die Anderen geniren, so sollen sie mir nur vorschießen, und es von meinem Kapital abschreiben: mir ist jetzt an den ersten zwei Jahren grade viel gelegen! Nun schreibe ich kein Wort mehr! Gott! wärst Du doch wenigstens schon in Hamburg! woher man alle sieben Tage eine Antwort haben kann. Ist die Gute nicht mobil zu machen — was ich gar wieder für mich nicht recht mobil finde — so sehe ich uns noch Beide auf der Post! Glaubst Du, schlecht? Ich nicht. Gestern Mittag in der größten Kalamität bekam ich zwei Briefe von Dir; einen vom 4., den andern vom 14. Februar! die mußt' ich noch dazwischen lesen. Und wie die wieder gingen! die Post nämlich. Nimmt Cotta den Roman an, so hast Du wieder etwas Reisegeld. Ich werde ganz lustig aus aller Noth: denn Geldnoth ist mir doch eigentlich so fremd, daß ich immer denke, in bin es nicht, und spiele nur so einen Roman. Auch ist dies die erste Zeit in meinem Leben, wo ich mir vorgenommen habe, Muth zu haben, und mir selbst zum Trotz; und wo ich dies angefangen habe auszuführen. Hitzig habe ich auf der Stelle Deinen Brief und Dein Blatt geschickt. Ich unterhielt gestern meine Gesellschaft sehr gut und lustig, und wisse nur, das gab mir Muth. Gestern ging's mir doch so schlecht; und Abends, mit allem dem im Herzen, spielt' ich, und war ich die Niedliche, Vergnügte? noch die meist Unterhaltende? Es geht also? Allons! Fouqué kömmt dieser Tage: käm' er doch zu mir! Ich habe nicht den Muth, ihn zu bitten. Wie findest Du mich? Du giebst mir noch den meisten Muth. Noch nie hatte ich einen solchen Freund! Ach wärst Du doch ein Handelsmann. Vieles ließe sich dann in der wirbelnd-wankenden Welt machen. Künftig erfährst Du meinen Reichthum. Falsche Freundschaften aber, will ich von jetzt wieder falsch behandlen! Siehst Du Moritz in Hamburg, so sag' ihm kein Wort. Er soll ignoriren, wie wir miteinander stehen. Ich explizire Dir's mündlich. Glaube auch mir ohne Worte, wie ich Dich liebe! Schreiben kann ich in dieser Geldhetze — besonders — nicht mehr: bedenke selbst meinen Winter! und sei fest über mein Herz! Deine Gegenwart ist mein lebendigster Wunsch und mein größtes Streben. Jedoch bist Du von neuem frei! Ich gehe gestoßen durch die Welt: und will schon leben und sterben!

Nun seh' ich ein; ich kann nichts ändern. Und will mir das Härteste grade heraus sagen! Wie zögerte ich über meine Familie; und nun scheide ich doch! Tragisch bleibt's; fortdauernd seine innerste Natur hart behandlen zu müssen; und mit Umwegen nur ihr gewähren zu können. Dabei kann man nur lustig, wohlgemüth, oft ruhig, aber nicht glücklich sein; à la bonne heure! Meine Geschichte fängt früher an, als mit meinem Leben: und so geht's jedem, der's versteht. Nun sind wir bis an's Leben gekommen! von da geht's nach dem Existiren: das ist komisch und tragisch: nun sind wir an der Kunst; die muß man verstehen; machen, und zusehen; und das wollen wir: warum? weil's nicht anders geht; und, nun? möchte ich für mein Leben gern eine lustige Ecossaise auf dem Papier hier spielen, die ich im Kopf habe, um zu zeigen es geht von vorne an. Adieu! Schreibe mir. Deine R. So eben war ich bei meiner Schwägerin, ich dachte es sei noch früher, fand sie mit Markus bei Tische: wir waren ganz wie immer: er schien sehr von meinem Besuch satisfaisirt. Er beklagt sich noch immer, daß ich mit ihm nicht sprach! Es sei wie ihm wolle, nun ist Ordnung; und kann Recht eintreten. Neumann gewöhnt sich sehr zu mir, er kömmt meist alle zwei Abende, oder auch manchmal hintereinander: die Zeit beugt ihn: ich kann ihn etwas erheitern: ich bedaure immer Leute, die keine andere Ressource als mich haben. Er ist ganz naiv mit mir; er will mich über alles ausfragen, weil er sieht, daß ich so aufrichtig bin: dann muß ich ihn ordentlich auslachen: dann lacht er mit. Gestern bei Tische versprach ich mich, und sagte Herr Varnhagen anstatt Herr Neumann, da sagte er: „Immer denken Sie an den!" Ei! da bekam er's. „Können Sie dies Zeichen nicht leiden?" frug ich. Und eine kleine Weile nachher konnte ich recht witzig drüber sein. Ich ließ sie recht viel lachen, Alle: und applaudirte mich selbst nicht wenig. Dein Landschäftchen erinnert einen ordentlich an Land! Lieber! Adieu!

Line hat mir die Suppe in die Nase gestellt. Lebe wohl. Schreibe mir. Die arme Gute grüßt.

An Rahel.

Stuttgart, Donnerstag, den 2. März 1809.

Theure, geliebte Rahel! Heute habe ich meine Reise angetreten, und morgen setz' ich sie fort: so lange muß ich auf die Post warten. Ich hätte wohl Zeit Dir viel zu schreiben, bin aber zu ungeduldig; verzeih mir daher, daß es nur so wenig ist! Die Freude der Abreise hatte ich längst vorher genossen, sie war mir ganz gewohnt, auch that mir der Abschied von Kerner und Uhland weh, daß selbst in dieser Unseligkeit sich edle Fäden durchschleichen konnten, einige zarte Striche in dem zerkratzten Tübingen! Das Wetter ist ziemlich gut, ich befinde mich wohl, und sehe Hamburg mit freudiger Erwartung entgegen, auch mit wahrer Neugier; in mir fühl' ich kaum noch eine Verwirrung, mir scheint alles besänftigt, und bildsam; daß ich weiß, wie es mit meiner Liebe nicht weit her ist, beruhigt mich. Tausend Zweige, die mich üppig grünen machten, sind von mir abgeschnitten, und desto kräftiger, konzentrirter lebt der übrige Stamm! Ich sehe doch immer über den Hügel Hamburg zu dem Berg Paris, wo eigentlich das Ziel auch *dieser* Reise ist. Plan und Entschluß sollen mich nicht ängstigen, ich will mich im voraus trösten, daß jede Zeit das ihre mit sich bringen wird. *Jetzt* darf ich nicht säumen, mich zum Arzt auszubilden. — Liebe, süße Rahel! Deinen Brief vom 7ten Februar habe ich noch bekommen: wie Du mich erfreust! Nach Amsterdam! Wenn Du mir schreibst, so laß es lieber durch die untenfolgende Adresse sein, als durch die Goldschmidt. Sage die Adresse auch Neumann und Hitzig. Briefe die noch nach Tübingen kommen, schickt mir Kerner sogleich nach. Aengstige Dich nicht, geliebte Rahel, wenn ich Dir von der Reise nicht mehr schreibe, ich werde es wahrscheinlich noch thun, aber ich will es nur in guter Stimmung, und wie wenig kann ich Dir grade auf die Ruhemomente voraussetzen, wo mich meistens körperliche Lässigkeit ganz hinrafft. — In Harscher's Brief steht nicht „ruchlos" sondern „ruhlos", ich erinnere mich, daß ich in der ersten Eile eben so irrte wie Du; Du hast ja den Brief noch, sieh nach! Liebe,

kleine Rahel! — Lebe recht wohl, bleibe gesund, Du Theure!
Dein Varnhagen.

Dr. K. A. Varnhagen bei Hrn. J. A. Lüders jr.
Deichstraße Nro. 5. in Hamburg.

Das Briefchen an Fouqué ist noch aus Tübingen; ich reiste heute wider Erwarten schnell ab, ich wollte Dir auch noch von dort schreiben, so wie Harscher, dem ich nun von hier eben ausführlich aber schlecht geschrieben habe. Leb wohl Du Liebe! Dürft' ich Dir nur klein schreiben, das wird nie so schlecht, wie zum Beispiel diese zwei Seiten!

An Varnhagen in Tübingen.

Sonnabend, den 4. März 1809.

Laß mich Dir noch einmal wenige Worte nach Tübingen schreiben — eine Art von Abschied — viel kann ich nicht mehr. Kein Spekulant an der Börse kann mit fressenderer Unruhe umherlaufen, als ich. (Diese Woche hatte ich wieder einen Husten — nämlich einen solchen Schnupfen: Du kennst die déguisements — und war drei Tage ganz heiser mit Brustweh; ich habe Flanell auf; und bessere mich, und gehe heute eine Oper, die wandernden Musikanten, hören in Mlle. Itzig ihrer Loge.) Dies meine Lage! Unsere Geschäfte und Familienangelegenheiten in der größten Ordnung: und auch für künftig. Keine Liebe noch Zärtlichkeit für mich. Außer von Seiten meiner Mutter: die ich noch bearbeiten will: nämlich, nur ihr mein Recht und meine Lage beleuchten. Moritz spricht und thut inkonsequent bis zur Tollheit: und handelt besser. Robert spricht nicht, thut nichts, fragt nichts, ich mit ihm wieder nicht. Mein Aeltester etwas zerknirscht: aber ohne ein Wort mit mir zu wechslen, und gut miteinander wie immer. Moritz machte mich von neuem plötzlich en gros und en détail zu seiner Konfidente, obgleich ich beinah nicht mit ihm sprach: ich antwortete fast nicht; und auch keine Frage über mich. Er läuft zu mir; und reist morgen ab. Alles ist schriftlich verfaßt. Die Gute krank, zum Bedauren: und will mit nach Frankreich. Aber auch sie soll ihr Kapital nicht anzapfen; also, was ist zu machen? nämlich wie ist's zu machen? Die kann auf keinen

Postwagen. Lies den gestern von Paulinen erhaltenen Brief! Von Campan kann ich also auch nichts erfahren. Und das ist für Paris für mich schlimm. — Zwölfhundert Thaler Kourant kann ich für jetzt nur des Jahrs haben: obgleich sechstausend Thaler baares Geld jetzt zehntausend gradezu werth sind; aber eben weil alles Preußen=Geld festgefahren ist: unseres also auch. Jedoch sind unsere Papiere noch die besten, und das ist ein Glück. Alle, die wir für schlechter halten, haben wir schon abgerechnet. Den Muth, mit zwölfhundert Thalern nach Paris zu gehen, habe ich allerdings: aber wir müßten uns doch sehr einschränken. Nach einem kleinen Orte kannst Du nicht. Also, ist Krieg, so kommst Du, und holst mich dahin: wird keiner, wie man nun wieder vermuthet, so gehen wir nach Wien, wo ich eine reiche Person bin: und vielleicht noch in einem Jahre etwas erspart habe. Mehr als drei Gulden bekomme ich dort für einen Thaler. Sieben unserer Groschen kostet der Gulden dort. Also, Du gehst nach Hamburg, wir sehen, was der Krieg macht; und punkto Mai reisen wir nach Wien oder Paris. Anders kann nichts gemacht werden. Du siehst meine eiserne Stimmung aus jeder Zeile. Ich kann auch nichts mehr dazu schreiben. Sprechen muß ich Dich in jedem Fall; so kombinirte, vielverflochtene Dinge kann man nicht beschreiben. Du weißt es von diesem Winter her. Ich muß mich anziehen, zur Guten und zu Mama, und noch an Paulinens Brief einiges schreiben. Eben weil ich weich bin, ist jetzt alles, was ich thue, so hart und entschieden. Gott, was soll ich machen! Du aber mußt mich nun für ewig kennen! Bist Du in Hamburg, so laß mich's nur gleich wissen; damit ich nicht noch nach Tübingen schreibe. Adieu. Vielleicht kommt Nachmittag noch ein Brief. Der Frühling ist auch quälend da! Denk Dir mich hier allein ohne einen Menschen zum Gehen nur. Noch war ich nicht im Thiergarten. Zum zweitenmal geh' ich heute nach Iffland — so nenne ich's jetzt. Leb wohl, und verstehe diesen Brief. Ich bin gepeinigt.

Sonnabend, den 1. April.

Diesen obersten Brief da! will ich nicht wieder durchlesen. Mir ist schrecklich. Alle Unseligkeit, aller Unmuth, alles Mißlingen, ist zu einem Knull in meinem Herzen zusammengebacken. Dein Brief heute von Hamburg hat nichts dazu beigetragen.

So vermuthete ich mir ihn; oder anders; es wäre eben so gewesen. Also ist es, wie ich es vorher wußte und sah. Das Echauffement vom ganzen Winter hat uns noch nicht um einen Tritt, vielweniger um einen Schritt, weiter gebracht: auch sind mir Worte viel zu eklig geworden, als daß ich sie noch lange in Briefen aufspflanzen sollte! Du weißt von mir alles. Aber von meinem kompleten, in jede Minute hineingedrungenen, auf jeder Minute haftenden Verzweiflen weißt Du nichts, und daß ich auch ganz unpäßlich bin, und immerfort. Auf Dich rechne ich nicht. — Zwölfhundert Thaler des Jahrs — rasend wenig — habe ich: Reisegeld werde ich meiner Mutter abbetteln; fort werde ich; vorher werde ich Dir schreiben; Harscher'n auch. Den zu finden wäre noch ein mögliches Glück für mich. Es ist mir lieb, daß Dir Hamburg gefällt. Berlin bringt mich zum Unsinn. Lebe wohl; und schreibe mir. Ich kann nicht.

Rahel.

Auf die Gute ist nicht zu rechnen: auf meine Brüder nicht, auf meine Mutter nicht. Nun suche ich bloß eine Gelegenheit. Haß ist in mir anstatt Liebe. So ist mir.

Fouqué war hier, und zweimal bei mir: ich liebte ihn: ich konnte ihn zum Unglück nicht allein sehen: er hat Chamisso'n um meine Adresse geschrieben: er wird mir wohl schreiben. — Wundere Dich über diesen Brief nicht: ich kann nicht mehr ringen, präpariren, laviren. Meine Seele, meine Wünsche, sind zu deutlich. Und dann noch — der hiesige äußere Jammer zu groß. Und ich, *ganz erschöpft*.

An Varnhagen in Hamburg.

Dienstag, den 7. März 1809.

Sonnabend, Lieber, erhielt ich Deinen Brief aus Tübingen, der mir ankündigte, nicht mehr dahin zu schreiben, sondern nach Hamburg. Ich hatte schon einen fertig, der noch liegt. Und auch diesen schreib' ich nur aus Vorsicht: wovon die eine Dich, die andere mich angeht. Ich schreibe ihn, damit, wenn Du ankommest, Du einen Brief von mir findest, der Dir zeigt, daß ich Deinen erhalten habe. Und dann schreibe ich Dir, um Dich zu bitten, mit meinem Bruder über nichts zu sprechen, was nur irgend uns angeht: wenn er unsere Verbindung nicht ahndet, und denkt, ich habe noch eine andere im Hinterhalt, so ist es besser: und außerdem, könnten es nur unangenehme, und ganz nichtsnützige Gespräche werden: ich selbst, wie Du aus meinen anderen Briefen sehen wirst, spreche nicht mehr mit ihm. Was in geschäftlicher Hinsicht geschehen konnte, ist geschehen. Durch meine Wuth. Dir schreibe ich in diesem Briefe kein ausführlicher Wort mehr; und überall nicht, bis Du mir von Hamburg schreibst, daß Du dort bist, und daß ich es mit Sicherheit thun kann. Mich peinigt übernatürlich der Frühling, und daß ich nicht fort bin! Und die infame Ungewißheit, die nun gar noch die Welthändel auf ihren Flügeln schlingen, damit ich sie nie mit eigenen Händen erdroßlen kann. Ich weiß immer noch nicht, wie ich nach Frankreich kommen soll! Meine Mutter geht nicht nach Holland. Ich möchte vergehen! Heute vor acht Tagen schrieb ich Dir alles ausführlich nach Tübingen. Deine Reise und Dein Reisen zögert sich gewiß auch noch. Die Striezelmeier'schen Bilder gefielen mir sehr; besonders das, wo er im Kamine steht; des richtigen Ausdrucks wegen. Neumann hat den Brief an Hrn. von Fouqué schon: er behält ihn aber, weil Fouqué dieser Tage kommen soll: er will ihn mir bringen: ich sagte Ja. Aber solch eine Bekanntschaft machen, ohne Gesellschaft, und doch auch nicht in der freien Luft, ist mir ängstlich. Ich lasse diesen Brief noch offen, ob nicht etwa heute Nachmittag einer von Dir kommt. Du machst mir ganz schlimme Augen: Du mußt wahrhaftig größer schreiben! Neulich in der Komödie entdeckte ich, daß ich ganz kurzsichtig geworden bin. Nur von Deiner Schrift! Gestern sah ich's deutlich! Als ich den Dithyrambus an Voß las, konnt' ich nachher gar nicht sehen, und war noch kurzsichtiger. Das zieht einem ja ganz die Augen zusammen: meine vertragen das durchaus nicht. Neulich bekam ich einen Brief von Paulinen, und der war so oft von der Post aufgebrochen, daß er mit einer rothen, braunen und weißen Oblate ganz freimüthig wieder zugesiegelt war. Das macht mich sehr mißtrauisch. Hier ist man ganz perplex! — Sprich mit niemand in Hamburg von meinen Brüdern; auch von meiner Lage nicht! Mit keiner Frau! Hamburg ist klatschig: ich zum Beispiel weiß von dort alles, und die Glieder der Familien sind heimlich neidisch und uneinig: und jede Handelsstadt hat etwas Grobes: deutlich waltenden Eigennutz. Sprich nicht!

Was Du mir von Jean Paul ausgeschrieben schicktest, daß es ihm so vorkäme, als wäre er noch nicht im Leben etc. hatte ich grade denselben Tag angestrichen! Ich lese jetzt von ungefähr ein paar Bücher von ihm; und finde ihn seicht, mit großen Umschweifen; streiche aber fleißig an. Gott, wo nimmt der Mann die Geduld zu sich her? Diesen Morgen strich ich das und vieles mehr von ihm an: „Der Mensch ist jetzt dem Anderen nur im Kriege so heilig, wie sonst im Frieden, und im Frieden so gleichgültig, wie sonst im Kriege." Ferner: „Wenn die bittere Zeit dagewesen ist, wo Menschenliebe in keinem Herzen mehr war, außer in denen der Hunde." Aus der „wunderbaren Gesellschaft in der Neujahrsnacht". Lieber, Bester! Du siehst, ich schreibe keinen weichen lieben Brief mehr! Ich bin zu travaillirt! Und muß Dich erst wieder sehen. Das Leben wurde mir zu kraß; durch Trennung, Pläne, Arbeiten drauf. Zänke, Ordnen; kurz der Winter, die Beleidigungen; besonders das Sorgen und die Ungewißheit! Pfui! Dies ist gar nur ein Frachtzettel und kein Brief. Adieu. Ich muß mich anziehen, viele Gänge, viele Geschäfte besorgen: zu Mama, und dort ihr einen Brief schreiben. Adieu.

Ich bin ganz schrecklich müde und hinfällig, nun macht einen die Frühlingsluft wieder müde. O! Gott! O! Gott! Könnte man doch in Ruhe Land sehen, wie ein Vogel! Nun quält einen der Frühling mit seiner Luft wieder. Jedoch hatte ich noch Wattenrock und Pelzmantel auf dem Leibe. Meine wenigsten Kommissionen habe ich gemacht, und sinke hin vor Hunger und Erschöpfung. Adieu! O! perplexe Zeit! Schreibe mir nur! Heute ist kein Brief gekommen. Leb wohl! Du reisest jetzt! R. L.

An Rahel.

Hamburg, Montag, den 27. März 1809.

Endlich, geliebte theure Rahel, bin ich nach einer langen Reise im schlechtesten Wetter hier in Hamburg angekommen, vor drei Tagen. Ich finde Deinen Brief, der mich sehr betrübt wegen der neuen Schlechtigkeiten des Zufalls, die wieder Dein theures, schwerringendes Leben umstricken wollen: Deine Mutter geht nicht nach Holland, Deinem Bruder scheinen die

Augen wieder zugefallen, die er vor kurzem gegen seine göttliche Schwester staunend aufgeschlagen. Arme Rahel! ich leide tief um Dich! Aber noch heftiger trifft mich diese gegenwärtige Stellung der Dinge, wenn ich dazu betrachte, wie auch mir alles unsicher ist. Mein Sinn ist stumpf, mein Kopf leer, die Brust ist öde und dunkel, mir ist als wär' ich an alle Wände angerannt, und stände nun betäubt da ohne Ausgang. Ob ich nach Päris kann, will, ob ich hier bleibe — alles ist unbestimmt; ich weiß nicht, wie meine Geldquellen sein werden; was die Güte des Schicksals mir gewährt, nehm' ich dankbar hin, mit Anstrengung etwas zu erreichen ist mir nichts der Mühe werth; es bringt mich zur Verzweiflung, Verhältnisse und Lagen, die ich als Menschenkind anspreche, wie ein Königssohn sein Reich, von der Welt mit Bitten und Gewalt jammervoll erarbeiten zu sollen: besonders da ich ohne Klage jede Wendung ertragen mag. Auf mich ist nicht zu zählen, nur zu hoffen; aus eigentlicher Faulheit soll mir nichts entgehen; aber Arbeit allein richtet in mir auch nichts aus. — Hamburg gefällt mir sehr, Wohlstand, Freiheit, Getümmel so schön wie in keiner anderen Stadt, es ist angenehm Reichthum auch nur zu sehen, der Ort macht mich nicht unglücklich. Fanny fand ich liebreich und lieblich wie sonst, aber viel reizbarer, und tiefer gedrungen das Gefühl der Unseligkeit. Alles hat mich gut und freundlich empfangen. Deinen Bruder und Hanne sah ich bei Herz. Deine Brüder sind mir in den Tod verhaßt, der eine ist ein Narr, der andere ein Schuft, und der dritte wenigstens blind und roh gegen Dich, theure Rahel! Ich rede nicht über sie, noch weniger mit ihnen, so befolg' ich Deine Warnung gewiß; überhaupt ist schweigen gut. Schicke mir den fertigen Brief! Meine Adresse ist sicher. Verzeihe meinen kurzen Brief! Noch bin ich verstört, ohne rechten Schreibort, eilig; das Großschreiben bringt mich auch in Verzweiflung, Du böse Rahel! Indeß find' ich selber es doch nöthig. Morgen habe ich wichtige Geschäfte für meine Schwester, drum schreibe ich heute diese paar Worte. Viel Unlust! Möge Dir Harscher's Brief vergüten, was ich Dir hier entziehe: ich hätte genug Stoff zum schreiben! Diese Worte sind nur damit Du ruhig bist meinetwegen. In Kassel war ich acht Tage, habe Otterstädt besucht, der Dich liebt und verehrt aus treuem Herzen, dankbar vertrauend.

Lebe wohl indeß! Die Feder ist mir ein Gräuel! ich

stürze mich in's Bette und hülle mich in Schlaf, so gut es gehen will! Ich liebe Dich! werde nicht irr' an mir, thue aber ohne Rücksicht auf mich was Dir gut ist; kannst Du nach Paris eine Gelegenheit finden, ergreif sie! ich kann doch vielleicht erst spät, und dann ist mir die Fußreise angemessen. Willst Du nicht mit Harscher unmittelbar korrespondiren? durch mich wird alles so weitläufig jetzt, und man muß sorgen, sich im Dunkel dieser Zeit einander nicht von der Hand kommen zu lassen. Edles, liebevolles, herrliches Geschöpf! Warum! o Warum! dies Warum geht auf alles! Leb wohl! Ewig Dein Varnhagen.

Grüße!
Den Brief schicke mir wieder!

An Rahel.

Hamburg, den 2. April 1809.

Geliebte, theure Rahel! Deinen Brief habe ich so spät bekommen, daß nur diese Antwort erst mit der morgenden Post abgehen kann. Auch ich bleibe jetzt dem Schreiben feind, bis es einen rechten Gehalt wieder bekömmt, der weder zu klein, wie durch lange Trennung, noch übergroß, wie bei nahem Wiedersehen, der Briefform angemessen ist. Heute früh erfuhr ich, daß mein Freund Lüders erst am 11ten oder gar am 12ten aus Leipzig wieder hier eintrifft, ohne diese Verzögerung wär' ich unfehlbar am 8ten von hier abgereist; so aber muß ich durchaus noch warten, denn es ist nöthig, daß ich Lüders noch spreche. Ich komme aber ganz gewiß, komme sobald ich im eigentlichsten Sinn kann. Darauf verlasse Dich, liebe Rahel! Ich bedarf es bei meiner Freundin zu sein, und in ihrer Nähe zu frischer Thätigkeit zu gedeihen. Du fragst ob ich mich noch freue: o ja, ich freue mich wohl, aber nicht auf's Ganze, nur auf Einzelnes, denn ich fühle nach wie vor, daß Menschen wie ich, so innerlich, so äußerlich gestellt, nicht leben sollten. Besonders jetzt, wo so vieles, sonst stützende, zerfällt oder nicht aufzurichten ist. — Mich quälen die politischen Dinge fürchterlich: ich freute mich nur halb an den Siegen der Deutschen, und muß mich halb freuen an den Siegen der Franzosen, denn es ist eine schöne Rache Aristokraten von Parvenüs geschlagen zu sehen. Welche Bestimmung unseren Sachen die Ereignisse geben werden, kann ich nicht absehen; es muß sich erst mehr ereignen, was ich bei Dir abzuwarten denke. — Meinen Freunden geheimnißvoll zu scheinen, ist mir ganz recht, bin ich es doch mir selbst; ich finde daß es sehr bequem, sehr frei ist. Jetzt schreibe ich sogar an keinen, außer an Harscher, dem ich Deinen Brief zuschicke. Sage Neumann nur, daß ich sein Buch mit Freude erhalten habe, er aber mein Bett nicht verkaufen, und nichts hieher schicken solle, bis auf weitere Nachricht. Lebe wohl, geliebte Rahel! Ewig Dein

Varnhagen.

Ich fühle Deinen Zustand, ich fühle meinen! Ich komme sobald ich kann! In 12 Tagen ganz sicher! — Heute habe ich etwas Fieber, ich hoffe es ist nur ein Flußfieber.

An Rahel.

Hamburg, den 4. April 1809.

Vorgestern habe ich Deine beiden Briefe bekommen, geliebte, theure Rahel, die Briefe, die noch über Tübingen gegangen sind. Ich bin erschüttert durch sie, ihr Inhalt dringt auf diesen Tönen bis in die Wurzel meines Lebens! Und was muß ich Dir antworten! Dir, einziges Geschöpf, das in der Welt zu wissen mir wie die Gewißheit der Sonne ist, wenn schon ihr Licht nur als Tag, nicht als Sonnenschein mir zu Theil wird! Ich komme nicht, geliebte Rahel, ich komme nicht! für mich wiederhol' ich's, nicht für Dich! Ich habe kein Geld, am wenigsten zur Reise, hier habe ich zu leben und Hoffnung zu Praxis, die mir an sich Freude macht, und nur weil ich nicht bei Dir sein kann, verhaßt ist. Geld erbitten mag ich nicht, Geld erwerben kann ich nicht, und ohne Geld! — nein, Rahel, nein, nein! ich fühle daß ich nicht hülflos zu Dir kommen darf! Ich weiß, Du willst theilen, aber Du hast kaum für Dich, und wir litten beide. Aber durchdrungen bin ich von der Schmach, der Erniedrigung, Geld erwerben zu müssen, ja ich sehe es als eine Niederträchtigkeit in mir, in meiner Natur an, daß sie nicht auf einem Grundstück, einem Kapital gewachsen ist, daß ich nicht so reich bin um frei zu sein. In dieser Schmach geh' ich unter, in dieser wird mir alles ver=

dorben, ich hasse mich, hasse mich ohne Wuth, und fresse das Leben in mich wie ein schlechtes Gericht. Du weißt, daß ich überzeugt bin, es nie weit in der Gelehrsamkeit, in der Poesie zu bringen, daß vor meinen scharfbrennenden Blicken alle eitlen Blüthen, die ein lustiges Ansehen gaben, in mir verdorrt sind: da bleibt mir ja nichts. Ich denke oft, daß meine Lage auf keinem Wege gut werden kann; ich mag unter den vorhandenen Bedingnissen nichts wünschen, das Beste bliebe schlimm. Ueberhaupt kann man nur sein, nie etwas werden, erringen ist Schmach, eine Schmach, die auch Napoleon bei der Kaiserwürde fühlt. Verzeihe mir! ich bin nicht kleinmüthig, nicht verzagt, aber beleidigt und gekränkt, und darum in Thränen! Reise, sei glücklich, meine heißesten Segenswünsche geleiten Dich auf Deinen Wegen! ich rufe Dir nach aus erglühtem Herzen: lebe wohl, Du hast mir nur Wohlthaten gegeben, Du hast mich erwärmt und erfrischt, mit Schönem erfüllt: nur Dank und inbrünstige Liebe umblühen Dein Bild in meinem Herzen! aber ich lasse Dich, weil ich untüchtig bin, das Leben schmähet mich und soll es nicht an Deiner Seite, nicht Dich mit mir! Ich schäme mich meines Armseins, schäme mich vor Dir! schämt' ich mich bloß vor Anderen, so könnt' ich ruhig mit Dir von dem Deinigen leben, aber ich schlage vor Dir die Augen nieder, weil ich das Gefühl der Schande in mir trage. Leb wohl, geliebte, süße, einzige Rahel, Du mein Engel, mein Freund, mein Wesen! Ich lasse Dich mit tausend Thränen, die auch dann nicht versiegen, wenn mir spätere Zeit das giebt, was ich jetzt will, und ich frei zu Dir kommen, und bei Dir leben kann. Und wär' es nur ein Jahr, Gott! also ein ganzes Jahr in einem Leben vielleicht von sechzigen verspätet. Der Schmerz bleibt unaustilgbar, wird blutiger, je höheres Glück die Zukunft bringt. Ach möchte nur Harscher wenigstens Dich treffen, ich wäre etwas ruhiger! Schreib ihm, liebe Rahel! Komm ihm entgegen, weil er ja selber gegen Dich sich gestellt hat wie ein Kind. — Fanny ist leidend, munter, blühend, verblüht; zerrüttet ohne es recht zu wissen: das bisherige Leben hat sie verdorben, herabgezogen zu dem, was sie ihrer Natur nach vermeiden, gar nicht kennen müßte, erstorbene Ansicht: travaillirt nenn' ich es bei ihr und bei mir. Ich sehe sie täglich, aber meist bin ich mißmuthig und zerschlagen, und die gereizte Spannung, in der wir oft auf's Häßlichste sind, bringt mich aus aller Fassung. Wiederum ist sie gut und lieblich zum Anbeten: unser Verhältniß ist zerstört, sie ist zitternd in ihrem Leben, scharf kann ich hier nichts nehmen, so ist das Verhältniß krankend immerfort, und scheint wie die Wangen des Schwindsüchtigen dennoch oft zur freundlichen Gesundheit aufzublühen. Sie wird nie glücklich, und ich hoffe, nie ganz unglücklich. Meine Freunde hier sind überaus freundlich, aber keiner kann wissen wie mir ist; ich gleiche Neumann an Stummheit, herzlos schein' ich Allen geworden, aber es ist in mir nur Härte gegen mich, Anderen bin ich im Herzen sanft und hülfreich. Die jungen Aerzte scheuen mich; Einer führt mich alle Morgen mit zu seinen Armen-Patienten, und ich lerne viel und mit großer Lust. Spazierengehen — wäre nur erst besser Wetter — ist meine größte Lust; ich gehe viel mit Fanny, auch fahren wir oft, stumpf bin ich gegen das Kleinste nicht, aber das Kleinste macht nur fröhlich, wenn das Größte der Boden ist, worauf die Freude wächst. Ein Abgrund ist im Herzen auszufüllen mit Glück, und nur ein kleiner Hügel erhebt sich — ein unermeßlicher Berg, wenn alles auf ebenen Grund wäre geschüttet worden! O wie ist mir Schreiben unangenehm! Verzeih, geliebte, süße Rahel! Deine herrlichen, Deine großen Briefe so erwiedert zu sehen! Mein Tisch ist schlecht, die große Schrift auch beschwerlich, sonst schrieb' ich doch mehr; so stürz' ich mich meist in's Bette, wenn ich Abends nach Hause komme, abgeschreckt durch die Unbehülflichkeit; und bei Tage habe ich wenig Zeit und gar keine Ruhe zum Schreiben. Auf vieles in Deinen Briefen kann ich nicht, auf manches darin brauch' ich jetzt nicht zu antworten. Auch muß ich sie noch öfter lesen, erst einmal habe ich's gekonnt, und die Erschütterung ließ mich vieles nicht genau fassen. Ich beklage Dich, geliebte Rahel, mehr als mich! Du bist es werth daß es Dir so gut gehe, Du hast Ansprüche wie Keiner, ich nur die ganz demüthigen, daß ich als Mensch auf der Erde lebe! Ich weiß keine Erscheinung, keinen Dichter, keinen Helden, der mir größer wäre als ich Dich sehe; und Du, diese Rahel, als in Bezug auf mich betrachtet, löscht alles andere, was sich aus diesem Gewühl auf mich bezieht, völlig aus, ich betheure es vor Gott, daß die größte Gunst, die mir zu Theil geworden ist, die ist, Dich erkannt, Dich empfunden zu haben! O ging' es Dir doch gut! himmlisch muß es Dir gehen, Du geliebte, herrliche Rahel! — — Die Bücher der Frohberg habe ich bekommen, über Tübingen; das Paket kostete 21 Mark Porto. Cotta hätte den Roman auf keinen Fall genommen; und auch hier wird ihn schwerlich jemand verlegen, auch umsonst schwerlich; doch will ich gleich nach den Feiertagen mein Mögliches thun, und ihn, falls er gedruckt wird, auch gern durchbessern, was ihm noch sehr noth thut. Ich habe einige Seiten gelesen; wie kann man so blind sein, und so lügen! so eitel, und so blind! und in ihrer Art doch göttlich wahr! Einer wie ich, vollends Du, sieht überall die höhere Hand der Nemesis, die unmerklich die Züge verrückt hat, daß wir die Grimasse in dem freundlichen Gesicht erkennen mögen immer und überall. Sie hat es auf das edelste und erhabenste genommen, und alles bleibt gemein und klein; die Arme! und sie schreibt mir so stolz, als könnte es wohl gar ein göttlich Werk sein! die Arme! — Lebe wohl, lebe wohl, geliebte Rahel! — — mich unterbricht Dein letzter Brief, die Antwort auf meinen von hier: Lüders bringt mir ihn. Rahel, Rahel, ich erkenne Dich ganz, ich erblicke in Dir das Kleinod meines Lebens, sieh, daß ich an Dich glaube, Dich nie aus dem Herzen lasse! Verkenne Du mich nicht! Sieh meine Lage, mein Gefühl der Schmach, meine entbehrlichen Talente! Ich bin umringt von hohen Erdwällen, ein Maulwurf grübe sich hindurch, ich nicht! Wenn Du von Wien sprichst, steigt mir thörichte Hoffnung auf, mir dünkt dort alles leichter, faisabler: aber doch mir nicht, nur in Rücksicht Deiner! Mich kann nur ein Glückschlag retten, ein Blitz. Auch Du bestätigst in Deinen Briefen allen, was ich über Geld sagte; es ist wenig was Du hast, und bewaffnet Dir nur einen Finger statt die ganze Hand! Ich klage aber darüber nicht mehr, ich habe dieses Gefühl abgefunden, und nur in außerordentlichen Fällen darf es sich wieder aufdringen. Leb wohl, geliebte, theure Freundin! So lang Du kannst, schreibe mir noch; Worte von Dir sind mir flammendes Gewürz. Ewig Dein

Varnhagen.

Harscher's Adresse: an den Doktor Nicolaus Harscher in Basel.

Glaube nicht daß die Saiten, die ich nicht berührt, zerrissen oder verstimmt seien: überall liegt wartender Klang! Zürne auch nicht, daß ich Dir nur die Resultate meiner Lage, nicht die historischen Fäden gebe, an die sie geknüpft sind, mir ist zu weh!

An Varnhagen in Hamburg.

Freitag, den 7. April 1809.

Diesen Mittag bei der Guten erhielt ich Deinen Brief. Wie mit einer Hand von Messern schnitt er mir heftig von allen Seiten in das Herz. Ich fühlte Deinen Schmerz; und das ganze Lesen war ein langer Schreck. Ich war auch grade sehr erschöpft und hungrig; und blieb wie vernichtet sitzen. Ich las ihn wieder; und fand Deinen Schmerz wieder; ich fand aber auch, daß er im geheimen Herzen Dir meist selbst unbekannt bleiben wird: und daß Du den Tag leidlich, ja recht gut leben wirst. Hätte ich Dir gleich geschrieben, armer lieber unseliger Freund, es wäre sanfter geworden. Ich theilte, ich fühlte jeden Schmerz: jetzt ist mein Herz nur gedrückt und böse. Armer! auch nur so viel Schmerz, als ein Brief lang ist: ist gräßlich, und um die Existenz der Welt zu viel! wie herb und ganz ohne Erhebung, und süßeren Schmerz, ja wie erlähmend ist das Unglück eines Anderen, nicht unser eigenes, zu durchdringen! Heute empfand ich das bis auf den Hefen meines Herzens! Von mir ist die Rede nicht mehr: „Mit mir ist's aus, mit mir hat's ein End', Ich bin Husar unterm Leibregiment!" hundert- und hundertmal hab' ich mir das seit Leipzig gesagt. Du hast also Abschied von mir genommen, und auch von Dir soll ich getrennt sein! Nichts, nicht eine einzige Silbe, oder ihre Stellung, war mir neu in Deinem Briefe, alles wußte ich: nie leider dachte ich's mir anders, und als es außer mir als Sentenz dastand, ärgerte es mich. Laß mich dies und kein ander Wort gebrauchen. Ich bin nicht mehr dazu, Leid zu spinnen; wie ein Mörder muß es mich anfallen! Nun es thut's, wo es kann. Was soll, was habe ich Dir nach diesem Abschied noch zu schreiben? Jeder muß sich von neuem wieder eine Existenz suchen. O! Gott, bei allem Geiste, den ich habe, auch ich bin nicht gemacht, „im Glückstopf nach eitlen Gütern dieser Welt zu greifen", und von neuem immer dazu verdammt, gestoßen. Nun ja! ich beuge mein Haupt endlich unter dem furchtbaren Beil: ich will. Ich muß. Weiter. O! welche harte Thräne löst sich los! Ich will weiter. Es wäre ja keine Tragödie, wenn ich nicht wider meine Natur handlen müßte; und es soll ja unwidersprechlich eine sein. Nun stille! Nur der kann Unglück haben, der einsehen kann, wie so es welches ist; so bist Du: so bin ich: wo sollten andere Geschöpfe dazu kommen, „recht unglücklich“ zu sein? Trennung ist Tod; und weiter lebt die Welt! was ist nur seit Deinem Briefe von diesem Morgen vorgefallen! Viel sprach ich mit der Guten: die Bethmann und Liman ließen sich zum Abend melden: ich nahm sie an; und schrieb Humboldt scherzhaft auch zu kommen; bekam Geschäfts- und galante Billette, wurde um Rath gefragt in Geschäften; antwortete, aß, wollte schlafen. Las Familienbriefe. Nun schreibe ich Dir. Jetzt erbreche ich wieder einen Brief von einer Dir unbekannten Dame. Alles französisch, die Dame ist aus Paris; weiß aber deutsch. Ich hab's gelesen. Von Campan, dem ich morgen antworten will, habe ich auch einen unangenehmen Brief erhalten. Er ist schon wieder in Paris. Das ist mir lieb. Er will mir seinen mir sehr bekannten, bei ihm erzogenen Bedienten nach Frankfurt entgegen schicken, sonst aber nichts. Sein Brief ist sonst, äußerlich genommen, lieblich: ich aber habe auf die zu beantwortenden Punkte gestern gleich schon hart geantwortet. Er ist inspecteur des ponts et chaussées mit viertausend Livres Gehalt mehr; und bietet mir nichts an; und geht eine zwanzigjährige, naive, „innocente, un peu devote“ Wittwe besuchen, und heirathet sie, wenn sie will: zweiunddreißigtausend Livres Renten auf Gütern hat sie. Du siehst, der ist auch weg. Ich bin wie Fouqué's Held, wie er den Berg hinauf geht. Alles fällt von mir ab. Ich habe eine Art freudiger Bosheit am Exceß! — Schreibe mir, wenn es Dir möglich und gemüthlich ist; zwing' und presse Dich nicht dazu; ich werde es schon verstehen. Ich werde auch so machen. Du weißt wie ich bin, Trennung ohne Hoffnung erlaubt mir beinah nie zu schreiben. Kann ich weg, so sag' ich Dir's. Gott verlass' uns nicht. Das Ende des Briefs schmerzt mich unnatürlich sehr. Adieu. Rahel.

Harscher schreibe ich morgen oder Dienstag. Lebe wohl! Apropos! Um Gottes willen gieb das Buch der Guten nicht umsonst weg!!! Sie schickt Dir morgen das Postgeld. Ich finde es exorbitant! Du schreibst sehr gut über das Buch.

Sonnabend.

Adieu, Lieber! Ich bin ganz echauffirt vom Schreiben an Campan und Pauline. Dabei störten mich ein Herr und eine Dame in Geschäften. Jeder krabbelt und windet sich jetzt aus dem Schutt unseres Landes zur Luft empor: und Viele, viel zu Viele wollen Rath und That' von mir. Der in allem zu Aermsten! Adieu.

Gestern war Soirée bei mir: mein Geist gegenwärtig genug: und dann wurde ich noch bis gegen 12 Uhr gequält. Tausend Leid, tausend Schmerzenstöne schlug der Mensch in mir an! Er ist klug, hat gelebt, ist fein: aber er trifft nie mich: hält mich für eine Pygmäe gegen sich: es ist aber nicht wahr! Ich kann mich nur zeigen, wo ich goutirt werde. Bei Dir leider konnte ich's beinah ganz. Adieu!

Einen langen Schmerzenston ließ der Mensch in mir zurück: er weiß es nicht. Jeder, der so auf den Tasten herumspielt, ohne den Ton Liebe im Herzen zu treffen: der so laut schon angeschlagen war, thut weh; sehr, sehr weh. Drum kann ich auch nicht mehr schreiben! und all die unangenehmen Geschäftsbriefe, die zu nichts führen, dazwischen. Hätte ich nur eine Gegend! R. L.

An Rahel.

Hamburg, den 11. April 1809.

Auch ohne Deinen Brief zu bekommen hätte ich Dir heute geschrieben, geliebte, theure Rahel! Wie sanft, wie lieblich ist aber Dein Brief! Ich kann nun doch nicht antworten, sondern nur schreiben, was ich vorher schon wollte. Mein Sein ist ungelenk zum Schreiben; auch les' ich wenig, und ich kann eines schwer ohne das andere; das bedenk alles im voraus, und sieh, durch meinen Brief hindurch, mich! Empfange die Nachricht, daß ich für das nächste Jahr 400 preuß. Thaler gewiß habe. Ich kann davon leben, davon studiren, aber wohl nicht in Paris, jetzt entschieden auf immer: ich komme gegen den achten Mai nach Berlin zu Dir, und wir reisen:

nach Paris, nur im Fall Deine Finanzen so gut sind, daß Du mich rein mitnehmen kannst, und es Dich in nichts Besserem hindert;

nach Wien, am liebsten, am sichersten für mein Fortkommen, meine Studien, und mit geringerer Sorge.

Harscher kommt hin, wo wir sind.

Die Politik wird uns weniger hindern, als Du denkst. Ist Krieg, so ist die Entscheidung schnell, und das französische Wien bleibt uns sicher und wohlfeil wie das österreichische, und sein Glanz auch kann in dem ersten Jahre nicht verfallen, wie der von Berlin. Dann weiter, weiter, wenn es zu arg wird! Ich will nicht sorgen über ein Jahr hinaus. Ein guter Arzt werde ich, das sehe ich hier an den guten Aerzten und an mir: auch sehr gut! Ueberall finde ich kleine Nebenquellen in meiner Feder, und im schlimmsten Falle eine Stelle als Militair-Arzt. — Ich glaube, bin ich nur erst bei Dir, findet sich leicht alles übrige in gute Ordnung. Die Schmerzen die ich hier schon gelitten, sind unsäglich; Du schreibst göttlich über Schmerz und Leid, Rahel! Lebe wohl! ich hoffe Dich zu sehen, Deine Antwort wird jetzt entscheiden: wenn Du Dich nicht scheuest mir zu versagen, scheue ich mich nicht von Dir zu nehmen, Du bist wahr, sei es!

Den Roman kann ich hier nicht verkaufen; auch umsonst druckt ihn keiner. Die Zeiten sind seither schlecht gewesen, und die Furcht steigt auf's neue; der Autor des Buchs ist unberühmt, und meine Empfehlung steht in keinem Kredit. Wann und wie soll ich den Roman zurückschicken? Prostitution ist das Buch!

Hier ist Winter und Herbst! man muß jetzt weit nach Süden, Wien ist viel südlicher als Paris. Ich lebe nur halb in diesem Wetter. Meine Tage sind in's Schlepptau genommen; hinschleichend in fürchterlicher Eile sind meine Gemüthsregungen.

Man geht sieben Meilen weit zu Ball, so lebt man.

Der Mann, der Dich quält, macht mir unsäglichen Verdruß; Deiner werth ist er nicht, auch ich bin Deiner ja nicht werth, und kann mich nur in Deinem Herzen sehen, weil ich fühle daß ich es bin, das sehen ärgert mich auch bei mir. Leb wohl! leb wohl! Dein Varnhagen.

Pauline wird nicht mehr in Paris sein, Joinville stand in der Zeitung. Campan auch — was bleibt Dir in Paris außer Theuerung? — In Wien bin ich ein kluger, geschickter

Mann, in Paris ein Tölpel: Du bleibst freilich dieselbe; das sag' ich nur in Bezug auf die Vortheile, nicht als Eitler.

„Sein Fortkommen" ist ein göttliches Wort!

An Varnhagen in Hamburg.

Freitag, den 14. April 1809.

Lieber, Bester! Soll ich noch etwas Gutes glauben? mich aus dem Sterbebette wieder aufrüttlen, um wieder hingeworfen zu werden? Wenn Du hier bist, will ich's glauben! Auch ich vermag nicht mehr zu schreiben: nicht — au pied de la lettre — die Feder (Du siehst's) zu führen. Zwölfhundert Thaler haben sie mir versprochen: etwas Reisegeld werden sie mir geben. Wir gehen mit der Post. Wenn Du kommen willst, komm so bald es nur geht. Ich bin wie der Vogel auf dem Zweige. Habe nur bis Johannis Quartier: muß tausend Sachen vorher, und mit Dir arrangiren. Freilich liebte ich Wien!! dort wäre ich reich! Nun ist aber Krieg: komm nur, ich habe noch einen Plan: vielleicht Geld zu verdienen?! — so unglaublich, so lächerlich es klingt! — Schriftlich aber kann ich nichts mehr mittheilen. So hab' ich auch Harscher mit meinem muthlosen niedergelegten Herzen noch nicht geschrieben. Aber daß wir ihn sehen sollen, mit ihm leben sollen, gehört dazu. Sag ihm das, und tausend Liebes von mir. Das Leben ist so wüst, schwarz, unverständlich und zerrissen: und vor dem Tod sollte man sich willkürlich trennen! Ich denke, Harscher ist wohlhabend? der kann sich doch transportiren! Verstehe mich nur: ich weiß selbst nicht, was man mir zur Reise bewilligen wird: aber zur Post wird es hinreichen, und mit Dir wähle ich sie im Sommer. Etwas muß man freilich thun, wenn man nicht reich ist: und in böser Zeit. Warten wir hier die ersten Schlachten, und die Wendung ab. Jedoch weiß man's vorher: so gut das ohne Zeitung möglich ist. Apropos, schreib doch der Guten ein Wort! um so mehr, da Du herkommst — eile auch recht — der Frühling eilt auch, obgleich noch Winter ist: aber wenn er kommt! — Sie ist sehr aufgebracht, daß ein Herr ihr auf drei Briefe nicht antwortet. Sie hat Recht. Was kosten Dich ein paar gute Zeilen. Schreibe nur Harscher'n auch. Auch ich nähme gerne ein Bad! Alles muß sich entwicklen. Und hemmt der Krieg wirk=

lich ein paar Monate, ob Du's hier oder in Hamburg bist; das ist egal! Wenn Du von dort los kannst; hier bin ich noch zu finden. Lies inliegenden Brief von Paulinen, den ich vor drei Tagen erhielt. Hardiment antwortete ich ihr heute, sie solle das Quartier miethen, ich käme, ohne die Woche bestimmen zu können. Es sind fünfzig Thaler hiesig Geld, sie oder ich, oder Campan bezahlen sie; so viel müssen sie für mich wagen. Das schrieb ich nicht dabei. Aber sie und die ganze Welt machen es so: und ich will nun auch. Sie schreibt von Geld in ihrem Briefe, sie hat einen Prozeß von vierhundert Thaler gewonnen, das Geld übermache ich ihr. Sie schreibt vom Anerbieten von Campan — der Narre! — damit meint sie, daß er mir Pierre nach Frankfurt a. M. schicken will. Nun schreibe ich Campan noch, er soll mir, anstatt Pierre zu schicken, das Quartier miethen, bis in einem bessern Augenblick ich es ihm bezahlen kann. Wien meine ich; aber Paris lasse ich mir wo möglich bereiten. Anders kann ich ja nichts thun! Adieu! R. L. Schreibe und komme!

Sonnabend.

Ich grüße Dich nochmal! Bringe doch der Guten ihr Buch, wenn es Dich nicht inkommodirt, selbst mit. Es kostet sonst noch so viel: und die Arme soll doch nicht arm daran werden. Der Mann, der mich quälte, braucht Dich gar nicht zu ärgern. Ich hatte ihn schon so vergessen: daß ich mich mit aller Gewalt nicht zwingen konnte, Dir hier in diesem Brief über ihn zu antworten: viermal gewiß vergaß ich's nur in diesem Briefe. Er ist längst aus Berlin. Und er, und ich, sollten wir uns je treffen, werden Beide thun — oder auch nicht einmal thun — als ob je etwas vorgefallen sei. So war es eigentlich auch. Lebe wohl! Wir wollen uns über kein Vorhaben und über keinen Plan ängstigen, alle Menschen können jetzt nicht, was sie sich ausdachten: wie Würmchen muß man von einem Spärtchen Holz, von einem Gräschen, von einem vergoldeten Träubchen zu dem anderen kriechen. Kurz, sehen wie's geht; wie man „fortkommt". Wären die Nächsten nur nicht elend. Adieu! Wären wir in der Schweiz vorläufig, bei Harscher. Man ist da der Welt, den Bergen und Bädern nah! —

An Rahel.

Hamburg, den 21. April 1809.

Heute, geliebte Rahel! nur diese zwei Worte! Es bleibt bei der letzten Entscheidung, ich komme zu Dir nach Berlin. Sag es aber nur, und kaum, den Freunden. Den Tag genau zu bestimmen ist mir nicht möglich, ich habe hier noch mancherlei zu thun. Doch hoffe ich nicht viel später als den 8ten Mai dort einzutreffen.

Harscher's Brief ist mir sehr lieb. Ich glaube Dir wird er's auch sein. Noch habe ich ihm nicht geschrieben.

Der Guten habe ich Dolchstöße gegeben: ich konnte nicht anders, doch that ich's in aller Güte.

Beifolgendes Blatt beschrieb ich neulich Abends; ich dachte an Dich, und schrieb in Deinem Stil.

Den Brief an Hecker lasse ich durch Chamisso genau besorgen oder durch Hitzig. Lebe wohl! Ewig Dein

Varnhagen.

Ich lebe mit Dir fort. Jede Beziehung der Dinge, die geschehen, auf Dich, forsch' ich auf! wisse das!

An Varnhagen in Hamburg.

Sonnabend, den 22. April 1809.

Daß ich gestern keinen Brief aus dem nahen Hamburg von Dir hatte, würgte mir das Herz mit noch einer schweren Kette, noch fester zusammen! Geknebelt, zur höchsten Angst zusammengeknebelt ist es mir nun! Ich weiß gar nicht mehr, wie ich es ertragen soll: wie es innen mit mir werden wird: und k a n n? O! wüßtest Du, in welcher Stunde mir Dein Brief gestern ausblieb! Wie es mir hier geht! Welchem Sommer ich hier allein entgegen nicht nur sehe, g e h e, g e h e. Welchem Winter. Denn Du kommst nicht. Das weiß ich auch schon. Antworte mir. Laß Du mich nicht a u c h in Ungewißheit. A l l e Umstände vereinigen sich, mich darein zu stürzen; darin zu lassen. Keine Luft, kein Spaziergang: ich will Dir nichts erzählen. Es würde lang, was ich sagte: und ich kann nicht mehr sprechen. Warum hast Du mir nicht geschrieben? Schon dacht' ich immer, Du kämest. Mit der höchsten Angst träumt' ich es heute: denn schon im Traume wußte ich nein! Adieu! Schreibe mir: ich bin seit vielen Tagen zu erstickt, erdrückt, getödtet, unwürdig endlich mit Einem Wort! Ich hätte nicht schreiben sollen. Verzeih mir auch! Es ist die Angst, daß ich schreibe: verzeih mir auch das! Das Wetter ist abscheulich, und vor schönem habe ich noch mehr Angst! Jede Knospe krankt. Wo sollte ich wohl hin? und mit wem? Adieu. Verzeih!

Rahel.

Antworte! oder laß antworten, wenn Du nicht schreiben kannst. Wenn ich vor Angst dazu kommen kann, lese ich im „Wunderhorn". Das ist eine Impertinenz von Achim und Brentano. Bücher hab' ich auch nicht. Nichts! nichts!

Hast Du denn meinen Brief nicht bekommen? worin ich Dir schrieb, der Guten ihren Roman selbst — ohne Dich zu inkommodiren — mitzubringen? Und was sagst Du zum Krieg? Jeder Umstand macht die Freunde mehr vermissen!

An Rahel.

Hamburg, den 25. April 1809.

Liebe, geliebte Rahel! Eben bekomme ich Deinen Brief vom 22sten April, ich lese ihn, und wache für einen Augenblick aus der Betäubung auf, in welche mich die wildverträumten schweren Nächte für einen großen Theil des Tages stürzen, und die keinen tiefen Gedanken, keinen Blitz der Seele aufkommen läßt. Verzeihe mir, daß ich Dir nicht geschrieben hatte! mir ist das Schreiben unendlich schwer, es ist als wenn ich verschleppte Buchstaben aus dem Morgen eines Tages und andere aus dem Abend desselben zu einem Wort zusammenrufen müßte, denn allerdings leb' ich die Worte so! Du wirst jetzt aber schon die paar Zeilen haben, die ich Dir durch die Frohberg geschickt, Du wirst wegen meiner beruhigt sein, und auf mich hoffen, wie ich auf Dich hoffe. Geliebte Rahel! ich sehe Deine Lage, Deine Stimmung ein, und erglühe über die Ungerechtigkeit des Geschicks, froh wenn meine Freundschaft für Dich auch nur wie die kümmerlich ausgezahlten Interessen des Dir vorenthaltenen Kapitals aussieht. Ich komme nach Berlin zu Dir; wir wollen dann unser Reisen schnell einrichten. Ich will mei=

ner Medizin fleißig obliegen; meine Neigung, meine Umstände, meine bisherigen Schritte fordern es, und nur um die Waffen zu führen geh' ich davon ab. Ob zu dem letzteren eine günstige, wünschenswerthe Gelegenheit sich zeigen wird? In dem Fall ist Wien auch für meine medizinischen Absichten gerettet, und wir gehen gern dorthin, nicht wahr? Ein Krieg ist ja immer zweifelhaft, nur in so fern habe ich rechte Hoffnung zu diesem, die Wahrscheinlichkeit guten Erfolgs scheint mir noch nicht auf der deutschen Seite zu sein; aber in keinem Falle sehe ich in diesen Dingen ein baldiges Ende. Wenn aber die Entscheidung nicht abzuwarten, ein Ungewisses zu ergreifen ist, so find' ich Gefahr und Noth ungleich leichter im eigenen Volke, von deutscher Sprache umtönt, zu ertragen, als in fremdem Land im Spiel unzuberechnender Ausbrüche eines unergründeten Volkes. Doch das alles mündlich! — Gentz und Friedrich Schlegel freuen mich; da wär' ich auch hinter meiner Feder gut. — Der alte Herz ist fieberkrank; ich kann mit Fanny fast gar nicht reden, und habe noch vieles zu besprechen; ich hoffe daß meine Abreise nicht durch solcherlei verzögert wird, doch tröstet mich das schlechte winterliche Wetter, ich versäume wenigstens den Frühling nicht. Mein Freund Lüders ist in Leipzig; seine Rückkunft abzuwarten ist mir wichtig, aber auch treibt sie mich fort, denn ich bewohne sein Zimmer. Sei gutes Muths, liebe, theure Rahel! Es wird noch recht gut gehen; über ein Jahr hinaus sorg' ich nicht; die Welt ist voller Begebenheiten, und die Kraft zu leben weicht nur mit dem Leben: ich sage das mir, der ich leicht ermatte vor den unübersteiglichen Gebirgen. Ueber Fanny hab' ich viel zu sagen, kann's aber nicht schreiben; mich dünkt ich sehe jetzt richtiger vielseitiger in ihre Natur, die einzig lieblich und zerreißend ist.

Lebe wohl, Du geliebte Freundin! Lese in meiner dunklen Brust! „Jede Knospe krankt." — Grüße die Gute, und alle Freunde, Chamisso, Neumann, Hitzig! — Es ist empörend zu sehen, wie die Gute Dich geschildert hat, ich leide es nicht! Gottlob, daß an Drucken jetzt gar nicht zu denken ist.

Lebe wohl! Lebe wohl! Ewig Dein

Varnhagen.

Heute scheint die Sonne etwas, aber es ist noch kalt. Kein Frühling! Todt ist jeder Spaziergang, und kein Mann ist hier, mit dem ich der gewohnten Rede pflegen könnte; beides gehört zusammen!

Wie meinst Du das mit Arnim und Brentano? Sie meinen's gut; nur haben sie kein kritisches Talent. Aber ihre Ueberschriften sind oft sehr witzig.

Don Mahlmehl und Don Geishaar.
Don Juan.
Lied des abgesetzten Sultan Selim.
Erdtoffeln mit Rippenstückchen.

Alle im dritten Bande. Auch S. 127 das von mir mitgetheilte Liedchen, worüber sie setzten: aus der Polizeifama.

An Varnhagen in Hamburg.

Sonnabend, den 29. April 1809.

Ich bilde mir ein, theurer Freund, dies ist mein letzter Brief nach Hamburg! Du wirst ihn mir also verzeihen! Ich schreibe zu oft; und nichts. Ich muß Dich noch bitten und ermahnen, Deine Reise nicht aufzuschieben, ich bin noch in demselben Zustand, in derselben Lage. Bis gestern Abend dergestalt gefoltert und gepeinigt, daß ich nicht esse, nicht schlafe, und mager werde; nun aber verschlingen mich die öffentlichen Angelegenheiten für einen Augenblick, und das ist mir so lieb, als eine betäubende Krankheit. Komme nun ja! doppelt! Ich muß wegen jedem kleineren und größeren Entschluß in meinen Einrichtungen mit Dir sprechen.

Arnim und Brentano haben in einem ganzen Bande — dem dritten — nur zwei gute Lieder; das ist schlechtweg impertinent, da das andere olympischer Unsinn ist; und sie stolz drauf sind. Der Guten ihr Buch wundert Dich noch? Mir hat sie's vorgelebt und erzählt. Durchlesen mocht' ich's nicht. Wir wollen auch davon sprechen. Vor Ungeduld, Dich zu sehen, vermag ich nicht zu schreiben. Was sagst Du zur Welt? Sie platzt. Adieu. Komme! Komm zu mir! Freust Du Dich denn noch? Schreib mir ja! wann ich Dich erwarten soll! Ueberraschungen lieb' ich nicht: und nur, wenn sie es ganz und gar sind. Leb millionenmal wohl, bis auf den Moment bei mir! Adieu. Lies auch Du in meiner Seele! in meinem abgefolterten Herzen. Götter, was haben wir zu sprechen! Sieh meine Hand! Adieu, Lieber, Lieber! R. L.

An Varnhagen in Hamburg.

Den 9. Mai 1809.

Lieber Freund, dieser Brief trifft Dich noch: Donnerstag den 12. kommt er an. Dann bist Du noch dort. Ich erwarte Dich sehr ängstlich. Das Leben schlingt sich immer enger um mich; kaum kann ich rück- noch vorwärts; Dich muß, Dich will ich zu den letzten Beschließungen sprechen. Aber nur sprechen. Was gäb' ich drum, wärst Du hier! jetzt! Da jetzt Moritz noch hier ist. Adieu, was hilft alles Reden. Ich schlafe, ich esse nicht. Gewißheit muß ich endlich haben. Adieu! Mit Dir will ich nur beschließen, Dich zu nichts invitiren. Adieu! Komme! R. L.

Du siehst, ich habe keine Geduld mehr. Fouqué hat mir geschrieben. Könnt' ich ihm antworten! Aengstige Dich nicht über mich: ich war schon ängstlicher, als ich es jetzt bin: im Schreiben wird es nur immer so arg. An Dich besonders. Adieu. Nun kommst Du doch?

Ich habe nur noch Ein Kouvert von allen denen, die Du mir gemacht hast. Nur nicht noch einen Brief! Komm!

An Rahel.

Hamburg, Donnerstag, den 11. Mai 1809.

Endlich, geliebte Rahel, kann ich Dir den Tag meiner Abreise bestimmen, ich habe ihn so nah als möglich, auf Diens-tag, festgesetzt, und bin also Freitag Abend, wenn kein Hinderniß unterwegs aufstößt, in Berlin. Erwarte nur mich äußerst travaillirt zu finden, ich bin es jetzt, und werde es dann noch mehr sein: aber doch voll Muth und Willen. Noch weiß ich gar nicht was geschehen soll, und ich kann auch bevor ich Dich gesprochen, nichts ergründen. Mein Unwillen — die Stimmung des Unwillens — wird jeden Tag heftiger in mir, das Gefühl des Unwürdigen vernichtender, ohne eben als solche hervorzuschreien; glücklich werde ich nie sein, bei Gott! man wird nichts! und was bin ich denn? nicht adlich, nicht reich, kein Virtuos: auf die Arbeit ist mein Geschick gerichtet, auf die volle Last der Arbeit, und das Gefühl einzig auf das Sein des Lebens. Werde nicht toll über diese Wiederholung, sie stehen als Einsicht da, nicht als Klage, und ist der Punkt, von wo her meine Lage zu betrachten ist. In diesen sechs Wochen habe ich endlich noch dieses gelernt: die Menschen wollen betrogen sein, und ich will sie fortan betrügen; Betrug ist ihre Redensart, eine Metapher ihrer Sprache; sag' ich „mir thut's weh", so denken sie, o das muß nicht viel sein, vielleicht nichts, denn sie fühlen die Sprache nach Maßgabe sie sie gebrauchen, drum schrei: „o wie entsetzlich weh thut mir's", so werden sie verstehen, ja es mag ihm ein bischen weh thun. Aber auch noch anders muß man betrügen, und ich glaube ich kann's. Geheimnißvoll, was dazu dient, wär' ich aber auch ohnedies, aus Ueberdruß des Erklärens; sie verstehen's doch nicht, und haben nur Kraft zu verderben, nie aufzuhelfen innerlich.

Sei doch so gut, liebe Rahel, und laß mir sogleich durch Neumann in Deiner Nähe ein Stübchen auf Einen Monat so wohlfeil als möglich miethen, es mag aussehen, wie es will. Uebrigens soll niemand von mir wissen, sag auch das an N.! Ich möchte in unbekannte Namen hineinkriechen.

Dir sag' ich weiter nichts; zum Freundlichen ist jetzt nicht Zeit, gebe Gott uns nur ein freundliches Zusammensein, in Briefen weiß ich mir nicht mehr zu rathen noch zu helfen! Ich habe Dich lieb, ich verehre Dich! das sei alles, was ich Dir hier sagen mag.

Ich werde Medizin emsig treiben.

Die Lorbeerblätter des Dichterkranzes verbrauch' ich als Gewürz im täglichen Leben; auf ähnliche Art verlebe ich nach und nach das Geld, was, zusammengespart seit meiner Kindheit, das Kapital ausmachte, von dessen Zinsen ich leben sollte: versplittert, zum kleinen täglichen Bedarf.

Ich hoffe auf Wien; Paris scheint mir häßlich gährend; die Welt brennt, und wir müssen durch's Feuer; aber wer weiß, welcher Balken zuerst, welcher verderblicher einstürzt?

Lebe wohl, geliebte, theure Rahel! mir ist weh, möchte Dir wohl sein! Ich umarme Dich!

Lüders ist erst gestern von Leipzig gekommen, ihn mußte ich sprechen, jetzt muß ich auf Päße warten. Dienstag reise ich, wenn ich nicht krank werde, oder nicht der Weg einsinkt!

Dein

Varnhagen.

Sage nichts an Moritz! er klatscht hier häßlich, ist unzuverlässig; ich rede gar nichts, und finde es nützlich und bequem.

Deinen Brief bekomme ich heute Freitags, ich umarme Dich herzlichst! Dienstag reise ich, es ist unmöglich früher! Heute über acht Tage sehen wir uns.

Briefwechsel

zwischen

Varnhagen und Rahel.

Zweiter Band.

Aus dem Nachlaß Varnhagen's von Ense.

Briefwechsel

zwischen

Varnhagen und Rahel.

Zweiter Band.

Leipzig:
F. A. Brockhaus.
1874.

1809. 1810.

In Berlin. Nach Wagram, Wien, Prag.

An Varnhagen.

Berlin, Freitag, den 19. Mai 1809.

Ich habe hingeschickt und mich erkundigen lassen, wann die fahrende Post ankömmt: um 9 Morgens, sagte mein Bedienter, das kömmt mir unwahrscheinlich vor — die Gründe dazu mündlich —; nun schicke ich doch hin. Komme nur grade zu mir: nur Neumann weiß wo Dein Quartier ist; und ich bin näher. Es ist nah an der Gendarmenwache. Erhole Dich hier; wenn es Dich nicht mehr genirt, als erholt. R. L.

Du kannst auch dreist des Nachts spät kommen. Dann aber schrei meinen Namen unter meinem Fenster: unser Haus hat keine Klingel.

An Varnhagen.

Charlottenburg, Freitag, den 9. Juni 1809.

Lieber, mir ist ganz weh! Ich bitte Dich, komme. Wie oft warst Du hart und aufgebracht gegen mich, und ich ließ es immer wieder vorüber. Laß die schlechten Momente keinen Zusammenhang haben! In meinem Herzen ist immer Trost für Dich, komm an meine Brust! Wenn Du mich auch ärgerlich gemacht hast: wenn es auch Hanne hörte; es giebt kein Dementi. Morgen früh komme ich zur Stadt: bin ich um 12 Uhr nicht bei Mama, so kommst Du hier her. Ich glaube es fest.

Rahel.

Berlin, Sonnabend, den 10. Juni 1809.

Hast Du das Billet, das Dir Marwitz brachte? Willst Du nicht zu mir kommen? Traf es Dich nicht? Du kannst nicht böse sein! Ich bin es auch nicht; wie oft schon ärgertest Du mich. Ich bitte Dich, komm bald; ich bin bei Mama zum Essen. Laß mich nicht in Angst.

An Rahel.

Nicolsburg in Mähren, 12 Meilen vor Wien,
Dienstag, am 20sten Juni 1809.

Heute vor acht Tagen, meine theure Rahel, ging ich um diese Zeit zu Dir, um Abschied zu nehmen, und empfand damals im voraus diese Stunde, wie jetzt mir jene in das Gefühl des Augenblicks eingedrückt ist. Ich fühlte, sah, hörte Dich noch, und stand in den segenreichen Strahlen der Energie Deines ewig frischen, in jede Faser gesenkten, aus lauter wahrem Sein geformten Lebens. Gott, wie steht mir dieses Leben im Gemüthe so schön, und wie wenig kann ich das sagen! Auch möcht' ich's weder in Poesie, noch in Musik, noch in Malerei, sondern einzig in Plastik ausdrücken, wo der Fuß Marmor ist, und das Auge, die Lippe und das Haar, überall der göttliche Stoff. Das Eigene hat ja Dein Wesen, daß es vortrefflich ist nicht nur wo man überhaupt vortrefflich zu sein pflegt, als in den edlen Zügen des Gesichts, in den hohen und geistreichen Dingen, sondern auch in denen die bei Anderen immerfort gewöhnlich und gemein erscheinen, weil sie nicht die Aechtheit ausgegossen haben, wie Du, über alles, sondern zusammengezogen und heraufgepumpt in den Geist oder den Geschmack. Doch still! ich werde Dir doch nicht sagen, wie Du bist; und wie ich Dich sehe, das bleibt doch am Ende höchst unbedeutend gegen das allgemeine in Einzelnes nicht zu sondernde Gefühl der Gemüthsneigung, des Vertrauens und der Ergebung, die zu Dir mir unvergänglich eingepflanzt sind! O liebe Rahel, süßes, einziges Geschöpf, Du labender Quelltrunk! — Marwitz schreibt neben mir, er grüßt Dich herzlich; sehr angegriffen scheint er von dem Zustand seines Bruders, den er hier getroffen hat in einer bedenklichen Lage: die Kanonenkugel hat den Schenkel halb weggerissen, den Knochen zerschmettert, so daß der Fuß nur noch an Fleisch und Haut hängt, die Wunde ist groß wie eine Schüssel, und war durch den Transport vom Schlachtfelde hieher ganz schwarz vom Brand, und voller Wärme geworden. Jetzt ist sie unter der Besorgung eines verständigen Wundarztes ganz gereinigt, aber der Erfolg ist dennoch völlig zweifelhaft, im besten Falle dauert die Kur ein volles Jahr, und dann wird zeitlebens der eine Fuß um zwei Hand breit kürzer! Denke Dir das Elend, das namenlose Unglück, das den 18jährigen Jüngling betroffen hat! Dafür giebt es keinen Ersatz, auch Deutschlands glorreichste Erhebung ist für ihn dagegen nichts, die menschliche Natur, so getroffen, wird von keinen anderen Verhältnissen sollizitirt wo es solches gilt! — Morgen reisen wir weiter, in's Hauptquartier, voll Muth und Hoffnung; es fehlt sehr an Offizieren, ich darf erwarten, bald, wenn auch nicht gleich, als Offizier einzutreten. Schlesien, das schöne Land, haben wir schnell zurückgelassen, Breslau hat mir sehr gefallen, ich dachte sehr daran, daß Du vielleicht dort wohnen wirst, auch den Keller habe ich mit Erstaunen gesehen, und freute mich, daß es durch Dich geschah. Deine Brüder waren schon abgereist, ich fragte bei mehreren Juden nach ihnen. Neiße machte mir einen wunderbaren Eindruck. Das Gebirge war auch neu und nicht ohne Reiz in seiner Gestalt: aber wie anders wurde es, als wir in Mähren weiter kamen, in dieses überschwenglich gesegnete Land voll herrlicher Gefilde! Eine Gegend habe ich gesehen, wie noch keine, doch that das mehrste die Beleuchtung. Wald in größter Tüchtigkeit und Fülle grünen Gedränges. Keine Wolke, kein Blatt, das nicht an Dich mich mit tiefem Sehnen erinnerte, wie hab' ich Dich herbeigewünscht! Schöne, reinliche Städte, anmuthig, sogar prächtig wie Ollmütz, und alle sehr belebt, als wenn Jahrmarkt wäre. Ein kräftiges, braunes Volk mit tiefen Augen, wohlhabend, tapfer, kaiserlich. Die Begeisterung ist herrlicher und allgemeiner, als man glauben sollte; alles eilt zu den Waffen, die Verwundeten können nicht eilig genug zum Heere zurückkehren. Die Einwohner beeifern sich Verwundete in ihre Häuser zu holen, und auf's Beste zu pflegen, manche errichten Privatlazarethe, es ist wirklich nur Ein Sinn, Eine Begeisterung, die augenblicklich bei jedem zur That wird. Die Landwehr ist vortrefflich, den regulairen Truppen gleich; unaufhörlich gehen Rekruten zur Armee, die allerdings entsetzlich gelitten hat in den früheren Gefechten. Viele Schriften findet man, Proclamationen, Relationen rc. die alle einen guten Geist zeigen und tüchtige Männer anzeigen. — Sehr wohlfeil ist es jetzt hier nicht, aber doch mehr als in Preußen, und im Frieden muß es doch besser sein als jetzt. Könnt' ich mit Dir hieher reisen! es ist ein großes, reiches Land, ein schönes Reich. — Wo Gentz ist, wo Friedrich Schlegel weiß ich noch nicht. — Marwitz ist herrisch bis zur Insolenz, ehrgeizig zum Entsetzen; die Kriegsstimmung bringt in ihm das alles recht zum Ausbruch: er wird gut bearbeitet werden in der Welt; wir haben nur unseren Scherz mit ihm. Ein Beispiel seines Stolzes! Wir fuhren anfangs unser sechs in einem Wagen, es ergab sich die Gelegenheit von Empfehlungsschreiben zu reden, Marwitz sagte mit vielem Selbstvertrauen, er habe eins an Gentz, worüber die Anderen erstaunten, und fragten, von wem? Da wollte der adliche Herr nicht sagen von wem, sondern machte ein ernstes Gesicht, das nicht-genug-unterdrückter Zorn röthete, als ich durch den Zusatz, ich sei auch empfohlen in jenem Schreiben, den Anderen verrieth, von wem es sei. Traue mir darin, daß ich recht gesehen habe! Er lebt nur in den Dingen, in sich blickt er nie, daher weiß er es nie wenn er übermüthig ist, würde es dem nicht glauben, der's ihm sagte. Ich fürchte übrigens sehr für ihn im Feldzuge, er, der behauptet, es gäbe kein Leid, keinen Schmerz, kein Unglück, ist bei der kleinsten Fatigue, nämlich was ihm Fatigue ist, wie vernichtet und vergangen. — Meine anderen Gefährten finden das alles auch so; ich fühle mich mit ihnen allen fremd; ich muß wählen zwischen Ambos und Hammer, kränken oder gekränkt werden, und ersteres kann ich nicht mehr! Dies sag' ich nur aus Einsicht, im allgemeinen; nicht aus jetziger Stimmung. — Lebe Du wohl, geliebte, theure Rahel, Du edelste Freundin! Genieße Dein stilles grünendes Charlottenburg; ich sehe Dich wieder und wohl nicht mehr um Dich zu verlassen. Lebe wohl, lebe wohl! Ewig Dein Varnhagen.

Sobald ich kann schick' ich Dir eine Adresse.

Meine besten Grüße an Mad. Frohberg; ich esse keine Gurke, ohne ihr den Saft davon zu wünschen. Neumann, wenn Du ihn siehst, grüße sehr. Deiner Mutter sage die guten Nachrichten; die Franzosen haben über allen Begriff gelitten, sie standen im Kreuzfeuer. Bonaparte stand zu Fuß unter einem Baum, man richtete gegen 30 Kanonen dahin, er wich nicht vom Platz, den man späterhin mit mehr als 40 vornehmen Offizieren bedeckt fand. Chasteller ist nicht mehr hors de la loi, weil Napoleon nun erfahren, daß er wirklich österreichischer General ist!! Die französische Garde hat sehr tapfer gefochten. — Wir fahren immer mit Extrapost, rasend schnell! Mehrere Nächte haben wir einige Stunden geschlafen. Leb wohl!

An Rahel.

Deutsch-Wagram, den 25. Juni 1809.

Am 21sten früh bin ich in Deutsch-Wagram, dem k. k. Hauptquartier angekommen; heute am 25sten bin ich schon als Fähndrich aufgewacht. Es geht so damit zu. Alle Versuche den Erzherzog zu sprechen schlugen fehl, auf ein Schreiben an ihn bekam ich mündliche abschlägige Antwort durch den Adjutanten, und der General Steininger, der die Anstellung der Fremden zu besorgen hat, ließ mich kaum vor sich, sondern wies mich an den Stabs-Arzt, obgleich ich bestimmt erklärt hatte, daß ich als Militair, nicht als Arzt dienen wollte. Gemeiner, oder Cadet, was nicht viel besser ist, kann man hier nicht werden, wovon mich meine Augen überzeugt haben, nachdem mir vorher schon ein Oberst die Unschicklichkeit dieses Standes für einen gebildeten Mann dargethan. Ich dachte schon Pässe zu begehren zur Rückreise, mein Zustand war abscheulich. Denke Dir, geliebte Rahel, ein vollgepfropftes Dorf in unabsehbarer Ebene, ohne Baumschatten, ohne fließendes Wasser, und in diesem Dorfe kein Unterkommen, keine Stätte. Bei einigen Fouriers brachte ich meine Sachen in Sicherheit, und der Güte dieser Leute dank' ich's, daß ich die erste Nacht auf einer Bank, die zweite auf der Erde schlafen konnte, mit etwa 9 Personen in einer engen niedrigen Stube, wo mich Nachts die schlechte ängstliche Luft aufweckte! Bei Tage Lärm und Geschäfte an demselben Ort, so daß ich so schnell als möglich ausging. Zu essen nichts, Brot, schlechten Wein endlich, Warmes nach vielstündiger Mühe um ungeheures Geld. Nun ohne Aussicht, ohne Hoffnung, innerlich zerstört auf's äußerste, voll unüberwindlicher Sehnsucht zu Dir, geliebtes, theures Herz! die in laute Thränen ausbrach, ging ich weit auf's Feld, wo ich halbe Tage auf dem Boden lag, und meinen Gedanken nachhing. Immer wenn es mir schlecht geht, denk' ich an Dich, meine Rahel, fühl' ich sogleich Dich an mein Herz schlagen. Ich war fest entschlossen, da mein Geld noch zur Reise hinreichte, zu Dir zu kommen, bei Dir fortan zu bleiben, wie ich es versprochen hatte. Du mein theurer Engel, mein Vaterland, das beglückende Wasser für mich fliegenden Fisch! Hättest Du mich schon jetzt gut aufgenommen, ohne Wunden, ohne anderes als gemeines Unglück? ich hätte es ja kaum verdient! — Inzwischen hatte mich der Flügeladjutant des Erzherzogs, Graf Gabriani, ein hübscher junger Mensch, an einen Obersten, Baron Oberndorf gewiesen, der mich gleich zu seinem Regiment genommen hätte, aber keinen Platz offen hatte, welches auch der Inhaber des Regiments, Fürst Reuß-Plauen, den ich späterhin sprach, sehr bedauerte. Der Oberst ist ein großer Mann, von mittleren Jahren, bedeutendem Gesicht mit dem Ausdruck der höchsten Gutmüthigkeit, aber in Ernst und Rauheit verkleidet, ein Polterer, der gleich sagte, er fühle Attachement zu mir, er wisse nicht warum, und wolle mich empfehlen soviel er könne, aber auch Vorwürfe machte wegen meines unbesonnenen Herkommens. Ich glaubte schon zu Ende zu sein mit allen Hoffnungen, als er mich vorgestern auf der Straße anrief, nachdem er sich müde gesucht nach mir, und mir sagte, ich solle zu dem Obersten Graf Bentheim in's Lager gehen, der wolle mich sprechen. Ich ging hin, wurde befragt, zeigte Paß und Diplom, und gestern als ich auf Befehl wiederkam, sagte der Graf Bentheim zu anwesenden Offizieren, er ernenne mich zum Fähndrich bei seinem Regimente, ein in Aller Augen, außerordentliches Glück. Aber denke Dir meine Rahel! der Oberst, Graf Bentheim, ein schöner großer Mann, von edlem Aeußeren, hat in Wesen und Gestalt etwas, in der Sprache sehr viel von dem Prinzen Louis, so daß ich heimlich weinen mußte, als ich länger bei ihm war, und wie ich endlich ihm sage, daß er mich an Louis erinnere, fährt er munter auf: „So? finden Sie das auch? mir haben das schon mehrere gesagt.“ Also doch durch Louis sollt' es mir gut gehen, durch Deinen Freund! Rahel, in wie tausendfacher Verkettung ich an Dich dachte, Dich als die Führerin meiner Begebenheiten und ihren Mittelpunkt sah, das kann ich nicht niederschreiben. Bentheim ist freundlich gegen mich, streng im Militair aber sanft dabei, er sagte zu mir, er werde suchen mir angenehme Tage beim Regiment zu machen. Besser, das ist gewiß, hätte ich's nicht treffen können. Unter dem in diesem engen Kreise Möglichen habe ich das Beste getroffen. Auch darin, daß in Friedenszeit unsere Garnison — Prag ist. Rahel, geliebte Rahel, soll ich noch Freude in der Welt erleben? es ist die Aussicht da! Du in Prag bei mir, Teplitz nur 10 Meilen! o meine Rahel! — Aber jetzt nur gegen den Feind! ich muß fallen oder steigen, Platz machen oder gewinnen. Im Frieden giebt's kein Avancement, nur durch Verlust im Gefecht. Ich habe jetzt etwa 60 Gulden Papier Gage, und kann wohl damit auskommen; mein Mitgebrachtes geht auf die Equipirung hin; behält Chamisso Geld übrig, so soll er mir's schicken. — Willisen ist gestern angekommen, er wird vielleicht heute schon angestellt, er ist freilich Baron, und hat gedient. Marwitz ist noch in Nicolsburg bei seinem Bruder. Wenn er kömmt, wird er sich wundern; es ist alles anders. Ich mag über diese Sachen aber jetzt nicht schreiben, es könnte mir schaden: aber Du kannst Dir schon alles denken! Den Erzherzog habe ich mehrmals gesehen, auch einige Worte von ihm gehört: alles wie Du es geschildert. Die Truppen beten ihn an. Ich höre ihn stundenlang Fortepiano spielen, das einzige was mir einen höheren Eindruck hier machte, alles Andere, Truppen und Generale, Wort und That, unermeßlich prosaisch, Ungarn und Böhmen mehr als Deutsche, Monarchie und jetzige Verfassung mehr als Deutschheit, wie billig. Die bravsten Truppen! halbe Regimenter sind geblieben: die jetzige Ruhe ist drückend, aber jeder Tag, sagt der Erzherzog, den wir hier still stehen, ist ein Sieg! — Von Gentz weiß fast niemand etwas, von Friedrich Schlegel keiner; doch hör' ich, daß ersterer in Ofen ist. Die Offiziere wissen nicht einmal seinen Namen, das wäre im Preußischen doch nicht möglich! O vieles ahnd' ich für die Zukunft! In Norddeutschland wird die Revolution anfangen, dort ist Volksbildung auf gutem Wege, dort wird die Regierung über kurz oder lang mehr republikanisch werden müssen. Ich bin kein Süddeutscher; leider trag' ich diese Spaltung selber tief in mir, die ich sonst wohl den Deutschen vorgeworfen.

Lebe wohl, geliebte, einzige Rahel! süßes, liebes Herz! wie denk' ich an Dich, wie unaussprechliche Sehnsucht trag' ich zu Dir, Du Frische, Aechte! Leb wohl! grüße Alle bestens,

Mad. Frohberg besonders sehr freundlich! Leb wohl! Ewig Dein Varnhagen.

Fähndrich im k. k. Infanterieregiment Vogelsang, beim ersten Korps der Armee.

Morgen will ich einen Ritt zu den Vorposten an die Donau machen mit meinem Hauptmann Marais, einen lieben guten Mann.

Schreibe mir, ich bitte Dich, Geliebte! sogleich! Auf die Adresse setze noch: abzugeben im Hauptquartier.

Unser Korps wird von Bellegarde kommandirt; man spricht davon, daß wir nach Sachsen detachirt werden, denk Dir, Rahel! in Deine Nähe!

An Varnhagen in Zistersdorf.

Berlin, in Mama'ens Haus, Sonnabend, den 8. Juli 1809.

Vielleicht, mein Freund, hast Du einen sehr guten Brief nöthig in dem Augenblick, in welchem Du diesen erhältst, und das wird kein guter werden. Schlecht ist nun einmal alles, muß alles werden, weil wir uns getrennt haben! Und plump muß ich Dir sagen, was hilft alle Sehnsucht, da Du gingest. Nicht, wie voriges Jahr, kannst Du mit einem starken Wollen wiederkommen: Du bist entehrt, wenn Du gehst: und mußt nun bleiben. Sei tapfer und brav! Denk an mich, wenn Du in einem Gefecht bist: Du weißt, ich bin furchtsam: aber den unbekannten Tod würd' ich wählen, wär' ich durch meine Wahl darin; und wiche nicht. Du bist nun über die Gemeinen; feure sie durch Deine Stimme an — Betäuben hilft — wenn sie weichen wollen. Mache vorher Dich beliebt und bekannt mit ihnen. So avancirte Bribes bei Austerlitz; sein Kapitain fiel; er hielt das Volk durch Schreien und Aufmuntern zusammen: sie wichen nicht: er ward Kapitain, und hat das Kreuz. Du weißt, wie ich über Krieg, über diesen denke. Krieg ist für keinen gebildeten Menschen. Die nicht wissen, daß der Körper die Person ist, können ihn sich zerschießen lassen: sonst nur in dem Augenblick, wo man angegriffen wird, muß man sich wehren, und wenn Zorn und Rache fortreißt!

Du selbst fühltest es tief bei des jungen Marwitz Schenkelwunde! Der Unselige! Doch konntest Du ohne Muth- und Thatbeweis nicht leben — so führ das herzhaft aus! (Ich schreibe in Mama'ens Krankenzimmer: sie hat Wasser in der Brust: spanische Fliegen, Aderlaß. Ich bin jeden Augenblick gestört: es geht ziemlich; doch ist sie nicht ohne Gefahr!) Dieser Brief wird hart klingen. Geweint, gegrämt, gesehnt, habe ich mich für mich allein. Es ist Deine Wahl, daß ich allein sein soll: lies meine Briefe — die hast Du nicht: ich habe sie, sie sind angekommen — und Du wirst mein Leben, meinen Schmerz, meine Bedürfnisse sehen. Es ist vorbei, ich kann es nicht mehr aufzeichnen! Jetzt nicht. Ja, erschließe Dich, Herz! laß den Vorwurf heraus! Ich werde es nie vergessen, mit welchem Abscheu vor Berlin Du von Hamburg kamst. Ich schwieg. Und ewig unsicher über Deine Herzenswahl! Meins ist davon empört, und gedrückt. Und nicht versöhnt, durch alle Deine Sehnsucht. Unfruchtbar bleibt sie. (O! mein Freund! der Arzt sagt mir so eben, meine Mutter sei tödtlich!!!) — O! welch schlechter Brief. Denk an den Sonnabend, theurer Geliebter, wo ich nach unserer letzten Versöhnung mit Dir nach Charlottenburg zurückfuhr: so sind meine Augen, so ist mein Herz für Dich! So bin ich ewig, so lang ich athme. Auch damals wußt' ich, was ich jetzt weiß. Du liebst mich doch; ich Dich auch. Wir waren uns zu nah. Ewig bin ich Dein Asyl. Komm wann, komm wie Du willst! — Jetzt muß ich zur Mutter. — Nun schreibe ich wieder ein wenig. Lieber, laß Dich von diesem Brief nicht ängstigen! Daß es Dir so gut geht in Deiner Carrière, und daß Du so liebe Obere hast, freut mich! Es wird Dir alles gut gehen. Prag ist eine gute Garnison: hast Du einen gewissen Grad, so bin ich immer noch für die Diplomatie. Ein Soldat — um es ewig zu sein — wird zu schnell herumgeschickt; und da kann ich nicht immer mit. Dein erster Brief ist nur acht Tage gegangen: Dein zweiter, aus Wagram vom 25. Juni ist erst vorgestern zu mir gekommen. Marwitz hat mir mit derselben Post einen großartigen, edlen, himmlisch ausgedrückten Brief geschickt. Ich werde ihm, bloß um ihn zu beruhigen, heute schreiben, daß ich nicht schreiben kann. Siehst Du ihn, sag ihm, wie sehr ich ihn liebe: dies sei mein Gruß! Sein Bruder ist außer Gefahr: ich schreibe Dir dies, weil er Dich im Hauptquartier, wohin er den Tag nach dem sein Brief geschrieben war, will, vielleicht verfehlt. Den Tag zuvor war die Krise. Ich wunderte mich nicht über Marwitzens Scham, Gentzens Brief von mir zu haben. So etwas kannt' ich in seiner Seele: Helden giebt's nicht: stupide ist er auch nicht. Kennt man die Welt, so fügt man sich in ihre Fugen. Die Adels-Fuge ist schlecht. Adliche liebe ich oft; den Adel nie. So lang es einen Adlichen giebt, muß man auch geadelt werden: Du adelst Dich ja jetzt mit Deinem Blute! Du fühlst es wohl: ich fühle es auch: drum sagt' ich ja dazu. Auch ich ginge in Schwerter, um den Preis. Das Schicksal selbst forderte ich. Lâche bin ich nicht: gethan will ich alles haben, was helfen kann: mein tiefes gränzenloses Unglück liegt darin, daß ich keine That zu meiner Hülfe weiß! Marwitz lieb' ich nach wie vor; und habe ihn Humboldt, durch Beschreibung wie ich ihn finde, äußerst gelobt — aus dem Herzen —; Humboldt schrieb mir (aus Königsberg): und hat mir ein Kollier von Ebenholz geschickt; und Marwitz mir den Auftrag gegeben, ihn bei Humboldt zu entschuldigen, wenn ich ihn sähe oder ihm schriebe. Sei gut gegen ihn: er ist etwas unsicher über Dich geworden. Wie edel drückt er das aus! Wie fragend. Kannst Du denn sein Gemüthe nicht finden, wie ich; den Lebenspunkt, das Herz, wo alle seine Eigenschaften hinlaufen und ausgehen?

Ich habe den Sonnabend nach Deiner Abreise — heute drei Wochen — Harscher einen langen Schmeichelbrief geschrieben. Hier sagen sie, er kommt. Ich will ihn pflegen und schmeicheln. Chamisso hatte vorgestern noch kein Geld. Seit Du weg bist, war hier schon wieder Winter; ich hatte einen Gichtausschlag, der mir heftiges periodisches Zahnweh mit Einem Knall weg nahm; und bin nicht fünf Tage in Charlottenburg gewesen, seit Du reisest. Jetzt bin ich gar bei Mama, und sehe die leiden. Sie beträgt sich englisch! Aber welche Marter. Nur ein paar Tage dauert's, es muß sich entscheiden, sagt Bing, ihr Arzt. Mit dem ich sehr zufrieden bin: er giebt sinnige Rechenschaft. Viel, und beinah nur, habe ich gelitten, seit Du gingest. An der Kälte: ich ward gleich krank. Gestern aber war ich mittendrin mit einem jungen kurländischen Baron Klugen in seinem Whisky in Pichelsdorf. Die kleine Reise erhob mich: Du kennst mich mit Feldern und Luft! Die Gute ritt mit ihren Herren: der Baron gehört auch ihr; sein Whisky aber schon mir; die Parthie war längst verabredet. Ich fuhr wieder zur Stadt und bleibe bis die Götter über mich entschieden haben. Dies ist mein letzter Schlag. —

Als ich Dienstag krank und allein in Charlottenburg lag, dachte ich: Liebe, Wünsche, Jugend, Kränkung, alle irdische Erfüllung ist hin: könnt' ich die Mutter pflegen — (Ich war wieder bei Mama: sie sagte lachend de but en blanc — sie weiß, daß ich schreibe —: „Grüße Varnhagen, und sag ihm, er soll kein Narr sein und sich todtschießen lassen!") — und die das Leben genießen machen! Gleich werd' ich gezwickt! Mein ältester Bruder — den wir übrigens Ohme nennen — wollte diesen Herbst schon nach Schlesien ziehen; und die Mutter mitschleppen: sie wollte innerlich nicht: und das ängstigte sie: nun bleibt er den Winter auch noch! — jedes Wort ist zu viel! ich stand aus.

Der Guten ihre Unleidlichkeit und Eitelkeit bildet sich mit Gigantenschritten aus. Sie hat mir eine von den lügenhaften, groben, empfindsamen Szenen gemacht: und mich drittehalb Stunden so mit Lügen, Thränen, Vorwürfen, studirten Impromptü's, Küssen und Stupiditäten gequält: daß ich ihr endlich sagen mußte: „Also bin ich neidisch gegen Sie? und nur gegen Sie? Hören Sie! mit einem Temperament, wie Sie selbst predigen, daß Sie eins haben: ist man einer Leidenschaft unfähig." Ich setzte ihr das klar auseinander. Den anderen Tag spielte sie weiter: und sagte, ich hätte sie vernichtet — Dein Ausdruck — die Seele, sie wäre mit allem und sich zerfallen. Ich flickte die Elende zum Weiterleben. Wenn Friede ist, werd' ich auch die los. Ich gehe zu Dir, oder nach Frankreich. Leb wohl! Sei klug, tapfer, und verlaß Dich auf mich. Liebe mich, wenn Du kannst. Den Lügner Urquijo habe ich gesehen. O! wie lügt der ewig weiter! Sobald wir allein sind, sieht er mich nicht an: er kann nicht. O! warum mußte der den Zauber über mich üben! Ich widerstände dieser Hexerei, gehörte mir ein Herz, ein Freund. Adieu. Rechne auf mich. Auch ohne diesen Zauber hat der mein Herz, dem ich's gebe, der es nimmt: und mich und meine Zeit. Betrüge mich nicht lange! Lebe wohl. Rahel. Schreibe mir so oft als möglich. Bitter emotionirten mich Deine Briefe. Bloß weil es Briefe waren. Deine Schuld: es muß so sein! Sei tapfer! Klug mit Deinen Obern bist Du gewiß. Du hattest Glück; alle Menschen sagen's. Chamisso will immer über Dich sprechen. Ich führte ihn leise auf sich selbst: mehr als er Dir schrieb, sagte er nicht. Viel habe ich allein hier gelitten! Und immer allein! Adieu. Zu meinen unglücklichen Schwefelbädern kann ich gar nicht kommen! —

An Rahel.

Zistersdorf im Spital (elf Stunden vor Wien),
den 4. August 1809.

Meine inniggeliebte, süße, theure, einzige Rahel! Mein Leib ist verwundet, aber mein Herz schlägt unverletzt zu Dir! Ich habe schon vor der Schlacht, auf die ich alle Hoffnung aufgegeben hatte, weil ich nur Frieden sah, solche Sehnsucht zu Dir gefühlt, solche Thränen um Deine Entfernung vergossen, daß ich auf nichts, als auf den Abschied dachte. Wie es nun auch wird, wisse daß ich Dein Freund bin, Dein inniger Freund, und am Ende keine Lebensart, keinen Glanz, keinen Ruhm, keinen inneren Reiz schöner finde und lebendiger für mich, als in Deiner Sonne, Deiner Billigung, Deiner Neigung zu leben! Ich hoffe es geht gut mit mir. Lebe wohl, einzige Rahel! Ewig Dein! — Dies, meine Geliebte, schrieb ich hier am 8ten Juli; heute ist der 22ste, ich bin um vieles besser, habe keine Schmerzen, kein Fieber mehr, und die Wunden sehen so aus, daß ich einer glücklichen Heilung entgegen sehen darf. Ich liege im Spital, wo ich gute Pflege habe, und nach den Umständen sehr zufrieden bin. Sehr drückend ist mir aber die Abgeschiedenheit in der wir leben; zwar sind Franzosen hier, und also die Verbindung mit Wien offen, aber an Postengang ist nicht zu denken, nun gar in einem so kleinen Landstädtchen, wie Zistersdorf; ich weiß also gar nicht, wann diese Zeilen, die ich vorläufig auf gut Glück hinschreibe, in Deine Hände kommen werden. Viel tausendmal denk' ich an Bujac; ich bin eben so geschossen, wie er, aber zum Glück nur durch einen Schenkel, obwohl auch viel höher. Der Wundarzt behauptet zwar der Knochen sei verletzt, aber es hat sich noch nicht bestätigt. Seit mehreren Tagen bin ich ganz munter und frisch, und denke immer, ich müßte nur so aufspringen, und in die freie frische Luft unter die Bäume gehen, die ich aus meinem Fenster sehe: aber damit hat es denn doch noch eine gute Weile Zeit! Hinfällig bin ich gar nicht, habe den besten Appetit, und trinke täglich eine Bouteille Wein. Aber im Anfang habe ich entsetzlich ausgestanden, auch den ersten Tag, wie ich in's Spital gekommen war, beim Verband die erste Ohnmacht erlebt, die sehr süß war! damals hatte ich aber auch noch Fieber. Wahrscheinlich geht es jetzt gut mit mir, auch träumt mir fast jede Nacht, ich ginge! Aber das Wetter ist auch so einladend, die Luft so blau, die Bäume so grün, daß ich oft bei Tage verzweifeln möchte, nicht ausgehen zu können. Als ich nach acht Tagen aus dem Bürgerhause, wo ich anfangs lag, in's Spital gebracht wurde, glaubt' ich im Himmel zu sein auf meiner Trage, wie mich die frische freie Luft anwehte, und das reine Blau hoch über mir gewölbt stand, die Sonne neigte sich aus dem Nachmittag in den Abend und gab allem einen zauberischen Schein. Jede Blume, jedes Blatt, das ich sehe, und nun vollends jeder Sonnenschein, erinnern mich heftiger noch an Dich, als die immerfort daurende Erinnerung ist, und mit tiefster Inbrunst gönne ich dann Deinem scharfen Auge, Deinem reinen umfassenden Gemüth den vollen Naturgenuß, in dem ich Dich stehen sehe. O meine Rahel, wenn ich von Dir entfernt bin, komm' ich mir vor wie der wache Finger eines Träumenden, ich gönne mir nicht was ich berühre, und zucke ewig nach meinem Auge, meiner Seele, nach Dir, zurück, um neben Dir mit voller Beruhigung zu empfangen, was ich allein nur halb oder zum viertheil mit meinen schwachen Kräften verarbeite. Eine schöne Aernte, muß ich fast bei allem sagen, und reiß' einige Aehren aus, während Du wackerer Schnitter sie ganz zusammenmähtest! Wie gränzenlos ich Dir zugethan bin, habe ich neulich gesehen, da mir im halben Schlummer vorkam, Du wärest gestorben: ich war aber gleich ganz wach, und empfand in diesem Gedanken eine Angst, einen Schmerz, ein solches Verlassensein, wie nichts anderes in der Welt sie mir erzeugen können, nicht der plötzliche Tod aller meiner Freunde zusammen. Rahel, Dich zu verlieren, und nur erst so wenig mit Dir gelebt zu haben, nicht erschöpft zu haben, was das Leben mir von Deiner Gegenwart geboten hat! O ich müßte vergehen! ich wüßte, daß wohl über tausend Jahre hinaus ein solches Leben sich erst wieder erzeugt, und ich bliebe in der dicken Finsterniß dieser Welt, die mir überall unter den Händen zerbricht! Du Einzige, die ich vergöttern müßte, wenn ich Dich so erkennte wie jetzt, ohne daß Du von mir wissen wolltest, und jetzt, da Du meine Freundin bist, ich Dein Freund bin! Ja, meine Rahel, ich erkenne was das heißt. Ich bin Dir gern untergeordnet, weil ich Dir ergeben bin. Fände sich ein äußeres Verhältniß für mich, daß ich nicht dadurch immer zerknirscht wäre, ich glaube, Du würdest diese Ergebung auch fühlen, die Du bisher wohl meistens nur wußtest; denn nicht in meinem Karakter, in den Umständen ja nur, die freilich am Ende den Karakter bekleiden, liegt alles das Boshafte und Kleinliche, was Dir und mir ein Abscheu ist. Von Liebe ist wirklich nicht die Rede zwischen uns, die ist nur wie ein plötzlicher Sommerregen in unserem Verhältniß. Du kannst lieben, ich nicht, aber ich kann das einsehen, und das ist ein ausgleichender Trost! — Wie thöricht komm' ich mir vor, da ich heute das Vorhergehende wieder lese, was ich Dir gestern geschrieben habe! In aller Art thöricht, geliebte Rahel! Erstens, daß ich mich in den Stand gesetzt habe, Dir wieder schreiben zu müssen, und dann daß ich Dir solcherlei schreibe! Zwar sehe ich noch nicht ein, wie in meiner damaligen Stimmung ich hätte bleiben können; ich schämte mich außerordentlich, so jung und gesund in Ruhe zu sein, und sogar ohne Erwerb. Jetzt denk' ich anders! Großes Lob strömt von allen Seiten herbei auf Männer wie Wolf und Voß, deren Leben, bei allen anderen großen Arbeiten, doch eigentlich, man kann es sagen, dem Homer geweiht ist. Für den Homer sind sie freilich nichts, er ist todt, und bedarf ihrer nicht, aber für uns, die wir ihn lesen wollen. Wie viel herrlicher aber müßt' es sein, wenn sie den großen Dichter im Leben umwandelt, und als Diener und Verwandte seiner göttlichen Eingebung gelebt! Sie gäben gewiß die Gemeinschaft mit diesem ganzen Geschlecht gerne für den alten Sänger hin. Und ich nur, geliebte Rahel, der ich Dich für größer halte, als den Homer, und für das herrlichste, das es auf der Erde giebt, und der ich mir so vielen Sinn fühle für Dich, mehr Sinn für Dich, als Andere, mit denen ich an Wissenschaft, Kunst und Gelehrsamkeit in keinen Vergleich komme, warum sollt' ich nicht freudig in Deinem Kreis bleiben, und mit der Liebesinbrunst, die mir zu Theil geworden ist, Dich hegen und begleiten, auf Dich alles Leben wenden, Dir dienen wie einem griechischen Klassiker? Ja Rahel, das ist meine Aussicht, meine Hoffnung! Wenn Du nur willst! Und Du hast Dir ja mein Ehrenwort geben lassen, daß ich zu Dir kommen will, wenn mir etwas geschähe! — Es wird sich ja wohl eine Arbeit finden, die mich nicht von Dir trennt, und mir ein Erwerb ist:

— Ohne Zweifel wird bald Frieden, wir marschiren nach Prag, und dort, wenn der Ort sich schickt, hoff' ich Dich wieder zu sehen. O meine Rahel, welch ein Augenblick wird das für mich sein, ich hab' ihn schon tausendmal gedacht! Geh nach Teplitz diesen Sommer, Liebe! wüßt' ich Dich nur aus Berlin weg! In Charlottenburg weiß ich Dich schon lieber, im Grünen, im schönen Schloßgarten, auf dem Steingang. Ich hoffe Harscher wird bald eintreffen, und Dir ein geistreicher Umgang, ich bin besorgter um Menschen für Dich, als Du selbst, die Du Dir wenig daraus machst. Gehst Du noch fleißig mit der Guten spazieren? grüße sie bestens! Ich wäre für mein Leben gern bei Euch! hier ist kein Mensch mit dem man auch nur sprechen könnte. Ein alter Franziskaner, der seit 43 Jahren das Ordenskleid mit Freuden trägt, ist mir noch der liebste; er besucht mich bisweilen, und erzählt mir aus der Kirchengeschichte. Diese Süddeutschen hole der Teufel! ich lobe mir die Brandenburger! In Wien mag's freilich etwas besser sein, aber die intime Gesellschaft möcht' ich mir doch aus Berlin herholen. — Den alten Brief an Gentz habe ich noch bei mir, das einzige Schriftliche von Dir! Unzähligemal hab' ich ihn gelesen, wie ein frisches Lebensbad sind Deine Worte, und ich möchte verzweifeln, nicht mehr von Dir, nichts an mich Gerichtetes, hier zu haben, wo ich mich so innig darnach sehne! Mein Zustand wäre ein anderer, wenn ich die Briefe von Dir hätte, die Du mir nach Tübingen geschrieben hast. Mir wäre darin wie in einem kühlen Wald, voll rauschender Quellen, mit Felsen und Wiesen, wo Hirsche und Rehe weiden! Ganz verlassen fühl' ich mich nun, bis auf jenen Brief, der doch wie ein frisches grünes Reis die Stirn kühlt! Gar nichts hab' ich bei mir von Papieren, keinen Brief, kein Buch. Das macht mir die Tage sehr armselig und langweilig. Dieser Tage fand ich in einem elenden Buche von Cramer einige Goethe'sche Verse als Motto angeführt: wie mich das rührte, liebe Rahel! ich mußte fast weinen, es war wie ein Wiedersehen! Ja, wenn ich hier einen Band Goethe hätte! Wo man auf jedem Worte, jedem Ausdruck in süßem Nachdenken verweilen kann, und unerschöpfliche Labung aus den edlen Steinwänden quillt! Leider weiß ich so wenig im Ganzen auswendig, was ich aber weiß, sag' ich mir oft im Stillen her. — Von Marwitz weiß ich nichts, als daß er Lieutenant bei Klenau Chevaux-legers ist, doch habe ich eben nicht gehört daß unsere Kavalerie sehr dran gekommen sei, hoffentlich ist er wohl. Willisen aber sah ich den Tag nach meiner Verwundung, er war Feldwebel beim Carnouvill'schen Freicorps, und die gemeine Uniform stand ihm zum Küssen! er sollte erster Tage Offizier werden. — Auf unserer Reise durch Mähren fanden wir damals den ausführlichen Bericht von der Schlacht bei Aspern, und berechneten, daß von vieren einer verwundet oder getödtet worden, also von uns einer, hieß es, in der nächsten Schlacht! Ich nahm sogleich dieses Loos auf mich, und prophezeihte mir's, billig müssen also die Anderen, Marwitz, Willisen und Scheibler gesund und wohl sein! Es ist auch recht, was haben denn die Adlichen in diesem Krieg zu thun? leider sehen sie's als ihren Krieg an, und leider mag er's wohl sein! — Von meinem Obersten, dem Grafen Bentheim, muß ich Dir doch etwas erzählen, das Dir gefallen wird. Er ist ungemein herrisch und gebieterisch, stolz und vornehm; nun traf es sich, daß wir Offiziere beim Bivouac mit ihm auf dem Felde lagen, und einige in seiner Nähe (ich lag etwas entfernter, seitwärts, und hörte daher nicht alles) sehr unvernünftig davon sprachen, was man zu verlieren habe im Kriege, und einer wollte das abmessen nach den äußeren und inneren Gütern, daß es also zum Beispiel einem General entsetzlicher sein müsse, erschossen zu werden, als dem gemeinen Mann. „Erlauben Sie, mein Schatz!“ sagte Bentheim, „das ist ganz gleich, jeder bringt sein Ich zu Markte, und individuellement ist jedem sein Ich so viel werth, als dem Anderen das seine.“ Das hat mir viel Freude gemacht, und so ganz aus sich, noch dazu mit dem ungeschickten französischen Ausdruck! Der hat einen guten Kern, der so anschauen und es aussprechen kann. — Ich schreibe Dir abgerissen, was mir grade einfällt, geliebte Rahel, denn ich muß nach wenigen Zeilen immer innehalten und wieder ausruhen, da vergehen die Uebergänge, und es werden lauter Teiche statt Eines Flusses! Heute am 28sten habe ich angefangen, auch an Fouqué zu schreiben, Du sollst den Brief lesen, mußt aber bei vielem bedenken, daß ich ihn in Jahr und Tag nicht gesehen, und ihm auch seit vier Monaten nicht recht geschrieben habe, und doch anknüpfen mußte, wo ich's damals gelassen; ich weiß, er hat jetzt tausendmal mehr Freude an mir, als sonst, und das macht ihn mir wieder so lieb. Ich suche ihm wohlzuthun, wo ich kann, denn wenn er auch nicht sieht, wie viel Arges ihm geschieht, ich sehe es, und muß ihn nach meinem Sehen entschädigen soviel meine Freundschaft vermag. Anderen Freunden hab' ich wohl oft das Bittere ausgesucht, wenn ihnen in ihrer Haut so sehr wohl war; aber dieses fromme, liebe Kind! o dem möge doch immer ganz wohl sein, ihn bringt nichts zum Uebermuth! Schreibst Du ihm wohl? thu es doch, Liebe! und denke nicht an die Frau, der er Deine Briefe wohl nicht einmal zeigt; ich weiß nichts Angenehmeres, als Dich mit meinen Freunden zusammenzubringen! Doch fürchte nicht! mit Chamisso hab' ich's aufgegeben — bis er sich wäscht; dann aber duldest Du ihn auch wohl, wie manchen Anderen. Ich denke wieder sehr lebhaft an Dich und Harscher, und wie ihr euch wohl zusammenfinden werdet, daß er kommt, nehm' ich als gewiß an, obgleich er vielleicht länger ausbleibt, als Schleiermacher und Marwitz glauben, denn er faßt zwar seine Entschließung rasch, aber nach langen Bedenklichkeiten; noch immer befürcht' ich, er wird sich gegen Dich nicht zu nehmen wissen, sich schämen, überrascht sein, und das flieht er auf alle Weise. Mit bewundernswürdiger Feinheit wird er spielen, und rastlos in geschickten und schlauen Wendungen sich herumdrehen, ehe er unbefangen mit Dir wird. Denn seine Feinheit überhaupt, und besonders seine zarte Geselligkeit, ist eben so sehr auf das Vermeiden gestellt, als auf die Thätigkeit, und die kolossale Gestalt Deines freien, und doch feinsten Umgangs wird ihn noch immer erschrecken, ungeachtet der Briefe, und der für ihn bedeutenden Urtheile, die Marwitz ihm ohne Zweifel mitgetheilt hat. Aber, meine Rahel! ist er einmal unbefangen mit Dir geworden, und hingegeben in das süße Vertrauen, dessen er fähig ist (da bei Marwitz nur ein strenges und ernstes möglich ist) niemals dann läßt er Dich wieder los, und bleibt bei Dir, auch Dir zur innigsten Freude und zur herrlichsten Freundschaft. Wenn dies geschieht, will ich mich herzlich freuen, so viel es mich dem Scheine nach zurücksetzen wird, der Wahrheit nach doch nicht, denn ich kenne ja jetzt schon den Platz, den ich bei Dir einnehmen kann: und verzeihe mir, daß ich so oft dieses wieder sage, mir ist ein großer Drang dazu in der Brust, und ich suche mir dadurch innerlich stets zu bekräftigen, daß ich mich an Dich so anschließen darf. Meine liebe, einzige Rahel! helle, liebe Kleine! wann kann ich erst wieder Dich an mein Herz drücken, und Deine Lippen küssen mit all der Innigkeit, die mir jeden Augenblick neu für Dich erblüht! O verzeih mir nur: daß ich Dich so oft gekränkt habe! es thut mir jetzt gewiß weher, als Dir damals! Du hast aber ja schon verziehen durch jedes gute, freundliche Wort, das Du mir nachher sagtest. Ja wahrhaftig, es ist gut, leicht und schön mit Dir leben, weil Du in jedem das Gute, Leichte und Schöne, das in ihm ist, aufrufst, und dann fühlt sich doch jeder am wohlsten. Der Gedanke, dies nun zu erreichen, macht mich taumeln in Freude und Entzücken, und schafft mir diesen Winter, der mich hoffentlich in diesem Winter trifft, zum Frühling und Sommer um! Wenn ich Dich jetzt wiedersehe, meine Rahel, siehst Du mich anders, als je; ich trete ganz frei zu Dir! Mein Leben habe ich offen dem Tode hingestellt, und so ist der zwischen mich und die alten Verhältnisse getreten, ich habe ja dadurch nicht bloß meinen Schmerz, sondern auch den Schmerz über Fanny's Schmerz überwunden; und nur eine freundliche, innige Verwandtschaft, ohne Hoffnung, ohne übersteigertes Sehnen, kann von meiner Seite dorthin bestehen. Ich habe ein neues Leben zu verschenken, das neue, das ich aus der Schlacht mit davongebracht habe, und ich gebe es Dir, wenn Du's nur nimmst! Soll ich Dich in Prag, in Berlin, in Breslau sehen? mir ist alles recht! Nach Prag denk' ich bald zu kommen, dort sind wir näher, aber die Nähe soll uns nicht zu Briefen, soll uns nur das Sehen erleichtern. Leb wohl, Geliebte! ich muß ausruhen! — Ich habe schon gar keine Lust mehr, diesen Brief fortzusetzen, der so alt zu werden scheint, daß er als ein beträchtlicher Theil meiner Lebensbeschreibung gelten könnte. Es ist schon nichts mehr wahr von dem ganzen Anfange, außer was sich auf Dich bezieht, geliebte Rahel! Meine Wunden sind beinahe geheilt, und ich werde bald den Versuch machen, an Krücken zu gehen. Nach Teplitz werd' ich wahrscheinlich gehen müssen, um die vorige Stärke des Schenkels wieder zu erlangen; wenn nur kein politisches Hinderniß eintritt oder bleibt. Hier hat sich doch auch einige Güte der Leute gezeigt; eine ganz artige Frau, die früher in diesen Zimmern auf dem Schloß, wo ich jetzt liege, eine Art Verwalterin glaub' ich, gewohnt hat, bringt mir zu Zeiten Kleinigkeiten an Kuchensachen, auch die wenigen Früchte ihres kleinen Gartens, und, was mich besonders vergnügt, frische Blumen, die ich überaus gern neben meinem Bette stehen sehe, und mich durch den würzigen Geruch oft dermaßen erquicke, daß ich es zu dem Besten rechne, was mir hier zu Theil wird. Das Städtchen ist vor einigen Jahren fast ganz abgebrannt, nun sind die Franzosen hier, und das Spital muß auch unterhalten werden, da sind die armen Einwohner schon zu sehr belästigt, als daß ihr guter Wille, der sich offenbar zeigt, mehr in That übergehen könnte. Auch Himbeergelée, das gar nicht zu haben war, und wonach ich im Fieber ein unauslöschliches Verlangen trug, hat mir eine hiesige Dame geschickt, und die Frau Finanzdirektorin, die vornehmste Dame im Orte, Früchte und Gebäck. Bei Gelegenheit, daß sich ein Fähnrich, der neben mir an liegt, mit den Sakramenten versehen ließ, habe ich den Pfarrer gesprochen, der ein rüstiger wohlbeleibter Mann ist, und sich bald dahin bringen ließ, mir bessere Bücher zu schicken, als ich bisher bekommen konnte, wie ich denn jetzt Schmidt's Geschichte der Deutschen lese. Denke Dir, liebe Rahel, der arme Schelm, der kommunizirt hat, ist ein blutjunger Mensch, 15 Jahr alt, ganz kindisch noch, und muß an einer Wunde, die ihm unten am Fußgelenk, das fast ganz zerschmettert ist, nur deshalb sterben, weil keine Instrumente zur Amputation hier sind, man hat sie, weil sie sehr theuer sind, geflüchtet, damit sie nicht in die Hände der Franzosen fallen! Ich finde das gräuelhaft, entsetzlich! Und der Arme meint es ginge sehr gut mit ihm, weil er wenig Schmerzen hat, wir wissen indeß daß er drauf geht; seine Aeltern und Geschwister sind in Prag, und er jammert sehr nach ihnen. Das mit den Instrumenten ist empörend! Auch das empört mich, den Offizier, bis zum höchsten Zorn, daß ein Gemeiner oft an den leichtesten Wunden sterben muß, die er als Offizier gemächlich übersteht! Hier sind zu wenig Aerzte, nur drei für etwa 600 Kranke und Verwundete, und mancher bleibt unverbunden an manchen Tagen; ich sehe freilich nicht wie es ändern, aber es ist doch fürchterlich! und natürlich geht der Offizier vor. — Unsere Wohnung ist sehr schön, ein großes, hohes Schloß, mit Graben umgeben, und von so dicken Mauern, daß es zur Festung dienen könnte, die Einrichtung scheint ganz modern, und es sieht doch ernsthafter aus, als die gewöhnlichen neueren Schlösser. Dazu ist der eine ganze Theil nicht ausgebaut, sondern steht nur in den Mauern da, ohne Zwischenboden und Fensterscheiben, so daß es wie Trümmer aussieht, dieser Theil sollte ein Theater werden, das nun wohl nie fertig wird, denn der Besitzer des Schlosses und der Stadt ist ein alter achtzigjähriger Graf in

Wien, der keine Erben hat, und dessen Güter dem Kaiser anheimfallen. Ei! hier so zu residiren mit einem kleinen Hofstaat müßte prächtig sein! und der Graf hat wohl sein Lebtage nicht dran gedacht, sondern vielleicht vorgezogen ein Diener zu sein am Kaiserlichen Hof. — Da sich eine Gelegenheit zeigt, diesen Brief nach Wien zu schicken, so will ich's immerhin wagen, obgleich mir schaudert, wenn ich denke, daß er könnte verloren gehen. Antworte mir nur ja recht bald, denn ich weiß ja nicht, wie lange ich hier bleibe; meine Heilung geht gut von Statten, die eine Wunde ist schon zu, die andere kann sich in acht Tagen schließen, und allmählig kommt auch wieder Kraft in die Sehnen. Heute bin ich schon, gestützt auf die Schulter meines Bedienten, wohl achtzehn Schritte gehinkt, konnte aber doch etwas auftreten auf dem verletzten Beine. O ich habe gutes Blut, und einen Körper vom besten Willen! mir ist ordentlich lieb dies erfahren zu haben.

Nun lebe wohl, theures geliebtes Herz! Freue Dich meiner, süße Rahel, ich habe Dich unaussprechlich lieb! Grüße Mad. Frohberg bestens, und ihre beiden Schwestern! Den Brief an Fouqué lies, und gieb ihn dann an Chamisso, der ihn besorgen wird. Viele Grüße an Deine Schwägerin, Hanne und Fanny. Mit Deiner Mutter werd' ich's nun doch wohl auf ewig gut gemacht haben? Wenn sie mir wieder einmal meint, ich wäre französisch gesinnt, kann ich nur dreist die Kleider herunterziehen, und zeige meinen Schuß! Die Narren! wenn sie nur wüßten! — Du weißt wohl! — Leb wohl! leb wohl! Ich lebe in der Hoffnung auf, Dich bald wiederzusehen! Ewig Dein

Varnhagen.

Fähnrich beim k. k. Infanterieregiment Vogelsang.

N. S. Mit dem Brief an Fouqué hab' ich die Aenderung getroffen, daß ihn Chamisso nun erst hat, entweder besorgst Du ihn nun, oder giebst ihn zurück. Adieu! Liebe!

Liebste Rahel! in solcher Entfernung muß man wohl klein schreiben, verzeih es mir! Liebe! Könnte nicht jemand Dir den Brief vorlesen? Ach ich bedaure wirklich Deine Augen!

NB. Wenn Du mir antwortest, so thu es bald, und dann mußt Du den Brief an jemand nach Wien schicken, der ihn dann hieherschickt mit Gelegenheit. Du hast wohl Verbindungen mit Wiener Kaufleuten? Sag mir auch, ob Du meine Briefe aus Nicolsburg und Deutsch=Wagram bekommen.

An Rahel.

Wien, den 30. November 1809.

Meine geliebte, theure Rahel! Erst jetzt, da ich wieder in Wien bin, wage ich Dir zu schreiben, da weder die Umgebung mich wie bisher in unausweichlichen Stumpfsinn hineinschwindeln macht, noch auch die Furcht mich lähmt, daß meine Briefe verloren gehen. Erst vor wenigen Tagen habe ich von Dir die ersten Blätter erhalten, die vom 8ten Juli, die ich Gott weiß mit welcher Empfindung las! Marwitz war grade bei mir, zum Abschied auf längere Zeit schon aufgestanden, er nahm Theil an meinem Schatz noch in der letzten Minute. Die unermeßliche Freude von Dir endlich einen Brief zu haben, war, wie ein reißender Strom unaufhaltsam in's Meer stürzt, und nur zu spät konnte die gleicherkannte Bitterkeit, daß Du mich zu klein gesehen, und auch anders verzagt, als verzagt zu sein nicht Schmach ist, gleich der salzigen Seefluth in dem Strom heraufdringen. Sei es! ich danke Dir mit überschwenglicher Inbrunst, geliebte Rahel; lieblicher und fester konnte mir Deine Freundschaft nicht erscheinen, als daß sie zweifelte ohne an mir nicht zu verzweifeln, nein wie eine edle Mütterlichkeit Kraft und schöne Gesinnung zuspricht. Wie Gewitter können Deine Wortschläge mit Gluth und Fluth die trüben ängstlichen Regionen des Gemüths reinigen. Was mir nur so sonderbar war, ist die große Zwischenzeit von Deinem Schreiben zu meinem Lesen, und wie der rasche Lauf der Begebenheiten schon am 5ten herbeiführte, was Du am 8ten noch nach zehn oder mehr Tagen in mir hervorzubringen dachtest. Ich hoffe nur, daß Du meinen Brief aus Zistersdorf und den aus Wien empfangen hast; aus Ungarn habe ich nicht mehr geschrieben, selbst Stafetten liefen Gefahr verloren zu gehen. Erst lag ich in einem Dorfe, Vagha an der Vag, wo ich mit Mühe der Krankheit entging, und für die unseligste Lage nur in einem Besuch von Marwitz und der allgemeinen Liebe der braven Offiziere meines Regiments etwas Trost fand. Dann kam der Oberst Graf Bentheim, der bisher im Bade sich von seinen schweren Wunden, die er am 6ten bei Wagram bekommen, zu erholen gesucht; und jetzt nach wenigen Tagen krank wurde. Er traute dem Oberarzt nicht recht, und ließ mich rufen; ich habe ihn gerettet. Schon während der Krankheit wurde ich in allen seinen vielen Verhältnissen sein Vertrauter und Freund, wie er noch keinen gehabt. Er hat mich sehr lieb, und behandelt mich mit einer Achtung und Zartheit, die ich selber mir nicht angemessener erfinden könnte, und die ich um so dankbarer erkenne, als in unseren Diensten sonst der Abstand zwischen Oberst und Subaltern-Offizier unermeßlich ist, auch außer dem Dienst; er aber berücksichtigt nur meine Person und Bildung. Während das Regiment nach Mähren marschirt, von wo es wohl erst späterhin nach Prag aufbrechen wird, bin ich mit dem Obersten hieher gereist mit Urlaub auf sechs Wochen, um abzuwarten daß Gelder eintreffen, worauf wir sogleich nach Italien aufbrechen, das Karneval hoffentlich in Venedig und den Rest des Winters zubringen werden, wobei Rom und Neapel wohl nicht vergessen sind. Doch diese Reise dürfte noch allerlei Hindernisse, besonders politische, erleiden; aber eine andere, die dem Plane nach sich an jene anschließen soll, nach Westfalen in die Grafschaft Bentheim, ist unabänderlich festgesetzt. Der bequemste, herrlichste Wagen ist schon in der Arbeit, zwei Bediente gehen mit, und an jeder äußeren Anmuth wird nichts gespart sein. Sehr natürlich bleibe ich jetzt gern noch Offizier, so lange dieser mein Oberst bleibt, und obgleich mein Abschied in der Reise nichts geändert hätte, finde ich doch ehrenvoller und schicklicher, wenn ich als Offizier seines Regiments mit meinem Obersten reise. Er ist schön, gütig, unbefangen, weiß wenig und lernt gern, doch ohne gelehrte Mühe zu übernehmen, ist lenksam und im höchsten Grade verständig, kühner Jugendlichkeit gehört sein Blut, obwohl sein Kopf die Strenge gesetzteren Alters und nützlichen Ernst liebt. Französisch spricht er meisterhaft, italienisch etwas, deutsch nicht ohne Anlage es besser zu sprechen, und ich glaube er wird viel verstehen. Lustig ist er nicht, aber heiter, auch fröhlich, und mit innigem, doch nicht tiefem Gefühl zugethan. Als Soldat kann man nicht braver sein; er ist der beste Exerziermeister, und wohlherrschendste Chef des Regiments, gefürchtet und geliebt. Stolz und herrscherig, doch nur gegen die Niedrigen, nie hat ein Adlicher mit seinem Adel weniger mein Gefühl beleidigt. Aus dieser Schilderung siehst Du, geliebte Rahel, daß ich einer angenehmen Existenz entgegengehe, wie schon meine jetzige frei und freundlich ist, und, was jetzt großen Werth hat, reich und üppig. Wie glücklich wär' ich sonst gewesen in solcher Lage! jetzt empfind' ich wohl auch all ihr glückliches und erwünschtes, aber eine tiefe Niedergeschlagenheit fühl' ich doch im Herzen, und unaufhörlich erneuerte Kränkung, daß meine Jugendjahre so hinwogen, ohne Hafen und Küste! Ich fühle mich inniger mit meinen deutschen Brüdern verknüpft, seit sie so gänzlich zerrüttet worden, und ein tiefer Gram und Unwille sprudeln alle Blumen weg, die von Zeit zu Zeit in Regenschauer sich erschließen. Der Boden fehlt. Eine Fluth des Elends hat ihn überschwemmt, und von einigen Bergspitzen nur klagen wenige abgerungene Gerettete um die in der Fluth verlorenen. Ich sehe keine Rettung so: ein großer Schlag wird allein retten können, wenn Risse geschehen, und Tiefen stürzen. Mir ist es nicht um diesen Staat, aber ich beweine, ihn so zu sehen mit unendlichen Kräften doch so gehemmt durch Kleinigkeiten, die zu groß sind, als daß sie ohne Blut könnten getilgt werden. Und noch viele Zwischenjahre können so hingehen, ehe Neues reift, und das Leben läßt sich nicht aufschieben. Ich sehe es recht aber mit körperlichen Augen, wie Gesellschaft, Litteratur, Familie, Erziehung, Gelehrsamkeit hinstirbt und erschlafft, ja lächerlich wird in solchen Zeiten, wie jetzt Deutschland sie erleidet, und nur der Haß, der Zorn, das Sinnen auf Rache, und Uebung des Geistes auf die Waffen gültig und ehrwürdig ist. Aber wenn ich schon die Reise nach Italien nicht wie eine köstliche Frucht, die mir geschenkt worden, betrachten kann, so gilt sie mir doch mit ihren Genüssen wie die heilsame Arznei dem Erkrankenden, und ich bebe ihr freudig entgegen! Wüßt' ich Dich mit uns! Du weißt nicht was ich entbehre, auch drückt es mir die Sprache nicht aus, aber unberuhigt bleib' ich, und kann mich kaum fassen, daß mir Deine schönsten Wünsche ohne Dich sich erfüllen! Beschämt bin ich und verwirrt, geliebtes Herz, und meine Verhältnisse scheinen mir unsinnige Verirrungen eines blöden Zufalls. Du hast mir alle prophezeit, Rahel, wie es nun kommt, und in starrem Erstaunen dacht' ich nur an Dich und Deine Kenntniß, als mir eines Abends in Szered der Oberst sagte, er glaube es werde ihm gut sein, die Pisaner Bäder zu gebrauchen, aber ich müsse ihn begleiten. Und nun war erst eine große Aussicht für mich eröffnet, denn wären wir mit dem Regimente nach Prag gegangen, was wär's weiter gewesen? eine angenehme Bekanntschaft, und ein fester Anhalt in Widerwärtigkeiten des Dienstes, sonst keine Aenderung in meiner Lebensweise, keine bleibende Bewegkraft! — Bricht bald ein Krieg aus, so werde ich entweder mit höherem Grade Offizier im Generalstabe, oder wenn Bentheim, wie zu vermuthen, General wird, sein Adjutant. Sein ausgebreiteter Einfluß wird mir auch leicht, was ich mit Dir am meisten wünsche, im Falle längeren Friedens eine diplomatische Stelle verschaffen, die sonst hier schwer zu erlangen wäre. Vielleicht, daß Bentheim selbst späterhin in solchen Geschäften angestellt wird. Daß ich ihn wahrhaft liebe, und seiner Person mit ganzem Herzen zugethan bin, so daß ich Wohlgefallen finde ihn anzusehen, ist ein unschätzbares Glück für mich, und sichert mir unter jeder Bedingung, daß mich nicht reuen kann, meinen Weg den seinigen begleiten zu sehen, sowie ich ihm gewiß ein lieber und nützlicher Freund bleiben muß. Dein Brief läßt mich schweigen über meine Sehnsucht zu Dir; ich ging! Du hast Recht, Rahel! aber das sollst Du doch wissen, daß alle Wege zu Dir führen, und ich, wenn ich zu leben hätte, keinen Umweg, sondern den nächsten zu Dir ginge: nur verzeih mir, daß ich noch nicht so neben Dir leben kann, ohne mehr zu haben und zu sein, wenigstens Erfahrungen und Blicke; Du bist so riesenhaft und gewaltig, daß Du mich vernichtest, wenn ich alles, alles, Erquickung, Freude, Freundschaft, Liebe, Sorgfalt, Schutz und Erhaltung in Dir finde, und Dir nichts gebe, als eine zu Dir gewandte Seele! Du darfst mir ein Gott sein, wenn ich leide, aber nicht, wenn es mir wohlgeht, und verwundet, hülflos, wie ich in Zistersdorf lag, konnt' ich wohl den Gedanken fassen, Dich gleich so zu ergreifen als mein alles, aber jetzt gesund und stark, wie ich bin, müßt' ich versinken. Nicht Dir, mein geliebtes Herz, mir versprech' ich es, sobald ich irgend festen Boden unter den Füßen fühle, oder ermüdet bin ihn zu suchen, ich das noch gesenkte suchende Haupt in den seligen Himmel erheben werde, der in Dir mir offen steht. O nun fürcht' ich daß Du mir entrissen werdest! Auch Du kannst das Leben nicht aufschieben, mußt weiter, und Dein großer Schwung kann nicht des kleineren noch unberechneten achten; die schöne Eiche harret nicht des Epheus, ich werde Dich ewig suchen müssen, das ist das Gesetz der Natur, und nur glückliches Finden kann dies Irren lösen. — Ich habe nun zwei Monate in Ungarn gelebt, erst in dem schlechtesten Dorf, dann in Szered, einem Marktflecken, und zuletzt in Tyrnau, einer ziemlichen Stadt: und ich muß bestätigen was alle die Unserigen sagen, es giebt keinen verfluchteren Aufenthalt! Ein fruchtbares, aber unbebautes Land, und daher ungesunder als es an sich schon ist durch viele Gewässer, ein stumpfes, sklavisches Bauernvolk, in unerhörtem Druck seufzend unter den Edelleuten, die oft selbst nur durch Vorrechte sich von den Bauern unterscheiden, und gleich ihnen leben und arbeiten, ein gänzliches Verstummen aller Musen, Künste und Wissenschaften vor der einzigen Kenntniß der ungarischen Rechte, die allein geschätzt wird und laut genug auf den Reichstagen lärmt, eine starre Meinung von eigener Vortrefflichkeit und stolz auf die Nationalität, die am Ende doch nur in Kleidung, und auch diese verfassungsmäßig in Rechten zum Nachtheil der Anderen, und in den Lauten einer verhallenden Sprache eigenthümlich ist, aber in keinem Höheren sich zeigt: das ist, was ich in Ungarn gefunden, und Marwitz, der doch auch zwei gute Augen hat, weiß schwerlich etwas Besseres, oder auch nur Anderes anzugeben. Lächerlich ist's wie sie ihre Landwirthschaft treiben, ein Drittheil des Getreides geht verloren. Die gerühmte Tapferkeit hat sich in der Insurrektion nicht fürchterlich gezeigt: und erliegt gewiß der Kenntniß und Geschicklichkeit, durch welche jetzt eben so als durch jene gesiegt wird. Mir war es eine wahre Erlösung, nach Wien zu kommen. Aber auch hier habe ich alles nach dem Abzuge der Franzosen in einer ungeheuren Erschlaffung und Leere gefunden, die wir nicht ausfüllen werden, und hundertmal hab' ich an Arnim gedacht, der im Wintergarten sagt, die Leute wären in Verlegenheit, wo sie nun einen neuen Feind herkriegen sollten. Der Aufenthalt der Franzosen hat das großstädtische Volk noch großstädtischer gemacht, unmerklich Begriffe und Urtheile und Kenntnisse abgesetzt, die unter allen Farben noch lange herumirren werden, bis sich Ein buntes Bild vielleicht daraus zusammenfügt. Der Kaiser ist angekommen, mit unendlichem Jubel ward er empfangen, im Theater, wo er erschien, nahm das Klatschen kein Ende, und brach bei jedem Anlaß auf's neue aus. Ich habe ihn genau gesehen, und mit vieler Rührung. Drei Tage war die herrliche Stadt erleuchtet, und anders als am 15ten August. Bei aller dieser Freude und Anhänglichkeit ist das Volk doch nicht blind, sondern spricht sogar keck aus, was für Anschauungen ihm vor den Augen schweben. Ein wüthiger Haß herrscht auf den Erzherzog Karl, und doch großentheils sehr ungerecht, man verkennt daß er die Armee geschaffen, und wenn auch verloren, doch so verloren die Schlachten waren, daß noch so vieles übrig geblieben ist. Ich war bei der Arnstein, die ich überhaupt nicht lieblich finde, und jetzt ganz unausstehlich fand. Wenn wieder ein Krieg ausbräche, sagte sie, wüßte sie was sie thäte, sie bliebe immer zunächst beim Erzherzog, da wäre sie am sichersten. Dies ist so hundsdumm gesagt, daß ich nur erwiederte: wenn man auf seidenem Sopha sitze (ich saß neben ihr) und in geschmückten Häusern, könne man leicht solche Reden führen, aber sie blieben auch ohne Konsequenz. Und in der That, unerschrocken und tapfer ist der Erzherzog wie Keiner, ich habe ihn im größten Kanonenfeuer auf der Anhöhe gesehen, und bei Wagram ist er verwundet worden, er ist herrlich in der Schlacht! Am 5ten waren die Franzosen hart an ihm, einer, der mit dem Bajonnet fast schon das Pferd berührte, schrie: rendez-vous, général! Der Hauptmann Weidenfels von unserem Regiment hieb ihn aber zusammen. Doch höre weiter! Die Arnstein sah doch etwas ihre Dummheit ein, und nahm die Beschuldigung der Feigheit zurück, ergoß sich aber in eine Fluth von Schimpfreden über seine Heerführung, und wurde in Ton und Worten gemein. Ich war schon aufgestanden; gnädige Frau, sagte ich mit artiger doch fester Stimme, Ihnen ist ohne Zweifel der Goethe'sche Vers bekannt „Wie man bei Bier und Taback über Besiegte sich hebt", ich erfahre soeben, daß diese beiden Attribnte nicht grade immer nöthig sind. Mit dieser ausgezeichneten Grobheit empfahl ich mich, und ließ sie darin sitzen. Du siehst, Liebe, mich verläßt mein Nothwitz nicht! Uebrigens galt mir als Offizier nicht die kleinste Anspielung von jenem Schimpfen, im Gegentheil, alles vergöttert die Truppen und beschuldigt nur die Generale; aber ich durfte als Offizier solchen Tadel in Gegenwart Fremder nicht leiden. Die Pereira, die Eskeles, die Schlegel habe ich alle wiedergesehen; bald wird Friedrich Schlegel auch hier eintreffen. Bartholdy ist ein eitler Ochse. Gentz ist wieder in Prag; zu meinem größten Leidwesen hab' ich ihn in Tyrnau, wo er durchgereist, verfehlt. — Wie beneid' ich Dich um das viele Goethe'sche, was uns geschenkt worden. Hier ist nichts, nichts zu bekommen, diesmal nicht wegen der Censur, wegen der geringen Anstrengung der Buchhändler. Wilhelm Meisters Wanderjahre! Nun bedeutender konnte die lederne Reisekappe in Karls Versuchen nicht werden; Rahel, das ist ein einziger Spaß! — In der Spazier Taschenbuch stehen Gedichte von mir, aber voller Fehler. Ob im Amsterdamer meine kleine Erzählung vom Kornet Schack steht, weiß ich noch nicht. Ich werde wohl alles Neue entbehren müssen, bis ich aus Italien zurückkehre. Nur die „Pandora“ von Goethe habe ich, weil sie hier gedruckt ist, bekommen, aber noch nicht gelesen; gesehen habe ich nur hie und da, daß es Goethe ist, der Einzige! Seine Werke müssen mit nach Italien! — Marwitz wird Dir ein kleines Novellenstück von mir schicken, „Flüchtige Armuth“, das nicht für den Druck bestimmt ist, lege es zu den anderen Papieren. Es ist ganz wahr. Marwitz fand es schön. Ich schrieb's eines Abends in Bentheim's Krankheit, und wollte noch vieles aus meinem letzten Leben so aufbewahren, Geselliges und Politisches, fand aber nicht Zeit noch Lust. Marwitz konnte auch zuletzt nicht mehr arbeiten, die Lage war gar zu hundsföttisch. Er hat mich in Tyrnau zweimal besucht, und war recht innig, an Bentheim fand er einen freundlichen Wirth. Wir sprachen viel von Dir, er liebt Dich und verehrt Dich, an Müller nach Bremen hat er geschrieben, Du seist das größte Weib auf Erden. Sein Bruder ist todt, die Franzosen haben ihn sehr schön begraben, die Zeitungen sollen davon voll gewesen sein. Die Sache wegen des Wirths in Ollmütz, den Marwitz erstochen hat, ist nun auch beendigt, er ist auf 6 Monate Arrest verurtheilt, wovon ihm 4 geschenkt sind, und während der zwei hat er mich eben in Tyrnau besucht. Der Uebermuth, von dem ich Dir schrieb, daß Marwitz ergriffen sei, hat an jenem keine Schuld, im Gegentheil habe ich große Milde späterhin bei ihm gefunden. Noch vor dem Frieden hat er einen Operationsplan für den zu eröffnenden Feldzug geschrieben, den ihm Napoleon gewiß kaiserlich belohnt hätte; es hat ihn aber niemand gesehen, als ich und Bentheim, der ihn jedoch im Fall des Kriegs eingesandt hätte, so wenig auch die Annahme zu hoffen war, wenn auch verschwiegen geblieben wäre, daß ein so junger Mensch ihn verfaßt. Auch er wird vorläufig fortdienen, aber Urlaub suchen nach Wien, Berlin oder Prag; die Kriegskunst studirt er emsig, im Großen und im kleinen Einzelnen. Einen angemessenen Wirkungskreis aber darf er nicht hoffen hier zu finden. Sein Geist wird freier und kühner, was mich in der tiefsten Seele freut zu bemerken, ungleich darin unserem geliebten Harscher, von dem wir nichts erfahren, und dem zwar innerhalb einer gewissen Sphäre kein Mensch an freier Bewegung gleichkommt, der aber diese Gränzen nicht überschreiten mag und daher sein Handeln immer in sich selbst zurückkehren läßt. Als ein glückliches Ereigniß in Marwitz sehe ich an, daß er einer so kleinen freundlichen, winterstüblichen Thätigkeit sich fügen kann, und alles, was ihn in dieser Zeit berührt und anspricht, in kleinen Zügen aufschreibt, wovon er mir gesagt, und nur leider nichts gezeigt hat. — Von Neumann, von Chamisso, von Fouqué höre ich nichts: ich bitte sie alle drei mir noch hieher zu schreiben. Wie gern hätte ich die Numancia! aber der Wunsch ist vergebens! Chamisso hat mir am 5ten Juli viele Scherze geschrieben, der Brief kam aber auch erst mit Deinem zugleich an. Da ich ihm auf spätere Worte geantwortet, so wäre es unschicklich jetzt weiter darüber zu ihm zu reden. Letzthin im Theater hatt' ich einen entsetzlichen Schreck, ich glaubte Neumann zu sehen, es sah ihm einer sehr ähnlich. Wie wünschte ich ihn bei mir! Ich habe schon gedacht, ihn als Erzieher in das Haus der verwittweten Fürstin von Solms bei Frankfurt zu bringen, die eine Schwester Bentheim's ist, und nach ihren Briefen zu urtheilen, eine sehr edle Frau, aber ich glaube Berlin läßt sich für ihn durch keine anderweitige Verbesserung ersetzen. Grüße ihn herzlich und innig von mir. Vergesse nur ja nicht den Freunden einzuschärfen, daß sie mir sogleich und klein schreiben, und Chamisso soll es gleich an Fouqué melden, damit dieser auch zu rechter Zeit mir schreibt. Grüße viel tausendmal die gute Frohberg, ich wünschte von Herzen, daß sie sich gänzlich aufrichte und fröhlich werde. —

Mich ängstigt sehr, zu hören, daß Deine Mutter gestorben. Ich weiß nicht das Gute und Böse zu sondern, was Dir daraus erwachsen wird, und bin sehr besorgt um Dich; Du hast gewiß unendlich gelitten, meine theure Rahel; wenn sie es auch nicht ganz war, Du machtest sie zur Mutter, und hattest daher doch eine an ihr. Du liebe, einzige Rahel! —

Ich bitte Dich, nur einige Zeilen Antwort und bald! Ewig, ewig geliebte, Rahel, Dein

Varnhagen.

Die Adresse ist auch den Freunden mitzutheilen:
An Ofenheimer & Herz in Wien.

An Varnhagen in Wien.

Berlin, Dienstag, den 18. Dezember 1809.

Vorige Woche, lieber Freund, erhielt ich ein Packet Briefe, sie waren von meinem Bruder, Pauline, Fouqué und Dir. Glück zu! Sei ja vergnügt, erkenntlich! Erkenne das Glück, die Reise, die Umgebung, die Umstände; laß nicht den schönen Zeitstrom in den Zwanzigern ungenossen, ungenützt vorüber gehen. Doch Du bist gewitzigt; und leichtsinnig! Ich gratulire Dir zu Deinem herrlichen Obersten! Du zeigst ihn mir ähnlich; ich liebe ihn. Man sieht die Aehnlichkeit einem Bilde an: kennt man das Original auch nicht; wenn das Bild nur gut ist. Vergiß meinen Antheil und meine Freundschaft nicht: und unsere Einigkeit, die Dich allerwärts begleitet. Schreiben kann ich nicht. Fouqué schrieb mir — es war sein zweiter Brief — so kläglich: daß ich ihm antworten mußte. Als ich den Brief fertig hatte, war er so lyrisch, stellte so ganz und gar mich dar, daß ich ihm, als ich ihn zuletzt bat, er möchte Dir schreiben, zuredete, er möchte Dir ihn schicken, weil ich wohl fühlte, ein zweites Lied sei unmöglich; dabei versprach ich ihm, daß wenn er wollte, so wollte ich ihm Deinen schicken. Das thu' ich nun nicht: weil ich grausame Gewissensbisse bekam: und mir gleich hinterher vornahm, Dich erst zu fragen. Des Du's wegen, und der Versicherung, noch mit mir zu leben. Sonnabend nur konnt' ich wegen Verdrüssen und Ermüdung Dir nicht schreiben. Fouqué aber schickt Dir *meinen* Brief unfehlbar. — Lieber, bester Junge, was ist *das*? Man schreibt mir, Du würdest Deine und meine Briefe drucken lassen? Woher schreibt sich nur das *Gerede*? *Das* sollte auch nicht *existiren*! Sprich doch nicht mit Menschen von *dergleichen*; die es bis zu *unreinen* Menschen hinsprechen! denn das sind doch die gewiß, die es bis zum Theegespräch treiben. Zum Glück besitze *ich* unsere Briefe. Sie kamen diesen Sommer auf Deine Adresse an; und der Briefträger brachte wie andere Päcke sie mir. Diesen Morgen aber, jetzt, bekomme ich inliegenden Zettel von der Guten, — die böse mit mir ist: ich soll schlecht von ihr gesprochen haben; ohne daß sie mir sagen will, wo und was. Kann es auch von Hamburg kommen? — da erschrak ich so heftig, daß ich jetzt nach einer Stunde noch Nervenzittern habe. Ich kann es nicht glauben, daß Du es ohne mich thun kannst. Schicke aber gleich, eh Du einen Schritt reisest, und mit der ersten Post, eine Ordre nach Hamburg und Tübingen, wo auch die Packete liegen mögen, daß man sie mir, Mlle. Robert, im Trenk'schen Hause neben dem Kasino, mit der fahrenden Post schickt. Schon lange wollte ich sie kommen lassen; da Du doch reisest, und wir noch nicht in Einem Orte leben: aber ich kann das Blatt, welches Du mir zu diesem Behuf ließest, nicht unter meinen Papieren finden. Spare mir das Suchen, Lieber! Und pustere Dich über meine Forderung nicht auf, Du kennst mich, und wie ich Dir vertraue. Laß mich aber immer antworten können: „Ich besitze die Briefe!" wenn mir die Leute sagen, sie werden gedruckt. Füge keine Art von Besorglichkeit zu meinem Jammerleben. Das, Varnhagen, bist Du mir — die Du verehrst, und von der Du alle Wunden und Gemüthsschwächen kennst — schuldig. Ich füge kein Wort hinzu: und erwarte die Urquijo'sche und die Frohberg'sche Korrespondenz. Pustere Dich auch gegen die Gute nicht auf; im Fall sie Dir heute schreibt, wie ich vermuthen muß; sie fahre auch noch so hochtrabend und Lady-artig einher. Sei sanft, mein theurer Freund — nun hast Du ja eine Schlacht mitgemacht —, auch gegen die Leute in Hamburg, die geklatscht haben mögen! Da müssen Viele sitzen, die uns Beide nicht lieben und nicht verstehen. Mir zur Liebe und zur Ehre sei sanft und galant im Schreiben nach Hamburg und Berlin. Und schicke mir ja die Packete! Schriftlich ist es zu lang, die Gründe anzuführen: wärst Du bei mir — — — ein Wort mit einem Blick: und Du willfahrtest. Du thust's auch von weitem!

Es ist ganz nach meinem Sinn, daß Du Militair und mit dem Obersten bleibst: um Gottes willen verlasse den und die Karriere nicht; der Diplomat findet sich da ein! Wie Du sagst und siehst. Behandle ihn ja immer ferner gut und wie er's liebt: und laß Laune, kleine Bosheit und Probirsucht ja nicht spielen. Sei selbst geschmeidig! man muß es ja mit dem

Geliebten auch stets sein. Es ist nicht niedrig, da Dir der Oberst gefällt und Du ihn liebst. Wir kommen wohl wieder zusammen. Ich denke es gewiß: es muß so kommen; es ist keine empfindsame Hoffnung, versetzt mit Zweifel. Drum kann ich's auch nun so still abwarten. Fouqué wird Dir meinen Brief schicken. Ich glaube es gewiß! ich kann nicht schreiben. Gerne schickt' ich Dir Goethe und die Numancia! Wüßt' ich Dich nur noch in Wien; Gelegenheit habe ich. Varnhagen! wenn Du mich liebst, so schreibst Du mir mit nächster Post, daß ich meine beide Packete erhalte! Grübele nicht! und gieb einen Beweis, den ich fordere, nach meiner Art. Auch ich habe oft nach Dir gehandelt. Lebe wohl! Sei meiner versichert. Und bedaure mich im kalten Klima! Vielleicht sind wir noch auf der Erde der Sonne nah glücklich beieinander. Ich bestärke mich in allen meinen Denkungsarten täglich.

Bist Du Lieutenant? auf Deinem Brief an mich stand es.

Ich sehe Schede's und Schleiermacher's, die mir gut sind. Brentano ist noch hier.

An Wilhelm Neumann in Berlin.

Dienstag, den 20. Februar 1810.

Lieber Neumann, schreiben Sie, ich bin sehr gestört, um Gottes willen! an Varnhagen. Grüßen Sie ihn millionenmal von mir. Ich habe mit Liebe alle seine Briefe erhalten. Aus Wien und den letzten aus Prag. Schicken Sie ihm gleich seine Novelle und sein Bette. Ich werde die erste selige Minute dazu anwenden, ihm zu schreiben. Und sehr etwas Angenehmes: ich seh' ihn bald und unfehlbar. Alles Schreiben ist also schon unnütz. Schicken Sie ihm diese Worte. Schreiben Sie ihm von Marwitz; und kommen Sie heute zur Herz.

Adieu, lieber Neumann.

Rahel.

Mit Harscher haben Sie Recht. Marwitz sagt es auch. Geben Sie Gentz meinen Brief nicht. Adieu. Ich habe heute schon rasend viel schmieren müssen. Es ist alles wie es war, mit Liebe und Freundschaft auch. Ich komme.

An Rahel.

Wien, den 7. Januar 1810.

Geliebte Rahel! Weil Du es verlangst, schreib' ich Dir gleich heute Antwort auf Deinen letzten Brief, den ich gestern Abend erhielt; weil Du beruhigt sein willst, — denn ohne dieses Dringen hätte ich wohl noch einige Tage gewartet, um Deiner Erwartung auf ein Frühlingssäuseln nach Deinem Gewitterregenbrief besser zu entsprechen. Du hast ja nun meine Briefe, die Du geschrieben, sammt Deinen, die ich geschrieben, in eigener Verwahrung, und also das Beste und Größte, was ich empfangen, und das Tiefste und Vertrauteste, was je von mir ausging, in Deiner Hand: warum sollte ich einen Augenblick anstehen, noch jedes Andere, was von meinem Besitzthum mir lieb ist, ebendaselbst zu wissen, und Einem Schicksal zu überlassen? Was Du gefordert hast, geschieht morgen, ich schreibe an Uhland in Tübingen und an Lüders in Hamburg. Daß Du es aber fordertest, thut mir leid, ich weiß die Pakete dort sehr sicher, vielleicht sicherer als bei Dir! Denn ich läugne mir nicht, liebe Rahel! daß bei Dir die mir so köstlichen Schätze in Gefahr stehen verbrannt zu werden: eine schnelle Abreise, eine zornig-ängstliche Stimmung, können plötzlich Dich bewegen diese Urkunden zu vernichten. Gleichwohl zögere ich keinen Augenblick nach Deinem Willen zu thun, unsere Freundschaft freut sich dieser edlen Arznei, und wenn ich Dir eine kranke Stunde durch sie wegnehmen kann, ist es besser, als wenn ich zur Tröstung und Freude vieler Menschen künftiger Jahrhunderte aufsparte, besser und mir lieber um so viel, als Du selbst alle jene Menschen in meiner Einsicht und meinem Herzen überwiegst! Aber sieh! ich wäre gar nicht übel willens, das was ich spätem Alter, wenn rechts und links der Tod gemäht, vorbehalten hatte, schon jetzt zu thun, und Briefe von uns drucken zu lassen, damit solch kleine Bedenklichkeiten, ob es mir auch recht sei, daß ein von uns beiderseitig geliebter Freund wisse von unserem vertrautem Reden und meiner Hoffnung, mit Dir zu leben, keineswegs mehr in Dir aufsteigen können; denn Du warst bedenklich, für Dich nicht, sondern für mich, und opfertest einer äußeren Delikatesse die innere Gesinnung auf; darf ich denn nicht verlangen, daß Du mich behandelst wie Dich? Rahel, geliebte Rahel, was ist das? In einem Briefe (der mir doch ungemein lieb ist, weil ihn eine spartanische Mutter schrieb) sprichst Du mir Herzhaftigkeit und Todesverachtung ein, fast als glaubtest Du, ich fürchte mich: in dem anderen zweifelst Du an mir in viel schlimmerem Sinne, Du weißt nicht mehr, daß ich, obgleich so weichlich, doch in Deiner Kraft Dich erkannt habe, und genau erschaue, welchen Umfang mein Vertrauen in Deine Seele haben kann, und haben muß, so daß ich nie an die Gränzen gelange, weil mein Wesen auf allen Seiten längst ermüdet hinsinkt, wo Du noch wach im neuen Schwunge forteilst. — Dagegen sehr dankbar bin ich Dir für die Ermahnungen in Betracht meines Obersten, sie sind sehr richtig und gelegen, Du hattest mich dabei recht vor Augen; ich werde ihnen folgen, wie ich schon bisher gethan, ohne zu wissen, daß Du sie, die ich aus Dir mir schon gesprochen hatte, noch schreiben würdest. Unser Verhältniß ist fortdauernd rein und edel, eine Freundschaft, sofern sie möglich ist; ich habe sein völliges Vertrauen, und er das meinige, soweit er es verstehen kann, was freilich bei meiner Unbeholfenheit nicht viel ist, aber doch alles, was äußerlich kann aufgefaßt werden, sogar jede politische Idee, wodurch doch am leichtesten Zwiespalt entstehen kann. Ich vergesse jedoch nie, daß er mein Oberster ist, was in Oesterreich vielleicht mehr sagen will als bei jedem anderen Militair, und vergebe ihm, also auch mir, nichts von der hergebrachten Form des Betragens, ich könnte auch gar nicht anders: und es ist schön, wie sein edles Betragen nur immer dahin geht, mich durch nichts fühlen zu lassen, daß unser Verhältniß nur durch seine Innerlichkeit ein solches ist, und der Verfassung nach ein überaus strenges. Du kannst Dir denken, wie aber auch von meiner Seite jeder unedle Nutzen entfernt bleiben wird, zum Beispiel in Dienstsachen und dergleichen, wo mir diese Güte des Obersten nur eine neue Verpflichtung ist, genau gegen die Ordnung, freundlich gegen meine Kameraden und gehorsam gegen meine näheren Oberen zu sein. Kurz es geht mir in dieser Rücksicht sehr gut und wird so bleiben. Nach Italien reisen wir jetzt nicht, sondern nach Prag zum Regiment, wozu sehr wichtige Gründe mancher Art vorhanden sind. Ich gehe sehr gern nach Prag, ich sah Italien doch nur mit einer Art Zittern an, unheimlich wär' es mir dort gewesen ohne Dich, und der Stoff zu groß für nur meine Sinne, die nicht vieles verarbeiten, aber jedes durch Freunde verarbeitete sich leicht aneignen. Vielleicht in acht Tagen reisen wir ab nach Prag, dort hoff' ich Briefe zu bekommen! Die Ungewißheit meiner Zukunft ist mir sehr lieb; besonders da ich manche reizende Aussicht von meinem Hügel herab eröffnet sehe: neue Leute, neue Arbeiten, Reisen, Teplitz — wird Krieg, so wird mein Oberst gewiß bald General, und ich sein Adjutant; — in Prag lern' ich reiten, fechten, und — böhmisch. Wenn ich an Teplitz denke, so ist's nur wegen Deiner, wir sehen uns vielleicht im Herbste dort! O liebe Rahel, das wär' eine Freude! Auf Dich hoff' ich in der Welt, Du bist mir das Liebste und Theuerste! —

Hier in Wien war ich diesesmal sehr zerstreut: die steifen Gesellschaften habe ich zuletzt fast gar nicht mehr besucht; alle Abende war ich mit Kerner; ju mit Kerner, dessen Hiersein mir das Ueberraschendste von der Welt war, den ich in der unermeßlichen Stadt nur dadurch fand, daß ich Scheeren und er Maultrommeln bei demselben Stahlarbeiter suchte. Wie haben wir uns gefreut! Er kam eben von Hamburg, und glaubte mich noch in Ungarn. Fast alle Abend sind wir im Theater, wo uns vieles sehr wohl gefällt. — Zu einer jungen Gräfin Fuchs hat mich mein Oberst hingeführt, sie ist ein liebenswürdiges, humoristisches Weib, liebt Jean Paul, ist unbefangen und offen, spricht mit demselben Ton wie Nanny Schleiermacher, und sieht die beste Gesellschaft. Fürsten und Grafen, Fürstinnen und Gräfinnen könnte man statt Butterbrot zum Thee serviren, und es bleiben noch genug übrig, aber einen edleren freieren Ton habe ich nirgends gefunden, die völligste Ungezwungenheit, und gänzliche Gleichheit der geselligen Rechte: sie sind so vornehm diese Leute, daß ihnen nicht einfällt, ihr Rang könnte beeinträchtigt werden, während bei Arnstein's, Eskeles und Pereira's die Vornehmheit nur durch die jeden Abend ächzend fortgesetzte Anstrengung mühsam erhalten wird, und alles zittert, wenn eine Gräfin auf dem Sopha, und eine Fürstin auf dem Stuhl sitzt. Zur Gräfin Fuchs kommen junge Leute, liebenswürdig und frisch, zu den genannten Damen fast nur Karikaturen, alte abgenutzte Gesellschaftsbilder, es ist ein Jammer anzusehen. Welch unglückliches Streben! Einen Fürsten von Hessen-Homburg habe ich bei der Fuchs kennen lernen, einen Bruder unserer preußischen Prinzessin, er ist General, sehr hellen Kopfs und wohl unterrichtet. Auch den Grafen Cavryani, denselben, der mich in Wagram jenem Obersten empfahl, der mich an Bentheim wies, habe ich gestern dort wiedergesehen. — Friedrich Schlegel ist nun hier, ich habe ihn aber wenig gesehen, und nur in leichtem Gespräch; sehr angenehm ist sein Gesicht, gesund und heiter, behaglich seine ganze Art, seine Stimme wie Schleiermacher's, ein reiner bestimmter Ton, nur mehr A, da Schleiermacher mehr O hat. Mir scheint er nicht zu trauen, er fürchtet sich zu urtheilen, und steckt in den Absichten der Regierung. Ein Brief von Wilhelm aus Coppet kam eben an, und lobte den Doppelroman und uns, sehr vornehm: „wir wollen die jungen Leute, wenn sie so kräftig und thätig sind, überall loben". So hieß es etwa; ich sprang im Zimmer herum, und rief: o wie vornehm! o wie vornehm! Friedrich und seine Frau standen erstaunt. Die Frau gefällt mir doch sehr, sie hat einen treuen Sinn, und die zärtlichste Freundschaft für Friedrich. — Bartholdy schreibt dumme, eitle, prahlerische Aufsätze über den „Machiavelli". Sein Lustspiel ist verständig und fein, aber kalt und ohne Gemüth; dafür ist es nicht rasch genug, um bloß verständig zu sein. Wir sind übrigens arm hier an Schriftstellern und Schriften. Noch nicht hab' ich den Goethe'schen Roman! Ich bitte Dich, schicke mir ihn und die Numancia poste restante nach Prag, so wie alle folgende Briefe, doch nenne auf der Adresse mein Regiment. (Ich bin eigentlich Fähnrich, aber der Oberst nennt mich immer Lieutenant.) — Kerner hat sehr humoristische Schattenbriefe geschrieben, ganz eigene Sachen! und die größten Züge darunter. — Auf Harscher dürft ihr jetzt gar nicht rechnen, er ist beschämt durch all eure Liebesbriefe, er verzeiht es sich nie, so schwach gewesen zu sein, und euch nie ihn als Starke so als Schwachen mit Liebe und Zuvorkommenheit überschüttet zu haben, Marwitz giebt mir darin vollkommen recht, er sah es gleich ein, als ich's ihm in Tyrnau sagte. Ich kenne Harscher! In Berlin schwieg ich darüber, daß man ihm nicht so schreiben müsse, weil Marwitz mir's erst sagte, nachdem er und Schleiermacher geschrieben hatten. Mit Dir war's ein anderes, aber die Herz, die Scheden, Schleiermacher, die durften ihm alle nicht anders als einem Heroen schreiben, und allenfalls lustig. Er denkt jetzt ewig nur daran, wie er gerührt sein müßte und untergeordnet und dankbar für all die Liebe und Zärtlichkeit sein Lebelang, was ihm besonnenen, humoristischen und mißtrauischen, ja dabei immer kavaliermäßigen Menschen so lieb ist, wie eine Kugel vor den Kopf. — Von Marwitz weiß ich nichts, sehe ihn aber vielleicht in Prag; er hat eine Idylle in Prosa von mir, betitelt: „Flüchtige Anmuth", die er Dir schicken wird. „Wilhelm Meisters Wanderjahre" sind göttlich geschrieben; welch reifer Stil! Die Leute wollen in dem gedruckten Fragment Religion finden: ich finde nur Malerkunst und edle Bedeutung des Handwerks darin. — Ja so! wegen der Guten hab' ich noch zu schreiben! Sie soll doch bei Leibe nicht bös werden! Es hat keine Gefahr mit der Publizität; welche Feder möchte sich auch nach ihrem Roman noch an diese Geschichte wagen! Die Briefe? Gut! vielleicht ließe sich ein druckbarer Auszug daraus machen, aber in 10 Jahren noch nicht. Die dummen Klatschereien gehen immer ihren Gang, diesmal rührt es wohl von Bartholdy her, der eine weitläufige Familie hat. Auf keinen Fall darfst Du der Guten ihre Briefe zurückgeben, hörst Du, Rahel! sie sind m e i n, m e i n! und ich will sie behalten. Ich bitte Dich, geliebte Rahel, thu mir nicht ein solches Unglück an, etwas zu verbrennen von diesen Korrespondenzen, die doch einmal mir gehören. Doch will ich nicht mit Schmeichelreden Dich bestechen, ich kenne Dich, Du mich! — Auf Fouqué's Brief bin ich sehr begierig, ich schmachte nach Deinen Ergüssen! Wenn er mir nur Deinen Brief schickt! Theile doch allen die Adresse mit nach Prag, poste restante; ich komme sicher bald hin.

Mich freut Dein Umgang mit Schlegel's und Schede's; für Wilhelminen besonders. Grüße sie von mir, auch die Herz. Kerner grüßet Dich von ganzem Herzen, und ist erzürnt auf Chamisso, daß er ihn nicht zu Dir geführt, es thut ihm ewig leid.

Beiliegende Lieder sind von Uhland; ich schicke sie für Fouqué. Grüße alle Freunde herzlich und innig. Und sei Du gewiß meiner unsterblichen Liebe zu Dir! Einzige Rahel! Ewig Dein

Varnhagen.

An Rahel.

Wien, den 18. Januar 1810.

Meine theure, geliebte Rahel! Einen Brief von Fouqué habe ich vor einigen Tagen erhalten; aber den Deinigen an ihn hab' ich nicht, höre ihn darüber selber an: „Rahel hat Dir wohl schon geschrieben; daß sie mich lieb hat, gehört unter die heitersten Gaben meines Lebens; ich empfing sie mit aus Deiner Hand. Mit einer unaussprechlichen Innigkeit hange ich ihr an. Ich kenne nicht leicht beruhigendere und bessere Stunden, — selbst die des Dichters nicht ausgenommen — als in denen ich ihr mein ganzes Herz ausströme. Noch in diesem Monat hoffe ich sie zu sehen, da sollen erst alle Thüren meines Innern recht vor ihr aufgehen! — Sie wollte, ich sollte Dir ihren letzten Brief mitschicken: ich habe es aber nicht gethan, lieber Freund, und Du mußt es mir schon vergeben; die lange Entfernung von einem so lieben Blatte, die Ungewißheit seiner Reiseschicksale — Alles das schreckt mich gar zu sehr, und sie schließt Dir ja doch den Blick in ihr herrliches, verletztes, allsiegendes Gemüth unmittelbar auf." — Also ich habe den Brief nicht; er glaubt mich schon in Italien, aber obwohl ich so nahe daran bin nach Prag zu reisen, daß ich mich wundere noch hier zu sein, und dorthin die Briefe gewiß sicher ankommen, habe ich doch nicht in unseren Freund gedrungen, mir Deinen Brief dorthin zu schicken. Könnt' ich Dich auf einige Zeit sehen, geliebte Rahel! grade jetzt, da ich gesund, munter, aufgeregt und sicher bin: es würden schöne Tage sein, mit schönen Abenden. Die gegenwärtige Stimmung ist mir ein Vorgefühl der glücklichen Zeit, die uns diesen Sommer vielleicht in Teplitz vereint sieht, wohin Fouqué und Marwitz wohl auch kommen könnten, ich sehe kein großes Hinderniß. Schon lange blick' ich auf diese schöne Dekoration, die mich empfangen soll, und ich wagte nicht es so bestimmt auszusprechen, damit nicht etwa nichts daraus würde, wie bei Ausgesprochenem und Vorgenommenem so leicht zu befürchten ist, aber ich kann es nicht länger tragen, ich muß die innen gehegten Blumen endlich von mir abschütteln, um sie erst recht zu besehen. — Bis dieses Glück mir zu Theil wird, muß freilich noch mancher Tag vergehen, aber leicht und gut scheinen sie mir kommen zu wollen, auch nicht ohne reiche Frucht. Ich habe noch große Arbeiten vor in diesem Winter, die freilich in Wien nicht einmal angefangen werden können. — Den ersten Theil von Goethe's „Wahlverwandtschaften" habe ich nun gelesen, edler Stil eines feurigen Alters, nicht wie süßer Most, aber wie glühender alter Wein begeisternd, man freut sich des Alters, weil es solche Reife bringt. Richtige, neue Karaktere, besonders Mittler, der ein auf sonderbare Weise in dem Höchstprosaischen glücklich hervorgebrachtes Romantische ist; Ottilie, keineswegs Mignon, wie der erste Schein zu meinen verführt; nur den Hauptmann seh' ich noch nicht lebendig vor mir stehen, wie kömmt es, daß man ihn gern älter annimmt, als Goethe späterhin will, daß er sei? Die schöne Grundlage, das Landgut, der Gartenbau, ist groß und edel ausgeführt, und poetischer und didaktischer als der ganze Delille. Ich freue mich auf den zweiten Theil, ohne welchen gelesen zu haben, ich nicht gern mehr über das Buch sagen möchte, soviel ich auch noch auf dem Herzen habe. — Ich verweise Dich auf meinen Brief an Fouqué, denn ich kann heute nicht gut schreiben; die äußere Unruhe, die mich jeden Augenblick heute abruft, ist schon zu sehr in die Stimmung gedrungen. Lebe wohl, geliebtes Herz! Ich lebe Dir entgegen! Leb wohl! Grüße die Gute von mir; Scheden's auch, und die Herz. Ich grüßte wohl Schleiermacher von ganzem Herzen, aber ich weiß nicht, ob ich's ihn darf wissen lassen, er möchte meinen ich sei nicht mehr erbittert über sein Betragen gegen mich. Ewig Dein

Varnhagen.

Schreibe nach Prag, poste restante.

Reichardt's Klatschbriefe werden hier sehr verlacht und verachtet, aber gelesen.

An Rahel.

Prag, den 9. Februar 1810.

Unendlich geschmerzt hat es mich, theure, geliebte Rahel, bei meiner Ankunft in Prag keinen Brief von Dir vorzufinden, ich hatte sowohl auf einen von Dir, als auch auf Briefe von Nennhausen, Tübingen, und selbst von Hamburg in süßer Hoffnung gerechnet! Aber glaube nur nicht, liebe freundliche

Rahel, daß ich dies auch nur im geringsten Sinn eines Vorwurfs schreibe: nein, es war nur inniger Schmerz, ohne allen Verdruß, der zurückfallende Schatten meiner Liebe zu Dir! Du hast vielleicht sogar geschrieben, und der Brief ist nur nicht angekommen, wie ja so viele verspätet werden. Dies ist aber Ursache, daß ich mich hier noch fremder fühle, als es sonst sein könnte, denn fremd ist eigentlich nur das für das Gefühl, wo man gleichsam abgeschnitten dasteht, und leider seh' ich nun in allen Poststraßen, die von allen Seiten in Prag zusammenlaufen, nur schlechte dunkle Winterwege, wie der war, auf welchem ich gekommen bin; ich bitte Dich, mein theures Herz, lasse mir wenigstens die Straße von Berlin durch Deine lebenreichen Briefe zu einem schnell verwandelten Frühlingsbande werden! — Ich weiß nicht, wie sonderbar heute meine Feder ist; es ist als wollte der eigene Reichthum, den ich mir hier am Geiste fühle, zugleich mit der bitteren Armuth, die ich hier um mich sehe, und die kaum ihre Blößen bedecken kann, in jedem Federstrich hervorschwimmen. Ich denke mit unbeschreiblicher Liebe an Dich, und vor Deinem Bilde ist die sonstige Betäubungswolke, die meine Brust umzieht, durchbrochen, daß jeder Strahl den die Geister aussenden, dahin treffen kann: und doch kann ich Dir weniger sagen, als je, ich müßte mit Dir leben und Dich sehen, damit meine Worte eine Grammatik fänden. Liebe Du mich nur, theure Rahel, und sei meiner Liebe und Zuneigung versichert, so bleibt das Andere wohl alles einerlei. — Unsere Reise war eines der gleichgültigsten Stücke meines Lebens, auch innerlich meinen Gedanken nach. In einem bequemen guten Wagen neben meinem lieben Obersten, der weder leicht genirt, noch genirt wird, habe ich die Kälte gar nicht, und auch sonst wenig Unbequemlichkeiten gespürt, viel geschlafen, und mitunter etwas gesprochen, ich war weder glücklich noch unglücklich, ein Zustand der mir im Bewußtsein unausstehlich vorkommt, aber bei dem man sehr wohl gedeiht, und die Organisation sich in ein behagliches Gleichgewicht setzt. Nur alltägliche Münzen prägt man dann aus, die ihren Lebenswerth haben, und durch hohes Alter vielleicht merkwürdig werden; mir aber sind Gedenkmünzen auf traurige und fröhliche Begebenheiten in und mit mir, das einzige gangbare Geld, dagegen mir jenes gleich unter den Händen zu Kohlen und Asche zu werden droht. Wahrhaftig, daß etwas geschieht, ist die unumgängliche Bedingung dazu, daß ich etwas thue und fröhlich sei, und dieses Geschehen ist etwas überaus seltenes, hier nämlich, bei uns, denn anderswo geschieht viel, getrieben von einer ungeheuren aufregenden Thatkraft. Still wie im Grabe ist es, alles beim Alten, vielleicht einige Leichen mehr, und die Gruft ist wieder geschlossen, wo nur das Gewürm seine Schmäuse, Bälle und Soirées weiter forttreibt. Wie gern hätte ich in dieser Zeit ein kleines Buch für's Volk geschrieben, etwa unter dem Titel: Der erschreckliche und unglückliche Franzosenkrieg u. s. w. Französisch hätt' ich alles genannt, was unter den Deutschen schlecht ist, und es sollte den kommenden Zeiten gute Frucht getragen haben; wären dann nur hunderttausend Exemplare vertheilt, so hätte ich nichts gewagt, aber viel glaube ich zu wagen, wenn ich es hier nutzlos in den Brief setzte, was für Gegenstände mich zu jenem Buch begeistert hätten. Ich freue mich sehr zu sehen, daß bei euch man doch wirklich glaubt, der Krieg von 1806 sei eine Begebenheit, und daß Neues geschehen müsse anerkennt. O mein armes Deutschland! Ueberall, überall Feinde, daß keiner weiß wohin zuerst die Spitze wenden. Bei Gott! Eine Hand Napoleons ficht doch am Ende für uns, während die Andere uns schlägt, obwohl er mit beiden für sich streitet. Bei diesen Gegenständen ist es nöthig, daß man, wie ich hier, die Seite umwenden muß, um sich gleichsam bei einem breiten Graben zu besinnen, daß hier ohne Gefahr nicht gut weiter gerannt werden darf. Du liebst dergleichen Verhandlungen überdies nicht, ich auch eigentlich nur mündlich; weil darin heute wahr ist, was morgen falsch erscheint in den Handlungen. — Ermesse, geliebte Rahel, wie wohl mir bei Dir sein muß, wo unaufhörlich die lauterste Quelle frischen Thaues und neuer Begebenheiten sprudelt! Ich wollte es schon auf der vorigen Seite sagen; ich verirrte mich in anderes, wozu der Grundtext von Dir herrührt „Sittchen und Gesetzchen" und der mir alle Tage gewaltiger in der Seele tobt zu ausgeführten Predigten. Glaube nicht, weil ich so schreibe, und jeden Augenblick dahin zurückfalle, wo der Sumpfkrater giftige Dämpfe ausstößt, ich sei unter den Leuten oder auch nur überhaupt bitter und unleidlich: ich bin ganz sanft, regsam so im Stillen, und im Allgemeinen ganz unbedeutend in meiner Erscheinung, so daß ich nicht Haß, nicht Unwillen aufwecke, im Gegentheil mich vieler entgegenkommender Freundlichkeit zu erfreuen habe. In Wien fing ich eine kurze Zeit an es mit Allen zu verderben, es dauerte aber nicht lange, und ich schied im Guten. — Der gestrige Tag verging mit Melden bei der Generalität, der heutige mit kleinen Geschäften, morgen beziehe ich, zum erstenmale, die Wache, worauf ich noch vielerlei vorzubereiten habe, da ich den Dienst erst sehr wenig kenne. Ich weiß also nichts Rechtes von Prag zu schreiben, besonders da das beständige dunkle Schneewetter auch das verfinstert, was sonst wohl an der düstern Stadt ich hätte sehen können. Ich glaube die Stadt wird mir gut gefallen, alt, weitläufig, kolossal steht sie da, in bergigter Gegend, am Fluß: wie würd' ich mich auf den Frühling freuen, wenn ich Hoffnung hätte Dich zu sehen! O Rahel, nach Teplitz kommst Du doch gewiß? Kommst Du nicht, so möcht' ich gern reisen, um mich zu zerstreuen, denn allein darf ich nicht an einem Orte bleiben auf lange Zeit. Zwar ganz allein werd' ich nicht sein, denn, denke Dir Rahel! wie das Glück mitunter Sorge für mich trägt, und besonders mich nie ohne Freund scheint lassen zu wollen! In der Kriegsgefangenschaft sah ich Lafoye, in Ungarn doch einigemal Marwitz, dann in Wien lebt' ich täglich mit Kerner, jetzt in Prag — eben so unerwartet wie das Finden jener — hör' ich die Nachricht, daß Willisen zu unserem Regiment versetzt wird. Wie unendlichen Werth das für mich hat fühlst Du! Aber ich bitte Dich, komm Du, komm Du zu mir, und ich werde mit dem Glück abschließen. — Deinen Freund Gentz habe ich noch nicht besuchen können; ich freue mich auf ihn; außer den Deinigen bring' ich ihm auch Grüße von Schlegel. Deinen Brief an ihn vom September 1808 werde ich nicht abgeben, bis ich weiß, ob Du es willst. Ich hatte ihn immer bei mir, und in Wagram habe ich ihn tausendmal gelesen, weil es die einzigen Trostworte von Dir waren, auch ohne Trost auszusprechen tröstend als von Dir. — Auch Marwitz, der hier in der Nähe liegt, hoffe ich bald zu sehen. Dir hat er wohl öfters geschrieben, und hast auch Nachricht von mir durch ihn bekommen. — Eine Merkwürdigkeit habe ich Dir noch mitzutheilen, einen Brief von der Guten, worin sie gelassen und ernst, wehmüthig, vertrauend, und höflich mich bittet ihre Briefe nicht drucken zu lassen, ein Brief, den man gleich könnte drucken lassen! Die hat ihren Stil gebessert! Rahel, da hast Du einen reichen Lohn verdient! Du wirst sie schon beruhigt haben, ich schreibe ihr aber in den nächsten Tagen, die Verzögerung muß sie mir schon verzeihen. Sag ihr, wenn Du willst, von meinem Dienst, vom Exerziren ꝛc. und entschuldige mich! Du bist doch wieder auf gutem Fuß mit ihr? Ich bin ihr doch wirklich gut, und Du hast sie lieb. Warum auch nicht? Es ist kein Grund zum Nein da. — Friedrich Schlegel wird in Wien Vorlesungen über die österreichische Geschichte halten, die in früheren Zeiten freilich die gesammte deutsche umfaßt; es werden gewiß schöne, herrliche Phantasieen sein; auf das Detail läßt er sich nicht ein, das möchte ihn auch sehr feindlich werden. Eine Zeitung wird er auch zum Theil redigiren, wofür Bartholdy schon die „Wahlverwandtschaften“ von Goethe rezensirt hat, für Wien viel zu gut. Ich habe bis auf den letzten Augenblick mit Schlegel nichts reden können, er entrirte nie auf etwas, von Dir habe ich nur gesprochen, er sagte nichts. Ich habe sehr Ursache, ihn des Katholizismus verdächtig zu halten, bis auf das Kreuzschlagen und die Litanei; mir wurde ganz ekel als ich eines Abends von einem polnischen Pfaffen bei Schlegel die Anstalten zu Andachtsübungen machen sah, und ich mich empfehlen mußte. Und doch sieht der Schlegel so eisenstark, gründlich und selbst klar aus! Auch bin ich überzeugt, daß er mit den Seinigen sehr liebenswürdig und begeisternd ist. Von euch und eurem litterarischen Treiben schallt wenig herüber, zu sehen bekommt man hier noch weniger als in Wien. Wie ist's mit der Universität in Berlin? Sage mir, was Du davon weißt. — Iffland und Orden! Mich freut mehr die Besiegung des Vorurtheils, als mich der Mann ärgert. Eigentlich hat den Orden noch Friedrich der Große gegeben.

Ich wohne in demselben Hause wo mein Oberst, habe aber ein ganz leeres Zimmer. Neumann soll doch die Güte für mich haben und mir in größter Eile mein Bett mit dem Weißzeug durch einen Fuhrmann hieher schicken. Dazu soll er einige Bücher packen, die ich ihm noch nennen werde.

Du schicke mir doch alsogleich mit der fahrenden Post meine Novelle: „Die verwelkten Blumen“, die beinahe fertig ist, denn ich habe im Spital daran weiter geschrieben, und nun will ich doch das Letzte hinzufügen, damit es ein Ganzes sei. Ich habe es schon für Minna's „Urania“ bestimmt, und die paar Louisd'or Honorar, die es vielleicht bringt, werden mir bei der geringen Gage sehr willkommen sein. — —

Soweit habe ich vor meiner Wache geschrieben; sie lief glücklich ab; aber ich konnte dort den Brief an Dich nicht fortsetzen, ich schrieb an Chamisso. Morgen habe ich wieder sehr viel zu thun, und heute habe ich ein anderes Zimmer bezogen, das noch nicht erwärmt ist, die Finger sind mir ganz kalt. Will ich diesen Brief nicht noch länger aufhalten, so muß ich ihn wohl so wie er ist fortschicken, und kann nur die unangenehme Nachricht hinzufügen, daß Gentz heute Vormittag, also eh ich ihn gesehen, auf zwei Monate nach Wien gereist ist.

Ich bin heute, besonders seit der Dämmerung, unselig unruhig, und ein wehmüthiges schmerzliches Dunkel liegt auf der Brust; o Rahel, könnt' ich Dir in die Arme fallen, und mein wehes Herz an Deiner Brust erfrischen! Ich vermisse Dein liebes Pflegen! Lebe wohl! Geliebte, Theure! Ich küsse Dich! Leb wohl! Ewig Dein

Varnhagen.

An Varnhagen in Prag.

Donnerstag, den 22. Februar 1810.

Welch einen Katzenbrief hast Du der Guten geschrieben! Ja, er ahmt die glatten, kleinen Bewegungen eines Katzenrückens bis in den kleinsten Theilen seiner anscheinend verwickelten Phrasen bis zum Verwechslen nach, und könnte der Mensch aus einem Briefe eine Katze machen, wäre es ihm vergönnt, Deiner finge Mäuse. Die kann aber eine Welt um sich her zur Katze machen! Diese Hunde-Ader, daß Du ihr gut bist; mußte sie nicht unter das Glanzfell? Muß ich nicht endlich nur sie loben? Hat man sie auch lieb, wie man es denn thut; zwingt sie einen nicht zu ewiger? bei mir ganz unerhörter Empörung durch ihre ungeheure Versteinerung — ach nein! das ist es nicht — mehr wie ein glattes festes Austerthier, in sich geschlossen, zu kleinen, blinden, trüben Funktionen — gegen Ueberzeugung. Ich behandle sie jetzt ganz wie Du es ihr im Briefe machst: nur nicht mit so kleiner, regelmäßiger, ebenmaßvoller, geschlossener Schrift und Art: rhapsodischer, zerstreuter; größerer, unebenerer Handschrift! Gestern Nachmittag schickte sie mir Deinen Glanzbrief, mit einer Oblate gesichert, und mit den Worten auf dem Umschlag: „Lesen Sie den Brief, Liebste! und lassen Sie mir sagen, ob Sie wohl einmal schreiben. Ich bin ganz beschämt!“ Nun spreche ich es ihr noch zurechte! Kurz, es muß ihr wohl sein — in der Schale — und sie muß mich nicht quälen! Und nun von uns. [Keiner von uns will mehr, daß mein ehrliches Leben auch geschaut werde von solchen, die es selbst sind; und genug findet man immer, unter Deutschlands Lesern, wenn man nur drucken läßt. Immerfort erzeugt die Erde auch wieder solche. Ich weiß, welche Freude, welches Behagen mir ein Fünkchen Wahrheit in einer Schrift aufbewahrt macht! Nur davon bekömmt die Vergangenheit Leben, die Gegenwart Festigkeit und einen künstlerischen Standpunkt, betrachtet zu werden; nur Empfindungen, Betrachtungen durch eine Historie erregt, schaffen Muße, Götterzeit, und Freiheit; wo sonst nur allein Stoßen und Dringen und Drängen, und schwindliches Sehen und Thun möglich ist; im wirklichen Leben des bedingten beschränkten Tages, wie er vor uns steht! Nicht weil es mein Leben ist, aber weil es ein wahres ist; weil ich auch vieles um mich her oft, mit kleinen unbeabsichtigten Zügen, für Forscher, wie zum Exempel ich einer bin, wahr, und sogar geschicht-ergänzend aussprach. Und endlich, weil ich ein Kraftstück der Natur bin, ein Eckmensch in ihrem Gebilde der Menschheit, weil sie mich hinwarf, nicht legte, zum grimmigen Kampf mit dem, was das Schicksal nur konnte verabfolgen lassen; jeder Kampfgesell der Natur, der größeren Geschichte, ist in einen Geschichtsmoment geworfen, wo er kämpfen muß, wie bei einem Thiergefecht in der Arene; glückliche Veteranen, wirken weiter, zu ihrem und der Menschen Bewußtsein; unglückliche, zerschellen; mich trugen Gedanken und Unschuld, als ich zerschellt schon war, empor, zwischen Himmel und Erde. Kurz, wie es mit mir ist, kann ich nicht sagen; ich will nichts mehr. Kein Plan, kein Bild; es schwankt und schwindet die Erde mit den Lebensgütern; der Lebensschatz ist alles! Sehen, lieben, verstehen, nichts wollen, unschuldig sich fügen; das große Sein verehren, nicht hämmern, erfinden und bessern wollen: und lustig sein, und immer güter! So wie ich war und werde, mögen meine Brüder mich sehen! Ich aber selbst will aus meinen Briefen alles suchen, und verwerfen; und nicht in vierzig, fünfzig Jahren, wie Du der Guten schreibst, sondern viel früher; ich will noch leben, wenn man's liest. Ich mache mir nichts aus der Welt. Ich habe keinen Plan; wer den nicht auszuführen hat, hat keine Rücksicht; und Schande kann ich nicht haben: Schande, die mir das Leben hemmte; andere achte ich, wie Du weißt, nicht. Nur meine Billigung ist mir wichtig, und nöthig. Adieu, Lieber! Diesen Sommer, und das früh, und wahrscheinlich sehr bald, komme ich nach Teplitz, und auch wohl vorher nach Prag. Lebe wohl!

R. L.

Freitag, den 9. März 1810.

Unglück bringt Schande; Glück Ehre. Es ist heute sehr schönes Frühlingswetter. Ich bin gepeinigt, und darf den Frühling nicht empfangen, wie ich könnte.

An Varnhagen in Prag.

Sonntag, den 18. März 1810.

Ich sollte Dir nicht in diesem Augenblick schreiben, lieber Freund! Auf eine gar schreckliche Weise hat sich mein ganzes Leben, mit allen seinen Spitzen und Schärfen und Schweren bis zu diesem Augenblick, in diesem Augenblick mir auf's Herz gelegt. Angst empfinde ich. Und die macht mir auch der Frühling. Ich sollte heute noch nicht sprechen, und schweigen wie bisher. Aber Mad. Bethmann reist Dienstag nach Prag; und heute soll ich sie zum letztenmale sprechen. Ich habe mir erdacht, sie soll Dir diesen Brief — ach Gott! Brief! — mitnehmen, und Dich rufen lassen. Es muß ihr und Dir angenehm sein. Mit ihr wäre ich Dienstag gereist. (Morgen, ich irrte mich; Marwitz reist Dienstag.) Mit ihr und Marwitz, sie hätte einen Tag warten müssen; wenn ich mein Reisegeld nicht im September verliehen hätte, mit der Versicherung, es Weihnachten zu erhalten, — ich habe es nicht. Sondern viel herben, bitteren Verdruß. Wie Jesus habe ich mich gut betragen. Wie die idealistische Mutter. Anständig. Mit göttlicher Geduld, in unsäglichem Leid. Mir hilft meine Approbation nicht mehr. Mir geht's immer schlechter. O! hätte ich Dir nur heute nicht geschrieben! — Marwitz habe ich ziemlich viel gesehen: und leider nur schlecht genossen. Ich Elende, wie lasse ich mich beherrschen! Von einem Fünkchen Menschlichkeit und Leiden! Ich komme aber doch nach Teplitz. Glaube auch nicht, daß ich nicht alles angewandt habe, um Geld zu bekommen. Zwei Bassessen. Ich habe meinem Onkel geschrieben, es mir auf Zinsen zu leihen. Er schenkte mir hundert Thaler, die ich zurückschickte. Die zweite kann ich nur erzählen. Auch sie war unfruchtbar. Kurz, ich habe guignon. Kann nur Gutes thun, aber nicht erlangen, noch begegnen. Heute aber grad' bin ich außer mir. Weil die Bethmann und Marwitz ohne mich reisen. Meine beste Gesellschaft! — Jetzt ist Mlle. Cramer in die Thüre getreten: und hat mitten in diesem Zettel mir schon eine lange Geschichte erzählt. Ich muß aufhören. Adieu! Ich komme. Marwitz soll Dir Deine Papiere bringen. Adieu! Ich habe viel gelitten. Adieu! Aengstige Dich nicht.

Rahel.

An Varnhagen in Prag.

Montag, den 19. März 1810.

Ich habe Dir gestern den entsetzlichsten Brief durch Mad. Bethmann geschrieben: die erst morgen reist; dieser geht mit Marwitz, der auch, wie ich seit gestern weiß, morgen reist. Sei so liebenswürdig, wie Du es wohl sein kannst, gegen Mad. Bethmann; sie wird Dich holen lassen. Oder gehe auch so hin, wenn sie mich etwa nicht recht verstanden hat. Behandle sie ganz bekannt und landsmännisch. Es war ihr sehr lieb, daß ich ihr einen Brief an Dich gab. Sei auch gegen das Kind Minna lieblich; es ist nicht dreist.

In meiner Unseligkeit hab' ich Dir vergessen gestern zu sagen, daß vorgestern Frau von Fouqué bei mir war. De but en blanc; schon sehr liebenswürdig: sie brachte mir ihren Sohn (Gustav von Rochow) mit. Und ich fand sie ganz vortrefflich. Sie ließ sich von Hanne zu mir führen, die sie von Nennhausen kennt, und fand Marwitz bei mir. Wir frühstückten. Wie sie nur in's Zimmer trat, waren wir, und dadurch die ganze Gesellschaft, als ob wir uns vierzig Jahre kennten. Es ist eine femme consommée. Und ich habe an die dreißig Gutmüthigkeiten an ihr bemerkt: und noch viel mehr Großartigkeiten. Marwitz kannte sie: wie schön behandelte sie ihn, und Hanne; wie allerliebst, überaus gut den Sohn. Wie frei ihr ganzes Benehmen; lieb möchte ich sagen. Kein Gedanke von dem Stolze, den man ihr anschielt, nämlich nacherzählt. Jedoch sagt Hanne, sie sei hier nicht dieselbe gewesen. Marwitz fand sie auch sehr gut. Heute ist sie nach Hause gereist:

ich werde Fouqué'n schreiben und ihm gratuliren. Schön werden die Augen, wenn sie sie in die Höhe schlägt, das thut sie im Eifer oft. Daß sie kam, ist schon unbefangen: Fouqué zum Beispiel nannte sie mir in Briefen nie. Mir geht's komisch, Varnhagen. Sonst werden die Autoren besucht; ich bin ein elender Leser, und die Schreibenden suchen mich auf. So hat mir gestern durch die dritte, vierte Hand unser alles in allem geltender Geheimer Staatsrath Stägemann (bel esprit) sagen lassen — um dessen Haus und ihn reißt, drängt, schiebt sich die Stadt —, er würde mich besuchen. Wahrhaftig, ich glaube, ich verstehe die Kunst zu schweigen, mit der Feder, wie manche geschickt mit dem Maule! Ich schreibe Dir das, weil es Dich freuen wird: und Du es für eine geringe Gerechtigkeit annehmen wirst.

Was habe ich aber gestern von Neumann hören müssen! Du mußt eine paarmonatliche Reise machen? Wenn ich nun im Mai komme, oder, wenn es das Glück nicht abschlägt, früher? Antworte mir darauf, und ob Du mich etwa von Baruth holen kannst. Von hier um Gottes willen nicht!! Glaube nur mir, und meiner Rechenschaft über mich. — Ich schicke Dir alles von Papieren, was ich in meinem Schrank hatte, willst Du noch etwas aus Deinem Koffer, so schreib' es mir, Lieber. Laß auch, und das jetzt, so etwas dauert lange, alle Briefe aus Hamburg und Tübingen kommen. Wir arrangiren sie dann. Und nimm ja Deinen Abschied nicht ohne meine consulte! Adieu. Ich habe keine Geduld mehr zum Schreiben. Und verlerne es noch mehr, als ich es je gelernt habe. Adieu. Unveränderlich Deine veränderlichste

R. L.

An Rahel.

Prag, den 20. März 1810.

Nein wahrhaftig, theure, geliebte Rahel! ich kann in dieser Zeit nicht schreiben, kein Wort will aus der Feder heraus, und nur um Dir Nachricht zu geben, schreib' ich nothgedrungen diese wenigen Zeilen! Von einem Tage zum anderen habe ich auch mit diesen, Du glaubst nicht wie peinlich gewartet, und erst heute kann ich einige Gewißheit hineinlegen wegen einer Reise, die ich zu machen habe, auf höchstens zwei Monate.

Höre wie sich das verhält! Schon in Wien hatte ich meinem Obersten angeboten, in seinen Geschäften nach Steinfurt in Westfalen zu reisen, und bei seiner Familie Sachen zu besorgen, die er nur einem Freunde anvertrauen kann. Jetzt ist dies um so nöthiger, da gar keine Briefe von dorther ankommen, und so gut wie keine Posten für diesen Briefwechsel vorhanden sind. Ich freute mich dieser Reise, und es war mir lieb, eine neue Veränderung zu erfahren, ihm nützlich sein zu können, und seine Familie zu sehen; auch meine Schwester, die ihre Erzieherinstelle in Hamburg mit einer in Pyrmont vertauscht hat, werde ich dort auf einige Tage sehen. Da kam Dein Brief, Rahel, Dein lieber, verkündender, lebenströstlicher Brief, und nur der Gedanke an die durch meine Reise um einige Wochen verzögerte Zeit unseres Wiedersehens konnte mir das Gefühl der neuen, glücklichen Belebung, der ich durch Dein Kommen entgegen sehe, der gränzenlosen innigen Freundschaft und Ergebenheit, mit der ich Dich empfangen werde, verkümmern in seinem Ausbruch. Vieles Leid, und heftige Beunruhigung hab' ich darüber empfunden, daß ich nun, da Du kommst, fortgehe! Aber Rahel, ich konnte nun nicht anders, verzeihe mir! In zwei Monaten (vielleicht viel früher) bin ich gewiß zurück: ich habe auch schon gedacht, Du wirst doch erst den vollen Frühling abwarten. Fast vermuthe ich, Du billigst meine Reise, und siehst lachend dem Unruhigen nach, der nirgends ohne eigene und abentheuerliche Sprünge bleiben kann: ich bin nun Soldat geworden, aber kann das Ordentliche davon, den ruhigen Dienst und das Exerziren noch nicht, dagegen ward ich verwundet, gefangen, ausgewechselt, wurde des Obersten Arzt und ging mit ihm nach Wien. Und so geht es fort! — O ich habe Dir so viel zu sagen, geliebte, einzige Rahel! ich harre auf Dich mit unbeschreiblicher Sehnsucht, Liebe, Gute! Dir will ich mich überlassen, nach Deinem Willen handeln, ich der ich nach keines Menschen Willen je handeln konnte, fühle in Deiner Billigung ein nothwendiges Bedingniß zu meiner Zufriedenheit, und kann Deiner Leitung *nicht entbehren*! Die Zeit wird auch für mich immer kritischer, und ich wäre sehr unglücklich, ohne Dich in dem Augenblick eine Entschließung fassen zu müssen, da ein neuer Krieg ausbräche, den in jedem Fall so vieles mich auffordert mitzumachen, und so vieles ihn zu meiden. Aber nein! dann werd' ich bei Dir sein, und Dein Schauen, Fühlen und Reden wird mich lebendig berühren! — Liebes, einziges Nählchen! Kleine! was hast Du für einen Brief geschrieben! Willst Du denn so kolossal werden, um Granitgebirge nur zu Inschriften zu verhauen für das Geistergebäude, das errichtet werden soll? So sprichst Du über Deine Briefe in ungeheuren in Felsen gehauenen Bildern. O Rahel, einzige Rahel! wie gern bin ich Dein Rhapsode! Verzeih, verzeih diesem Schreiben! Du siehst an den großen Buchstaben, Rahel, daß ich nicht kann, jetzt nicht kann. — Meyern ist nach Wien, und ich wieder allein; erinnerst Du Dich, wie Du ihn einmal 1801 aus großer Gesellschaft, wo man (es war bei Dir) eine unpikante Zote erzählt hatte, auswähltest und an ihn Dich addressirend ausriefst: Ich weiß auch Saugeschichten! und dann eine höchst komisch erzähltest? Er erinnert sich dessen mit lebhaftem Vergnügen! —- Gentz wird aus Wien zurückerwartet. — Grüße Marwitz herzlichst, und die anderen Freunde! Von der Reise braucht niemand den Zweck zu erfahren, außer die Vertrauten im Vertrauen, und auch das nicht einmal, es wird nur Geklatsch draus.

Von Jean Paul einen Brief, den ich erst jetzt, ein Jahr nach seinem Datum, erhalte, leg' ich Dir abschriftlich bei.

Ich bin gesund, geh' öfters auf der Brücke spazieren, bin viel, sehr viel mit dem Obersten, und habe eine angenehme ehrenvolle Stellung unter den Leuten. Zu Hause bin ich am liebsten, und studirte gern, wenn ich nur Bücher hätte. — Ich quäle mich mit dem Abschreiben einer Novelle, die ich noch zu rechter Zeit an Minna zu verkaufen suchen will. Produktiv bin ich jetzt gar nicht. Leb wohl! leb wohl! geliebte, süße, herrliche Rahel! Ewig Dein

Varnhagen.

Ich schreibe Dir noch! wenn Du mir gleich antwortest, hab' ich wohl noch die Freude, die Gewißheit auf die Reise mitzunehmen, daß Du mir nicht böse, daß Du nicht unwillig bist über die unvermeidliche!

Beim Lesen Deines Humors über „Katzenbrief" glaubte ich Dich vor mir zu sehen, und zu hören! Ich küsse Dich, Du Liebe! — Leb wohl, leb wohl! und bleibe mir gesund und froh! —

An Rahel.

Prag, den 30. März 1810.

Mit welch tiefem Schmerz hat mich, liebe, innigliebe Rahel, Dein letzter Brief erfüllt, den mir Mad. Bethmann mitgebracht! Dich, meine Theuerste, gehemmt zu sehen, ist mir, der ich Dein Gemüth und Deinen Geist, und die Richtung wohin beide zielen, mit inniger Verehrung würdige, tausendmal schmerzlicher, als wenn es mir geschähe, dem doch fast auf allen Seiten das billigste Wollen gehemmt worden ist! „Aengstige Dich nicht!" rufst Du mir am Schlusse noch tröstend zu. Liebe Rahel! ich ängstige mich nicht um die Folge, aber wie ich mit Dir fühle, ist mehr als Angst! Ich ahnde woher der Streich gekommen ist; wie mich das erbittert! Ja, das glaube ich, daß Du Dich gut benommen hast! — Da Du nicht bestimmt darüber schreibst, so glaube ich fest darauf rechnen zu können, daß wenigstens Dein Geld nicht verloren, sondern dessen Auszahlung nur verzögert ist. Leider kann ich nun nicht einmal die Gewißheit davon und die neuen Aussichten bald erfahren, weil ich in ein paar Tagen schon die Reise antrete, von der ich Dir neulich schrieb. Wäre mir doch wenigstens der Trost, Dich abholen zu können! Aber es geht nicht, wenigstens gleich nicht, weil nicht allein die größte Sparsamkeit mit zu dem Freundschaftsdienst gehört, den ich ausrichte, sondern auch, wenn einmal dort in Steinfurt mein Geschäft beendigt ist, die schleunigste Rückreise. Ich reise in ein paar Tagen, ungeachtet ich jetzt ein Flußfieber habe, das mir schon lange Zeit als Mattigkeit in den Gliedern lag, und mich in meinem Mißmuthe die Feder mit Widerwillen ansehen ließ. Schlechte, schlechte Briefe, geliebte Rahel! aber wenn man so lebt wie ich, kommen einem Briefe, die man schreibt, wie eine teuflische Neckerei, und nur die, die man empfängt, wie wohlthätige Täuschung vor. Gestern hab' ich im größten Fieber die Bethmann spielen sehen, stehen mußt' ich, am Ende wankte ich in die Apotheke und dann nach Hause. Die Bethmann hat herrlich gespielt, und ziemlich gefallen, vielen sehr, aber nicht jedem. Das Volk ist hier zu plump, sie wollen alles recht dick haben, wie die gemeinen Leute einheizen, wenn man sie ausschimpft, daß es so kalt ist. — Heute bin ich aber doch wieder ausgegangen nach einem Paß, zur Bethmann, die sehr freundlich gegen mich ist, und viele Stunden spazieren mit Nostitz, den ich vor etwa fünf Tagen kennen lernte. Die Art wird Dich freuen. Ich ging mit meinem Oberst aus, um mit ihm in demselben Gasthof einen Besuch, aber jeder bei Anderen abzulegen; an der Thüre begegnet ihm ein Mann, der ihm sagt, jener sei nicht zu Hause, und der Oberst kehrt mit diesem um, ich aber gehe fort, finde den, den ich suche, und erfahre, der mit meinem Oberst Gehende sei Nostitz und eben von ihm weggegangen. Ich kannte Nostitz nicht, aber Du weißt, wie sehr er mich von jeher interessirt hat. Da Bentheim nicht zu Hause aß, so ging auch ich darauf an eine Wirthstafel, und sitze kaum, siehe da, so kömmt Nostitz, setzt sich neben mich, und redet mich an mit den freundlichen Worten: der Oberst Bentheim hat mir eben gesagt, daß wir eine gemeinschaftliche Bekannte haben! — Ich ging darauf lange mit ihm auf der Brücke, den anderen Tag wieder, und alle Tage, Arm in Arm, von Dir und Louis fast allein redend. Er hat mich sehr gefreut! Er ist eigenthümlich, und in dieser Art gebildet. Für Louis voll inbrünstiger Liebe. Er war bei ihm, als dieser fiel, ich sagte ihm, wie sehr Dich das zu wissen freuen müsse, und er wollte Dir unter meinen nächsten Briefen einige Zeilen schreiben. Heute aber ist er plötzlich abgereist, eine Stafette meldete ihm den Tod seines Vaters; ich war ihm lieb, er ersuchte mich, und bat mich ihn in Merseburg auf der Durchreise einige Tage zu besuchen. Er ist Major bei den Uhlanen, und kehrt also gewiß hieher zurück. Mich freut seine Bekanntschaft, die ich durch Dich habe, und auf Augenblicke vergesse ich, daß ich Dich noch nicht an mein Herz drücken kann, und Du entfernt bist, wenn ich auch nur das kleinste Verhältniß der Gegenwart in Beziehung auf Dich so setzen muß, daß ich sehe, ohne Dich wär' es nicht. So hab' ich auch eine eigene Neigung zur Bethmann, weil sie von Dir kommt, mir mit Freude erzählt, daß Du stark und gesund und witzig bist, und mich um Deinetwillen freundlich behandelt. Nostitz hat mir wieder gesagt, daß sie auf mich nicht als auf einen jungen hübschen Mann gefaßt gewesen wäre. Ich glaube gar, ich sehe selbst in diesen Beiden die Spuren Deiner weitgreifenden unzuberechnenden Einwirkung, in einer gewissen Freiheit und Humorswendung. Die Bethmann sagte von einer Schauspielerin, sie habe den Blumenstrauß an der Niere stecken gehabt, und die ganze Person sehe aus wie ein verblaßtes Rosa=

kleid. Nostitz sagte von einer, die ich nicht kenne, sie sei wie ein ausgekochter Finger von einer Person, die den Schein hätte interessant sein zu können. — Marwitz soll schon beim Regiment sein, ich wollte er käme noch vor meiner Abreise nach Prag, damit ich ihn spräche über vieles, und meine Papiere bekäme. Ich danke Dir, Liebe, für die Sendung! Meinen Koffer, Liebe, läßt Du wohl so gepackt zurück, daß mir ihn Neumann auf das erste Fordern schicken kann! Ich werde die wenigen Sachen nöthig brauchen! Ich habe Dir viel zu sagen! Im Grunde seh' ich nicht, was ich anfangen soll, gar nicht im höheren Sinne, sondern in ganz gemeinem. Doch darüber läßt sich nicht schreiben, besonders nicht in so großen Buchstaben, wie mein Fieber-Kopfweh sie mich machen läßt. — In 6 Wochen vielleicht, in zwei Monaten gewiß bin ich zurück! Nach Teplitz kann mir dann niemand den Urlaub abschlagen, weil ich verwundet worden bin; und dann hab' ich auch neben der Gunst des Obersten die Liebe meiner Kameraden. Ich sehe Dich gewiß! und o dürft' ich Dich festhalten auf immer! Ich hoffe es, und will es! Ich will nichts anderes, geliebte Rahel! Aber wie wenig ist der Wille unter solchen Begebenheiten! Wir sprechen darüber.

Grüße tausendmal Fouqué! Ich kann ihm jetzt auf seinen lieben Brief nicht antworten. Der Mayer, den er meint, ist nicht der meinige, dieser liebt zwar Dichter sehr, besonders Shakespeare, aber findet Verse nur einen Zwang. Ich tadele das an ihm nicht, er nach seiner Art hat Recht. An Neumann die herzlichsten Grüße! Was an mich von Berlin abgeht, wird hier beim Obersten aufbewahrt.

Die beifolgenden Blätter bewahre mir gut auf. Den Sallustius betrachte ich wie aus den Klauen der Pöbeltugend gerettet von mir, alle schimpfen auf seine Moralität, und loben seine Schriften. Ich habe ihn nirgends gerechtfertigt gefunden; sehr aufmerksam hab' ich ihn gelesen.

Leb wohl geliebte einzige Rahel! Wisse wie ich Dir zugethan bin! Leb wohl, ich küsse Deine lieben Lippen! Ewig Dein

Varnhagen.

Ich schreibe Dir von der Reise, treffe die Einrichtung, daß Dir, falls Du reisest, die Briefe richtig nachgeschickt werden.

An Mad. Frohberg die besten Grüße, und alle die Theilnahme eines Freundes!

An Varnhagen in Prag.

Montag, den 2. April 1810.

Gestern Abend brachte man mir Deinen Brief von der Post mit Jean Pauls Einlage. Heute geht eine Post, und hier sitze ich schon! Sei ruhig, lieber bester Freund, mir geht's auch schlecht. Kein Vorsatz, kein Plan will mir gelingen. Marwitz muß Dir nun schon so allenfalls gesagt haben, wie es mit mir steht. (Auch Mad. Bethmann hat einen Brief für Dich.) Ich hatte mir spärlich zu einer Reise nach Teplitz zusammengehalten. Jemand, der mir nah lebte, war in peinigender Noth, und im September kontrahirte ich für ihn eine Schuld, die er mir Weihnachten bezahlen sollte; Ostern, in vierzehn Tagen, muß ich bezahlen; und ich bin noch nicht bezahlt. Fünfhundert Thaler bin ich schuldig, dreihundert Thaler habe ich zusammen, wenn ich mein Tischsilber und alles was ich nur missen kann, welches ich natürlich thue — und wär' es Blut — verkaufe: denn nur dreihundert hab' ich reell bekommen, mit den anderen zweihundert, hoffe ich, soll mein Kreditor warten, bis ich sie nach und nach mir abspare. Denn wahrlich, Fleisch und Wein will ich entbehren, was meinen Leib bildet, konstituirt, von Vergnügen und Kleidern ist die Rede gar nicht, — bloß um zu bezahlen. Du siehst, ich spreche jetzt, als ob ich gar keine Hoffnung hätte bezahlt zu werden; noch sagt mein Mann, in zwei Monaten gewiß: auch hab' ich von seinem Vater einen Brief — (dem ich schon diesen Winter schrieb, als die Sache trübe wurde): — Er wolle mir als ein ehrlicher Mann zahlen, wenn sein Sohn vor ihm — vis-à-vis, wie er sich ausdrückt — stände; ich solle nur beitragen, daß er kommt. Nun wollen aber seine anderen Gläubiger ihn nicht reisen lassen. Und der Vater absolut von ferne nichts mehr thun. Vielleicht reist er doch noch übermorgen. Ich glaube nichts Gutes mehr. Reise also in Gottes Herren Namen! Ich komme doch wohl noch. Und wollen die Mächte mich Mai und Juni nicht genießen lassen, so stehle ich den Oktober u. s. w.! Ueberhaupt nimm auf mich keine Rücksicht mehr! die Zeit ist vorbei, mein wohlgesinnter treuer Freund —

im Geiste! — wo ich Dir rieth, und Du anders thatest, und thun mußtest. Ich „billige“ alles vorher, eh Du es nur thun kannst. Das Herumzerren vom vorigen Winter soll nie wieder — mit niemanden — für mich angehen. Kannst Du zu mir kommen, empfange ich Dich, wie Rahel Varnhagen: kann ich zu Dir kommen, empfängst Du mich, wie Varnhagen Rahel. Aendere Deine Lage nur im Krankenbett so viel Du willst; ich will Dich umdrehen helfen, die Polster gern zurecht legen, Wohl und Weh mit anhören! Mir, geht es noch anders; ich darf mich nicht mehr drehen. Knall auf Fall, stürzt immer neues Gewicht auf mich, und hält mich eisenklammerfest. Alle Kranke halten mich für die Gesunde, weil ich ihre Melodie der Klage nicht singe, und wälzen sich auf mich, wollen von mir gestützt und getragen sein! Genug der bloßen Vergleiche, Du weißt alles. Aber es ging mir weit schlechter, als Du's nur errathen kannst, als ich selbst es nur empfinden konnte.

Spute Dich nur, in zwei Monaten zurück zu sein! und bin ich noch nicht in Böhmen, so mußt Du doch nach Baruth, mich holen. Das alles denke ich noch fest. Millionen Grüße an Marwitz. Laß ihn diesen Brief lesen, wenn Du willst. Ich bin über-zufrieden mit ihm. Ich bin geboren für ihn. So weich fand ich ihn; so durchdringend. Er mißverstand mich noch nicht; et il se ravise si bien. Uebersetze das. Er versteht auch jetzt das Gedicht „Wahnsinn“ von Friedrich Schlegel. Ich kann ihm alles sagen, eben weil er mich noch nicht mißverstanden hat.

Was sprichst Du denn von einem neuen Kriege? das ist wieder ein deutscher Traum. Wenn nicht Einer toll wird, oder stirbt — so — wird der Zucker sogar wohlfeil. Und das wünschen auch alle Leute. Ich war acht Tage an einem Flußfieber zu Bette: es ist Nordostwind, ich bin noch nicht brillant gesund. Schreib mir nur: und auch, wo ich hinschreiben soll. Sag Jean Paul, wenn ich's werth wäre, so hätte ich die Laune ihm zu schreiben: die Götter zeigen mir aber Nein. Adieu. Ich bin durch Geschäfte der Erbschaft gestört. Adieu.

R. L.

An Rahel.

Prag, den 8. April 1810.

Inniggeliebte, theure Rahel! Eben komme ich Sonntags Nachmittag nach Hause, traurig, müde, nachdem ich einsam eine Stunde in der weiten sonntagöden Stadt herumgeirrt, und will mich drein ergeben, den Rest des Nachmittags und den ganzen Abend zu Hause mich einzusperren, weil in dem ganzen weiten Raum draußen für mich kein wohlthuender Ort ist: da giebt man mir Deinen Brief, ich les' ihn auf der Treppe, und muß nun noch einmal auf die Brücke; der Himmel voll Wolken, Stadt und Wasser aber doch in Sonnenschein, und doch wurde mir keine Gegend daraus, wehmüthig kehr' ich zurück in das kalte, tiefgelegene Haus, und sitze jetzt auf meinem nordischen Zimmer, weil Dir zu schreiben mir das dringendste ist. Dein Brief, Freundin, hat mir das Herz angezündet! Ja, glaube es nur, ich fühle, ich ahnde Dein Leid und Schmerz, ich bin ja genug im eigenen versunken! Was kann ich Dir sagen? nichts aus mir, und mich betreffendes, was Du nicht schon wüßtest! und neuer Wendungen, Spiele des verzweifelten Witzes, um neu und anders auszusprechen, was die Sache ist, bedarf es auch nicht! Ich fühle tief, was Du sagst, Geliebte! und die Beziehungen, die nicht Du, sondern das Wahre des Verhältnisses hineinlegen, sind mir klar und offen: Deine Liebe, Deine Güte gleicht aus, was ich durch Unentschiedenheit früher verschuldet habe, in Deinem milden Geiste gleicht sie's aus, ach könnte sie's in der Wirklichkeit! Aber das ist vorbei, Du sagst selbst ich mußte, und so mußt' ich denn! — Höre jetzt das Neueste! Ich wäre schon am dritten fortgereist, aber mein katarrhalisches Fieber hat mich bis gestern im Bette gehalten, ich war recht schlecht, meine Schwermuth, die Schrecknisse meiner Lage standen mir alle vor Augen, und mein Gemüth wurde erdrückt von der Last meines Lebens: wie ich dabei so schnell doch wieder zu einigen Kräften gekommen bin, weiß ich nicht, denn in meiner Ansicht, in meinem Gefühl konnte Arznei nichts ändern. Der Oberst war täglich bei mir, und betrug sich mit der edelsten Güte; an ihm hab' ich viel, sehr viel, aber ohne ihn würde ich hier auch keinen Monat bestehen. Jetzt reis' ich am zehnten dieses; mit der Diligence über Dresden, Leipzig, wo ich an Dich denken werde, nicht lebhafter, nicht inniger als hier und überall, aber gewiß schmerzlicher! Gott gebe, geliebteste Rahel, daß ich Dich nach zwei Monaten, ich eile mich gewiß! schon in Böhmen finde! ich lasse Dich dann nicht wieder los, Du müßtest denn es wollen! Wie ich Dich holen soll, begreif' ich nicht, es wäre denn von Leipzig aus, auf dem Rückwege von Steinfurt, denn Zeit darf ich dann nicht viel aufwenden, weil der Oberst mit schmerzlicher Ungeduld auf meine Rückkehr wartet, und Geld werd' ich fast gar nicht haben. Aber Du kämst nach Wittenberg, nicht nach Baruth, und von dort holt' ich Dich aus Leipzig, und wir reisten durch Sachsen zusammen! Ob Du früher reisest, werde ich schon erfahren; einige Zeilen von Dir kann ich schon vielleicht auf der Hinreise bei Otterstädt in Kassel abfordern, oder doch besser daselbst poste restante, da er oft verreist. Auf der Rückreise finde ich auf jeden Fall von Dir poste restante in Leipzig; übrigens hoffe ich auch Dir noch eine gute Adresse nach Steinfurt von dort schicken zu können. Rede es nur mit dem Briefträger ab, daß er die Briefe, die an Deine alte Adresse (Du schickst mir in Deinem letzten Briefe keine andere), während Du vielleicht schon fort bist, ankommen, Dich nicht verfehlen! — Auch das Gute, das ich von meinem Krankwerden mit Recht zu erwarten hatte, ist nicht eingetroffen, Marwitz ist bei seinem Regiment eingetroffen, so hör' ich von einem seiner Kameraden, aber hier ist er noch nicht, und hat mir noch nichts geschickt. Wie gern hätte ich ihn noch vorher gesprochen, Deinetwegen, seinetwegen, meinetwegen! Nun wird es auch ihn verdrießen, wenn er später kommt, mich nicht zu finden. Seine Worte hätt' ich gern gehört, seine Absichten, seine Hoffnung erfahren, ich bin gewiß er leidet, und leidet gewiß so, daß die Götter Freude daran haben! Du nennst meine Erwartung neuen Krieges einen deutschen Traum! Krieg giebt's gewiß in kurzem: die Türkei liegt da, und vielleicht nicht gleich, doch gewiß später, ziehen wir als Hülfstruppen mit. Aber auch noch andere Kriege schlummern viel: Du berufst Dich auf den Wunsch der Völker: aber mit dem Kriege haben ja noch nicht die Kriegsübel aufgehört. Was ich aber in einem plötzlichen Falle thue, weiß ich nicht! und kann es jetzt nicht wissen. — — — „Schlegel", schreibt mir Kerner, „hat was recht Mattes auf die Hochzeit gedichtet, ein Carmen." Das hab' ich gedacht! Aber der hohe Adel in Wien und hier ist anders, o ganz anders gesinnt! Hievon genug. — Die

Bethmann habe ich natürlich wegen meiner Krankheit wenig sehen können, sie ist aber fortdauernd sehr artig gegen mich; ihre Tochter bleibt hier, aber Beifall wird schwerlich dem armen Kinde zu Theil werden. Die Bethmann will durchaus einige Zeilen von mir an Dich zurückbringen, ich habe ihr daher heute ein Zierbriefchen aufgesetzt, von dem ich fast gewiß bin, daß sie's liest, und da sie vielleicht nach Wien geht, mocht' ich überdies nichts Dringendes hineinsetzen. Dein Brief war unverletzt, aber auf meinen scheint sie neugierig, und thu' ich ihr Unrecht, so ist's desto besser. — Nostitz' Vater soll noch leben, um so besser für den Sohn, der also weniger Gefahr läuft bei dem Todesfall bestohlen zu werden. — Leb wohl, Rahel, geliebte Rahel, tiefherzige Freundin! Ich kann nicht weiter schreiben, es will mit Gewalt Trauer und Schmerz sich in die Zeilen drängen, und ich will Dich nicht mit Klagen umstellen! Leb wohl! Seh' ich Dich, so ist mir besser, ausgemachter wenigstens zu Muthe. Auf Dich halt' ich etwas! Leb wohl, Geliebte, Theure. Ewig Dein treuer

Varnhagen.

Von dem ersten Ruhort schreib' ich Dir!

Ich schrieb Dir am 31sten März den letzten Brief!

Ich küsse Dir Augen, Lippen und Hände!

Mein Oberst hat das Kreuz bekommen; ich weiß nicht, ob ich's Dir schon geschrieben.

An Rahel.

Kassel, den 24. April 1810.

Du wirst schon durch Marwitz wissen, geliebte, theure Rahel, daß ich die Freude hatte, ihn noch anderthalb Tage in Prag zu sehen, denn das Fieber, von dem ich glaubte, es würde mich nicht hindern, hielt mich acht Tage länger zurück, als ich die Abreise festgesetzt hatte. Es war mir im eigentlichsten Sinne nothwendig ihn zu sprechen, die Sehnsucht, mein verworrenes, von den öffentlichen und meinen eigentlichen Verhältnissen überlastetes Bewußtsein prüfend an ein fremdes und doch vertrautes, besonnenes und doch begeistertes zu halten, war mir zum höchsten Bedürfniß gestiegen, und durch sein glückliches Eintreffen hat Marwitz mir ein quälendes Gefühl genommen, das mich für die ganze Reise zerstört hätte. Er war sehr gut mit mir, ich hatte ihn sehr lieb, und mußte ihm alles sagen, was mich quälte, er sah mit milder Einsicht alles, und erhob mich in der Versicherung, die seine ganze Ansicht mir gab, daß mehr die Welt als ich Schuld sei. Du fragst doch nicht verwundert, an was denn Schuld? Liebe Rahel! Du wirst es hören! nicht umsonst verlang' ich nach Dir, wie noch nie! Schreiben läßt sich nicht alles, und in dieser Sache das Wichtigste am wenigsten, weil es nicht mich angeht, sondern einen Mann, dem ein Brief solchen Inhalts in anderen als Deinen Händen die ganze Existenz erschüttern könnte. „Ich kann nicht leben", das ist das einfache Resultat aller der Untersuchungen, die ich Dir mittheilen möchte, und ohne deren Mittheilung Dir noch Zweifel bleiben können, ob ich vollständig alles und klar angeschaut. Eine Veränderung in meinen Verhältnissen muß noch vor Ende dieses Sommers erfolgen, und ich weiß keine, die mich nicht dadurch, daß sie mich von Dir trennt, unglücklich machte. Wie oft habe ich gewünscht, einen Arm oder ein Bein in diesem Kriege verloren zu haben, um meinem Wort getreu bei Dir, geliebte Rahel, fortan zu bleiben! Und wie wohlfeil wäre dieses Glück erkauft! Muß ich nicht jetzt, bei welcher Lebensart ich auch bestehen mag, auf einen ungleich wichtigeren Theil des inneren Lebens verzichten, als jener meinem Körper ist? — Mache mir auf den Grund hin dieses Wunsches keinen Vorwurf, geliebte Rahel! Du hörst ja, ich muß Dich sprechen! Nichts liegt zwischen Dir und mir, ich nähme bei Gott! aus Deiner Hand alles, wie von der Natur an, Leben, Schönheit, Glück, und fühlte mich nur veredelt durch die Gabe, nicht verkleinert: frühere Aeußerungen von Dir nöthigen mich zu dieser Rechtfertigung — auch in wirklicher Noth sähst Du mich früher als diese Zeilen bei Dir, hat doch Marwitz auch auf die einfachste Weise mich eingeladen bei ihm Monate abzuwarten und ich thäte es, aber meine Verlegenheit ist, solange nicht das Glück sich hineinmischt, eine dauernde, und inzwischen steh' ich da mit gesunden vielartigen Kräften, und dem frischen sehnenden Blick in die Welt, die mir nichts bietet für so vieles das ich ihr anbiete. Dem ausgebreiteteren Studium kann ich entsagen lernen; aber auch Dir? den Freunden? beiden zugleich? ich lebte dann ja nur mit so viel Seele als kaum eine Fliege hat! Sonst würde ich wieder Hofmeister (ein ekelhaftes Amt!), an guten Stellen würde es nicht fehlen. Für Essen und Trinken ist überall gesorgt, nur allzugut, auch jetzt — aber neben der wohlbesetzten Tafel steht keine andere. Wahl ist nicht da. Ich verirre mich ganz in diesem Briefe, ich wollte gleich oben sagen, warum ich meine Zuflucht nicht entschieden und ganz zu Dir nehme: aus Verzagtheit, die ich Dir mündlich, wenn es nöthig ist, genauer sage: ich habe mehr Liebe zu Dir als zu mir, geliebte Rahel, und fürchte für Dich noch da, wo ich das herrlichste Glück für mich sehe. Sprechen muß ich Dich, auch komm' ich gewiß zu Dir, wenn Du nicht nach Böhmen kommst, und vergieb nur, ich bitte Dich, mein theures Herz! alles meinem Schreiben um der zukünftigen Gespräche willen! — Meine Reise ist unangenehm, bisher hatte ich nur schlechtes Wetter; in Dresden fand ich Lippe unvermuthet, wir waren sehr freundlich zusammen, in Leipzig Minna, von ihr nachher, in Halle Steffens, den herrlichen Mann — aber nie ging alles so todt, so unwichtig in mir her, als in diesen vierzehn Tagen, ich bin allein, und weiß im voraus die Rückkehr in die Einsamkeit nach Prag. Ich selbst bin zwar stark und gesund der Erscheinung nach: abe[r] bisweilen dünkt mich eine fieberhafte Traumexistenz auch in die Adern überzugehen. In Halle hatte ich einzige Augenblicke: meine Universität, meine Bücher, ich von beiden getrennt, Harscher in Basel, andere anderswo, und einst alles hier vereint! Ich bliebe gern dort ein Jahr sitzen, und studirte unter Steffens. Dem hab' ich viel von Dir erzählt; die Universität wird ihn wohl nicht entbehren können, ich meine die Berliner, dann besucht er Dich. O Rahel, wie freuen mich die Leute die Dir huldigen! ja, schreibe mir das immer ausführlich, es mildert meine Schärfe und Feindlichkeit. — An Steffens glaubte ich zu sehen, daß er seit geraumer Zeit so schlecht lebt, z. B. keinen Wein trinkt, er sieht magerer aus als sonst, und seine schöne Lebhaftigkeit wird nicht von freundlich-gerötheten Wangen wie ehemals umglüht, nur das Auge bleibt göttlich, das Andere des Gesichts erliegt dem Bedürfniß. O Rahel, Rahel! diese Bemerkung machte mir das Blut erstarren, ich hätt' es ihm zu trinken geben mögen! Und daneben die Schwelgerei, die schnöde, pöbelhafte, in Wien und Prag! Und Du schreibst mir, Du wollest Dir Wein und Fleisch abgewöhnen — o sieh meine Thränen strömen! jeder

Tropfen ist ein Bluturtheil über die Welt! Du einzige, süße, geliebte Freundin, ich drücke Dich mit aller Inbrunst der frommsten Liebe an mein Herz! — —

Schreiben mag ich jetzt nicht weiter! Ich konnte es früher als hier auf der Reise gar nicht. Schicke Du mir nur die nöthige Nachricht poste restante nach, ich habe es besser bedacht: nach Halle, doch werde ich auch in Leipzig nachfragen, wo ich auf der Rückreise sie vorfinde und mich darnach richte, ich reise wohl gewiß in drei Wochen spätestens zurück, hoffentlich nicht mit verunglückter Sendung. Ich lege Dir noch die Adresse und das erste Blatt (die anderen behalt' ich zurück) eines Briefes von Dir bei, die ich in Leipzig sowie ich sie Dir schicke, von Minna unter tausend Exklamationen erhielt, die Handschrift mit rother Tinte kenne ich nicht, sie sagt man habe ihr diesen Brief mit jenem zweiten Siegel verschlossen eines Morgens gebracht, und sie ihn ohne die Adresse zu lesen, aufgebrochen: ich habe ihr auf ihre Verwünschungen nur durch ungeheures Lachen über das Wunder von Briefverwirrung geantwortet, und es ging vorüber, ich schied gut von ihr. Mir bleibt die Sache unbegreiflich. Innerlich war eine Lücke in Deinem Briefe durch das Fehlen von diesem, aber ich hatte nie gewußt, daß wirklich einer fehle. Uebrigens mache dieser Zufall Dich nur nicht besorgter im Schreiben, die größte Sorglosigkeit ist hier eben so wirksam als die größte Sorgfalt, die solcherlei nicht berechnen kann. Warum Minna mir nur den Brief gab? Sie hat überhaupt eine eigene Art, das Unangenehme und Delikate recht schamlos herauszusprechen. —

Von meinen Papieren, die mir Marwitz brachte, fehlen eine Menge, alle Gedichte, alle Tübinger Blätter, und was ich Dir auf einzelnen Zetteln von dort schickte; die bringe mir wenigstens mit, wenn Du selbst kommst, so wie Deine Briefe an mich, ich bitte Dich, von denen ich mich jetzt nie mehr trennen will! Viele Blätter sind wohl noch bei Fouqué, z. B. Seckendorf's Traum? Laß nur nichts verloren gehen. Du glaubst nicht wie ich mich an dem Leben in meinem Reisetagebuch erfrischt habe!

Lebe wohl, geliebte, heißersehnte Freundin! Liebe, kleine Rahel! Ewig Dein

Varnhagen.
Doktor der Medizin.

N. S. Ich habe schon gedacht, daß vielleicht Humboldt eine Anstellung für mich fände in Berlin, bei der Universität muß doch viel zu schreiben sein, nicht eine gelehrte, sondern eine Anstellung dans les affaires suchte ich, oder bei der Bibliothek ꝛc. wenn es nur ein Amt wäre, das ich durch halbtägliche fleißige Arbeit verwalten kann, und das so viel Geld bringt, daß ein einzelner davon wirklich leben kann, also zwischen 400 oder 500 Thaler. Willst Du von ferne nachfragen?

Grüße die Freunde herzlichst! Otterstädt habe ich noch nicht gesehen.

An Varnhagen in Kassel.

Berlin, Montag, den 30. April 1810.

Diesen Augenblick erhalte ich Deinen Brief aus Kassel, lieber Freund. Und zuerst muß ich von Steffens sprechen! den ich natürlich sah. Wenn solch ein Gebilde darben soll, was sollen wir wohl noch sprechen? Ihm fehlt's an Wein. Fehlte es mir jetzt nicht an allem, so schickt' ich ihm anonym welchen, zur Stelle. Ich bin sehr eingenommen von Steffens. Wundere Dich nicht: ich habe seinen Aufsatz über Universitäten gelesen, lese jetzt — lache nicht! — seine „Geognostisch-geologische Aufsätze, als Vorbereitung zu einer inneren Naturgeschichte der Erde". Ich habe sie Humboldt weggenommen. So nur kann ich von Geschichte und Natur reden hören, die sind ihm Eins. So denk' ich ungelehrt auch. Und verstehe ihn sehr wohl. Doch kann ich nicht mehr über ihn schreiben, Du kennst mich, weil ich das schon einmal im größten Enthusiasm an Moritz ergehen ließ, der es gleich lesen sollte, — mein Bruder in Hamburg. Das affizirt mich, daß Steffens darbt! Ja! er ergründet's ja selbst; nichts entwickelt sich nach seinen Anlagen; alles ist gestört, sag' ich; einer größeren, uns unbekannten Beziehung gehören wir, und alles an; das denk' ich lange, lange! Drum geht es Steffens schlecht, und nichts in einer anderen Ordnung, als in der Unordnung.

Nun von Minna (Spazier)! Wäre ich nicht in der größten Weltschmiede endlich wirklich, von lauter Schlägen fertig geworden, so hätte ich heute den Tod eingenommen, über den mir beigesandten Brief von mir. Drum antwortete sie mir auch plötzlich einmal nicht, und nie mehr. Es thut mir sehr leid, sie affizirt zu haben. Da es aber lange her ist, und sie gewiß nicht mehr dran denkt, so nehm' ich auch das hin. Wo ist denn aber der Rest meines Briefes? das beunruhigt mich. Die Konfusion kann nur von Deinen Hamburger und Tübinger Korrespondenten herkommen. Hüte Dich also künftig. Apropos, nimm Dich auch mit Postgeld mit mir in Acht! Ich habe jetzt keins. Vor drei Wochen habe ich vier Thaler und einen halben bezahlen müssen für meine, der Guten und Urquijo's Briefe; parole d'honneur, auch für einen Reichen zu viel: ich hatte damals nichts, und habe nichts. Mache mir keine Einlagen. Ich bin auch über diesen unruhig. Deiner von Kassel kostete fünfzehn Groschen.

Meinen Reisetag oder Woche, lieber Varnhagen, kann ich noch nicht bestimmen, weil ich das Geld dazu nicht habe, aber ich kriege es, und dann will ich immer noch, daß Du mich holest. Denn ich reise entweder gut, oder gar nicht. Du reisest dann auf meine Kosten mit mir nach Teplitz zurück. Auch ich habe Dir viel zu sagen. Mein Leben, wie Du wohl einsiehst, und sagtest, steht nicht still. Ob ich künftigen Winter in Berlin leben werde, das weiß ich noch nicht; ob ich allein leben werde, auch nicht. Doch kann ich immer auch mit Dir leben, und eigentlich an jedem Ort, ist er nicht zu theuer, wo ich will. Kurz, wir werden uns sprechen. Finde mich nicht zu kalt, auf Deinen herzlichen Brief, den ich ganz empfinde; ich weiß, meiner hat den Ton; aber Du hast mir wahrlich vorigen Winter, und letzten Sommer, durch Briefe und That, das Schreiben über Pläne, und das Plänemachen, ganz benommen; rein aus dem Herzen gewurzelt. Genug, Du findest an mir immer dieselbe, die Du kennst. Wahr, treu, und Dich liebend und ganz einsehend. Einsehend, daß niemand mich mehr schätzt und einsieht, als Du. Genug Du sagst, wir müssen uns sprechen, also kann ich vorher nichts sagen. Wenn wir in Einer Stadt leben könnten, so wäre es göttlich. In pekuniairer Hinsicht kann ich Dir nicht bieten, was ich Dir voriges Jahr bieten konnte. Mißversteh mich ja nicht! sehr werther Freund! Es ist kein Vorwurf. Aber das Fortwälzen der Welt kann ich doch nicht allein zurückhalten, und Du gingst. Du mußtest gehen. Ich sehe es noch ein. Mir verwischt sich kein Moment; drum kenn' ich auch Reue nicht. Daß Etwas riß, das fühlt' ich wohl; ich schwieg; ich mußte auch schweigen. Aber, Freund, sei mit mir getrost! Was riß, das konnte reißen, und gradzu das Bessere, was Du eigentlich immer nur wolltest, das ist geblieben. Schreibe mir nur. Auch ich schreibe Dir bald wieder; immer nach Kassel. Vielleicht weiß ich dann was Näheres über meine Reise. Mit Dir macht' ich sie für mein Leben gern. Schreib mir, was die Post von Prag kostet, oder eine Gelegenheit. Vielleicht kann ich Dir auch das bezahlen. Und wie gerne! wenn ich kann. Wäre ich doch reich; ein wenig nur! Ich schrieb Dir gleich: damit ich auch gewiß schriebe. Ich habe jetzt viel zu schreiben, für mich eine nervenangreifende Arbeit. Deine Papiere habe ich natürlich, ich wußte nicht, daß Du sie alle willst: ich bringe sie. Von all unseren Briefen wollen wir zusammen ein Buch machen. Ich kann manchmal schön schreiben. Ich habe alle Deine Briefe erhalten. Auch den durch Mad. Bethmann; sie schickte ihn mir von Prag; auch den, in welchem Du ihn mir annoncirtest. Adieu, lieber, treuer Freund; ich bin auch Deine treue Freundin. R. R. Ich schreibe noch etwas hieran. Dein Brief ging nur sieben Tage, wenn er nämlich den 24. schon reiste, und nicht gestern schon hier war. Gewöhnlich.

Ich bin in nichts verändert. Nur noch geschwinder immer zufrieden, oder vielmehr fertig, über die Ereignisse. Nur Eins ist anders in mir. Ich kenne den Tod mehr, durch Mama, und Markus'ens Kind. (Markus hatte ein drittes Mädchen, es wurde nur fünf Monat alt; die Amme hat's erstickt.) Und sehe ihn überall; und er hat auch mehr Macht über mich bekommen. Ich bin sterblicher geworden. Aengstigen thut mich das nicht besonders; aber ärgerlich macht es mich. Ich habe beständig vor Augen, wie Einer umfallen kann; verwelkt, wie eine andere Pflanze, mitten drin. Es kann mich gar nicht rühren, aber so ekeln, und ärgern. Und daß man nicht durch seinen Willen leben bleiben kann! Und so ekelhaft wird. Versteinerte man doch!

Freitag, den 4. Mai 1810.

Ich bin ganz dumm. Warum schreibe ich Dir immer, Du sollst mich holen, und nicht, Du sollst hierher kommen! Weil ich mir's einmal fest im Kopf gemacht hatte, Du mögest nicht. Da ich nicht die Woche bestimmen kann, in welcher ich reise, so ist's am gescheidtesten, Du kommst, wenn Du kannst, hierher: Du sprachst ja ohnehin in Deinem Briefe aus Kassel davon. Mit Dir reise ich natürlich am liebsten, bei mir kannst Du hier wohnen, das kostet Dich dann auch nichts — ich habe ein Zimmer jetzt hier im Hause — lange bleiben wir in keinem Fall, wenn ich reise: reise ich — im undenklichsten, den ich aber immer auch denke, — nicht, so willst Du mich ja doch sprechen. Ich nehme dann nur ein Mädchen mit, und keinen Bedienten. Eins nur bitte ich Dich diesmal! Mach mir keine Konfusion; auch würdest Du sie diesesmal nur allein genießen; denn, bestimmst Du mir einen Tag zu kommen, und ich kann reisen, und Du bist nicht hier, so reise ich nach diesem Tage doch, und bestimmt. Oder, zögerst Du mit der Antwort auf dieses Schreiben, oder ist sie zweideutig, so reise ich auch auf eigene Hand. Verzeih! — und sehe ein. Sieben und einen halben Monat kostet mich seit dem August ein Mensch; durch Konfusion. Nein! Ein ganzes Jahr, und länger, hattest Du mich bis an den August heran gekostet. Dieser Unkosten wegen, habe ich weder Geld, noch ein Quartier, noch einen Aufenthalt, noch Ruhe, noch aisance, noch einen Plan! Wohl aber Brustweh von meinen Treppen, und viel Leid. Nun aber existirt für künftig kein Mensch mehr, auf den ich warte. Meine Freunde mögen mir folgen, und trauen. Besonders wenn sie jünger sind. Man hat mir ja meine ganze Jugend, und mein ganzes Leben mörderisch entrissen; unwürdig aus der Tasche gespielt; unmenschlich zertreten! Nun habe ich keine Zeit mehr. Und sehen die Menschen nicht alle menschlich aus? und haben Thränen? woran soll ich sie unterscheiden! Bei ihren Schmerzen schreien sie alle! Diese Vorwürfe, Varnhagen, mußten kommen. So lange ich Dich damit zurückhalten konnte, lag meine Zunge wie ein Grabstein auf meiner Stimme, und die Worte blieben im Herzen. Da kommen sie nun ganz alt und reif hervor. Daran zweifeltest Du auch nie. „Ich habe Dich betrogen", sagtest Du mal den ersten Sommer. Mich betrügt man nicht; das Innere schaut streng und unbestechlich das Innere! So kamen noch manche Aeußerungen, schriftlich und mündlich, zum Vorschein, die ich Dir ewig, wie damals, danken werde, — weil Du sie Dir wie doppelt verwundende Schwerter, mit Schmerzen, mir und der Wahrheit zur Liebe aus dem Busen zogst. Mir war aber der Ausspruch des Geschickes gleich dadurch klar. Du weißt alles! Und kennst wie Wenige Dein Gemüth und seine Fähigkeiten. Das Resultat dieser und unseres Zusammenlebens war: Ich und was ich Dir zu bieten vermochte, konnte Dir nicht genügen; Du mußtest in verschiedenen Thälern die Flügel übend entfalten; obgleich Du die Konviktion, daß Du in keinem mich zum zweitenmal antreffen würdest, die Dir auch, und nachdem Du sie kennst, unumgänglich nöthig, unentbehrlich zu allem anderen Genuß ist. So soll es auch sein; lebe, und genieße, und leide in meiner Nähe und Gegenwart. Also komme! Und schreibe mir gleich, wenn ich Dich erwarten kann. Geld kann ich erst in drei Wochen haben. Wein trink' ich noch, und esse so wie Du es bei uns kennst, bei mir, aus meiner Küche. Jetzt schreib' ich im Bette, mit einem warmen Stein auf meinem armen rheumatisch schmerzenden Magen, und Schweiß auf meinem rothen Gesichte. Das Wetter bekommt immer schnelleren, und also mehr Einfluß auf mich. — Ich muß wahrlich mit Hrn. von Humboldt wegen Steffens sprechen! Sorge nicht! Mit aller Bescheidenheit, Nachdruck und Verschwiegenheit: bei den glücklichen Franzosen discrétion genannt! — Grüße tausendmal Hrn. von Otterstedt. Sag ihm, ich hätte den Grafen Seiboltsdorf nur einmal bei mir gesehen; sähe ihn aber dann und wann bei Mad. Frohberg; er wäre sein großer Freund; und gefiele mir hübsch. Dir sag' ich, er sieht ganz gränzenlos Prinz Louis und Campan ähnlich. Hat ein sehr edles Ansehen. Und ist weit mehr dazu gemacht, die Gute zu goutiren, als mich. (Nicht verliebt.) Nun kennst Du ihn doch für ewig. Adieu, Varnini! Antworte hübsch! R. R. Sieh mal! Marwitz schreibt gar nicht! ich habe Sonnabend ihm geschrieben. Neumann ennuyirt sich; der weiß nicht zu leben. Ich seh' ihn oft.

Sonnabend, den 5. Mai.

Varnini! bezahlt bin ich noch nicht: ich habe aber etwas anderes Geld bekommen. Also antworte mir gleich, und bestimmt, und strenge Dich an, und komme; und hole mich. Wir werden eine Götterreise haben. Da ich Dich sehen soll, schreib' ich Dir nichts mehr von Büchern und Menschen. Adam Müller's Kleist sehe ich jetzt. Ich lieb' ihn, und was er macht. Er ist wahr, und sieht wahr. Alles mündlich! Lebe wohl. Wir wollen auch grausam wahr sein. Façon de parler! grausam wird nur die Lüge. Adieu. Grüß Du Minna! Ich habe gar keine Scheu vor ihr nach dem Unfall! Adieu!

An Rahel.

Prag, den 27. Mai 1810.

Da ich von Dir, geliebte theure Rahel, keine Briefe in Kassel, Halle und Leipzig fand, so glaubte ich schon bestimmt, Du seist in Böhmen; mit welcher Begierde ergriff ich in Teplitz, wo ich auf's neue durchreiste, das Verzeichniß der Badegäste, und suchte glühend und zitternd nach Deinem Namen! aber ich fand ihn nicht, und reiste traurig weiter nach Prag, wo ich nun seit gestern Abend wieder angekommen und in dem alten Verhältniß bin. Ich habe Dir auf der ganzen Reise nicht geschrieben: ich konnte nicht, ich wußte nichts zu sagen, was ich fühle und wie mir ist, kann sich in Worten nicht behelfen, und auch jetzt kann ich Dir uichts sagen, als daß ich bin wie sonst. Was kann es Dir helfen, wenn ich Dir erzähle, wie innig, wie sehnsuchtsvoll ich Deiner gedacht, wie Dein Geist riesenhaft und Dein Herz liebenswürdig vor mir gestanden überall, wie ich Deinen Sinn und Deinen Namen überall aussprechen gemußt: Du bist doch jetzt allein, und vielleicht trostlos gequält in einsamem Schmerze, gehemmt und gebunden bei allem, was der freie unschuldige Sinn begehrt, und ich kann Dir nicht an die Brust fallen und Dir sagen: sieh! Rahel, Deinen Freund! — Durch Marwitz zum Theil, zum Theil auch durch Schede's, die ich in Halle unvermuthet traf, und mit denen ich recht vergnügt war, habe ich das erfahren, was ich durch Dich von der inneren Seite wußte, und von dem die Leute glauben, daß man es nur durch jene äußerliche Kenntniß erkennen könne. Geliebte Rahel, wie tief hat Dein Leiden mir in's Herz geschnitten! Du himmlisches Weib, was muß Dir alles geschehen! Ja, ich fühle Dein ganzes süßes Wesen in Deinen edlen Worten: „Ich Elende, wie lasse ich mich beherrschen, durch ein Fünkchen Menschlichkeit und Leiden!" ich habe sie verstanden, und weiß alles. Was brauchst Du hinzuzusetzen: ich solle nur Dir und Deiner Rechenschaft über Dich glauben? Zweifelst Du so sehr an mir, daß Du glaubst ich könne so sehr an Dir zweifeln? Rahel, an Dich glaub' ich, Dir dien' ich, Dir gehör' ich unter jeder Bedingung im innersten Geist und Herzen an, und mein höchster Wunsch ist immer Dein! Du kannst mir auch nicht verloren gehen, durch nichts! Hab' ich, Dein liebevoller Jünger und Liebhaber, ja Liebhaber, so wenig von Dir gelernt, um Dein und mein Verhältniß engherzig nach kleinlichen Begegnissen abzumessen, die für jeden Anderen vielleicht, aber nicht für Dich entscheidend sind? — Genug! ich darf hierüber nicht mehr sagen, weil mir seit langer Zeit die Feder so abhold ist, daß ich wahrhaftig nicht weiß, ob sie mich nicht verläßt, und vielleicht statt meiner innigsten Herzensliebe und großen Geschichtsbegeisterung für Dich nur eine geringe sentimentalische Gestalt darstelle! — Was ich Dir aus Halle (oder Kassel, ich weiß nicht genau) geschrieben habe, ist noch alles ganz wahr, ich weiß nicht was anfangen, und muß mich wahrscheinlich noch eher entscheiden, als ich damals dachte. Mein Oberst befindet sich äußerlich in einer viel schrecklicheren Lage als Prinz Louis vor dem Kriege mit Frankreich, jener traf den Tod auf seinem Wege, mein unglücklicher Schutzfreund scheint alles durchleben zu müssen, dem jener entging; ich rede nicht von Liebesleidenschaft, dies Leid zerreißt ihn nicht, aber alles andere aus der schlimmen Lage des unglücklichen Prinzen; er wird wohl nach Paris reisen müssen, auf jeden Fall werde ich nicht auf lange noch mit ihm sein können; dann kann ich hier nicht leben, nicht existiren. Außerdem ist der Türkenkrieg (ich habe sichere Kundschaft hierüber) nicht nur gewiß, sondern auch nahe. Soll ich mitziehen in diesen Krieg? in unendliche Entfernung, ohne Begeisterung, kaum mit Neugier? Auch da könnte ich wahrscheinlich nicht mit meinem Obersten bleiben, und im Fall ihm etwas geschähe, wär' ich ganz hülflos. Also ich muß vor dem Ausbruch meinen Abschied nehmen: aber wohin? ich bin ganz ohne Geld, und weiß keines zu bekommen; sage mir jetzt ernsthaft und genau, ob Du mich aufnehmen kannst, ob ich mit Dir leben kann; ich brauche wenig; ich will nichts scheinen, und auch nichts sein als Dein Freund, Dein Mann, wenn Du willst. Schwer ist es allerdings, daß grade in dieser Zeit, wo Du so entsetzlich bedrängt bist, mir eine Entscheidung nöthig ist; willst und kannst Du gewiß nach Teplitz kommen, so könnte ich Dich doch vielleicht noch hier abwarten, obwohl holen besser wäre. Geht dieses alles jetzt nicht, geht es nicht gut (denn ich weiß nichts kläglicheres als sich zusammen im Elend zu quälen, es ist nur eine andere Art Tod wie das getrennt sein), so will ich Dich nur nicht erst lange mit Klageliedern darüber langweilen, und meinen Wunsch und meine Sehnsucht nach diesem Gesang abmessen, sondern Dir gleich sagen, was ich weiter dann für Maßregeln zu ergreifen habe: ich schreibe, sogleich ich Deine betrübte Antwort habe, an Hrn. Dehn nach Altona, den Dir der beiliegende Brief meiner Schwester genugsam darstellen wird, und bitte ihn mir eine reiche Hofmeisterstelle zu verschaffen, was ihm wohl nicht schwer werden kann, besonders da er eigene Söhne hat, die einen brauchen; Gott weiß, wohin mich das wieder verschlagen kann; aber ich weiß für den Augenblick nichts anderes, und wenigstens ist es eine Zuflucht. Auf eine Stelle anderer Art in Berlin mache ich mir wenig Hoffnung, obwohl mir Schede sagte, daß Humboldt sehr eines Privatsekretairs entbehrt habe bisher, und vergebens einen gewünscht. — Ich bin ziemlich ruhig und gefaßt bei allem, wie es kommen mag, ist es so, gut; ist es anders, auch gut: denn erzwecken und erzielen mit Absicht und Umständlichkeit ohne äußere Mittel ist doch nichts. Tausend Dinge kann ich erreichen, die alle zweiter Art sind, und kein Wunsch, der aus dem Urborn meines inneren quillt, wird mir gewährt. Geht es Dir, geht es Harscher, Müller, Neumann, Willisen, Kerner und allen Anderen besser? mit nichten! nur Marwitz ist nicht ganz so schlimm daran, weil er wenigstens zu leben hat, was doch eigentlich das Geringste ist in der Welt, und sich zum wirklichen Reichthum verhält, wie ein Stein zum Edelstein. — Steffens habe ich wiedergesehen, er hatte ein Kind verloren bei meiner zweiten Durchreise, das bei meiner ersten froh und gesund vor mir herumgesprungen war. Ich habe ihm viel von Dir gesagt. Mit Schede's fuhr ich in ihrem Wagen nach Leipzig über Merseburg und Weißenfels; die Wilhelmine wurde mir sehr lieb, ich konnte viel mit ihr reden, wir goutirten einander; gieb ihr beiliegende versprochene Karikaturen, und kündige ihr einen Brief von mir an. Nostitz habe ich in Merseburg wiedergesehen; ich sollte von Leipzig bis hieher mit ihm fahren, er blieb aber zu lange aus; ich mußte allein fort. Der ist mir sehr gewogen, ich habe ihn sehr gern, und erwarte noch einmal bedeutende Kriegsstücke von ihm. Er hat geerbt, ungeheuer viel, will aber gern seine Gläubiger glauben machen, es sei weniger, um vortheilhafter mit den Wucherern zu accordiren; ich habe es in Leipzig ziemlich bekannt gemacht, daß ihn der Vater auf das Pflichttheil gesetzt habe; auch es dem Herzog von Weimar gesagt, dem ich auf der Straße vom Major Welk (Fouqué's Freund) vorgestellt wurde. — Dem Maler Meier aus Rathenau, auch ein Freund Fouqué's, habe ich viel von Dir mitgetheilt, er war tief gerührt von Dir; ein ganz menschlicher, herrlicher, tiefer Mensch, noch sehr jung, ein Freund Harscher's, und Jean Pauls Bekannter. Er rief aus, Du sprächest seinen tiefsten Sinn; bei dem „Heimweh nach fremden Ländern" und Peterskirche und Petersburg wenn Du Dich beider Sprüche, die ich aufschrieb, erinnerst, hat er lange und tiefdenkend verweilt. Als Dein Apostel möcht' ich leben, in dieser Verrichtung ist mir am wohlsten, fühl' ich meine Bestimmung am vielseitigsten erfüllt! — Und doch wird die Blindheit ewig blind bleiben: es giebt ja auch jetzt noch mehr Heiden als Christen; doch sollen, die nicht verehren wollen, das Maul halten, und erstarren. Ich sprach bei Steffens vor Schede's von Dir als der dritten Lichtgeburt der jüdischen Nation, die erste und zweite seien Christus und Spinoza der Zeit nach, Du aber dem Inhalte nach die erste; sie beschuldigten mich des Götzendienstes, aber dem Steffens gefiel doch mein Eifer ungemein; das ist ein göttlicher Mann! ich hoffe er kommt nach Berlin, und wird Dich sehen. — Schede heirathet die Karoline Wucherer aus Halle: Rahel! Harscher schießt sich vielleicht eine Kugel vor den Kopf!! ich erstarb, als Wilhelmine mir's sagte. — In Halle mußt' ich weinen in bitterem Schmerze; der Ort unserer schönsten Jugendzeit, der glücklichsten Vereinigung; und die Laube, wo wir alle gesessen, disputirt, frech und milde gewesen, jetzt grüner als damals, und so verödet, so zufrieden jedes Blatt, ohne die herrlichen Reden Harscher's und der Anderen jetzt zu vermissen! Wie gern wär' ich dort geblieben, und hätte gearbeitet, wie damals, mit gleichem Sinn den veränderten Stoff! Ich liebe die Geschichte, an ihrem Studium ist mir sehr gelegen; Sallustius ist mir sehr lieb. Den letzten Krieg möchte ich gern der Nachwelt erzählen, mein Buch möchte immerhin 20 Jahre ungedruckt und vielleicht 10 Jahre ungeschrieben bleiben; ich habe wahrhaft historische Ansichten, im größten Stil; ich verstehe gut und bin nicht frech. Apropos! Schleiermacher hat gesagt, der Pabst sei jetzt der einzige Protestant; ich erstaune vor der unergründlichen Wahrheit dieses historischen Riesenwitzes. Solche Züge kennen wir an Schlegel, der „große Herrscher" in seiner Universitätenschrift gehört auch dahin, Du lobtest die Stelle sehr würdig. — Beifolgendes Gedicht laß den Freunden zukommen. — Jetzt bitt' ich Dich um Himmelswillen, liebe Rahel, schicke mir alsogleich meine noch übrigen Papiere, die kleinen Blättchen aus Tübingen, das kleine Päckchen sauber abgeschriebener Gedichte, das Blatt über Sallust, es fehlt noch vieles; vor allem aber Deine Briefe an mich, im Fall Deine Antwort so ist, daß ich Hofmeister werden muß, und dann nur schleunig! Dies theure Packet soll nicht mehr von mir wegkommen, außer ich müßte wieder in den Krieg, wo ich mehr dafür als für mich fürchten würde, dann gäbe ich's Dir zurück. Kann ich aber zu Dir kommen, so behalte dies Packet bei Dir, ich will es lieber noch entbehren, als es zum drittenmal in den Gefahren der Post wissen. Beantworte meine Frage nur ganz einfach und bequem, geliebte Rahel, und wisse, daß mich die durchdringendste Härte von Dir nicht beleidigt, aber wohl der geringste Zwang, die kleinste verhehlte Verlegenheit! Ich bin Dein, ein Stück von Deinem Leben, unter jeder Bedingung, an Deiner Seite, in entferntem Hause, oder auf den Feldern der Türkei, wie auch das Loos falle! Schreibe mir bald, liebe Rahel! — Gentz werde ich besuchen endlich, die Bethmann auch; sie ist vor einigen Tagen wieder aus Wien eingetroffen. Ich lese den „Sigurd"; die „Numancia" habe ich gelesen. Jean Pauls „Dämmerungen" auch, vor der Sonne müßte man ersterben, ein ungeheures, kühnes und mildes Werk! — Leb wohl, geliebteste Du! Möge es Dir gut gehen in aller Art! Ich drücke Dich mit aller Innigkeit an meine Brust! Leb wohl! Ewig Dein

Varnhagen.

Die Gedichte schick mir, die klein abgeschriebenen, und alle die anderen Blättchen! Grüße Neumann; Schede's. Die Gute wird ja mit Mariane, wie mir ihr Bruder in Leipzig sagte, in's Bad nach Teplitz gehen? Grüße sie.

Der Kaiser ist noch hier.

Zwei Wortspiele von Brünet: Napoleon n'aime que Joséphine et la Chasse (la chasse). Und als er auf einer Ehrenpforte einen Triumphwagen gestellt sah für die aus Oesterreich kommende Braut, sagte er hinaufzeigend: le char l'attend.

Mein Oberst will nicht einsehen, daß ich den Abschied nehmen soll (ich bekäme ihn als Oberlieutenant), seinen Beistand habe ich gewiß immer auf's reichlichste, aber der Unglückliche! seine eigene Lage sieht er nicht genug, und hält meine daher auch für besser. Könnte der Mann nur ein paar Jahre seine äußere Zerrüttung stillen! glänzendere Aussichten zu einem großen weitwirkenden Leben hat nicht leicht ein junger Held seines Standes! Das größe Ansehen genießt er, ist schön, fein.

Sage nur nicht, ich risse in Dir, ich schlüge Dich hin und her: es hat den Schein; insofern ich die Schuld des allgemeinen Lebens, aller Verhältnisse, auf mein Haupt nehmen muß, ist es auch wahr, aber nur so: denn sonst ist es anders.

An Varnhagen in Prag.

Sonntag, den 27. Mai 1810.

Ich will hoffen, und beten, daß dieser Brief, der nach dem gedruckten Postberichte morgen früh abgeht, früh genug kommen mag, um meine Wünsche zu berichtigen. Meine Wünsche! Alte Thörin, die ich bin, und bleibe! Gestern Abend hörte ich, Mad. Bethmann käme in acht Tagen! So etwas verzögert sich immer um einen oder ein paar. Suche doch mit ihr mitzukommen! Sie thut es gewiß gerne. Es kann ihr nicht anders als angenehm sein. Den Platz, wo ihre Tochter Minna saß, den hat sie doch leer: bezahle, was das Postgeld machte. Und laß Dir einen ziemlich unbestimmten Urlaub geben; da ich leider, leider noch nicht so bestimmen kann, wann ich abreise. Du wärst mir ein Trost derweile: und auch sehe ich gar nicht, wie ich die Reise allein machen soll: und mit keinem Anderen möcht' ich nur! Komme, wenn Du kannst! Sprechen müssen wir uns doch in jedem Fall. Nach Kassel schrieb ich Dir, windbeutlicher Konfusionair, aber Du warst früher in Leipzig. Minna Spazier se loue beaucoup de vous! Ich werde noch alle Ehre erleben! Mit Dir ist es nun keine Kunst. Aber von Marwitz wollten sie auch bemerken, er sei menschlicher, weicher, nachsichtiger, gewandter, nach mir geworden. Aber geirrt! Weich war er wohl vorher: und den braucht man ja nur anzutippen. Freitag schrieb ich ihm. Mein ganzes Herz liebt ihn. Er wird Dir auch schreiben, Du sollst mich holen; ich gab ihm den Auftrag. Adieu, lieber Freund! wozu die Worte! ich hoffe fest, Du kommst. Und bin zu ungeduldig! Schon nach Kassel poste restante schrieb ich Dir dasselbe. Komm! Adieu. Auch wegen meinen Briefen, unseren Papieren, ist es schön und nothwendig, daß Du kommst; die sollen mit! R. R. Komm recht geschwind.

Mille choses à M. de Nostitz! viendra-t-il à Teplitz? Son père est-il mort? Est-il riche? content ou triste? Goethe est à Carlsbad depuis le 15 de ce mois. Fichte va à Teplitz; et tous les pleutres et pleuterines de notre pays. Horreur, qui pourrait m'en chasser!

An Varnhagen in Prag.

Dienstag Mittag, den 31. Mai 1810.

Lieber Varnhagen! ich schreibe Dir in der größten Mittagshitze und -Kälte um 2 Uhr! Flüchtig, weil ich sehr bestimmt bin. Nun habe ich Geld für diesen Sommer. Komme also schleunigst und hole mich. Erstlich, müssen wir uns sprechen. Zweitens, möcht' ich nur mit Dir reisen. Drittens, sollst Du mir in tausend Sachen und Arrangements noch hier helfen. Und dann, letztens und hauptsächlich, will ich bestimmt und durch eine mündliche Unterredung von Dir wissen, ob Du den Winter bestimmt in Prag bleibst; dann nehme ich hier kein Quartier, und bleibe auch dort. Wegen der Papiere, der österreichischen, bin ich dort wohlhabender, und zum künftigen Frühling schon in einer schönen Gegend ohne neue Kosten; und nah am Bade. Aber halte mich nun nicht auf! reise auf der Stelle. Du wohnst hier bei mir, die kurze Zeit. Denn, kommst Du nicht, so muß ich einen Bedienten nehmen, hier ein neues Quartier; und tausend heftige, herbe Unannehmlichkeiten entstehen mir draus, und ich gehe dann vielleicht lieber ganz wo anders hin. Kurz, Du mußt kommen! Diesesmal für mich. Ich muß Dich über alles sprechen. Ich habe Dir mit der letzten Post geschrieben, mit Mad. Bethmann zu kommen, aber das wird wohl zu spät gewesen sein. Hättest Du doch den Einfall gehabt! Nach Kassel schrieb ich poste restante, laß Dir den Brief kommen. Adieu! Ich habe Kopfweh. Ich erwarte Dich sicher. Nimm einen breiten Urlaub. Adieu. Deine R. R. Nur keine zweideutige Antwort!! wo Warten draus entsteht. Bilde Dir nichts mit fremden Angelegenheiten ein! Ich bin Deine; und Dir wichtig. Antworte, und komme schnell. Beides! Hörst Du? —

An Rahel.

Prag, den 1. Juni 1810.

Eben komme ich von dem Landgute des Fürsten Kinsky, wo ich ein paar Tage war (wodurch dieser Brief verzögert worden) zurück. Mein Oberst wird nach Paris reisen müssen, um dort bei seinem Vater seine Angelegenheiten zu retten. Sehr gern nimmt er mich mit, aber er weiß noch nichts genau zu sagen, denn des Geldes ist wenig da. Indeß fühlt er, daß ich ihm dort in aller Art sehr nöthig bin.

Was soll ich thun? Erzürnen mag und darf ich ihn nicht; mit dem Abschiede ist es so so. — Im Fall er den 19ten Juni (ich glaube aber doch später) abreist (über Wien) hat mir der eben rückgekehrte Nostitz mit edelster Liberalität angeboten, bei ihm in Pardubitz den ganzen Sommer (mit oder ohne Abschied) zu leben; das Riesengebirge zu bereisen, von ihm schwimmen und reiten zu lernen. Als pis aller, wenn Du mich nicht wolltest, sagt' ich ihm, nähm' ich's an. — Nun sage! Geliebte, einzige Rahel! entscheide Du, von Dir will ich mein Leben. Dich zu sehen ist mein Wunsch. Nicht bei Nostitz allein, auch bei Marwitz (er bot mir's früher an) fänd' ich eine Zuflucht. Es ist lächerlich, daß man nicht einmal zu Grunde gehen kann! — Die Reise wäre nur für ein paar Monate (länger gewiß nicht)! Soll ich dann erst Dich in Teplitz suchen? Glaube nicht, daß ich wieder schwanke in Rücksicht Deiner! Dich erwählt ich vor Allem! aber, wenn ich auch Armuth ertragen kann allenfalls, Dich könnt' ich sie nicht ertragen sehen um meinetwillen: ich zerschlüge mir die gesunden Arme an den Wänden, um nur nicht die Schmach zu fühlen, als gesunder starker Junge nichts zu erwirken, als Dir Dein physisches Leben zu schmälern. Von Deinem Vermögen hängt es ab, ob ich zu Dir komme. Deinetwegen. In Noth käm' ich ungefragt, zerschossen, zerlumpt, und forderte alles von Dir. Aber wenn ich die Entschuldigung der Noth nicht habe? Ich Spiel des Windes! nicht einmal die Noth ist mir bleibend!

Leb wohl! Einziges Herz! Paris (aber ist noch ungewiß) wäre mir nur wie der Gebrauch eines großen Lexicons, das man aber nur einmal in die Hand bekommt, und daher doch für zukünftigen Gebrauch nachschlägt. Varnhagen.

An Varnhagen in Prag.

Mittwoch — thu mir doch den Gefallen, auch die Tage der Woche beim Datum zu setzen — den 6. Juni 1810.

In meinem Leben habe ich noch nicht ein so langes Herzpochen gehabt, als bei Deinen Briefen vom 27. Mai und 1. Juni aus Prag. Vor Aerger, Unmuth, Verzweiflung, Erwartung, Schwäche. (Es gehen hier Bräunen herum, ich hab' einen heftigen, stickigen Husten ohne Fieber; und geh dabei aus.) Ich dachte, beim Allmächtigen! es höre nicht wieder auf. Bekommst Du denn meine Briefe nicht? Zwei hab' ich seit Schedens hier sind, geschrieben. Im letzten Dich gebeten, um Gottes willen mit Mad. Bethmann, und, ist das zu spät, mit der Post für meine Rechnung mich holen zu kommen. Du mußt hierher. Auch nach Kassel hatte ich Dir die Ehre zu schreiben, wie Du befahlst. Aber Du warst ja schon weg, wie Du's immer machst. Nun höre bündig meine Meinung! — Aber nur noch vorher diesen Fluch, denn ich möchte vergehen!! Was ist das, daß Du meine Briefe nicht kriegst? Mein letzter vom 27. Mai, hab' ich ausgerechnet, muß grade am 1. Juni angekommen sein: denn fünf Tage gehen die Sakramenter, das sehe ich an denen, die ich bekomme. Aber warum hast Du meinen ersten nicht bekommen? Weil Du bei Kinsky warst. — Nun höre! Nach der Türkei gehst Du nicht. Eine Wunde ist genug. Soldat bist Du nicht. Du nimmst also den Abschied. Für den Sommer hab' ich zu leben: für länger rath' ich es uns auch nicht — wonicht in einem wohlfeilen Ort — von meinem Wenigen zu leben. Knapp leben ist und muß gemein machen. Leidenschaften können nur dazu bringen es zu ertragen. Warum aber wolltest Du den Sommer nicht an meiner Seite leben? und vielleicht den Winter? Zu Hrn. Dehn nach Altona ist es dann noch Zeit. Mit Deinem derangirten Grafen rath' ich Dir nicht Dich zu verketten. Geld, Mittel muß ein Held haben, ein Großer. Keine Schwindelgeschäfte wie Prinz Louis! sonst sind seine Genossen unglücklich, wenn sie ihn nicht bestehlen. Dies geht bei den zerrüttetsten Vornehmen noch immer an. Du aber, wärst immer nur sein leidiger Vertrauter, Freund, Adjutant, Bedienter, Attaché, wovon er viel, nämlich einen Freund wie Unsereiner, und Du — nichts hättest. Da gefällt mir eine Anstellung hier bei Humboldt besser. Also Du nimmst Deinen Abschied, und holst mich auf der Stelle. Denn denke Dir nur meine Wuth, die in keinen Brief mehr hinein geht! Seit Monaten will ich schon in Teplitz sein, und weiß noch nicht wie ich wegkommen soll. Habe keinen Wagen, denn, kommst Du, will ich keinen kaufen, und auch keinen Bedienten nehmen, und mit Dir und einer Jungfer einen Miethskutscher — Schedens — nehmen; und das Bedienten- und Wagengeld für uns sparen. Kömmst Du nicht, muß ich eine andere Gesellschaft — die mir keine ist — bezahlen, eine Demoiselle etwa, solch Biest, und einen Bedienten nehmen, um einen Mann zu haben. Wir aber, reisten ganz kompakt und klug. Schreib also nicht mehr, Abscheulicher! und komm! Halte Dich auch wegen Deinem Abschied nicht auf; nimm den, wenn ich in Teplitz bin. Nostitz, Marwitz, der Herr in Altona, Humboldt hier, nichts ist ja auch nachher verloren. Schwimmen — Narr! kindischer! — lernst Du nachher. Daß ich nun hier wieder sitzen muß, ist zum rasend werden. Bist Du doch sonst so eilig! Eine Reise hierher hättest Du doch wahrhaftig endlich für mich schon wagen können. Vielleicht bist Du unterwegs. Mach nur die Sottise nicht, und geh mit nach der Türkei! Ein Kerl, der Beute macht, und Bataillen gewinnt, bist Du doch nicht. Die Pest kannst Du kriegen, und einen Stelzenfuß. Und was machst Du Dir aus einem Tagebuch aus der Türkei! Ich bin sie überdrüssig. Gute Tage will ich; für Dich, für mich. Wenn Du mich nicht zum Narren hättest, ich könnte schon einen anderen Liebhaber kriegen, der mich begleitet! Liebes Varnhägchen, komm gleich! Du findest auch wohl Gelegenheit. Du warst bindetoll, nicht mit Mad. Bethmann zu kommen, Dich bei Kinsky herum zu treiben, und Deinen Brief vier Tage liegen zu lassen; über solches Herumdahlen hast Du auch wohl meine Briefe nicht erhalten. Poste restante à Cassel an Hrn. Doktor Varnhagen liegt auch einer. Ich schrieb auf die nach Prag: „bei dem Oberst Grafen von Bentheim zu erfragen“; erkundige Dich. Sonntag vor vierzehn Tagen hat mir der geliebte Marwitz geschrieben; nämlich den Tag, wo Minna Schede kam, ich antwortete ihm gleich, auch von ihm bleibt die

Antwort aus! Hat die Prager Post den Teufel im Leibe? Ich kann auf kein Gedicht, auf keinen Steffens, auf nichts antworten. Ich bin zu gehetzt von guignon. Heute Abend kommt Mad. Bethmann, und um 6 bekomme ich Deinen fatalen Brief, der mir Hoffnung und Leben auf Wochen abschneidet. Komme nur, ich habe an vierhundert Thaler bis zum Oktober; wie findest Du das? Davon will ich aber wo möglich zum Winter etwas hin-ameisen. Gott! wie verdrießlich! Sie rinnt, die Zeit! Marwitz, Gentz, Goethe, Fichte, und wir, im Teplitzer Thal! Adieu! Du denkst vierhundert Thaler ist viel? Gott bewahre; zu einer Reise, zu Bädern?! ordentlich knapp. Aber für uns anständig; sei ruhig. Nur mit Sprechen kann ich's diesmal mit Dir abmachen. Hätte ich eine Gesellschaft, nun, da ich Alle rebütirt habe, ich käme auf der Stelle zu Dir. Adieu.

Ich lese Deinen Zettel noch mal, und möchte vergehen. Warum ist es mit dem Abschiede „so, so!" was heißt das? muß man ihn Dir nicht geben? bist Du nicht ein Fremder? fordere ihn nur vor dem Manifeste! „Dein Oberst fühlt, Du wärst ihm in Paris in aller Art sehr nöthig." Wohl bekomme es! ich glaub' es: und auch kommt's nicht aus ihm, sondern von Dir, wenn auch etwas veraltet herüber. Ein Großer, ohne großes Vermögen, ist keiner. Prinz Louis war größer, als er, und war nichts, weil er derangirt war. Das war halb — wenigstens — sein Tod. Die Geschichte mit Nostitz, seiner Erbschaft und Schuldnern, ist auch trübe: wie alle seine rauschenden Pläne. Auf eine Heirath ohne Liebe, und ohne Geld, und ohne den umfassendsten Geist, wie Mlle. Wucherer ihre ist, kann ich nichts sagen, als was hier steht. Schedens kommen heute Abend zu mir. Hr. von Kleist hat's auch gesagt (zu kommen). Theremin ist gestern von Sander's gezogen; die Liebe ist verflogen. Ich beklage immer die Frau, die ist — wenn auch nur stuhl- — treuer. Minna Schede ist über so etwas unbiegsam, — hart ist schöner: dabei ist Bewußtsein —; sie denkt, weil sie noch gar nicht ging, sie könne nicht fallen. Es kommt niemand, und schwingt einen auf goldene Sessel! Und dabei ist sie nicht jung und unbewußt genug, als daß man's ihr als Knospe verzeihen sollte. Sie hat ihre Bildung von Männern überkommen, und wie die sprechen hat sie sich zu denken gelernt, ohne es in's Blut aufzunehmen, und ohne die Wuth, die die Sicherheit, und Dreistigkeit giebt.

Weich muß ein Weib sein, und Männern Lehren geben. Oder eine Knospe ohne Duft, und ohne Tadel. Die ist noch vor die rechte Schmiede nicht gekommen: vor die Sonne nämlich. Ich spreche sehr unzeitig, auf Dein Lob, gegen Minna! Aber gestern war sie unwissend und unbiegsam gegen die Sander; und neulich, empörter gegen Angeführte, als gegen Anführer; und sprach Leuten das Wort, die da meinen, sie können Bastarde haben; es gäbe welche. Und bei einem Mädchen ergrimmt mich das. Was weiß die, was ist die, wenn sie das nicht weiß! Und dann grad', denken sie, sie sind weiblich; und einen Mann wohl werth. Adieu. Indeß!

Donnerstag.

Ich war gestern Abend, und heute früh recht krank, — aber ohne Fieber —; nun hat mir gar Böhm sagen lassen, er sei es auch: ich erstické bald: und habe solche Steife an Hals und Drüsen dabei, daß ich mir schon Meerrettig hinten am Halse, mit großen Schmerzen und Erfolg, legte. Nun hab' ich keine Medizin, ich kann nicht hin zu Böhm. Nun bin ich noch tausendmal verdrießlicher. Höre mein letztes Wort. † Die Briefe gehen zu langsam, und unordentlich: eine Antwort, oder Deine Ankunft auf diesen kann ich nun nicht mehr abwarten — bestimmt wäre sie doch nicht; und enthielte nur neue Fragen, Pläne, und höchstens Versicherungen —; bist Du schon unterwegs zu mir; schön! die Reise soll es werden. Bist Du's nicht, so treff' ich, sobald ich kann, und ausgehen kann, alle meine Anstalten selbst. Vielleicht nehme ich Minna Schede mit; je mehr ich mir aber auflade, je weniger kann ich für Dich sorgen. Warten aber, und alle, auch die letzten Gelegenheiten abwarten, kann ich gar nicht mehr. Vielleicht krieg' ich auch noch einige hundert Thaler mehr; da ich sie aber nicht habe, rechne ich nicht drauf. Stürz Dich nur nicht in den dummen Türkenkrieg. Alles andere ist besser. Lebe wohl! Ich bin wahrlich zu verdrießlich. Das zum Narren haben dauert zu lange: wenn es auch vom Schicksal kommt, es ist dadurch nicht schöner: Menschen sind mir nichts, als Schicksal. Ich huste mich wahnsinnig; bin allein, und ennuyire mich. Wie gefällt Dir das? † Nach dem, was ich hier, von dem einen Kreuz bis zu diesem geschrieben habe, richte Dich: das ist mein Entschluß, nach dem ich handle. Lebe wohl, und denke, daß ich freundlicher bin, als mein Brief. Glaub es! Wie's mir geht! Adieu.

R. R.

An Rahel.

Prag, den 9. Juni 1810.

Geliebte, theure Rahel! Indem ich Antwort von Dir auf meinen letzten Angstbrief erwartete, wandten sich hier die Umstände so, daß ich gedrängt von Entscheidung, die mir angebotene Mitreise über Wien nach Paris annahm, wie mein Oberst es wünschte und wollte. Alles ist veranstaltet daß wir übermorgen wegreisen, da erhielt ich Deinen Brief vom 31sten Mai vorgestern, den darin erwähnten früheren hab' ich leider nicht erhalten. Ich wünschte um alles in der Welt Deine Antwort auf meinen Brief zu erhalten, Dein liebevoller Ruf an mich ist offenbar auf andere Verhältnisse gestellt, als ich meine in der Nachschrift zu meinem Brief dargelegt habe. Ich kann nicht Urlaub nehmen, nach Berlin, es muß der Abschied sein; ich kann nicht fortreisen von hier, keine Station, ohne daß mir der Oberst, den ich verlasse, erst das Geld dazu schenkt. Zwar das will er geben und ist edel und liebreich, wie Du Dir nur immer denken kannst; aber eben drum! — In vier Monaten höchstens, vielleicht schon in drei, wären wir in Prag zurück; ich nehme den Abschied in jedem Fall, und habe in jedem Fall an dem Obersten, auch verabschiedet, einen vollkommenen Schutzfreund; ich fürchte, Du selbst billigst es nicht, unter diesen Verhältnissen, ihn auf diese paar Monate zu verlassen; ich fürchte Deine Antwort, die ein paar Tage nach meiner Abreise eintreffen muß, räth mir an mitzureisen: wie unglücklich, daß sie mich nicht noch als Zweifelhaften entscheiden, sondern nur in dann schon gefaßter Entscheidung bestätigen oder verwerfen kann! Zuviel giebt mir das Glück, nie Eine Gabe, stets zwei Widersprechende, und die Qual der Wahl vernichtet den besten Theil des Glücks! Mich verfolgt dies Schicksal, zürne mir darum nicht!

Eins weiß ich noch nicht: „Du hast Geld für diesen Sommer", aber als Du das schriebst und mir zu kommen riefst, hattest Du aus meinem Briefe noch nicht ersehen, daß ich gar keins habe, nicht einmal zu den Reisekosten; und scheinst dies letztere vorauszusetzen! Vier Monate sind es höchstens! dann bin ich auf ewig Dein; zum drittenmal schein' ich zum Verräther an Dir zu werden, möge mein ganzes künftiges Leben Dir meine Liebe zeigen! Ich bin den Winter sicher und bestimmt in Prag, frei bin ich dann, denn ich nehme jetzt in Wien den Abschied. Komme Du doch nach Teplitz, Du triffst Gentz und Goethe dort, und hoffentlich gegen Ende September auch mich! —

In Paris gewesen zu sein, giebt mir einen doppelten Werth in der Leute Augen; geh' ich jetzt mit meinem Obersten nach Wien, so erhalt' ich sicher, durch seinen Einfluß, den Abschied als Oberlieutenant, was sonst zweifelhaft ist.

Dies sind Nebensachen: aber die Hauptsache ist mein jetziges Verhältniß zu meinem Obersten, das ich so nicht abbrechen kann, eben weil er es so zart und edel behandelt.

Rahel! ich trage mich hiemit nochmals feierlichst Dir zum Gemahl an; in vier Monaten bin ich, wenn Du mich willst, Dein auf immer! Und ich überlasse es Dir, wenn es Dir gut scheint, schon jetzt uns als verheirathet darzustellen, und meinen Namen öffentlich zu führen. Wie glücklich wär' ich dadurch!

Liebe! mit den innigsten Schmeicheltönen ruf' ich Dir zu: Komme doch nach Teplitz, geh nicht anderswo hin (es sei denn auch nach Paris wo ich bei Dir bleibe!) und zürne mir nicht! Hörtest Du meine Stimme, Du zürntest mir nicht! — Damit es nicht auf dem Willen allein beruhe, sondern die Nothwendigkeit Dich beruhige, so geb' ich Dir zugleich mein Ehrenwort, daß ich nach Ablauf obiger Zeit bei Dir bin. Hundertmal hab' ich Deinen Brief gelesen, er machte mich vergehen vor Schmerz: wie zu Schaum geschlagen, hohl und knisternd, ist noch meine ganze Existenz von dem schmerzlichen Affekt: bist Du erzürnt, siehst Du meine Lage, meinen Kampf, meine Liebe nicht ein, so muß mir alle Lebenskraft entschwinden! — —

In vier Tagen bin ich in Wien, in drei Wochen in Paris; schreibe mir dorthin, durch wen Du willst, ich werde wohl die Deutschen alle dort sehen, am sichersten durch Humboldt. Ich schreibe Dir gleich; an Deine alte Adresse, treffe nur sichere Veranstaltungen, daß Dir diese adressirten Briefe zukommen.

Mein Oberst erhält Aufträge nach Paris vom Wiener

Hof: zur besseren Unterstützung seiner Privatzwecke bei seinem dort lebenden Vater. Er und ich werden dem französischen Kaiser vorgestellt werden: Du willst mich zum Diplomaten haben, sieh! das ist ein guter Schritt dazu.

Lebe wohl, geliebte, einzige Rahel! Leb wohl, und behalte mich lieb, richte Dich auf Prag oder auf Berlin ein, ich bin auf jeden Fall, mit Deinem Willen, diesen Winter bei Dir, es hielte mich denn ein Gefängniß, alles andere schlägt mein Ehrenwort nieder, das nur die äußere Erscheinung meines tiefsten, reinsten, naturgemäßesten, glücklichsten Wollens ist, das ich ausführen muß dann oder darüber zu Grunde gehen. Leb wohl, leb wohl! Ewig, ewig Dein treuer

Varnhagen.

Ich schreibe um den Brief nach Kassel: mein Hauptmann verwahrt treulich alles was unter meiner Adresse hier einläuft. —

Die Gegend um Prag ist wunderschön; es ist hier wohlfeiler als draußen; wir gehen auf's Frühjahr eben so leicht nach Wien, als nach Teplitz. Dies alles ist aber unbedeutend: ich will zu Dir kommen, das ist das Rechte, und ich, setze Leben und Tod daran.

Liebe, liebe Rahel! sieh doch in mein zerrissenes Herz! die Pein, daß ich Dich nicht holen kann; sieh in meine Lage! ich könnte nicht froh sein bei Dir, wenn ich so von meinem Oberst schiede!

An Rahel.

Paris, den 27. Juni 1810.

Geliebte, theure Rahel! Seit vorgestern bin ich in Paris, wir reisten ohne Rast und waren in sieben Tagen von Wien hier angekommen. In Wien war jeder Tag mit so vielerlei und plötzlichen Geschäften erfüllt, daß ich keinen Augenblick der Ruhe fand, um Dir zu schreiben. Auch jetzt noch bin ich stumpf von den stets neu eindringenden Aeußerlichkeiten, die auch über ihren eigenen Zeitraum hinaus die Seele bewältigen. Erwarte nichts diesmal von mir, als schlichte Nachricht. Hat

Dich mein letzter Brief aus Prag verwundet? O nein! Geliebte Rahel, laß das nicht sein! Mir ist weher geschehen als Dir; geschehen! denn zu thun schien ich nur; was mein Herz verneinte mußte ich erwählen: ich fühl' es, o ich fühl' es im tiefsten Inneren, wie mein Leben zerrinnt ohne Dich, ein seichter Strom, zu schwach für die herrlichsten Schiffslasten, die mein lebendiger Sinn früher ihm zugedacht. Wenn ich zusammenfasse diese Aehren von dem gegenwärtigen Sommer, und sehe was für Nahrung ich gewonnen zum Bedarf des Gemüths und des Geistes in späterer Zeit, und welche Freuden, welche Kraft und Innigkeit die Gegenwart für sich selbst gepflegt: so fasse ich leicht mit einer Hand die schmächtigen Halme, und ich weiß es, ich fühl' und denk' es täglich, daß Ein Tag mit Dir mir an Freude, Wohlsein und Kraft die reichsten Garben bindet! Gegen jede Gewalt hätte ich gesiegt, jedem Zorn mich entgegengestellt wie jeder Schwierigkeit, aber die Milde konnt' ich nicht besiegen! Doch ich will, daß Dir Dein Herz um dieses weh thun soll, auch dann wenn Dein Urtheil und Dein Geist vielleicht meine andere Reise, als die Du verlangtest und ich ersehnte, billigt und mit Freuden sieht: nur sei dieses Wehthun der Liebe heilig, die ich zu Dir trage, und verdecke nicht einen Augenblick die nahe Zeit, wo wir uns wiedersehen, und Dir in mir der treuste Freund, wie Du ihn wünschest, zur Seite bleibt, bis Du es selber anders willst! Ich komme gewiß in drei Monaten, vielleicht früher, zurück nach Prag, und sinke in Deine Arme! Den Abschied habe ich noch nicht, es war in der Eile nicht thunlich, nun werde ich abwarten bis wir uns sprechen. Mein Oberst ist voller Liebe und Güte gegen mich, ich führe durch ihn äußerlich das angenehmste Leben, aber das ist es ja nicht, was ich begehre als Ziel zu erlangen! Sein Ansehen, seine Thätigkeit, sein Umgang, alles bringt auch mir einen Widerschein der Begünstigungen, die ihm das Leben bietet. Ich werde dieser Tage dem Kaiser vorgestellt werden, in kurzem bei unserem Gesandten einem Fest beiwohnen, wo der Kaiser und die Kaiserin erscheinen werden, mit Auszeichnung werde ich überall aufgenommen: aber mir ist das alles nur ein mühsames Aufschlagen unbekannter, nur bisweilen merkwürdiger Wörter, und Bäume, Laub, Feld, Wasser und Wolken, Poesie und Innigkeit wollen nichts von mir wissen, und lassen mich Traurigen vorübergehen, ohne mit mir zu reden und zu kosen wie sonst. Daß ich Chamisso hier getroffen, und viele Andere, die mir lieb und interessant sind, ist meine einzige Rettung; Jette Mendelssohn besuche ich gern und oft, durch sie hoff' ich zu erfahren, wo Campan wohnt, auch Pauline werde ich aufsuchen. Tettenborn, mit dem ich von Dir gesprochen habe, ist bei der Gesandtschaft, und sehr freundlich gegen mich, bei ihm werde ich Humboldt sehen, der sehr schwer aufzufinden ist. Koreff hat eine außerordentliche Praxis hier, und wird von jedermann gelobt, unsere Jugendfreundschaft ist ein Kind, dem jeder seine spätere Erfahrung und Richtung als Reichthümer zutheilen möchte, und doch nicht kann. Paris gefällt mir übrigens recht wohl, doch könnt' ich nicht sagen, daß es mir so besonders wohl gefiele, frappirt hat mich noch nichts, daran ist Wien Schuld und zum Theil auch Hamburg, der Reichthum und das Leben der Großen bringt überall dieselben Wirkungen und Gestaltungen hervor. Von Haß fühl' ich nichts mehr in der Brust, das tiefste Mitleid mit dem armen Volke, in jeder Rücksicht. Paris soll auch sehr verändert sein, weniger liederlich, weniger lebhaft, und ohne alle Sozietät, an deren Stelle ist bloß Repräsentation. Die Theater kenne ich noch nicht genug, ich war noch nicht aux Français. Die Boulevards sind schön; Frascati und Tivoli habe ich in Hamburg wohl schöner gesehen. Indessen scheint mir das ein Reiz von Paris zu sein, daß man sich leicht hieher gewöhnt, und daher will ich meinen eigentlichen Bericht auf das Ende unseres wahrscheinlich zweimonatlichen Aufenthaltes verschieben. Schreibe mir nur sogleich, geliebte Rahel, damit ich weiß, wo Du bist (ich denke Dich in dem südlichglühenden Teplitz!) und ob Du meine Briefe bekömmst. Ich glaube es würde mir leicht, beim Fürsten Schwarzenberg im Gesandtschaftspersonale zu bleiben, und von ihm privatim alle die Vortheile zu haben, die der Staat solchen Stellen versagt, ich würde dadurch auch im Militair avanciren; eine Feder wie die meinige findet sich hier bestimmt nicht: aber diese Vortheile und Laufbahn bleiben mir jederzeit jetzt offen, und ich gehe mit meinem Oberst zurück, um Dich zu sehen und bei Dir zu bleiben; haben wir das Nöthige verabredet, so kann mein Oberst bei vorkommender Gelegenheit ungemein viel für mich thun, ich habe gesehen, welch unglaublichen Einfluß er in der Sozietät, und nöthigenfalls beim Kaiser Franz hat, der ihm Dinge gewährte, die unerhört sind, z. B. die Erlaubniß mich mit nach Paris zu nehmen. Ich treffe Dich, alle meine Stunden zielen auf Dich! Leb wohl, geliebte Rahel! Grüße Neumann auf's innigste von mir, auch Marwitz! Die Gute, und Alle die es mögen, daß ich sie grüße. Ich bin Dein! Vergiß das nie! Ich umarme Dich, leb wohl, und freue Dich des Sommers!

Varnhagen,
im Hotel de l'Empire, Rue Cerutti.
(Lieutenant au Service de S. M. l'Empereur d'Autriche.)

N. S. Schreib mir nur direkte: Hotel de l'Empire, Rue Cerutti. Sind die Urquijo'schen Briefe angekommen? Uhland sagt mir, er habe sie von Tübingen vor seiner Abreise abgesandt.

Paris, den 3. Juli 1810.

Ich erbreche diesen Brief wieder, um noch von dem Feste unseres Gesandten zu reden: es ist gehalten worden. Aber den fröhlichen Lauf unterbrach plötzlich ein im Tanzsaale ausbrechendes Feuer, das lange allen Anstrengungen trotzte, und den Tanzsaal nebst der anstoßenden Gallerie in einem Nu bis auf den Grund verzehrte. Der Kaiser führte sogleich die Kaiserin fort, kam aber noch in der Nacht wieder, und tröstete den Gesandten durch seine Theilnahme. Leider sind fünf Personen fast ohne Rettung verwundet, darunter sind eine Tochter des regierenden Fürsten Schwarzenberg; eine von der Leyen; der Fürst Kurakin ist nicht sehr gefährlich, sagt man, und eine Mad. Lubinsky schon gestorben. Die regierende Fürstin Pauline von Schwarzenberg, Schwägerin des Gesandten, vermißte man lange, bis man am hellen Morgen ihr verbranntes Gebein fand, das man nur noch an den Juwelen erkannte, deren sie für eine halbe Million anhatte. Sie hatte in den Flammen ihre Kinder gesucht, sie war noch dazu schwanger! Nie sah ich einen grausenvolleren Anblick, nie ein gleiches Leid, meine Phantasie und Sinn sind ganz zerrüttet davon. Viele Frauenzimmer sind beschädigt.

An Rahel.

Paris, den 4. September 1810.

Vor einigen Tagen, meine geliebte, theure Rahel, hatte ich frühmorgens einen lebhaften Traum von Dir, ich sah Dich wieder, und Du warst gesund, fröhlich und blühend; ich aber glücklich Dich wiederzuhaben. Dies ist bis jetzt die einzige Bürgschaft und Sicherheit, meine geliebteste Rahel, die ich von Deinem Leben, von Deiner Genesung habe, denn durch Neumann weiß ich bloß, daß Du sehr krank warst, als er schrieb, und nicht allein mir nicht schreiben konntest, sondern auch von mir keine Briefe empfangen wolltest, weil Du sie doch nicht würdest lesen können. Welch böse Ahndung ließ Dich denn Deine Genesung in so weiter Ferne sehen! O liebe Rahel, unaufhörlich ist mir das Herz beschwert mit Sorge um Dich, und in die trostloseste Einöde starr' ich hinein, wenn ich Dich mir entrissen denke! Unseliges Nichtzusammentreffen der Ereignisse, die mich auf's neue von Dir so weit entfernt haben, da ich eben Dir so nahe war! Dieser Tage habe ich hier Deinen Brief, den ich in Kassel finden sollte, erhalten, vier Monate zu spät! Hätte ich ihn doch dort, oder wenigstens in Prag gehabt, ich wäre bei Dir gewesen diesen Sommer, hätte gelebt, und der unermeßlichen Zeit, die man zu leben hat, eine Lebensfülle menschlicher Ewigkeit geraubt! Was hilft jetzt alles klagen! Vielleicht beschuldigst Du mich doch, daß ich Schuld sei neuerdings, unsere Trennung neuerdings gewollt habe: ich würde sie ruhig tragen diese Beschuldigung, geliebte Rahel, denn ich finde mein Irren, da ich Dich zuerst verließ, so gränzenlos schuldig, daß es alle meine spätere Unschuld, all mein gutes Ringen zu Dir strafend verschlingt, und ich keinen Anspruch behalte auf Gerechtigkeit des Schicksals. Jetzt, da ich jeden Tag auf die ersehnte Abreise gefaßt bin, fasse ich wieder Muth, und sehe Dir, wenn Du nur lebst, heiter entgegen! Warum nur Dein Kassel'scher Brief so voll ist von Tod und Sterben! das erschreckt mich und rührt mich, wie ich nicht sagen kann! Dein herrlicher, Erd' und Menschheit durchleuchtender Brief hat Deine unerschöpfliche Lieblichkeit und ewige Wahrheitskraft auf's neue mir vor die Seele gezaubert, und ich muß heißer als je nach Deinem Wesen mich sehnen! — — Ich verlebte die schlechtesten Tage hier in Paris, ohne Freude, ohne Erfüllung, in ungeduldiger Erwartung der Abreise. An eine Arbeit, ein erquickliches Treiben, ein inneres Schaffen ist hier für mich gar nicht zu denken, kaum daß ich die Merkwürdigkeiten des Ortes alle sehen mochte, eine Innigkeit zu den herrlichsten Kunstwerken habe ich wohl empfunden, aber dabei gefühlt, wie anderswo ganz anders mein Wesen davon wäre ergriffen und erhöht worden. Mir scheint hier die absolute Abwesenheit zu wohnen, alles ist fade, abgemattet, dumpf und blöde: die Luft ist schlecht und das Wasser, Gesellschaft gar keine, Fröhlichkeit gar keine, und die ganze Stadt mit ihren Einwohnern gleicht dem Garten der Tuilerieen, wo in artiger Regelmäßigkeit des unbequemen Platzes nichts zu sehen ist als ein unförmliches Schloß, eingesperrte Wasser, und im Juni schon verwelkte Bäume. Mit der vollendetsten Verachtung bin ich hier erfüllt worden gegen die Kraft und den Aftergeist, die in der Ferne noch bisweilen Bewunderung erregen wollen. Das vornehme Leben unter unseren Oesterreichern mach' ich ohne Freude mit, die Vorstellung beim Kaiser war mir merkwürdig, aber doch geh' ich selten nach St.-Cloud; mir ist's eine Satisfaktion, aber keine Freude, Theil zu haben an dem Vorzuge meines Standes. Ueber alles dieses schrieb' ich Dir gern ausführlich, aber es will sich nicht fügen und schicken: also alles dies, sowie meine Einsicht und meine Stimmung in Staatssachen mündlich. Freude hab' ich auch in dieser Rücksicht hier gar keine, und nur eine trübe Hoffnung führt mich standhaft auf diesen verworrenen Wegen. Sonst geht es mir gut, ich esse und trinke gut, auch wenn ich nicht bei Metternich's und Schwarzenberg's bin, wo ich täglich sein kann, und lasse mir überhaupt nichts abgehen, da ich in den allerglücklichsten Verhältnissen mit meinem Obersten stehe, denen nur fehlt, daß seine eigenen etwas glücklicher wären; alles ist unentschieden und zweifelhaft. — Außer den alten Freunden Becker, Sieveking und Uhland, sehe ich Jette Mendelssohn oft, und Schlabrendorf, der mir außerordentlich lieb ist, und die größte Achtung verdient. Chamisso ist seit mehreren Wochen bei der Staël, wo er sich wohlbefindet, und gern gesehen ist; er arbeitet an einer Uebersetzung der dramatischen Vorlesungen von A. W. Schlegel, der wie es scheint, täglich schwächlicher wird und kleinmüthiger in seinen dummen Verhältnissen. Ich spreche hier fast gar kein Französisch, was mir sehr lieb ist, denn ich sehe täglich mehr, daß ich es nicht kann, und nie kennen werde: auch im Deutschen ja nicht. Koreff sehe ich selten, der ist ein geringer Mensch geworden, ein prahlerischer Modearzt. Bartholdy war einige Wochen hier, ist aber mit Eskeles wieder abgereist nach Frankfurt. — Wir haben jetzt hier eine so auflösende Hitze, daß ich noch weniger geneigt bin etwas zu thun als vorher, und das Schreiben ist mir gänzlich zuwider. Alle Mittag ziehen die Wolken wie zu einem Gewitter herauf, aber niemals kömmt es zu einem Ausbruch, dabei ist mir der Kopf ganz dumm und ungeschickt. Ich freue mich sehr zu dem Aufenthalt in Steinfurt, Steinfurt im Großherzogthum Berg, dorthin schreibe mir, wenn Du kannst, gleich: ich hoffe Dich von dort nach Prag abholen zu können, lasse mich wissen, wo ich Dich finde und wie. Ich verlange nach Dir, ich muß Dich sehen! Wollen wir uns denn nicht verheirathen? Ich bin Dein! Und Du bist Dein, dann aber auch mein. Ist es nicht also?

Lebe wohl, meine geliebte, theure Rahel! Wüßt' ich nur gewiß, daß Du gesund bist, und wieder fröhlich! Ich bin so ängstlich besorgt, mein Herz ist voller Unruhe. Leb wohl, leb wohl! Ewig Dein

Varnhagen.

Pauline ist längst in Basel; Humboldt habe ich öfters gesehen, zu meinem großen Vergnügen. Grüße die Freunde.

An Varnhagen in Steinfurt.

Berlin, den 27. September 1810.

Ich sehe voraus, daß dieser Brief sich wieder Monate lang herumtreiben wird, ohne zu Dir zu gelangen, daß ich doppelt verdrießlich werde, Dir zu schreiben. (Ein schöner Anfang! Ich vergesse den Brief, den Minna Spazier erbrach, noch nicht; den Kassel'schen auch nicht.) Heute brachte mir Robert von Hitzig Deinen Brief vom 4. September aus Paris, den er von Neumann, der auf dem Lande ist, geschickt bekommen hat. Also wirst Du, wenn dieser ankommt, wohl nicht 'mehr im Bergischen sein. Heute schreibe ich, und nicht übermorgen, weil ich mitten im beschwerlichsten Ausziehen bin — wozu ich wieder auf Dich rechnete, denn „Mitte September — schriebst Du — bin ich bei Dir" —; ich muß heraus, die Leute wohnen noch wo ich hin soll; die Kosten sind exorbitant für mich.

Schwach bin ich noch. Wohl hatte die Todesahndung in meinem Kassel'schen Brief Recht; ich war lange in seinen Glüharmen. Ich glaube Gebete haben mich ihm entwunden. Noch hat mir das Leben keinen Gruß geschickt; Dein Brief mich heute nur geärgert; so lieb er ist! — Du schreibst immer, als ob ich gar nicht geschrieben hätte! Du willst mich jetzt nach Prag holen? Nun ist der Winter vor der Thüre; ich konvalescent, ausgegeben von schwerer Krankheit; ein neu Quartier mußt' ich endlich miethen — doppelt bezahlt als mein jetziges und als es mein Etat mit sich bringt —, die besten hast Du mich seit Jahren, und noch diesen Sommer, versäumen lassen. Nein, Lieber, ganz ohne Plan zu handlen, bin ich nicht reich und nicht jung genug! Nach Deinen veränderlichen, wäre so! Was soll ich nun in Prag, ohne Haus, ohne Meubles! Ich kann bei Deinem Obersten nicht essen, habe keine Pension, keine Unterstützung von ihm, bin sein Lieutenant oder Fähnrich nicht! Vor künftigem Sommer kann ich nun nicht weg: und kann ich das, so ist's ein Glück, so schenkt mir Moritz das Geld. Wie er es mir diesmal schenkte, und es jetzt bei Flittner in der Apotheke, bei Böhm, und sonst herum liegt. Du machst es immer, wie es Dir gefällig ist, daran hast Du Recht, und ich gratulire Dir gewiß, daß es Dir gelingt; und nebenher willst Du mich heirathen. So hast Du mich die dringendsten Demarchen bei Graf Egloffstein machen lassen, der schon geschrieben hatte, Dir einen Posten im Baden- oder Baier'schen zu verschaffen. Du siehst Marwitz exerziren, und gehst mit dem. Es ging ehrenvoll zu Ende; den Anfang aber weiß ich. So bin ich wie auf der Wippe seit ich Dich kenne, und lebte, und wohnte so schlecht dadurch —, weil ich meiner Familie, von der ich doch, da ich mein Kapital einmal nicht kriegen kann, einmal lebe, gar keinen Entschluß ankündigen konnte, und mich lächerlicher machen mußte, als ich bin; und muß nun, da ich meiner Gesundheit wegen ausziehen muß, coute qu'il coute zahlen und wohnen etc. Dies alles schrieb ich schon nach Kassel, nach Prag. Vergebens! Ich warte nun Dich zu sehen. Sehnst Du Dich, so komme zu mir. Ich muß mich nach allem sehnen, was ich liebte nah zu haben, ohne zur Annäherung etwas thun zu können. Mit mir ist's aus. Du und die Götter und das Glück, und das Ungefähr, haben mich zu lange schmachten lassen. Das dachtest Du nicht. Ich auch nicht. Vielleicht meine Dämonen auch nicht. Es ging mir zu schlecht. Zu lange: ich hielt es nicht aus. Ich hielt es nicht aus. Du hast ganz recht. Du bist Soldat, siehst die Welt, reisest. Rathen würde ich es Dir. Aber was soll ich thun? Dir nachreisen? mit Soldat werden? Ein Mann muß ein Weib zu sich nehmen können, oder zu ihr gehen können. Zu all dergleichen hatten wir vielfältige Pläne; Du zerstörtest jeden. Nun thu mal etwas. Weiter weiß ich nicht zu rathen.

Verzeih! ich bin natürlich ungeheuer verdrießlich. Noch schwach. Den Sommer in strengem Leid hingewimmert, gewartet! Sieht man mich nur so, so merkt man nichts; soll ich aber Rechenschaft geben, reizt man mich, wie Du mit Deinem Brief, so siehst Du, bin ich außer mir. Komm! wenn Du noch einen Rest von mir sehen willst. Adieu! Eben wurde ich durch ein grobes Billet einer Madame Justizräthin (Derling, Mutter von Nostitz seiner Frau), die einziehen will, wo ich wohne, sehr geärgert. Ich lebe schlecht. Allein; und unerholt und unerquickt.

Rahel.

Ich kenne Paris ganz so, wie es Dir erscheint! Koreff fand ich vor Frankreich, wie Du ihn jetzt findest; prahlerisch und lügenhaft. Und er macht Ansprüche an Kunst und an Wissenschaft. Das sind die Rechten, die lassen sich auch mit Lügen bändigen! Leb wohl. Ich ziehe: Behrenstraße 48. In Teplitz hab' ich, außer allem, und meiner Gesundheit und dem Sommer, Goethe, Fichte, Marwitz, Gentz, de Ligne, den Herzog von Weimar, die Gräfin Pachta versäumt, und den Philologen Wolf. Leb wohl. Mir ist heute schrecklichst! Den Brief kriegst Du auch nicht! Diesen Sommer hättest Du bei mir sein sollen! zum Trost.

Ich antworte der Derling gar nicht. Sonst schrieb ich gleich wieder. Sie ist mir zu kinderfrauig, zu justizräthig, zu dumm, zu unbekannt. Die keine Zeile von mir! Warum ging Dein Brief so lange? Was soll ich nun von diesem denken? Adieu. Mündlich alles! Und schöner, besser. Leb wohl.

Sonnabend Mittag.

Ich bin fast todt vor Wachen, Laufen, Rennen, kurz: Ausziehen. Adieu. Lebe wohl! Gedenke mein. Ich habe keine Zeit! Der Brief findet Dich wieder nicht.

An Rahel.

Burgsteinfurt, den 5. Oktober 1810.

Theuerste, geliebte Rahel! Mit unbeschreiblicher Herzensangst habe ich seither in Paris und nun schon vierzehn Tage hier in Steinfurt auf Briefe von Dir gewartet: aber kein Wörtchen schallt zu mir herüber, und ich bleibe den schwermüthigsten Gedanken überlassen. Jetzt, da auch gestern wieder kein Brief angekommen ist von Dir, kann ich's endlich nicht länger anstehen lassen, sondern schreibe an Dich, ob ich gleich verzweifle in dem Gedanken, noch so lange warten zu müssen, bis auf diesen Brief die Antwort kommt! Mein letzter Brief von Paris ging an Neumann, um Dir das theure Postgeld zu ersparen, sollte der ihn nachlässig besorgt haben? O Rahel, die letzte Nachricht war, Du seist krank, könnest mir nicht schreiben, und wollest auch keine Briefe von mir: was soll ich hoffen, was fürchten? Ich bin Dir getreu, unerschütterlich getreu, und mag Dich auf keine Weise verlieren; wäre es durch den Tod — die Thränen stürzen mir aus den Augen — so wüßte ich nicht wie jemals ruhig zu werden über das verlorene Glück dieses letzten Sommers, in das Du mich liebreich riefst, und das ich so grausam verscherzen mußte! mußte? Du siehst vielleicht diesen Zwang nicht ein, und dann bin ich ganz trostlos. Ich wollte, ich könnte mich überreden, es sei meine Schuld, daß ich nicht den Sommer — die Blätter fallen schon welk zur Erde, er ist zu Ende! — mit Dir gelebt: ich hätte dann doch Hoffnung, das Geschick wäre gütig gegen mich, die ich jetzt nicht habe, denn ein Fluch ruht auf meinem Leben, daß ich nicht frei sein soll, und für jede Blume des Feldes, die ich am Wege pflücken will, einen Kontrakt eingehen muß! Ich beschwöre Dich, geliebte Rahel, schreib mir gleich, und ob ich Dich abholen soll nach Prag für diesen Winter, oder ob Du erst zum Sommer reisen willst: ich thu' alles sogleich, um zu Dir zu kommen, wenn ich nur Deinen Willen weiß, und soll ich auch meine jetzigen Verhältnisse über's Knie brechen, was ich längst um Dich zu haben gethan hätte, aber fast in jedem Deiner früheren Briefe verbietest Du mir um alles in der Welt diesen

Schritt: das schreckt mich! — Hier in der Familie des Obersten leb' ich sehr angenehm, alle haben mich gern, und ich bin ganz wie zu Hause: zwei Schwestern reisen morgen fort, darunter die Fürstin von Solms-Lich, eine junge Wittwe mit vier Knaben, die wohl viel drum gäbe mich zum Erzieher derselben zu haben. Die jüngste Schwester, die schönste, bleibt hier. Es wurde viel Musik gemacht, Wasserfahrten, Spiele, Besuche in der umliegenden Gegend, unter anderen auf dem ungeheuren und uralten Schlosse Bentheim, und das ganze Leben war leicht und fröhlich, auch den „Don Carlos" hab' ich vorgelesen: aber der Himmel weiß, wie schwer mir immer das Herz war und ist! Wir bleiben länger hier, als wir dachten, die Ursache dieser Verlängerung ist für meinen Obersten ein großes Glück, seine Schulden werden bezahlt, und seine Umstände von Grund aus gebessert: wenn ich nun nicht zu rechter Zeit von Dir Briefe bekomme, die mich zu Dir definitiv hinrufen, was bleibt mir übrig, als ihn von hier wieder nach Frankfurt und Wien zu begleiten, und dann kämen wir erst gegen Neujahr nach Prag. Aber auch von Wien komm' ich Dich zu holen! so Du es willst! Nur Einmal Dich wieder! Du sollst mir nicht mehr abhanden kommen! Ich käme jetzt gleich, obwohl ich nicht weiß, ob Du lebst oder todt bist, ob Du mich aufnehmen kannst, oder nicht, ob Du sogar in Berlin bist oder nicht, dennoch jetzt gleich nach Berlin: aber grade jetzt hat mein Oberst kein Geld, und also ich auch keines, und es ist die Frage ob er mir vor Wien wird welches geben können, da sein Bruder die Reise mitmachen und bestreiten wird, und es unklug wäre jetzt welches zu fordern. Die Bezahlung der Schulden — eine ungeheure Summe! — ist überdies das ungehoffteste Glück, und will zart behandelt sein. — Ich will die morgen durch die Abreise der Anderen eintretende Stille benutzen, für die Freunde einiges von Paris aufzuschreiben, was ich gern thue und ungern!

Leb wohl, herzinniggeliebte Rahel! Schreibe mir, schreibe mir, nur gleich hierher! Leb wohl, geliebtes Weib! und rechne meinem Herzen nicht mein Unglück an. Ewig Dein

Varnhagen.

Grüße die Freunde! und sie sollen mir schreiben!

O liebe Rahel, ich hab' Dir nichts gesagt, wie ich Dich

liebe, wie ich an Dir hänge: die schöne Sonnengegend nur lockt mir dafür den Ausdruck auf die Lippen, nicht mehr dies weiße Blatt! Dein treuer

V.

An Rahel.

Burgsteinfurt, den 12. Oktober 1810.

Heute, geliebte Rahel, bekomme ich endlich nach verzweiflungsvollem Warten Deinen Brief vom 27. September, morgen früh geht die Post, und ich eile Dir zu antworten: sowohl um Dich zu beruhigen wegen der Ankunft Deines Briefs, als auch um den vor einigen Tagen von mir an Dich abgeschickten nicht zu lange allein zu lassen. Ich erhebe die Hände dankend, daß Du lebst, und hergestellt bist von einer Krankheit, die mit dem Deinigen auch mein Leben untergraben hätte, wie schon meine Freude seit so vielen Wochen! Ich habe gefühlt, wie öde und einsam das Leben vor mir liegt, aus dem ich Dich wegdenken soll, obwohl mir Dein Herz und Dein Geist noch geleuchtet hätten, wie das Licht des Sirius, das uns, wenn heute der Stern auslöschte, wie die Leute sagen, noch sieben Jahre fortschimmerte. O liebe Rahel! Mit tiefster Inbrunst drück' ich Dich wiedergeschenkt an mein Herz, das, obwohl so entfernt, doch ewig das Gepräge des Deinigen bewahrt! Du hast auch mich in aller Deiner Erbitterung über mich dennoch nicht aufgegeben, und darum, weil ich das fühle, kann ich jetzt so mild auf Deine Ironie, die zugleich wahrer Ernst und dadurch erst recht ironisch ist, die Antwort schreiben. Geliebte Rahel, wie schmerzlich muß es in Dir gewesen sein an diesem 27sten September und viele Tage vorher, daß ich Unglückseliger die heftigsten Schläge, die mich kraftvoll treffen, nur mit geringem Schmerze für mich, mit unaussprechlichem für Dich, empfinde, gleichsam als ständ' ich dabei, während ein Freund operirt wird, und im unerträglichen Schmerze, nur sich zu helfen, nicht mir weh zu thun, mir mit der geballten Faust, seinem Freunde, in's Gesicht schlägt. Geliebte, theure Rahel, wie möcht' ich Dich herzen und küssen, Dir schmeichelnd wohlthun, und Dich verehren in diesem Augenblick! Du leidest, und wer weiß besser als ich, was und wie Leid in Deinem Gemüthe ist, das immer ganz und frisch verzehrt wird, weil es in jedem Augenblick wieder ganz und frisch ist! Du weißt vielleicht nicht mehr was Du mir geschrieben hast: ich will es nicht im Einzelnen beantworten, da ich für mich es nicht bedarf mich zu rechtfertigen, und für Dich ist es nicht nöthig, da die klarste Einsicht, daß nicht ich, sondern auch mich verwundendes Eisen Dich verwundet hat, Dir die brennende Wunde darum nicht heilt, nicht einmal kühlt; für Dich brauch' ich nichts zu sagen, als daß ich keinen Menschen auf der Welt mehr liebe, mehr schätze, mehr durch das Leben zu begleiten wünsche, als Dich! Daß ich dennoch nicht bei Dir bin, in immer größere und längere Entfernung mich verliere: — das ist leider wahr: denn ich habe freilich keine Art irdischer Hülfsmittel, und kann nie thun, was ich will, so eigentlich will, denn freilich muß ich vieles zu wollen scheinen, was wie ich hoffe, mich zu dem anderen wahren Wollen führen soll, nur mit dem Unglück glaub' ich, daß wenn ich mich auf den Postwagen nach Berlin setze, ich in Gott weiß welcher entgegengesetzten Stadt absteige. Jeder aber ist seines Glückes eigener Schmied, sagt man, und ich müßte es mir gefallen lassen, wegen meines Unglücks als einer eigenen Schuld vor Gericht gezogen zu werden, wie ich es mir, wenn ich ehemals in Sparta bucklicht zur Welt gekommen wäre, hätte müssen mit Achselzucken gefallen lassen, in die Abgründe des Taygetes geworfen zu werden! — Was mit mir vorgehen wird wahrscheinlich in dieser letzten Zeit des Jahres, hab' ich Dir geschrieben: mein Oberst geht nach Lich zu seiner Schwester, der Fürstin Solms, dann nach Wien, um Schulden zu bezahlen, und dann nach Prag zum Regiment: ich mit! Aber vergesse nicht, daß wenn es Dir auf diese Weise recht ist — worüber Du mir nie bestimmt geantwortet — ich sobald Du es willst, ihn, den Dienst und alles verlasse, und auf jede Art, zu Fuß, durch Hitze und Kälte, durch Hunger und Durst zu Dir komme und bei Dir bleibe! Wohl wenn das Unglück mich jagt, soll ich zu Dir kommen auf diese Weise, hast Du mir vorgeschrieben, aber nie außer diesem Fall hast Du mich so gerufen, vielmehr um Gotteswillen beschworen meinen Obersten und den Soldatenstand nicht zu verlassen. Und dabei hätt' ich doch wahrhaftig eine tiefe Scheu zu überwinden: die, meine ganze äußere Existenz bei gesunden Gliedern und frischem Geiste, bloß unsichtbaren Leistungen zu verdanken; eine Scheu, die Du wohl einsiehst und im Herzen billigst! Doch sei das alles weggestellt, liebe Rahel! ich will Dich nicht aufreizen, da ich Dich nicht besänftigen kann, was brauch' ich Dir Wahrhaften Wahrheit zu geben, die Du ja selber in der Ungerechtigkeit nicht verläugnest. Ich habe Dich so lieb, so gränzenlos lieb und auf die innigste Weise, wie nicht Geliebte und nicht Freund lieb gehabt werden, wie Dein Jünger und Verkündiger, und darin löst sich mir zuletzt jeder Gedanke an Dich auf, wie jeder aus dieser Quelle heraussteigt. Ich mache keinen Plan, und darf keinen machen, was ist auch das für einer, in dessen Kombinationen Napoleon und die ganze Politik muß aufgenommen werden? ich lese einen Artikel über die Ausländer in österreichischen Diensten, der noch mancher Deutung fähig ist, und leicht auch über mich verfügen kann. — Du willst diesen Winter ruhig in Berlin abwarten: wohl! ich hoffe auf das Frühjahr wieder jugendlich aufzuwachen; ich wünsche Dir Gesundheit, meine geliebte Rahel, und alle Segnungen des Himmels und der Erde! es wird ja doch zum größten Wunder und Erstaunen alle Jahr wieder auf's neue grün: doch sehen wir jetzt dem Schnee erst entgegen! Solchen rauhen Oktober hab' ich glaub' ich noch nie erlebt, ich sitze im geheizten Zimmer, und draußen ist schöner Mondschein, aber scharfe Nordluft weht hindurch. Müßte ich nicht mit den Anderen zu Mittag und zu Abend speisen, und bisweilen spazieren gehen, so lebte ich beinahe wie in Tübingen einsam und verlassen auf dem öden Schlosse, und keine Erquickung als die meiner Bücher bleibt mir nach der Entfernung der Kinder der Fürstin Solms, und dem Wegziehen der Sommerlüfte. Ich bin ziemlich fleißig im Lesen geschichtlicher Bücher, setze auch manches auf über Paris, was ich Dir schicken werde, aber wohl erst von Wien, wenn es mehr ist. In einem alten Geschichtsbuch Westfalens habe ich Nachrichten von meiner Familie, mein Wappen, und die sichere Darlegung gefunden, daß ich von einer uralten ritterlichen Familie, von Ense, genannt Varnhagen, abstamme, wie ich schon aus mündlicher Ueberlieferung meines Vaters ehemals gehört hatte. Johannes Müller's Weltgeschichte habe ich gestern bekommen: die kennst Du doch? Schreibe mir doch etwas über den Roman der Baronin Fouqué, „Die Frau des Falkensteins", den ich noch nicht habe bekommen können. Von meiner Schwester hab' ich endlich auch wieder Nachricht, der jüngere Graf Bentheim, Hauptmann in dänischen Diensten, der diese Tage hier ankam, brachte mir einen Brief mit. Sie will in Altona ein Erziehungsinstitut errichten, was ich nur wünschen will daß gelingen mag! Jette Mendelssohn schreibt mir aus Paris, die Polizei habe das Buch der Frau von Staël, das schon gedruckt und größtentheils die Censur passirt ist, konfiszirt. Sie ist außer sich darüber, die Staël, und will, wenn sie diese Maßregel nicht kann aufheben machen, sogleich nach Amerika abreisen; es ist übrigens ein sehr lächerliches, abgeschmacktes Buch voller Karikatur; spricht uns unter anderen den militairischen Geist ab, den doch keine Nation je so besessen, selbst die Römer, macht uns aber zu Engeln an Tugend und Zartgefühl, und versichert, die Frauen wären am besten dran mit uns, wir würden sie nie nach dem Genusse verspotten. Indeß empört mich diese Gewaltthätigkeit gegen die arme Frau ungemein. — Ich schreibe Dir sehr bald wieder, meine geliebte Kleine! — so nannt' ich Dich sonst so oft, auch Rählchen, aber die Entfernung macht die Persönlichkeit so verschwinden, warst Du mir jetzt so nah, daß mir das Wort aus der Feder flog? — Ich trage Deine Brustnadel beständig, und Abends, wenn sie auf dem Tische neben meinem Bette liegt, und ich lese, trifft mich oft unvermuthet der rothe Glutblitz! und glühend im Herzen gedenk' ich dann Dein! Leb wohl, geliebtes Herz! ich kann jetzt nicht weiter schreiben, es wird dunkel und die Hand ist mir müde. Liebe mich, meine Rahel, und drücke mich an Dein heilsames Herz! Ich bin Dir ganz ergeben, mit liebendster Innigkeit! — Wenn Du diesen Brief schnell bekömmst, und gleich wieder schreiben magst, so trifft mich Dein Brief wohl noch hier, denn vor drei Wochen reisen wir schwerlich ab. Sonst schreibe nach Lich bei Frankfurt! Ich sehe Deinem Brief entgegen wie Quellen in der Wüste! Grüße die Freunde! Adieu, liebe, liebe Rahel! Ewig Dein

Varnhagen.

Wenn Du noch hierher schreiben willst, so schreibe doch auf den Brief: „bei Münster". — Ist Steffens in Berlin? und Wolf wieder?

Mir fällt noch ein; wenn Du mir über Frankfurt schreibst, vergesse nicht „am Main" hinzuzusetzen; ich fürchte gar zu sehr bei Deinen Briefen, verzeih! meiner Besorgtheit!

An Varnhagen in Steinfurt.

Berlin, Behrenstraße 48. Dienstag Abend um 6 Uhr, den 21. Oktober 1810.

So eben, lieber Varnhagen, erhalte ich Deinen Brief aus (Burg-?) Steinfurt, — mal schreibst Du Steinfurt, mal Burgsteinfurt, — mit einem zugleich von Campan aus Versailles, der mich auch immer invitirt! Deiner, mein Freund, empört mich. (Ich habe Dir ungefähr vor drei Wochen nach Stein- nicht nach Burgsteinfurt geschrieben.) Deinen Brief durch Neumann hab' ich, zwar nachdem er vier Wochen gelaufen war, erhalten. Du bist ja in den Steinfurt'schen noch vaguer, plus vague, geworden! Mitten im Winter kann ich wegen meiner Börse und Gesundheit nicht reisen. Du hast mich Geld, Zeit, Quartiere, Bequemlichkeiten aller Art verlieren lassen, seit ich Dich kenne. Noch leid' ich dran. Weil Du mich ewig en suspens hieltst, und ich nicht wählen konnte. Ich habe Dir nichts anzubieten; also mußt Du natürlich bei Deinem Obersten bleiben. Ich war sehr krank. Gräßlich unglücklich; bin alt geworden; und verstehe keinen Spaß mit meinem Schicksal mehr. Du hättest mich behalten sollen, und nicht immer das nachmachen, was Du eben siehst. Mein voriger Brief nach Steinfurt war weicher, als dieser. Obgleich auch hart. Heirathen willst Du mich immer nebenher! Bei einer Frau bleibt man. Sonst ist es keine. Ich will Dir wohl das Ungemach, das Du mir bereitet hast, verzeihen, aber ich kann nicht. Worin bist Du denn nun anders gegen mich, als die Menschen, die ich Leute nenne? Du mußt gut leben, darin gebe ich Dir Recht. Mich hast Du aber diesen Sommer im Unglück gelassen. Das verzeihe Dir selbst. Diesen Winter bleib' ich in Berlin. Adieu. Ich bin zu ärgerlich.

Rahel.

Auch bin ich so ärgerlich, daß man nie weiß, wo man Dir hin schreiben soll und kann. In Prag liegt noch ein Brief für Dich — von vor Deiner Reise nach Paris — und nun ist wieder einer mit der richtigsten Adresse nach Steinfurt verloren! Mit nur mäßiger Oekonomie, mit nur einigermaßen geregelten Ausgaben wärst Du längst in Berlin; oder hättest die Mittel dazu.

An Rahel.

Steinfurt, den 1. November 1810.

Noch einmal muß ich an Dich schreiben, geliebte Rahel, ehe ich von Steinfurt nach Lich reise, welches hoffentlich in wenigen Tagen sein wird, obwohl ich nun schon fast ganz gewohnt bin, daß alle Zeitabschnitte innerhalb deren etwas bestimmtes zu Ende laufen soll, so ganz über die Maßen weit in die folgenden hineinreichen. Nachdem ich Deinen ersten Brief als Antwort auf meinen Pariser letzten hier gelesen hatte, durfte ich einen zweiten erwarten, der von jenem gleichsam noch ein Nachdrücken wäre, und so hat Dein letzter Brief, der sich mit meinem nach Wunsch kreuzte, keineswegs überraschen können, so sehr er auch den Schmerz erneuern, und die Traurigkeit steigern mußte, die mir durch jenen geworden waren. Geliebte Rahel, einziges von mir mit aller menschlichen Inbrunst gehegtes Wesen! ich sehe mit Liebesaugen auf Deine herbstliche Strenge, die mich jetzt in vielen welken Blättern niederrauschen läßt, und weiß mit Zuversicht, daß ich im neuen Frühling auch wieder frisch und munter an Deinen Zweigen grünen werde! Nichts anderes wußt' ich Dir im Anfange auf Deine Dornenbriefe zu antworten, und dachte und fühlte, es müsse genug sein: da ich aber nach und nach viel anderes Dir zu sagen finde, will mir zugleich dünken, es wäre eben so wohl für den Anstand nöthig, als für Dich heilsam, das zu sagen, was ich zu sagen habe: denn wenn auch in der wirklichen Lage der Sachen durch solches Reden nichts geändert wird, so ist doch das Weiterleben dadurch gleichsam in eine andere Richtung eingelenkt, und auf dieser statt völligen Dunkels wenigstens Dämmerung; mir ist es übrigens unumgänglich nothwendig, bei der Schamröthe, solche Briefe von Dir in meinen Händen zu wissen, mich vor mir selber als meiner besten Gesellschaft durch Schreiben dieses Liebesbriefes der unwürdigen Scham zu entledigen, wie Du, meine liebe Rahel, gewiß am meisten wünschest! Es ist wahr, Du siehst scharf mit Deinen lieben Augen, und lässest mit Deinem Blick Wahrheit aufsprießen überall, wo sonst kein himmlischer Sonnenstrahl den Keim aus der steinigen Erde hervorgelockt hätte, und wenn das wurzellose Pflänzchen, von Kinderhänden in die Erde gesteckt, vor Deinem Blick nur desto schneller ausgetrocknet und niedergebrannt wird, so finde ich diese Kraft, wie die der Sonne, so herrlich, daß ich mit meinem Sinn noch in den letzten Athemzügen sie loben müßte, wenn sich selbst fände, daß ich selber so davor vertrocknete. Wenn ich in dieser Rücksicht Dir an Wahrheitsmuth gleiche, so stehe ich vielleicht in diesem Augenblick durch Deine eigne Schuld noch im Vorzug über Dich: denn ich werde nicht irr und schwanke nicht, und bei aller Verwirrung, bei allen Widersprüchen, die mein sichtbares Leben an den Tag legt, bewahre ich in den Gedanken die reinste Sicherheit und klarste Liebesanhänglichkeit Allem! Dies kann ich auf mein Gewissen sagen, jenes ist noch nie mein gewesen, dieses hat nie in der Sklaverei gelebt. Rahel, es läßt sich jedes Menschenleben, auch Deines, in allen seinen Erscheinungen an den Faden der Lasterhaftigkeit und des Schlechten aufreihen, den das Schicksal, weil das Zeug für Menschen war, in alles hineingewebt hat, und den ich, mit großem grausamen Talente dafür begabt, in jedem Ausbruch der edelsten Begeisterung, in allen Schwingungen der Kunst und Tugend, wo sie dem Himmel am nächsten sind, in jeder Andacht und Liebe, nachweisen kann, und überall stark genug finde, das ganze, volle Leben zu tragen, daß man den ihn begleitenden Faden des Höheren und Edleren, an dem ich, weil ich für ihn ein geringeres Schautalent habe, mehr glaube, rein herausziehen kann aus dem erscheinenden Leben, und sehr giftig erstaunt, daß es, sieh da! in bloß Gemeinem zusammenhält! Dies, meine Rahel, erkenn' ich ja sehr wohl, und wenn Du das mündliche vergessen hast, so bleiben Dir ja genug schriftliche Zeugnisse, die Dir beweisen können, daß ich nicht aus Eitelkeit, sondern aus Muth und Liebe verhindert war, diesen wohlerkannten Faden mir um den Hals zu schlingen, um mich daran aufzuhängen: ich muß, weil es gemischt ist aus Gemeinem und Unvergänglichem dies Lebenslied schon herunterspielen bis mir die Finger verwelkend hinfallen. Aber daß Du, Rahel, deren Wohlgefallen und Billigung meinem Leben so erfrischend war, mir gleichsam die freundliche Hand war, an der ich auf den Boden der Freiheit stieg, und ewig die unmittelbare Leitung einer Anderen nur in dunklem Glauben vorhandenen Vorsehung sein sollte, daß Du, vergessend alles Andere, mit richtiger Wahrheit, ich bekenne es, nur diese Nachtseite meiner Lebenserscheinung jetzt auffassend und gern und willig, wo Zweifelhaftes (schon das ist arg!) obwaltete, das Gemeine und Niedrige erwähltest, um mein Leben zu erklären, und freilich tapfer, aber mit der grausamsten Tapferkeit, mir diese Bilder leuchtend in das Herz legtest, daß Du das jetzt thust, wie soll ich, Rahel, Dir das vergelten, als mit der gränzenlosesten Liebe, deren Du wohl nie so bedürftig warst, als da Du Deinen ergebenen — und daß ich es anspruchslos heraussage — unglücklichen Freund zerstören wolltest? Ich kenne Dich, Du willst Ruhe haben, und möchtest den Tod dafür wählen! Jeden anderen Freund, als mich, liebe Rahel, hättest Du, weil Du das unruhige Verhältniß nicht ertragen konntest, durch Deinen Brief in Deinem Herzen und für Dein Herz getödtet, und ich kann Dich nicht tadeln, Dein Leben fordert Opfer so gut wie jedes; aber ich lebe fort, Rahel, und Du für mich, so lass' ich Dich nicht gegen die Deinigen wüthen, und ich glaube ich kann mich jetzt bloß deswegen für mich erheben, weil ich mich für den Deinigen erhebe, wenigstens ist das der Grund, warum ich Dir diesen Brief schicke, wenn auch nur der Anstand ohnedies ihn zu schreiben befiehlt, denn ich könnte ihn ja behalten, und gelassen zu den Deinigen legen. — „Du bist ja in dem Steinfurt'schen noch vaguer, plus vague, geworden." Ich? ja, wenn Du mich in äußerem Verhältnisse zu Dir betrachtest, und bloß auf etwas zu Leistendes siehst, allerdings dann Ich, denn da ist der erscheinende Mensch mit dem seienden als Eins; aber der, der mit Dir zu gleichem Ziele strebt, Dir sein Herz aufschließt, alle Motive, Quellen und Bahnen seines Lebens innigst mittheilt, und nie sich unglücklicher fühlt, als wenn er auf's neue von Dir entfernt wird? Ich bin nicht vaguer, plus vague, geworden. Wir suchen beide für gemeinsamen Schmerz, nur daß der meine größer ist, ein Kraut, und Dein Schmerz, den ich mitfühle, macht Dich mich bitter schelten, daß ich's noch nicht gefunden. — „Du hast mich Geld, Zeit, Bequemlichkeit, Quartier verlieren lassen, seit ich Dich kenne." Geld? etwas, Zeit? nein! Quartier? wie denn das? Bequemlichkeit aller Art? „weil Du mich ewig en suspens hieltest, und ich nicht wählen konnte." Seitdem ich nach Tübingen gegangen war, strebte ich wieder in Deine Nähe, Du wolltest es auch, ich bat Dich nach Wien zu kommen, das war Dir recht, dann machtest Du Paris zum Ziel, und das war mir recht, Du wolltest aber schon damals, auch wenn ich nicht nach Paris könnte, dorthin reisen, und schriebst es mir aufrichtig; weder Du noch ich konnten aber reisen, und ich mußte nach Hamburg, um zu sehen, ob ich noch Hülfsquellen für einige Jahre freien Lebens hätte oder nicht: es schien als müßte ich darauf verzichten, und ich schrieb Dir verzweifelnd, ich müsse in Hamburg bleiben als Arzt; kaum hatte ich die geringste Aussicht und Freiheit, so war ich bei Dir! Du fandest mich anders, ich Dich auch, Du wolltest mich nicht halten, ich wollte gehalten sein, ich konnte nicht in Zärtlichkeit untergehen, denn ich war zu sehr durchschmerzt, also wollt' ich es anders, meine Existenz schwebte auf der Schärfe, ich mußte fort — „Du hättest nicht immer das nachmachen sollen, was Du eben siehst“ und früher „Du siehst Marwitz exerziren, und gehst mit dem, es ging ehrenvoll aus, aber den Anfang weiß ich.“ Da, liebe Rahel, triffst Du einen harten Punkt! Ja, ewiges Nachmachen, das ist die geringe Seite meines Wesens, eine meist überkommene, selten ursprüngliche, selten ausdaurende Begeisterung! wie könnt' ich das läugnen? aber wie fällt Dir erst jetzt ein, was Du in meinen Reiseblättern, in denen von Tübingen, und vielen Briefstellen von mir selbst mit größter Deutlichkeit hast entwickelt und beklagt gesehen? Dennoch möchte es sich diesmal auch anders verhalten. Als ich Hamburg verließ, war schon lange mein Gedanke, in diesem Kriege mir eine Kugel zu suchen, denn ich ahndete wohl recht, daß ich nicht bei Dir bleiben könnte, und Gottlob! daß ich so nicht blieb, Du selbst willst von dem Manne Ansehen, Ehre, erwerbenden Fleiß, irdische Macht, und hättest mich doch so wie ich war nicht gern behalten, in mir aber waren lauter Enden, kein Anfang zu einer bürgerlichen Laufbahn. Daß ich von früher Kindheit durch alle Jünglingsjahre hindurch gewünscht habe einen Krieg mitzumachen, findest Du wohl begreiflich, das ist wohl bei allen Knaben so, aber diesmal hatte ich es schon in Tübingen, ehe der Krieg ausbrach, und in Hamburg, als er unglücklichen Anfang genommen hatte, mündlich und schriftlich geäußert, und Marwitz war mir kaum erweckend weil ich schon genug erweckt war, seine Gesellschaft nur bequem und beschleunigend, und für andere damals unbedeutende Umstände entscheidend. Daß ich Dich mit Egloffstein sprechen ließ? liebe Rahel, das was Du mit ihm ausgemacht hattest, war von dem, was zwischen uns erst ganz flüchtig war besprochen worden, so verschieden, daß Du mich eben so gut zum Tanzmeister hättest vermiethen können, wenn das kompromittiren hieß, so war ich wahrlich nicht Schuld: ich fühlte es gleich damals, aber wozu dachte ich hilft nun das ärgernde Rechten? Von Baiern hatten wir zusammen gesprochen, Du mit Egloffstein von Würtemberg, ich schrie gleich darüber auf. Dein gelegentliches Reden nennst Du die dringendsten Demarches, und behandelst mich und mein Wollen eben so übertrieben unwichtig als den Herrn Grafen wichtig. Um ein sogenanntes Unterkommen war ich ja überhaupt Gottlob nicht verlegen. — Daß ich später von der österreichischen Armee wieder fortwollte, das scheinst Du auch nicht verstanden zu haben, indessen darüber nehm' ich Dir vorläufig das Recht zu urtheilen weg, und der, der ohne meine Erlaubniß der einzige ist, der darnach zu fragen hat, mein Oberst, ist mit mir wohlzufrieden, und in der Conduitenliste des Regiments steht unter der Rubrik: „vor dem Feinde" von mir: „sehr brav", mit Bemerkung meiner Wunde, wie ich denn auch so Gott will beim ganzen Regiment wohlgehalten bin, und noch oft geneckt werde mit der Erzählung, wie ich gesprungen sei, als die Allarmstangen brannten, und es nun endlich an den Feind gehen sollte. Es ist eine Schmach, daß ich dergleichen an Dich, meine geliebte Rahel, schreiben muß, und die Thränen brennen mir darüber auf dem Herzen! Aber höre weiter! Daß Du den Sommer nicht nach Teplitz gekommen, ist wieder nicht meine Schuld, Du schriebst mir, Du würdest am bestimmten Tage abreisen, auch wenn ich nicht da wäre: warum bist Du nun nicht abgereist? dann fügtest Du auch hinzu, käme ich nicht, so gingst Du vielleicht anderswohin, wie kannst Du nun sagen, ich hätte Dir Deine Zeit, und jede Annehmlichkeit geraubt? Hättest Du etwas thun können, Du hättest es wahrlich, und mit Recht, ohne mich gethan! „Du hast mich diesen Sommer im Unglück gelassen, das verzeihe Dir selbst" geliebte Rahel, so schmerzlich es mir ist, denn es ist ein Hohnlachen gegen mich, muß ich Dir doch sagen, ich habe auch die Schlacht von Wagram verloren gehen, und meinen Vater sterben lassen, wenn das an mir gestraft werden soll — — — höre folgendes, und mache die Anwendung! Voriges Jahr im Winter saßen in Wien Vater und Mutter mit ihrem Kinde an einem Tische, woran ersterer schrieb. Auf einmal wackelte der Tisch, und der Vater, sehr ärgerlich, gab dem Kinde, welches allein konnte daran gestoßen haben, mit heftigem Schelten eine Ohrfeige. Gleich aber stürzten die Nachbarn herein, und fragten, ob er auch das Erdbeben gespürt habe, und in der That hatte grade ein Erdstoß die Stadt Wien erschüttert. O Rahel, mit den menschlichen Dingen ist es so beschaffen, daß es doch oft wohl anders sein mag, als man glaubt, und die sichersten Anzeigen täuschen! Ich wollte den Dichter Hölderlin im Doppelroman verspotten, und erfuhr mit Entsetzen, daß er seit vielen Jahren in Tübingen wahnsinnig sei! Wäre es möglich, daß Du nie Aehnliches erfahren hättest in Deinem reichen Leben? Sollt' ich der Erste sein? O Rahel, geliebte Rahel, höre, wie unmenschlich Du mein Herz zerreißest mit folgenden Worten: „Du mußt gut leben, darin gebe ich Dir recht; mit nur mäßiger Oekonomie, mit nur einigermaßen geregelten Ausgaben wärst Du längst in Berlin oder hättest die Mittel dazu" und früher, „Du machst es immer wie es Dir gefällt, ich gratulire, Du reisest, siehst die Welt, ich würde Dir es rathen u. s. w." Nun so muß ich denn ausrufen, weiche zurück, Scheu und Scham, und laß mich zu meiner traurigen Vertheidigung die unwürdige Darstellung beginnen, ich bitte nur Gott, daß sie nicht in unrechte Hände gerathe, weil sie nicht bloß meine Geheimnisse enthält! Sieh, das muß ich um Deiner Härte und der Schmach willen, die Du mir anthust wagen! Ich habe den vorigen Winter in Prag ganz kümmerlich gelebt, Mittags zwar bei meinem Obersten gegessen, aber sonst von Bier und Brod gelebt, und mit dem, was mir der Kaiser gab, kaum einige Briefe, Papier, Licht, und meinen Burschen bezahlen können, den ich nicht, wie Andere thun, konnte darben lassen, und hätte ich selbst darüber hungern sollen; ein Paar Stiefel waren alles, was ich mir anschaffen konnte, und eine kleine Schneiderrechnung konnt' ich erst jetzt bei der Abreise nach Wien bezahlen, obwohl sie schon aus dem Feldzug datirte. Die Reise nach Steinfurt habe ich mit dringendster Sparsamkeit und Eile für meinen Obersten auf seine Kosten von geliehenem Gelde gemacht, auf der Rückreise in Halle und Leipzig habe ich mit unaussprechlicher Sehnsucht und Unruhe vergebens Briefe von Dir erwartet, hätte ich sie bekommen und Du hättest mich gleich gerufen, ich glaube ich hätte meinen Obersten um einige Louisd'or und Tage betrogen, Dich geholt und es ihm dann gesagt. Es kamen keine Briefe! Auf der Messe habe ich einige Bouteillen Wein getrunken, Rheinwein, das ist bei Gott! das einzige Geld, bei dem mir einfiel, daß ich es hätte sparen können; aber auch mir nicht, sondern meinem

Obersten. Von da war ich nun immer mit ihm auf der Reise, in Wien, in Paris, und nun hier! Weil ich aber ein paar gute Röcke trage aus Paris, die vielleicht dort noch auf der Rechnung stehen, bin ich darum reicher? Kann ich dadurch, daß ich die beste Tafel genossen habe, und noch eine sehr gute genieße, in dem schönsten Wagen fahre, Theil habe an tausend kostspieligen Dingen, kann ich dadurch etwas nur an Geld ersparen? Was der Augenblick giebt, rafft er auch sogleich wieder hin. Ich habe alles im Ueberfluß, aber oft keinen Heller Geld, wie mein Schutzfreund selbst, mit dem ich übrigens in besten Verhältnissen stehe, und dem ich auf die herzlichste, ritterlichste Weise zugethan bin. In Paris bekam ich viel Geld, aber ersparen konnte ich nicht viel; jede acht Tage riß es die Ebbe vielleicht hin, und was half es dann, die Fluth mäßig geschöpft zu haben? was ich aber erspart hatte, rettete uns auf der Reise von Paris nach Steinfurt aus der fürchterlichsten und lächerlichsten Verlegenheit, indem schon in Brüssel die Reisekasse ledig war. Vieles mag ich hier nicht detailliren, weil es zu übel ausfiele, wenn der Brief in fremde Hände käme. Aber eins muß ich Dir noch erklären, warum ich in Paris Dir versprechen konnte, sogleich nach Berlin zu kommen, und nun hier plus vague geworden bin! Höre zu, ob ich, mein Ich, plus vague, deswegen heißen darf! Mein Oberst bekam von seinem Vater eine ansehnliche Summe geschenkt, um einen Theil seiner Schulden zu bezahlen; obwohl noch fünf Sechstheil übrig geblieben wären, so war doch dieses Geschenk ein Hinhaltungsmittel auf lange Zeit; hier in Steinfurt sollte er's bekommen, wie leicht hätte er mir ein paar hundert Thaler zur Erfüllung meines liebsten, längstgehegten, ihm wohlbekannten Wunsches geschenkt! Du mußt wissen, daß man nicht großherziger und edler über Geld denken kann, als er, und nicht liebreicher und wohlthuender im Umgang, als er, wenn er nicht gestört ist. Wir kommen hier an, sein vortrefflicher Bruder Alexis, der Erbgraf, ist sehr unwillig über das in Paris getroffene Arrangement, und will alle Schulden seines Bruders, über zweimalhunderttausend Gulden, sogleich bezahlen, zu diesem Ende mit uns nach Wien reisen. Dies unerwartete, kaum gehoffte Glück ist aber Ursache, daß mein Oberst vielleicht in mehreren Monaten keine bedeutende Summe in die Hände bekommt, denn hier lebt er im väterlichen Schloß, und auf der Reise wird wohl der Bruder alles einrichten. So stehen die Sachen, geliebte Rahel, und noch im Einzelnen gar besonders, was ich aber nicht schreiben mag, auch von allem diesem darf keine Seele etwas erfahren, es könnte zum größten Nachtheil gereichen. Wirst Du nun glauben, daß ich höchst unglücklich bin im Genusse dessen, was Du „gut leben" nennst? Ich kann ja keinen Schritt setzen wie ich will, sondern wie der Zufall es will, noch allzuglücklich, in so schönen menschlichen Verhältnissen zu stehen, deren Inneres dieses Aeußere nicht bedarf, obwohl, ich gestehe es, noch äußere Sorge mir bei diesem inneren Versagen, das ich mir thun muß, das Leben ganz verzweifelt machen müßte. Nun gehen wir dieser Tage über Lich nach Wien, der Erbgraf wird täglich von einer kleinen Reise zurückerwartet. Dieser Brief ist schon allzulang, ich muß ihn schließen: er ist ein Liebesbrief, denn nur Dir zu Liebe, vor keinem peinlichen Gericht, konnt' ich solche Erörterungen überstehen! Lebe wohl, meine einzige Rahel! Vergiß nicht, daß ich Dir gränzenlos zugethan bin, und überzeuge Dich auf's neue, daß zwischen uns jede Möglichkeit möglich ist, ohne uns auseinander zu reißen, ich bilde mir ein, so gut wie Du, über jede geringe Ansicht und Behandlung hinweg zu sein. Leb wohl, leb wohl! Ewig Dein treuer

Varnhagen.

Steinfurt (oder Burgsteinfurt, das ist einerlei).

Schreibe mir alsogleich nach Lich bei Frankfurt am Main! Dort bleiben wir einige Tage bei der Fürstin Solms.

An Rahel.

Steinfurt, den 2. November 1810.

Eben komme ich aus dem Bagno zurück, einem durch Wald, See, Garten und Gebäuden sehr angenehmen Spaziergange, der eine Viertelstunde hinter dem Schlosse liegt, und wo wir jetzt gewöhnlich in einem gothisch verzierten Hause bei gutem Ofenfeuer den Thee trinken, während mit kalter, feuchter Herbstluft der dunkle Abend sich über die Gegend ausbreitet. Die Fürstin ist eine alte, herzensgute, aber etwas eigenwillige Frau, und wie sie niemals in ihrem ganzen Leben irgend in einer Sache sicher war, so ist sie in diesen Zeiten völlig irre geworden; ihre Gegenwart verhindert denn ziemlich die gute Fröhlichkeit, die sonst unter uns jungen Leuten wohl aufkömmt, meinen Oberst mein' ich, und seinen Bruder, den dänischen Hauptmann, die Gräfin Sophie, drei Demoiselles Becker, die täglich zum Besuch auf das Schloß kommen, und mich. Wie ich auf dem Rückwege war, fühlte ich sorgsam an der glatten Rinde eines herrlichen Buchbaums, der etwas vom Wege absteht, nach Deinem Namen, den ich vor mehreren Tagen in schönen, tiefen Buchstaben einschnitt und einen Stern darüber, und ob ich gleich wegen der Dunkelheit nichts sehen konnte, fühlte ich doch deutlich die eingegrabenen Züge mit großer Zufriedenheit unverletzt, denn ich weiß nicht wie so ich zu der Einbildung komme, es werde mir jemand aus Schadenfreude schlechte Schnitte hineinthun, woran doch wohl niemand hier denken mag. Jetzt muß ich die milde Stimmung benutzen, in der ich mich befinde, benutzen, um Dir zu schreiben, meine geliebte Rahel, und zwar solcherlei, wie Du eben gelesen hast, leichtes Gespräch, gewöhnliche Mittheilung, wie sie sich etwa zwischen Beichtvater und Beichtkind als lässige Erholung einfinden mag, wenn der feierliche, angreifende Akt vorüber ist. Ich habe diesen Vormittag den einliegenden Brief beendigt; lies ihn nach diesem, und diesen wieder nach ihm, oder, wenn Du mich ohnehin lieb genug hast, und keine Bitterkeit gegen mich fühlst, les' ihn gar nicht! Ich möchte Dich mit der Sanftmuth sättigen, die ich jetzt so liebevoll in mir fühle, und wenn sie vielleicht zu schal ist unserem kräftigen Verhältniß, so ist jener Brief vielleicht ein zu brennendes Gewürz. Du liest ihn doch: aber ich will doch auch gern Dir gesagt haben, wie er mir von außen her dasteht, und wenigstens die Möglichkeit annehmen, Du könntest ihn aus Liebe zu mir ungelesen in's Feuer werfen; daß den gelesenen Haß verbrennen könnte, fällt mir, Du Geliebte, nicht ein. Außerdem, daß ich überhaupt soll güter, und durch Ertragen und Leben erträglicher geworden sein, bin ich heute besonders menschlich und weich. Ein gutes, liebes Mädchen, Julie Becker, bekam vor mehreren Tagen fürchterliche Krämpfe, ich blieb zwei Stunden bei ihr, und pflegte sie nebst einer Schwester, während die Anderen alle unten in einem langweiligen Konzert waren; heute ging sie zum erstenmal wieder aus, und mit uns in den Bagno; da nahm sie voll Dank und Vertrauen mich auf die Seite, sagte, sie sei außerordentlich traurig, denn sie glaube diese Krankheit nie wieder ganz los zu werden, gestern hätte man ihr auch harte Vorwürfe gemacht, die erst heute in ihr nachwirkten, und sie wolle mich nun fragen, was wohl damit werden könne, ob sie Hoffnung habe wieder ganz gesund zu werden, und ob es wohl möglich sei, daß sie selber an ihrer Krankheit schuld sei. Ich tröstete sie mit ärztlichen und geistigen Gründen so gut und so liebevoll ich's vermochte, und es gelang mir, sie zu beruhigen. Das hat mich sehr gerührt, meine liebe Rahel. Dann dachte ich an ein Kind von neun Jahren, ein Mädchen, das hier in der Nähe in Langenhorst bei einer alten Aebtissin lebt, und während des französischen Kriegs von einer vornehmen Dame, die mit ihrem Verführer, einem Emigranten, im Elend herumwanderte, dort war zurückgelassen worden. Das Kind wird entsetzlich hart gehalten, wird ganze Tage unter der Treppe eingesperrt, und bekom̄t selten satt zu essen, daher es denn Kuchen und Brod stiehlt, wenn Gesellschaft da ist, um auf den Abend heimlich davon zu essen, dabei ist das magere blasse Geschöpf äußerst lebendig und unbefangen. Es soll sehr eigensinnig sein, aber wer würde es nicht in solchen trauervollen Jugendtagen, und man sieht offenbar in den noch freundlichen, guten Zügen den Uebergang zu verzerrender Tücke. Zweimal schon ist es weggelaufen, aber jedesmal holte man es zurück. Unbefangen spricht es heraus zur Aebtissin: Gott! es sterben so viele Menschen, warum stirbst Du nicht einmal. Dies legt man ihm für Bosheit des Herzens aus. An einem Jahrmarktstage, wo ich es sah, verhinderte es der Regen, zu den Buden zu gehen, und für seine durch Stricken verdienten zwei Stüber etwas Eßwaaren zu kaufen, ach ich möchte so zum Fenster hinausfliegen! rief es lebhaft, und lobte mir denn doch gleich wieder denselben Regen, der doch all seine Hoffnung wegspülte, daß er die junge grüne Wintersaat auf dem Felde wachsen mache. Das Kind ist nicht durch Schönheit oder glänzenden Verstand ausgezeichnet, es hat nichts, was es seinem dunkeln Loose entreißen könnte, seine Ansprüche scheinen um so billiger, da sie auf gewöhnliche Menschlichkeit beschränkt sind. Dieses arme Kind rührt mich zur tiefsten Wehmuth! Welche Kinderzeit, um welchem Alter entgegen zu wachsen! Ich hoffe nicht von hier wegzureisen, ohne es auf meine Art mit irgend einer Heiterkeit erfreut zu haben. — Gegen solche Trübungen stellen sich mir dann die blühenden Gestalten glücklicher Jugendschönheit. Mein Oberst ist ein schöner Mann, wohl und groß gewachsen, von edlem Ausdruck des Gesichts, feiner, wohlthuender Sitte, freundlich, sehr schön ernst, und nicht ohne Anmuth im Scherze. Dabei ist er heftig, böser Zorn ergreift ihn leicht gegen alles Niedere, und leider rechtfertigen ihn meist die Menschen nur zu sehr in seiner Meinung, auch die unteren Menschen, Bedienten und dergleichen oft so anzusehen. Jede Bildung und Kenntniß schätzt er, und ehrt sie in denen die sie besitzen, aufrichtig strebt er sie zu erlangen, aber um im 28sten Jahre es weit darin zu bringen, nicht angestrengt genug. Vornehm und wenn nicht reich, doch immer reich lebend, findet er die Einrichtung der Welt bequem, freut sich seines Standes, seines Ansehens, das er doch auch mit seinem Blute vermehrt hat, und weiß sich sehr gut in alles zu finden, was ihm das Glück gewährt hat; das Beste, was er in jeder Art findet, dünkt ihm eben auch für ihn recht, ein billiges, menschliches Gefühl, das er auch in Anderen voraussetzt. Die Frauen lieben ihn, er ist zart mit ihnen, belebt und sittig. Ehrgeiz treibt ihn zum Höheren jeder Art, Genuß hält ihm beim vorhandenen fest; die irdische Macht des Geldes weiß er nicht zu regieren, das ist sein Leichtsinn des Augenblicks, sein Regiment regiert er großartig, thätig und mit musterhafter Gerechtigkeit, dabei mit Güte. Menschen versteht er auf seine Weise sehr gut, und nimmt sie klug; eine gewisse Sorglosigkeit hält ihn von Untersuchungen ab, daher Meinungen auch nie heftig von ihm bestritten werden. Du siehst, das ist ein erfreuendes Wesen, eine freudige Gestalt, und angenehmer Karakter, der selten durch Mißlaune getrübt wird. Wenn nun der einzige Kummer, den er hatte, seine Schulden von ihm genommen sind, können die glücklichsten Tage ihm aufgehen. Zu mir hat er das volleste Vertrauen, und hat mich lieb, ohne daß er sich darüber genaue Rechenschaft geben kann, doch sieht er wohl ein, daß ich nichts beabsichtige, unbefangen und rücksichtslos bin, von treuem Sinn, und auf gradem Weg. — Seine Schwester Sophie ist ein bildschönes Mädchen von 16 Jahren, Raphaels Johanna von Arragonien gleicht ihr, gesund mit rothen Wangen, lebendigen starken Augen, kräftigen Gliedmaßen, die sich blühend ründen, gutem Gemüth, freundlichem Herzen, knabenhaftem Muthwillen und Wildheit. Sie fühlt wenige Gränzen, in der freien Oberherrlichkeit des vornehmen Lebens entwickelt sich der Sinn keck und edel, die Beschränkung mit ihren tieferen, schmerzlicheren und menschlicheren Gefühlen darf selten nahen, und wo sie naht, ist sie höherer Art, dies gebiert die edelste freieste Thätigkeit und muntere Lebensfülle, aber auch leicht Uebermuth und Wehthun gegen Andere, wovon sich wohl auch hier dann und wann ein leichter, doch ganz unbewußter Anflug findet, den die Zeit mit ihren Schmerzen bald abhalten wird. Und wie von ganzem Herzen gönn' ich dem schönen Kinde ihr reizendes Glück! Möge es ihr lange bleiben das göttliche Gefühl der Gesundheit, der Schönheit, deren sie sich bewußt freut, und des feineren Thuns, und noch lange der unvermeidliche Schmerz, die Demüthigung des Menschengeschicks, sich von ihr entfernt halten! — Im Ganzen rede ich wenig mit den Menschen hier; ihre Weise ist doch nicht die meinige, ihre Erfahrungen haben sie anders gemacht als ich, und ich trage Scheu, sie wegen meiner Bequemlichkeit in meine Sprechweise hinüberzuziehen. Auch will ich nicht wecken, was schlummert, da ich das Erwachte nicht leiten könnte, der Schlummer führt Träume, und sie mögen oft besser sein, als was die wahren Augen sähen. Leicht gehen mir so die Tage, und meist friedlich: aber mich verlangt nach einem anderen Gedeihen! Ich lese einiges, war überhaupt nicht ohne Fleiß hier in Steinfurt, über Geschichte hab' ich viel gedacht, mein kurzer Feldzug bei Wagram hat mich gleichsam lebendig hineingeführt. Johannes Müller freut mich: was soll ich aber sagen von der Universalgeschichte Goethe's, des Göttlichen, die er in dem einzigen, wunderwürdigen Buche zur Farbenlehre 'giebt? Anbeten muß man diesen lieben Mann! Ueber so vieles muß ich Dir noch schreiben: es geschieht bald, noch ehe ich von hier abreise. Warum schreibst Du mir nichts mehr von Fouqué, und er nichts von Dir? Neumann schreibt mir gar nicht! Wie jauchzend ruf ich Eurer Universität Heil und Glück! Ich möchte das mit Augen sehen! Grüße alle Freunde, meine geliebte, einzige Rahel! Ewig bin ich Dein! Ich küsse Deine Augen, Deinen Mund, ich umfasse Dich mit verehrender Innigkeit, mit liebender Seele! Leb wohl, leb wohl! Dein treuer

Varnhagen.

Schreibe mir ja nach Lich!

An Varnhagen in Steinfurt.

Berlin, Montag, den 12. November 1810.

Ich kann gar nichts Besseres thun, als heute Abend gleich auf der Stelle auf Deinen Brief aus Steinfurt antworten. Ich weiß aber nicht wie! — beinah zum erstenmal im Leben, — Du wirst es schwer glauben wollen; ich habe die Grazie verloren; ich kann nicht mehr leiden, und lieblich schweigen. Das konnt' ich sonst, und habe es, so wahr ein richtender, wissender Gott lebt, lang geübt, und wie kein Erdenmensch! Man kennt seine Kräfte nicht, so wie man nicht weiß, wenn man sterben soll; nun kann ich es, mir selbst plötzlich, nicht mehr. Richten, Schlichten, Sichten kann ich von weitem nicht, gar nicht mehr. Ich kann Unrecht haben, in Beurtheilung — ich habe es gewiß — der Erscheinung Deines äußeren Seins: aber daß Du mich Zeit, Geld und Behagen, und Ruhe gekostet hast, bleibt wahr, wie es wahr ist. So wisse auch Du, daß Du es nicht wissen konntest, ohne es zu rathen; weil ich es Dir mit meiner jugendlichen Grazie verschwieg, verbarg. Weil unser Zusammensein — laß es mich so nennen — ein paar Jahre mein Ziel, mein Zweck war. Daß ich Dir die unbedingte Freiheit vorhielt, verführte Dich. Das war recht, muß ich noch einmal sagen: es war recht, daß Du Leben, Welt, Krieg, Existenz aus Deinen Mitteln, suchtest, begehrtest, fandest. Was aber in der Welt, soll ich dabei machen, als Dir gratuliren. Wär' ich jung, und Europa kindisch, oder jung, oder jetzt eben reizend, so sucht' ich mir auch ein Schicksal in der Welt. So aber bin ich nur auf die Natur verwiesen; und das Glück, was ich habe, besteht noch in der Einsicht darüber. Sonst wär' ich gar lächerlich, und in Agitation; elend. Du hast weise gesehen. Ruhe will ich haben. Lieber! Wie hast Du dies Wort aussprechen können, und noch so viele andere?! Und wie kommt es, daß Deine Worte so in Liebe gedacht und geschrieben mir das Herz aufreißen und drücken? Wie so versteht alle Deine Liebe mir nicht wohlzuthun? Laß mich in der Ruhe, die mehr als Schlachten mir endlich eingedrückt hat! Laß mich, bis wir uns sehen! Ich habe nach Dir einen Menschen gekannt, von dem ich nichts mehr weiß, mit dem ich's auch scharf nahm. Ich kann nicht mehr anders. Ich habe gebüßt genug auf der Erde, mit dem ganzen Erdenleben —

(meine jetzigen Thränen, dies Schreien, und Herzpochen, ist kein Mensch, kein Glück werth. Laß mich ruhen!) — für die Lüge, daß ich nicht forderte, was ich verlangte, und gab. Laß mich endlich! Laß ab! Ich sterbe. Ich bin so kränklich. Kannst Du etwas Gutes für mich, so thue es; aber zerlege mein Herz nicht. Es ist verdammt hier, gewiß! und physisch krank. Laß mich, ernst, still, und sein wie ich kann. Nach meiner großen Verunglückung der Geburt und des Lebens, dacht' ich: die sagen, sie lieben mich, zu denen könnt' ich sprechen; auch nicht. Nun, gut! der Schmerz war nichts, gegen den anderen. Auch ist für mich, alles Schicksal, Entwickelung, Geschichte. Ich schiebe nichts auf Menschen. Ein höheres Gebiet regiert dies. Dies ist meine ganze Religion; darin leb' ich. Aber laß mich endlich. Ich habe viel Unglück erlebt: dazu hatte ich Talent: der größte Virtuos bin ich darin. Heraus bin ich aus der Sphäre; mein Loos ist raus aus dem Lotto; am Körper kann ich nur noch torturirt werden: mit der Natur hab' ich noch zu schaffen. Laß mich! Ich bitte Dich! Sehen wir uns, so findest Du mich lebendig wieder: nicht allein nicht begraben, sondern, zum Weiterleben, mit Geist, und Verstand, und aller redlichen, lebendigen Theilnahme fertig. Was sollt' ich wohl noch sagen! Weißt Du was?

Die Universität, wenn sie auch, als bloßer Anfang zu einer, verscheiden muß, ist schön; und wahrlich einem jeden hier nach seinen Kräften lieb. Sie ist ein Produkt des Geistes. Mitten in der Besiegung, der Armuth, ja der Furcht, der Störung, erdacht, entworfen, angefangen! Ein Grünen der Erde durch ihr eigenes Feuer, möge Phöbus gnädig leuchten, und keine Pfeile den Kühnen schicken! Neumann ist seit dem September noch mit dem Grafen auf den Gütern. Mit Fouqué bin ich durch meine Krankheit außer Korrespondenz. Doch lese ich viel von ihm; er und die Baronin schreiben Robert. Ich bin in Briefwechsel mit Gentz; mein einzig Vergnügen. Marwitz soll in Friedersdorf sein. Mad. Schleiermacher ist mir gut: ich liebe sie sehr. Bin aber ganz in Bettina Brentano verliebt. Die ich einigemal intim sah, aber nicht mehr. Ich mache nur in Geldsachen Demarchen: weil ich da — muß. Mad. Herz lebt geputzt; ohne zu wissen, daß man sich ausziehen kann, und wie einem dann ist. Mad. Frohberg ruht auf den Lorbeern, die ihr Goethe und der Philolog Wolf für ein grundschlechtes Geschreibe, Roman genannt, in Teplitz und Karlsbad vorwarfen. Ich habe, ohne je verstanden zu sein, mich viel mit ihr gezankt. Wir sind nicht böse. Ich zanke mich nicht mehr mit ihr. Sie ist überzeugungsunfähig. Nämlich so: wenn sie auch keine Gegengründe mehr hat, und man glauben muß, nun sei sie überzeugt, so handelt sie im nächsten Moment wieder nach ihren alten reduzirten Ursachen, oder Gründen, wie sie es nennt. Berlin ist nicht schöner geworden, aber alles Uebrige häßlicher: also im Winter weiß man nicht wo man sich hinwünschen soll! Fürst de Ligne schreibt mir auch jetzt. Ich habe ihm sechs Seiten französisch geschrieben vorige Woche, mit dem härtesten Gewissen. Meine Franzosen verstehen mein Deutsch. Der Philolog Wolf, der in Wien war, lobt Friedrich Schlegel's Liebenswürdigkeit. Wolf schreibt göttlich wie kein anderer Deutscher. Aber ich denke vor vierzehn Tagen, als ich ihn eben las, und ganz anbetete, der Schlag rührt mich, ihn sächsisch singen zu hören; wie kann man in solchem Gesange solche Perioden ausgraben? Ja! er gräbt sie manchmal los! Als ich Schleiermacher'n Wolf's Zuschrift an Goethe so sehr lobte, meinte der, sie sei auf den Effekt geschrieben. „Nun da hat er gut gerechnet; auf mich hat sie den größten gemacht", sagt' ich pathetisch ernst; Schleiermacher lachte mir in's Gesicht; ich mußte gleich mitlachen. Brentano hat ein wunderschönes Gedicht auf die Einweihung der Universität gemacht.

Wie soll ich's denn machen, daß Du diesen Brief kriegst? Heute ist Montag der 12. November, und diesen Nachmittag bekomme ich den Brief vom 2. November. Soll ich nun noch nach Lich schreiben? Ich wage es. Adieu! Lebe wohl, und bedaure mich. Am Ende bin ich auch wohl zu bedauren, trotz meinem Rüttlen und Wunden und Steifhalten. Adieu!

R. R.

Eh' ich Dich nicht gesehen habe, kann ich de but en blanc nicht zärtlicher werden. Findest Du's häßlich? Mir ist zu viel geschehen. Du bist jung. Adieu! Die Liebe in Deiner kleinen Nachschrift ist nicht verloren gegangen. Weißt Du nichts von Jean Paul Richter? Minna Spazier soll Brockhaus heirathen. Man sagt auch, sie soll diesen Winter nach Berlin leben kommen. Minona, ihre jüngste Tochter, ist hier beim Vater Mayer. Die Cohen, die ich gestern auf der Straße sah, ist wohl. Mit dem Schreiben und aller Mittheilung geht's nicht, wenn man sich nicht sieht. Schreib größer; ich habe Augenweh: und such mir die Briefe franko zu appliziren; bist Du in Wien oder Prag, kann ich das auch. Adieu. Lebe vergnügt! —

An Rahel.

Burgsteinfurt, den 27. December 1810.

Ich höre Dich aufschreien, geliebte Rahel, wenn Du diesen Brief erbrichst, und siehst, daß er noch immer aus Burgsteinfurt kömmt; auch hatte ich mir vorgenommen, von hier aus gar nicht mehr, oder wenigstens nicht eher zu schreiben, bis ich zugleich die bestimmteste Nachricht von der Abreise geben könnte. Nun hat mich aber ein nothwendiger Brief, den ich in fremder Angelegenheit an meine Schwester schreiben mußte, wieder in Zug gesetzt, und ich will Dir sagen, daß wir leider noch immer hier aufgehalten sind, und unsere Abreise sich von einem Tage zum anderen verzögert. Wären wir doch wenigstens erst in Lich, wo wir zwar wieder, wenn das Unglück es will, festsitzen können, aber doch näher unserem Ziele sind, und ich wieder in menschliche Verbindung trete, denn alle meine Briefe, aus Berlin, Hamburg, Paris, Wien oder Prag habe ich dorthin adressiren lassen, wo sie bei der Fürstin von Solms aufbewahrt werden. Ich würde sie längst von dort haben hierher kommen lassen, aber mein Oberst will es nicht gern, und es ist wahr, jeder neue, aufdämmernde Tag kann die Abreise möglich machen, so daß wir immer auf dem Sprunge sind. Diese Möglichkeit, daß wir jeden morgenden Tag wegfahren dürften, hindert mich in allem, was ich beginnen will: ich mag und kann keine Einrichtung treffen, keine Arbeit anfangen, deren mir doch so viele und wichtige vor der Hand liegen, aber einige sind so, daß sie sich nicht abbrechen lassen, andere bedürften vieler Hülfsmittel, die sich hier nicht finden, und die, falls ich durch Geld und Mühe sie hier zusammenbrächte, dann durch die plötzliche Abreise verloren wären, oder dort fehlten, wo ich hinginge. Unlustig und ohne vielen Nutzen verbring' ich so die Tage, die zwar manche Annehmlichkeit des äußeren Lebens bieten, aber dessen entbehren, was jeden Umständen erst Werth giebt, freien erweckten Sinn, Liebe und Kraft unter Freunden. Mein Oberst ist von der äußersten

Ungeduld; und so lange wir hier sind, kann es nicht besser werden, die wichtigsten Angelegenheiten machen seine Anwesenheit in Wien jeden Augenblick nothwendiger. Lange darf es wirklich nicht mehr dauern, wenn nicht die größten Verdrießlichkeiten entstehen sollen; der Urlaub ist auch schon abgelaufen. Zum Unglück ist jetzt auch seit drei Wochen ein französischer Oberst hier im Quartier, dessen Gesellschaft die Reize dieser Wintertage nicht vermehrt, obwohl er ein ganz guter Mann ist. Das unaufhörliche, warme Regenwetter macht fast alles Ausgehen unmöglich, dabei stürmt es, daß man in dem alten Schloß, das frei und vom Wasser umgeben steht, vor Klappern und Heulen fast nicht schlafen kann, eben jetzt hör' ich auf dem Hofe ausgerissene Dachziegel niederstürzen, und zwanzigmal hab' ich schon gedacht, ein Stück Gebäude wird nachfolgen: das wäre etwas für Rahel, mein' ich! Solch sonderbares Wetter, das seit zwei Monaten kaum durch einige Nächte da es reifte, unterbrochen wurde, habe ich in dieser Jahreszeit nie erlebt, befinde mich auch gar nicht wohl dabei, und bin nur froh, so gesund durchzukommen, während rechts und links die Menschen von bösen Krankheiten plötzlich hingerafft werden. Ganz unvermerkt bin ich wieder in meine Lieblingslebensart hineingefahren, daß ich um Mittag aus dem Bette steige, und den größten Theil der Nacht lese, schreibe und Thee trinke. Der kurze Tag ist schnell vorbei, die Tafel, Billard nach Tische, Schach mit der Fürstin beim Theetrinken, nehmen die beste Zeit hinweg, und zerstückeln was übrig bleibt. Gespräch giebt es nicht viel, für mich eigentlich aber gar nicht, die Mädchen sind prosaisch (ich weiß diesmal kein besseres Wort), mein Oberst ist still, und ich auch eben nicht sehr beredt: wer mich am meisten freut, ist der herrliche wackere Erbgraf Alexis, dem es nur an wenigen Sachen fehlt, um mir ein lieber Freund zu werden: dazu gehört aber vorzüglich, daß man seine Lebensgüter, Ansichten und Formen aus gemeinschaftlicher Quelle geschöpft, oder mit gleichem Sinn durch dieselben Lebenswege gegangen sei, sonst kann wohl Uebereinstimmung, Zutrauen, gemeinsames Wirken, aber nimmer die holde Innigkeit und Freundschaft entstehen. Mit Bedauern seh' ich das auch an meinem Obersten, der mich liebt und schätzt, und von mir sehr geliebt wird: wenn er oft so innig freundlich zu mir spricht (er hat unwiderstehliche Gabe einnehmend und wohlthuend zu sein) und ich denke, jetzt sind wir auf gleicher Stelle mit unseren Gemüthern, nehmen mir plötzlich himmelsfremde Worte meinen Wahn, und ich sehe mit Schrecken, daß er mich nicht versteht, und alles anders versteht, als ich es verstehe. Wie sehr sehne ich mich nach dem ehemals so gewohnten, so reichgewährten Umgang mit den Freunden! Oft glaubte ich Neumann müßte sogleich zu mir hereintreten, und mein nächtliches Schreiben und Lesen mitmachen, wie ehemals in Hamburg und in Halle. Selbst in Tübingen, diesem Bußort meines Lebens, vergingen doch wenige Winterabende, daß nicht Kerner mich besucht hätte. An Dich denk' ich mit tiefer Inbrunst, meine einzige Rahel! alle Süßigkeit Deines liebreichen Wesens dringt mir in's Herz, und alle Fülle und Gewalt Deines Geistes versammelt sich um mich! Mit Liebkosungen möcht' ich Dich überschütten, und ohne Aufhören Dich umfassen! Neulich wurden mir die Gedanken an Dich so lebendig, daß ich in die Unruhe verfiel, die aus Sehnsucht zu einem fernen Gute, den gegenwärtigen Zustand vernichten will. Auch Deine Briefe mußt' ich weglegen, das Lesen brachte mir Sinn und Herz in zu gewaltsame Schwingungen. Hätte ich nur das ganze Paket! Ich verzeih' es mir nie, mich davon getrennt zu haben! — Ich stellte mir heute vor, wie Du, meine geliebte Rahel, wohl diese Tage verbringen magst: den Weihnachtsabend hast Du gewiß gefeiert, und Kinder gesehen und erfreut; ich freute mich des Rubins, den ich vor zwei Jahren in Tübingen von Dir erhielt mit so edlen Worten, und den ich täglich trage, an diesem Abend doppelt! Sonst gehst Du wohl wenig aus, siehst wenig Leute (ich wünsche Kleist noch) und lenkst und schüttelst die gebadete Gute! Wenn Du nur gesund bist! Daß der Wind immer aus Süden bläst, wird Dir nicht zuwider sein! — Ich hoffe, geliebte Rahel, Du hast meinen letzten ausführlichen Brief richtig erhalten, ich wäre untröstlich, wenn er verloren wäre! Ich habe mich darin gerechtfertigt, wenn nicht durch den Inhalt, doch durch die Art und Weise, gegen viel Bitterkeit, die Du gegen mich ausgestoßen hast: mir ist Deinetwegen lieb es gethan zu haben, ich für mein Theil könnte jede Beschuldigung von Dir ertragen, so lange ich mich der Schuld frei wüßte; meine Ergebenheit zu Dir hat keine Gränzen in mir, wenn schon der Umgang, und das Leben der Welt mich oft erscheinen läßt als forderte ich sie vielmehr von Dir gegen mich: auch jetzt flogen mich bisweilen Aufwallungen an, Dir recht zornig zu schreiben, und ich mußte lachen mir gleich recht boshafte Ausdrücke unter der Zunge bereit zu finden, wie damals, da ich Dir sagte, ich möchte Dir alles Fleisch in ganz dünne Scheibchen schneiden, worüber Du mich gleich küßtest. Nun weiß ich noch gar nicht, wie Du meinen Brief aufgenommen hast, ob wild oder gütig, ob Deine Antwort schmerzlich ist oder munter, sie liegt wahrscheinlich in Lich — und ich schreibe Dir gleichwohl unbefangen weiter, wie sie auch ausgefallen sei, wir bleiben uns ewig, ich wüßte nichts, was mich und Dich entzweien könnte, an Deine Wahrheit, an Deine Rechtschaffenheit und Güte bin ich mit demantenen Ketten des innigsten Glaubens auf ewig gefesselt, wie ein frommer Christ es nur an den Erlöser sein kann, in welchem sich ihm das Beste des Himmels und der Erde offenbart hat! Es könnten mich viele der Abgötterei beschuldigen, aber es hat ja jede Kirche Heroen oder Heilige! — Was sprichst Du denn jetzt, meine liebe Rahel, von den neuen Gewitterwolken, die über die Staaten herziehen? glaubst Du, daß sie ohne Donner und Blitz vorübergehen werden? Vor etwa sechs Monaten riefst Du aus, was ich von einem neuen Kriege spräche, das sei einmal wieder ein deutscher Traum! Du siehst, nicht alle Träume sind leer, und war was ich sagte ein Traum, so war es ein wahrhaftiger von Zeus. Und schon früher, schon den vergangenen Sommer wär' er in Erfüllung gegangen, ohne die Tapferkeit der Spanier und Engländer. Wie es in dem bunten Wesen dann mir ergehen wird, weiß der Himmel, ich wage nicht das Geringste zu bestimmen, ich bin ganz ein Spiel des Zufalls, nur das weiß ich, daß ich nichts thun werde, was mich falls ich achtzig Jahr alt würde und ganz andere Zeiten erlebte, reuen könnte; aber gewiß ist mir auch verhängt, daß es mir nach Wunsch und Lust nicht ergehen wird, denn so geht es jetzt noch jedem deutschen Jüngling, daß er, will er thätig sein, manches schlimme in seine Thätigkeit aufnehmen muß, und will er ruhen, seine Ruhe vielem, was er befördern möchte, entsagen muß. Was macht denn Marwitz? hast Du Briefe von ihm? ich grüße ihn herzlich! — Diesem Briefe leg' ich einige Blätter bei, die Du Neumann mittheilen sollst und dieser Fouqué, ich will sie aber alle wiederhaben. Ich sehe auf einigen steht Dein Name: das kann mich aber weder abhalten, noch auffordern, sie Dir zu schicken. Oft rauscht unter vielem trüben Gewässer ein hellklarer, frischer Quell aus meiner Feder, aber es ist eine Gabe, und ich bin ihrer nicht Meister. Manche allerliebste Anekdote hab' ich in meinen Papieren: aber in einen Brief will sich nicht gut alles fügen. — Von Büchern hat mich lange nichts so sehr erfreut als Arnim's „Gräfin Dolores", die Du nothwendig lesen mußt, ich binde es Dir auf die Seele! Willst Du mir nun, liebe Rahel, noch hieher schreiben? dann thue es gleich! Ich überlasse es Deinem Ermessen, wie mir ein Brief von Dir Licht und Freude bringen würde: aber Du bist vielleicht müde mir zu schreiben, und verdrießlich über die Irre, und daß ich Deine Briefe in Lich nun noch nicht gelesen habe; drum will ich jetzt kein Schreiben von Dir fordern. Im Fall Du mir aber hierher schreibst, und ich wäre schon abgereist vor Ankunft des Briefs, so bringt mir ihn der Erbgraf Alexis, der auf jeden Fall später reist, nach Lich mit, verloren kann nichts gehen. Leb wohl, meine innig geliebte, theure Rahel! Leb wohl, und behalte mich lieb! Ewig Dein treuer

Varnhagen.

Viele Grüße an die Gute, an Neumann, Kleist, Schede's.

1811.

An Rahel.

Wien, den 11. März 1811.

Vor zehn Tagen, meine geliebte Rahel, bin ich endlich in Wien eingetroffen, nachdem auch wieder in Lich und in Frankfurt unser Anfenthalt gegen Erwartung sich verlängert hatte. Vierzehn Briefe fand ich hier vor, größtentheils alte, die mein Leben vorigen Sommer in seinem Wendepunkt aufnehmen, und ihm jeder auf seine Weise eine eigene Richtung geben wollen; drei liebe Dichter schmeicheln mir mit süßer Rede um's Herz, und mahnen mich zum Dichten, Cotta will mir etwas am „Morgenblatte" zu verdienen geben, Nostitz ruft mich in das Riesengebirge und zur Herzogin von Sagan, Deine Briefe endlich bieten mir bei Dir eine Sommerzuflucht an: wunderbar ergriff mich dies hier ausgestreute Leben, das nicht aufgegangen ist, daß ich von Mährchenbildern eines sonderbaren Traumgeistes umschwirrt zu sein glaubte. Deine Briefe aber waren mir wie die Umgebung eines sturmgeschüttelten Waldes, wo die Aeste krachend an einander schlagen und brechen, und im heulenden Sausen das abgerissene Laub wirbelnd auf den Boden taumelt. Mir ist lieb, daß Du sie schreiben konntest, und ich liebe Dich doppelt dafür; denn tiefe Wahrheit ist in ihnen, so tiefe und unbezwingliche, daß sie Dich über das Bedenken, wie sehr sie Deinen vorigen Briefen widerspreche, hinwegführte, und zugleich mein innerstes Gefühl rechtfertigt. Hart und bitter hast Du die Endsätze meiner Verhältnisse aufgestellt, einmal gerathen, ich solle meinen Obersten um Gotteswillen nicht verlassen, und dringend ersucht, auch seine Launen willig zu ertragen, dann mich verhöhnt, als der im Grunde doch nur sein Bedienter sei, und mich mit Knütteln von ihm losschlagen wollen: Du hast die Sache als Enden richtig gesehen und aus reinem Herzen in treustem Sinne nach meinem besterkannten Bedürfnisse behandeln wollen, und ich danke Dir's, Du bist mir über alles lieb und werth, und wenn Du in meinen Worten einen Vorwurf zu finden meinst, so verstehst Du sie nicht: aber das Leben hat alles milder gefügt in meinen Verhältnissen, und sie waren und sind ehrenvoll, offenherzig und liebreich, wie sehr auch mein innerstes Herz nach anderem gelechzt hat in tausend Schmerzen. Ich sehe, daß ohne einen ganzen Rock auf dem Leibe, ein gutes Paar Stiefel an den Füßen, und einige Gulden in der Tasche, abgerechnet daß ich die Reise zu machen gar nicht im Stande gewesen wäre, meine Ankunft bei Dir nur Verlegenheit erzeugt hätte, für die in mir gar keine, und in Deiner Güte und Klugheit nur wenige Hülfe sein konnte. Du hattest freilich anders gerechnet, aber ich hatte mich vor Augen, und ahndete wenigstens bei Dir den Irrthum, in welchem Du vielleicht noch bist. Du weißt vielleicht noch nicht, daß seitdem ich von Hamburg weg bin, alle meine dortigen Geldquellen gänzlich versiegt sind, und ich keinen Kreuzer in der Welt besitze, denn was mir der Kaiser giebt, reicht kaum für Briefporto hin. Auch jetzt hab' ich nichts, als reichlich zu leben, was mir sehr gleichgültig ist, und ich nur eben weil es da ist mitnehme. In einigen Wochen reisen wir nach Prag, von dort werde ich Dir sagen, was meine Aussicht und mein Vermag ist. Der ältere Bruder meines Obersten ist mit hieher gereist, um seinen Bruder zu rangiren; das macht ungeheure Summen, wird aber den Obersten in eine ganz andere Verfassung setzen, und da ich, wie Du richtig bemerkst, von seiner Unordnung keinen Vortheil ziehen will, werd' ich mit wahrer Freude jede Einschränkung sehen, die er wird machen müssen, und die doch nicht allzu eng ausfallen wird. Was mein Verlangen, mein tiefstes Sehnen zu Dir, geliebte Rahel, für Hoffnungen hegen kann oder aufgeben muß, darüber schreib' ich Dir nicht: Du kennst mein Herz, ich fühle seine Liebe zu Dir, Du erkennst meinen Geist, ich denke nur in seinem Schwunge zu Dir, aber ich habe auch die Bedingnisse einsehen gelernt, unter denen mir die beste Freude meines Daseins gewährt werden kann, und will doch lieber klagend und arbeitend am Strand umherlaufen, von dem ich die selige Insel erblicken kann, als ohne Schiff und Steuer mich in's Meer stürzen, weil ja noch die Hoffnung mein junges Leben erstarken macht. Sollte Marwitz, sollte ein Anderer der Wackersten jetzt plötzlich sein Leben in bestimmter Wahl der Arbeit gewinnen müssen, er wäre eben so unglücklich wie ich; wehe dem, der, weil er gar nicht warten kann, das erste nächste ergreifen muß. Wie grausam hast Du es mit mir vorgehabt! Also nach dem Sommer hätte ich Dich wieder verlassen, Hofmeister in Altona, oder Gefährte von Nostitz, oder wer weiß was werden sollen? nach der paradiesischen Fülle des beseligtesten Daseins? So darf ein armer Sünder bevor man ihn hinausführt einige Tage in allen Freuden und Wunscherfüllungen sein Leben berauschen! O mich hat dieser Gedanke unendlich geschmerzt! Du hattest aber, liebe Rahel, bei unseren Mitteln völlig recht, es so zu meinen, ich fühle im tiefsten Leben, was Du so sonnenklar über verarmendes Leben aussprichst, und konnte es nie anders meinen; aber Deine späteren Vorwürfe waren von der Art, daß sie mich glauben ließen, Du hättest es anders gemeint, und dann mußt' ich mich gegen Dich schuldig fühlen: die hier vorgefundenen Briefe aber (ist es meine Schuld, daß ich in Prag damals spätere von Deinen Briefen früher erhielt?) sprechen es aus, und zeigen, wir meinten gleiches, und nur Du irrtest Dich in meinen Mitteln, ich aber war unsicher über die Deinigen. Laß diese Erörterung Dich nicht verdrießen, ich will keine Ungerechtigkeit dulden von Dir, nicht weil meine Liebe zu schwach wäre sie zu ertragen, sondern weil sie mir Deine Liebe, Deine Neigung, das beste Gut, das mir die Welt in fünfundzwanzigjährigem Leben gegeben hat, verringern würde; Du bist mir ja für mein Leben das, was einem frommen Christen die Bibel sein kann, überall denkt er an sie, bezieht auf sie die Begebenheiten, und findet ihre Sprüche in allem, sie umfaßt sein Wissen, und den ganzen Kreis seiner Freuden und Leiden, sie wird immer mehr das Licht seines Lebens. Das kannst weder Du noch ich ändern. — Dein Brief mit den Nachrichten von der Universität hat mich in Lich getroffen. Deine Worte über Wolf sind treffend, auch ich liebe seine deutsche Schreibart, und weiß, Goethe in der „Farbenlehre“ ausgenommen, keinen deutschen Schriftsteller, der mit jedem Worte an seiner Stelle in seiner Fügung soviel sagen will; denn bei Fichte wird dieses Bedeutenwollen seiner einzelnen

Worte zur Karikatur. Dein Geschichtchen mit Schleiermacher ist himmlisch! — Ich sehe Gentz öfters, Deinen Freund, und streite lebhaft mit ihm; er hält mich für jung und klug, und bei der Gräfin Fuchs gestern, wo sehr große Gesellschaft war, beobachtete er mein Betragen, das ziemliche gesellige Thätigkeit auf sich zog, von seiner Spielparthie her mit heimlicher Neugier. Ich liebe ihn außerordentlich, kann es ihm aber nur durch das heftigste Bekämpfen zeigen. Er ist leuchtender Verstand, spricht gut und wahr, wie wenige Menschen, weiß unendliche Dinge, die er handhabt einzeln und massenweise nach Gefallen, sein Herz kann nur heiß sein, aber nicht warm. So erscheint er mir nach dem wenigen Umgang, der eigentlich noch kein Umgang ist, weil ich ihn wenig angehe, und daher nur an ihn, nicht mit ihm um-, gehe. Finkenstein, den ich bei ihm traf, habe ich auch besucht, er ist sehr artig gegen mich, er hat etwas von Nolte. Sehr anziehend ist mir die Bekanntschaft mit Humboldt's, wo ich wohl aufgenommen bin. Ich erkannte Sie, als sie zu Schlegel's eines Morgens in's Zimmer trat, ohne sie vorher je gesehen zu haben; ich konnte gleich recht gut mit ihr sprechen, und sie lud mich ein. Gestern habe ich mit Schlegel's dort gegessen, es war sehr angenehm, er war sehr geistreich, sie liebenswürdig. Die jüngeren Kinder sind lustig und reden nur italienisch. Als ich vor einigen Tagen mit der Humboldt über anderthalb Stunden auf der Bastei spazieren gegangen war, merkte ich wohl, daß sie gewohnt sei mit Courmachern und Vertrauten zu gehen, so was von Auflehnen! ich dachte der Arm sei mir ausgerenkt. Bei Schlegel's bin ich oft, und besser als je. Den trefflichen Meyern hab' ich auch wiedergefunden; das ist ein Mann! höher als ihn acht' ich keinen in der Welt. Beyme's, die hier leben, hab' ich in der Gesellschaft mehrmals angetroffen, auch ihn schon besucht (wir wohnen in demselben Hause). Er sprach über Einiges nicht übel, scheint mir aber doch von beschränkten Einsichten. Gegen Marwitz ist er eingenommen, und erwartet nie etwas Großes von ihm, er hat sich in die frühere Saugeschichte desselben verbissen, und meint die spätere Geschichte in Olmütz müsse sein Gewissen beunruhigen, wer aber da nicht rein sei, wie wolle der etwas ausrichten in der Welt!!! Ich will für Marwitz wünschen, daß Beyme ohne Einfluß bleibe! Aber mir that gestern sehr leid auch Humboldt sagen zu hören, es würde Marwitz sehr schwer fallen, eine bedeutende Rolle zu spielen, und daß der Krieg ihn am ersten dazu erheben könne: aber mir scheint Marwitz'ens militairisches Talent seinem überhaupt politischen weit untergeordnet; die Leute denken aber an keine Ereignisse, als die ihrer Büreau's, und ich meine der Drang, der unaufhaltsame, der Geschichte, wird schon Marwitz dahin stellen, wohin er gehört, daß er bis dahin noch mit vielem schwer wird ringen müssen, thut mir für ihn nicht leid, und die Welt wird nicht darunter leiden. — Hier sieht es im Ganzen nicht übel aus, viel Lustbarkeit und Wohlstand hat sich erhalten, aber die Banco-Zettel zerrütten, je länger je mehr wie den Staat, so auch jede Privatwirthschaft; an Einheit fehlt es überall, schwankende Partheien, die nichts wollen und können, spielen selbstsüchtig mit den Meinungen, aus denen das Vertrauen immer mehr verschwindet. Für einen, der sein Geld aus dem Auslande zieht, ist es hier unglaublich wohlfeil. Ich höre auf den Sommer kömmt die Herz hieher, und wird bei der Arnstein wohnen. Die wird sich putzen! Ich muß abbrechen, der Brief soll auf die Post.

Lebe recht wohl, meine einzige Rahel! Ich liebe Dich! — Schreibe mir nur hieher, ich logire im römischen Kaiser. Ewig Dein

Varnhagen.

Harscher soll ja in Berlin sein, siehst Du ihn?

An Rahel.

Kommotau, den 1. April 1811.

Ich bin Dir wieder um vieles näher gekommen, meine geliebte Rahel, seit ich Dir aus Wien schrieb. Der jüngere Graf Bentheim hat im Zweikampf einen Schuß in die Brust bekommen, und ich eilte von Wien sogleich hieher, um ihn zu sehen; gestern ist auch der Oberst hier eingetroffen, geht aber morgen wieder nach Prag, während ich noch hier bleibe, wenigstens so lange der liebe Verwundete noch in Gefahr ist. Ein toller, bildschöner, ausgelassener Mensch, den ich immer in Schutz genommen habe. Ich hoffe doch, daß er davon kommen wird, die Wunde ist eigentlich nicht gefährlich, nur das Fieber. Du weißt wohl, daß Marwitz hier in Kommotau gelegen hat, und so leid es mir thut ihn selbst nicht mehr zu finden, so freut mich doch von dem Einflusse und dem Dagewesensein eines solchen Lebens durch viele Spuren erinnert zu werden. Ich esse täglich mit seinem ehemaligen Schwadronskommandanten Rittmeister Selby, einem sehr schätzbaren Manne, mit dem auch Marwitz in angenehmen Verhältnissen stand. Die Offiziere im allgemeinen haben Marwitz wohl geachtet, aber gar wenig geliebt, und beim ganzen Regiment war keiner, den die gemeine Mannschaft weniger gemocht hat; seine Tyrannei, und ungerechte Heftigkeit empörte alles, er ließ so unbarmherzig prügeln, daß ihm der Rittmeister das Recht zu strafen nehmen mußte. Er konnte nicht einmal recht kommandiren, aus lauter Gift und Galle. Was sagst Du dazu? das ist nicht der Weg zur Herrschaft zu gelangen, die durch Liebe nur gewonnen wird, denn was man unter Menschen beginnt, muß doch durch Menschen und mit Menschen geschehen, das Glück scheint mir dagegen nur beiläufig; ich rede hier von einem freieren Wege, der allein Marwitz'en frühzeitig auf seine Stelle führen kann, einem Wege durch Weltbegebenheiten, wo die Menschen als solche wirken, und die Person hervortritt, nicht von dem Wege durch eine eingerichtete Verfassung, wo man, à force de vivre, General und Minister werden muß. Kurz ich bleibe dabei, was ich einmal von Marwitz mir vorläufig als Gnade ausbat, daß er mir, wenn er König würde, sogleich einen Paß ausfertigen ließe, um aus seinem Land hinaus zu reisen, worüber er sehr empfindlich wurde. Siehst Du ihn viel, und Harscher? wenn ich nur das wüßte, daß Du endlich mit dem in's Gespräch gekommen wärst! Grüße sie beide herzlichst! — Gentz habe ich in Wien fast alle Abend bei der Gräfin Fuchs gesehen, auch bei Humboldt's bisweilen, wo ich wohlbekannt war. Ich bin eben nicht in der Stimmung zu schreiben, aber die Gelegenheit fordert mich heute dazu auf, und ich möchte nicht zu lange schweigen. Dies gelte also für einen Brief! Ich grüße Dich von Grund meiner Seele, ich liebe Dich unverändert, und bin Dir ganz ergeben! Leb wohl, meine innig geliebte Rahel! Ewig Dein

Varnhagen.

Ich bitte Dich schicke mir endlich das kleine Päckchen Gedichte von mir, das in Deiner Verwahrung ist, mit der

Post! auch das Blatt, das überschrieben ist: Schloß Bentheim, wenn Du es noch hast!

Meine Adresse bleibt nach Prag!

An Rahel.

Prag, den 6. April 1811.

Erst gestern, am Sonntag Mittags, bekam ich Deinen lieben Brief, meine geliebte Rahel; möge der meinige schneller seinen Weg zurücklegen, und Dir meine Aussichten, Hoffnungen und Gewißheiten mittheilend an's Herz legen. Ich bin schon von Kommotau zurück, mein kranker Freund aber ist noch dort. Ich wohne und lebe bei meinem liebenswürdigen Obersten, der in meiner Gesellschaft von seiner jugendlichen Hypochondrie auflebt, dem ich ein erfreuender Mitmensch bin, der einzige, dem er vertraut, der ihn belehrt, der ihm auf tausend Arten hülfreich ist, nicht zwar im Großen und in Werken, aber im Mitleben, was mehr sagen will. Mich freut es, so zu sein, auch wenn er es nicht wüßte und fühlte wie er es weiß und fühlt. Die kleinen Dienste und Geschäfte beim Regiment berühren mich gar nicht, ich bin der freieste Offizier in Prag. Die Schulden sind oder werden bezahlt, eine freie anmuthige Lebensart ist ihm gesichert. Diesen Sommer geht er nach Teplitz, auf drei Monate ist das Quartier bestellt, ich kann mitgehen, oder hierbleiben. Will ich versprechen im Dienst zu bleiben, so kann ich leicht wirklicher Lieutenant werden, dies Versprechen aber find' ich gefährlich. Will ich in Staatsgeschäfte übertreten, so wird mir das durch Metternich leicht werden. Meine Richtung innerlich ist politisch, ich kann, wenn auch jetzt, doch nicht für die thatenschwangere Zukunft dem eingreifenden Wirken entsagen, mein Arm, mein Kopf, mein Leben gehört meinem Volke! Ich lieb' es, wie sonst nie, mein Volk, ich vertraue ihm. Soldat kann ich nur für dasselbe, oder doch gegen seine Feinde sein, gottlob, daß wir hier wenigstens nicht mit diesen ziehen. Aber ich fühle seit langem auch eine klopfende Sehnsucht nach dem Meere, seine Wasserwogen und Sturmwinde kühlen mich von fern her. Wird es in Deutschland zu arg: frisch auf! dann werden die Anker gelichtet, und die Segel gestellt nach freien Inseln! Ich suche nicht mehr mein Glück; ich würde mich aus Deinen Armen, aus Deinem Geiste losreißen, um meinem blutigen Schicksal entgegen zu gehen. Aber das Beste was ich gewinnen kann für mich, der labende Thau meinem Gefühl, der warme Sonnenschein jeder Blüthe meiner Seele, das bist Du, geliebte Rahel, und aus vollem, freudigem Herzen schlag' ich ein in Deinen Antrag, Deinen freien, edlen Antrag, der unser Verhältniß über alle Kleinlichkeiten der Welt hinaussetzt! Auch ich kann nicht elend leben, ein schlechter Rock ist mir genug, aber ein zerrissener macht mich feige im Leben, die schlechteste Kost ist mir recht, aber eine gute, mit Sorgen und Mühe ängstlich bestehende, nährt mich nicht; ich denke darüber wie Du! Du sagst, nach einem Jahre wär' ich so intègre wie vorher; ja, aber nur sofern ich mir nicht selbst etwas nehme. Alles wohl überlegt, jede Gegenwart und Zukunft im Auge, darf ich meinen Abschied nicht nehmen, meinen Oberst nicht verlassen, es sei denn, daß der Krieg mich übereilte. Du kömmst nach Teplitz, willst in Prag leben: wir gehen von selbst dorthin, und Prag ist unser Wohnort. Alle Vortheile *sind* vereinigt, sie vereinigen zu wollen, wenn sie es nicht wären, würde thöricht sein, aber die vereinigten zu trennen nicht minder. Ich kann Dir das nicht alles so weitläufig sagen, Du kennst mich, und kannst Dich auf mich verlassen. Höre nun weiter! Am Freitage oder Samstage reise ich von hier nach Wien; allein, und daher zu nicht unbestimmtem Aufenthalt; gegen Ende Mai, eher früher, als später, bin ich in Prag zurück, dann bekomm' ich leicht soviel Geld, um nach Berlin zu kommen, Dich abzuholen; die Rückreise mit Dir freilich bezahlst Du. Dies ist mit meinem Obersten (einen anderen Chef giebt es nicht für mich) abgeredet, also verläßlich, er wird mit dafür Sorge tragen. Die Angelegenheiten, in denen ich nach Wien reise, sind theils öffentlich, theils privat; für mich von größter Wichtigkeit, und einst möglichem weit verbreitetem Nutzen; ich werde Metternich sprechen, und mich ihm empfehlen; Bellegarde muß ich sehen; und sicher auch die Bekanntschaft des Erzherzogs Karl machen. Ich bleibe um so kürzere Zeit dort, als es in meinem Ermessen steht, mein Geschäft abgemacht zu betrachten oder nicht. Sollte Dir manches nicht ganz gefallen, was ich hier schreibe: laß es! ich sehe Dich ja doch zu Anfang Juni *auf jeden Fall*. Ich hoffe nämlich, daß ich so kerngesund bleibe wie jetzt, und nicht arretirt werde, denn das wären Hindernisse zu den Versuchen Karls. Mit Ungeduld erwart' ich die Herz; sie muß dieser Tage ja hier eintreffen. In Wien werd' ich sie kaum wiedersehen. Arnstein's wohnen auf dem Lande, und ich werde aus der weißen Uniform nur herauskommen, um seidene Strümpfe anzuziehen. Meine vornehmen Bekannten! Ein sich aufschwingender Jüngling! Die politischen Freunde! Die schönen Damen! Ausschneiden, Dichten, zärtlich sein! Den Gebildeten spielen und Weltmann! O je, da hätte die Herz Freude und Wohlgefallen an mir!

Ich grüße Marwitz von Herzen! Sag ihm ich hätte eine Kommotauer handschriftliche Chronik in vier Folianten exzerpirt, und könnte in seinem ehemaligen Quartier und der ganzen Gegend den Cicerone machen. Vier Tage lang war dort auch der liebe und gute Fürst Kinsky bei uns. An Harscher alles Schönste! Warum schreibt er mir nicht? Beifolgender Brief von meinem lieben Kerner wird ihm mitgetheilt, aber von Dir mir sorgfältigst aufbewahrt! Leb wohl! schreibe nur wieder nach Prag, ich bekomme Deinen Brief nach Wien durch den Kourier. Leb wohl! Ewig Dein

Varnhagen.

Da ich zehn Monate erst kürzlich auf Urlaub war, so könnte ich höchstens einen von drei Monaten, nicht auf ein Jahr bekommen. Geh' ich mit dem Oberst nach Teplitz, so fällt das weg.

An Rahel.

Kommotau an der sächsischen Gränze, den 17. April 1811.

Das schönste Frühlingswetter lockte mich heute Nachmittags hinaus, ich stieg die Berge hinan, die sich von hier nach und nach zum Erzgebirge erheben; ein weites schwach von fernen Hügeln umgränztes Thal lag hinter mir mit der Stadt, Dörfern und im Felde zerstreuten Kapellen, seitwärts rauschte ein wildes Bergwasser aus einem engen Thal hervor, und ich stieg auf der felsigen, gekrümmt aufstrebenden Landstraße immer höher. Die ganze Gegend war außerordentlich still, am Himmel viele und mancherlei Wolken, Sonnenblicke hin und wieder auf dem Gefilde zerstreut, vor jedem Hügel ein anderer Nebelduft, die Luft warm, als sollten die Vögel ihren ersten Gesang anstimmen, die Feldblumen ihren ersten Duft aussenden. Ich weiß nicht, welche Bewegung mich Einsamen ergriff, wehmüthig überblickt' ich die ganze Gegend, und wußte nicht welchem Gefühl ich angehörte, Ackergefild, Obstgärten, Mühlen, Dörfer, Landstraße, rauschendes Wasser, Wolkenzüge, wunderliche Steine, Moos und Kräuter, alles drang wie zugleich auf mich ein, und gab mir einen Eindruck von Unzulänglichkeit in mir, der sich in allem, was mir das Leben gegeben, was ich in Kunst und Wissenschaft gewollt und erreicht habe, das innerste Gemüth begehrt und die Jugend gehofft hat, wiederfand, und mir die Gegenwart mit mißmuthiger Verworrenheit überfüllte. Ich verließ den Berg, und stieg in das Seitenthal hinab, aus dem das Schwarzwasser über Steine zu einer nahen Sägemühle hervorrauschte. Hier fand ich gleich einige Blumen, der Pfad führte über eine grüne ebene Wiese, in der sich das Wasser hinschlängelte, von beiden Seiten mit hohen steilen Bergen umfaßt, flinke Bauermädchen, noch in der reinlichen wohlstehenden Sonntagstracht, weil heute ein halber Feiertag ist, arbeiteten mit Rechen in dem Grase, und grüßten mich; das Thal zog sich immer enger zusammen, Wiesen, Gebüsch, Ackerfeld, kahle Bergabhänge, worauf Ziegen weideten, wechselten ab, ich schritt munter vorwärts, hin und wieder pflückt' ich die schönsten der wenigen Blumen, die im warmen Wiesengrund schon aufgegangen waren. Weiterhin kam ich an ein paar künstlichen Wasserfällen vorbei, der Weg wurde immer einsamer, die Arbeiter und Hirten waren weit zurückgeblieben, und die hohen Wände zogen sich enger zusammen, die Sonne schien himmlisch herunter, nur aller Wind war ausgeschlossen. Ein Birkengebüsch, zwar noch ohne Laub, aber jeder Stamm von der zartesten weißen Rinde umkleidet, nahm mich auf, als sich der Pfad höher an der einen Wand emporzog, und über eine Brücke kam ich in das schönste, dichteste Tannengehölz, daß der Blick überall von freundlichem Grün wie von einem Zaubernetz umzogen war, Nachtigallen sangen, es war wie im tiefsten Sommer; ich hatte schon lange angefangen in alten Melodien fortzusummen, und indem die Worte herzuströmten verkörperten sich die Töne, im Gedränge der Bilder schlug wie von selbst ein Lied von einem Gärtner hervor, der einen Gärtnerjungen annimmt, und ihm nachher seine Tochter zur Frau geben muß, Inhalt und Form war wie eingehaucht, die anmuthigsten Gedanken stiegen in mir auf, Reime, Silbenmaß, Wendung, alles trat wie von selbst in Vereinigung, und ich sang ein neues, eigenes, wohlgelungenes Lied, das erste das mir gleichsam im Schwunge freudiger Naturbegeisterung entsprang, frei wie aus dem Munde eines Improvisatore, und wie sein Lied verhallend. Ich kam drei Stunden nachdem ich ausgegangen wieder nach Hause, frohgestimmt wie seit langer Zeit nicht, mild und wohl in der Brust, und brachte einen kleinen Strauß von Feldblumen meinem Kameraden mit, der bettlägerig von den Vortagen des Frühlings nur den Sonnenschein durch das Fenster erblickt. Mein Lied aber ist verschwunden, und ich möchte die leisen Klänge, die mir dunkel davon im Inneren nachhallen, um keinen Preis durch besonnene Kunst zusammenfügen. Diesen Gang wollt' ich Dir erzählen, meine geliebte Rahel, ich habe Deiner dabei tausendmal gedacht. Im Tannengehölz war es so wunderbar, daß ich denken konnte, Du würdest plötzlich aus dem Dickicht mir in den Weg springen; aber zumeist doch muß ich beim Anschauen der Wolken an Dich erinnert werden, deren ewig wechselnde Beweglichkeit ich Dich so oft mit Deinen scharfen Augen verfolgen sah; sie sind auch das Bedeutendste einer Gegend, und nirgends sonst in der Natur wird von so kleinem, kaum bemerkbaren Fortrücken im Augenblick ein großes Ganze so völlig verändert. Sie sind es auch, die mich jetzt aus der Abgerissenheit, in der ich zu Dir stand, da mir immer schwer wird weiter zu schreiben bevor nicht mein erster Brief ist beantwortet worden, plötzlich zu Dir getragen haben, daß ich an Deine Brust sinken, und in Deinen Augen erst meine volle Freude finden möchte, die mir dieser Nachmittag zugeführt, und der Abend schon in seiner Dämmerung, die mir sagt, wie allein ich sei, wieder fortgerückt hat. — Die neue Lage, in der ich mich für den Augenblick befinde, und die eigentlich nur eben so weit abentheuerlich ist, als das Schicksal bedarf, um mich zu überzeugen, daß ich auf keine Weise unerwartetem Wechsel entrinnen solle, und wo ich ihn nicht selbst bereite, es ihn schon besorgen wolle, gewährt mir eine gewünschte Stille und Muße, die eine Zeit der Erwartung und des Ueberganges mit vielen unfreudigen Stunden seitwärts vorübergehen läßt. Der junge Graf Eugen von Bentheim ist hier im Duell in die Brust geschossen worden; auf diese Nachricht eilte ich sogleich von Wien über Prag hierher zu ihm, seine Brüder, der Erbgraf und der Oberst folgten bald nach, ersterer ist aber wieder in's Reich zurückgekehrt, letzterer von zahllosen Geschäften zu dem Regimente gerufen worden. Solange noch Gefahr vorhanden war, wollte ich hier bleiben, ich werde aber auch jetzt, da sie verschwunden scheint, einige Wochen noch hier zubringen. Dieser Eugen ist ein bildschöner Mensch von zwanzig Jahren, gutmüthig, unwissend, ausgelassen und wild, ohne Ziel und Maß in allem was er thut, und er thut Sachen, die jedem Anderen die schrecklichsten Strafen zuziehen würden, und die ihm mehr, weil sie ihm so wohl anstehen und wegen seiner liebenswürdigen Schönheit, als wegen seinem vornehmen Namen, verziehen werden. Zu mir hat er ein unbegränztes Zutrauen, und wie ich sein Vertheidiger in der Familie war, so bin ich ihm dagegen ein strenger, scheltender Freund, ein zur Seite stehendes Bewußtsein. Der arme Schelm hat viel gelitten, und mancherlei kann ihm noch bevorstehen, seine Aerzte fürchten wegen der Kugel, die noch nicht heraus ist. Sehr leid hat es mir gethan Marwitz nicht mehr hier zu finden; ich lebe täglich mit den Offizieren seines Regiments, mit denen ich auf dem freundschaftlichsten Fuß stehe, alle begegnen mir mit einer zarten Achtung, sogar solche, mit denen ich eben nichts gemein haben kann. Marwitz'ens Rittmeister, Baron Selby, ist mein Tischgenosse, wenn Du Marwitz siehst, so nenn ihm noch die Namen Sartori, Fleisner, Molhart, Brühl, Nostitz; noch viele Andere kommen sehr oft zum Besuch. Ueber Marwitz ist nur eine Stimme der Achtung im Regiment, aber geliebt ist er gar nicht, man tadelt seinen heftigen unfreundlichen Karakter; seine Soldaten ließ er so hart und ungerecht prügeln, daß der Rittmeister ihm das Recht zu strafen nehmen mußte, die Soldaten konnten ihn unter allen Offizieren am wenigsten leiden, nie hat er einem ein gutes Wort zu sagen vermocht. Vielerlei habe ich darüber gehört, was zu erzählen zu weitläuftig wäre; auch von seiner unangenehmen Zerstreuung war viel zu sagen, nicht nur zu seinem Nachtheil war er zerstreut, auch zum Schaden Anderer. Ich glaube, Marwitz hat ein außerordentliches Talent zum herrschen, aber keines die Herrschaft zu erwerben, und ich weiß nicht wie er einen Thron besteigen will, da das Geschick ihn nicht darauf hat geboren werden lassen. Er kann nur im Gewirr der Weltbegebenheiten emporsteigen, die aber macht das Volk, mit dem er nichts gemein hat, das er verachtet und nicht kennt; zum Heucheln und Betrügen aber ist er zu edel. Hätte er einen gewaltigen, dauerhaften Körper, so könnte der ihn beruhigen, aber so kann er nicht einmal viele Krankheiten, das einzige Milderungsmittel einer überreizten Persönlichkeit, zu überstehen hoffen. Sein Geist wird ihn nie untergehen lassen, aber mir ist daran gelegen, daß er emporkomme; sein Gemüth wird ihm immer Einzelne gewinnen, aber sein Talent fordert allgemeine Liebe, oder es wird unsittlich; er ist aber, was allgemeiner Liebe innerlich am meisten entgegenstrebt, der irreligiöseste Mensch. Bist Du vertraut mit Marwitz, so magst Du ihm immerhin dieses, was ich über ihn gesagt, mittheilen; es ist anspruchslos, und kann ihm, da er weiß daß ich längst über ihn nachdenke, nicht unbedeutend sein. — Ich glaube, ich könnte Dir, meine geliebte Rahel, auch über Gentz manches Treffende sagen, aber ich bin in seinem eigenthümlichen Sein noch nicht geschickt genug, um es schriftlich zu thun; wollte Gott, daß es bald mündlich geschähe! Wie und wann das sein kann, weiß ich nicht; nach Teplitz geh' ich höchst wahrscheinlich; wenn ich Geld bekommen kann, auch nach Berlin, um Dich wenn auch nur auf einige Tage zu sehen; aber ich habe jetzt noch keins. Ueberhaupt sieht es mit mir zweifelhaft aus, gegen Rußland zieh' ich nicht mit zu Felde, und muß deshalb vielleicht plötzlich den Abschied nehmen, da ich dann hülflos und allein stände im fremden Land, nach Spanien zu gehen wäre mir dann wohl lieb, aber ohne ansehnliches Geld noch weniger möglich als alles andere. Es hat Zeiten gegeben, wo ich bei den Franzosen hätte Dienste nehmen gekonnt, und ein Uebermaß von Verzweiflung (gleichsam als könnte es da noch ein Uebermaß geben!) machte mir dies noch kurz vorher möglich, eh ich nach Oesterreich ging: das kann jetzt nimmer sein, die Frage ist für zeitlebens abgethan. Ich kenne mein Volk mehr, als je, und lieb' es ganz, was ich von ihm erwarte, tröstet mich über meinen Tod hinaus. Was aus mir werden soll, weiß ich nicht, doch ist mir klar, kein Glücklicher. Das Leben rauscht vorüber: noch bin ich jung und fühle mich in jugendlicher Kraft, aber ich kann auch alt werden; das Beste ist, daß das Leben nur ein Tag ist, und die Nacht in gränzenloser Freiheit dahinter steht. Was ich hier will, was ich kann, was ich hoffe, erliegt den irdischen Bedingnissen, ein einzelnes Talent will sich nicht aus meinem Leben aussondern, ich fasse mit hundert Armen in die Fülle um mich her, aber die Welt will von einem Arm, der weit reicht ergriffen und bezwungen sein, dies gilt ja nicht bloß für das Schwert, dies gilt für jede Kunst. — Ich grüße von Herzen alle Freunde, Marwitz, Harscher, Fouqué, Neumann, Schede's, die Gute, Robert, und wen Du sonst noch sehen magst. — Schicke mir, ich bitte Dich dringend, mit der Post das Päckchen Gedichte von mir, und die Tübinger Blätter, die Du bei Deinen Briefen hast, dann das Tagebuch, das Wilhelmine Schede noch von mir hat; wenn es Dir nicht zu viele Mühe macht! Die Briefe von Dir, die Du verwahrst, besonders die an mich, hätte ich um alles in der Welt gern hier, aber ich zage, wenn ich denke, daß ein solcher Schatz auf's neue der Post sollte anvertraut werden! Vergiß nur nie, daß sie mein sind! Lebe recht wohl, geliebte Rahel! Schreibe mir bald wie es Dir geht, wie Du lebst und mit wem! Leb wohl, und behalte mich lieb! Ewig Dein treuer

Varnhagen.

Der Anfang des Briefs ist von gestern.

Adresse bleibt nach Prag.

An Varnhagen in Kommotau.

Sonnabend, den 27. April 1811.

Es ist schrecklich, mein Freund, Dir in dieser Stimmung — schon längst kann ich nicht mehr schreiben — schreiben zu müssen. Jetzt eben erhalte ich Deinen zweiten sehr lieben Brief aus Kommotau! Lieb ist er gegen mich. Der Worte — bin ich ganz überdrüssig. Also höre diese Inhaltsschwere. Die andere Woche reist die Hofräthin Herz nach Prag, und die soll Dir alle Schriften mitbringen, die Du forderst. Meine Briefe aber verwahre ich noch.

Ich habe zu verzehren zwölfhundert preußische baare Kourant-Thaler des Jahrs. Nun schreibe mir mit Ja oder Nein; glaubst Du, daß wir Beide mit einem Mädchen, die ich mitbringe, die unsere ganze Valetaille ausmachen soll, und das wohlfeilste ist, in Teplitz, oder einer anderen angenehmen kleinen Stadt, oder in Prag wohnen können? so will ich kommen. Johannis muß ich aufsagen. Ich setze mein Meubel hier irgendwohin; und geht's nicht, kehre ich hierher zurück. Oder bietet sich Dir etwas Schönes, woran ich nicht Theil nehmen kann. Ich will nicht großprahlerig leben, was ich hier, weil ich einmal Mensch bei der Stadt bin, noch mehr als ich es will, thun muß; dieser Antheil an dem allgemeinen Aufspannen im Leben, ist was ich am meisten hasse; was mich tödtet, untergräbt. Ich kann mit einem Freund, mit dem was er und ich uns bieten, und mit einem ziemlichen Auskommen zufrieden sein. Kannst Du's auch? Ich kenne ganz die Welt, die Geschichte, die Staaten. Was sie zu bieten vermögen. Unergründlicher, noch tiefer wahr und unschuldig als sonst, sollst Du mich finden. Du bist der Einzige, der an mir hängt. Verlierst Du den Gedanken, daß Du noch schöne Aventüren haben kannst: so bleibt auch Dir nichts Besseres, als mich zu haben. Binden thue ich Dich ja nicht. Laß es eine Probe auf ein Jahr sein. Fordere einen Urlaub, wenn Du den Abschied nicht magst, — auf ein Jahr. Von Johannis an. Und überlaß Dich mir. Ueberlege es Dir recht. Ob Du Dich an eine fest bestimmte Ausgabe binden kannst, wie ich; denn Sorge erträgt mein Körper nun und nimmermehr. Sorge entsteht aus Unordnung und Schulden, oder Vorschußnehmen, von sich selbst. Du bist dabei in nichts gebunden. In keinem Annehmen eines Amts, in keinem Unternehmen, in keiner Liebesgeschichte einmal. Reisegeld habe ich nicht: um bis dorthin zu kommen. Aber dazu müßt' ich Rath schaffen. Ich verkaufte etwas Weniges, was ich habe. Mach' es möglich mich zu holen!

Und antworte gleich! Was hilft Sehnen in Wäldern? Weinen in Zimmern — wie ich thue —, Herzpochen, Angst? Unternehmen wir etwas für und mit einander: im deutlichen Bewußtsein, den Zweck im klarsten Lichte: wie es so Viele trübe wollen, thun und sehen. Und es gelingt ihnen Allen; vom bloßen Thun. Uns wird's auch so gehen. Soviel sag' ich Dir; lieg' ich eines Tages gelb und gestreckt im flachen Grabe, ich höre nicht mehr. Und nie findest Du eine Aehnliche: noch von mir Spur, oder Nachricht. Mein Grab ist wie Louis's, und meiner Mutter ihres. Taub. Dann kannst Du verzweiflen. Weißt Du, was das ist? Ich weiß es.

Marwitz war von Januar bis vor drei Wochen hier, dann auf seinem Gut, und seit vier Tagen wieder hier. Il a passé sa vie chez moi. Ich lieb' ihn sehr. Kenne ihn ganz. Er liebt mich auch. Aber er ahndet nicht, daß auch er für mich leisten könnte. Und, also, keine Trennung von ihm wird mir schwer; denn wir sind getrennt. Des Probirens und Leistens bin ich müde; und vermag's nicht mehr. Kämen Griechenlands Götter zum zweitenmal herab, sie fänden mich wie der göttliche liebe Marwitz mich findet. Alles Uebrige darüber mündlich. Harscher ist seit drei Monaten hier: gut mit mir, krank, hypochondrisch, und — außer im Kopf — ungewandt. Auch über den mündlich. Harscher sagt mir oft, er fasse mich nicht ganz, und ich bin so aufrichtig! Adieu! wie immer! Rahel. Alle grüßen.

Das Vergnügen, den Krieg mitgemacht zu haben, die Probe, die Satisfaktion hast Du gehabt. Nimm also Urlaub oder Abschied; mit den Franzosen dienst Du doch nicht. Und ein Jahr ist die Welt nicht. Du bist dann so vollständig als zuvor. Laß den Inhalt dieses Briefes ein Geheimniß sein für jeden. Und trainire mich nicht. Adieu.

An Varnhagen in Prag.

Berlin, Dienstag, den 30. April 1811.

Ich schrieb Sonnabend zu schnell und zu seelenbenommen, und also nicht deutlich. Voilà de quoi il s'agit. Den 1. Juni reise ich fest und bestimmt von hier nach Teplitz ab. Mein Quartier hab' ich schon aufgegeben. Und nehme auch keins. Müßt' ich wegen ganz unvorhergesehener Umstände, nämlich wenn Du sehr wünschtest in Berlin den Winter zuzubringen, wieder zurück, so nehm' ich chambre garnie; nur wohlfeiler, und da ich Meubles, Geräthe und Domestik habe, eben so bequem. Meine ganze Pointe ist, den Sommer nie in Berlin zu bleiben; der Gegend wegen, sonst gefällt es mir schon wohl; wenn mir auch vieles nicht recht ist; so bin ich am Ende doch hier zu Hause. Wegbleiben thäte ich aber darum gerne, um künftigen Sommer nicht wieder eine Reise nach einer Gegend zu machen, wozu ich immer kein Geld habe. Nun bitte ich Dich inständig, komm und hole mich ab! Die Hofräthin Herz schickt mir, daß er den 1. Juni von hier mit mir abreisen kann, den Kutscher von Dresden, mit dem sie gestern dahin abgefahren ist. Nun kannst Du Dich einrichten, daß Du mit demselben hierher zu mir kommst. Das kostet nur wenig, und das bezahle ich Dir. Die Reise mit mir soll Dir natürlich nichts kosten. Hierauf schreib mir ein festhaltendes bestimmtes Ja; kein Nein. Und laß es endlich fest und sicher sein, daß Du mich abholst. Daran ist mir viel gelegen. Zum Schutz will ich es: und zur Freude. Wann willst Du mir denn gefällig sein. Nach dem Tode? Verlaß doch auf zehn Tage Deine Bentheim's! Und vor allen Dingen! und ich beschwöre Dich bei Deiner Ehre, antworte gleich, und bestimmt auf diesen Brief. Denn, kommst Du nicht, willst und kannst Du nicht, so muß ich andere Hülfe schaffen. Das übrige Zusammenbleiben können wir verabreden. Ich bin frei. Und was ich habe, weißt Du. Ich habe keine Laune — ich habe auch Kopfschmerzen — Dir einen Spaziergang mit Harscher und Marwitz im Thiergarten und beim Hofjäger zu beschreiben, wo ein unendlicher Regen uns überfiel, und wo es göttlich war, und wurde. Wisse soviel, daß alle Liebe, keine Liebe mehr, mich hält oder beseligt, oder nur einen Augenblick mich hoffen läßt, ruhen läßt, ohne den Gedanken des Zusammenbleibens. Ich bin kein Vagabund, und nichts kann sich in mir, aus mir heraus entwicklen, als die Urwünsche des edeln, unbestechlichen, nicht zu verwüstenden Herzens. Ich hoffe nichts. Und weiß nun, daß ich nie nichts hoffte von dem, was ich kannte: das Aechte, für mich von Gott Gemachte, hätte mich ergriffen, gefaßt mit seinen Händen, wie ich es gefaßt hätte. Auch Dir, mein Freund, würd' ich jetzt keine Vorschläge des Zusammenseins und Bleibens machen, wenn etwas Besseres für Dich da wäre, oder Du es glaubtest. So aber bist Du der meiner Freunde, der es weiß und sagt, daß nichts für ihn da ist. Und so ruf' ich Dich noch Einmal. Was sollte auch da sein? Vaterland; große Handlungen; in der, für die Idee leben; Religion haben: — sind Schalen. Schalen, bei den Menschen, die das nächste von Gott Gegebene nicht zu fassen wissen mit ihren Sinnen, zu halten, mit einem gottgekräftigten Herzen. — Ich erliege vor Kopfweh, von der gestrigen Feuchtigkeit. — Ich kenne auserwählte Menschen, die eine Welt bilden könnten, mit dem Vermögen, mit den Kräften und Kenntnissen, die sie haben; aber sie genügen sich nicht, wie sie mir genügen würden. Blieben sie bei einander, in einer schönen Gegend, besorgten ihre Lebensbedürfnisse, ihre Geschäfte, jeder für sich, und für die Anderen gelegentlich, studirten weiter, fänden Eheweiber, lebten fest und freudig und sicher, und ohne weiteren hohlen Plan, als dies zu wollen; auch Aufsehen zu machen würd' ihnen nicht entgehen, und sie bildeten schon von selbst einen lebendigen, einen weiterwirkenden Kreis um sich her. Was ist alle Gesellschaft, aller Staat, und alle jemaligen Einrichtungen eines solchen, anders, als Mittel, Zweck und Folge eines solchen Lebens? Aber Ruhm wollen sie; zehren, ohne beizutragen: und nichts kriegen sie. Bessere noch, denken sie, werden sie finden, und nichts finden sie. Mit Herr Jesus liiren sie sich lieber, um es nur nicht mit ihren wahren Freunden und Brüdern zu sein, denen sie leisten sollen, die sie ertragen sollen, denen sie opfern sollen, um zu erleben, daß der Freunde Leben aufgeht, wie ein glücklich Gewächs! Harscher sprach ich gestern in dem Sinn; und machte ihn sehr unglücklich. Aber noch lange sagt' ich nicht alles; ich verschwieg die Details. Marwitz hab' ich dies noch nie gesagt; weil ich ihn zu sehr liebe; und es zu persönlich würde. Auch kann es mal hervorbrechen; und von weitem, sind wir getrennt, gewiß. Millionen Dinge habe ich Dir zu sagen! Du sollst die Wahrheit davon fühlen. Ich erzähle Dir alles über Marwitz, und Deine Briefe, die er gelesen hat. Er ist gut. Ich vergöttere ihn. Er ist mir eine große Sorge. Alles mündlich. Ich verlass' ihn gern. Schmerzlich ist mir unser Zusammensein. Er ahndet's nicht. Und sehr schmerzlich der Gedanke: den mußt, den sollst Du lassen, bis er hin ist, bis er unglücklich ist. Sein Dasein, unser Zusammensein, ist mir auch so sehr lieb! Doch bei jeder Trennung hab' ich's in acht Tagen verschmerzt. Mündlich Kommentare. — Siehst Du par hasard Mad. Herz nicht, so wende Dich, den Fuhrmann in Dresden zu finden, an die Predigerin Riquet, geborene Weguelin aus Berlin. Adieu! Und Antwort. Gleich. Bitte! R. R. Wenn Du nur nicht in Kommotau bist, wenn Mad. Herz nach Prag kommt!

Donnerstag, den 2. Mai 1811.

Frau von Grotthuß hatte mich über den Abgang der Posten konfuse gemacht, und ich fand es nachher für besser, den Brief bis heute liegen zu lassen. Die Hofräthin Herz, hör' ich, bleibt vierzehn Tage in Dresden: ich schicke ihr also meinen fertigen Brief erst, wenn ich Antwort auf meinen vorigen von Dir habe: oder die andere Woche Montag. Das bleibt und ist gewiß, ich reise von hier den 1. Juni. Mein Reisegeld liegt da. Holst Du mich, so freu' ich mich. Einen Urlaub wirst Du doch wohl kriegen. Das Andere denn — solltest Du noch nichts gethan haben, — besprechen wir weiter. In diesem Augenblick komm' ich erhitzt und müde von einem weiten Spazirgang mit Marwitz aus dem Thiergarten. Der Arme, Liebe, war traurig, weil er unpaß ist. Ich redete ihm die ganze Zeit vor und zu. Um 6 Uhr geht er, Harscher, Mad. Liman und ich, den Judas Makkabäus hören von Händel. Lebe wohl, und antworte gleich. Den 1. Juni reise ich.

An Rahel.

Prag, den 9. Mai 1811. Donnerstags.

Du hast gewiß schon meine Antwort auf Deinen ersten Brief empfangen, ich schreibe ungesäumt diese Deinem zweiten vom 30. April, den ich gestern Abends erhielt. — Ich bin kein Schauspieler, der Eine Rolle in allen Stücken vortrefflich und in anderen gar nicht spielt, ich bin der Theaterdichter, der sie alle schreibt, und manche lebendigere Ausführung doch nur anzudeuten vermag; schrieb ich mit der Feder statt mit dem Leben selbst, so wär' ich kein Vagabund, so aber bin ich einer, und es sei Gott geklagt! Wundere Dich nicht, daß ich damit anfange, der Gedanke und das Gefühl, wo Du in Deinem Briefe sagst, Du seist kein Vagabund, hat mich am meisten affizirt; Du zuckst mit den Achseln: und wenn ich nun lahm wäre? — Doch das gehe jetzt bei Seite! Höre, geliebte Rahel, was ich Dir zu wiederholen, was zu bestätigen habe! Morgen reise ich nach Wien, alle meine Depeschen sind fertig; ich werde meine Geschäfte beschleunigen dort, dafür kann ich wohl stehen, und kehre in höchstens vierzehn Tagen, vielleicht früher nach Prag zurück, dann nehm' ich Urlaub (allerdings jetzt für mich nicht ohne Schwierigkeit und nur durch die gütigste, angelegentlichste Verwendung meines Obersten zu erlangen, denn seit zwei Jahren, die ich diene, war ich nur 10 Wochen beim Regiment) und komme, Dich zu holen. Ob aber grade am ersten Juni ich noch eben zu rechter Zeit komme, um Deinen forttrabenden Pferden in den Zügel zu fallen, das muß ich dem Himmel anheimstellen, käm' ich zu spät und Du wärst schon fort, so säße ich fest in Berlin, und wüßte nicht einmal, wo und bei wem! Aber Du wirst doch nicht strenger sein mit mir, als selbst das Regiment? Soll ich Dir rathen, mich ein paar Tage länger abzuwarten, oder doch am ersten nach Teplitz zu reisen, um Dich dort schon zu finden? Ich wählte das letztere, wenn Dir nicht so sehr daran gelegen schiene, daß ich Dich hole; und ich seh' es ein, liebe Rahel, daß es ganz ein anderes Beginnen, eine andere Stimmung, ein anderes Augurium ist, wenn wir zusammen aus Berlin fahren. Ich komme also! — den Abschied aber nehm' ich jetzt nicht, überhaupt nur in der höchsten Noth: verzeihe mir, Rahel, aber ich mag mich nicht Dir allein anvertrauen, ich habe warnende Briefe von Dir, ich fand sie in Wien, schrieb Dir darüber, und obgleich sie keine Liebe, keine Zuneigung zu Dir in meinem Sinn und Herzen verändern konnten, so haben sie mich doch mehr auf mich selbst zurückgeworfen, und ich übergebe mich Dir nicht unbedingt. Doch was schreib' ich so thörichtes Zeug, das durch sehen und reden ausgelöscht wird, und warum in Briefen sich abmartern, um sich zu sagen, wie man sich befinde! Wir sehen uns ja gewiß, wir finden uns wieder! Groß und schön sprichst Du über das Sein der Menschen, ihr Zusammenleben, und das Hervorquellen alles menschlichen Guten. Quellen sind es, Quellen, die zu Strömen werden, zwei Leute werden Staat, eine fromme Begeisterung Kirche; aber auch Sündfluthen brechen in die Geschichte, wie in die Natur herein, und da spielt Zufall mit Absicht. Mit meiner Absicht, meiner Hoffnung, spielt der Zufall; ich muß noch ringen; ob ich eine glückselige Kolonie froher Deutscher auf einer Insel im Mittelmeer, ob die Freiheit des Mutterlandes erlebe, ob dort in freudigem Wirken ein wellenschlagendes Leben, ob hier in unerforschlichen Stürmen Kraft und That oder blutigen Untergang, vielleicht in zu frühzeitigen Vorläufen, gewinne, das mögen die Götter wissen und fügen, aber Ruhe und Rast haben sie mir nicht gegeben, und — die Hunde! — (ich meine die irdischen Götter, die mehr um die Erde als um den Himmel sich bekümmern) Vermögen auch nicht. Eine glatte, nackte Haut, weder Horn noch Krallen, und überall, wohin ich sehe, bebaute Felder, überbrückte Flüsse, gebahnte Straßen mit Schlagbäumen; so trag' ich denn für erstere einen weißen Rock, statt des Horns einen Csako worauf steht „Franz der Erste" und für die Krallen, wenn es weit kömmt, einen Degen, auf den Brücken und Straßen aber erleg' ich meinen Zoll. Ich sehe nicht ein, wie so ich es nun mit aller Kunst nicht zum wilden Thier gebracht hätte, die Einrichtung ist darnach, die Verfassung konstituirt wie sonst die Natur aus dem Lebensstoffe besondere Thierarten, und giebt ihnen Sitten, Neigungen und Weide. Könnten wir diese Thierkräfte beleben, es wäre wohl hübsch. Dein Weg, Deine Vorschrift ist lauter und sicher: aber ich weiß nicht, ob ich ihm werde folgen können, die Sterne sind über die Menschen. Wie ich nur in die konfusen Bilder hineingerathe, ich hasse sie, und mag sie nicht wieder überlesen. — In Wien hoff' ich für die Zukunft viel anzuknüpfen; ich müßte mich schämen, Dir das Lob zu sagen, das mein Oberst von mir für den Erzherzog Karl geschrieben hat; ich bin zufrieden, für's erste mit solchen Männern bekannt zu sein. Ungemein lieb war es mir, gestern den Exminister Stein kennen zu lernen, ein Mann voll heftiger Energie, und kenntnißreich. Ich war mit dem Hauptmann Pfuel bei ihm.

Grüße mir bestens Marwitz und Harscher. Ich würde mich sehr freuen beide wiederzusehen. Ich hole Dich ab, darauf baue, ich werde das Aeußerste thun, daß es, und daß es bald geschehe. Lebe wohl, schreibe mir nur nach Prag, entweder mein Oberst schickt mir den Brief nach Wien, oder ich finde ihn hier vor; ich schreibe Dir von Wien, und gebe Dir genaueren Bericht.

Leb wohl! Ewig Dein

Varnhagen.

Die Herz sehe ich also erst in Wien, vielleicht auch dort nicht, weil sie bei Arnstein's auf dem Lande sein wird.

An Rahel.

Wien, den 14. Mai 1811.

Theure, geliebte Rahel! Eilig diese zwei Worte aus Wien! Was hab' ich Unseliger Dir zuletzt geschrieben? etwa nicht kräftig, nicht entschlossen? Glaub es nicht! Ich bin fest entschlossen, Dich zu holen, mit Dir zu leben, Dich vor allem anderen zu ergreifen! Bereden mit Dir kann ich nachher alles. Welch himmlischer Brief ist Dein letzter! wie hast Du so über alle Zeit, Erde und Menschen hinweg den Flug Deiner Seherblicke doch wieder so liebevoll der Erde und den Menschen zugesandt? Ich liebe Dich, ich verehre Dich. Ja die Geschichte verstehst Du, ganz, auf jedem Punkte, das bezeugen Deine Worte über Zusammenleben, über Marwitz. — Ich schreibe Dir in einem Augenblicke, der, wenn ich gegen seinen Einfluß nicht gestählt wäre, und Dich vor allem in's Auge faßte, einen so leichtsinnigen Menschen, wie ich bin, eher zu einer ängstlichen Bewahrung und Sicherung hinreißen könnte, als dazu, Dir zu sagen, daß ich bestimmt mit Dir sein will, und alles andere mir nur als zweites erscheint. Ich komme vom Erzherzog, der schön mit mir sprach, und lebhaft wünschte, ich möchte nie den österreichischen Dienst verlassen; er gedachte meiner noch von Wagram her, fragte nach meiner Wunde, und war so verbindlich, wie ich es nimmer erwartet hätte. Mein Geschäft, die Errichtung einer großen Schwimmschule in Prag, geht glücklich; der Graf Wrbna, Oberstkämmerer, wird Bentheim's darüber eingereichten Plan dem Kaiser vorlegen. Graf Metternich hat mich noch nicht gesprochen, aber heute zu Mittag eingeladen, und ich muß gleich hin. Der Erzherzog war lebhaft begeistert für Bentheim's wirksame Maßregeln zur Errichtung dieser Schule. Es wird sehr schön sein. Du kannst denken, wie ich eile; ich hoffe nach acht Tagen schon abreisen zu können; aber unvollendet darf ich mein Geschäft nicht zurücklassen. Mein Oberst wird sich freuen', daß ich die Sache geschickt zu führen wußte, ihn brauch' ich in aller Rücksicht, um zu Dir kommen zu können. Rahel, ich komme vielleicht erst den achten Juni, werde darüber nicht böse! reise auch nicht ohne mich von Berlin ab, es wäre dies ein unangenehmes, ein hartes, ein trübes Weggehen, wenn Du allein gingest, es ist alles anders, wenn ich Dich hole, auch Du und ich sind anders in Teplitz, wenn ich Dich geholt habe! Schreibe mir gleich nach Prag! hörst Du? ob Du warten willst? acht Tage sind viel, aber keine Ewigkeit! Und säh'st Du mich, nein, Du rissest mich nicht aus dem Unvollbrachten gewaltsam heraus. Den Winter wollen wir in Wien leben, wenn nicht dennoch vielleicht mein Blut den Krieg sucht, und der Krieg mein Blut. O wie freu' ich mich auf Dich! — Die acht Tage hier leb' ich im Getümmel, Generale, Minister, Fürsten, Grafen, die hab' ich zu besuchen, alle sind äußerst liebreich, gütig mit mir. Ich habe Equipage, aber nicht lange. Es kömmt mir ganz lächerlich vor.

Schlegel's, die Humboldt, Gräfin Fuchs besuche ich gern, die Anderen machen mir doch nur Langeweil.

Willisen, Meyern seh' ich täglich.
Leb wohl, geliebte Rahel!

Ewig Dein

Dienstags. Varnhagen.

An den Kais. Kön. Herrn Rittmeister Baron von Selby in Kommotau.

Wien, den 17. Mai 1811.

Hochgeehrtester Herr Rittmeister!

Es thut mir gewiß unendlich leid, Sie durch meine Schuld in die Unannehmlichkeit versetzt zu wissen, über ein zufälliges Gespräch Briefe zu wechseln, ich würde untröstlich sein, Sie in so argem Irrthum über mich zu sehen, wenn nicht wenige Worte hinreichend wären, den Gesichtspunkt zu verändern, aus welchem Sie vorläufig meine Handlung betrachten mußten. Sie wissen es zu gut, durch nicht Eines, sondern viele Gespräche, die ich mit Ihnen über Marwitz hatte, wie sehr ich diesen liebe und achte, und welchen Antheil ich an seinem Leben und Treiben nehme; ich fand in Ihnen die gleiche Gesinnung, und so war es natürlich, daß wir unsere nähere Kunde seines Wesens vertraulich austauschten. Derjenige meiner Freunde, an den ich darüber schrieb, ist mit Marwitz, dies bitte ich zu beachten, enger und näher verbunden, als Sie und ich. Könnten Sie meinen damaligen ganzen Brief lesen, so wäre Ihnen sogleich alles klar; ich selbst habe ausdrücklich darum gebeten, daß der Brief Marwitz'en gezeigt würde, und wußte, daß es geschehen war. Was ich damit wollte? Seine Besinnung aufregen, sein Gemüth zur Milderung führen, sein Wirken in der Welt, gehemmt durch seine gerügten Fehler, durch die Einsicht fördern, daß er sie ablegen müsse, was ich allerdings für möglich hielt. Mein Verhältniß, wie jener Brief es aufzeigt, meine Gesinnung und Absicht, die darin ausgesprochen sind, bedürfen keiner Rechtfertigung. Aber der Vorwurf haftet auf mir, daß ich mich geirrt habe, daß ich Marwitz für zu großartig hielt, um sich in solcher Schwäche zu zeigen, wie er gethan hat; denn Ihnen darüber mit Klagen und Beschwerde zu schreiben, damit giebt er, ich gestehe es, mir den deutlichsten Beweis, daß er von dem Geist und Karakter nicht erfüllt ist die ich ihm zutraute, und er bestätigt dadurch auf's neue, daß er zum „Feldherrn“ wie zum „Minister“ allerdings noch gar nicht reif ist, welches ich herzlich bedauern kann! Ist ihm meine Theilnahme jetzt eine unberufene, meine Freundschaft eine zudringliche, so war er wenigstens früher nicht so, und ich muß denn freilich nun die Achseln zucken, und mich damit trösten, daß ich ja seiner auch gar leicht entrathen kann. Ihnen aber, Herr Rittmeister, bin ich für die Rechtlichkeit und Genauigkeit, mit welcher Sie Marwitz'en alles, was zwischen uns gesprochen worden, wiederholt und bestätigt haben, ganz besonders verpflichtet; die Abschrift Ihres an ihn geschriebenen Briefes giebt mir die klare Gewißheit, daß ich in meinem Briefe keineswegs etwas übertrieben, sondern vielmehr manches milder ausgedrückt habe, als Sie es jetzt dem Vorgange gemäß berichten. Ich muß noch anmerken, daß ich in gleichem Sinn auch schon früher demselben Freunde ähnliche Urtheile über Marwitz, wie ich sie an anderen Orten vernommen, in der Absicht, dessen Nutzen zu fördern, mitgetheilt habe. Der Schein einer böslichen oder müßigen Zuträgerei verschwindet daher ganz und gar. Sie aber, Herr Rittmeister, sind durch mich um so weniger kompromittirt, da Sie mich als Marwitz'ens Freund kannten, und ich voraussetzen darf, daß Sie allen Tadel eben so gern ihm selbst wohlmeinend gesagt hätten, als mir.

Da Sie einige Herren Offiziere mit der Sache bekannt gemacht haben, so bitte ich von Ihrer Güte und erwarte von Ihrer Gerechtigkeit, daß Sie denselben Herren auch diese meine Antwort mittheilen mögen, und berufe mich auf deren Gefühl, ob sie nicht leichter unter gleichen Umständen einen Brief geschrieben hätten, wie jener in den erwähnten Verhältnissen von mir geschrieben war, als dazu kommen würden, Marwitz'ens Verfahren in seinem Schreiben an Sie nachzuahmen.

Schließlich bemerke ich noch, daß Ihre Güte und die Ihrer Herren Kameraden gegen mich allerdings zu ausgezeichnet und mir zu werth ist, als daß ich wünschen könnte, die Dankbarkeit, zu der ich mich Ihnen desfalls verpflichtet fühle, in meinem Innern dadurch ausgelöscht zu sehen, daß Sie mich daran zu erinnern für nöthig hielten.

Ich habe die Ehre zu verharren mit aller Achtung Ihr ꝛc.

Varnhagen.

An Varnhagen in Prag.

Donnerstag Vormittag, den 16. Mai 1811.

Den letzten Sonntag, mein lieber Varnhagen! erhielt ich Deinen Brief, der mir anzeigte, daß Du wiedereinmal nach Wien mußt; welches mir recht lieb ist, weil Du Dich darauf zu freuen scheinst. Du bist ja ein wenig wie die Sonne, die alle Jahr nach denselben Orten muß, oder vielleicht auch will; — was meint Steffens dazu? — Jedes Wort, was wir noch schreiben, ist zu viel, da wir uns nun bald sehen. Den 8. Juni bin ich gewiß schon in Teplitz; den 1. reise ich von hier ab. Genire Dich in nichts; von weitem geht und gelingt keine Verabredung. Jedes Tages Ende bestärkt mich in der tiefen Meinung, daß bon gré mal gré die Freunde werden müssen, die zusammen leben; das Miteinanderleben nach Goethe'n — kommt am Ende — auch nach ihm — auf Winken hinaus. „Es winken sich die Weisen aller Zeiten.“ Jedoch werd' ich, thöricht, nicht ermanglen bis an mein Grab hin, Pläne und Vorschläge zu machen. Denn selbst die Einsicht — „in das Nichts“, wie Schiller's Talbot sagt — lehrt nichts! Eins nur! man hofft nicht fest, oder gar nicht: und wendet schnell und leicht den Geist von Altem zu Neuem, von Einem zum Anderen. Treffe also keine Veranstaltung, um hierher zu kommen. Die ganze Welt von Bekannten geht nach Teplitz; es wird eine rechte Hetze dort werden. Wie die aufgespannten Segel werden sie dort aneinanderfahren; Adel, Bürger; Gelehrte, Philister; Hoffährtige, und weniger Eitle. Hab' ich etwa Humboldt'sche Laune, so will ich sie sogar hetzen, da ich doch mit meinen Lappen mitseglen werde. Man ist ja noch lächerlicher, mitten darunter, nicht eitel sein zu wollen. Doch viel mouvement kann ich mir doch nicht mehr geben. Die Gründe alle mündlich. Glück auf, zum Meere und seinen Stürmen! auch dahin kommst Du gewiß. Lebe wohl! Sei glücklich. Grüße Frau von Humboldt. Will sie noch was von mir wissen? Und ob sich Fräulein Li noch meiner erinnert? Viel tausend Millionen Grüße an meine Freundin Herz! Ihren Brief aus Dresden hab' ich erhalten: und von Teplitz, wo es ihr nichts kosten soll, will ich ihr schreiben. Gestern schickt' ich Harscher'n Justinus Kerner's Brief: noch hab' ich ihn danach nicht gesehen. Lebe wohl! auf Wiedersehen! Marwitz ist in Friedersdorf: ich habe keinen Brief von ihm. Mlle. Wucherer ist nun mit Schede verheirathet, und wahrscheinlich hier. Schleiermacher's seh' ich ziemlich viel.

R. R.

Antworte mir nicht mehr.

Sonntag, den 19. Mai 1811.

Ich hatte Einrichtungen und Ursachen wegen diesen Brief einen Posttag liegen lassen, und erhielt Donnerstag Abend Deinen zweiten noch aus Prag vom 9. Mai, der mir besser gefällt, als je einer von Dir; er drückt sehr wahrhaft, eine wahrhafte Stimmung und Meinung von Dir aus. Flüchtig und munter und lebendig, wie ein Fisch, in kühlem klaren Wasser. Ueber die Meinung darin, die Du von mir anführst, und groß nennst, und worauf Du auch mir antwortest, ist mündlich zu diskutiren; ich muß mich nicht ganz verständlich gemacht haben; ich meint' es anders, und Du wendest es anders. Daß Du Dich nicht auf mich verläßt, darin hast Du sehr Recht. Das, was ich für Dich, was man für Dich, thun müßte, liegt nicht in meinen Gränzen, und ist außer meiner Macht; — (auch war ich zu dumm, dies vor vierzehn Tagen in seiner ganzen Klarheit in die Augen zu fassen;) — es ist schon geschehen. Die theure, geliebte, unerschöpfliche Wahrheit ist unendlich; sie besteht in den Resultaten der Messungen unseres Geistes, unserer Intelligenz, an allen Gegenständen. Wie liebe ich jede Beute, die der sich erwirbt! Ich bin mit jeder Einsicht zufrieden, wenn sie mir das errungene Wissen in lebendigeren Zusammenhang, in größere Harmonie bringt: einziges Zeichen ihrer Aechtheit. Auch ich will mich an einem Ausdrucke in Deinem Briefe halten! Ja, lieber Varnhagen, ich will, — denn ich muß — „strenger sein, als Dein Regiment"; Dein Regiment verliert nichts, nicht seinen Wohnort, nicht seine Wohnung, derangirt sich den Sommer und den künftigen Winter nicht, wenn Du über den Urlaub und die gesetzte Zeit bleibst. Mit mir aber, in meinen beschränkten Umständen, wäre das alles eingetroffen, wenn ich mich in Warten eingelassen hätte. (Die Details mündlich.) Erstlich, meine hiesige Reisegesellschaft, mit der ich zu meiner Sicherheit, und Bequemlichkeit, und agrément, in einem Tag und Einer Stunde reise, hätte nicht eine Sekunde auf mich gewartet; da aller Vortheil nur auf meiner Seite ist; sie nehmen, mir zu Gefallen, die keinen Wagen hat, schon Miethspferde anstatt Extra. Du aber, wie jeder Mensch in Geschäften, die wichtiger, als alle Weiber und ihre Badereisen und Entrevüen in der Welt, sind, hättest wegbleiben müssen, wenn die es erfordert hätten; und in die Länge zieht sich jedes Unternehmen, wenn es sich nicht präzipitirt; welches nie anders als unverhofft geschieht. Ich wäre dann hier gesessen; mit Briefen von Dir in der Hand, wie voriges Jahr. Gutgemeinte Briefe. Ich sehe sie vor mir, die Briefe! (Die Regentin im Egmont, das Konseil auf der Tapete!) Ich reise also den 1.; bin den 3. in Dresden bei Banquier Kaskel zu erfragen, weil der wissen wird, wo wir wohnen. Ich bleibe höchstens drei Tage in Dresden. Sollten hier bei meinen Reisegefährten Umstände eintreffen, die unsere Reise verzögren um einige Tage, so schreib' ich Dir noch Einmal nach Prag. Es ist Mad. Frohberg mit ihrer Schwester Mariane Saaling: ihre Mutter ist sehr krank. Mein hiesiges Quartier hab' ich auch von Michaelis an, auf ein ferneres Jahr gemiethet. Also besitze ich für dies Jahr hundert und fünfzig Thaler weniger. Allein will ich mich nach keiner Insel aussetzen, und ein Soldat muß jeden Augenblick weg, wenn der Generalmarsch geschlagen wird; der Soldat bist Du. Aber tief und unwidersprechlich Recht hast Du, es zu bleiben, so lange Dich nicht ein Glückszufall schöner stellt. Dieser Zufall bin ich nicht: und ich freue mich Deines Entschlusses, und Deiner abschlägigen Antwort. Frei sehen wir uns Beide wieder, und ohne Verabredung, ohne Plan. So ist es am besten. Goethe spricht von Menschen, die das Glück, die Gelegenheit beim Schopf nehmen müssen: ich kenne welche, die das Glück fassen muß. Nun und nimmermehr, niemals greife ich wieder: ich rege mich nicht mehr. Läg' ich in meiner Mutter Schoß noch; ich käme nicht an die Sonne, als durch Eisen. Denke nicht, Lieber, nach diesen Worten, daß Du mir weh gethan hast, etwas geraubt. Ein Stein fiel mir vom Herzen, als Dein vorletzter Brief mir abschrieb. Wie elend müßte es mit Dir sein, wäre das das Schönste, bei mir zu bleiben; so wie ich bin! Gott bewahre: die Paralysirung, der Jammer darüber, theilte sich mir mit! Auch ich bin nicht zur Einschränkung geboren und erzogen. Ein Bauer könnt' ich sein; der wird man aber nicht. Und zu Arkadien, gehört die Liebe. Plätschre weiter, Fisch! Und fasse es fest in die Seele, daß zwei Existenzen sich nicht vereinigen lassen; eine Sehnsucht mußt Du ertragen; und schließt man sie fest an's Herz, so schmerzt sie weniger! Ich will auch meine da wohnen lassen, bis es erstockt. Wenn ich bei Sinnen bleibe, so will ich keinen falschen Versuch mehr machen! Eine ächte Prätension ist ja besser; das ist Sehnsucht. Du aber kannst wirklich noch durch die eine Existenz die andere erhalten! Hast Du Lust, nach Berlin zu kommen, so thue es: ich habe mit meinem Kutscher ausgemacht, daß ich noch einen Herrn mitnehmen kann. Den 1. um halb 4 reise ich aber, wenn Du nicht einen anderen Brief erhältst. Für mich ist aber keine andere Stimmung, kein anderes „Auguriren", kein anderes „Beginnen", wenn „wir zusammen aus Berlin fahren". Ein Vergnügen, eine Freude, ein großer Genuß, die Reise mit Dir zu machen! Jedoch sehen wir uns in Dresden, in Teplitz! und auch da ist's schön! Donnerstag, mit Deinem zugleich, bekam ich einen Brief von Marwitz. Er ist verstimmt und gedrückt; mit meinem Blut, mit meinem Leben, mit dem Glück, was unergründliche Gottheiten mir noch schicken können, möcht' ich seines ergänzen. Er ist so jung, so ganz; und so sehr, wie ich's liebe. Die uns helfen können, mögen nicht: die da mögen, vermögen es nicht! In diesem Sinne schickte ich Marwitz gestern eine große Antwort, mit allem darüber was ich wußte. Aber keinen Trost. Weil ich keinen habe. Im Gegentheil, scharf redete ich ihn an. Und kann Liebe von mir wohlthun, so thut ihm der Brief auch wohl. Gestern schrieb ich dem Major Barnekow einen Zettel: „Ich bin jetzt Königin in meinem Hause; kommen Sie, und bringen Sie «die Krone des Lebens» mit; Sie, der Sie alles lieben, was wahr ist, werden doch nicht streiten, daß zur Freundschaft auch Liebe gehört?" Adieu! Lebe wohl. Harscher brachte mir einen Augenblick Kerner's Brief mit, und sagte: „Der macht mich runter": aber weiter nichts. Viel über ihn mündlich.

R. R.

An Rahel.

Dresden, den 6. Juni 1811.

Seit dem ersten Juni wart' ich hier in Dresden (goldenen Engel No. 9) in peinlichster Ungeduld. Glaubend Deinem Briefe nach, daß Du am 1sten von Berlin abreisen würdest, was mir Mad. Bethmann in Teplitz bestätigte, konnte ich Dir nicht weiter entgegen reisen, ohne die Gefahr Dich zu verfehlen, weil es von hier zweierlei Wege nach Berlin giebt (über Luckau und über Dahme). Nun ist der dritte, da Du hier sein wolltest, vergangen, der 4te und 5te auch, der 6te beinah: nur wenige Tage kann ich noch warten, länger geht es nicht als höchstens bis zum 12ten, dann muß ich wieder in's Banco-zettel-Land nach Teplitz, wo ich Dich ferner erwarte. Lippe, Maler Meier, Rühl sind mein Umgang.

Varnhagen.

Donnerstags.

An Varnhagen in Dresden.

Berlin, den 7. Juni 1811.

Freitag den 7. Juni geht dieser Brief ab, Donnerstag Nacht um 1 Uhr schreibe ich ihn. Nur so viel, da ich nicht weiß, ob Sie ihn erhalten. Ich erhielt einen Brief von Ihnen aus Wien: worin Sie mir schrieben, in acht Tagen reisten Sie ab, um mich den 8. Juni von hier zu holen. Ihr Brief war vom 14. Mai. Darauf schrieb ich einen nach Prag, daß ich nicht warten könnte, und den 1. Juni abreisen würde. Ich schrieb Ihnen einen zweiten, worin ich schrieb, ich würde bis den 10. warten. Gestern erhalte ich einen vom 1. Juni von Mad. Bethmann aus Teplitz, die mir sagt, Sie seien seit dem 30. in Dresden mich zu erwarten! — Wie soll ich das verstehen? Ich möchte vergehen, für Sie und mich! Es bleibt mir nichts als Ihnen nun definitiv auf Ehre zu versichern, daß ich den 12. Juni Morgens von hier abreise, in Dahme schlafe, die zweite Nacht in Großenhain, die dritte in Dresden. Ich denke aber dabei, noch Sie vor dem 12. hier zu sehen.

R. R.

Sie haben natürlich einen Platz in meinem Wagen.

An Varnhagen in Teplitz.

Dresden, Montag früh gegen 10 Uhr, den
16. September 1811.

Lieber guter Varnhagen. Wie ist Dir? — Wie ist ihm; wie ist ihm jetzt? dacht' ich den ganzen Weg her; im schönsten Nebel, in der hellsten, reichsten, lichtesten Wundersonne; allein, und mit Anderen; bei Nacht und des Mittags. Gestern war Dir am ärgsten, gestern Abend: da war die Sonne rund um die Erde, und Du hattest Deine Liebste nicht gesehen: und viele solche Tage sollen vergehen! Lieber! Höre zum Troste, daß ich mich weit mehr über das Getrenntsein von Dir gräme, als ich's je gedacht hätte. Auch mir ist ganz ängstlich: ich fühle mich plötzlich so abgerissen, von Schutz, Sicherheit, und Liebe, daß ich rund um mich herum gehen könnte, um nur zu sehen, um nur zu finden: zu wem gehörst Du denn? zu was? Gestern machte ich gegen Abend den herrlichsten Gang mit Marwitz und Lippe, wohl eine Meile, die Ostrawiese hinauf. Du weißt, ob und wie ich Marwitz liebe, es waren zwei Freunde: wir gingen manchmal still, groß und göttlich war der weite Raum, die prachtvolle Sonne und Abendröthe, die ernsten und ganz anderen Bäume als in Böhmen, die unendlichen Alleen; allein ich mußte denken, allein und fremd bist Du hier, wenn diese Beiden nicht mitgehen wollen; allein und fremd, wenn sie auch neben Dir bleiben; Du bist nicht ihr Liebstes, sie beziehen nicht alles auf Dich. Wie gewiß lebt' ich bisher! Und ich war nicht undankbar, Varnhagen! nimm es nicht so roh, wie das Wort hier dasteht: es war nicht nur Dankbarkeit, es war liebende Sehnsucht; und mein Henzenssehnen antwortete Deinem, mein Herz hielt Takt mit Deinem. Und so sind meine meisten Momente. Ein Berechnen was Du thust, ein Sehnen nach Dir, ein Jammern über Deine Sehnsucht. Marwitz war mir zu Anfang etwas fremd, seine Persönlichkeit: obgleich ich ganz roth wurde, als ich ihn krumm vorne über — Du kennst ihn — in Zehista gewahr wurde. So kamen wir, weil wir Pirna besehen hatten — wovon künftig — um 9 Uhr in Dresden an, ich blieb eine Nacht in einem Wirthshaus, und wohne jetzt in Marwitz Quartier, denke Dir! — wenn man die Brücke nach der Neustadt hin zu Ende ist, das erste Haus rechts, meine Fenster sehen die Brücke gerad hinauf bis nach dem Schlosse, und beide Ufer. Göttlich! könntest Du es sehen! Du adressirst an Kaskel. Ich muß mich fördern, es hat 10 geschlagen; Marwitz, der jetzt im Wirthshaus wohnt, kommt um halb 11 zur Galerie: ich muß der Guten noch schreiben. Ich wohne in dem Häuschen, wo ich zu Dir im Vorbeigehen sagte: hier möchte ich wohnen. Gestern in der Kirche verlor ich Marwitz, ging mit Hebenstreit's, die ich fand; Becker's sah ich, die Generalin Palombini — mit der und der Familie reiste ich — Pitt-Arnim, Dalwigk, Grotthuß, d'Estourmel; den Unterstrichenen wich ich allen aus. Nun gehe ich nach der Galerie zu Kaskel, und Hebenstreit's. Grüß den Obersten; und schreib mir von ihm, ob er meinen Brief hat; und den „kühnen Käfer" [Eugen Bentheim]. Bei uns wird Krieg: was sagst Du dazu! Dies Vaterland geb' ich auf. Du weißt, was ich billigen kann. Selbst Marwitz sag' ich das nicht. Hier gefällt's mir sehr. Erwarte aus Berlin nur Nachrichten über unser Land, und unsere Situation von mir. Du schreibst mir hierher. Ich bin in Liebe von Dir geschieden, und liebe Dich sehr. Mein theurer Freund! Ich bin ganz von Deinem Besten in Dir überzeugt; und von Deiner Liebe zu mir. Ich küsse Dich mit liebendem Herzen. Rahel.

Ueber alles hab' ich nun mit Marwitz schon gesprochen. Ueber Künste denken wir ganz gleich. Er ist äußerst sanft und innig und nachgiebig mit mir; und sehr lieb, ehrlich und brav. Nicht ganz gesund. Il prend les armes, ou va à Potsdam pour étudier, comme il s'est exprimé. Grüße ja Beethoven's und unseren liebsten Oliva! B'hüt ihn Gott! Adieu, Liebster! Wenn ich so etwas aufbreche, was Du gewickelt hast! ein Schmerz und eine Liebe! Adieu. B'hüt di Gott etc.

An Rahel.

Prag, den 18. September 1811.

Ich glaube nicht, meine geliebte Rahel, daß mein bisheriges Leben einen schmerzvolleren Augenblick gehabt hat, als die Trennung von Dir bei Mariaschein war: ich rang die Hände, Dein wehendes Tuch schien mir noch herbeizuwinken, und es fehlte wenig, so wäre ich unter der inneren Last am Wege umgesunken. Ich ging langsam zurück, über Dorne, wo ich die Heftigkeit des vorigen Tages dem Mann auf den Knien hätte abbitten mögen, wie furchtbar war mir die ganze mit Dir so oft durchwandelte Natur! Nur das laute Schluchzen weckte mich immer wieder aus dem verzweiflungsvollsten Wahnsinn. So hab' ich noch nie geweint. Den ganzen Tag! Ich lief in den Garten, auf dem Rande der Höhen beim Schützenhaus herum, und rief laut, laut Deinen Namen in die Thäler hinein, als müßtest Du es vernehmen, als sollte meine Seele sich in die Luft verhauchen. Laß mich schweigen von diesem Schmerze, Du geliebtes Herz! Möge mir nur Gott nicht lange Trennung von Dir auferlegen, rief ich aus, anderes, anderes suche er mir aus! Hab' ich je das brennende Gefühl der Sünde empfunden, so war es damals, als ich Dich hatte davon fahren lassen. Wüst und öde, abgestorben, trostlos war mir die Gegend und die Welt; ich hätte zu sterben gewünscht, wenn es in Deiner Nähe gewesen wäre. O ich höchst Unglücklicher! nicht mehr, wie ehemals, getheilt sind meine Wünsche, in Einen einzigen fließen alle zusammen, Dich zu sehen! und das soll mir versagt sein! Was sind alle Hoffnungen und Aussichten für Trost? diese Tage treten aus meinem Leben heraus, wie Schattenbilder einer todten Welt, und unwiederbringlich ist ihr Sonnenschein, ihr Bluteswogen. — Ich konnte kaum zur Frohberg auf's Schloß gehen, meine Stimme schluchzte, meine Augen waren roth, alle Leute sahen meinen Schmerz, ich floh sie, und nur Oliva konnte ich längere Zeit um mich leiden; er nahm gütig Theil an mir, und zeigte es, wie sehr er Dich im Herzen hegte, aber er selbst war von heftigen Auftritten, die er mit Beethoven gehabt, tief erfüllt. Der andere Tag war mir hart und dumpf, ich vergoß weniger Thränen, weil ich lebloser war. Abends kam der Oberst, beschäftigt und den Kopf voll unangenehmer Gedanken, aber gütig und theilnehmend. Ich reiste am anderen Morgen mit Oliva ab, war zwei Tage unterwegs, müde und stumpf; die schöne Gegend, die Wunderscheine, die darauf lagen, regten mir alle Sehnsucht zu Dir auf, und ich gönnte Dir die schönen Blicke! Gestern Mittag kam ich in Prag an: wie todt ist alles meinem Herzen, wie gestaltlos und öde! Ich hatte gleich zu thun, die Seele wollte zu den kleinen Zurüstungen meiner Lage kaum aushalten. Heute Mittag trifft der Oberst mit Eugen von Theresienstadt ein; ich werde die ersten Tage unsäglich geplagt sein, alles ist in Unordnung und wird darin bleiben, und ich werde gleichwohl hin und wieder einige Ordnung mit meinen Kräften schaffen sollen, in meiner Ordnung aber ganz gestört sein! Und ich habe soviel zu studiren, zu lernen, zu schreiben! Aber treu will ich jeden freien Augenblick der Arbeit widmen, so viel ich nur kann! Ich muß jedoch ganz vorzüglich darauf sehen, einiges Geld zu bekommen, durch schriftstellerische Arbeit, um auf jeden unerwarteten Fall gefaßt zu sein. Möge wenigstens das gelingen! Des Obersten Geldumstände sind verworrener als je, immer toller geht er hinein; es muß über kurz oder lang eine fürchterliche Explosion erfolgen, was soll ich dann beginnen? Also einiges Geld zu erwerben geht mir über Französisch-Lernen und dergleichen, was darnach mein dringendstes Geschäft ist. Vielleicht übersetz' ich ein französisches Stück für Beethoven in eine Oper, der andere Text könnte doch erst späterhin geschrieben werden, jenes aber bietet schon alle szenische Ordnung an; es heißt „Giafar", und könnte vielleicht 8 bis 10 Dukaten bringen. Oliva reist in einigen Tagen nach Wien. Er grüßt Dich von Herzen. Beethoven hat sich noch sehr an mich angeschlossen. Ich schicke Dir die Vorerinnerung zu dem Büchlein über Goethe; schicke sie mir umgehend korrigirt zurück: hörst Du, liebe Rahel? — Was machst Du jetzt? vergißt Du bei den anderen Freunden, im Genusse der herrlichen Herbsttage und Gegenden nicht ein wenig Deinen trauernden Freund? O nein, ich glaub' es nicht, meine Rahel! Du bist mir gewogen, und ich Dir theuer! Deine liebevollen Worte klingen ewig in meiner Brust! Wie Du mich mit Namen riefst, daß ich noch einmal an den Wagen zurücktreten sollte, das ging mir durch Mark und Bein! den Ton hab' ich mir tausendmal wiederholt! O meine Rahel, wie bist Du mir alles! die Erfüllung aller Lebenswünsche! Wär' ich nur alt, damit der Wahn nicht bestünde, ich solle noch etwas in der Welt wirken und thun, bei Dir sein ist meine innerste Bestimmung ja doch! — Wie geht es mit Deiner Gesundheit? bist Du wohlauf und fröhlich? o möge eine höhere Hand mir alle Freude aus dem Herzen schneiden, und sie in Deines verpflanzen! Dein Andenken ist wie ein Kern in mir, an dem die leblosen Tage noch einige Haltung gewinnen. Mich freut es noch, daß ich so geizig war mit Dir, daß ich mich immer wegschicken ließ von Dir, daß ich eher Dein Zürnen gewagt, als meine Reue? Ich habe in Teplitz nicht einen Augenblick vergessen, was Deine Gegenwart mir ist, ich wußte es immer deutlich, mit Dankbarkeit und Zufriedenheit, nur desto unglücklicher, wenn Du oft wolltest, ich solle es in etwas vergessen. Ich bebe schon jetzt vor Entzücken in dem Gedanken, daß Berlin uns vereinen wird, auf welche Art immer. Ich will gern den ganzen Tag arbeiten, wenn ich nur Abends Dich sehen kann. Auch Kaufmann wollt' ich werden, wenn das mir dazu verhelfen möchte. Du weißt ja mein Inneres! Eben bringt man mir Deinen Brief! Du hast also eher geschrieben, o himmlische Wohlthäterin! Freundin, Geliebte Du! Wie erschüttert ist mein Herz! Wie freut mich Deine Schilderung! Dein Wohnen, Deine Gänge! Ja ich gehöre ganz zu Dir, und Du zu mir! Was soll ich Dir nur sagen? Der Brief muß eiligst auf die Post, und Oliva liest neben mir in Goethe's neuem Buche über Hackert, das ich in der Buchhandlung geborgt. Ich finde mich nicht zusammen, Deine Liebe macht mich ganz verschwimmen!

Gott grüße Dich; er erhalte Dich mir, und gebe mich Dir! Schreib mir ja bald über Dein Land, über uns! Soll ich denn nicht auch in gewissem Falle neue Waffen ergreifen? ich möchte Dich durch Todesgefahr ergreifen, erwerben! Ich thue nichts ohne Dich! O geliebte, einzige Rahel!

Ich soll Dich tausendmal von Oliva grüßen, er liebt Dich innig! Wie ich Dich liebe, wie ich mich zu Dir sehne, kann kaum mein Herz mit seinen Lebensschlägen ausdrücken.

Leb wohl, leb wohl, Rahel, Geliebte! B'hüt Dich Gott, B'hüt Dich Gott, mein tausend schöner Schatz!

Ewig Dein, ja Dein treuer

Varnhagen.

Mittwochs um 12 Uhr Mittags.

Der Oberst hat mir noch nichts von Deinem Brief gesagt. Schicke mir nur ja bald die Vorrede zurück! Leb wohl! mein Herz Du, süße Rahel!

An Varnhagen in Prag.

Dresden, Montag Vormittag, den 23. September 1811.

Mein wahrer einziger Freund, vor einer halben Stunde erhielt ich erst Deinen Brief, obgleich er schon gestern Abend hier war, wegen dem Sonntags zugeschlossenen Komtoir. Alle Deine Gemüthsbewegungen gaben auch meinem dieselben! Thränen waren zwischen mir und dem Briefe. Fasse Dich, mein Freund. Denn höre. Bei Naturen, wie die meinige, geht kein ernstes Denken, kein Empfinden, kein ernstes Wollen, keine ernste Liebe wie ein Schatten vorbei! Bist Du, wie ich es sehe und weiß, ganz von meinem Dasein durchglüht und erfüllt, so werde auch ich in Deiner Nähe glücklich sein, und Dich zu Schutz und Umgang wählen können. Ich fühlte es vor Deinem Briefe. Wir sehen uns gewiß bald. Dies sei Dein Trost; ich will es und Du willst es. Quäle mich nicht mit Kleinigkeiten, und wir können ein edles und schönes Leben führen. Findet sich gar und gar kein Mittel, so kommst Du unterdeß ohne Mittel, und es muß sich nachher eines finden. Diesen Fall setz' ich, wenn Du es nicht aushältst und die Trennung Dich zu sehr mordet. Erst lasse mich nur nach Hause kommen, und alles, sowohl meine, als des Landes Lage, untersuchen. Suche auf alle Weise unterdeß Geld — und wäre es nur einen Dukaten zu bekommen. Halte diesen Brief nicht für unzärtlich, ich habe keine Zeit, und packte also das Wesentlichste für Dich, so hieß mich meine Zärtlichkeit. Die Gute hat mir auch heute geschrieben und mir Aufträge gegeben, ich muß sie noch besorgen, und habe ihr — lieber erst — geantwortet. Ich versäume die Galerie, und soll Nachmittag mit Marwitz nach der Meißner Gegend eine Meile von hier fahren. Bis jetzt haben wir alles zu Fuß abgemacht. Ich lebe sehr eingezogen. Abends immer bei mir mit Marwitz, dem Maler Friedrich Meier aus Rathenau, Lippe, oder ein paar Dlls. Hebenstreit und noch eine. Gestern war ich mit Marwitz allein, und da lasen wir Novalis, und hatten die tiefsinnigsten Gespräche. Wir leben wie zwei Studenten, wovon der eine eine Frau ist; er ißt Mittags mit mir, dann und wann Meier auch. Lippe zankt sich gehörigst mit mir: und war gestern nicht da, weil ich vorgestern bei seinem sonderbaren Ernste lachen mußte. Marwitz ist mild und gehorsam, und wie ein jüngerer wahrer Bruder gegen mich; angeschlossen, aber ohne jede reizende und gereizte Galanterie. Mir lieb, recht, bequem und angenehm; wir haben den vielseitigsten reichsten Wortwechsel. Er spricht außerordentlich richtig, gütig und unbefangen, und oft, von Dir. Er denkt über Adel und des Bruders Geschichte anders, als ich glaubte; Du weißt also wie!!! Du würdest Dich über die Ausdrücke todt wundern. Er giebt Achim von Arnim in dessen Geschichte mit Moritz Itzig Unrecht. (Man erbricht hier die Briefe, wie ich höre.)

Militairdienste bei uns nimmst Du, wie die Dinge noch stehen, nicht. Die Vorrede ist in manchen Stellen unklar, aber im Ganzen äußerst geschickt und schön. Mittwoch kommt die Gute, ich denke wir reisen heute in acht Tagen. Vielleicht schreib' ich Dir noch Einmal. Vielleicht erst von Hause. Sei versichert, ich denke oft, oft, bei jedem Vorfall, Wetter, Schein, Bild, ja bei gutem Essen an Dich. Wie sollte ich nicht! Du hast mich gelehrt in einer Atmosphäre von Liebe zu wohnen; und alles berührt mich unheimisch und kalt ohne sie. Ich kenne Dich ganz und liebe Dich: und rechne auf Dich; und auf Dein Fortschreiten in jedem Sinn. Kannst ja schon lieben. Keine Undankbare! Adieu; ich küsse Dich herzlich! und tröste Dich.

R. R.

Grüße ja den Oberst; ich lasse ihn fragen, ob er böse auf mich ist? Der „kühne Käfer" soll den Hals nicht so steif über den Schultern grad halten. Grüße sehr Oliva. Dore schreit, ich soll Dich grüßen. Ich habe lange lange nicht so zärtlich geschrieben, wie ich Dich hege und an Dich denke. Ja kajolire Dich mit tausend Worten und That; es ging alles in den Plan Dich zu sehen über. Armer! Auch ich litt.

Grüß nur den armen Beethoven; und ich gedenk' ihm stets seine unerwartete Gefälligkeit, daß er mir gleich etwas vorspielte. Wie so hält er aber so viel von mir? Den Plan der Oper will ich durchsehen, er soll ihn mir nur schicken; und aufrichtig will ich sein, ich kann gar nicht anders.

An Rahel.

Prag, den 23. September 1811.

Mein erster Brief ist vielleicht mit der fahrenden Post gegangen, und kommt später an, als dieser, deswegen schreibe ich heute, wiewohl in der größten Eile, diese Zeilen an Dich, meine einzige, geliebte, verehrte Rahel! Wie tief wurzelt die Sehnsucht zu Dir in meinem Herzen! sie ist ja auch in Deiner nächsten Nähe kaum beruhigt, was soll nun in dieser Entfernung aus mir werden! Die Grundpfeiler meines Daseins scheinen mir umgestürzt, und mein Leben wie durch ein Wunder Gottes noch in freier Luft schwebend fortzudauern, seit Du mir entzogen worden! War bei Deinem letzten Abschiedskusse mein Schmerz wie eine gewaltige Sonne zusammengedrängt, so ist er jetzt durch alle meine Tage, durch jede Beschäftigung, jeden Blick und jedes Wort wie in tausenden von schimmernden Funken verstreut, und überall fehlst Du mir, Du innig geliebte Freundin, Besänftigerin meines Lebens, Licht und Frühling meines Geistes! Dich wieder zu gewinnen ist mein einziger Gedanke; in dem ertrage ich alles, auch meine verzweiflungslose Dumpfheit. Ohne den müßt' ich ersterben in Weinen und Wehklagen. Ich bin sogar thätig; nicht eine Viertelstunde gönn' ich mir von der Arbeit Ruhe, ich habe keine Freude ohne Dich, keine, keine; ich bedarf daher keiner Erholung. Gesellschaft ist mir verhaßt, ich sehe etwa nur Stein, der mir zu vielem behülflich sein kann, und geize desto genauer mit der Zeit, da ich so viele in trockenen Geschäften anwenden, so viele meinem Obersten zu lieb verbringen muß. Ich habe jetzt den ganzen Vormittag, bisweilen auch Nachmittags, mit dem Regimente zu thun, und muß fleißig sein, um Routine zu erwerben. Reiten werde ich auch in kurzem anfangen; dazu kömmt noch viel Tägliches, das Zeit wegnimmt, kaum alle Abende werd' ich mein nennen können. Meinen Freunden werd' ich noch hin und wieder schreiben, aber meinen Briefwechsel eigentlich nur auf Dich beschränken. Vor allem mache ich das Büchlein über Goethe fertig, weil ich hoffe, daß es mir bezahlt werden wird; dann kommt die Arbeit für Beethoven, die mir auch etwas Geld bringt. Ich muß durchaus Herr sein zu Dir reisen zu können, vorher läßt mich die Angst nicht los. O Rahel, geliebte Rahel! mein Wunsch, meine Freiheit Du! Wer jetzt mit Dir über die Dresdener Brücke gehen könnte! Von der hiesigen sehe ich oft sehnsüchtig in's Wasser, ich brauchte mich nur hineinzustürzen, um, wenn auch nicht zu Dir, doch unter Deinen Füßen vorbeigetrieben zu werden, Du sähest mich, und hieltest mich auf! In Wahrheit eine Versicherung vom Glück, daß es sich nicht ganz abwenden wolle, ist es, daß Du in dem Häuschen wohnst, wo Du zu wohnen so verloren wünschtest! Reise doch nur ja über Meißen, oder von Dresden hin und zurück, ich denke, es könnte uns doch wohl ein Plätzchen dort beschieden sein. Du glaubst es nicht, Du konntest es auch nie erfahren, wie gern ich thätig bin, wie glücklich mich die Thätigkeit macht; kann ich es bis dahin bringen, daß ich etwas meinem Sinn gemäß dadurch erwerbe, Du solltest sehen, wie fleißig, wie glücklich an Deiner Seite ich im Fleiße sein würde! Ich überlege mir diesen Zustand vorzüglich auf den Fall, daß sich durch den Krieg mir die anderen Aussichten zerschlügen. Von diesen Sachen belehre mich nur immer bald, wenn es besonders wichtig ist, kannst Du Dein Schreiben unter Bentheim's Adresse dessen Freunde Zichy geben, der es dann durch Kouriere gelegentlich besorgte. Mein Oberst ist fortdauernd sehr gütig und liebreich, seine häuslichen Umstände aber bringen es mit sich, daß ich doch nicht ganz versorgt bin; Geschäfte und Dienst darf er mir nicht länger ersparen, zumal im Regimente Zwistigkeiten sehr ernsthafter Art sind, in denen das vorkommen könnte. Daß er mein Inneres nicht erkennt, darüber klag' ich nicht, und ihn wenigstens nicht an, daß er oft keine Ahndung von meinen Zwecken, meinem Wohlbefinden hat, z. B. aus dem innigsten Lesen mich zu der nichtigsten Unterredung ruft. Er ist ein herrlicher Mann, unserer besten Liebe werth; Deinen Brief hat er mit dankbarer Aufgeregtheit gelesen, Deine Blumen aus Mariaschein sehr liebenswürdig empfangen, er will Dir einen langen, ausführlichen, vertrauten Brief zur Antwort schreiben, damit er aber nicht schlechter werde, als nöthig ist, soll er aber bis zu seiner Rückkehr von Raudnitz verschoben bleiben, wohin der Oberst morgen abreist; bis jetzt war wirklich keine heitere Stunde dazu frei. Es giebt unglaublich viel zu thun. Eugen ist noch hier, und bleibt wohl noch einige Tage, an dem ist Hopfen und Malz verloren, er grüßt Dich jedoch bestens. — Bei Stein war ich gestern, er leiht mir Bücher. Wenn Kenntnisse und Verstand bei einem Menschen lange Zeit in einander wirkten, so giebt dies den Schein von Geist, es ist aber kein ursprüngliches Leben darin, sondern nur ein Abglanz, der nicht wärmt, nicht sprossen macht, sondern höchstens verwaltet. Das ist Stein, gestern wurde mir's klar. Ach Rahel! welch trauriges, ödes, verlorenes Leben liegt vor mir! So wird es einst hinter mir liegen! Die Brust will mir aufspringen, und mein Herz beflügelt Dir zueilen! Ich sinke an Deine Brust, an Deine lebensquellende Pulse! Könnt' ich Dich sehen, Dich drücken, Deinen Athemzug empfinden! O ich liebe Dich über alles! Weißt Du es, süße Rahel? Gott segne Dich, mir zur Freude geschaffene! Ich will Dich wiedersehen! Ewig Dein, Dein! Ich küsse, küsse Dich!

Varnhagen.

Sonnabend.

Schicke mir ja die Vorerinnerung! Oliva ist fort nach Wien.

Dieser Brief ist wieder liegen geblieben bis heute, ein feindliches Schicksal wandelt über meinen ersten Brief! Daß ich Zeit habe, noch mehr zu schreiben, ach kann mir wenig werth sein; denn was wohl kann ich hinzufügen, was nicht mein Herz in lebendigster Bewegung Dir schon gebracht hätte? Mir will es sich nicht abstreiten lassen, daß meine Brust verödet ist, die munteren Bewohner sind ausgezogen auf kühne Fahrt, Argonauten einer neuen Argo; wenn es ganz stille ist, glaube ich in unendlicher Ferne ihre klingende Musik schwachtönend in zarten Lüfteschauern zu vernehmen. Ahndest Du es wohl in den weiten Nächten, in den abfliegenden Herbstnachmittagen, daß mein Herz mit allen Lebensgeistern um Dich herschifft auf dunklem Meere der wogenden Sehnsucht? Du kannst sie nicht sehen, die körperlosen Schatten! sie drängen sich mit angestrengtester Gewalt an Deine Lippen, Deine Augen, und Du streifst ruhig mit der Hand unbewußt wie Luft alle hinweg! Sie schreien in Dein Ohr mit verzweifelter Raserei, doch endlich gehört zu werden, und Du hörst die leisesten Pulse Deines Blutes, nur *sie* nicht! Das aber bin *ich* nicht, meine geliebte Rahel, meine Freundin! das sind meine Seelenstimmen, meine Herzensbilder: ich liege hier inzwischen dumpf und gedankenlos in Prag, von keinem Schmerz durchwühlt, denn seine Beute schwirrt indeß in Deiner beseligten Nähe. Wenn ich bisweilen wehmüthige Thränen wiederfinde, so schaudert mir die Brust, als sollte sie zusammenfallen, da nichts Inneres sie emporhält. Auch Du, mein süßes Kind, mein liebliches Auge, auch Du kannst Dich unmöglich immer zusammenhaben: die vergangene Nacht besuchte mich ein Traumgebild von Dir; Du selbst warst es, ein Abglanz der Lebenden, und da ich Deiner nicht gleich gewahrte, denn ein anderer Traum hielt mich abgewandt, so zogst Du mich schnell am Arme, mir Deine Gegenwart zu verkünden, ich sah Dich, aber ach! mußte erwachen! Ich hätte geschworen, daß ich wahrhaft gezogen worden; auch träumte mir nicht, daß ein anderer Traum mich beschäftigt hielt, es war wirklich so, und wie aus anderen Reichen gesandt, warf sich Dein Traumbild in den anderen Traum hinein, und brach ihn ab. Woher nun dies? wer gab mir dieses Bild? Du mußt wahrhaftig, mit einem Sein, dessen wir nicht Herr sind und das in anderen Gebieten oben verwaltet wird, bei mir gewesen sein! O Rahel, inniggeliebte Rahel! Du bist ewig mein! Sieh, Träume mag ich Dir erzählen, meine wirklichen Lebenstage widern mich an. —Bentheim ist nun fort, der Bruder, ein ungeschliffener Gesell, läßt sich nicht sehen, ich suche niemand auf, und so bin ich früh auf bei den Geschäften, Mittags beim Essen, Abends beim Schreiben und Lesen, ganz einsam, ohne jemanden, der mich irgend näher anginge. Das ist mir auch ganz recht: ich finde, daß mich selbst geistreiche Menschen nur stören, ja quälen würden. Mir ist so ganz wohl; die Arbeit ist mir lieb, nur das Untergeordnete darin hasse ich, da ich oft dem geringeren Zwecke das größere Mittel zuwenden muß. An sich wäre mir das geschäftige Wesen schon ganz recht, Geschäft ist ein Gegensatz zu Studium, der weltkräftige Gesundheit in das letztere zu bringen vermag. Ich sehe, daß ich an Deiner Seite bei vieler, auch den Musen völlig entfremdeter Arbeit, ganz glücklich sein könnte, nämlich daß das Arbeitenmüssen mich keineswegs im himmlischen Glücke stören würde. Im Gegentheil, soll einmal Arbeit sein, dann lieber Holz gehauen, als geschnitzt. Ich bin ganz gesund. Auch kräftigen Sinns; ich will nicht das Schicksal verwöhnen, es möge nicht unbestritten walten, vielleicht will es ganz freundlich ja nur, daß ich ernstlich nachjage meinem Glücke, Dir! Ich bin nach meiner Weise fleißig; das Büchlein über Goethe ist schon zu=

sammengeschrieben, es fehlt nur die Vorrede, die ich von Dir zurückerwarte; sie muß weicher werden, weniger schwülstig, sie kann, das sehe ich jetzt, da das Büchlein fertig ist, sich gemächlicher, heiterer zeigen. Könnte ich nur Dir vorher das Ganze zeigen, und mit Dir berathen! Vieles nimmt sich vortrefflich aus, für Goethe ist es gewiß eine herrliche Labung, aber den anderen Lesern gewiß ein seltsames Wunderding, dem sie die rechte Seite werden erst abgewinnen wollen. Ich nenne mich nicht; außer bei vorkommender Gelegenheit, bei Angriffen oder Mißdeutungen, die es erforderten. Das Büchlein wird sehr hübsch, über hundert Seiten sind es gewiß. — Staatswirthschaftliche Bücher werde ich lesen, und französische; vielleicht auch Abends mit dem Obersten militairische. Ich ringe der Zeit ihre Eile ab, aber es sieht doch aus, wie Faulheit, ich war schon fleißiger, aber frei dabei. — Dieser Tage erwart' ich die Herz, ich werde sie nach meinen Gedichten fragen, übrigens aber freut sie mich nicht; liebende Verehrung soll ihr ein gebildeter Jüngling zollen, so hat sie sich mit der Welt gesetzt, ich zolle sie ihr gern bei jedem Schlagbaum, den sie auf dem natürlichen Herwege gestellt hat. O Rahel, wie bist Du! ich versenke mich in Nachsinnen über Dich! Aus welchen Quellen hat Dich die Natur geschöpft? Sie eröffnete tausend Krystallbrunnen, tausend Flammenhöhlen, ich müßte in jede hinabgehen, um Dich zu ergründen; Deine Sinne, Deine Gedanken, Deine Herzensempfindungen sind Riesenblüthen der Natur in das Zwergengeschlecht der Geschichte gedrängt! Leb wohl! meine süßes Rählchen, meine geliebte, angebetete Freundin! Ich küsse Dich, Liebe! Ich umarme Dich mit innerstem Leben! Ewig Dein

Varnhagen.

Montag.

An Varnhagen in Prag.

Dresden, Sonnabend Abend um dreiviertel auf 12,
den 28. September 1811.

Diesen selben Augenblick gehen Marwitz und Meier aus der Thüre. Dir meinem treuen geliebten Freund schreib' ich die wenigen eilenden Worte nur darum, damit Du sie — gewiß, der tollen Post wegen — um acht Tage früher in Händen hast, und um zärtlich aus dem lieben Ort Abschied von Dir zu nehmen; da ich nun auch noch eine Gränze und viele Meilen weiter muß! Ich bin heute von tausend Menschen, Gängen und Ermüdungen ganz erschöpft. Ich habe Deinen zweiten Brief nun von Prag, und Du mußt meinen von hier nun auch in Händen haben. Wenn es möglich ist, mein Kind, so suche Dich zu beruhigen! und bedenke ja, was so Wenigen wird, daß Du keine Undankbare liebst: und Hoffnung und Muth, ja sogar Aussicht und Gewißheit hast, sie zu sehen. Mir ward es nicht so in der Welt, und während meiner Herzensgluth. Daß diese Geliebte Freund, Schwester und alles zu sein vermag. Bedenke noch, daß jedes Deiner Liebesworte eine Liebesstelle in meinem Herzen hat und findet. Eins aber bedenke auch; sprich, mir zur Liebe, nicht mehr unüberlegt! Sag nicht, ich soll von hier nach Meißen zum Beispiel; da eine solche Reise hin und her zwischen zwanzig und dreißig Thaler kostet. Der Wagen hin und her wenigstens sechszehn. Es ist eine Tagereise. Berechne den Rest. Sondern: verlaß Dich auf mich und Dich. Und sind wir gut, und werden wir immer besser, so finden wir keinen Besseren, und nichts Besseres, und kommen und bleiben zu und bei einander! Ich war hier äußerst lebendig, und belebte, und beherrschte Marwitz, und genoß hauptsächlich die Brücke, wo, und in Dresden, ich viel allein ging. Marwitz sagte gestern de but en blanc zu mir: „Wenn Sie Varnhagen schreiben, schreib' ich auch." — „Wie so?" — „Ja, ich will ihm eine Liste schicken von allem, was Sie hier gesagt haben." Du siehst, wie lieb, freundlich und unbefangen. Auch habe ich enorm viel gesagt. Morgen um 5 reisen wir, bis Dobrilugk, Montag bis Baruth, Dienstag zu Hause. Die Frohberg mit. De Ligne war einen Tag hier. Leb wohl, Geliebter, sehr lieber Freund. Sei fleißig! Und denke bestimmt, ich denke mit Sehnsucht an Dich, und gedenke thätlich Dich wiederzusehen. Adieu! Ich erliege! Bei allem dacht' ich an Dich. Deine R. R.

Die Hofräthin Herz ist seit gestern hier; ich habe sie heute Abend in Körner's Vorzimmer mit Meier gesprochen. Sterile, affektirt. Tausend der schönsten freundlichsten Grüße an den Grafen Bentheim. Es freut mich, daß Du ihn so siehst und liebst. Marwitz sogar denkt auch so über ihn. Auch de Ligne lobte ihn noch sehr. Ich aber bin sein größter Stangenhalter; sag ihm dies alles.

Ich goß das Tintenfaß über den Brief; aber hier oben stehen die bekleckſten Worte noch einmal. Adieu.

Ja! noch Eins! Warum nennst Du mein Leben ein großes in der Vorrede? Laß das weg. Wenn es auch mir und Dir so scheinen kann! —

An Rahel.

Prag, den 7. Oktober 1811.

Du bist also jetzt in Berlin, meine geliebte Rahel! Dir sei tausend Dank für Deine letzten zwei Briefe aus Dresden, die mir neue Gewißheit Deiner Innigkeit, neue Hoffnung für unsere Vereinigung geben! Jeder Augenblick, der meinem Leben zugesetzt wird, vermehrt die Hinneigung, mit der ich Dir zugethan bin, und ich sehe mit hülfloser Betrachtung, daß ich bei jedem Wiedersehen als ein Unwürdiger vor Dir erscheinen muß, weil bei allem Liebesglühen für Dich doch die Zeit noch Tieferes in mir erzeugen wird, und Dir also in keinem Augenblick vollkommen zuwendet, was der stufenweisen Entwickelung nach möglich ist. Inzwischen sollte mich diese Ueberzeugung nicht einen Augenblick abhalten in Deine Arme zu fliegen, wenn meine kurzen Schwingen zu mächtigen Flügeln wüchsen: ich würde ja bei Dir in allem besser gedeihen, und auch in meiner Innigkeit! Glaube mir, es giebt Stunden, in denen, von allen äußeren Zuständen abgelöst, mein Herz nicht weiß, wohin es seine unruhigen Wellen schlagen soll, und gern irgend eine leibliche Wunde zu ihrem Ausgang wüßte, in denen einzig Deine Gegenwart mich trösten könnte. Andere Stunden giebt es, die mich durch tausend Reizungen des Unterdrücktseins, der willkürlichen Zerrüttung meiner Gedankenreihen und Gefühlsstimmungen in eine schwindlichte Wuth versetzen, daß ich in tiefer Kränkung innerlich zitternd vergehen möchte: dann wünsch' ich grade nicht unmittelbar so vor Deine Augen zu treten, aber ich fühle gewaltig, daß an Deiner Seite ich über solche Qual erhaben wäre, und diese Zustände, falls sie doch einträten, mit Weisheit und Muthwillen überstände. Was brauch' ich Dir hiernach noch erst zu erzählen, wie mir's geht? Der Oberst ist liebevoll gegen mich, wie Du es nur je gesehen hast, aber wegen seiner eigenen, mehr als je verwickelten Lage, auch gegen mich ungleich, so daß ich, der ich seine Unordnung zu nutzen viel zu ehrlich bin, diese mitgenieße fast ohne die Vortheile davon. Sein Geist und Gemüth schmiegt sich sehr an das meinige an, er möchte mich gern bei allem mithaben, und dann plötzlich schließt er mich doch gewissermaßen aus, als wollte er nun die Schwingen allein prüfen. Ohne Bewußtsein davon zu haben, ist er höchst selbstsüchtig, er kann nur sein eigenes Gefühl fühlen, und weiß nichts von dem meinigen, noch von meinem Bedürfniß und Verlangen; ich kann ihm gleichwohl nicht böse sein darüber, doch leid' ich unsäglich davon. Mir wäre es gleichgültig, um mein Genähertsein und Entferntsein zu ihm in einem Bilde zu sagen, im ersten oder zweiten Stock zu wohnen, aber in augenblicklichem Wechsel bald den ersten bald den zweiten zu beziehen, das ist eine unwillige Ermüdung. Die Vormittage hab' ich ziemlich zu thun; eine englische Stunde, die grade in meine Dienstgeschäfte fällt, konnte ich bisher nicht mitnehmen, es geschieht aber jetzt doch, nicht eben weil ich es gewünscht, sondern weil er gemerkt hat, daß mein Mitlernen ihm sehr nützlich sein würde, und er sich dann auch zu jeder anderen Tagesstunde an mir üben könnte. Er ist bei allen diesen Vorgängen ganz unschuldig, und ahndet ganz gewiß nicht das Innere davon, und wäre ich frech und laut, so zöge ich so Nutzen von ihm, wie er von mir zu ziehen wünscht. Aber ich lasse alles leise vorübergehen, und lächle über mich selbst. Nachmittags lern' ich reiten, wobei ich sehr vergnügt bin, die Bewegung ist mir heilsam, und ich mache gute Fortschritte. Der Abend ist sehr unbestimmt; gewöhnlich bin ich eine Stunde im Theater, oft nicht aus Wahl, bisweilen aus dringendem Bedürfniß nach lebhafter Anregung, um die kleinen Sandkörner, die sich mir im Herzen knirschend reiben, durch die Wogen der Musik wegzuschwemmen. Dann wird gegessen, was mir Abends ganz unnöthig ist, und gegen elf Uhr bin ich müde, weil ich Morgens um sieben aufstehe, um mit dem Obersten zu frühstücken. Alle übrige Zeit wende ich gewissenhaft auf die Arbeit. Stein hat mir Bücher über die Staatswirthschaft gegeben, und ich arbeite mich tapfer hinein; das giebt aber höchstens einen leitenden Fingerzeig, noch keine feste Anweisung zu einem kundigen Führen eines künftigen Amts, das seine eigentliche Kenntniß selber mitbringen muß; wenn mir das letztere die besondere Einsicht, das Schwerste dünkt, so seh' ich dagegen die meisten Menschen sich damit leicht abfinden, und die allgemeine Ansicht aus der Ferne als etwas Imponirendes verehren. Das deutsche Buch von Kraus hat alle Vorzüge deutscher Bücher, es ist durchdacht, reichhaltig, gründlich; das französische von Say ist lebhaft geschrieben, verständig, leicht, aber ohne alle tiefere Ansicht; beide folgen eigentlich dem Engländer Adam Smith, es scheint also nicht auf die Ansicht anzukommen, da beide sie geliehen haben, aber der Unterschied dringt doch in die geringsten Einzelheiten hinein. Stein ist sehr gütig gegen mich, sein Gespräch mir ungemein lehrreich, ich führe es meinerseits lebhaft, und selten kommen wir unter ein paar Stunden von einander los. Er wohnt aber am Ende der Welt. Andere Bücher bekomme ich von der hiesigen Bibliothek, doch meist unwichtigere für meinen nächsten Zweck. Als Doktor nur konnt' ich von da Bücher bekommen, die man dem Offizier verweigerte: meine gelehrten Gespräche aber setzten die Leute in solche Achtung, daß sie mir mit der größten Zartheit entgegenkommen. So geht es mir überall, Schauspieler und Generale, Frauen und junge Leute wollen die Bildung anerkennen, und ich erfahre täglich Züge, oft freilich sehr leise, da ich vermeide sie laut werden zu lassen, die meinem äußeren Range keineswegs gelten, und mich in wohlgegründeten Ruf setzen. Der Major Nostitz brachte einen ganzen Vormittag bei mir auf dem Zimmer zu, in vielen Gesprächen, die auch Dich betrafen, die er sehr theilnehmend grüßen läßt. Er sagte mir ausdrücklich, ich sei viel mehr, als er, und sage mir's allein, damit ich nicht der Anderen wegen etwas darauf zu erwiedern brauche. In unseren Verhältnissen ist das etwas Außerordentliches, und ich muß allerdings verwundert sein, daß meine Natur so wirken konnte. Mad. Brede, die eine geborene Berlinerin ist, aber etwas, doch nicht unangenehm, Sächsisch spricht, hab' ich zweimal besucht, bisweilen auch in der Loge, wo auch die Löwe war, gegen die ich mich, wie ich glaube, einnehmend betrug. Die Brede ist launenhaft lieblich, artig und natürlich, aber doch nur, so scheint's, eine dürftige Natur, mir gefällt sie für Andere, mich könnte sie nie reizen. Heer's hab' ich besucht, das sind gute Bürgersleute. Pflug's sind Deines Lobes voll, Du und die Ephraim, sagen sie, ihr wäret die einzigen Berlinerinnen, die natürlich sind; ganz unzufrieden sind sie mit der Lercaro, der Guten, und der Lautier; mir sind sie trotz dieser Urtheile langweilig. Um nicht ganz ohne Ertrag die Theaterstunden verschleudert zu haben, schick' ich einen kleinen Aufsatz darüber an Cotta; wegen der Goethe'schen Bruchstücke hoff' ich von ihm günstige Antwort. O ich könnte ungemein viel schreiben, wenn ich Muße hätte, unzählige Erscheinungen steigen in mir auf, und müssen unergriffen wieder untertauchen. Vor einigen Tagen hätte ich vielleicht mein bestes Gedicht gemacht, ich brannte vor Begierde zu schreiben, aber ich mußte stundenlang müßig beim Rapport stehen, und begeisterungslos kam ich auf mein Zimmer. So geht es mit Novellen, Dramen, geschichtlichen Sachen, etwas Größeres wag' ich gar nicht anzufangen. Wird denn das gar nie besser werden?

Wenn ich acht Dukaten dafür bekommen kann, so übersetze ich vielleicht ein Racine'sches Trauerspiel in deutsche Jamben; besonders wenn Oliva nichts wegen der Oper für Beethoven schreibt: das unterbricht wieder meine vorhin genannten Studien, aber es ist nichts nothwendiger, als einiges Geld in der Hand zu haben, und wer weiß ob ich nicht dennoch durch unerwarteten Krieg überrascht werde, ehe ich genug habe um nach meinem Willen zu thun!

Ich freue mich herzlich über Deinen Aufenthalt in Dresden: ein Vater, der hört, daß es seinem Sohne auf der Universität wohlergeht, gönnt es dem nicht inniger, als ich Dir jede Lage, jede Gegend, jeden Menschen, der Dich erfreuen kann. Ich liebe Dich aufrichtig und ohne Neid, daß es Dir durch mich wohlergehen möge, das ist ein geringer Nebensproß meines hochblühenden Wunsches für Dich! Ich freue mich Marwitz'ens, und kann Dir heilig versichern, daß die unbefangene Zutraulichkeit, die Du mir von ihm schriebst, nämlich daß er mir von Dir schreiben wolle, seiner Lage in meinem Gemüth nicht den kleinsten Ruck zu geben vermochte; so rein von aller Selbstsucht war sie schon vorher in mir geordnet. Wenn es möglich gewesen wäre, so hättest Du Augenblicke des Hasses gegen ihn mir aufreizen müssen, aber mit der wahrhaftigsten Prüfung konnt' ich sie nicht entdecken; nur als den billigen, als den natürlichen Stand konnte ich den nicht annehmen lassen, in den er mich zu ihm gestellt hatte, ich kann gegen einen jungen Mann unter keiner Bedingung demüthig dastehen, und muß mich, wenn mir solche wie Marwitz zu übermächtig werden wollen, endlich nur freuen, daß es auch in den äußerlichen Verhältnissen einen Punkt giebt, wo alle inneren schweigen, und zwei Männer sich gleich sind. Die gegenseitige Liebe kann wohl alle Erschütterung ertragen, aber eine einseitige besteht bedingungsweise; Marwitz hat mich nie besonders lieb gehabt, höchstens schätzte er Gesinnung in mir, ich hatte aber Freude an seiner Person, er hätte den Geist verabschieden können, und mir wär' er dennoch theuer geblieben. Diese zarte Atmosphäre hat er allerdings zersetzt, es ist Lebensluft und Stickluft daraus geworden, und ich kann die Elemente nicht verbinden; wenn ich weniger Einen Athem der Innigkeit beim Wiedersehen aus seiner Atmosphäre einziehen sollte, so möge mir nicht die Schuld beigemessen sein.

Den neuen Weltbegebenheiten, die diesmal auch für mich entscheidend werden können, sehe ich mit brennender Begierde entgegen. Laß mich zu rechter Zeit wissen, was mir davon taugen kann. — Die Hofräthin war bei Stein, hat mich aber nicht rufen lassen. Wie bekomm' ich nun meine Gedichte? Mir ist so sehr daran gelegen, weil ich sie möchte drucken lassen! Höre, liebe Rahel! ich glaube sie liegen noch irgendwo bei Dir, suche sie doch noch einmal unter all' Deinen Papieren, vielleicht liegen sie wo man sie nicht zu finden meint. Mit den Tagebuchsblättern war es ja eben so. Ich lege das Format bei; sie können ja schwerlich verloren sein! Stein hat sie von der Herz nicht bekommen. — An Nolte hab' ich einen tüchtigen Brief geschrieben, ohne Zweifel thut er die beste Wirkung. Bald schreib' ich wohl auch an die Humboldt.

Lebe wohl, meine geliebte, einzige Rahel! Die letzten Herbstsonnenstrahlen hätt' ich so gern noch mit Dir gesehen! Jetzt muß ich so unbefriedigt in den Winter hinein! Lebe Du wohl, habe mich lieb, und vergesse nie, daß Du das Kleinod bist meines Lebens! Ewig Dein treuer

Varnhagen.

Bielefeld und Drieberg werden Dich von mir gegrüßt haben; ersterem habe ich etwas von meinen Wünschen mitgetheilt, aber verschwiegen durch welche Verbindungen ich sie zu erreichen hoffe; indem er jene sehr billigte, glaubte er, es könne mir nicht fehlschlagen, obwohl er auch den Zweig, an dem er lange gehangen, nicht grün gefunden hatte, und mehr zu anderen rieth, ganz wie Jeanette Goltz. — Die Feste in Raudnitz sind vorbei, man war nicht so zufrieden, als der Aufwand hätte bewirken gekonnt, es waren zu 150 Männern etwa 12 Damen da, man spielte und jagte. Aloys Lichtenstein erzählt, daß die Prinzessin Solms all' ihre Gunst den Zglinitzki gönne.

Bentheim hat einen Brief angefangen, ist aber nicht fertig damit.

An Varnhagen in Prag.

Montag, den 14. Oktober 1811.

Mit welchen Worten, lieber Varnhagen, soll ich wohl anfangen, da ich seit acht Tagen alle Seelenstimmungen durchgegangen bin; und trotzdem, daß ich heute den Morgen in der Probe von Righini's Zauberwald zugebracht habe, doch nun unpaß bin! Ich erwachte nämlich heute vor Tag, hatte Magenstiche, brach, ging in die Probe, und in Geschäften, aß, wollte schlafen, verlor nur einen Augenblick mich in Schlaf, erwachte mit Unbehagen, brach endlich auf Tod und Leben, mußte, anstatt Dir zu schreiben, mich hinlegen; nun schreib' ich mit Gewalt; zitternd. Aber es ist weiter nichts. Dies nur zu meiner Entschuldigung, wenn der Brief trocken und kurz klingen wird.

Heute vor acht Tagen, vor dem Schlafengehen, wurde mir von Moritz ein großes Billet überreicht — der schon in den ersten acht Tagen nicht mit mir aß, mich kalt und verlegen empfing —, in welchem er mir eine große Note von allem was ich — auch Geschenke — seit Mama's Tod ausgegeben, zum Unterschreiben vorlegte, mit dem Bedeuten, der Zinsfuß sei jetzt so schlecht, daß er mir nur vier Prozent geben könne, und ich mich also mit achthundert Thalern einzurichten habe; von welcher Zeit, da ich es doch nicht gleich können würde, ich ihm bestimmen sollte. Ich antwortete auf der Stelle: was er forderte, müßte ich; und sobald ich mein Quartier los sein würde, so wollte ich. Auch schlug er mir vor, mir Papiere zu geben, die zinstragend wären, wenn ich lieber mein Kapital wollte, aber gegen einen Revers, daß ich dann nichts mehr zu fordern hätte. Den Revers schlug ich rund ab, das Uebrige, schrieb ich, würde ich überlegen, da aber Papiere alle Tage noch schlechter, ja ungültig werden können, will ich es nicht: weil er dies mir selbst auch mit schrieb. Markus, den ich um

Rath fragen wollte, konnte ich in fünf Tagen nicht zu sprechen kriegen; nachher erfuhr ich, wegen neuer, noch schrecklicherer Kalamitäten, die unsere wie vieler Preußen Papiere von polnischer Seite betroffen haben. Ich habe in den acht Tagen alle Verzweiflung durchgemacht. Denn ich erfuhr jede Gemeinheit. Man mißbilligte mich ganz. Denkt, ich brauchte wenig, und so Etc. in aller Art. Machte meinen Freundinnen, für mich, die unsinnigsten Vorschläge. Das habe ich alles durchgefochten, gewacht und geweint. Ich kann die Berührung des Unsinns und der Gemeinheit nicht mehr ertragen. Und hätte mich getödtet, wenn Du nicht wärst, und die Unmöglichkeit, in eine Organisation zu fahren. Tausendmal wollt' ich Dir in meiner Unsinnigkeit eine Estafette schicken. Wäre nur Varnhagen da! dacht' ich, der Dich liebt, daß Du nicht versinkst! etc.

Du weißt, wie arm ich schon war, nun vierhundert Thaler weniger. Das heißt, hundert zum Quartier, hundert zu Holz, so bleibt mir den Monat fünfzig Thaler, das heißt den Tag ein Thaler sechzehn Groschen: davon Essen, Domestike, Kleider, Wein, Kaffee, Thee, Anstand, Licht, Oel, Schuh, eau de Cologne, kurz oblique Ausgaben, Ambition, alles! (Jetzt tobt Moritz um mich her, fordert spaßhaft Thee, „damit der Tag seine Freude habe", er will Kuchen holen, hat sich eine Dame aus Hamburg dazu gebeten: er ist, und muß gut mit mir sein, die Natur will es. Seine.) An einen Bedienten, an einen Wagen, an ein Sommerquartier ist nicht zu denken, also an keinen Sommer. Denk Dir mich. Nichts blieb mir als Du. Denn nun dacht' ich mit Dir an jede Einschränkung.

Als ich alle meine Hoffnung an Dich lehnte, brach ein neues Donnerwetter über mich. Da dacht' ich zu sterben. Hände und Füße schliefen mir ein, ich verging. Die Frohberg warnte mich; erzählte mir ganz die Szene, die sie mit Dir hatte. Daß Du eben solche mit Mariane Oppenheim gehabt habest. Daß sich alle Berliner Teplitzer erzählt haben, Du habest schlecht von mir gesprochen. Du machest mir nur die Kour, weil ich Dich zwinge, weil ich Dir alle Morgen ein Billet schreibe etc. Auch ist ein anonymer Brief, „Sidonia" unterschrieben, hier angekommen, in welchem man Deine Hand und Deinen Stil erkennen will, wo Horreurs über mich und an Mariane Oppenheim stehen sollen. Ich, die ich mich an Dich halten will, die Du schützen und stützen solltest, muß

Dich nun auch mit durchschleppen, Dich vertheidigen. Ich kann's. Denn ich wollte es. Aber bessere Dich. Das kommt von Rohheiten, von Atrozitäten, von Lebenspausen, die meine Natur nicht begreift. Kein Wort mehr hierüber. Die Frohberg sagte: „Können Sie's ihm vergeben; ich versteh's nicht, so kann ich's auch.“ Ich sagte Ja. Und sie hätte schon öfters erst etwas von mir nachverstanden. Ich glaubte aber zu sterben in dem Augenblick. Sie beträgt sich sehr gut gegen mich. Und ich schone sie mir ewig. Moritz thut alles leid und weh, wie ich sehe; bei den achthundert Thalern aber bleibt es. Er hat mir nun vorgeschlagen, im November mit ihm zu seiner Hochzeit nach Posen zu reisen, und von dort den Onkel in Breslau, es sind von Posen nur fünfzehn Stunden, zu besuchen. Dem schreib' ich nun morgen einen Kunstbrief, ob er mich will. In acht Tagen habe ich Antwort, dann sollst Du sie haben. Will er mich also im guten Fall; so muß ich, in der schlechten Jahreszeit reisen, den Winter in Breslau bleiben! bin arm; und eine Aventuriere! — jedoch ist alles so schlimm jetzt geworden — unsere Geschäfte auch —, daß ich mich nicht grämen kann, und frisch versuchen will, ob mir etwas oder der Onkel günstig werden kann! „Ich!“ — wie ich gestern zu Marwitz sagte — „die schon Enkel haben sollte, die ihr kajoliren!“ Außer meiner Ruhe, wer weiß in welcher Lage, den Winter! Wie viel mir vom Sommer genommen war, weißt Du. Jedoch ich rechne auf Dich, auf Deine Freundschaft, und ein Mensch ist viel. Auch liebt mich Marwitz; ich sehe ihn beständig, er weiß alles. Er war mir von unendlichem Trost. Ich sah nur ihn, er nur mich. Es ist ein Engel. Uebermorgen verliere ich ihn. Dann geht er zur Kammer nach Potsdam.

Beyme ist nicht in Aktivität. Der Pläne habe ich genug. Genug, zum Sommer näherst Du Dich mir. Breslau ist näher zu Prag. Freunde von mir wollen das Theater in Dresden übernehmen — ein tiefes Geheimniß! Ich werde alle meine Gedanken mit dem Onkel überlegen, und ihm so viel Wahrheit zeigen, als ich ihm Fähigkeit finden werde. Er ist klug, mächtig, reich, und oft einsichtsvoll; er ist achtundachtzig Jahr alt, ich muß also die Reise wagen, um mir nachher keine Vorwürfe zu machen. Ich litt sehr. Bin aber meinem Gott näher gekommen; reicher in Einsicht, Muth, Thätigkeit, und Wahrheit.

Zwei Briefe schrieb ich Dir von Dresden; zwei erhielt ich dort von Dir; ließ Kaskel's meine Adresse; sie haben mir aber noch nichts geschickt.

Nun nicht mehr von uns! Sondern thätig für andere Unglückliche. In Dresden wohnte ich bei einer lieben ältlichen Mad. Fischer; die liebenswürdige Deutschheit selbst! Meiner Mutter sehr ähnlich. Hier schicke ich Dir den Brief, den ich heute von ihr erhielt, damit Du sie näher kennen lernst; und die Einlage. Sie ist unglücklich, ich habe ihre Thränen gesehen! Ihr Sohn war tapfer, sechzehn Jahr alt! Er sagte, er müsse sich als Bürgerlicher hervorthun —. Schaffe ihr Nachrichten. Die ganze sächsische Armee hat sich umsonst bemüht. Sei Du glücklich! Wenigstens antworte ihr direkt: und bald in allen Fällen. Dies verspreche ich ihr. Je unglücklicher ich bin, je mehr möchte ich helfen.

Sei auch so gut, und schicke der Mad. Frohberg ihren „Voltaire" mit Mariane Saaling oder Ephraim's, wenn sie durch Prag gehen. Ich bitte! Und Pfuel'n sage nebst den freundlichsten Grüßen von mir, ich hätte ihn durch vielfältige, reichhaltige Gespräche mit Marwitz über ihn, erst nachlieben lernen. Marwitz hätte mich grade nichts gelehrt, wir hätten ihn uns nur herausgesprochen. Sag ihm noch, ich hätte noch bis jetzt bei jedem Mond an ihn gedacht, wie er den die Wolken aus seinem Fenster jagen sieht. Grüß auch Willisen. Auch von dem sprach ich! Marwitz'en viel. Er hat ihm einen langen Brief geschrieben nach Wien, das freut mich. Sei ja recht — so wie Du's kannst — thätig für meine liebe Fischer. Und laß Dir von Lippe meinen Brief schicken, den ich ihm von hier schrieb, da wirst Du meine erste Stimmung draus sehen. Schicke mir auch der Fischer ihren Brief mit Mariane. Schreibe mir ja! Lebe wohl! ich liebe Dich: und kenne Dich; und liebe Dich doch, und darum. Wie es mir geht! Wir kommen doch zusammen, und sollte es, wie Macbeth's Hexen, in Dampf, Moor und Flamme sein. Adieu, der Brief muß fort. Fürst Sapieha nimmt ihn mit. Den Mann kennen wir durch Fürst de Ligne aus Dresden. Deine Rahel, in Eil wie Du siehst. Verlasse Dich aber auf mich. Verlasse ich mich doch auf Dich. — Adieu. Lieber! Adieu!

Morgen gehe ich mit Markus'ens und Marwitz in den Zauberwald, Righini's Oper. Wie ist die Welt!

An Rahel.

Prag, den 24. Oktober 1811.

Ich kam heute Nachmittag vom Essen (ich muß im Wirthshause essen, da der Oberst seit Wochen auf der Jagd ist) in ziemlich trostbedürftiger Stimmung nach Hause, und erblickte mit Herzklopfen Deinen Brief auf meinem Tische: das ist mein Trost, dacht' ich, und küßte in Gedanken die liebe Hand, die ihn geschrieben hat. Wie wurde mir beim Lesen! ich zitterte, und rothe Gluth stieg mir in's Gesicht. O meine Rahel, meine geliebte Rahel, Dein Leiden wurde mir so groß, daß ich fast keinen Antheil mehr daran zu nehmen wußte, daß es gleichsam über mein niedriges Haupt hoch hinüber zog. Auch was Du nicht grade schreibst, zwingt mir das Herz zusammen, wie das, was ausgesprochen ist; ich betrachte mit tiefstem Mitleid meinen Zustand, daß mein Arm, mein Sinn, mein Geist und meine Neigung die besten Eigenschaften der Natur vereint mit dem herzlichsten Willen, doch so nichts in diesem Augenblick vermögen, das rührte mich mit unaussprechlicher Wehmuth. Und Du vertrauest auf mich, geliebte Rahel, ich war Dir ein Bild des Trostes! so darf ich ja vom Himmel fordern, es in der That zu sein, Dein Anruf adelt mich, wie der zerstreute Irrthum eines Königs! Ich bin Dein, Rahel, auf ewig! Und wenn wir an den Thüren sollten betteln gehen müssen, so will ich am freudigsten sein darüber, daß ich Dir ein Trost bin! Die Welt steht zu gedrängt um meine Brust, als daß in ihr der blitzende Gedanke an Rache hätte zünden gekonnt, auf einen Augenblick nur leuchtete er auf, und dann trat die ernsteste, schmerzvollste Betrachtung ein, wie es die Einzelnen nicht sind, wie jeder Sache schon der Lügenunsinn der Menschen anklebt, und nun ewig fortwuchert, ein Stück Holz, so wie der Tischler nur es angerührt hat, auch schon in dieses Lügenunsinns Gebiet übergeht; daß ich, um Rache wegen Dir zu nehmen, nur lächerlich Deine Brüder, Deine Unfreunde, Deine Stadt angriffe; nein, solche Rache vermag auch der mächtige Kaiser nicht zu nehmen, sondern nur das Geschick, das ihn sendet. Der Untergang der europäischen Sitten in allen ihren Bekennern wäre als Rache betrachtet doch nur der sanfte Alterstod eines Verruchten. Wie gering, wie nichtswürdig sind die meisten Menschen, und sie sind ja doch tausendmal besser noch, als ihre Verhältnisse, die zerstückelt und verworren seit Jahrhunderten immer neu gezerrt werden. Unser Zustand findet keine Bahn, das einfachste, natürlichste Streben keine Freiheit, als wenn in jene Netze wir uns verstricken! Ich rechne mein Streben zu dem Deinigen wie meinen Zustand, denn ich beziehe ja beide ganz auf Dich, und dadurch werden sie bei aller Verschiedenheit eins. Glaube nicht, daß ich im Unmuth versinke, er reizet mich zur Thätigkeit, zum Muth, er giebt mir eine strenge Ueberzeugung, und setz' ich mich gleich nicht wie ein munterer Frühling an's Leben, so thu' ich's doch als ein scharfer Winter. So hab' ich jetzt in den letzten drei Wochen nicht mit Lächeln und Spiel, aber mit festem Eifer und gehorsamster Kunst das Trauerspiel „Britannicus" in Versen übersetzt, wobei mir oft die Lust erschlaffen wollte, aber es mußte geschehen, ich hoffe wenn auch nur einigen Gewinn von dieser Arbeit. Ich erschrak, als ich las, Du habest oft gedacht mir eine Stafette zu schicken, denn ich hätte mich in entsetzlicher Angst befunden, so gerufen zu sein, und ganz ohne Mittel zu kommen! Wenigstens diesen Gräuel muß ich heben, ich thue dazu was ich vermag, und will wenigstens gegen das Frühjahr so viel erworben haben, als ich brauche, um zu Dir zu kommen. Hier in dem Hause sieht es betrübter aus, als je, der entsetzlichste Einsturz muß endlich erfolgen, ich seh' ihn nahe, und ist er zu entfernen, so kann dies nur durch größere Verwirrungen geschehen. Ich erfahre jeden Nachtheil einer unordentlichen Wirthschaft mit, doch ihre Genüsse kann ich nicht theilen. Der gränzenloseste Leichtsinn tummelt sich müde ohne mich, und möchte dann an mir ausruhen, an meiner Kenntniß, meinem Sinn, es gelingt ihm natürlich nicht recht, und es kömmt ein seltsames Gemisch von gutem Willen und übler Laune heraus. Ich habe ordentlich kämpfen müssen, um ein Geschäft von mir abzuhalten, das mir in diesem Winter keine Minute frei gelassen hätte. Der Oberst wollte durchaus, ich sollte Vorlesungen für die Offiziere halten über Geschichte und Erdbeschreibung, wobei er sich etwas recht Elegantes dachte, wovon man späterhin angenehm reden könne. Und es wäre hier überdies der geringste Nutzen zu erwarten gewesen, denn eine versäumte Schule nachzuholen, dazu gehören bessere Willen, als hier gefunden werden. Ich thue übrigens meinen Dienst, und der halbe Vormittag geht jedesmal damit hin; zahllose Störungen kommen jeden Tag, Vorschläge, Fragen, Aufträge, halbe Unterredung und dergl. hören nicht auf; hätte ich jenes Geschäft noch obenein übernommen, mir wäre von allen meinen Vorsätzen für diesen Winter nur ein traurendes Nachsehen geblieben. Es ist wahr, er hat mich wohl sehr lieb, aber er wäre bequem genug, nach und nach jede Rücksicht meiner, in einer Rücksicht auf sein Ich untergehen zu lassen, und es bedarf bisweilen der Mahnung, die zwar augenblicklich wirkt, aber thun zu müssen mich jedesmal betrübt. Im Anfang war es mir eine Ehre und Auszeichnung so gestellt zu werden, je länger es aber dauert, desto mehr verschwindet das in den Augen der Leute, und wird am Ende wohl gar nachtheilig, weil der Leichtsinn und die Unordnung mich mit umfließen, und mein Gewinn scheinen. Alles was ich wünsche, ist nur, daß vor dem Frühjahr, und ehe ich vorbereitet bin, nicht gewaltsam zerreiße, was ich gern lösen möchte, und was in keinem Fall auf die Dauer bestehen kann. Dagegen scheinen zu der Zeit, da ich in neue Verhältnisse eingehen möchte, grade dort die Krisen eintreten zu wollen, als ob ihre Unsicherheit sich nicht besser jetzt entschiede! Wenn ich dies betrachte, und zugleich, wie Deine Lage sich verändert, und dadurch sich noch verändern kann, so möcht' ich fast eine dunklere Beschäftigung einer helleren vorziehen, und wie Du sagst eine Stelle bei dem neuen Werk, das in Dresden errichtet wird, lieber annehmen, oder Sprachmeister sein, als im Staat ein Amt bekleiden, das zu höheren führt, und alsobald von Geklatsch und Dummheit umringt sein wird, die mich von Dir doch immer werden ablenken wollen. Doch muß ich auch das Glänzende ergreifen, wenn es sich anbietet, und wie jener Hallische Student Kuchen borgen, weil er das Brot nicht bezahlen kann. — Das elende Volk, das über uns klatscht! Die es Dir wiedersagen, sagen aber gewiß mehr, als sie gehört haben; müssiges Gesindel, das nicht ungestraft Dir eine bittere Stunde gemacht haben soll, begegnet es einmal mir, so denk' ich es ist ein Stück vom Teufel, und schlage darauf los, so lang es mir nicht begegnet kann ich nur über die Dummheit lachen: aber ich will mich bessern, liebe Rahel, Dir zur Liebe, und weil es besser ist, jener Pöbel soll nicht daran Schuld sein. — Mehrere Tage hindurch lag ich krank zu Bette, und war sehr böse auf Dich, daß Du nicht bei mir warst, ich fing an Dir zu schreiben, aber es wollte nicht gehen, wie sehr ich Dich lieb hatte konnt' ich Dir nicht einmal sagen. Meine Krankheit war aus Verdruß entstanden,

den mir an der Wirthstafel einer unserer angesehensten Generale durch mancherlei unziemlichen Tadel unseres Regiments und des Obersten gemacht hatte, auf eine Art, die zwischen Ernst und Scherz hin und her wankte. Ich schrieb ihm einen Brief, so weise ich konnte, und hätte mich mit ihm geschossen, wenn er in seiner mündlichen Antwort nicht alles zum Guten ausgelegt hätte, worauf wir in höchster Artigkeit schieden. Dabei war der Oberst schon fort, und ich durfte bei einem ernsten Vorfall nicht einmal auf seinen Schutz rechnen. Ich wäre ganz zufrieden gewesen, einmal die ernste Probe zu machen, ob ich wirklich noch weiter leben soll. Jetzt bin ich wieder gesund, ausgenommen etwas Schwäche, die von meiner Stimmung befördert wird. Du wirst Dich wundern zu hören, wer mich alle Tage besucht, und mich ziemlich lieb hat: Clemens Brentano. In meinen kranken Tagen war er fast immer bei mir, und las mir vor; anfangs hatte ich noch einige Auftritte mit ihm, weil er sich vieles erlaubte, das ich nicht leiden wollte, jetzt aber sind wir ganz unbefangen und vergnügt zusammen, seine Meinungen schmiegen sich durch längeren Umgang freundlich an. Die wichtigsten Umstände seines Lebens hat er mir erzählt, das ungeheure Schicksal, das er schon erlitten hat, rührte mich tief, das Unglück hat ihn geweiht, und er müßte es entsetzlich arg machen, wenn ich ihm etwas thun sollte. Von Dir spricht er jetzt anders, und sagte mir gestern aus freien Stücken, er würde Dich besuchen, sobald er wieder nach Berlin käme. Mein Wesen durchschaut er, was mir fehlt, weiß er fast so deutlich zu sagen, als ich selbst, was mir taugt, kann er sehr trostreich sagen, sagt es aber auch oft nur witzig. Vorgelesen hat er mir schöne, wunderbare Sachen, ganz ächte; „Die Erfindung des Rosenkranzes", ein großes Gedicht in vielen Romanzen, worin die Weisheit, die Liebe, das Leben, die Zauberei, der Glaube eines ganzen Jahrhunderts lebendig dargestellt ist, voll reichhaltiger Begebenheiten, mit aller Anmuth, Tiefe, Schärfe und Laune, deren seine anderen Bücher ihn fähig zeigen; das Mystische ist so rein, so gar nicht abgeschmackt, das Katholische so fromm und geschichtlich, daß kein gestörtes Gefühl, erweckt bei diesen Dingen durch die todten Scheinbilder anderer Schreiben, vor dieser Behandlung bestehen kann. Ich habe lange so Großes nicht gesehen. Dann las er mir auch Bruchstücke aus einem Roman vor, der das „todte Meer" heißt, und worin der Zustand einer H..., die nicht lieben kann, aber geliebt ist, geschildert wird, ein Gegenstand, den gewiß nur Brentano so fassen kann. Ueber Staaten und Völker, Geschichten und Glauben, Dichtkunst und Menschen spricht er oft so gut und wahr, daß ich an Dich denke, und erstaune über die Familienähnlichkeit Eures Auffassens, die Du freilich geschickter bist einzusehen, als er. Den Franzosen ist er nicht so abgeneigt. Deutschland habe er nun, meint er, nach allen Richtungen genug durchzogen, aber für sein inneres Leben in dem ganzen Volke nur Arnim, Görres und Savigny gefunden, wenn er nun an St. Martin, Cazotte, Fénélon und solche denke, so müsse er glauben, daß ihm Frankreich im Stillen wohl eben so viele Freunde geboten hätte. Seine Natur ist immer freundlich, sein Geist oft hart und schneidend, und ohne Urtheil für die Wahl der Zeit und Person. Eine Frau kann ihn am Faden seiner Wunderlichkeit wie einen Maikäfer qualvoll herumsurren lassen. Er tritt auf, wie ein ehrenfester, würdevoller Mann im Staate, und verzieht sich bald in das Wesen eines munteren Studenten, den einige Jahre zuviel auf der Universität übereilt haben, bis er sich bei nächster Bekanntschaft, als ein schmerzzerrissener, leidenschwerer Gescheiterter zeigt, der Jugend und Alter, Tollheit und Weisheit durcheinander im Sturme gerettet hat. So viel von Brentano. Sonst sehe ich fast niemand, Pfuel nur äußerst selten, freue mich aber ihm Deine Grüße zu bestellen. Brentano sagte von Pfuel: er habe nie eine so honette Rohheit gesehen, und meinte es dabei ganz gut. Seitdem ich von den angefangenen Büchern über Staatswirthschaft abbrechen mußte, habe ich Stein nicht wiedergesehen, ich besuche ihn aber bald, denn auch zu jenen Büchern kehr' ich in einigen Tagen eifrig zurück. Zu Mad. Brede habe ich den Clemens geführt, sie gefällt ihm sehr gut, auch gefällt ihm, daß sie der Steffens ähnlich sieht, er sagt aber ihre Seele habe den Schnupfen, und stimmt mir bei, wenn ich fürchte, daß ihrer Lieblichkeit ein roth Mäuschen aus dem Munde fahren könne. Nostitz, ihr Freund, ist ab und zu hier in Prag, und gegen mich von sehr liebem, ja aufmerksamem Betragen, ich soll Dich herzlichst von ihm grüßen. Der Schauspieler Gerstel, den ich in Teplitz zu besuchen versäumte, ist hier mit Beifall aufgetreten, ich wollte ihn hier schon mehrmals besuchen, fand aber nur seine Frau, die in Wochen liegt, und hinter einem Schirm hervor mir die Freude schilderte, mit der ihr Mann mein Hiersein erfahren habe. Die Pflug's hab' ich noch nicht wiedergesehen, sie sind mir etwas fatal, wie ein schlechter Kuchenladen; der Mann findet kein größeres Vergnügen, als im Wirthshause zu speisen! Die Heer's sah ich einmal, liebe, gute Leute, aber ich kann ihnen nichts sein, und sie mir wenig, besonders da sie am Ende der Welt wohnen. Eine große Freude habe ich darüber, daß mein „Britannicus" fertig ist; bis auf's Abschreiben, das jetzt beginnen soll, habe ich nur drei Wochen dazu gebraucht, und mit unzähligen Unterbrechungen, es sind doch fünf Akte lauter wohlgebildete Jamben, die Sprache rein und angenehm, und wenn ich glaube, daß meine Arbeit der Schiller'schen Uebersetzung der „Phädra" nahe stehe, so bin ich gewiß, daß sie besser ist, als die Voltaire'schen Trauerspiele von Goethe, woran freilich Voltaire mehr Schuld sein kann als Goethe, denn auch in der Uebersetzung ist Racine zu kennen, der ohne Abirren mit gesammeltem Gemüth und durch die Alten gestärktem Geiste treu seine Bahn verfolgte. Er hat etwas Edles, Gemäßigtes, und Feierliches, das angenehm erhebt, wenn auch nicht fortreißt. Als mir nur noch drei Seiten fehlten, sah ich, daß Falk ihn auch übersetzt und eben in Druck gegeben hat; aber er hielt es besser, in Alexandrinern ihn zu geben, ein wie mir scheint, thörichtes Beginnen: denn es gilt ja nicht, uns die wahre Gestalt des französischen Trauerspiels bekannt zu machen, da jedermann Französisch liest, sondern für unsere Bühne demselben eine schickliche Gestalt zu geben, also in unserem tragischen Vers, da der Alexandriner für uns dem Lustspiele zusagender ist, und darin immer gewöhnlicher wird; und sollte es auch gar nicht zur Aufführung kommen, so möge es doch der Leser in dieser Bedeutung nehmen. — Für das „Morgenblatt" habe ich Kleinigkeiten abgeschickt, die paar Goldstücke, die ich mir da verdiene, sind das einzige, worauf ich bestimmt rechnen kann, doch weiß ich nicht, wenn sie ausgezahlt werden. Meine Rezension des Buches von Carnot stand verstümmelt in der Wiener Zeitung, die scharfen Wendungen waren fortgeblieben, aber mein Name stand ganz darunter, „von Ense" sah ich zum erstenmal gedruckt. — Zugleich mit Deinem Briefe bekam ich gestern einen aus Heidelberg vom Buchhändler Braun, der wirklich die Fragmente über Goethe gern in Verlag genommen hätte, aber einmal nicht kann; doch will er die gemachte Bekanntschaft mit mir nicht so gradezu wieder fahren lassen. Nun erwa..' ich noch Antwort von Cotta. Könnte mein Fleiß eine beruhigende Beziehung erhalten, könnt' er in einem warmen, häuslichen Leben wurzeln, sich meine Sinne im Anschauen und Bewußtsein Deiner glücklichen Gegenwart auf den Genuß froher Umgebung beschränken: wie fleißig würde ich sein, wie fruchtbar und wie frei und munter! Kann ich ja doch schon hier, in einem Zimmer, das mir nicht einmal meines scheint, in zerrissenen Stunden, und ohne ein Gesicht zu sehen, dessen Anblick mir wohlthut, jede Minute der mir überlassenen Zeit sorgsam benutzen, und Jamben schmieden von früh bis spät, vor und nach dem Rapport, vor und nach dem Mittagessen, und wenn der Oberst im Theater ist, und wenn er sich schlafen gelegt hat, daß mir solche Tage ganz begebenheitslos vorübergehen, und ich nicht wüßte, daß sie da gewesen sind, wenn ich nicht ihr Erzeugniß, die Jamben, vor mir sähe! Ich würde ein sehr reines Leben führen, wenn ich nicht fast immer durch aufgeblasene, überhitzte Thätigkeiten meine Stelle behaupten müßte. Glücklicherweise bedarf ich nicht mehr, wie sonst, daß meine Arbeit eine gelehrte sei, ja als Arbeit ist mir fast eine ganz weltliche Arbeit lieber, und ich zöge vor den halben Tag auf einer Kanzlei zu schreiben, als wie Winckelmann einst dem Grafen Bünau Auszüge zu dessen Reichsgeschichte zu machen. Was meinst Du, liebe Rahel, wollen wir nun mit Goltz anfangen? eine Anstellung durch ihn, fürcht' ich nur, könnte mich von Dir scheiden, und dann wär' ich eben so gut im Mohrenlande; wenn Du vollends in Breslau bliebst! Glaubst Du aber, daß dennoch die Anerbietungen seiner Frau zu benutzen sind, so wäre wohl Zeit anzufangen, und ich müßte zuvörderst die Handschrift über Paris, die Neumann noch hat, mit einem verbindlichen Brief einsenden; oder willst Du sie lieber übergeben? Auf jeden Fall lies die Blätter vorher. Neumann soll sie Dir geben. Dieser Tage schrieb ich nach Wien wegen einer Scheere, die meinige ist mir durch einen hiesigen Schleifer unbrauchbar geworden; ich will aber für Dich ausschneiden. — Von Beethoven und Oliva hör' und seh' ich nichts; der letztere muß die Oper, die ich aus einem französischen Melodrama machen sollte, und ein anderer unglücklich angefangen hatte, nicht herausbekommen können. Brentano liebt den Beethoven sehr, Bettina rechnet ihn zu ihren liebsten Menschen. — Deiner lieben Fischer werd' ich recht bald schreiben, und mir alle Mühe geben, etwas von ihrem Sohne zu erfahren, muß aber dazu den Obersten abwarten, der die Mittel und Wege weiß.

Ich fürchte aber doch, es wird vergebens sein. In Ungarn starben damals so viele Menschen, und man achtete auf den Einzelnen kaum. Der Brief gefällt mir sehr, er ist so wohlgezogen treuherzig, und recht verständig gebildet.

Ich schließe, damit der Brief noch auf die Post kommt. Lebe wohl, meine geliebte, einzige Rahel! könnt' ich nur auf mich nehmen, was Dir weh thut! Ich fühle ganz deutlich, wie wenig mir ein Schmerz wäre, den Du nicht empfändest, weil ich ihn empfände! Lebe wohl! verleihe Dir der Himmel allen seinen Segen! Ewig Dein treuer

Varnhagen.

An den k. k. Herrn Feldmarschall-Lieutenant Grafen Hieronymus von Colloredo. Inhaber eines Infanterie-Regiments und Kommandeur des Marien-Theresien-Ordens.

Hochgeborener Reichsgraf!

Hochgeehrtester Herr Feldmarschall-Lieutenant!

Wenn während meines Aufenthalts in Paris und im Reich jemand dort von den Kaiserlich-Königlichen Waffen in meiner Gegenwart ungünstig gesprochen hätte, so wäre dabei für mein Betragen nur Eine Richtschnur gewesen, die jeder kennt, dessen Brust vom Gefühl militairischer Ehre glüht, und ich schmeichle mir, daß in einem solchen Falle mir die Zufriedenheit des Herrn F.-M.-L. völlig zu Theil geworden wäre. Ereignet sich nun, daß, nicht im Auslande, sondern innerhalb unserer Gränzen, nicht ein Bürger, sondern ein Militair, und nicht ein Gleicher, sondern ein Höherer, an offener Tafel seine Unzufriedenheit bezeigt gegen ein Regiment der nämlichen Armee, zu deren ausgezeichnetsten Offizieren er selbst einstimmig gerechnet wird, und daß ein Offizier dieses Regiments, der zugegen ist, sich vergebens bemüht, so viel der Ort und die den Vorgesetzten schuldige Achtung erlauben, das Regiment gegen die, wie ihm dünkt, ungerechten Angriffe zu vertheidigen: so muß für jeden Unbefangenen, bei Erwägung obiger Umstände, sogleich sonnenklar einleuchten, daß jenem Tadel, falls er auch mitunter etwas bitter gewesen wäre, ein bloßer Scherz zum

Grunde liege, und ich wage es den Herrn F.-M.-L. inständigst zu bitten, daß mir erlaubt sei an jenes Gespräch als an einen heiteren Scherz zurückzudenken.

Gewiß, das Regiment, in welchem ich die Ehre habe zu dienen, müßte einen tiefen Schmerz empfinden, die Unzufriedenheit eines Herrn Generals, dessen Verdienste zu preisen von mir allzu kühn wäre, in wahrem Ernste auf sich gezogen zu haben, und würde sich bessere Sachwalter wählen, als ich bin. Inzwischen würde auch ich in solchem Fall, obwohl an Rang wie an Fähigkeit der geringste unter meinen Kameraden, keinen Augenblick anstehen, dem Herrn F.-M.-L. die Gesinnungen an den Tag zu legen, die meinem Stande, wie meinem Karakter gebühren, und von denen alle Offiziere unseres Regiments durchdrungen zu wissen demjenigen zur ausgezeichnetsten Freude gereichen muß, dem, wie dem Herrn F.-M.-L. das Wohl und die Ehre der Armee so innig am Herzen liegen.

In der vertrauensvollen Hoffnung, daß die Reinheit der Ursachen, die mich zu diesem Schreiben bewegen, nicht bezweifelt werden könne, habe ich die Ehre mit tiefster Hochachtung zu verharren

Hochgeborener Reichsgraf,
Hochgeehrtester Herr Feldmarschall-Lieutenant

Dero gehorsamster

Varnhagen.

Prag, am 18ten Oktober 1811.

An Varnhagen in Prag.

Dienstag Vormittags, den 12. November 1811.

Ich überlese nochmal Deinen Brief vom 24. Oktober, und bin nur bis an das Wort „Rache“ gekommen. Ich muß Dir danken, mein Freund, für all Deine Liebe, und empfinde sie. Dieser Dein Brief aber wimmelt von lauter Ansichten und Meinungen, die mündlich zurechtzusprechen wohl einen Tag kosteten, wie aber soll das in Briefen geschehen! Dies vor mir, mein lieber Varnhagen, hielt mich so lange ab, diesen hier zu schreiben! Sei nicht böse, Lieber! Sei es nicht! Versäumt, Wesentliches zur Einrichtung des künftigen Lebens, hab' ich nichts, denn es war nichts zu versäumen, sonst hättest Du schon Nachrichten und Berichte, was Du brauchst. Du dankst es mir, ich weiß es, mein Freund, anstatt es mir zu verzeihen, daß ich mich mit meinem Schmerz an Dich wendete! und magisch hat er auch verwundet und verwirrt. Der Gedanke, Dir eine Estafette zu schicken, wäre mir nicht in den Kopf gekommen, wenn ich dazu nicht noch das Geld in Händen gehabt hätte; völliger Unsinn in Thaten, wenn auch nur zur Ausübung von mir selbst mir vorgelegten, hat sich bis jetzt meiner noch niemals bemeistert. Ich bin ganz gelassen geworden; mir ist eigentlich nichts geschehen, als daß sich auch meine Armuth so entwickelt hat, als ich ihr längst, längst! entgegen sah; meine Einsicht, und mein Handlen und Sprechen dagegen, hat bei meiner Mutter nicht gewirkt; rechtmäßig hab' ich an die Brüder nicht einen Sous zu fordern. Was mir Moritz giebt, ist reine Großmuth: und ist viel in seinen Umständen, wenn auch für mich knapp. Daß er mir die Verringerung meiner Einkünfte auf eine inkonsequente, harte, brüske Art ankündigte, ist eben so natürlich; weil er manchmal in diese Irrgänge hingerissen wird, und allda sich selbst nicht besser behandelt: auch das hätte ich wissen sollen; denn ich wußte es. Aber die Abgründe meines Karakters, in denen ich noch oft befangen bin, erhielten mich darüber im Dunkeln. Ich büßte es hart; mit Schmerz. Und auch dies verzeihe ich nun mir wieder; weil mir immer und immer entrissen ward, und versagt: und diesmal mir das äußerlich Letzte geraubt schien, und auch wirklich beinah ist. Mein lebendigster Schmerz bestand in dem Gedanken, im Sommer keiner Reise mehr fähig zu sein; noch ihn auf irgend eine Weise hier im Marksand genießen zu können: dann, mein erregendstes Sein aufgeben zu müssen, nämlich Gesellschaft. Dies waren aber alles alte Gedanken und Meinungen, mit herübergeschleppt in meinen jetzigen Lebensmoment, der anders lautet. Diesen Sommer war ich in dem seit dreizehn Jahren zurückgewünschten Teplitz. Karg und eingeschränkt mußt' ich leben; so, daß meine physischen Kräfte mir nicht erlaubten (und meine pekuniairen Mittel nicht sie zu ergänzen erlaubten), — einmal die Gegend nach Gefallen zu durchstreifen. Was ich sonst für namenlosen, unsäglichen, beinah die ganze Zeit vergiftenden Aerger und Verdruß gehabt habe, weißt Du. Und das von dem Menschen, der mich am meisten liebt. Was soll man sich also wohl Bestimmtes so heftig wünschen?! — Meine Gesellschaften? die konnt' ich auch mit dem, was ich hatte, nur schlecht, mit Sorgen, und Drehen und Winden, aufnehmen: hat man nicht Stand, nicht Namen, Talent, Schönheit, so muß man Opulenz haben; war ich opulent? je? Ich sah schon seit Mama'ens Tod deshalb wenig Menschen; sie haben sich schon verloren, und ich misse sie nur auf eine solche Weise, wie ich sie nicht haben kann. Ja, ich misse alles was ich liebe; außer persönliche Freiheit und Bequemlichkeit (die oft an die Gränzen des Vermögens anläuft und sich stößt), — und ich liebe vieles! Meine Seele ist aber jetzt ruhig. Etonnirt, daß sie in keinen quälenden Emotionen ist: wie beinah zeitlebens. Die Wahrheit, die Beschaffenheit der Dinge um mich her, wird mir immer klarer, ich sehe ein, daß ich nie nichts hatte, und warum ich nichts haben kann, und bin still in mir. Ausdrücken auf'm Papier kann ich's schlecht; aus den Gesprächen würd' es sich ergeben; und wären sie über Federposen oder Feuerzangen. Mein Onkel hat mir geantwortet: und in den gütigsten Ausdrücken geschrieben; im Winter hätte er mir nur eine Stube, die nicht heizbar ist, im Erdgeschoß zu geben: er lebe sehr eingezogen mit einem alten Bedienten, ließe sich sein Essen von einem verheiratheten Manne herunter schicken, der in seinem Komtoir arbeite, und in seinem Hause wohne. Ob ich wohl im Winter von solchem Leben Vergnügen haben kann. Ich soll Markus fragen, ob das nicht alles genau sich so verhielte. Gleich nach Ostern aber — er weiß nichts Näheres über meine Revenüen — soll ich auf seine Kosten nach Breslau kommen; dann wolle er mit mir nach seinem Gute (sieben Meilen von Breslau; ein großes geistliches) oder nach den schlesischen Bädern reisen; wohin ich wollte. Dafür hatte ich mich nun sehr zu bedanken, und mußt' es annehmen. So steht nun mein Sommer für's erste. Weil ich mein Quartier doch nicht auf der Stelle los werden kann, so bekomme ich für jetzt noch hundert Thaler den Monat. Ich behalte es also noch bis Michaelis, weil es mich nur fünfzig Thaler mehr kostet, als wofür ich doch eins miethen würde. Bis Weihnachten will ich aber nur die hundert Thaler nehmen; und dann den neuen Etat angehen lassen. Ich lebe schon streng ökonomisch, um wenigstens meine geringen Schulden — die bei dem alten Etat keine waren — zu bezahlen, und Quartiergeld zu behalten. Ich esse noch wie sonst. Kleider hab' ich noch. In der Kmödie war ich viermal; zweimal bezahlt, zweimal nicht. Allein leb' ich viel. Gesund bin ich. Spaziren geh' ich, auch meist allein. Harscher seh' ich alle acht Tage; Neumann beinah nicht. Marwitz Einmal, seit er in Potsdam ist. Wir schreiben uns viel; der Nähe wegen. Mit meinen Brüdern bin ich gut. Warum sollt' ich denen grade nicht verzeihen? wozu mich ohnehin Verhältniß, Natur und Welt, und Geld zwingt; und viel Gleiches in uns. Verliere auch Du den Muth nicht, und denke nicht an Staatenumsturz; dränge Dich hinein, in welchen es geht und Dir gefällt, fällt er auch; Alle fallen nicht mit; und Manche sogar stehen immer oben, darunter gehörst Du, und sogar auch ich: wie ich stand, steh' ich ungefähr noch. „Von Geklatsch und Dummheit umringt, welches einen ablenkt von denen, die man liebt", und am meisten ehrt, ist man absolut nur so viel man es an sich kommen läßt. Dies denk' ich alle Tage fester und bestimmter. Denkungsart, und Karakter, ist stärker als alles in der Welt; ist aus einer anderen. Von Exemplen dafür wimmelt die Welt, wie für alles was man behaupten will; und auch hier wieder, sucht sich jeder Karakter die seinigen.

Ich bin Dir außerordentlich dankbar, daß Du Dich bessern willst! Wie soll ich aber daran glauben, mein Freund, nach diesen Worten, die vorhergehen: „Das elende Volk, das über uns klatscht!" Klatscht man über uns, wenn man mir endlich erzählt, was Du thust, über mich sagst? [!!!] Wenn ich großentheils es schon von Dir selbst weiß? [!??] „Die es Dir wiedersagen, sagen aber gewiß mehr, als sie gehört haben." Mehr? „Müssiges Gesindel, das nicht ungestraft Dir eine bittere Stunde gemacht haben soll, begegnet es einmal mir, so denk' ich, es ist ein Stück vom Teufel, und schlage darauf los, so lange es mir nicht begegnet, kann ich nur über die Dummheit lachen, aber ich will." — Lieber Freund! „Gesindel?" diesem Gesindel küssest Du Hände und Wangen [??], Du magst es nachher mir erzählen wie Du willst! Dieses Gesindel sind Frauen! die Dich alle ungeschoren lassen; meine Bekannte, mein Umgang, meine Intime! Und auf diese willst Du losschlagen?!! Bessere Dich wirklich! Schreib mir nicht so, und bringe mehr Einheit in Deine Natur, da Du das Unglück hast, solche Steppen in Dir zu tragen: Du bist gebildet, darum nur lieb' ich Dich: gebrauche diese seltene, große, alles ersetzende Gabe dazu. Dies versprechen Deiner nicht zu hintergehenden Freundin!

Du mußt großen Aerger mit dem General gehabt haben, sonst wärst Du ja nicht krank geworden! Konnt' ich Dich doch in Teplitz nicht umwerfen! — Ich bitte Dich um Gottes willen, wie soll ich es verstehen, und wie nehmen, sag Du es mir, daß Clemens Brentano alle Tage bei Dir ist? Hast Du vergessen, was Du von ihm erzählt hast? was sich hier die ganze Stadt wiedererzählt; womit man mich fragend bestürmt hat; und worauf ich immer antworte, ich wüßte es nur auch von Dir, hätte Clemens nicht gesehen, und liebte die Geschichte nicht. So muß ich sagen; denn so würd' ich sagen. Sag mir, wie soll denn das werden? Was Du mir über den schreibst, ist alles vortrefflich. Ich hatte ja immer einen Hang zu ihm von weitem Jeher. Es soll mir lieb sein, ihn zu sehen. Wenn Du ihm nur keine Briefe gelesen hast! Wie so sollte er sonst besser von mir sprechen? Vom Hören könnte er nur still zuhören. Wann kommt seine Schwester Bettina hierher. Ich finde auch die „Familienähnlichkeit": ich glaub' ich hab's Dir schon gesagt. „Das Unglück hat ihn geweiht, und er müßte es mir entsetzlich arg machen, wenn ich ihm etwas thun sollte"; wie geht denn das nun? Ich bitte Dich! Hast Du denn gar kein Gedächtniß? —

Mad. Brede gefällt mir auch ungemein, ich habe noch immer eine große Anbetung für sie von Leipzig. Sie zieht sich wie eine Göttin an, und spielt die Komödie wie nur Französinnen. Sag ihr Schönes von mir sonst Unerbittlichen im deutschen Theater. Ueber Racine bin ich Deiner Meinung.

Gehst Du etwa nach Wien, oder auch von Prag aus, — laß Dir den Namen bestätigen, es ist zu tausend Dingen gut; und Adliche haben oft die verrücktesten Erbschaften; und da Du ihn nun schreibst, muß er ganz legitim sein. Schreibe Du der Gräfin Goltz. Ich sehe sie nicht. Auch stehst Du als Mann, Dichter, Offizier etc. besser bei ihr, als ich. Ich ging zu ihr, als ich nach Berlin kam, da ich ohnehin in Dresden gehört hatte, daß sie acht Tage zehn Meilen von hier krank gelegen habe. Sie ließ mir heraus sagen, sie packte aus — sie hatten in Charlottenburg gewohnt — ich habe keinen Fuß wieder hingesetzt. Sie muß höflicher mit mir, als mit einer Gräfin sein, weil ich keine bin.

Ich kann noch immer wohnen in welcher Stadt ich will: und nicht bestimmt darüber zu sein, ist mir angenehm: ist man nicht verschlungen glücklich, ist frei sein gewiß göttlich! Also thu alles was Dich vorwärts bringt. Schicke dem Grafen Goltz Deine Pariser Blätter, Neumann kann sie einsieglen, schicke mir nur den Brief. Warum soll ich sie vorher lesen? Lebe auch Du wohl! Und verzeih mir, daß ich so lang nicht schrieb! Millionen Stimmungen, alle schreibwidrig, hielten mich zurück, und daß ich Dir Hartes sagen mußte. Leb recht wohl, und sei meiner wie Deiner versichert! Wo Du Dir nicht fehlst, bin ich auch. Ich umarme Dich freundlich! Deine

R. R.

Schon in Dresden, als ich Marwitz Deine Briefe nicht lesen ließ, und er unbefangen nicht wußte warum; sagte ich ihm, ich hätte Dich seine nicht lesen lassen, und nun hätte ich Dir das Gleiche über Deine Briefe versprochen. „Warum haben Sie ihn meine nicht lesen lassen? Er kann sie alle lesen.“ Ich sagte ihm die rechte Ursach nicht. Du warst zu verstimmt gegen ihn, und in Vergleich meiner Stimmung zu ihm. Die Briefe waren Ergießungen in harten Unglücksmomenten; und mir also zu zart, für unliebendere Augen als meine. Als ich ihm neulich die Stelle über ihn aus Deinem Brief las, sagte er: „Ich weiß nicht was er will; ich schlage mich nicht, denn ich bin nicht roh, und will sich Einer mit mir schlagen, so setzt er sich als roh; das kann bei uns nicht kommen!“ ganz gelassen, ganz unangefochten; spekulativ fragend. Sein Umgang stärkt mich sehr. Er ist von beiden Seiten ausschließend. Wie zwei Studenten, und doch wie ein Mann zu einem Weibe. Er theilt mir alles, Lektüren, alles was auch anscheinend sich gar nicht schickt, mit: ich ihm wieder meine Kleinigkeiten, die ihm auch nützlich sind. Manchmal beneidet uns Harscher. Jedoch ist Marwitz in Potsdam: und ich bereu' es nicht ganz.

Ich habe hier in Berlin zwei Briefe von Dir. Hunderttausend Komplimente an den Grafen Bentheim. Mit der ersten schönen Muße schreibe ich ihm! —

An Varnhagen in Prag.

Sonntag Abend halb 11 Uhr, den 1. Dezember 1811.

Seit gestern, lieber Varnhagen, habe ich so großes Verlangen zu Dir, daß es zur wahren Sehnsucht geworden ist, und mit ihr ist auch gleich die Besorgniß um Deine Gesundheit bis zur Angst gestiegen. Den 11. November habe ich Dir geschrieben; Du hattest mir geschrieben, Du warst unpaß? hättest Du mir wohl schon wieder schreiben können? Bist Du auch nicht krank? Ich habe seit dem Montag ein Flußfieber gehabt, das erst seit gestern weg ist. Ich bin ganze Tage ganz allein, und kann nicht immer lesen. Heute auch. Gestern Abend schon hätte ich Dir geschrieben, aber ich war zu hin; nach einem langen Brief an Fouqué, der mir mit einemmale, zu freundlich und lieblich aus der Seele geschrieben hatte, als daß ich ihn noch länger hätte ohne Antwort lassen sollen, acht Tage mußt' ich's ohnehin des Fiebers wegen, und er hatte mir so schon geschrieben, ich habe ihm vorlängst nicht geantwortet. Meine Sehnsucht nach Dir war zu stark, ich sah, ich fühlte Dich; um 8 etwa war's, und früher auch: daß ich mir einbildete, Du müßtest davon wissen, und auch an mich denken!

Heute war nun Posttag; mein Blut aber zu sehr in Wallung, die Nerven zu dröhnend; ich konnte nicht schreiben! Jetzt aber kann ich auch nicht mehr lesen, und es fiel mir ein, daß, wenn ich morgen den Brief ganz früh nach der Post schicke, der Brief doch noch mitkommt, und um acht Tage später kommt, wenn ich künftig schreibe. Nimm sie also hin, die Grüße der Sehnsucht! und der größten Freundlichkeit! Wie bös, getrennt zu sein! Wie schön unter jeder Bedingung, unter allen Umständen, zusammen zu leben, wenn man so gescheidt ist, wie wir es doch eigentlich sind: wie schön unser Zusammensein, wenn Du gut sein willst! Heute Abend unter manchem Lesen ist es mir recht klar geworden, daß ich doch mit Dir leben muß und soll. Daran dacht' ich nun nicht, — aber über Ehe ist mir auch viel klar geworden. Das sag' ich aber niemanden als Dir; aber nicht heute, nicht schriftlich. Auch ist es trivial: nur nicht bei mir, die ewig so fromm war; Andere dürfen es nicht denken.

Lieber, was machst Du denn? Schreib mir; und ein bischen groß! Meine Reise nach Schlesien, wenn sie noch Statt hat, — wie alles in der Welt, was kommen soll, — hindert mich an nichts; mein schmales Geld aber an allem. Nur nicht am Hierbleiben. Gedenkst Du noch zu kommen, wenn es geht? Sprich doch! Ich sehe beinah niemand; weil ich Gäste vermeiden muß; auslaufen kann ich auch nicht, das weißt Du; ich bin nicht gemacht, und gewöhnt, ein Gast — ohne Wagen und Bedienten noch dazu — zu sein. Marwitz kommt alle vierzehn Tage oder drei Wochen her, und wohnt dann bei mir; eine, auch wohl 2 Nächte. Montag war er zum „Torquato Tasso" hier, wo er nur zwei Akte aushielt, ich aber die Vorstellung, die ich nicht so schlecht fand. Bethmann den Tasso, über jedes Erwarten. Sie, schrecklich, „die kleine verschmitzte Mittlerin" meinte sie. Die Prinzessin, Mlle. Maas, mehr als denkbar, im Guten. Lemm schrecklichst, den Antonio; von den Akteurs, die den Alba spielen, verführt. Beschort den Fürsten, etwas zu alt, und zu bieder, und zu soldatesk, und zu Fleck'sch! Jedoch war das Ganze von Wirkung, und herzzerreißend bei der Katastrophe. Ich habe Bethmann, ihm, sein Fehlen, oder vielmehr er es mir gesagt, und ich es ihm bestärkt: es wird eine Probe bei ihnen gehalten, wo ich zugegen sein soll, und dann wird es wiederholt. Voyons!

Morgen will ich zu Sched'ens gehen, und sie fragen, ob sie den Abend bei mir zubringen wollen; Minna Schede schrieb mir gestern; aber da konnt' ich sie nicht annehmen, ich war zu nervenirritirt: sie werden mich aber, da es Montag ist, zu sich bitten, und übermorgen zu mir kommen. Dies alles, damit Du nicht denkst, ich lebe ganz im Keller. Seit acht Tagen sah ich aber nur die Geschwister: außer diesen Morgen Mad. Lercaro und einen Abend einen Hrn. von Lüttwitz; einen großen, abgelebten, konfusen, geschliffenen Spieler — glaub' ich, — nicht dumm; von allem wissend, und nicht wissend; preußisch; Lust zur Bildung, Lust daran. (Bruder der Frau von Schuckmann.) Harscher seh' ich bald mehr, bald weniger; er ist etwas vigouröser: will diesen Winter fechten, zur Stärkung des Körpers. Mich lobt und liebt er bald, oder vielmehr lieben eigentlich nie, bald mache ich ihn verwirrt, und ich bin ihm nicht geheuer, und nicht sittlich, wie er's faßt! Ich bin es nun satt; und — wünsche uns Geld! — Ich weiß nicht, warum ich Dir grade seit gestern crescendo gut bin! und

Gut, und Geld, und Glück Dir, anstatt mir wünsche. Leb wohl, lieber Freund! Könnt' ich Dich heute wirklich umarmen! Dir und mir dadurch wohlthun! Es ist schöner Mondschein! wärst Du hier, so hätten wir ihn trotz meiner Unpäßlichkeit genossen! Leb wohl! Verein' uns Gott vor dem Tod; Du weißt doch, daß sich Heinrich Kleist erschossen hat: er sich in den Mund, und einer Mad. Vogel in's Herz; bei Stimming: wenn man von Potsdam hierher fährt. Der Tod ist so schwarz, und das Leben will doch nicht gehen! Adieu. Ich küsse und liebe Dich. Deine Rahel.

An Rahel.

Prag, den 8. Dezember 1811.

Du giebst mir das Leben wieder, geliebte Rahel! Deinen Brief hab' ich so eben durchlesen, o ich hatte ihn so nicht erwartet. Wenn ich in einem Kriegsheer stände, das ganz schändlich unerhörte Grausamkeit gegen edle Feinde verübte, so könnte ich von diesen nicht mit mehr Wehmuth und Ergebenheit mich mißhandeln sehen, als in meinem Gemüth war nachdem ich Deinen früheren, größeren Brief gelesen hatte: mich übernahm damals ein zu starkes Herzklopfen, es war, als wolle mein Leben sich beschleunigen nur um schneller abzulaufen. Ich eilte durch die nächtlichen Straßen, fand den Minister Stein, führte mit diesem ein langes Gespräch, glaubte mich zerstreut, und kam nach Hause, so wenig zerstreut, daß vielmehr mein ganzes Wesen auf dem Punkt einer Nadelspitze gesammelt ruhte, und sich immer tiefer in die blutige hineinriß. Ich kann Dir die Traurigkeit nicht aussprechen, in der ich verging. Auf Dich böse zu sein, und in lebhaftem Zorn zu neuer Thätigkeit auszubrechen, war mir unmöglich: o Rahel, wie weh Du mir auch thatest, ich dachte nur liebevoll an Dich, und senkte meinen Kopf ergeben den grimmigen Streichen, denn ich wußte ja immer und vergaß nicht einen Augenblick, daß meine Landsleute, die Menschen, alles Unglück an Dir verdient haben, und wollte nicht murren, daß mich träfe, was ich, der ich ja auch zu der Welt gehöre, in ihr, von der ich mich nicht losgesagt, verschuldet habe. Vieles hast Du mir zu verzeihen, und thust es vielleicht nie, allein das habe ich nicht gethan, das büße ich für mein Geschlecht der Menschen, daß Du mit scharfen Messern über die Liebesarme fährst, die Dich mit der hingebendsten Sehnsucht umfassen wollen. Meine tiefste Innigkeit war, als ich Dir das letztemal schrieb, wach geworden, ich dachte nur an Dich, es fiel mir unmöglich etwas anderes zu denken, als eine bloße Richtung zu Dir, nur Dich nicht zu verletzen, Dir tröstend zu schreiben, war ich bedacht gewesen: ich wußte mich nicht zu fassen, als ich Deine Antwort bekam, aber ich war Dir nicht böse, meine Rahel. Entsetzlich weinen mußt' ich, daß Du mir nun auch die Möglichkeit abgeschnitten hattest, mich mit meiner Angst Dir an's Herz zu werfen, vergebens sucht' ich einen Anfang Dir zu schreiben, es war kein Weg da, Dir in's Herz zu reden, da jene Worte so verhöhnt abgewiesen worden, und ich, der ich gegen alles Weh, gegen alle Verhältnisse, gegen jede Abwendung meiner Freude eine Zuflucht in Dir hatte, ich fühlte jetzt, daß ich mit diesem Weh zu keinem meiner Freunde fliehen konnte, die mir in dem Augenblick zu Schatten wurden, und sah mich ganz verlassen. Es soll mir auch das nicht glücken, dacht' ich; und ich schämte mich jemals die Verzweiflung, die ich so einsichtsvoll in Tübingen gefühlt, vergessen zu haben. Ich wandte mich zu Gott in meiner Angst, aber wir sind zu wenig vertraut, und ich konnte ihn nicht unmittelbar vernehmen. Ich dachte an alle gute Leute, die mich lieb haben, an Neumann, Kerner, Willisen, an meine Schwester, aber, wenn ich mit Rahel nicht bestehen kann, dacht' ich, wie sollen jene mit ungemein leichteren Banden mich halten. So sah ich mich unter den Menschen allein. Ich zitterte, es zu denken, und doch sah ich nicht ein, wie ich dazu kommen möge, den Briefwechsel fortzusetzen, kein Zweck, kein Ton war dazu gegeben, alles vorige war dazu zerschmettert, ich sah die Weisheit nicht, wie ich es neu hätte schaffen können. Dich wiederzusehen, wurde mir ein fürchterlicher Gedanke, denn vertrauenslos und ungewiß hätte ich neben Dir leben müssen, ich hatte Dir die Füße küssen wollen, und Du hattest mich weggetreten, ich mußte fürchten, durch jedes Wort selbst, durch das ich eine Zärtlichkeit wiedererlangen wollte, sie nur entscheidender zu verlieren. Und doch dacht' ich keinen Augenblick deshalb aufzugeben, was ich, Dich wiederzusehen, einzig beginne und erstrebe. Scheinbar ruhig, ziemlich arbeitsam, aber einen nagenden Wurm am Herzen, hatte ich so mehrere Tage verlebt. Eines Abends ging ich früher, als gewöhnlich, zu Bette, und indem ich wach in der Dunkelheit lag und nachdachte, ergriff mich so die innigste, verzehrendste Sehnsucht zu Dir, daß ich Dein Herz glaubte zu sehen, und alle meine Sinne von Dir erfüllt waren. Leben, Jahreszeit, Nacht, Gestirn, und jedes Bruchstück des Daseins erhoben sich mir aus dem Schlaf, und traten in ein zauberhaftes Licht, in welchem mir oftmals zu unaussprechlichem Glück des befriedigten Herzens früher die Welt erschienen ist. In Gedanken an Dich schlief ich ein. Seit der Zeit war ich etwas getrösteter, viel frische Luft schien mir sagen zu wollen, sie könne bei mir einkehren. Hat Deine Sehnsucht, geliebte Rahel, meine, oder meine die Deinige erweckt? dann gewiß war es an dem nämlichen Tage! Heute dacht' ich ängstlich, daß ich Dir doch schreiben müsse, allein ich fand bestätigt, daß ich auf jenen Brief, den ich gleich bei Seite gelegt und nicht wieder gelesen habe, nie antworten könne, und mußte mich dem schrecklichen Zufall anheim stellen, ob Du mir einen anderen Brief schreiben und nicht vielleicht immer auf meine Antwort hartnäckig warten würdest! Jetzt habe ich Deinen Liebesbrief, Du geliebte, meine Rahel! Gottlob, daß ich erlöst bin von dieser Qual. Ich dachte ein großes Spiel spielen zu müssen, etwas in der Welt zu gewinnen, und Dir, was es nun sei, dann anzubieten; gelungen — nun wohl, so hätte ich geheim die Zeit beweint, die ich von Dir entfernt im Streben zugebracht; — mißlungen, so hättest Du mich noch vielleicht für treulos gehalten, oder der Tod einen von uns hinweggerafft, ohne das Bewußtsein gelebt zu haben nach vergönntem Maß. Für mich, wenn es Dich befriedigen kann, ist höchster Wunsch bei Dir zu leben, das weißt Du, aber ich hätte es versäumt, in der zweifelhaften Hoffnung, Dir einst mehr zu sein, als ich jetzt sein kann. O geliebte, theure Freundin, Du Trost meines Lebens, wie häng' ich an Dir! Ich kann Dich nie verlieren, denn ich gebe mich auf für Dich, aber Du hättest mich diesmal scheinbar verlieren können, denn ohne Deinen Brief — ich hätte trostlos und verzweifelt nicht wieder anzuknüpfen gewußt! — Es ist gewiß ein Fehler und sollte nicht sein, daß ich das Innerliche meines Lebens mit so kleinbildnerischen Gestalten, so straffen Bewegungsfäden, und harten, abgeschnittenen Reden in Deinem Herzen darstelle, ich weiß, auch Dir selbst kann nicht immer liebreich sein, was liebevolle Absicht hervorbringt, und es wäre ganz recht, wenn ich auch Dich äußerlicher nähme, allgemeiner, biegsamer, weniger grüblerisch, und wo möglich talent=

voller mein Leben auf das Deinige bezöge: ich glaube wohl bisweilen, daß mein Gemüth und mein Geist sich in lebhafte Unbefangenheit verändere, wahrzunehmen, und daß mein ganzes Regen und Bewegen stätiger nach Einer Richtung gehe, einzusehen; allein die tausendfach verkümmerte Stellung, die ich in der Welt mir muß gefallen lassen, zerstört wieder das ruhige Strombette, und wilde Risse geschehen, die nicht von den Wogen, die von anderen Kräften gemacht werden. Wenn ich ruhig, in einer natürlichen, durch keine Spannung von Gegensätzen verzerrte Lage, bei Dir zu leben erreichte, so würde bald von selbst, wie liebreich auch für Dich, das von mir fallen, was mich jetzt entstellen mag. Laß mich abbrechen von allem diesen, und mich der reinen Freude überlassen, die mir Dein heutiger Brief in das Herz gesenkt hat. Ja, geliebte Rahel! Du hast mir das Leben wiedergegeben, ich bin ganz fröhlich geworden, die reinste Liebe quillt aus meiner Brust, meine Augen scheinen mehr Licht zu fassen. Die schönsten Sterne stehen draußen am winterkalten Himmel, Dein Lieblingsstern leuchtet mir so triumphirend entgegen, daß ich meine, er weiß von uns und unserem Sehnen! — — Ich will Dir jetzt erzählen, wie ich gelebt habe; nach meinem Verdruß mit dem General wurde ich bald wieder besser, aber doch ohne das volle kräftige Gefühl der Gesundheit, das auch jetzt nicht alle Tage in mir ist; mein Oberst kam von den Jagden zurück, und war seitdem ununterbrochen hier, übrigens in nichts verändert, als daß er so viel Zeit abgelebt hat, und vielleicht der Katastrophe um einige Tage näher steht. Die Gewohnheit hat ihn noch freundlicher und vertrauter mit mir gemacht, und ich verzeih' ihm gern manche üble Laune, die ich sehr schwer empfinden würde, wenn ich nicht wüßte, daß sie mit seinen Nervenzuständen zusammenhängt, und ihn also noch liebevoll beklagen müßte. Wir haben eine Fahrt nach der alten Burg Karlstein gemacht in einer hübschen Gesellschaft (Generalin Gräfin Klebelsberg ꝛc.), davon kam Bentheim etwas unpäßlich zurück, und blieb mehrere Tage zu Hause, wir lasen dann einiges. Jetzt ist er wieder ganz gesund, und grade beim Fürsten Auersperg um eine Musik anzuhören, wobei unsere gemalte und gepuderte Longhi das Beste thut. Ich habe dieses Thier oft besuchen müssen, und mancherlei für sie zu thun gehabt, wofür sie mich aus Dankbarkeit an ihren Leib drückte mit dem geflüsterten venez-donc, mon petit ange! Ich aber betrachtete gelassen ihr überpudertes Gesicht. Sie hat es so zu machen gewußt, daß der Oberst ihr Beschützer ist, und da er genug wird zahlen müssen, so war es mir ordentlich lieb, ihm wenigstens die Gänge zu ersparen. Es machte sich ganz von selbst, daß ich nach seiner Rückkehr Brentano'n weniger sah, was diesem sehr leid ist, mir aber jetzt in einer Rücksicht lieb, denn Brentano's Bruder hat vor einigen Wochen hier einen schlimmen Auftritt mit einem Major gehabt, der auch auf Clemens einige Unthulichkeit des Umgangs wenigstens für Offiziere wirft. Sonst hab' ich ihn aber sehr gern, und er mich recht von Herzen lieb. Laß Dich das nicht wundern, auch Steffens liebt ihn, und geht vertraulich mit ihm um, obgleich er in früheren Zeiten die beleidigenden Reden Brentano's mit Ohrfeigen zu rächen bedacht gewesen. Die Teplitzer Geschichte braucht nur zur Sprache zu kommen zwischen ihm und mir, und es soll ihm nicht vergönnt sein nur zu mucken; da er aber trotzdem mich besucht, und nicht davon spricht, so kann ich wohl die Erinnerung davon ihm schenken. Niemanden, weder Pfuel, noch der Brede, noch Anderen, die alle den Vorfall wissen, fällt es hier auf, daß wir ferneren Umgang pflegen. Briefe von Dir habe ich ihm gar nicht gezeigt, er denkt besser von Dir aus einer natürlichen Folge heiterer Gewöhnung an mich, und da er die Sachen nie so scharf nimmt, wenn er sie auch scharf ausdrückt, so denkt er bequem, es könne mit Dir ja auch wohl ganz gut sein, ja er schließt es unbedingt aus meiner immer sichtbaren, unerschütterlichen Verehrung für Dich, die ohne Wahrheit und tiefe Wirksamkeit von Deiner Seite in mir ehrlichen Kerl nicht ausdauern könnte. Die Brede hat einigen Eindruck auf sein Herz nicht behauptet, ihr Liebliches wird nicht von Tiefe unterstützt, sie ist eine kleine, verständige Frau. Für Dein Lob, das ihr sehr geschmeichelt hat, ist sie Dir mit vielen Grüßen von Herzen dankbar, ich gab es ihr auf ein Blättchen Papier abgeschrieben, sie wurde vor eitlem Vergnügen beim Lesen roth. Jetzt höre von einer neuen Bekanntschaft die ich gemacht, selbstständig, auf eigene Faust, und so etwas glückt mir immer. Bei einem Wortwechsel über die Miethe unseres Quartiers, die nach dem Patent muß fernerhin gezahlt werden, wurde der Kontrakt hervorgeholt, in den der Oberst eingetreten ist, als ihm die Wohnung von der Gräfin Pachta in seiner Abwesenheit voriges Jahr überlassen wurde; indem ich die Unterschrift „Josephine Gräfin von Pachta, geb. Gräfin von

Canal" erblickte, überfiel mich ein plötzlicher Schrecken, denn die Worte waren wie von Deiner Hand; dieser Aehnlichkeit dacht' ich mit Vergnügen nach. Die Folge war, daß ich am folgenden Tage den Professor Meinert, wie ein Gelehrter den anderen, besuchte, nach der günstigsten Aufnahme und mehreren gelehrten Gesprächen, worin ich mich gehörig bewies, sprach ich von der Gräfin Pachta, und daß ich durch Dich viel von ihr gehört, ich wolle sie, falls es ihr recht wäre, kennen lernen. Den Tag darauf kam Meinert zu mir, und bestimmte mir die Stunde. Ich kam, fand eine einfache, ruhige Frau, mit vielen Spuren ehemaliger Reize. Ein frischer Knabe von fünf Jahren, ein sittsames Mädchen von dreizehn (mit dem sie schwanger ging als sie in Berlin war) gaben ihr eine beruhigende Umgebung. Sie war freundlich und wohlwollend, und bis zur Stille ruhig. Wir sprachen natürlich nur von Dir, sie mit inniger Theilnahme, aber so sonderbar und unpassend auf Dich, daß ich alle Fassung verlor, ihr auf eine eigene Weise artig und kühn auseinandersetzten, wie es mit ihr beschaffen sei, und warum sie so urtheile, daß jede Andere hätte erstaunt sein müssen, sie aber zeigte sich gleichmüthig, und schien oft ernsthaft nachzudenken. Ueber Ehe und Heirathen, sagte sie, wäret ihr verschiedener Meinungen gewesen, darüber habe der Briefwechsel aufgehört. Ich sagte grundfeste Wahrheiten, dann ging ich. Zu Hause war ich dann noch mehrere Tage beschäftigt, einen großen Brief zu schreiben, worin ich den klarsten Aufschluß gab über alles, was sie in Dir nicht richtig gefaßt hatte, und Dich als weiblich und als menschlich insofern Du ein Weib bist, rechtfertigte. Von Deinem Geiste war nicht die Rede, wohl aber von Deinem Schicksal. Der Brief wurde zur Abhandlung, mitten darin bekam ich Deinen Brief, der mich so betrübte, und in aller Zerrissenheit schrieb ich an meinem weiter, ebenmäßig, ungestört, mit aller Innigkeit; dies ist der größte Beweis, Rahel, den ich von meiner Liebe zu Dir gefunden habe! Doch meint' ich, Deine Gerechtigkeit und Wahrheit wolle mich bestrafen, daß ich zu sehr, mehr als es erlaubt sein mag, mein Wesen auf das Deinige bezogen, und wollest mich nicht annehmen mit dem zu großen Aufgeben meiner Selbstständigkeit. Das dacht' ich aber bloß, weil ich es nicht ertragen konnte, ohne Erklärungsgrund, ohne Rechtfertigung Deiner mir von Dir so wehgethan zu sehen. Ich gab den Brief der Gräfin; noch ehe sie ihn gelesen hatte, nahm sie mir das ganze Herz ein durch großartige Worte, die sie mir unbefangen über ihren Zustand sagte, der der Welt so tadelhaft scheint. Seitdem sah ich sie öfter, und immer lieber. Du würdest Freude an ihr haben, sie an Dir unbegränzte, wenn ihr euch nur sähet. Sie ist ganz glücklich, lebt still und wohlhabend, hat Wagen, Pferde, Bediente u. s. w. Meinert ist ein frommer, lieber Mann, von vielen Kenntnissen, menschlichem Gefühl, redlichem Sinn, dem Geiste nach mit Delbrück zu vergleichen. Eine edle bürgerliche Tugend, dem Kühnen nicht abhold, aber ihm nicht zugewandt, scheint in beiden zu walten, das völligste Vertrauen zu einander strebt in zarter Aufmerksamkeit hervor. Sie sagte mir, ich hätte ihre Bekanntschaft auf keine Weise so angenehm für sie machen gekonnt, als durch Meinert. Er ist gar nicht schön, aber Gutes spricht aus allen seinen Zügen. Ich habe mit ihm tausendfache Berührungen, und er scheint sich meiner Unterhaltung auch zu freuen. Er ist Philolog, auch Dichter, hat aber bisher seine Kräfte mehr in unmittelbaren Lebensarbeiten, Unterricht und dergleichen verbraucht, als in freien litterarischen Erzeugnissen angewendet. Jetzt ist die Tochter der Gräfin krank, das arme Kind, und deswegen alles bestürzt, ich gehe fast täglich hin mich zu erkundigen. — Bei Heer's war ich einmal zu Mittag eingeladen mit Pflug's, ich hatte sie im Konzert bei Polledro wiedergesehen, und sie kamen mit Freundlichkeit mir zuvor. Heer's scheinen in den besten Umständen zu sein, ihre Einrichtung ist elegant, beinahe reich, und das freute mich am meisten bei den guten Leuten. Pflug's hakten diesmal mich fest, ich mußte sie besuchen, besonders auch um die Fräulein Pape zur kleinen Goldschmidt zu führen, die ihr einen Platz hier bei Juden verschaffen soll, einen Platz, um den sich auch — unglückseligster Gedanke! — Minna Spazier durch die Goldschmidt bewirbt. Diese habe ich denn auch wiedergesehen, sie wohnt aber so weit, daß sie öftere Besuche nicht einmal verlangen kann. Nun könnte Dir scheinen, geliebte Rahel, ich lebte in einem großen Gewühl, besonders da wir auch fast jeden Mittag Gäste, und oft große Mahlzeiten haben: mit nichten! ich lebe ganz einsam, alle diese Leute sehe ich nur auf Augenblicke, und niemand spricht meine Seele an. Es ist eine Arbeit die mir unangenehm ist, mit den Leuten zu reden, und alles macht sich in einem Gang vor dem Mittagessen oder vor dem Theater ab. Auch die Pachta, so lieb sie mir ist, läßt mich nicht recht froh werden; denke Dir, die Leute gehen schon um neun Uhr zu Bette, und so ist die ganze Lebensart dem, was mir lieb wäre und gewohnt, entgegen. Ich kann mich nicht darein finden, dies Land bliebe mir mit seinen Bewohnern auch nach zehn Jahren noch fremd. Pfuel ist nun endlich nach Wien berufen, und schon abgereist, Brentano wird ihm wohl bald nachfolgen. Meine Tage gehen übrigens in größeren Zeitabschnitten; dann kommen nacheinander einige stille, dann geräuschvolle, dann beschäftigt mich der Oberst, dann bin ich ganz mir selbst überlassen, dann geh' ich mehrere Abende hintereinander in Konzert und Theater, dann sitz' ich abgeschieden zu Hause und arbeite, vorzüglich Englisch, weil ich die Zeit benutzen will, da mir Eccles noch zu Gebote steht, die Staatswirthschaft hat schon eher Zeit zu warten, da bedarf ich bloß der Bücher, und auch die werden mir ohne den rechten Nutzen bleiben, so lange ich nicht praktische, lokale Einsichten erlangen kann. Ein fester, treuer geschichtlicher Sinn erlaubt mir nicht, Verhältnisse, so wankelmüthig und umkehrbar wie diese, bloß aus verständigen Schlußfolgen zu beurtheilen, und ich wünsche unaufhörlich wirkliche Zustände vor Augen zu haben. Das Englische muß ich doch meist auch für mich allein lernen, ich bin gewissenhaft fleißig, und denke es in diesem Winter, wenn ich nicht gar zu grob gestört werde, in der Hauptsache zu bezwingen. Einen Tag um den anderen gehe ich in die Fechtstunde, welches meiner Gesundheit sehr zuträglich ist, dagegen reite ich seltener. Die Tage vergehen mir in Rücksicht der Arbeiten, die ich vorhabe, unbeschreiblich schnell und unfruchtbar, in Rücksicht des Lebens unbeschreiblich langsam und träge. Zersplittert sind alle, darein muß ich mich schon ergeben; ich sehe aber, daß ich, in konzentrirtem, reinem Verhältniß, sehr viel arbeiten könnte, auch als Geschäftsmann, wozu ich mich täglich tauglicher finde. Meine Uebersetzung des „Britannicus" wird diesen Winter hier aufgeführt werden, zwar bekomme ich dafür nichts, aber desto eher darf ich hoffen, ihn in Wien bezahlt zu bekommen. Auch freut mich der ganze Spaß, ich höre zum erstenmal meine Worte auf der Bühne. Die Schauspieler sind mir hier sehr gewogen, so weit ich sie kenne, und werden alles thun, um etwas, das von mir kommt, zu heben; ich habe die Rollen auf's Beste vertheilt. Von Beethoven und Oliva höre ich kein Sterbenswort; ich hatte gerechnet, eine oder zwei Opern diesen Winter zu schreiben, für einiges Geld, das scheint also fehlzuschlagen. Von Cotta habe ich Antwort erhalten; ich habe das ganze Manuskript mit beifolgendem Brief an Goethe geschickt, billigt der's, so hab' ich acht Louisd'or verdient, und wenigstens das Reisegeld zum Frühjahr sicher. Ja, meine Rahel, ich denke eifrigst auf Geld, nur um zu Dir zu kommen. Ich will und muß den Sommer nach Preußen, gelingt es mit einer Anstellung, so will ich gern den Sommer über Dich in den schlesischen Bädern wissen, und eifrig arbeiten, wenn ich nur auf Deine Wiederkehr hoffen darf. Ich stehe noch an, Schritte zu thun, die bei der jetzigen Unentschiedenheit eben so gut zum Schaden als zum Vortheil ausschlagen können, und namentlich mit G. scheint es mir bedenklich, denn überall spricht sich Verachtung gegen ihn auf die härteste Weise aus. Ich erwarte mehr von B. wenn eine günstige Wendung kömmt. Da ich noch nicht sehr große Eile habe, so will ich wenigstens abwarten, daß mir eine Stunde zu solchem Schreiben glücklich sei. Daß Du meine Reisenachrichten über Paris nicht erst lesen willst, thut mir recht weh, ich schicke sie nicht eher an G. als bis ich Dein Urtheil darüber weiß. — Beifolgend schicke ich Dir ein Blättchen des österreichischen Beobachters mit einer kleinen Rezension von mir, die Neumann in Wolf's Hände bringen mag, ich glaube gezeigt zu haben in diesen wenigen Zeilen, daß ich zu schreiben verstehe. Ganz zufrieden aber, meine geliebte Rahel, wirst Du sein mit meiner Rezension von Goethe's Leben, die eben dort gedruckt werden wird. Ich rechnete dabei auf die Wiener, wie ich sie kenne, und suchte besonders einigen zu erwartenden Einwürfen zu begegnen. O liebe Rahel, wenn ich auch nur Dir ein Freund erschienen, und so glücklich gewesen bin in wenigen Gemüthern dem Schönen und Aechten ein lebendiges Wort geredet zu haben, so acht' ich mein Leben reich an Erfolg und Bestimmung! Goethe hat mich zu Thränen gerührt, ich erwartete nicht, ihn so rein und erhaben zu sehen, und erschrak, ihn so unerschrocken mit dieser göttlichen Einfalt in ein Publikum treten zu sehen, das ihn liebt und verehrt, aber nicht grade immer um seines Guten willen. Pracht, Fülle, Weisheit, Geschmack, wollen alle von ihm sehen, und werden glauben kümmerlich abgespeist zu sein, weil sie das Köstlichste, das sie genossen, in der unscheinbaren Hülle nicht erkannten. Brentano ist ganz meiner Meinung über dies Buch, ihm ist jene ganze Welt vertraut, mir wenigstens durch Aehnliches bekannt. Meinert und die Pachta waren auch ganz hingerissen. Gleich darauf las ich Alfieri's Leben, das ist eines der angenehmsten Bücher, die ich kenne, der dichtete, wie er mit dem Pferd über Zäune setzte, heftig, wild, geschickt, aus reiner Willenskraft, ohne Noth und doch wacker und schön. Die sonderbare Strenge und Menschlichkeit in seinem Wesen, die Wahrheit und Leidenschaft seines Gemüths, von dieser Welt umgeben, bringen die eigenthümlichsten Züge hervor. Laß Dir doch ja das Buch bringen! Wie erschrak ich über die Nachricht von Kleist's Tod! Brentano brachte sie mir zuerst, ihm hatte es Savigny geschrieben. Kurz vorher hatte ich den zweiten Theil seiner herrlichen Erzählungen gelesen, und mich seines blühenden Talents mit inniger Neigung gefreut! Das ist nun zerstört. Ich war erschüttert: seine Seele schwebte mir vor, und ich hatte Einsicht darein! Der Arme! welch ein ungeheurer Schmerz muß in ihm gewüthet haben, eh er sein Talent aufgab, das er in seinem verwüsteten Leben wie den unzerstörbaren Talisman eines verheißenen Glücks betrachtete! — — Sage mir doch was Neumann macht, er schreibt mir nicht, und Fouqué äußert in einem Brief an mich, er sei nicht mehr bei Redern; wo denn also? was hat er vor? Wenn sich für ihn freie Lebenswege finden, so freut es mich doppelt, seinetwegen, da ich ihn so herzlich liebe, und meinetwegen, weil ich denke, es müsse dann mir ja auch wohl gelingen. Ich kann nur in dem Einen Gedanken mich beruhigen: Dir zu leben! nicht bloß bei Dir, auch mit Dir und für Dich; was damit unverträglich in meiner Lage sein mag, wird mir ewig die glänzendste zur Pein machen, und einen Thron nähm' ich nicht auf die Bedingung an! O wie tröstest, wie streichelst Du mein wundes Herz durch Deine süßen Worte, durch Deine Liebessehnsucht! „daß ich doch mit Dir leben muß und soll!" ein guter Engel hat Dir solche Worte für mich abgefordert! Auch ich verlange nach Deiner Umarmung, Deinem Herzensdruck! meine liebe, liebe Rahel! Wenn ich Meinert und die Pachta ansehe, so denk' ich immer an uns, und bin gewiß, wir würden noch glücklicher sein, als die. Hoffen wir denn auf einiges Glück, wo nicht, so mög' uns das Unglück, das wir abgesondert erfahren, wenigstens vereinigen! Ich baue noch auf das Leben, man stirbt nicht so leicht, wenn man nicht will. Ich will nicht fehlen da, wo etwas gethan werden soll. Grüß Dich Gott, b'hüt' Dich Gott, meine Rahel, mein tausendschöner Schatz! Ich flehe für Dich in die dunklen Nächte hinein, und rufe jedes Weh auf mein Haupt, das Dich treffen sollte, und ein Opfer begehrt! Grüße unsere Freunde, sag ihnen Gutes von mir! Besonders Marwitz, dann Harscher und Neumann. Für Wilhelmine Schede spricht immer einige Vorliebe in mir, und mich freut, daß Du sie siehst. Ich umarme Dich, mein theures Herz! Ich küsse Dir Augen und Mund! Behalte mich lieb, und thue mir nicht wieder so weh! Vor meiner Brust biegt sich kein Eisen um, es dringt grade hinein. — Verzeihe mir, daß ich nicht größer schreibe, es will mir nicht gelingen, die Züge wohl, aber kein Inhalt. Ich bedaure Deine lieben Augen! Sollt' ich aber weniger schreiben? Größer als sonst ist es ja doch! Sieh wie lang dieser Brief geworden ist! der an die Pachta war um ein Drittel länger! Bleibe mir recht gesund und munter, und freue Dich meiner! Mit ewiger Ergebenheit und Treue Dein

Varnhagen.

Bentheim trägt mir die herzlichsten, liebevollsten Grüße für Dich auf, und ich soll Dir alles erdenkliche Schöne sagen, dies sprach er mit Zartheit und Sorgfalt aus; auf einen Brief von Dir, den Du in der ersten schönen Muße ihm versprechen ließest, freut er sich ungemein. Auch Heer's und Pflug's grüßen Dich von Herzen. Die Truchseß pflegt in Preußen auf dem Lande ihren gichtbrüchigen Eheherrn, den sie aber im Sommer nach Teplitz bringen will. Der Ort gefiel ihr. Die „maskenartige Schönheit“ ist längst im „Morgenblatt“ abgedruckt.

An Goethe.

Prag, den 20. November 1811.

Ew. Exzellenz werden aus der Vorerinnerung der beifolgenden handschriftlichen Blätter erkennen, daß sie nicht darauf berechnet waren, früher als gedruckt vor Ihre Augen zu kommen. In der festen Ueberzeugung gegen Ew. E. dadurch nicht verstoßen zu können, von meinen Freunden aber und dem Publikum Dank zu verdienen, bot ich meinem Freunde, dem

Dr. Cotta in Tübingen, diese kleine Schrift zum Drucken an. Seine freundliche Antwort zeigt ihn dazu geneigt, allein er bittet mich zugleich, falls sie bei ihm erscheinen solle, vorher die Zustimmung Ew. E. zu erlangen, weil, wie er sagt, er selbst so wenig wie ich etwas thun möchte, das Ihnen vielleicht unangenehm wäre. Ich glaube, wenn Herr Cotta die Schrift gesehen hätte, so würde er mich an bedachter, zarter Gesinnung für Ew. E. nicht zu übertreffen scheinen; da ihm ihr Inhalt nur angedeutet worden war, so kann ich nicht anders, als mich über seine Besorgniß freuen.

Wenn ich in früheren Jahren, bewegt von Dichterwerken, die meine Seele mit ahndungsreichem Leben durchschauerten, mich so hingerissen fühlte, daß mir unerträglich scheinen wollte, in keiner, auch gar keiner Berührung mit Ew. E. zu stehen, die mit anderen deutschen Männern das Leben mir reichlich gewährt hat, so hätte die übereilende Begeisterung eine Gelegenheit wie diese nur zu heftig ergriffen. Jetzt, da meine liebevolle Verehrung in eben dem Grad gestiegen, als das Bedürfniß sie stürmisch zu äußern verschwunden ist, jetzt, da eine nähere Bekanntschaft nur dann, aber dann auch einen unschätzbaren Werth für mich hätte, wenn sie sich glücklich ereignete, ohne daß ich ausdrücklich sie machen müßte, bin ich verlegen, wie ich mit Ew. E. eine Sache verhandeln soll, die ich Ihrem Ausspruch nur in Folge meiner innigsten Zuneigung, von der Sie jedoch nichts wissen, anheimstellen kann. Ich bitte aber Ew. E. die beifolgenden Blätter für mich reden zu lassen, und ihren Inhalt als Liebeszeugniß für mich, den Sammler, wie für die Verfasser anzunehmen!

Ich übergebe daher das Ganze Ew. E. Händen; erhält es, wie ich hoffe, Ihre Zustimmung, so mögen Sie es entweder unmittelbar an Hrn. Cotta, oder mir zurückschicken; um dieses letztere bitte ich jedoch auch in dem Fall, daß die Bekanntmachung von Ihnen nicht gewünscht würde: ich habe keine Abschrift, und mir wäre ungemein leid, diese Bruchstücke, wenn auch Andere nicht Theil daran haben sollen, für mich selbst zu entbehren.

Die Urschrift des Briefwechsels besitz' ich nicht mehr; gern würde ich sonst im Vertrauen durch größere Mittheilungen Ew. E. überzeugt haben, daß ich nicht zu rühmend davon gesprochen. Könnte noch ein Zweifel walten, ob diese abgerissenen Stellen wirklichen Briefen angehören, bei deren Abfassung an keinen solchen Gebrauch gedacht wurde, so will ich Ew. Exzellenz, da man wohl das Publikum so zu betrügen für erlaubt hält, die Wahrheit mit meinem Ehrenwort verbürgen. Nur dadurch, daß sie gleichsam absichtslos aus der Natur hervorgegangen, können die sorglosen Aeußerungen Theilnahme erwecken, die von jeder künstlichen Abfassung zerstört würde. Gern würde ich sagen, von welcher Hand die mit G. bezeichneten Stücke, als die bei weitem bedeutendsten herrühren, allein ich müßte erst die Erlaubniß dazu einholen, welches wegen allzugroßer Entfernung jetzt unmöglich ist. Die Zeitangaben sind alle nach der Wahrheit, die Oerter auch, nur Hamburg vertritt die Stelle eines anderen Ortes, der nicht genannt werden durfte.

Indem ich nun an dem Ende dessen bin, was ich Ew. E. eigentlich zu sagen hatte, und, im Bewußtsein, an wen ich schreibe, den Vorrath unzählicher Gefühle, die aus segenreichen Stunden, von Ihnen belebt, in meiner Brust gedrängt zurückblieben, die alle seit Jahren Ihnen zumeist sich zuzuwenden strebten, und deren vergebliches Ringen in leisen Schlummer überging, wenn ich dieser Gefühle ganze Geschlechter überblicke, so kann ich nicht anders, als mit inniger Wehmuth von Ew. E. Abschied nehmen, da ich die armen aus ihrem Schlafe nicht erwecke, und bedenke, daß diese Gelegenheit, der sie wachend mit Heftigkeit zustürzen würden, auf die der schönste Theil ihres Daseins sich bezogen, und die sie jetzt versäumen, vielleicht für sie niemals wiederkehrt!

Ich habe die Ehre mit tiefster Verehrung und unbeschränkter Ergebenheit zu verharren

Ew. Exzellenz

gehorsamster

K. A. Varnhagen von Ense.

An Varnhagen in Prag.

Sonntag, den 15. Dezember 1811.

Um 11 Uhr erhielt ich Deinen Brief, ich war eben aus dem Bette gestiegen (weil meine Nächte noch schlaflos, und meine Tage eben nicht besonders der Mühe werth sind, daß ich es mit Muth verlassen könnte, Du sollst schon verstehen, wie so das), als mir Dore Deinen Brief überreichte. O! mein lieber, in gewissem Sinne, einziger Freund! hätten doch alle die guten Gefühle, die Gefühle der ernstesten, wahresten Freundschaftsliebe, die des Beifalls, der Vorsätze, der Anhänglichkeit, kurz die ganze Liebe mit all ihrem Inhalt, sich zu Papier setzen wollen, die mir dieser Brief ablockte! Als es klingelte, dacht' ich: ein Brief von Varnhagen; und er war es! Wer mich nicht warten läßt, und in keiner Liebe mich täuscht, bist doch Du. Wenn's wirklich drauf ankömmt. Wisse auch Du, daß als ich keinen Brief, und keinen Brief von Dir bekam; ich wohl fühlte, Du könnest meinen reproche — nicht Vorwurf, nicht Verweis, beides aber — anders noch genommen haben, als er aus mir hervorging, und der Gedanke bildete der Sehnsucht das Thor. Ich dachte: zeig es ihm, wie Du doch von ihm denkest, wie er bei Dir steht; und an wen sich Deine Seele wendet, wenn sie sich überlegt hat, und sieht, und fühlt wie allein sie ist, und was auf der Welt ihr bleibt. Nein, dies Glück, daß ich einem Menschen so wichtig als Dir geworden bin, soll mir nicht umsonst begegnen, muthig und klug will ich's ergreifen, was mir noch ein Gnadenblick der Götter gönnt. Das Größte, der größte Bestandtheil zum Größten, ist mir ja in Dir, in Deiner Liebe dargeboten; ich nehm' es an. Wahr darf ich ganz mit Dir sein, mich ganz zeigen, wie ich mich mir nur selbst zeigen kann, und Du liebst mich doch. Ich habe den verständigsten Freund; und frei sollst auch Du in allen Dingen bei mir sein, und bleiben. Zusammenleben wollen wir aber coute qu'il coute. Und auch meinem Onkel zu sagen, wie ich von Dir denke, wie wir stehen, wie Du von mir denkst, bin ich gesonnen. (Dieser Brief kann nur wieder, was er enthält, kurz berühren: ich kann noch nicht gut schreiben.) Donnerstag vor acht Tagen versucht' ich's auszugehen bei etwas besserem Wetter, bekam aber Empfindungen an den Drüsen, die zwischen dem Hinterkopf und Hals liegen, die wurden zu Schmerzen, die Schmerzen zu inwendigem Kopfweh, welche höhere Grade ich wohl nicht mehr ertragen kann; und nach fünf Viertelstunden bekam ich Nervenanfälle, wie ich sie nie hatte. Zittern und Dröhnen im höchsten Grade: ich wurde gehalten, sprach im Anfang unaufhörlich; von halb 10 ging's an, um halb 4 Nachts lief Line zu Nettchen; Böhm, den ich jetzt hasse, der Lüge wegen, wollt' ich durchaus nicht. Oft konnt' ich nicht sprechen, mein Gesicht grimassirte. Ich rief nach Dir: und in Augenblicken, wo mir Zunge und

Gaumen kalt wurden, und das Gehirn aufhören wollte, dacht' ich zu sterben. Ohne Angst. Vorher in der Nervenangst hatte ich gräßliche: aber noch nicht solche, wie ich schon genossen habe. Als Line weg war, kam das Dröhnen auf's äußerste! Die Zunge wurde nach einiger Neigung zum Erbrechen — welches wohl an vierzehnmal geschah — ganz kalt; Zittern und Dröhnen hörten plötzlich auf; ich ward wie müde; glaubte, so stirbt man, und sagte zu Dore: Grüß Varnhagen! weil ich mehr nicht sagen konnte, mir alles bei dachte; und meinte, Du und die Anderen müßten sich auch alles bei denken. Da trat Nettchen herein; ich kam zu mir, sprach, und bewirthete sie gleich. Sie ging bald, ich ließ mir endlich Thee geben, und die Mädchen zu Bette gehen, gegen 7 schlief ich ein. Den ganzen Tag schlief ich krankhaft, mit einem Nebel um's Gehirn; ich trank schwarzen Kaffee um es zu bändigen; kam in Agitation; heilte mich langsam mit Stilliegen und Limonade. Töne konnt' ich nicht ertragen. Lesen, und Töne und Schreiben noch schwer. Ich gehe aus. War vorgestern zum erstenmal wieder im Theater, in „Tasso" von Goethe; war diesen Morgen bei Markus, der unpaß ist, und auch besser. Ich zog mich erst an, und machte den Besuch bevor ich Dir antwortete, weil das Lesen Deines Briefes mich zu sehr angestrengt hatte. Das Buchstaben ziehen affizirt mich sehr. Also verzeih die Trockenheit des Briefes, er soll vor Tische fertig, weil er vor 7 auf die Post muß, und soll heute fort, damit Du ihn, Lieber, Guter, Geliebter, — eigentlich cher amant! — geschwind bekommst. Ich kurire mich selbst; und bin sehr wider das Kuriren, nicht wider Aerzte, noch ihre Wissenschaft und Kunde. Wie man aber gewöhnlich kurirt, ist zu unsinnig, ja gefährlich. Ein Arzt muß mich kennen, übersehen, oft sehen, und vom Gang meines Innren wissen. Böhm sieht mich nie. Meine eigne Elastik muß mir helfen, oder mich tödten. Die Esel können, habe ich erfahren; beides nicht. Meine Krankheit war rheumatischer Reiz, auf Drüsen und zerstörte überreizbare Nerven, herabgestimmt vom Teplitzer Baden, und vom Stagniren des höchsten Organs; des Herzens. Dies hat zu viel gelitten: und leidet zu viel, es muß der Zugwind der Freude hindurch, des Reizes! Es liegt gefangen, und beleidigt da! Das geht wohl vor den groben Augen der stupiden plumpen Prätendenten! — aber Natur und ihr Werk läßt sich nicht umgehen, sie nimmt ihr Wort zurück, wenn's auf's äußerste kommt. Das ist der

Tod und arge Krankheit. Erschrick Dich nicht! Ich genese noch oft! Und Dein Dasein, die Hoffnung, das Bestreben mit Dir zu leben, erhält mich. —

Gieb Dir Mühe bei Beyme, hierher zu kommen! Ich bitte Dich! wenn Golz zu sehr verachtet ist. Neumann soll — wie ich weiß zu Neujahr — von seinem Grafen, und hat Hoffnung zu einer Anstellung. Ich seh' ihn gar nicht. Marwitz war Dienstag hier, ich werd' ihn grüßen. Ich bin in allen Dingen seine Verwalterin, er zeigt mir alles was er schreibt, schreibt mir alles was er liest; kurz, die größte edelste Freundschaft: mit mir ist er nicht stolz. Sondern wie mein Kind; wie ein liebes Kind. Harscher war gestern Abend bei mir. Er hat nichts Großes in der Seele. „Wie ist Graf Bentheim?" frug er mich gestern; denn durch ein Wort denkt er jede Kenntniß und Kunst beim Schopf zu kriegen, und will mir meines besonders abfragen. Ich strömte in des Grafen Lob, und sagte, ich hätte lange keinen Mann gesehen, der mir so gefiele; und auch seine Person. Zum Verlieben. Uebrigens aber ist mein Gemüth so sehr von Bentheim's überzeugt, daß ich in jeder wichtigeren Sache mich, meine Ehre, und mein Glück, ihm ganz anvertraue; das ist aber nicht genug; ich traue seiner Seele auch jedes feine Verständniß einer anderen feinen Seele zu, und find' ihn mir in Blick und Gefühl ohne Mühe, unwillkürlich natürlich verwandt und lieb. Sag ihm, ich wäre seine wahre Freundin, und er solle das nicht kühn finden; denn man hätte keine anderen Freunde am Ende, als die einen lieben können; und das konnt' ich gleich, wie ich ihn sah; der erste Eindruck ist aber nur ewig wahr, und richtig. In meinem Schlafzimmer hab' ich Prinz Louis Ferdinands Büste, und trotz dies mein geliebter verlorener Freund ist, so ist mir die Büste doch auch wegen des Grafen Aehnlichkeit lieb; und dies ist sehr viel! Ich weiß aber, Louis selbst wäre damit zufrieden. Dies lies ihm alles. Ja sogar seinen Bruder hab' ich durch ihn lieb, der leisen, doch verbreiteten Aehnlichkeit wegen. Sag dem Grafen, wie ich jetzt nicht schreiben kann; mir es aber vorbehalte; wie erfreut ich von seinem guten Gruß bin, und daß er mir noch wohl will. Bleiben wir leben, so entgeht er uns nicht: wir leben noch viel mit ihm. Ich nehme an allem, was ihn betrifft, den regesten Antheil. Dem Geheimrath Wolf werde ich das Blättchen mit ein paar Worten schicken. Dienstag Abend, grad' als Marwitz kam, mußt' ich hin zu ihm zu einem Thee, wo Woltmann's und Mad. Frohberg waren: ziemlich tiède, aber doch natürlich alles: ich noch mehr todt als lebendig. Benutze, lieber Freund, diesen Winter dazu, in Oesterreich Dir Deinen Namen bestätigen zu lassen. Es ist nothwendig; und ich bestehe darauf. Da Du einmal Dich so signirst, und Adel lebt. Kann Graf Bentheim Dir darin durch seinen Einfluß, Rang, Kreuz und Geburt nicht nützen? Sag, ich bitte ihn darum. Wende alles dazu an; jede Bekanntschaft.

Mir gefällt der Vorfall mit Goethe'n und Dein Schreiben an ihn. Wenn er wissen will, wer die Verfasser sind, mich kannst Du nennen! und alle meine Türpitüden! — wie Gentz mir einmal schrieb, ich schriebe Briefe, wo die Blüthen und Früchte drin liegen, mit sammt den Wurzeln und der Erde dran aus dem Boden gezogen. Und Würmchen. Dies ist meine Türpitüde. Mir liegt, außer wegen des Pekuniairen für Dich, gar nichts dran, ob es gedruckt wird: wenn Goethe es nur gesehen hat; er nur weiß, welche bewußte Liebe für ihn schon mit ihm zugleich lebt. Wie vergöttert er in Deutschland, in Berlin wird. Das Publikum hat ihn in seinen Schriften, und die, die ihn nicht mit Herzschlag und allen Sinnen verehren, hegen, ewig zu ihrem eignen Erstaunen und Freude immer von neuem lieben, die werden doch die Anderen nicht verstehen, die das manchmal von sich geben mußten. Ich hab' ihm seit drei Wochen, wo „Tasso" zum erstenmal gegeben wurde, alle Tage anonym schreiben wollen. Auch Krankheit hielt mich ab; dort wurd' ich es. Ein einzig Publikum, Leute mit Büchern sitzen und hören's da. Junge Offiziere, gespannt wie bei Schlachten, stehen und horchen. Meine Wonne! Es mußten achthundert Menschen Goethen's Götterworte hören und in die Seele einnehmen. Es wurde weit besser gespielt, als man je denken sollte. Ich bin aber zum Bericht zu echauffirt. Referire mir ja von Goethe. Ich glaub', er leidet es nicht. Gott! wie verabgöttre ich den immer von neuem. Gottlob, daß Du sein Leben gelesen hast. Wie weint' ich im „Tasso" bei jeder Stelle; wie der Souffleur im „Meister"; aus Schönheit. Wie Tasso das Gedicht giebt; welch ein Moment! die Fürsten wie edel, wie einsichtig. Welche Lehre, wie großartig! Ich höre nicht auf! —

Man muß sich von weitem nicht schelten: man versteht sich dann noch weniger, als in der Nähe! Also — halten wir uns an die Folge all dieser Schelte. An Dein- und meine Liebe. Ich umarme Dich aus Herzensgrunde! Nehme all Deine Liebkosungen an; und ermuntere Dich zu jedem, was Dich mir näher bringt. Ich drücke Dich in Liebe an mein Herz und meinen Mund. Leb vergnügt! Ich habe beinah kein Vergnügen. Die Bekanntschaft mit Gräfin Pachta freut mich äußerst. Sag ihr, wie ich von ihr denke: — und daß ich sie gewiß besucht hätte, wenn ich wußte, sie kenne auch mich ganz im Guten. Rekommandire mich bei ihr durch alles Gute, was wahr ist. Grüß auch Heer's und das Fräulein Pape. Von der Pachta hast Du mir sehr gut geschrieben; wie denn Dein ganzer Brief sehr gut ist. Für Deine Liebe aber kann ich Dir nur mit meiner danken, und mit der Einsicht über das Glück, von einem Menschen geliebt und eingesehen und getraut zu sein. Schwache Worte! Du, der Du so wenig lieben kannst, liebst mich! aber Dein Sinn bedurfte derber Speise. Ich verstehe Dich. Und das — liebe ich in Dir. Lebe wohl! Ich mag auf vieles nicht geantwortet haben; mit den ersten Kräften, künftig. Mir hat Varnekow, Goschitzki, und auch Fouqué wieder geschrieben; denen soll ich nun allen antworten! — Es wird schon ganz dunkel. Adieu Lieber! Ich seh' Dich an. Nicke Dir! küsse Dich! Deine treue — trotz Sturm und Schelte — die Dich liebt und kennt. R. R. Deine Bekanntschaft mit Gräfin Pachta freut mich weit mehr, als ich es geschrieben habe; ganz überaus.

Die Aktrize freut mich! Ich kann mich auf ihren Namen nicht besinnen. Die olle Longhi ist eine Trine! Das sag auch dem Grafen. — Mit Minna Spazier bin ich gut: und sehe sie dann und wann: sie wird wohl nicht nach Prag kommen, wie ich denke. Du emotionirst sie noch.

An Rahel.

Prag, den 19. Dezember 1811.

Hier ist die Antwort, meine geliebte Rahel, die ich von Goethe heute erhalten habe. Was Goethe von mir wissen konnte, mußte höchst ungünstig, was ihm persönlich bei mir einfallen mußte, konnte nur ein Mißbehagen sein, das ihm unsere Scherze, falls er sie gelesen, verursachen mochten; rechne dazu, daß Zurückhaltung überhaupt ihm eigen, und er den jungen Leuten, die ihn nur verehren, abgeneigt ist, und Du wirst mir gern vergönnen, liebe Rahel, diesen Brief über sein bestimmtes Dasein hinaus, als ein Gelingen überhaupt, willkommen zu heißen, und im Triumph Dir vorzuzeigen! Mit Dir hab' ich diesen Sieg erfochten, Dich hab' ich als unbezwingliche Waffe geführt. Und wenn ich Dich, Geliebteste, im Dank des Herzens freudig dafür küsse, so magst Du auch wohl ein wenig mir danken! Das hab' ich zuwege gebracht, daß wir nun von dem weisesten Dichter die edelsten Aussprüche über Deinen Geist besitzen, daß ihr wie Geister euch im dunklen Nebel entgegenwinkt! Ihm ist eine Freude zu Theil geworden, er weiß daß er im Sterben nicht untergeht, und nicht erst durch wüste Jahrhunderte sich durchkämpfen muß, um den liebevollen Geist, der ihn lebendig begreift, zu finden; ich bin gerührt, daß ich ihm diese Freude zuwenden konnte. Er weiß nicht wer G. ist noch wer E., aber mit schlauen, strengen Blicken erkennt er unfehlbar die Menschenart, und ergänzt aus wenigen Angaben die Karaktere solcher Naturen. Zum Weinen rührend ist mir der schöne Spruch: „Jene urtheilt eigentlich nicht, sie *hat* den Gegenstand, und in so fern sie ihn nicht besitzt, geht er sie nichts an." O des trefflichen Meisters, der auch meine Liebe zu Dir, nicht etwa aus zufälligen Winken, die wohl hin und wieder zerstreut sind, nein, aus der Geisteswendung erkennt; urtheile nun, wie tief und wahr sie sein muß! Gern lasse ich mir die fast zur Ironie gewandten Züge meines Abbilds gefallen, und lächle mit, wenn sie den Freunden Lächeln erregen und Gelegenheit zum Muthwillen gegen mich verleihen will: ihre Wahrheit spricht meine Wahrhaftigkeit an, und wie ich sein möge, ich seh' es gern gesagt. Mir genügt auch in dem Briefe dieser Ton ruhiger, geselliger Achtung, und die Würdigung, die er meinem Sinn dadurch geschehen läßt, daß er sein Urtheil einzeln dargiebt, und jeder andere Ton, wäre er auch zärtlicher, wie für einen Günstling, gewesen, hätte mir weniger Freude gemacht. Er ehrt mich schon dadurch, sofern er mich als gebildet voraussetzt. In der That, wie schlecht auch meine Zuschrift gewesen sein mag, ich lobe sie sehr, da sie eine solche Antwort zurücksandte. Und nun, liebe Rahel, darf ich Dich ihm doch nennen? ihm mehr, doch sollst Du es aussuchen, von Dir mittheilen? Ich muß ihm ohnedies bald wieder schreiben, um ihm meine Rezension seines Lebens, die wohl in kurzem abgedruckt sein wird, zu überschicken. Leid ist mir die Verzögerung des Drucks unseres kleinen Buchs, das für gar so klein zu halten, ihn meine Handschrift verführt. Aber das mag tausendfältig ersetzt werden durch den ungeheuren Vortheil, den Stern eines freundlichen Verhältnisses zu dem weisesten Vorsteher unserer Litteratur, am Horizont heraufdämmern zu sehen, der, wenn er auch bald wieder unterginge, doch seinen Schimmer auf meiner Bahn zurückläßt!

Seit meinem letzten Brief war ich jeden Tag bei Meinert; das Faulfieber, woran schon damals die dreizehnjährige, aufgeblühte Tochter litt, wurde gefährlicher, den trostlosen Eltern schien mein Zuspruch kräftiger, weil er von ärztlichen Kenntnissen ausging, die bald aber keinen Trost mehr begründen konnten; sie ist gestorben. Die Betrübniß der Eltern ist unbeschreiblich, ihr ganzes Leben bezog sich auf dieses liebe Kind. Ich war bei dem Leichenbegängniß, das sehr feierlich statt hatte. Die guten Leute betrachten mich als ihren wahren Freund, die Gräfin rechnete mich neulich zu Meinert's besten, auf eine Weise, die sehr unbefangen und für mich rührend war. Meinert, reich an Kenntnissen, rechtschaffen in Gesinnung, und fein in seinem Gefühl, eine Verbindung von Eigenschaften, die aus seinem fast weiblichen Wesen doch eine Erscheinung mannhafter Stärke hervorruft, thut mir den großen Gefallen, und geht mit mir meine Gedichte durch, und auf seine richtigen und strengen Bemerkungen habe ich schon vieles ausgestrichen. Unsere wissenschaftlichen Berührungen sind die mannigfaltigsten, und wir in vielen Dingen als Leute, die gleiche Studien durchgegangen, gleiche Bücher gelesen haben, ganz einstimmig. Die Gräfin scheint an seiner Seite recht glücklich zu sein, obwohl ihr Geist und Gemüth über ihn die Oberhand hat; ich vergleiche sie vielleicht nicht unrecht mit der guten Cohen, nur daß ihre Lage sie freier hält, und sie das Unglück, in welchem jene ihren Untergang findet, die schlechte Ehe, überwunden hat. Ihr Leben ist äußerlich ganz reich, sie leben im Sommer meist auf einem ihrer zerstreuten Güter: ich finde aber auch hier, daß der Reichthum schon abgemessen ist, und jeder meist seine Lebensweise bis an die Gränze, ohne es zu wollen, führt, und eigentlich dann nur wohlhabend mehr ist, weil ihm der Spielraum fehlt, der mit dem Begriff des Reichthums verbunden ist. Ich kann Dir nicht sagen, geliebte Rahel, welchen Eindruck der Anblick des todten Kindes auf mich gemacht hat. Durch einen Sturmwind verworrener Bilder wehte an mir der Gedanke vorüber, Du, meine Rahel, lägest so vor mir, und auf der Stelle hörte alles Denken in mir auf. Abgewandt erholt' ich mich langsam, nicht aus dem Schmerz, nein, aus einer Ohnmacht des Gefühls, in der ich schmerzlos versunken war. Die Trennung von Dir in Teplitz war das Aeußerste, was meine Fähigkeit für lebendigen Schmerz ertragen konnte, darüber hinaus wird er todt. O mögen solche verzweiflungsvolle Tage nie wiederkehren. Sonnenschein lag so träumerisch auf den grünen Bergen, so lieblich standen die Bäume noch geschmückt in der lauen Luft, hin und wieder gingen Menschen, und ich konnte der überschwellenden Thränen mich keinen Augenblick erwehren! Ich habe Mitleid mit mir, wenn ich daran denke! Wann werd' ich bei Dir sein? wann nicht mehr nöthig haben, nach kurzem Wiedersehen zu scheiden? Vielleicht wird dieser Winter mir verhängnißvoll, und führt mich wider meinen Willen in ein Meer von Zufälligkeiten. Sollen wir plötzlich ausrücken, so kann ich nicht zurückbleiben, sondern höchstens um den Abschied einkommen, und inzwischen mitgehen, hernach aber ohne Geld, ohne Sicherheit in einem dann gewiß auch nicht unbestürmten Lande Dich aufsuchen! Dies ängstet mich, doch faß' ich guten Muth, und will überstehen, was ich nicht abwenden kann, doch keine Thätigkeit versäumen; aus allem werd' ich doch die unbezwungene Neigung und Liebe zu Dir hervortragen! Mir könnte das Leben noch entzückend wohlgefallen, ich habe viele Fähigkeit froh zu sein!

Gern wäre ich fleißiger, aber ich kann meinen Vorwürfen nicht entgehen. Unpäßlichkeit von Erkältung, Husten u. dergl. hindert mich an manchem, mehr aber die ganze Lebensart. Seit zwei Stunden war ich dreimal beim Obersten, er zweimal bei mir, und wenn ich fortfahren will, wo ich meine Arbeit gelassen, so find' ich andere Gedanken, andere Stimmung in mir, und besonders, wenn ich geschrieben hatte, oft die Unmöglichkeit, mich wieder hineinzufinden. — Ein recht gutes Werk habe ich dieser Tage ausgeübt. Mein Oberst nimmt sich höchst edel einer armen Familie an, wo der Vater das Bein gebrochen, die Frau aber den rechten Arm verrenkt hat. Die arme Frau, eine Niederländerin, von guter, bürgerlicher Herkunft, war wegen ihrer bedürftigen Umstände von dem Wundarzte vernachlässigt worden, so daß ihr Arm nur mit den entsetzlichsten Schmerzen wieder eingerenkt werden konnte, eine Operation, die unsere Militairärzte, ungeachtet ihres höchst zweifelhaften, und selbst im Fall des besten Erfolgs, lebensgefährlichen Ausgangs eifrig unternehmen wollten; die Frau kann aber ihren verrenkten Arm zu ihrer feinen Handarbeit einigermaßen gebrauchen, und dabei ein hohes Alter erreichen, nur hatte sie Angst, wenn sie sich nicht den vom Obersten gesendeten Aerzten ganz hingäbe, würde man sie des Eigensinns beschuldigen, und ihr die einzige Unterstützung entziehen, da sie denn lieber alles ausstehen wollte, um ihre vier Kinder nicht hülflos zu lassen. Die Aerzte aber freuten sich auf die Operation, und bei der Verwirrung der Sprache, die noch hinzukam, da sie nur deutsch, die Frau nur französisch spricht, wäre die Unglückliche beinah an den Rand des Verderbens gekommen, sie hätte selbst nicht gewußt wie, gewiß ohne die Schuld des Obersten, der die edelste Gesinnung, aber natürlich keine Einsicht in den Krankheitszustand hat. Ohne meine Eigenschaft als Arzt hätte auch ich sie nicht davon retten können, so aber wußt' ich theils die Sache zu wenden, theils mit entschiedenen Worten darzulegen, und gab der Frau meinen Rath, sich der Operation nicht zu unterwerfen, nachdem ich sie in den Stand gesetzt, zu wählen. Wie grausam wäre es gewesen, sie zu zwingen! Zwanzig gegen eins war zu wetten, daß die Einrenkung nicht gelingen würde, und beim Gelingen wie Mißlingen war höchst wahrscheinlich, daß sie an den Folgen der angewandten Gewalt noch sterben müsse. Jetzt kann sie, zwar genirt, aber doch nicht ganz, weder am Bewegen des Arms, noch am Ausgehen, gehindert, zwanzig Jahre inmitten ihrer Familie weiterleben, und sich der verbesserten Lage erfreuen, die ihr durch den Obersten zu Theil wird. Man wagt jetzt nicht mehr, da sie sich auf mein Zeugniß beruft, ihr mit der Operation zuzusetzen. Ich dachte unaufhörlich an Dich, geliebte Rahel, und wie ich gewiß in Deinem Sinne und mit Deinem Beifall so verführe! Alles Menschliche in mir schaut auf Dich!

Man hat hier allerlei Gerüchte über Berlin, bald sind die Franzosen dort eingerückt, bald sind auf Verlangen des Fürsten von Eckmühl eine Menge Personen verhaftet worden. Es ist gewiß eine schwierige Zeit für mich, mit schriftlichen Sollizitationen etwas zu erreichen, und von so weit her, wo ich nichts beurtheilen kann. Wäre ich gegenwärtig, so könnte mir diese Unruhe und Schwankung vielleicht eben so vortheilhaft nützen, als sie jetzt nachtheilig für mich ist. Lasse mir es nicht an Nachrichten fehlen, wenn Du mir wichtige geben kannst, und geheime schicke unserem Minister Zichy unter Bentheim's Adresse.

Ein Meisterwerk gelehrten Scharfsinns ist Niebuhr's römische Geschichte, ein Buch, das unserer Nation und Sprache Ehre macht, und nur hin und wieder einer Besserung des Stils und ergänzender Erzählung bedürfte, um den schönsten Geschichtsschreibungen an die Seite gesetzt zu werden. Dieser Mann, vorher wenigstens mir ganz unbekannt, tritt als ein Stern erster Größe hervor, und verheißt uns, denen so vieles erstarb, und so große Männer erloschen, eine noch würdige Fortpflanzung der Tiefe und des Fleißes, woran es den Deutschen, nach Goethe, nie gefehlt hat. Ich freue mich, daß dieser auch der Berlinischen Universität gehört. Siehst Du Fichte, so grüße ihn von mir aus ganzem Herzen; und Wolf eben auch. Nolte antwortet mir nicht, wahrscheinlich aus Verlegenheit. Ueberhaupt bekomm' ich keine Briefe von Berlin! Neumann schweigt ganz. An Fouqué habe ich geschrieben. Von Oliva hör' ich gar nichts, so wenig wie von Beethoven. Da mein Oberst mich wahrscheinlich hier läßt, wenn er nach Wien geht, so werd' ich dem Grafen Clary schreiben, er möge mir das Buch von Mlle. Luzan schicken; ich schreibe dann doch die Oper, die mir immer zu rechter Zeit einiges Geld bringen wird, wenn auch in diesem Winter nicht.

Bentheim grüßet Dich auf's allerbeste, und läßt Dir viel Schönes sagen. Er würde sich sehr freuen, von Dir einen Brief zu erhalten.

Lebe wohl, geliebte, einzige Rahel! Behalte mich lieb, und wisse, daß ich Dir ganz zu eigen bin! Ewig Dein treuer

Varnhagen.

An Varnhagen in Prag.

Donnerstag 11 Abends, den zweiten Weihnachtstag 1811.

Vorgestern beim Bescheeren dacht' ich an Dich, und wußte, daß Du an mich dachtest! — Aber weg mit diesen alltäglichen

Erinnerungen — sagt Hamlet. Seit Goethen's Brief vor mir liegt. Wie eine Ueberschwemmung ist es über mich gekommen: ein Meer ist alles; und es muß sich erst jedes nach und nach daraus bilden. Ob ich Dir danke — Du weißt es; Du wirst es erfahren. Du weißt, ob ich eitel nach Beifall strebe, den ich mir nicht selbst gebe; ob ich große Bemühungen anstelle, um gelobt zu werden. Aber meine wirklich namenlose Liebe und bewundernde Verehrung dem herrlichsten Mann und Menschen einmal zu Füßen legen zu können, war der geheime, stille Wunsch meines ganzen Lebens, seiner Dauer und seiner Intensivität nach. In Einer Sache hab' ich meinem tiefsten Innersten gefolgt, mich von Goethe scheu zurückzuhalten. Gott, wie recht war es! Wie keusch, wie unentweiht, wie durch ein ganzes, unseliges Leben durchbewahrt, könnt' ich ihm nun die Adoration in meinem Herzen zeigen. Durch alles, was ich je ausdrückte, geht sie hindurch, jedes aufgeschriebene Wort beinah enthält sie. Und auch er nur wird es mir anrechnen können, wie schwer es ist, solche liebende Bewunderung schweigend ein ganzes Leben hindurch in sich zu verhehlen. Wie beschämt schwieg ich vor zwei Jahren, als Bettina mir einmal als von dem Gegenstand ihrer größten Leidenschaft feurig und schön in dem von Herbstsonne glänzenden, stillen Monbijou von ihm sprach! Ich that, als kennt' ich ihn gar nicht. So ging's mir oft; ein andermal schwatz' ich wieder. Du kennst es. Jetzt muß es Marwitz aushalten. Alle unsere Gespräche fangen mit ihm an, und hören mit ihm auf. Nun wieder sein Leben. Die „Propyläen" las mir Marwitz gestern vor. Und so geht es immer weg mit ihm: urtheile, da Du mich ganz kennst, wie sich meine Seele freut, daß er weiß, wie man ihn liebt; und er weiß es nicht. Alles müßt' er sehen, wissen, hören. Nenne mich nur, wenn Du willst. Er wird sich zwar doch unangenehm wundern, daß es eine so nichtsbedeutende Person ist; in Welt und Litteratur. Aber mein ganzes menschliches Sein ihm darzulegen scheue ich mich nicht; und bin daher nur halb verlegen, daß ich es nur bin. Vor allen Dingen muß der Mann nicht mehr rathen, und ich stände lieber als der größte Plöter da, als ihn wie vor einem Räthsel zu sehen. Du kennst meinen gränzenlosen Haß gegen Räthsel, Errathen u. dergl. Nein, welch einen Goethe'schen, allerliebsten Brief er Dir schickte! Der ist wohl klug! Ich gönne Dir die lieben himmlischen Worte. Wie gütig! So gütig, glaub' ich, hat er noch nicht geschrieben an unbekannte Leute. Ich danke Dir auch recht umständlich und ausführlich. Wie froh ich aber bin, daß das Büchelchen erst unter dem Schutz seiner Beurtheilung erscheinen soll, das glaubst Du nicht! Du weißt, ich traute dem Dinge nicht gar sehr; und war schon zufrieden, daß er erführe, wie geliebt, wie geehrt er ist; und nun findet er es gar thunlich, ich glaubt' es nicht. Nun wird es aber gewiß ganz schicklich. Von „Wohlwollenden" spricht er! In seinem Leben schon entzückte mich das bescheidene tiefe Wort bis zu Thränen; Marwitz mußte es gleich auch finden. Freilich Wohlwollende! „Freunde, Gleichgesinnte, nur herein! „Und nun schreibt er Dir gar Wohlwollende. Ich halt' es nicht aus! Gerne gäbe ich ihm, was er nur von dem Buchstaben G zu sehen wünscht; wühlte ihm das tiefste Herz auf, spannte alle Ressorts des Gedächtnisses. Aber wie soll ich unter den Briefen wählen? Sie nachlesen ist gräßlich. Wenn Du sie hättest, könntest Du ihm alles zeigen, und was er nur wissen möchte. Leg mich ihm huldigend wie dem größten Fürsten zu Füßen.

Nach diesem herzberührenden Glück mußt' ich gleich den Tod des Kindes der Pachta lesen. Sag Josephinen, ich möchte sie in meine Arme schließen. Ich habe hier mit ihr geweint, bin hier mit ihr erstarrt. Gnädiger Gott! warum grade dies Kind? müssen wir Leidtragenden fragen. Lieber Varnhagen, tröste sie ja! stehe ihr recht bei. Eigentlich meine beste Freundin, meine verehrteste. Liebe, beste Josephine, ich weine, und umarme Dich. Liebe, Arme! Wie hart! —

Nun höre Du, Varnhagen! Nicht vom Winde des Ungefährs wollen wir uns umtreiben lassen. Höre also. Du kennst meine Finanzen. Aber fünfzig Thaler hab' ich noch frei, aus meinen débris gerettet, von denen niemand etwas weiß. Diese kannst Du zum Frühling haben. Die Reise hierher ist damit gedeckt, auch der erste Moment. Du kommst noch wenn ich hier bin, wenn Du willst; bin ich weg, so wohnst Du frei bei mir. Willst Du erst später kommen, und vorher noch versuchen Goethe in Böhmen zu sehen, wohin ich von Schlesien mich durch den Onkel zu bettlen nicht verzweifle, so thue auch das. Nur fordere den Abschied, ehe der Krieg angesagt ist. Du kannst ja als Civilist noch einen Moment bei Bentheim bleiben. Kurz, überlege es! Heute muß ich aufhören. Es ist 12 Uhr, ich gränzenlos echauffirt. Adieu. Leb wohl, und wisse mich ewig Deine Freundin, weil ich wahr mit Dir sein kann. R. R.

Marwitz war die Feiertage hier, wohnte aber diesmal im Adler. Der Geheimrath Wolf hat mir gleich eine seiner Schriften für Dich zurückgeschickt den anderen Morgen, als ich Dir zuletzt schrieb. Ich schicke sie mit einem Reisenden, die Personen des Gesandten sind nachlässig. Sie heißt: „Zu Platons Phädon"; und ist voller Griechisch und Latein. Morgen um 9 Uhr geht die Post zu Dir. Der Brief muß um 7 hin. Adieu, Guter, Ehrlicher, gegen mich! Nein, wirklich lieb. Adieu! Du schriebst so innerlich liebenswürdigst bescheiden. Dafür küsse ich Dich sehr und zart. Adieu, Lieber!

Lasse um Gottes willen Goethe'n rechte Zeit, und es ihn ganz machen wie und wann er will. Er wird es schon erlauben, da er es einmal für thunlich hält. Wann schreibst Du ihm Antwort? —

1812.

An Rahel.

Prag, den 6. Januar 1812.

Der Rapport war vorüber, und ich stand mißmuthig in meinem Zimmer am Ofen, die Menschen und Bücher, die sich mir darboten, gingen trübe an meiner Einbildung vorbei; da fiel mir ein Ausdruck von Dir ein „der Zugwind der Freude müsse durch Dein Herz“ und ja wohl! dacht' ich, bedarf auch ich eines lebendigen Reizes, wenn nur ein Brief von Rahel käme, die wieder so lange schweigt, dann könnte ich wohl wieder mit Lust etwas beginnen! Und den Nachmittag kam Dein Brief! nicht mit Angst, mit freudiger Ungeduld brach ich ihn auf, und las mit Entzücken Deine lieben, goldenen Worte! Wie die Sonne plötzlich in einen Regentag scheint, und vorher ungeachtete Gräser und Blätter sichtbar macht, so ging mir durch Deinen Brief das Herz auf, und es war gar nichts mehr so schlecht! Wie Du durch meine Gedanken, durch meine Träume ziehst, das könnt' ich Dir schwerlich ganz sagen; ich gehe niemals Abends über die Straße, daß ich nicht an den Gestirnen die Richtung mit Wohlgefallen aussuche, in der ich zu Dir gewendet bin, und in der ich gehen muß, um zu Dir zu kommen. Ich erwartete, Dich so über Goethe'n erfreut zu sehen, wie Du es zeigst. Mir gereicht es ordentlich zum Trost, Dir diese Freude bereitet zu haben, und in dieser schwimmt meine Freude, wie sehr auch sonst an und für sich dies Ereigniß mir einzig an Werth ist! Meine Antwort wird alles das aus Deinen letzten Briefen enthalten, was ihn betrifft, so begleitet von mir, daß überall, wo es etwa noch zu fürchten wäre, das Aufdringliche dieser freien Mittheilung sich ihm in das Gefühl einer nothwendigen Pflege auflösen muß, eines Handreichens auf dem Eise, eines Morgengrußes auf dem Spaziergang. Doch schreibe ich noch nicht: ich möchte gern meine Rezension seines Lebens mitschicken, und die ist noch immer nicht abgedruckt, ich weiß nicht warum. Sie wird seinen besten Beifall gewinnen, noch viel mehr, als die Worte über Wolf, die ja schon Glück machten, dessen Beifall erwerben. Ich habe an Goethe sehr viel Angenehmes zu schreiben, unter anderen will ich ihm erzählen, daß ich sehr überrascht war, meinen Oberst vorzüglich von den biblischen Geschichten angezogen und bei ihnen verweilen zu finden, die doch von allen Seiten als hors d'œuvres verschrieen und für ein Mittel, das Buch größer zu machen, gehalten werden; so schön und herrlich wirkt er auf ein unbefangenes, edles Gemüth! — Die Schrift bleibe ihm ganz überlassen, doch will ich ihn aufmerksam machen, ob sie nicht in dem „Neuen Deutschen Museum", das Fr. Schlegel herausgeben wird, stehen könnte. Daß ich Geld dafür haben will, werde ich zwar nicht ausdrücklich sagen, aber auch nicht verschweigen, und von Schlegel, falls es dahin kommt, bestimmt fordern. — Für den äußersten Nothfall also wäre ich wohl durch Dich, meine theure Rahel, gedeckt! Ich danke Dir mit der innigsten Liebe! allein auch ich, wenn ich es nur abwarten kann, muß einiges Geld zusammenbringen, ein paar Louisd'or vom „Morgenblatt", für meinen „Britannicus", wenn er nur hier erst aufgeführt worden (was ich betreibe), gewiß ein zehn Dukaten in Wien, und vielleicht auch von Cotta eben so viel für eine Novelle, die ich ihm aber noch nicht anbieten kann. Uebrigens ist bei uns jetzt die größte Armuth zu Hause, aber nichts desto weniger Verschwendung auch, und ich bin überzeugt, es nimmt kein gutes Ende, in das ich nicht hineinleben mag. Solcher Leichtsinn wächst auf so schönen Anlagen! Nur die dringenden wachsenden Verlegenheiten sind Schuld, daß Bentheim noch nicht nach Wien gegangen ist, wohin ich bestimmt nicht mitgehe; es könnte aber sein, daß er mich ein paar Tage nach seiner Ankunft, wenn ihm alles unangenehm wird, und ihm der Gedanke aufsteigt, es wäre doch alles anders, wenn Varnhagen hier wäre, nachkommen ließe. Wenigstens wäre das eben so konsequent, als wenn er, um zu sparen, seine Küche einschränken will, und gleich acht Personen einladen läßt. Er ist aber außerordentlich liebenswürdig und gutmüthig; mir thut es leid um ihn, aber ich kann ihm nicht helfen. Bestimmten Einfluß auf sein Inneres vergönnt mein Verhältniß zu ihm nicht, das ich, mit oft bestätigter Vorsicht und Klugheit, durchaus in seinen äußerlichen Rechten halte. Mittelbar, durch anderweitiges Gespräch, Kenntniß und Lernen, findet zwar einige gute Wirkung von mir auf ihn Statt, aber seltener, wegen seines zerstreuten Lebens, und weniger tief wegen seines zerstreuten Gemüths. Die Longhi, die noch hier ist, beschäftigt ihn ein klein wenig; das Mädchen hat sich aber geirrt, sie glaubte seine Neigung gewonnen zu haben, und er meinte nur, es wäre elegant und schicklich, eine an ihn adressirte Künstlerin auch als ein hübsches Weib zu protegiren, und es klänge ganz ordentlich, wenn man etwa sage: O, der Bentheim, der hat gewiß das Beste von ihr! — Was meinen Adel betrifft, so meint Bentheim und Stein, den ich deswegen zu Rathe zog, es würde niemand daran zweifeln, und letzterer versicherte mir, das gedruckte Buch, das er recht gut kenne, gelte statt aller Urkunden. Er selbst hat in Essen einen Bürgermeister Varnhagen gekannt, der sich zwar nicht adlich schrieb, aber schon seine Stelle nicht hätte bekleiden können, ohne von patricischem Geschlecht zu sein. Die Bestätigung vom Kaiser sei jedoch nöthig, damit ich gerichtlich auftreten, und Recht auf Stiftungen u. dergl. erlangen könne, Bentheim würde sie wohl ohne große Schwierigkeit auswirken, der gewöhnliche Weg aber daure Jahre. Nun habe ich sogleich nach Hamburg geschrieben, um die vorhandenen Taufscheine, und dann muß ich nach Anleitung des ältesten derselben in Westphalen aus den Kirchenbüchern die noch fehlenden zu bekommen suchen, damit ich vermittelst dieser Taufscheine an das gedruckte Geschlechtsregister genau anreihe. Da ich den Taufschein von meinem Großvater noch in Hamburg besitze, so ist vielleicht die Lücke mit zweien ausgefüllt, diese zu erhalten, wird jedoch Zeit und Mühe kosten, und so lange sie fehlen, kann ich nicht füglich um Bestätigung einkommen. Ich besorge indeß das Nöthige, und bekomme ich den vollständigen Beweis auch erst dann zusammen, wenn ich vielleicht nicht mehr in Kaiserlichen Diensten bin, so würde doch überall die Bestätigung von Staat und Oberherrn, wenn auch einem minder erlauchten, zu erlangen sein. — Stein besuche ich wieder öfters, seit ich mich etwas wohler befinde; ich bestätige mein Urtheil über ihn täglich, Verstand und Kenntniß, beide in außerordentlicher Fülle, gewähren den Schein des Geistes durch ihre lange gegenseitige Reibung. Weit entfernt ihn damit tadeln zu wollen, glaub' ich das größte Lob vielmehr auszusprechen. Er spricht sehr aufrichtig gegen mich, immer in der Sache, immer gehaltvoll, nie förmlich, und so bin ich auch mit ihm so frei und unbefangen, als spräche ich mit Neumann; wo ich seiner Meinung, ja seiner Lage entgegenrede, geschieht es mit ihn ehrender Freimüthigkeit, die er als solche anzuerkennen scheint. Käme der nach Berlin, so wäre mir geholfen; er hat mir gleichfalls wie Beyme von der preußischen Diplomatie ganz abgerathen, aber sehr für die preußische Administration zugerathen, und mich besonders auf den Geheimrath Sack aufmerksam gemacht, der zu allen Stellen die Leute vorschlägt, und die Westphälinger als seine Landsleute ganz besonders liebt, ein Vorwurf, den man uns von jeher macht, zu unserem Ruhme. — Wolf's gütiges Geschenk erfreut mich sehr angenehm, ich wünsche es bald zu bekommen; solltest Du erfahren, daß der Prinz von Hessen-Philippsthal nach Prag abreise, so kannst Du es dem ohne Weiteres unter meiner Adresse zuschicken, so wie auch mein Stammbuch, um welches ich recht sehr bitte! Du hast es bei den anderen Papieren, die damals aus Tübingen ankamen. — Von Goethe einen Brief, von Wolf ein Geschenk, was könnte einem jungen Litteratus Angenehmeres begegnen! — Stein lobte mir sehr den Niebuhr, als einen der geschicktesten Geschäftsmänner, die er kenne; er war Direktor der Kopenhagener Bank, dann in den preußischen Finanzen angestellt, und hat sehr thätig gewirkt; jetzt giebt der junge Mann uns eine römische Geschichte, die dem Volke zum Ruhm gereicht, und zu der, man weiß nicht woher, er Zeit fand die ungeheuren Studien zu machen. — Meinert besuche ich fortdauernd oft, er ist noch nicht getröstet, auch Josephine nicht, was Du für sie schriebst, durft' ich nur ihm vorlesen; die guten Leute sind noch immer wie in Gesellschaft des Todes. Beide sind mir gut, mir wird bei ihnen immer wohl; nur Josephine ist mehr, als meinem Sinn zusagt, auf Meinert ängstlich beschränkt, und ihr wäre ganz recht, wenn ich zu ihr gar nicht; sondern nur zu Meinert spräche, der ihr dann sagte was meine Meinung sei. Auch seh' ich sie nur wenig, und bin meistens mit Meinert allein. Er wird an dem „Deutschen Museum" Friedrich Schlegel's mitarbeiten. An Fichte'n, den er in Jena gehört, hängt er sehr. Nächstens führ' ich den Brentano hin.

Dieser schreibt ein Trauerspiel, der Stoff ist derselbe, den Mad. Tencin in dem Cominge zur Erzählung ausgebildet hat, er nahm ihn aber anderswo her, und verlegt die Zeit zu Ende des Camisardenkriegs. An Leben wird es sehr reich sein, die Ausführung ist bisweilen shakespeare'sch, aber im Ganzen sehr übereintönend mit dem Ponce de Leon und den lustigen Musikanten, und Clemens überall darin mit seinen eigensten Launen. Seine Dichtung kömmt mir vor wie Wasserkraft, es ist alles darin aufgelöst und kann alles daraus entstehen, es spiegelt den Himmel und läßt den tiefen Grund sehen, wohin man faßt ist alles weich, nachgiebig, in angenehmen Wogen, und das Ganze wirkt doch mit unwiderstehlicher Gewalt. Die Weiber sind besonders merkwürdig, zart, dunkel und heiter, wie ein italiänischer Rembrandt sie malen würde. Wir leben still und gut mit einander, was er mir bei einer vorübergehenden Spannung sehr schön geschrieben, schreibe ich Dir ab. Ich ging sogleich zu ihm. Berührt er jemals die Teplitzer Geschichte, so ist alles vorbei, ich würde das Abläugnen von seiner Seite niemals ertragen, und ihn auf alle Weise zwingen, die Wahrheit einzugestehen, so leid es mir auch thäte. Bis zu dieser möglichen Explosion leben wir in gutem, vertrauensvollem Frieden, und ich wünsche, daß er nie gebrochen zu werden brauche. Er findet sehr schön und würdig in mir, daß ich Dir so zugethan bin. — Heer's lassen Dich bestens grüßen, ich war neulich Abends bei ihnen, und bin zu einem Thee, wo die Gräfin Hessenstein dort sein wird, eingeladen, „damit ich doch auch", sagt die Heer, „einen artigen, feinen Herrn der Gräfin vorsetzen kann". Die Pflug, die bei jeder Gelegenheit wiederholt, daß Du und die Ephraim ihr so wohl gefallen hättet, und von der Frohberg, Lercaro, Oppenheim und besonders der Lautier sehr übel spricht, ist glücklich von einem Mädchen am Neujahrstage entbunden worden.

Grüße recht herzlich Marwitz von mir, und laß ihm wissen, daß Selby quittirt, um die Knäuschel zu heirathen, weil man, wie mir der Oberst Spiegel erzählte, keine verheiratheten Offiziere in diesem Regiment gern sieht (es müßten denn die Weiber Fürstinnen oder Gräfinnen sein). An Wolf, an Fichte, an Neumann, an Schede's und an die Deinigen alles Schöne! Leb wohl meine geliebte Rahel, ich drücke Dich zärtlichst an mein Herz! O wie glücklich kann ich noch werden! Ewig Dein

Am heil. 3 Königstage. Varnhagen.

Heer, der früher den preußischen Dienst ohne Karakter verlassen hatte, bekam dieser Tage vom König durch des Grafen Henkel Verwendung den Hauptmannskarakter und die Erlaubniß Uniform zu tragen.

An Varnhagen in Prag.

Donnerstag (Freitag), den 9. Januar 1812.

Lieber Varnhagen! Ich habe Dich heute sehr lieb! Wenn Du wüßtest bei welchem Geschrei zu Gott, ich Deiner heute gedachte, Dich wünschte: Dein ganzer Werth, Dein bestes Sein mir gegenwärtig ward! Doch dies ein andermal; ich bin zu fatiguirt!

Wisse so viel, ich hatte Urquijo gesprochen: und als er ging, schrie ich wie in einem Tempel laut zu Gott; wie er mich so verdammen kann, an ein Unthier, ein simulacre, und ob auf ewig ein Herz veräußert sein kann, ohne das man doch nicht leben kann! Es ist die frechste Sünde, dies niederschreiben zu wollen. Aber zu Deinem Verständniß! An Dich dacht' ich; an Dich wollt' ich mich lehnen, in Deinen Armen diese Thränen weinen; dies schreien. Ich erwarte sehnlichst Deine Antwort. Es ist 12 Nachts. Ich schreibe jetzt nur, um Dich inständigst zu bitten, eh er nach Wien verschwindet, dem Hrn. von Nostitz ja seinen Traum von Prinz Louis und Schiller's „Geisterseher" abzufragen, und ihn genau aufzuschreiben! Auch laß Dir Louis's Tod genau erzählen, und schreib ihn auch auf. Mir erzählte er beides göttlich: so naiv, so darstellend, so unbewußt schön: so natürlich; mahn ihn an, daß er's wieder so mache: aber sag ihm nicht, zu welchem Zwecke. Er liebt es gewiß nicht. Ich fand ihn sehr zu seinem Vortheil verändert. Einfache, angenehme, kriegerische Haltung; wahrhaft einfach, angenehm. Unschuldig, liebenswürdig, und so herzlich als schicklich gegen mich, und erforderlich gegen den Rest. Wir sprachen innig von unserm geliebten Freund, Nostitz wie ich's nur wünschen konnte. Grüß ihn sehr von mir, als einer großen „Wohlwollenden". Marwitz konnt' ich gar nicht genug von ihm erzählen: der quälte mich eben so, in einem Briefe, Dir diesen noch heute zu schreiben: da ich ihm einmal das Projekt, Du solltest Tod und Traum aufschreiben, hatte laut werden lassen. Leb sehr wohl. Wie ein

Phönix gehst Du heute aus meiner Leidenschaft hervor! Schreib mir: und trau mir! —

Gestern war ich bei Schede'ns, vielfältig war die Rede von Dir, und Minna grüßt Dich auf's beste. Deine

R. R.

Noch Eins! Wolf war sehr geschmeichelt von Deiner Rezension: und es schien ihm sehr leid zu sein, daß das Blatt (Oesterreichischer Beobachter) hier nicht gelesen wird. „Wie hat er denn das so schnell dort?!" — O! er hat schon Niebuhr, und Goethe'ns Leben. — „I! so! — Nun, Goethe'ns Leben hat man wohl." — Er hat alles. — Kurz, er war überaus charmirt. Gleich den Abend drauf als ich Dir schrieb, kam er. Lebe wohl! Ich erliege sonst. Künftig, liebes Kind, schreib' ich Dir, wie Du Dich artig haben mußt, wenn Du bei mir lebst: und mich nicht Einmal ärgern mußt. Weil es gar nicht nöthig ist, und ich es nicht ertragen kann; meine Gesundheit meine ich, die ist so schwach, daß sie der Rest des Restes ist, von allem, was ich besitzen sollte, und je besaß. Adieu. Antwort. Gewiß kommt in diesen Tagen Dein Brief. Adieu!

An Varnhagen in Prag.

Sonnabend, den 11. Januar 1812. Mittags 3 Uhr.

Ich habe zuletzt Clemens Brentano's Brief gelesen, also fange ich von ihm an. Der Brief gefällt mir sehr, und ich habe mich in Clemens nicht geirrt. O! hätte ich doch ewig meinen wahren Blick über Menschen befolgt, ewig dem Ausspruch gefolgt, der mit so unumstößlicher Wahrheit mitten in meiner Seele über jeden mir Vorkommenden zu mir herauftönen will. Ich finde eine unaussprechliche Milde und Biegsamkeit in diesem Briefe: und ich muß Dir wieder sagen, eine außerordentliche Aehnlichkeit mit mir darin. Auffallend, und sehr unvermuthet war mir gleich die Handschrift; nie hätte ich sie von ihm so erwartet. Ganz wie von einer Frau, ich kenne tausend solche. Mich interessirt sein Gemüthe so, und mich dünkt ich kenne es so sehr, daß ich für mein Leben gerne wissen möchte, womit Du ihn so gekränkt hast, daß es ihm das Herz zerschnitt. Auch sehr meine Art mich auszudrücken, diese Stelle. Wenn ich ihm doch die heilende Entschuldigung unter Deiner Gestalt hätte machen können! ich hätte ihm unendlich geschmeichelt, seinem Herzen; ich hätte es verstanden, wie man es machen muß. Du schriebest mir ja, er wäre nach Wien, und so sagte ich hier auch immer aus. Mir ist die Geschichte oder Anekdote, woraus er sein Stück schreibt, wie das Meiste, was ich gelesen habe, nicht gegenwärtig; und Du sprichst mir davon wie zu einer Mad. Staël, die alles an den Fingern herzuzählen weiß; Du schreibst gut über seine Art zu schreiben; ich aber wünsche nun schon von ihm eine strengere Manier; Du weißt, ich will die Schriftsteller schreitend; und immer mehr Herr ihrer eigenen Manier. Von mir hat sich Herr Clemens, wie ich von einem Oesterreicher (Nostitz) in seiner Naivetät erfahren habe, wieder plaisant geäußert; was er gesagt hatte, wollte mir der Mensch gleich nicht erzählen, als er sah, mit welchem gar nicht zurückgehaltenen Begehren ich hastig danach fragte; und wollte das Ganze wieder beschönigen. Ich that das gleich selbst: und erfuhr auch nicht was er gesagt hat: frug auch nicht zu welcher Zeit. Es ärgert mich nur in so weit, als es der etwanigen Bekanntschaft zwischen ihm und mir in den Weg tritt, weil es doch eine vorgefaßte Meinung verkündigt, die ihn darüber ganz nachlässig, oder abgeneigt dazu machen muß: ich fürchte mich aber gar nicht, daß wenn ich ihm nahe käme, ihn nicht durchaus zu gewinnen: ich weiß was er sich an Menschen wünschen muß; und ich habe den großen Vortheil über ihn, daß ich wohl ihn, er aber nicht mich gelesen hat. Daß er aber nicht besonnen genug ist, lieber über eine ausgezeichnete Person, die er nicht kennt, nichts zu sagen und zu meinen, das verdrießt mich am meisten; und daß sein Inneres, sein Schicksal und das seiner Freunde, ihn nicht dazu bestimmen, grade das Gegentheil von gemeinen, rohen, weitschichtigen Urtheilen zu denken; wie ich es mit ihnen mache. Das gilt auch seiner Schwester Bettina; die mich gut, mehr als noch rein menschlich, behandelte nach dem Eindrucke, den ich ihr machte, ehe sie wußte, wer ich war; und als sie es erfuhr, nicht schön sich über mich äußerte, und ich schäme mich zu sagen, nicht wahr — — nach den Reden von Clemens gegen Dich, — ich aber umgekehrt, hatte alles mögliche Ungünstige von ihr gehört, glaubte nichts, weil meiner Vorstellung die Person fehlte, auf die alles ankommt: ich sah sie, und eine übernatürliche Liebe berührte mein Herz; die ich aus Bescheidenheit, gegen sie, darin fest hielt. Bettina hat unaussprechlich dadurch bei mir verloren. Denn **alles** erlaube ich einer Solchen, aber ordinair sein, nicht. Dies lies ihm alles. Sage ihm auch, wenn er Mitleid mit mir haben wollte, solle er nicht Rahle und nicht Fouquet, sondern Rahel und Fouqué schreiben! — Warum lobst Du mich auch so sehr! Lieber! dann kann man Dich natürlich leicht ärgern und mich attakiren. Ich liebe es aber doch! Lieb und lobe mich nur! kommen doch schlechte Menschen durch falsches Lob empor; so müssen bessere, da man ihnen keine Stelle vergönnt, auch durch übertriebenes gehalten werden. Adieu für heute, es wird ganz dunkel, und ich will essen. Adieu Lieber!

Abénds 6 Uhr.

Das Komischste in der Welt ist, daß ich ganz überlesen, und unbedacht gelesen hatte, daß Clemens schreibt: „Da wir ja auch über Rahel, Fouqué, Arnim, und Grimm, und mich selbst anderer **Meinung** sind“ 2c. ich also eine Art Rolle in dem Streit, und in den vorgelegten Versöhnungspunkten habe! Wenn Du es nun für unschicklich und arrogant scheinend ansiehst, theile ihm das Obige nicht mit: arrogant, weil es so sehr unpersönlich war. Ich habe erst jetzt seinen Brief noch einmal gelesen; und was ich schrieb, bezog sich auf Sonstiges, und was er — dies hab' ich mich der Zeit nach nun auch besonnen — **bei seiner Ankunft in Prag**, in der Berliner Erzählung von mir vorgebracht haben soll. Vorzüglich aber war alles darauf gemünzt, daß ich ihm gut bin und der Schwester das nicht vergessen kann. Manche Stelle in seinem Briefe verstehe ich nicht; zum Exempel die: „Ich habe Ihnen auch gesagt, daß meine Nachlässigkeit aufhört, wo mich irgend eine Würde an das Einzige, was ich ihr entgegensetzen kann, erinnert, überhaupt wo man mich erinnert, daß wir in keinem Paradies wohnen?“ etc. Was ist das? Erkläre es mir. Was ist das für ein Mann, den er nennt, wie Du ihn lieber hättest schimpfen sollen? Also Männer kneifst Du auch? Wie erkenne ich Dich an den Zitaten, wo Du ihm „peinlich“ warst! bei der Butter, und solchen Dingen! da kannst Du auch zur Pein werden! — Ich würde gar Abends nicht schreiben, sollte der Brief morgen nicht auf die Post, und ich für einen letzten

Tag immer Störungen, von Menschen, Geschäften, Aufträgen, und Kränklichkeit fürchtete. Du mußt gar nicht recht nachrechnen, wie schnell ein Brief geht oder nicht, wenn Du sagen kannst in Deiner Seele, Rahel schreibt so lange nicht. Nun lese ich Deinen Kritzelbrief bei Lichte noch einmal, und dann will ich antworten. Fettig Papier und eine Gräuelfeder habe ich! — Eh' ich es vergesse! Neumann sehe ich gar nicht: bei Schede'ns erfuhr ich daß er bei Fouqué ist, den 14. kommen Fouqué's zum Winterbesuch nach Berlin.

Lieber Varnhagen! Wenn Du Goethe'n schreibst, laß ihm nur rechte Zeit, und ihn durch wahre Bescheidenheit sehen, wie hoch Du seinen weisen gütigen Brief schätzest. Marwitz hat mir ganz göttlich drüber geschrieben, und kann die Güte, den Ton des Briefs nicht genug bewundern. Der ist unser Konfident. Was der von Goethe alles schreibt und sagt, möchte ich ihm auch spediren. Ich — für mein Theil, bin ganz beschämt und gestört, daß ich ihn nicht mehr so heimlich liebe; und dastehe wie Andere. Heimlich aber wird es ewig bleiben; denn ich selbst, kann es nicht so herausspinnen aus dem Herzen, und weiß ich, was er noch schreibt und thut? was ich noch erfahre? Volumes hätte ich Dir zu sagen, wenn ich Dir mittheilen könnte, wie verblüfft sein Leben sie wieder macht; wie sie auf mich fallen, auf mich: und was ich manchmal glücklich rednerisch erschöpfend antworten kann, wie ich manchmal königlich schweige, zur höchsten Konfusion der Redenden, nicht weil ich schweigen will, weil ich schweigen muß: und sie sehen es. Manchmal gelingt es mir, mit zwei Worten an Stellen im Buche selbst zu verweisen; „Ueberlesen Sie doch nicht, welchen Rath Ihnen Goethe selbst giebt, den Gesichtspunkt, den er für solche Biographieen angiebt, daß er die Zeit schildert in bewußter meisterhafter Unschuld: zeigt und sagt, wie sich ein Mensch in und an ihr entwickelt, entwicklen kann und muß." So frug mich Graf Egloffstein eigends in einem dazu angestellten Besuch: „Was denken Sie von Goethe's Leben?" Erst wollt' ich nicht reden; er brachte mich doch dahin. Ich konnte ihm in sehr klaren, bündigen — nicht meine Force — Worten eine ordentliche Erklärung vortragen; er lächelte häufig, meines guten Sprechens, der für ihn neuen Gedanken, und sagte, ganz ehrlich und froh am Ende: „Sie haben Recht, nun weiß ich, was er meint." Der muß mir nun in die Lesekabinette, und das Casino und seine tausend

Gesellschaften. Vornehmen thue ich mir dergleichen beinah nie; aber es fiel mir doch nachher ein. O! wie babylonisch ist die Welt; Clemens hat Recht: wo ich ein Dolmetscher sein muß!

Siehst Du, daß ich Recht habe, Bentheim, so zu lieben? Auch auf mich haben die biblischen Stellen den größten Eindruck gemacht, als die reinste beauté. Wie erhaben, wie abgezogen: das reiffste Beschauen und Begründen aller Geschichte, mit dem unbefangensten, kindlichsten Auffassen gepaart! Wie göttlich! Mein alter Spruch: widersprechende Eigenschaften, in Harmonie gebracht, machen den großen Mann. — Das Buch hat aber das größte Aufsehen gemacht, und hat die größten Verehrer, wüthendsten Anhänger. Wolf sagt zweitausend Exemplare wären gleich weggewesen. Schede bracht' es mir ehrlich; die vergöttern es. —

Nun von uns, mein Lieber. Für's Erste das Alte wieder. Suche diesen Winter mit nach Wien zu kommen: und, ich bitte Dich, betreibe die Bestätigung Deines Namens dort. Du kennst meine Gründe dafür; aber das ist mir auch ein sehr wichtiger, daß sie Dir hier, da Du ihn doch nun einmal genommen hast den Adel, ihn anfeinden und lächerlich zu machen suchen werden ohne diese Bestätigung, aus reinem Neid. Ich weiß es. Darum allein sollst Du nicht nach Wien, es ist für alles gut; Du siehst die Menschen dort wieder. Gieb Dir Mühe zur Bestätigung, Du bist im Finden und Schreiben so thätig, ich weiß es. Adieu! Ich wollte Dir noch heute alles schreiben, ich bin aber zu schwach, und davon zu echauffirt. Morgen das Letzte! Adieu.

Aber doch noch! Du weißt, mit welcher Liebe und Einsicht ich Dir meine letzten fünfzig Thaler angeboten habe; und sie sind auch noch Dein, wenn Du kein anderes Mittel fortzukommen hast. Hast Du aber irgend andere, so gebe ich sie nicht. Ich habe nichts zu irgend etwas Extraordinairem, zu keinem Flußfieber: lebe jetzt schon so eingeschränkt, daß es meiner Gesundheit schadet. Denn ich brauche Zerstreuung und gute Nahrung; beides kann ich mir nicht schaffen. Nun hab' ich noch das ziemlich bequeme Quartier — ohne den Entresol; — brauchst Du aber die fünfzig Thaler, so muß ich's Ostern aufsagen, zu Michaelis; und muß die mühsamen Anstalten treffen, auszuziehen während ich in Schlesien bin, und mir vor meiner Abreise ein Quartier schaffen. Eine mir unleidliche Sorge, bei den Erfordernissen eines solchen für mich, meine Gegend der Stadt, und meinen Preis, und meine jetzige Gesundheit, die sich im Winter unter den Umständen wohl nicht wird fassen können. Ausziehen muß ich des Preises wegen in jedem Fall: nur hab' ich, mit den fünfzig, ein Jahr länger Zeit: und bist Du in Berlin, häng' ich an der nachbarlichen Gegend gar nicht mehr; nur an einer edlen, und einem stillen Hause. Ich soll, Miethe und Holz zurückgelegt, von einem Thaler und sechzehn Groschen den Tag leben, d. h. die Mädchen bezahlen und nähren, kochen lassen, Brot, Getränk, Zucker, Licht (Bougie, wenn ich auch nur Eine brenne, Lichte, und Oel), Kaffee, Thee, Wein halten; Kleider, Abgaben, Almosen, oblique Ausgaben — das ist das Meiste, genereuse! — meinen Arzt! unmöglich! Nun aber, auf meine Ehre! mußt Du doch das Geld, — welches ich doch Gott Lob! habe, — wenn Du nicht anders loskaufen kannst, mit keinem anderen, — nehmen. Kurz, vous en usez avant d'en avoir d'autre. Dich frei zu wissen, ist mir das Wichtigste. Kannst Du mir's nachher wiedergeben, desto besser! Ich muß doch ganz aufrichtig gegen Dich und mich sein. Und Du machst mir nicht eine solche Szene wie die mit Buquoy, und auf der Wurst, und dergleichen wie in Teplitz! Ich muß bei Gott! sonst nach Potsdam zu Marwitz laufen, denn aushalten kann ich nichts mehr (das habe ich diese Woche erfahren bei einem leichten Domestikenärger), und will auch nichts Unwürdiges mehr, von Dir, meinem einzigen Freunde, gar nicht. Prüfe, und stärke Dich, eh' wir uns sehen! ich weiß, Du kannst alles. Ja, ja! Könnte Dir Baron Stein keine Empfehlungen hierher geben? Auch mache Dich darauf gefaßt, nicht so splendid wie in Prag zu leben, und keine bonne chère zu machen: und sei nachher nicht überrascht, und übler Laune. Adieu. Ich kann auch seit meiner großen Migraine wenig lesen, obgleich mir Marwitz Tische voll Bücher legt. Ich bin beinah nicht aus, und sehe wenig Menschen; der Gesundheit, der Wagen, der Kosten überhaupt wegen.

Es tutet 12 Uhr. Noch ein Wort. Varnhagen! ich sehe Dir ernst in die Augen; und schmeichle Dir sehr jetzt! Mißverstehe meine Worte nicht, die ohne Ton und Blick hier stehen! Sag mir nicht etwa, Du willst nun die fünfzig Thaler nicht. Vergiß nicht, daß Deine Freiheit mir das Wichtigste ist, und sein muß — nicht aus Pflicht etwa verstanden — und daß es ganz von Dir abhängt, daß auch Deine Nähe mich sehr glücklich macht. Nur laß mich zu Ostern Deine Pläne wissen. Gute Nacht! Ich umarme Dich jetzt zärtlich. Laß Dir's auch nicht leid sein! denn wisse, zunächst und zuerst, ich wollte es nur nicht eher sagen, bis es Noth war, verwahrt' ich die fünfzig Thaler für Dich, zu Deinem Kommen: denn als ich sie weglegte, wußte ich noch nichts von der Schmälerung meines Lebens; ich sparte sie mir kärglich von der Reise; that manches desfalls nicht. Gute Nacht! Verstehe mich wohl!

Sonntag Mittag 3 Uhr.

Es war grade so wie ich es befürchtet heute, mit den Störungen, die langweiligsten, gräßlichsten, und doch unvermutheten, mich überfallenden Familienbesuche, und Frauenbesuche, ich bin ganz erstorben. Gnädiger Gott! dergleichen ertrag' ich nicht mehr. Empfehle mich Frau von Pflugk und Fräulein Pape. Auch den Heer's bitte ich mich zu empfehlen. Daß Josephine Pachta so beschränkt ist, weiß ich sehr wohl: dies allein machte, daß ich nicht gleich, als ich sie kannte, bei ihr blieb. Nicht allein ich will mich absolut mit höchster Einsicht nicht beschränken; und hätte ich eine dahin neigende Natur, so würde ich mich zum Gegentheil zwingen; sondern, ich kann mich nicht beschränken, und könnte diese meine Natur nicht bezwingen. — Lieber, ich habe alle meine Papiere durchsucht, und kann keine Gedichte von Dir finden. Ich möchte vergehen! aber machen kann ich doch keine! Dein Stammbuch — sag mir um Gotteswillen, was Du damit willst — schicke ich Dir nächstens. Dem Prinzen von Hessen-Philippsthal kann ich doch de but en blanc nichts zuschicken! Es soll es ihm aber irgend Einer appliziren. Denk Dir, daß ich vorgestern Abend einen Brief an Dich auf die Post sandte, in der Idee, es sei Donnerstag, es war aber schon Freitag. Und nun wird er wohl mit diesem zugleich ankommen. Wenn Du es für nöthig findest, kannst Du Clemens die Versicherung geben, daß es ist als ob das Grab seinen Brief gelesen hätte. So ist es auch. Gestern erst erhielt ich Deinen. Adieu.

R. R.

Ich denke ich soll wahnsinnig werden für Glück, wie Goethe immer in die hohe Kammer geht, „die Gewitter abzuwarten". In meiner tiefsten Kindheit that ich das auch schon, und noch berücksichtige ich alle Quartiere danach, ob man zu einem Gewitter viel Himmel sieht. Jetzt hab' ich Elende auch das nicht. Worauf dies aber alles in einem Menschen deutet, das weiß ich; und seine Konstitution kenne ich auch. Erinnerst Du Dich des Gewitters in Charlottenburg, wo Du mit Markus und Bribes ankamst? da fürchtete sich die Schwägerin, und ich wurde ganz grausam: ich hasse die Leute, die sich vor Gewitter fürchten. Adieu! Nostitz wird über Berlin quer-ein schimpfen. Rechne ab. Lebe wohl!

An Rahel.

Prag, den 20. Januar 1812.

O meine geliebte, theure Rahel, wie soll ich Dir genug danken für Deine liebevollen Briefe, die mich bis zur Bestürzung mit fortdauernden Liebesthaten überschütten! Wisse nur, ich hatte mich schon zitternd darein mit gesenktem Haupte ergeben, daß nicht ohne Wechsel ich in dieser schönen Witterung stehen würde, und erwartete nach Deinem zärtlichen Briefe mich von Hagel und Schlossen wieder gescholten zu sehen, aber Du strahlst nur gütiger und wärmer mich an, und ich sehe mit Entzücken an meiner Seite alles glänzen und prangen! Ich war zu Thränen gerührt über Deinen erstern Brief, ich fühlte mich glücklich und beruhigt durch Dich, geliebte Rahel, und wie begeistert sah ich in die Welt hinein, voll Muth und Jugendgluth. Könnt' ich Dir nur sagen, wie Deine Briefe immer zur rechten Zeit kommen! Bundestruppen, auf die ein kluger Feldherr im entscheidenden Augenblick gerechnet, die eintreffen, und den Sieg aus schon halb verlorener Schlacht herauskämpfen. Dann kam zwei Tage später, gestern, Dein zweiter Brief; ich kann ihn gar nicht beantworten heute, ich schreibe Dir nur, damit Du nicht ohne Nachricht von mir bleibest. Ich werde bald stillere Muße haben, Dir ausführlicher zu schreiben, denn Bentheim reist in acht Tagen nach Wien, wo er wohl zwei Monate bleiben wird, während ich hier bleibe. Er hätte mich auch ohnedies nicht mitgenommen, aber daß Trogoff mit ihm fährt, und also kein Platz im Wagen bleibt, wäre für jetzt ein unüberwindliches Hinderniß gewesen. Mir thut es in vieler Rücksicht leid, aber in mancher kann es mir lieb sein, hier zurückzubleiben, glaube mir's. Er wird sich dort der Verlegenheiten genug anschaffen und ich hätte sie zu theilen gehabt. Hier kann ich Dir übrigens mit Gewißheit sagen, daß seine Umstände spätestens im Juni eine solche Hauptkrisis erleiden, daß mir höchst peinlich und vielleicht verderblich wäre, dann noch bei ihm zu sein, zumal ich ihm nicht im geringsten nützlich sein könnte. Durch diese Reise nach Wien aber, da er mich zurückläßt, löst er zuerst die bisherige Gestalt unseres Verhältnisses auf, und ich kann ihn mit größerem Rechte späterhin auch verlassen, was ich doch nicht ohne leisen Vorwurf meines Herzens gethan hätte. Sage nicht, ich hätte ja Dich auch schon ehemals verlassen, warum ich denn jetzt so zart sein wollte? Von Dir ging ich jedesmal in Verzweiflung in ein trübes Loos, von ihm gehe ich, um glücklich zu sein. Es bleibt ausgemacht, daß ich zum Frühjahr zu Dir, nach Berlin komme. Ueber die Mittel und Wege dort will ich mir nicht bange sein lassen, seitdem ich durch Deine Güte über die Mittel zur Reise gesichert bin. Selbst wenn Du nach Schlesien gehst, finde ich doch Neumann, der ja jetzt wieder ein freier Student ist, Fouqué, bei dem ich auch Monate lang umsonst leben kann, und andere Freunde. Ich hoffe aber bestimmt, die Reise noch von meinem eigenen Gelde bestreiten zu können: 10 Dukaten wird mir wohl der Bentheim in Wien für den „Britannicus" schaffen, ein paar Louisd'or sind mir von Cotta gewiß, und wenn die kleine Schrift über Goethe zum Druck kommt, oder meine Novelle angenommen wird für den Cottaischen Damenkalender, eins von beiden kann ja leicht geschehen und vielleicht beides, so hab' ich noch 6 oder 8 Louisd'or mehr. Was Du mir über die 50 Thaler schreibst, ist mir vollkommen einleuchtend, ich sehe ein, wie Gesinnung und Lage sich zu eigener Weise der Betrachtung hiebei verknüpfen, und kann Dir nur aus inniggerührtem Herzen danken! Daß Du mir schon jetzt die Sache vertrauest, um mich bis dahin nicht in der Ungewißheit angstvollen Trost zweifelhafter Hoffnung suchen zu lassen, rechne ich Dir sehr hoch an! Jede Faser Deines Wesens, Deines Gefühls und Deines Sehens, erkenn' ich durch mein ergebenes, überzeugtes Gemüth! — Um mir den Erfolg des „Britannicus" zu sichern in Wien, betreib' ich eifrig die — gratuite — Aufführung in Prag, die vielleicht in fünf Wochen schon Statt findet, bis dahin habe ich viel zu thun, mit dem Direktor, mit Abänderungen, mit den

Schauspielern, mit Lesen. Doch geht das alles in einer bescheidenen Stille vor sich, und ohne daß mein Eifer als solcher hervortrete, auch wird mein Name nicht genannt. In Wien ist mir gar nichts an der Aufführung gelegen, wenn sie's nur bezahlen. Die Zeit reut mich am meisten: wie könnt' ich fleißig lernen statt solchen Treibens, das sich mit meiner ganzen Noth an Kenntnissen und höheren Richtungen schlecht verträgt! Aber ein bischen Geld muß mir jetzt mehr sein, als eine ganze Staatswirthschaft und alle Reichthümer der englischen Sprache. Indeß auch darin thue ich, was mir nur möglich ist.

Wegen meines Adels habe ich nach Hamburg dringend um meine Taufscheine geschrieben, und nach Potsdam an Natorp einen Brief, den Dir Neumann zeigen wird. Ich forsche inzwischen auch hier nach dem gedruckten Buche. Kann ich die fehlenden Zwischenglieder durch erst mühsam und weitläufig aus Westphalen zu erlangende Urkunden einschalten, und Bentheim ist noch in Wien, da kann er persönlich beim Kaiser es wohl durchsetzen, aber ich zweifle, daß alles zur gehörigen Zeit beisammen sein wird; auch gehen die Geschäfte bei uns so langsam, daß ich vielleicht schon aufgehört habe, dem Kaiser zu dienen, bevor meine Sache zum Vortrage kommt. Inzwischen wollt' ich doch sehen, wer mir etwas anhaben wollte! Neiden, Spötteln u. dergl. verliert sich bald vor standhaftem Ernst, der gar nicht dergleichen thut, und nöthigenfalls würde ich mit ein paar Pistolen rasch bei der Hand sein. Ich heiße so, und niemand kann und soll mir's wehren. Doch will ich gewiß nichts verabsäumen, schon weil Du es wünschest; auch Stein meint, es sei besser. Mein Brief an Natorp wird Dir gewiß angemessen dünken: ich möchte Dir alles gleich zeigen, was ich glaube gut gemacht zu haben!

Nostitz ist noch nicht hier; wir wissen nicht wo er bleibt, ich freue mich aber recht, ihn wiederzusehen, und den Traum und die Erzählung von Louis Tod ihm abzugewinnen. Er wird hier sehr erwartet; seine Freundin, Mad. Brede harrt seiner als eines Retters, denn sächsische Schulden verfolgen sie hieher, und er wird sie gewiß großmüthigst bezahlen.

Vor einigen Tagen kamen von einem Staatsrath Klüber aus Heidelberg einige Anfragen in Bezug auf meinen Aufsatz im „Morgenblatt" über das alte Schloß Bentheim. Er wünschte mehreres genauer zu wissen, und ich habe ihm nach meinen

Kräften mit aller gelehrten Freigebigkeit zu willfahren gesucht. Nach dem, was ich später erfahren habe, ist ein großer antiquarischer Streit dieses Gelehrten durch meine Angaben von mir unbewußt gegen seine Behauptung entschieden worden.

Die Geschichte mit Brentano war einfach diese: ich sollte ihn zu Meinert führen, und da sagt' ich ihm, er müsse mir aber versprechen, sich zusammen zu nehmen, und nicht, wie ihm oft unwillkürlich geschehe, beleidigend zu werden, ich verstünde das wohl, aber nicht jeder, zu würdigen. Als er dann die Thatsache läugnete, führte ich ihm an, wie er neulich dem Buchhändler Temsky, als dieser sagte, er sei aus Heiligenstadt, mit hastiger Freude höhnisch entgegengerufen: ach so sind Sie aus der lächerlichen Stadt? — Du kennst diese Art, die mehr in Ton und Miene, als in Worten liegt. Da bracht' er nun mancherlei durcheinander, sagte, die elenden Leute könne er gar nicht beleidigen, die müssen froh sein, daß er ihnen nicht Ohrfeigen gebe, u. dergl., läugnete, daß er mit den Leuten wie Temsky, und solche, umginge (obwohl er sie doch täglich stundenlang besuchte), wollte von der Mad. Brede, in die er verliebt war, die ich ihm auch anführte, als eine, die so ohne Noth von ihm wäre in meiner Gegenwart vielfach beleidigt worden, gleichfalls sagen, er sei nicht mit ihr umgegangen (da er ihr doch während vierzehn Tagen täglich einen Bogen geschrieben hatte), und wollte zuletzt mich als ganz toll und abentheuerlich mit meiner Forderung darstellen. Dieses Läugnen von Thatsachen und Umbiegen von Worten erbitterte mich, und ich sprach kurz und wahr. Sein Brief rührte mich als von seinem Gemüthe her, aber für den Verlauf der Sache hat er mich, der ich so leicht Reue fasse, mit keiner Ueberzeugung erweicht. Uebrigens, als wir vor acht Tagen darauf dann bei Meinert waren, betrug sich Clemens außerordentlich gut, und fragte nachher mit Selbstgefallen: Nun, war ich denn nicht ganz mild und gut? — Ich las ihm gestern Abend bei mir vor, was Du über ihn schreibst, er nahm es ganz schön auf, halb betroffen, halb gerührt, und sagte mehrmals schöne Lobesworte über Dich: das ist eine sehr gescheute Frau, ja, das ist ein sehr gutes, unbefangenes Wesen u. dergl., aber ihm ist entsetzlich peinlich, sich in irgend einer Verfassung zu sehen, wo er auf eine Art bezwungen ist, und so mochte er nicht bei seinem Unrecht verweilen. Ihm, der leicht, ohne Konsequenz und Ordnung, jeden Gegenstand, der sich, einerlei ob in Wahr=

heit oder Lüge, als gegeben vorfindet, mit Witz und Sprüchen behandelt, und das Menschliche insofern einer allgemeinen poetischen Ansicht unterordnet, war jeder unüberlegte frühere Tadel gegen Dich nach seiner Meinung richtig, weil es ihm gleich galt, ob der Gegenstand ein wirklicher, wahrhafter Mensch, oder ein überkommenes, oder selbstgemachtes Scheinbild desselben war, und nur dem letzteren konnte es gelten. Den Hauptpunkt in Deinem Briefe, wegen seiner und Bettinens Unmenschlichkeit, und daß Du ihnen nicht erlauben wolltest ordinair zu sein, hat er nicht so tief und bedeutend aufzufassen vermocht, die Sünde, den Frevel darin verdeckte ihm seine dichterische Einbildung, die mit den Gegenständen und und ihren Afterbildern so spielt, daß sie sie bald verwechselt, und wohl gar das Nichtseiende durch das Denken als Seiendes ernstlich annimmt. So rein, wie Du, meine Rahel, so züchtig und ehrbar im innersten Gemüth und im freiesten Spiel des äußerlichsten Gesprächs ist kein Anderer mehr! Ich verehre Dich mit scheuer Innigkeit, Du Liebe, die Du im heiligen Herzen keinen Schmutz je aufnehmen kannst! Clemens wird Dich, wenn er nach Berlin kommt, jetzt gewiß besuchen, nur fürchtet er, Du möchtest ihm zu geistreich sein, und dann werde ihm ganz weh; wenn er mit Bettina sei, kälberten sie nur, und mit Arnim mache er lauter Possen, dabei sei ihm viel wohler. Ich habe ihm darauf genug gesagt; ein närrischer, lieber Mensch ist er, aber gewiß desto mehr muß in ihm das abgeschmackteste Vorurtheil mich erbittern. Er bekannte, daß gewiß sonst niemand, wie Du, so großartig und unschuldig fortfahren könnte den mit Liebe zu betrachten und einzusehen, welchen man in ungerechtem, bitterem Vorurtheil gegen sich befangen weiß. Ich bin dennoch voller Zorn, wenn ich daran denke! Meine Rahel, meine angebetete Rahel soll nicht deren gewiß sein, die sie für die Ihren erkennen will? Er muß Dich mehr lieben, mehr verehren als ich, wenn ich ihm das je vergessen soll! Darum bin ich auch minder mitleidig, über das Schicksal, das seiner harrt, wenn unser Teplitzer Sehen zur Sprache kommt. Warum war er auch damals so dumm!

Josephine ist etwas krank; Meinert sehr besorgt. Sie grüßet Dich von Herzen. Ich glaube, ich könnte sie sehr amüsiren mit meiner Lebensansicht und Einsicht, aber sie ist gefangen in Meinert's verständiger Abrechnung der Dinge, die aus einem verständigen Nachdenken alle Philosophie aufbaut. Sein

Verstand hat ihm auch in der Dichtkunst alles geliefert, was er brauchte, die Gränzen fanden sich von selbst, und so die Beschränkung. Meinert veredelte sich durch die gräfliche Frau, und man sieht es ihm an, daß er getragen ist in höherer Sphäre; die Frau mußte aber umgekehrt sich verbürgerlichen durch den Mann, und man erkennt, daß sie herabgezogen ist. Allein auf der anderen Seite verdankt sie doch vieles, nicht nur an Glück und Genuß, sondern auch an Karakter diesem Manne, der mir nur weniger lieb ist, als vorher, seitdem ich aus sicherer Quelle erfahren, daß er Josephinen, durch die er doch außer der Geliebten auch noch alles andere hat, z. B. Reitpferd und lederne Hosen und Bücher und feine Hemden, öfters hart und grob behandelt habe.

An Goethe schreib' ich diese Woche. Ganz wie Du es verlangst, gewiß dankbar, ergeben, und ohne Dringen. Doch will ich mich litterarisch an ihn wenden, und ihm den „Britannicus" für Weimar anbieten, leise genug soll es geschehen, fürchte nichts! Ueber ihn nächstens mehr.

Lebe denn wohl, mein geliebtes Herz, und bleibe mir hübsch gesund und munter! Ich küsse Dich viel tausendmal, und drücke mich innig schmiegend an Dich! Leb wohl, meine Rahel!

Ewig Dein treuer Varnhagen.

Mein Stammbuch wäre mir sehr lieb; ich möchte hier gern viele Namen darin sammeln. Dem Prinz könntest Du's immer de but en blanc schicken, es ist ein guter, armer Junge.

Sieh, wie mein lieber Fouqué von meiner geliebten Rahel schreibt! Ich empfinde dabei die reinste Freude, als wäre jedes seiner Worte in meinem eigenen Herzen für Dich aufbewahrt! — Grüße die Freunde, besonders Marwitz und Harscher! Auch Wilhelmine Schede bestens! Dein

Varnhagen.

An Varnhagen.

Was für ein herrliches Gemüth ist Rahel! Sie hat mir meinen Brief mit Worten erwiedert, welche die Seele zugleich entflammen und kühlen, mit Worten, wie sie vielleicht in keines anderen Menschen Gewalt stehen. Und wie groß, kräftig und zart hat sie das alles aufgefaßt, und im hellen Lichte wiedergegeben! Ich bin zu einem zweiten Briefe dadurch erweckt worden, in welchem ich ihr noch von einer anderen, von der religiösen Seite, mein Herz aufthat, wohl wissend, wie verschieden wir dorten anschauen, aber unfähig, ihr eine so geheiligte und mein Leben durchstrahlende Stätte meines Inneren zu verbergen, überzeugt auch, daß Rahel alles Mißdeutens unfähig ist. Fouqué.

An Rahel.

Prag, Freitag, den 24. Januar 1812.

Du empfängst, meine geliebte Rahel, mit diesem Briefe wahrscheinlich zugleich einen von Brentano, wenigstens früher kann er nicht kommen, als der meine. Ich sah ihn heute früh, er las mir die ersten Seiten seines Briefes, den zu schreiben ihm wider mein Erwarten eingefallen war, sogleich vor. Ich wurde betrübt über die verworrene Laune, die ich für Dich zu schlecht fand, und schwieg erst lange; dann aber dacht' ich plötzlich: nein, so will ich es nicht bewenden lassen, und fing an zu reden; bei aller Gluth blieb meine Rede einfach und überzeugend, auch sagte Clemens sehr ernsthaft zu mir: Sie reden wie ein rechtschaffener, braver Mann, und nun ich das alles weiß, will ich auch noch ganz anders schreiben und alles Gute. Nach einigen anderen Worten verließ ich ihn. Auf den Abend sah ich ihn im Buchladen wieder, er las mir das Uebrige, und ich fand mit mißmuthiger Verwunderung eine leichtfertige, gar übelangeordnete Blumenlese aus dem, was ich gesagt hatte; um witzig zu sein, hatte er Bilder und Formen aufbewahrt, und, sich selber eigentlich zum Spott, die innere Bedeutung davon, die ihn doch ergriffen und gerührt hatte, vergessen. Ein Wort der Mißbilligung von mir hätte vielleicht seinen Brief vernichtet, ich schwieg aber ganz still, und wollte auf das Zurückbehalten oder Abschicken desselben keinen Einfluß haben. Wie es auch sei, Deinen Antheil wird er immer erregen, so wie er den meinigen erregt hat, ungeachtet ich darin wenig geschont werde. Sollte das Vorlesen eine Versöhnung des Inhalts bedeuten? auf jeden Fall ehrt er mich durch das Vertrauen, mit dem er wagt, mir zuzumuthen, daß ich unbefangen meiner Verspottung als einem Lustspiel beiwohnen soll. Ich erkenne tief die Wahrheit von vielem, was er von mir sagt, und bin nie gesonnen, mich höher anzuschlagen, als ich mich werth fühle, worüber mir keine Täuschung waltet: allein frech bleibt es immer, das Badewasser zu untersuchen, um zu erfahren, welcherlei Schmutz einer sich abgewaschen hat, und bin ich auch noch nicht rein, so kann ich doch sagen, daß ich hoch über meinen Fehlern stehe. Eine Anmaßung ist es von Brentano, daß er sich vornehm über unsere Art zu schreiben, zu denken, und alles zur Einsicht bringen, verwundern und lächeln will. Er selbst ist mehr, als wir sogar, so gewendet in seinem Geiste. Hat er nicht etwa mir selbst allerlei Schilderungen von mir aus seinen Briefen vorgelesen? Hat er nicht etwa ganze Tage verbracht mit Aufschreiben aller seiner Gedanken und Schritte in Briefen an Mad. Brede, die ich vor ihr gelesen habe? Ist nicht dieser sein Brief an Dich der treffendste Beleg einer verwunderlichen Sonderbarkeit, die er darin finden will, daß ich Dir seinen Brief geschickt, und Du mir darauf geantwortet hast? Sorgfältig über ein Pettschaft, eine Miene, ein Möbel, konnt' er an Mad. Brede lange Auseinandersetzungen schreiben, Lieder dichten, Nächte durchwachen zu Hause und unter ihrem Fenster, und das alles mit beständigem, gegen mich deutlich ausgesprochenem Bewußtsein der lügnerischen Spielerei, die ihm auf einige Wochen das Herz erwärmte. Und dann, als die flüchtige Schauspielerin seinen „geschnörkelten, geknöppelten, kritzlichen, schnippelichen" Ausführlichkeiten kaum antwortete, und ihn selber wohl gern hatte, aber auf den brieflichen Bericht seiner Gefühle kaum Rücksicht nahm, hat ihn grade das so erhitzt und aufgebracht gegen die arme Frau, daß er damit geendigt hat, Spottlieder auf sie zu machen, und durch meine Hülfe alle seine Briefe ihr wieder zu entwinden. Er verklagt uns des Geistreichthums in unseren Mittheilungen, und er läßt schriftlich oder mündlich kein Wort unangetastet, ob es sich nicht dem Witze günstig zeige, und die Freudenmädchen sind dem geübten Libertin freilich meist willig! In diesem allen liegt eine Unwahrheit und Selbstsucht, die mir den Eindruck dessen, was er oft so wahr und tief ausspricht, wieder auslöscht, und die Liebe zurückstößt, zu der ich mich für ihn geneigt finde. Ich habe ihm das alles schon gesagt, und vorgehalten, aber er vergönnt der Wahrheit keine Kraft, als nur wenn sie auf seinem eigenen Boden gewachsen ist, jede von außen eindringende, wenn er sie auch als ächt zugesteht, behandelt er doch wie Kontrebande. Dieser Zug in ihm ist unmenschlich, und alles Gütige, Mitleidige, Schonende mit der heiligen dunklen Scheu vor dem schaudervollen Beben eines tiefen Lebens dadurch ausgeschlossen. Mir hat noch nichts von ihm so mißfallen, als sein Brief an Dich, besonders die zweite Hälfte, die nur ein unredlicher Versuch ist, die Achtung, die er Dir insgeheim hegen muß, zu umgehen; und so befleckt seine Darstellung vorzugsweise die Punkte, von welchen aus er am meisten Deinen Werth erkennen mußte, und verschreit, zu seiner eigenen Bethörung, in mißhandelnder Wiederholung, die Töne der einsichtsvollen Begeisterungsstimme, die ihn aus meinem Herzen entzückt hatten. Vielleicht lindert Dir, meine geliebte Rahel, diese meine Begleitung seines Briefes, den unangenehmen Eindruck, den Dir das Lesen desselben mehr oder minder gehässig inmitten vieler Ermunterung zurücklassen muß, und dies war meine Absicht. Ob Du ihm antwortest? ich will es Dir nicht abrathen, aber Dir auch keineswegs zureden; mit Treue wird er Deine Antwort, wenn auch aufnehmen, doch im Verfolg der Tage nicht bewahren. Es ist auch falsch, daß ihm nur Redtel und ich Gutes von Dir gesagt hätten: er hat mir selbst erzählt, daß Arnim, sein Abgott, Dir ehmals mit verehrendster Anhänglichkeit und Bewunderung zugethan gewesen, aber jetzt, weil ihm eingefallen, Du seist eine Jüdin, von Dir abgelassen hätte. Warum verschweigt er das? vergessen kann er es nicht haben. Wer soll ihm aber Gutes von Dir sagen? Alle die es könnten, von welcher Seite immer, Wolf, Schleiermacher, Fichte, Fouqué, Neumann, Schede's, Reimer, die Sander und Herz, alle sind ihm nichts, und nur Görres in Koblenz, Grimm in Kassel und Savigny sind ihm etwas, außer Arnim, der allein von diesen Dich kennt, und in den Ausdrücken über Dich, nach Brentano's Erzählung, nicht viel anders überströmend gewesen sein muß, als ich. Was soll man nun mit so viel Unsinn anfangen? Diese Verworrenheit und Zuchtlosigkeit in Gedanken und Empfindungen sind mir zuwider und ermüden mich schon, und in der Mischung von albernem Vorurtheil geht auch der tiefste Verstand verloren. Ich breche ab, um sobald nicht wieder darauf zu kommen. —

So weit hatte ich vor mehreren Tagen geschrieben, und seitdem keinen Augenblick zum Weiterschreiben gefunden. Ich habe den Schauspielern meinen „Britannicus“ vorgelesen, und den größten Beifall gefunden; wenige Zeilen nur fallen weg, und noch wenigere bedürfen einer Veränderung. Das Stück wird recht gut aufgeführt werden, und wird wenigstens die Gunst, die es vor seinem Erscheinen findet, auch nachher behalten. Den Rest der Zeit war ich mit dem Obersten beschäftigt; gestern im Schlitten mit ihm, und dann, mir zum größten Widerwillen, auf dem Balle. Er befahl mir fast, hinzugehen (er ging mit anderen Leuten), und das bloß um meinetwillen, damit ich Vergnügen hätte, und so zwang er mich seltsam genug viel Geld auszugeben, das ich lieber noch in meiner Tasche wüßte. Sonderbar gehen solche Angelegenheiten in seinem Kopfe. Die bevorstehende Abreise setzt schon jede Stunde alles in Bewegung; und jede Berechnung der Zeit, der Geschäfte, des Aufwandes und Ersparens, schlägt fehl. — Gestern, als ich vom Schlitten stieg, hört' ich meinen Namen hinter mir schreien, ich gehe dahin und finde Nostitz, der mich mit herzlicher Liebe bewillkommte, mir gleich von Dir erzählte, daß Du sehr gütig gegen ihn gewesen, und er Dich nur nicht ganz so oft gesehen, als er gewünscht. Wir gingen zwei Straßen zusammen, dann mußten wir verschiedene Wege einschlagen, er erzählte mir nur noch eilig, daß ihn in Hamburg alle Leute nach mir gefragt, und zwar Leute, die ich nicht kenne, daß er dann wie Reineke erst den sich Besinnenden gespielt, dann aber plötzlich ausgerufen habe: Ah der Varnhagen, der bei Wagram ꝛc. ꝛc. Und wenn auch das letztere gelogen sein sollte, um mir etwas Angenehmes zu sagen! Ich soll auch eine Schrift mit ihm durchgehen, die er über das nördliche Deutschland aufgesetzt, und unserem Chef des Generalstabs, Grafen Radetzky, einem sehr lebhaften, fleißigen, thätigen Manne, der große Gedanken wenigstens auffaßt, mittheilen will. So bleibt er wohl einige Zeit hier, und ich finde alle Muße, ihm Traum und Todesfall abzufragen und aufzuschreiben.

Friedrich Schlegel giebt den Kindern des Fürsten Johannes Liechtenstein Unterricht in der Universalgeschichte; litterarische Vorlesungen wird er bald anfangen. Mich hat er durch seine Frau auffordern lassen, an seinem „Deutschen Museum“ zu arbeiten, und namentlich soll ich etwas aus meiner Pariser Reise geben, das geht aber nicht an, und ich weiß überhaupt nicht, ob ich ihm etwas dazu schicke, das „Museum“ gefällt mir nicht. Dorothea meldet, daß gewisse blaue Augen meiner noch nicht vergessen hätten, und ich oft mit Antheil erwähnt würde. Was mich aber sehr bestürzt hat, ist die Nachricht, daß der liebe Willisen seit längerer Zeit darniederliegt, und wir ihn vielleicht verlieren werden. Ich kann mich der Thränen nicht enthalten, wenn ich diesen Schmerz denke. Sage es doch an Marwitz, der vielleicht etwas für ihn einrichten oder anordnen kann, ich kenne seine Verhältnisse nicht genau.

Josephine ist wieder gesund. Clemens las dort neulich Abends den „Ponce de Leon" vor, ohne alle Wirkung, niemand wollte sich freuen, niemand lachen, und er las ihn göttlich, wie eine ganze Truppe vollendeter Schauspieler, er allein! Dieser Stumpfsinn hat mich sehr aufgebracht. Aber ich thu' wohl Unrecht die guten Leute über ihrem Standpunkte zu betrachten, sie haben doch unendlich viel Gutes, und warum soll ich mit dem Professor der Aesthetik grade über sein Fach sprechen? In der Poesie wollen er und ich das Allerentgegengesetzteste; indeß dank' ich ihm sehr den guten Willen, mit dem er alle meine Gedichte sorgfältig prüft, und oft zieh' ich Vortheil von seinen zahlreichen Ausstellungen.

An Schleiermacher habe ich geschrieben wegen einiger aus dem Griechischen übersetzten Gedichte, die er mir schicken soll. Mein Brief kann ihn nur freuen, ich habe ihm Dank und Achtung bezeugt, ohne mir etwas zu vergeben. Gewiß, Du hast Recht, mit der Feder bin ich rüstig und thätig; wo diese etwas auswirkt, werd' ich nichts versäumen; aber im Leben, im Gehen, Sprechen, Bekümmern und Besorgen verläßt mich oft mit der äußerlichen lebhafteren Stimmung auch alle Fähigkeit.

Die beifolgende Rezension ist für Neumann zu beliebigem Gebrauch. Sie liegt schon seit zwei Monaten bei mir, ich will sie nicht hindern zu erscheinen.

Grüße mir alle Freunde! Lebe wohl, meine einzige, geliebte Rahel! Ich küsse Dich mit innigster Liebe!

Ewig Dein treuer

Varnhagen.

An Varnhagen in Prag.

Donnerstag, den 30. Januar 1812.

Lieber Varnhagen! Ich werde Dir auf alles nur kürzlichst antworten, alles Dir nur flüchtig mittheilen. Ich kann das Schreiben nicht ertragen: lesen aber kann ich noch gar nicht: es nimmt mir besonders davon ein leiser Versuch ganze Nächte, und Ausgehen durch die Kälte dasselbe; ich bin wohl öfters ganz verzweifelt, klage aber aus dem reinsten, tiefgefühltesten, stärksten Ekel nicht mehr: bin auch seit gestern, ohne alle Ursache, außer, daß ich in einigen Tagen der Zerstreuungen wegen, die mir meines Bruders junge Ehe abzwingt, gar nicht zu lesen versucht habe, körperlich vergnügt, wegen zwei Nächten Schlafs. Ernestine, Mad. Robert ist angenehm — hübsch. Vorgestern hatte ich die Familien, Hamburger Fremde, Minna Spazier, die ich oft und gerne sehe, Fouqué und Marwitz zum Thee. Wolf, der Minna kennen lernen wollte, ließ mir spät absagen. Marwitz war seit Freitag bis gestern in Erbgeschäften hier. Wir sprechen uns ganz klar.

Fouqué sah ich viermal; er veralbert sich ganz. Trotz seines Lobes, welches er mir zukommen läßt, muß ich's finden, und Dir sagen: Minna Spazier war in demselben Sinne ganz erstaunt, ihn kennen zu lernen, seines Aeußeren wegen, so Marwitz, so Markus. Er sprach, wie immer — ohnerachtet seiner Briefe, mit denen er mir ernste, gutgemeinte Antworten abpreßt — nichts mit mir. Aeußerte sich aber über Goethe'ns Leben so gegen mich, daß er eine unverständliche Welt zwischen uns schob, und auch ich perplex in Stummheit sank. Er habe keine Religion, Goethe. Er spräche von Abrahams Göttern, nicht von Gott. Dann sprach mir Fouqué von seinem Christenthum. Das muß ihm Herr Jesus verzeihen: denn er denkt es im Ernst zu meinen. Noch erzählte er mir, er habe mit Fichte'n eine halbe Nacht über diesen Gegenstand gesprochen; der sei, dem Kopfe nach, anderer Meinung darüber als er; die Herzen wären aber einig! — Dafür hat ein Höherer gesorgt! „nennt es Gott, nennt es Natur". Fouqué bringt in der Beweisangst den Magnetismus drunter; und auf Fragen von mir, sagte er mir: es wären allerdings auch vor Christus Menschen erlöst gewesen, aber aus bloßer Ahndung und Vorgefühl seines Kommens! — Ich kenne sehr wohl diese Art von Beweisführung, und Aufbauung von Systemen; jeden beliebigen Punkt in der Natur kann man sich wählen, und daherum den Rest des Universums spielen und sich bewegen lassen: geschieht dies aber befangen und eigensinnig, so mag der Erfinder noch so geistreich sein, er wird närrisch und riskirt es zu bleiben. Ein großartiges Verfolgen aller nur zu erfindenden Systeme, ein solches Lossagen davon, ein starkes Ergeben in alle Möglichkeiten, die ein höherer Geist in seinen Händen hält, ein natürliches Anerkennen der Dinge, die für uns sind, ein ehrliches Verfahren in den Tiefen unseres eignen Geistes, dies dünkt mich ist fromm, und gottgefällig; und gefällig allen seinen Gesandten und Geweihten. Basta!

Frau von Fouqué sah ich zweimal, einen Mittag aß sie unverhofft, — weil sie mich einmal verfehlt, und keine andere Zeit mehr hatte, — mit ihren Töchtern bei mir, Marwitz blieb auch, Hanne hatte ich für Clara genöthigt. Frau von Fouqué ist ganz liebenswürdig. Aeußerst wahr in allem. Ganz natürlich: und freundschaftlich und gut mit mir. Sie hat unser Aller höchsten Beifall. Heute Morgen ist Robert mit ihnen nach Nennhausen gereist. Sie frug mich nach Dir, und nach Deiner Uniform, und meinte, sie müßte Dir sehr gut stehen. (Meine Schwägerin! — Sie war nicht zehn Minuten hier.) Sie ist in allem so gütig und unbefangen, als wie sie dies sagte.

Gestern schickte mir Schleiermacher was ich Dir hier einlege. Also der ist gut mit Dir. Wenn Du kommst, Lieber, ich bitte Dich, mache nur alle Leute wieder gut und keine neue böse; es ist mir unerträglich; und in jedem Briefe werd' ich Dich darum bitten müssen. Ich bin gar keine Zänke und Szenen gewohnt; und eine gewisse Tagesruhe und Ebenheit ist der ganze Rest menschlichen Glücks, was ich besitze; dies und persönliche Unabhängigkeit, sehr von meiner Börse, aber von keinem Menschen beschränkt. Ich bitte Dich um Gottes willen! raube und störe mir dies Letzte nicht!! Teplitz steht mir zu sehr vor der Seele mit seinen unsinnigen Szenen. Ich bin zu alt und zu reif dazu; und zu gerieben und zu krank. Und warum auch dies, Varnhagen? Du hast grade alle Mittel, Dich bei Menschen angenehm zu machen — und dies wird Deiner Lage nach noch besonders nöthig — und bei mir auch: wolltest Du das nicht? Ich bin mit Marwitz und Anderen ganze Tage, und ganz vertraut: und nie entsteht eine Szene; und keiner als Du macht mir den Vorwurf unvernünftig zu sein, unverträglich, und launenhaft: und mit Dir zanken sich so Viele. Auch weißt Du's sehr gut. Du liebst mich ja! Laß mich's empfinden! Leids ist mir, bei allen Himmeln! genug geschehen! Mich loben und lieben von neuem, trotz meiner äußerst beschränkten Lage, alle Klassen von Menschen meiner Geselligkeit wegen: sie ist nichts als Güte:

und die wolltest Du nicht fühlen? sie uns läugnen? Nein: Du wirst besser sein: und Herr dieser unbegreiflichen Anwandlungen. Du hast Dich ja schon so unendlich gebessert.

Neumann war — seit einem Jahre — Sonnabend bei mir mit dem Brief an ihn. Er schreibt Dir auch heute; und über Deine Angelegenheiten, und die Lage der Dinge hier. Du mußt durchaus Empfehlungen zu einer Anstellung haben. Ich habe keine Kanäle. Kann Hr. von Stein Dir keine Empfehlungen geben? Westphalen werden befördert von ihren Landsleuten: aber sag mir, wird Dir, welches mir mit Schrecken eingefallen ist, die Nachsuchung Deines Adels nicht die Konskription nachziehen? bei Entdeckung Deines Vaterlandes? oder Straffälligkeiten.

Nun möcht' ich Dir am Ende des Bogens gerne für alle Deine Liebesworte danken; ich habe Dir eben in diesem Briefe nicht geschmeichelt; sei versichert, ich fühle ein jedes, und nehme es in's Herz auf, wie es aus Deinem kommt: das ist die Hauptsache; und so wird auch kein Betragen an mir vorbeigleiten. Du bist noch über niemanden so tief und klarsehend gewesen, als über Clemens Brentano, und so wohlberedt und worttreffend: ich meine nicht allein in Deinem letzten Briefe; ich fand's schon früherhin, vergaß aber öfters es Dir zu sagen. Sei wahr gegen ihn und sanft. Seine Schwester sollte die vorige Woche eintreffen, ich weiß nicht, ob sie gekommen ist. Fichte, mein lieber Herr und Meister, hat mich durch Fouqué grüßen lassen, und mir Vorwürfe machen lassen, daß ich ihn nicht sehe: mir sehr erwünscht: aber ich kann nicht in die Kälte gehen; sie ist jetzt erst streng. Grüß und pflege Josephinen: es ist ganz so wie Du von ihr sagst. Empfiehl mich Heer's, Hrn. von Nostitz, wenn er wieder erscheint, Graf Bentheim besonders, und Varnhagen zu allem Guten!

Rahel.

An Varnhagen in Prag.

Sonnabend, den 1. Februar 1812.

Vor ein paar Stunden gab man mir zwei Briefe, einen von Deiner Hand, und einen von einer fremden: erst las ich

Deinen, der zweite war von Clemens Brentano: sag ihm, ich habe ihn erhalten.

Und nun Antworten auf alles was Du mir sagst. Alles was nun folgt, theile keinem Sterblichen mit, das fordere ich Dir auf Deine Ehre ab. Ich habe Verdruß genug gehabt. Erst wollt' ich Dir und Clemens schreiben, nämlich nur Dir, ich hätte zwar Deinen, aber nicht seinen erhalten; dann dacht' ich: er setzt sich hin und schreibt einen zweiten, und das wollt' ich wegen des Postgeldes nicht. Ich bin in meinem Leben nur dreimal beleidigt worden, einmal von einer Frau, das zweitemal von einem Mann, das drittemal, von Clemens. Bei mir entsteht das Gefühl von Beleidigtsein nur dann, wenn ich sehe, daß man sich eine Behandlung untersteht, die man nur glaubt mir unbestraft zufügen zu können: denn sich die Hölle anzuthun, fühlen sich die Menschen genug aufgelegt; sie fürchten sich nur. Im Anfang dacht' ich, ich hätte etwas aus Clemens Brief gelernt; nämlich, daß ich nicht soll klüger sein wollen, als alle Menschen, und glauben, ich habe eine besondere exquisite Manier auch Verrückte zu zwingen, und daß ich den hätte für boshaft halten sollen, den man so boshaft nennt; Freund und Feind. So ist es aber nicht: ich habe nichts gelernt; und muß künftig doch wieder selbst untersuchen; dumm wär' es gewesen, Clemens auf Hörensagen so zu glauben, und bornirt, nicht jedes, was vorkommt, dreist, und Lust selbst vorzunehmen. Ich schwöre Dir, daß ich nicht gewußt habe, daß es solche Bosheit außer den schlechten Büchern, worin ich sie immer falsch fand, giebt. Er spricht mir ja mit einem wüthenden Wünschen von meinem Tod, als wär' ich eine böse alte Kaiserin, die ein Serail von jungen Schönheiten hätte todtmartern lassen, worunter ihm eine Geliebte war. Er ist ein Esel; und weiter nichts. Und sag mir um Gottes willen, wo nimmt er das her, daß ich so sehr ambitionire, unglücklich sein zu wollen? Hunger wünscht er mir auch sous cape. Ich habe mich sehr geärgert — nachher die Ursach —, aber zweimal mußt' ich doch lachen; als er sagte, „ich sei sitzen geblieben“ — und „ich sei nicht schön“, damit meint er häßlich. Jetzt erst find' ich es so gemein, wie in dem Bierhause hinter dem Teplitzer Garten; besoffen. Lachen mußt' ich, weil es so fehl schoß mit dem großen Effort. Betrübt aber, wie Du meinst, hat mich nichts. Mein Brief muß ihn gräßlich geärgert haben; und da er ihn nicht gut zu nehmen vermochte, so ist das recht, und freut mich. Ich habe Deinen und seinen Brief Linen gegeben, daß sie sie in ihren Koffer legt; damit kein Bruder, kein Freund, kein Sterblicher ihn finden kann; ich will nicht erleben, daß sie mich könnten so beleidigen lassen: und will auch nicht, daß um solche Lumpensache Einer Verdruß hätte. Il y a des offenses qu'il faut dissimuler. Erschöpft haben Franzosen alle gesellschaftliche Verhältnisse. Du mußt aber komplet die Besinnung verloren haben, daß Du ihn diesen Brief abschicken ließest! So pronirst Du mich! und so läßt Du mich beleidigen, wenn einige Hiebe mich schützen können? Du wirst begreifen, daß es jetzt dazu durchaus zu spät ist: und das Ridikül auf unserer Seite wäre. Denn die Sache würde dadurch divulgirt; und Jesus und alles käme zur Sprache! Warum sprachst Du ihm von Pauline? Warum trägst Du mein Inneres zur Schau! Bedenke ja! jetzt, daß seinem Buckel eine Tracht Prügel nicht mehr schadet, als schon geschehen ist, und daß in Deinem Stande eine Berührung Dich entehrt. Warte also lange, auf eine andere, ganz günstige Gelegenheit. Nun kein Wort mehr der Schmach, in Koth getreten zu sein. Darum schrieb ich auch noch heute zur morgenden Post, damit heute alles darüber vorbei sei. Ich danke Dir für Deine Besorgniß; obgleich ich Dir für was anderes danken möchte. Ich begreife nicht, wie Du Dich hast so beleidigen lassen können! Leb wohl!

R. R.

Ich war grade mitten in einem Brief an Campan, und konnte beinah die kleinen Handschriften nicht mehr lesen; und war sehr echauffirt. Viele seiner Faxen habe ich gar nicht verstanden, mit dem Thier, und der Radix, etc. Fang um meiner Ehre willen nur bei dieser Gelegenheit keine Händel mit ihm an!!! Aber wo Du Deine Sinne hattest, weiß ich nicht. — Nimm diesen Brief noch viel ruhiger, als er klingt; ich bin unpaß, und dann schwingen sich Nerven leicht in Aerger, und schwer daraus. Adieu!

Ich laß ihm sagen, daß ich seinen Brief habe, damit er keinen zweiten schreibt, und sich nicht zu mir wagt. Das sage ihm nicht. Sage absolut nicht, daß ich mehr von ihm geschrieben, als den Anfang.

(Auf besonderem Blatte:)

Sonntag, den 2. Februar 1812.

Ich muß diesen Brief heute wieder aufmachen, weil mir einfällt, Sie können ganz geschwind nach Wien an Frau von Humboldt oder Mariane Saaling schreiben, daß die Damen, denen es so leicht fallen muß, etwas, das Erste, Nöthigste für den kranken Landsmann thun. Mariane am Geschwindesten durch Hrn. von Pfuel: Frau von Humboldt durch ihre Küche. Ich schreibe natürlich heute Marwitz, und bin auch von ihm überzeugt, aber seine Hülfe möchte und müßte doch noch ein paar Posttage länger dauern. Marianen grüße ich hunderttausendmal, freue mich recht innig wenn sie Vergnügen hat, und will ihr schon den ganzen Winter für ihre sehr lieblichen Grüße durch einen Brief danken — werde auch noch. Frau von Humboldt empfehl' ich mich in alten Gnaden!

R. R.

Ihnen hab' ich in diesen Tagen noch einen anderen Brief geschrieben, als diesen hier, er soll aber erst Freitag abgehen; nicht wegen dem Briefsteller en question halt' ich ihn zurück; er betrifft ihn nicht.

Lasse Dir diesen Brief nicht aus den Händen reißen. Zeige keinen, und nenne solchen Menschen meinen Namen nicht!

An Rahel.

Prag, den 7. Februar 1812.

Wir haben hier nach dem heftigsten Frost plötzlich Thauwetter, von allen Dächern rinnt und plätschert es herab, und die weitläufigen Straßen schwimmen in schmutzigem Schneewasser, das die Löcher zwischen den zerschmelzenden Klumpen ausfüllt. Der Anblick der Stadt ist so unangenehm, daß ich alle Mühe habe, das letzte, was mir noch rein blieb, die Gedanken, vor diesem unreinen Zergehen zu bewahren. Die weiche, neblige Luft hat meine Seele bis zur dünnsten Faser abgespült und ihre Hüllen weggethaut, lange dürfte es nicht so fortfahren, so zerginge auch der letzte Rest. So mißgestimmt, abgemattet, unerfreut komm' ich heute durch allen Patsch nach Hause, und denke mich höchst unglücklich, so allein sitzen zu müssen und alle Tropfen draußen fallen zu hören. Aber ich habe Deinen Brief bekommen, meine inniggeliebte, theure Rahel, und grade weil er streng ist, macht er in mir dem Thauwetter ein Ende, und stärkt mich mit zusammenziehendem Frost zu innerer Erwärmung. Wie Du es anfangen magst, meine einzige Rahel, Du schmeichelst mir doch immer, bis in Deinen Schatten brennt das Liebesfünkchen, das ich nur mit beiden Backen anzublasen brauche, um bei hellen Flammen des Wintersturms zu spotten, der mir den brennenden Zunder herbeiweht. Glaube mir, mit wohlmeinender Innigkeit empfang' ich Deine Weisungen und Rathschläge, und denke darüber reiflich, besonnen, liebevoll nach. Ich möchte so gern dem entsprechen, was ich mir denke, daß Dir am wohlgefälligsten wäre, aber ich möchte es s e i n, und nicht bloß s p i e l e n, daher verzeihe mir, wenn ich nicht immer schon so leicht den mühsamen inneren Weg des Handelns finde, als der äußere daliegt, den ich dann oft aus Ungeberdigkeit zu vermeiden scheine. Habe Geduld mit mir, geliebte Rahel, und sieh mich gutmüthig und aufrichtig bemüht, Dir zu folgen. Diese Bemühung wirst Du auch an meinem zweiten Brief an Goethe erkennen: ich weiß wohl, daß ich ihm besser hätte schreiben können, aber es fügte sich 'grade so, und ich dachte, es sei ganz gut, daß ich jugendlicher Mensch grade vor ihm die Spuren meines Alters, meiner Bildungsstufe und Sinneswendung trage. Dich mußt' ich loben, ich mußte mir darin Genüge leisten, und ihm, dem in Deinem Lobe ganz behaglich warm werden muß. Gegen Deine Worte, die ich dem Brief beifügte, stechen meine freilich entsetzlich ab, und mir fielen mitten im grünen Wald die Metallblätter ein, von denen Brentano spricht, aber wie soll ich mich denn los werden, und wo um Gotteswillen meine Haut und Haar veräußern? ich blieb also zuletzt gelassen in meinem stolzen Periodenbau sitzen, und strecke die Fühlhörner so lang hinaus, als ich nur kann. Doch kann gewiß dem lieben Mann kein Wort meines Briefes persönlich unangenehm, oder auch nur nicht wohlthuend sein. Du siehst, von dem Druck habe ich lieber gar nicht wieder angefangen, und es kann Dir lieb sein zu hören, daß nicht erst Dein Rath mich so bescheiden stimmte, sondern alle Deine liebevolle Besorgniß für die Schonung des herrlichen Mannes mit der meinigen verschwistert aufgewachsen ist. Der andere Brief, den ich Dir abschriftlich beilege, soll Dir auch das Lob meiner Mäßigung entlocken, darum schick' ich ihn Dir, denn ich sage Dir's, ich lege es darauf an, von Dir gelobt zu werden, wobei ich doch auch Deinen Tadel als ein Lob annehme, das Du meiner Liebe giebst. Du wirst sehen, wie mich der Mann geärgert hat, und begreifen, daß ich krank werden konnte, auch sagte er noch Sachen von Bentheim, die ich diesem gar nicht wiedersagen mochte; ich wußte nicht, daß jederman diese rasende Wuth zu schimpfen in dem Mann schon kannte und würdigte, aber eben deswegen nichts dagegen wirkte. Er ließ mich kommen, war sehr verwundert, sagte es sei Scherz gewesen, er meine es nicht übel, und hörte nicht ungern, daß ich ihn im anderen Falle auf Pistolen gefordert hätte. Dann legte er sich mit mir in's Fenster, setzte meine Brille auf, sprach ganz vertraulich, und grüßt mich jetzt überall auf's freundlichste, ja zuerst, wenn ich ihn später erkenne, als er mich. Und das ist einer der tapfersten Männer der Armee, in zwanzig Schlachten bewährt, und berühmt wegen zahlloser und mörderischer Duelle! Bentheim war damals auf der Jagd, und ich folgte nur meiner eigenen Eingebung. — Es wird Dich freuen zu hören, daß ich unter den Offizieren in Prag einer allgemeinen Achtung genieße, und jeder mir wohlwill. Ganz fremde und vornehme Frondeurs, die sonst auf alles was nicht ihren Weg mit lebt, etwas absondernd herabsehen, geben sich mit mir wie Einverstandene, Gleichgesinnte in's Gespräch und in's Grüßen. Alte Hauptleute und Stabsoffiziere fassen mich unter den Arm, und keinem fällt es ein, daß ich nur subaltern bin; dagegen vergesse ich das keinen Augenblick, und gewiß sieht keiner die Ansprüche, die ihm der Staat und die Sitte verliehen hat, von jemand ihm mehr erhalten, als von mir. Ist etwas zu schreiben, abzufassen oder anzuordnen, so wendet man sich, wenigstens beim Regiment, gewiß an mich. Jetzt, da Bentheim seit acht Tagen in Wien ist mit dem Major Trogoff, und ich im Wirthshause essen muß, berührt mich der militairische Umgang mehr, als sonst, und ich mache mit Freude die obige Erfahrung. Auch auf Bällen, deren ich einige (z. B. beim Kurfürsten von Hessen) halb gezwungen war zu besuchen, denn man meint, das stehe dem Regiment gut an, wenn die Offiziere fleißig in der Gesellschaft erschienen, und die Infanterie der meist reicheren und vornehmeren Kavallerie darin nichts nachgäbe, habe ich seither viel mit Kameraden verkehrt, und immer sehe ich wehmüthig ein, wie schön das sein könnte! Aber nicht bloß unter diesen bin ich beliebt, auch andere Leute loben mich, und Deine Pflugk's, die Dich bestens grüßen, haben der Goldschmidt so von mir gesprochen, daß die nicht begreifen kann, wo mir auf meine alte Tage die Liebenswürdigkeit wächst. Das schreib' ich Dir alles Deinetwegen, und um zu der Liebe, die Du unter den Menschen durch Deine gütige Geselligkeit erwirbst, meinen Einsatz hinzuzulegen, damit wir mit dem Ganzen zu beiderseitigem Nutzen wuchern.

Bentheim läßt Dich herzlich grüßen; er war ungemein liebreich, als er abreiste; weil Trogoff mitging, mußte ich hier bleiben, wo er jedoch gut für mich gesorgt hat. Heute erhielt ich einen höchst freundlichen Brief von ihm, er schreibt, daß alle Leute sehr beklagten, daß ich nicht mitgekommen wäre, besonders die Gräfin Düben, von der ich es doch gar nicht vermuthete; aber Frau von Humboldt läßt mich nicht in Vergessenheit gerathen, und ich gestehe, daß ich ihr unverholenes Eingestehen und Auszeichnen des wohlgefälligen Andenkens an mich sehr schön finde. Bentheim ist ganz glücklich in Wien, Freunde, Vorgesetzte, Frauen, alles zeigte sich ihm herzlich, gnädig, günstig. Er fragt mich nach seinen Pferden, und meint, er könne vielleicht in kurzem sie sehr viel brauchen müssen. Das wäre mir sehr unerwünscht. Besonders da ich noch kein Geld habe; doch hoffe ich für den „Britannicus" bald etwas zu bekommen. Trogoff, der mir ein ganzes Paket seiner Gedichte abgeschrieben hat, weil er sich geschmeichelt fühlte, sie in meiner Hand zu wissen, wird den Graf Palffy zu so hohem Preis als möglich stimmen, und um die eigenen Poesieen in Bentheim's Augen recht hoch zu setzen, machte er diesem schon ein übermäßiges Lob des poetischen Talents, womit er diesem doch etwas imponirte, daß er dachte, es müsse doch etwas viel Bedeutenderes sein, Verse zu machen, als er sich bisher vorgestellt, und mich mit größerem Erstaunen seitwärts ansah. Bei dieser Gelegenheit muß ich Dir eine klassische Anekdote erzählen, einen für diese Länder geschichtlichen Zug. Ich stand mit Brentano im Buchladen, und wir disputirten beide sehr anständig gegen einen würdigen und nach seiner Art geistreichen hiesigen Gelehrten, Abbé Jellinek (der unschuldig zehn Jahre auf einer entlegenen Festung des Lichts beraubt gefangen gesessen); ein Doktor der Jurisprudenz hörte von weitem zu: „O", sagte er leise zum Buchhändler, „der wird mit denen nicht fertig; das sind ein paar Ausländer!" —

Was soll ich Dir sagen, herzensgeliebte Rahel, über Deine Betrachtungen Fouqué's und seiner Religionsmeinung? So ganz vortrefflich, so tief wahr ist alles! Und Deine Bezeichnung dessen, was fromm ist! O ich hatte wohl Recht, Dich fromm zu nennen gegen alle, denen ich von Dir sprach. Und bei allen thörichten Vorwürfen, die ich Dir jemals gemacht, habe ich Dir doch nie gesagt, Du seist nicht fromm. So schön hast Du das ausgesprochen, so lebenreich und weisheitsvoll! „Ein großartiges Verfolgen aller nur zu erfindenden Systeme, ein solches Lossagen davon, ein starkes Ergeben in alle Möglichkeiten, die ein höherer Geist in seinen Händen hält." Ich gönne mir es nicht, das alles wie ein Gierhals für mich allein zu genießen, ich muß es mittheilen, und zunächst Goethe'n, doch ohne Fouqué zu nennen. Wie treffend schilderst Du den! über die Frau bin ich nicht mit Dir einverstanden, die ist und bleibt mir zuwider, ihre Sinnlichkeit, ihr Verstand, ihr Geist, alles ist wie ein Gypsabguß mit wohlerhaltenen Nähten, der von der Marmorstatue, wie sehr Schleiermacher auch beide gleich genügend finden mag, so verschieden bleibt grade wie Gyps von Marmor. Mir ist sehr angenehm, daß Schleiermacher die Epigramme mir so bereitwillig geschickt hat, ich denke, er hat keinen Groll gegen mich; ich habe gewiß einen großen Hang zu ihm immer bewahrt, aber liebevolles Vertrauen kann ich nicht mehr zu ihm fassen, obwohl jedes bürgerliche und wissenschaftliche. Neumann hat mir die Ankündigung eines neuen Journals geschickt, das er mit Fouqué herausgeben wird. Mir scheint nicht das Publikum, sondern die Schriftsteller haben ein Bedürfniß zu Journalen; es ist das Herausgeben eines solchen Blattes ein Bild des gemächlichen, angenehmen Regierens, des Leitens und Unterordnens Anderer und dergl. mehr. Nun vollends eine Quartalschrift! ein wöchentliches, recht ordinaires Klatschblatt wäre mir viel lieber. Indessen können recht gute Sachen hineinkommen, sie haben die besten Mitarbeiter, auch Fichte; ich werde meine Theilnahme nach dem Honorar bestimmen, das mit dem zweiten Heft anfangen soll. Ich wünsche übrigens nicht, daß Neumann's festes und eigenthümliches Schreiben, das immer Hand und Fuß hat, sich von Fouqué's schneller Thätigkeit, die fast nur Füße hat, außer Athem bringen lasse.

Liebe Rahel! erinnerst Du Dich noch jedes Wortes in Deinem Briefe? weißt Du wie Du mir mahnend und halb strafend zuredest? weißt Du wie ich Dich dafür an mein Herz drücke? wie tief mich der Nachhall jener Auftritte, aus deren unwillkommener Erinnerung jene Mahnungen hervorbrechen, schmerzt und betrübt? Nein, das weißt Du nicht, und kannst es nicht wissen! Aber wag es nur mit mir; ich würde Dir abrathen, wenn ich nur noch die Ahndung behielte, daß Du etwas dabei wagtest, von dieser Seite! Ich habe ja auch einen frommen Sinn und viele freundliche Güte in mir, sollten die nicht zugenommen haben in neuen herben Trennungsmomenten? Und ich folge Dir so gern! Schöne Versprechungen! aber schriftlich kann ich doch nicht mehr thun!

Lebe wohl, geliebte, theure Freundin! sei gesund und fröhlich! Du liebes Herz! Ewig Dein treuer

Varnhagen.

Wegen der Konskription sei ohne Sorge; ich werde behutsam sein, aber wahrscheinlich damit in gar keine Kollision kommen, außer wenn ich dort lebte. Ich muß jetzt Antwort von Natorp aus Potsdam abwarten, dann werd' ich wohl nach Westphalen schreiben; es wird weitläufig genug werden!

Pfuel soll in Wien nicht sehr zufrieden sein.

Ist die Geschichte mit Riquet wahr, der in Stettin soll erschossen worden sein?

Zweiter Brief an Goethe.

Prag, den 3. Februar 1812.

Wenn ich einige Zeit gezögert habe, das überaus freundliche Schreiben Ew. Exzellenz zu beantworten, so lag dies mehr an der unaufgelösten Verwirrung, mit welcher ich das Neue in meiner Beziehung zu Ihnen betrachtete, als an äußeren Abhaltungen, die ich doch auch gehabt habe. Indem ich ausging, Ihre, mir zur Bedingung gemachte, Billigung für das Bekanntwerden jener Bruchstücke zu erlangen, durfte ich nur hoffen, auf litterarische Weise Ihren Antheil zu erwecken, und ich dachte mich allzuglücklich, mit Ihnen, wenn auch noch so fernher und leise, in einer unmittelbaren Berührung gestanden zu haben, ein Glück, das in meiner Erinnerung wie das glänzende Bild eines herrlichen Jugendanblicks bis in das späteste Alter freudig fortscheinen sollte. Die milde Freundlichkeit aber, und die persönliche Theilnahme, womit Sie in jene Eröffnungen gütig eingingen, und die Neigung, mit welcher Sie denselben nachfragen, rückt mich unverhofft aus meiner bisherigen Stelle in eine andere hinüber, die meine freieste Hoffnung nie erflogen hatte, und auf welcher ich mich nicht ohne Beschämung und Verlegenheit finde. Ich soll Ihnen mittheilen von wem jene Bruchstücke sind; gern hätte ich Ihnen gleich in meinem ersten Briefe das gesagt. Allein ich fühlte bald, daß mein innigstes Empfinden und Denken in seiner persönlichsten Eigenheit an jedes Wort, das ich Ihnen darüber hätte sagen mögen, sich anschmiegen würde, und obgleich ich keinen Augenblick zweifeln konnte, Ihnen alles, was sonst Gewohnheit, Schonung und Scheu, Scham oder Stille vor der Welt zu verbergen suchen, unbedingt hinzugeben, denn Sie waren ja längst der geliebteste Vertraute, und dem Inneren wohlbekannt: so nahte ich Ihnen doch mit zu ehrfürchtiger Liebe, als daß ich aufdringlich Sie hätte veranlassen wollen, gegen mich, wenigstens durch Höflichkeit, ein Verhältniß zu erwiedern, mit dessen einseitiger Pflege so viele Bessere als ich Ihnen ungekannt zugethan sind. Jetzt aber bringt Ihre Güte selbst mir die Gelegenheit liebreich entgegen, die ich zu ergreifen Scheu getragen hatte, und so ist mir denn bei Ihnen eine nicht mehr bloß litterarische, sondern eine menschliche Theilnahme gewonnen, die mich mit tiefster Rührung erfüllt! Gleichwohl, wie entzückend auch diese Wendung mir ist, so würde mich doch die Wehmuth, zu der sich die Betrachtung meiner selbst bescheiden muß, vielleicht verhindern, dies dargebotene Glück zu erfassen, wenn ich nicht meinem schwachen Beginnen Nachdruck und Licht gegeben sähe durch ein Gemüth und einen Geist, denen ich durch liebevolle Innigkeit vertraut bin, und die würdiger Ihnen gegenüber stehen! Der Briefwechsel, welcher jene Auszüge gegeben hat, ist zwischen Rahel Robert und mir, und alles mit dem Buchstaben G. unterzeichnete ist von der Hand meiner hochverehrten Freundin. Seit mehreren Jahren habe ich das

Glück sie zu kennen, und keinen Augenblick seither wankte die Ueberzeugung in mir, daß die Welt, wie ich sie kenne, etwas besitze, das mir einen tieferen Wunsch geben könne, als den, mit und bei jener zu leben. Und weil ich meistens von ihr getrennt, und in andere Verhältnisse verschlagen war, so konnte ich desto besser, durch täglich neue Erfahrung, jene Ueberzeugung bewähren. Ich habe niemand auf der Welt lieber, und die herzlichste Zuneigung, die ich sonst zu vielen Freunden trage, steht weit zurück gegen dieses Verhältniß, welches dadurch, daß meine Freundin in ihrem Herzen weniger auf mich und meine Anhänglichkeit beschränkt ist, in ihrem Geiste selbstständiger lebt, und in ihrem Handeln unbedingter wirkt, an seinem schönsten Genügen selbst für mich nichts verliert. Dieses aus den wenigen Worten so glücklich von Ihnen erkannt, so klar ausgesprochen zu sehen, war mir ein heilvolles Wahrzeichen des innersten Zusammenhanges; und wie die Liebenden inmitten des Gefühls, dem nichts von außen scheint zuwachsen zu können, doch heiliger an ihre Liebe glauben nach dem Segen des Priesters, so fand ich meine Freundschaft mir selbst beglaubigt mit heiligen Worten, die der Dichter darüber gesprochen hat! — Durch lange, schmerzliche Trennung habe ich die Briefe erkauft, die mir vor allen Schriften, wie Rahel vor allen Menschen, lieb und theuer sind; ungern ließ ich den größten Theil derselben in Rahel's Verwahrung, die aus Besorgniß sie mit nach Berlin nehmen wollte, als sie im vorigen Sommer von Teplitz dahin zurückkehrte. Die wenigen, die ich zurückbehielt, und die ich seitdem bekam, hätte ich Ihnen gern sogleich zugeschickt, wenn ich nicht fürchtete, sie der Post anzuvertrauen, und wenn nicht überdies, ohne die zusammenhängende Folge aller, grade das Leben darin unverständlich erschiene, und unvermeidlichen Mißverständnissen erläge. Dieses reine Geschöpf, von großartiger Innigkeit erfüllt, unschuldig, zart und wahrhaft in unerschütterlichem Bewußtsein, menschlich und liebreich, wie das erhabenste Bild der Geschichte, und edel und schön in jeder Handlung, vermochte nicht der schmählichsten Verfolgung böser Nachrede zu entgehen, und nie hat sie sich gerechtfertigt, oder dem Scheine gefügt: aber in ihren Briefen sind überall die Triebfedern ihres Lebens, das fremde Einwirken, und ihre innersten Regungen aufgedeckt, und das zerreißende Unglück ist dort aufbewahrt, dem ihre Bestimmung auf der Erde erlegen ist. Es ist nicht möglich, einen so stren=

gen, vom Schicksal gebrauchten Zusammenhang, als der ihres Lebens und der Aeußerungen desselben ist, zu umgehen, und vergebens würde ich suchen durch größere Bruchstücke das Bild vollständig zu machen, oder das Schroffe der früheren mit dem Leben zu verbinden; es würde immer einzeln und schroff jedes Neue dastehen, und nur als umschlossener Scharfsinn erscheinen, der, so wie all ihr Geist und Talent, wie gewaltig er sein möge, verschwindet gegen das quellende Leben ihrer Brust! Ja, lassen Sie mich vielmehr vergessen, wenn ich von meiner Freundin rede, daß ein hoher Geist in ihr wohnt mit allen seinen reichen Geschlechtern des Scharfsinns, Witzes, der Einbildungskraft und Vernunft, daß ein Urquell reinen, begeisterten Schauens der Natur und Geschichte ihr Gemüth durchströmt, und die Züge der edelsten Wahrhaftigkeit unvertilgbar in ihr aus allen Lügenbildern der Welt alsogleich hervordringen: viele Dichter und Weise bietet die Welt, und mancherlei nicht schlechtere Wahl des Lobes und des Anschließens kann man treffen: aber die Unschuld und Kindlichkeit dieses wahrhaften Menschenherzens ist das Schönste, was jemals meinen Augen sich aufgethan hat. Wie würde ich mich glücklich preisen, Ihnen dies rührende Bild zu eröffnen, dem nichts gefehlt hat zu seiner Vollendung, als daß es solche Augen gefunden hätte! Mit innigem Verlangen gehen meine Gedanken den Weg, den sie mir zur persönlichen Bekanntschaft versprechend andeuten, und ich lasse mein Entzücken kaum durch die Furcht stören, daß vielleicht bis dahin über meine unzuberechnenden Tage ganz anders verfügt werden muß! Vergönnen Sie mir indeß, Ihnen für einen der Ihrigen zu gelten, und erlauben Sie dem strebenden Muth diese angeknüpfte Bekanntschaft als die glücklichste Förderung seines geistigen Weiterkommens dankbar festzuhalten, und in dieser Rücksicht Ihre Gunst lebhaft anzusprechen!

Hier folgen Stellen aus Rahel's letzten Briefen! Ueber Goethe; sein Leben; die Aufführung des „Torquato Tasso", seinen Brief u. s. w.

K. A. Varnhagen von Ense.

An Rahel.

Prag, den 10. Februar 1812.

Gestern Abends, meine geliebte Rahel, komme ich im abscheulichsten Wetter mit starkem Kopfweh nach Hause, und erblicke Deinen Brief auf meinem Tisch; eine Ahndung sagt mir, er werde mich nicht freuen, und mit Unbehagen eröffne ich ihn. Da fällt mir nun die ganze Trauer wieder ein, von der ich erfüllt war, als Brentano mir seinen Brief vorgelesen hatte, und in seinem Wahnsinn mich gutmüthig um Beifall ansah, dem er wunder wie sehr gedient zu haben glaubte für sein Verstümmeln und Verunehren der liebsten Bilder, die ich ihm anvertraut hatte, als Gegenstände meiner Verehrung. Gleich gestern setzte ich mich hin, und schrieb Dir eine ganze Seite, aber der Kopf that mir so weh, daß ich aufhören mußte, und ich hatte so klein geschrieben, daß ich fürchten mußte, das Lesen würde Dir auch Kopfweh machen, und es daher wieder zerriß. Jetzt, nachdem mir die ganze Nacht Schmerzen und Träume durch den Kopf gedröhnt haben, will ich versuchen Dir zu antworten! Du weißt es, liebe Rahel, welch rührende, menschliche Seite Brentano gegen mich enthüllt hat, und noch jüngst bei Gelegenheit seines Briefes an mich, empfahlst Du mir, sie zu schonen. Inmitten seines größten Vertrauens, während er mir sein ganzes Herz ausschüttet, all seine Leiden erzählt, und mir seine eigenen Worte zum Zeugniß wider ihn in die Hände liefert, überrascht er oft durch höhnische Beleidigungen, daß ich betroffen still stehe, und haarscharf auf der Gränze zögere, wo ich ihm entweder mit Liebe verzeihen oder ihn mißhandeln muß. Man hat rein die Wahl, in der Ueberlegung giebt nichts den Ausschlag, drum muß ihn der Zufall geben, ich würfelte in Gedanken um sein Schicksal, und mehrmals fielen die Würfel zu seinem Glück. Er näherte sich mit immer liebevollerem Zutrauen, schmiegte sich an, und fügte unsere ganze Bekanntschaft in meine Zeiten, meine Gänge, meine Launen; wie konnt' ich mit einem Menschen verkehren, der durch so viele Gedanken, Gefühle und Einsichten mit mir einen unwillkürlichen Zusammenhang hat und fördert, ohne ihm meinerseits vieles mitzutheilen, was sich auf diesen bezog, und ihn z. B. über Pauline aus ungünstigen Irrthümern zu reißen, die sich durch leichte, übrigens nicht geheimnißvolle Nachrichten zerstreuen ließen? Und dennoch hab' ich ihm nichts vertraut, das uns schaden könnte; meine Verehrung für Dich hab' ich nicht verhehlt, das Gleichniß mit Jesus war, wie innerlich von mir auch gemeint, äußerlich für ihn doch nur ein ärgerndes Erinnern an die Landsmannschaft, die ihm fatal ist, ausgesprochen. Wie er es wiedererzählt, das darf Dich nicht irren, denn was wäre nicht zu entstellen durch freche Willkür?

Als er mir den Brief vorlas, würfelte ich, es ging um Leben und Tod. Die Würfel fielen noch gut für ihn: ich hielt den Brief nicht zurück, den eine freie Bewegung erzeugt hatte, und der einzig durch seine Richtung wieder gut machen konnte, was er enthielt. Denn löst er nicht die Mißachtung, die sein Inhalt ausspricht, zum Theil durch die thatsächliche Hochachtung wieder ein, die darin liegt, daß er Dir ihn zuschickt? Und seine Absicht kann um so weniger mit bösem Bewußtsein ausgedacht gewesen sein, da er mir es vorlas, mir, den er fürchtet, und der ihn vielleicht auch darum nicht geschlagen hat, weil ich weiß, daß er sich schlagen läßt? Ich hätte es eine Anmaßung gefunden, einen Eingriff in Deinen Sinn, wenn ich Dir den Brief vorenthalten hätte, und Du hast gewiß Unrecht mir vorzuwerfen, daß ich mich beleidigen lasse! Brentano denkt bis diese Stunde noch gar nicht, Dich verletzt zu haben, sondern spricht davon wie er Dich in Berlin besuchen wolle, und meint sich in Witz und Humor pudelnärrisch vor Dir herumgewälzt zu haben. Die Beleidigung sitzt also tiefer, nicht in seinem Willen, sondern in seiner Natur; ob Du diese bestrafen wollest, das maßt' ich mir nicht an zu entscheiden; von der Gerechtigkeit zum Frevel war nur ein Schritt, mein Gefühl schwieg in Trauer, mein Verstand sah mitleidig zu, und das Loos — fiel ihm günstig aus, der Brief mußte also abgehen. So viel zu meiner Rechtfertigung! Ich schwöre Dir, Nostitz oder Barnekow hätt' ich nicht in solcher Zweideutigkeit gelassen, die ich dem Verzwickten, ich sehe es jetzt ein, zu lange vergönnt habe! Aber jetzt stehen wir anders: bei Dir sind ihm die Würfel anders gefallen, er hat verspielt, und soll bezahlen mit allen Pfändern, die er eingesetzt hat! Du fühlst Dich beleidigt, und damit hört alles auf. Eines nur kann ich dabei beklagen, daß die Rache so gar leicht und gefahrlos ist; aber das wird freilich nie anders sein, denn welcher wackere tapfere Mann würde Dir jemals etwas thun? Inzwischen diesem wird die Strafe nicht ausbleiben, wenn ich auch, folgsam Deinem Rathe, sie klug verzögere. Ich gebe Dir mein Ehrenwort, daß, da er einmal das Unglück gehabt hat, aus seiner Zweideutigkeit bei Dir auf die schlechte Seite zu fallen, wozu es ihm bei mir alle Tage auch kommen konnte, und wovor ihn bisher nur ein außerordentliches Glück, bei dem er auf dem Spiele stand, bewahrt hat, ihm jetzt selbst Deine eigene Fürbitte keine Gnade mehr auswirken kann. Ich bin dabei ganz in meinem ruhigsten, stillsten Bewußtsein, und werde nicht im geringsten aus der Folgereihe meiner alltäglich wachstehenden Gedanken gezogen. — Ich lese Deinen Brief noch einmal, und komme auf den Gedanken, daß mir Brentano wohl am Ende beim Vorlesen manches überschlagen habe, denn Du berührst Sachen, von denen ich nichts weiß: bestätigt sich mir das, und also die Beschuldigung ausgesuchter Bosheit, dann könnt' ich ihm bei Gott! ein Ohr abschneiden, oder sonst etwas! Ich sagte ihm einmal, er habe etwas Teuflisches, und da fing er an zu weinen. Ist er aber ein Teufel, und kann weinen, dann sollte man ihm Blei in die Augen gießen! Du schreibst auch: „Sag mir um Gotteswillen, wo nimmt er das her, daß ich ambitionire unglücklich sein zu wollen?“ und ferner: „Warum trägst Du mein Inneres zur Schau?“ Darauf muß ich Dir antworten, daß ich ersteres nicht weiß, und es augenscheinlich von mir nicht kommen kann; daß ich aber das letztere niemals gethan habe. Aber Brentano hat ja lange genug in Berlin und mit Berlinern gelebt, um zu wissen, was man von Dir weiß; wenn er nun im Gespräch z. B. über Pauline fragte, wie Du nur mit ihr habest umgehen können, so sagt' ich ihm wohl, daß die Bettina, als verrückt verschrieen, ja wohl die Eigenschaften besitzen könne, die er an ihr lobe, und Pauline ihren üblen Ruf für ihre Freunde durch eben so große und schöne ersetze. Doch was rechtfertige ich mich? der Erfolg thut dar, daß jedes Wort mit jenem zuviel war, und desto mehr ein vertrauendes! Ich büße es mit vielem herben Verdruß, den ich schon empfunden habe, jetzt empfinde, und noch kommen sehe! — — Nun noch ein Wort über unseren lieben armen Willisen! Es ist ganz unnütz, daß ich wegen seiner Pflege nach Wien schreibe. Mariane könnte dabei wohl gar nichts thun; Frau von Humboldt aber kennt und liebt Willisen, ja sie hat ihn wohl öfter gesehen, als mich, und mir ihn sehr gelobt; sie hat gewiß schon gethan, was sie thun wollte, und wäre es wenig geblieben, so würde meine Bitte nicht mehr erzielen und nur verletzen. Zudem ist aber Dorothea Schlegel in Wien, die gleichfalls Willisen sehr gern hat, und sich seiner von Herzen annimmt; grade weil sie ärmer ist, baue ich in dieser Rücksicht mehr auf sie, als auf die Anderen. Durch sie allein weiß ich, daß unser Freund krank ist. Willisen ist übrigens ganz wohlhabend, und Marwitz sollte nur deshalb Verfügungen treffen, daß die Vormünder oder Verwandten irgend eine größere Summe für ihn schicken. Gott lohne Dir indeß, Du liebe Seele, Deine zärtliche Sorgfalt! Wie wird es meinen Freund, wenn er genesen ist, erquicken, zu hören, daß Du solche Theilnahme für ihn gehegt! Ich erkenne darin ganz Dein innerstes Gemüth! Und Deine Gedanken nehmen unmittelbar diese Richtung nach dem abscheulichsten, eigenen Verdruß! O Du liebe, liebe Rahel! — Ich umschließe Dich mit aller herzlichen Inbrunst! Du mir einzig Geliebte, Theure! Ewig Dein treuer

Varnhagen.

An Rahel.

Prag, den 14. Februar 1812.

„Sei also mild, und antworte mir; wir können beide sterben!“ So sagst Du gegen das Ende Deines letzten Briefes, den ich gestern erhielt; diese Worte wecken mich auf, sonst hätte ich wohl heute noch nicht geantwortet. Aber Du bist krank, und sprichst eine Menge düsterer Worte. Ich wollte Dir in keinem Falle fehlen, und schreibe also diese wenigen lieber, als gar keine. Deinen Brief habe ich mit entsetzlicher Erschütterung gelesen; man lebt unwachsam in die Jugendjahre hinein, und sieht sich unerwartet zum Bösewicht geworden aus einem guten Kinde. Ich glaube, Du hättest mir das früher oder noch nicht sagen sollen, was Du mir mittheilst, und was ich von dem Gipfel ahndungsvoller Vermuthung, die mir zuerst in Steinfurt recht lebendig wurde, bei meiner letzten Anwesenheit zu Berlin in den Abgrund leerer Einbildung gestürzt hatte. Was soll ich thun? die Gelegenheit mich todt zu schießen habe ich in Tübingen besser gehabt, und doch versäumt: da ich nun am Leben geblieben bin, und neue Bande mich daran fesseln, so ist freilich alles verfehlt. Untreu bin ich, im höchsten Grade, und werd' es, wie Du sagst, bleiben. Einsicht habe ich für Dich nicht mehr, seit dem Briefe von Brentano, Du kannst Dich also auch als Freundin auf mich nicht verlassen. Weder geliebt von der Welt noch von ihr ausgezeichnet erblickst Du mich, und beides werd' ich wohl mehr und mehr versäumen, jemehr ich bloß von Dir es zu werden streben mag. Kann ich Dir so, mit zersplittertem Verstand, mit zerrissenem Herzen, mit verworrenen, unreinen Verhältnissen, Freude bringen? Gewiß nicht! Der Gedanke nach Berlin zu kommen tritt mir in entlegene Ferne, und mir verdunkeln sich die Augen! Käme ich dann auch, wie zerstörend würde jedes meiner Verhältnisse mir werden, wenn Du selbst mich von Dir auf sie zurückwiesest, und verlangtest, das zu Dir solle Licht, Nahrung und Boden von jenen nehmen, die ich doch nur suchte um Deinetwillen. Wie gern möchte ich neue Proben anstellen, ob mich das Leben noch länger haben will, mir sollte sein Nein nicht unwillkommen schallen! Seit Deinem Briefe ist jede Gesinnung in mir umgekehrt, der Krieg, der mir gestern früh noch zum Abscheu war, kann mir auf den Abend ganz erwünscht dünken! Liebe Rahel! Ich bin Dir innig ergeben, ich verehre Dich mit jedem Tage mehr: aber ich kann mich freiwillig von Dir entfernt halten, wenn ich sehe, daß ich Dir nicht tauge! In Deine Gerechtigkeit gegen mich mischt sich auch Ungerechtigkeit, und ich sehe, wie ich Dich empöre. Die verzweiflungsvollen Schmerzen, die ich darüber empfinde, sind meine Strafe! — Glaube mich nicht schwach; ich habe Frevelmuth genug in mir, um weiter zu leben, Besonnenheit genug um in Thätigkeit zu bestehen, für die mir kein Gemüth und kein Geist bleibt! — Unser Briefwechsel macht mir keine Freude mehr, Du russt immer von Zeit zu Zeit schwarze Punkte aus der Vergangenheit, und kämpfest sie ab, wie Hexen, die unnöthig beschworen worden. So wird nie Ruhe kommen! Glaubst Du denn thöricht, ich könnte nicht auch Tausendes sagen, wenn ich nicht lieber zehntausendmal schweigend mein Unrecht nähme, als einmal Dich bewußt verletze? Du bist immer auf's neu meiner unversichert, und nicht immer ist es meine Schuld. Ich will von nun an, Dir und mir zur Beruhigung, nichts mehr thun und denken mit dem Seitenblick auf Dich, ich will meine Sachen einrichten, als wärest Du nicht auf der Welt, und wenn ich nach Berlin komme, soll es sein, als hätte ich gar nicht gewußt, daß Du dort bist, und daß die Sonne dort scheint; Du sollst keine Veranlassung gewesen sein, mich nicht hingesprengt haben. Wundere Dich nicht, wenn ich komme, auch nicht, wenn Du hörst, ich habe einen anderen Weg genommen! Was mir das schönste Glück, das einzige Heil und Sehnen auf Erden gewesen wäre: ich weiß es! und glaube nie, daß weil ich es nicht habe, ich es nicht wisse, es einen Augenblick nur vergäße!

Sieh, liebe Rahel, so hab' ich Dir nicht schreiben gewollt: was kann ich nun dafür? Wärst Du nur erst recht gesund, ich zittere für Dich! Liebe, gute Rahel! Du siehst doch nicht in mein Herz! O nein! das seh' ich wohl an Deinen Worten. Ich kann es niemals sagen, wie ich empfinde, und muß es geschehen lassen, daß Du mich hundertmal mißverstehst! Es geht doch nicht so schlecht darin her; doch bekenn' ich mich schuldig.

Du irrst, wenn Du sagst, ich würde jetzt zu späte Reue fühlen über das Absendenlassen des Briefs, und Du fühlest ganz meinen zu späten Schmerz: ich habe sehr rein gehandelt in der ganzen Sache, und verdenke mir es nicht! Freilich in der tiefen Seele schmerzt es mich, daß Dir etwas geschehen ist, und ich werde Dich rächen; aber ich konnte nicht wissen, ob es ein Ball war, den Du künstlich rückschlagen wolltest, oder ein Stein, der Dich verletzen würde: da Du sagst, ich sei darin auf gleiche Weise beleidigt, so siehst Du doch, daß ich mein eigenes Sein nicht zarter gefühlt habe, als Deines; auch räch' ich nicht mich, sondern nur Dich an dem Unglücklichen.

Vergieb, liebe Rahel! ich schreibe in zu erregtem Zustande, als daß ich alles recht zu sagen wüßte. Auch diesen Brief zerrisse ich, wenn ich morgen Zeit hätte einen anderen zu schreiben! Ich möchte Dir nur alles Liebe sagen, denn ich denke nur Liebes für Dich!

Ich werfe mich schmerzlich an Deine Brust; und könnte ich es nur wirklich thun, so würde mir wohl da das Weh vergehen, das ich nun mit mir herumtragen muß! Bei Dir Sanften, Lieben ist es mir, als wiche jedes fluchende Geschick von mir! Leb wohl, leb wohl! werde nur bald wieder gesund, meine geliebte Rahel, und behalte mich wenn Du kannst lieb! Ewig Dein

Varnhagen.

An Varnhagen in Prag.

Sonntag, den 16. Februar 1812.

Ich gebe Dir mein Ehrenwort und schwöre Dir bei Gott! daß ich in der Besserung bin. Ich war sehr krank. Seit morgen vierzehn Tagen in meinem Bett. Saliviren, Erbrechen, geschwollene Drüsen, böser Hals und Husten. Heute bin ich aus dem Bette, und Marwitz hat bei mir gegessen. Nur macht mir Schreiben Nervenacceß. Also nur dies Wort! Bei Deiner Ehre, Du thust Clemens nichts, bis ich es schreibe. Ich habe ihm in der Krankheit verziehen, wie allen Menschen. Und so etwas ist ein Akt, der unwiderruflich ist; und besteht in nicht Rache nehmen. Ueber Deinen Brief an Goethe heute kein Wort. Er hat mich ganz beschämt, und hättest Du und er nur „auch mein beschämt Gemüth" gesehen! Künftig davon. Dein heutiger Brief, so weise er ist, hat mich emotionirt: thu Clemens nichts. Ich fürchte mich nun noch mehr vor der Emotion, die mir Dein künftiger machen muß. Wundere Dich also nicht, wenn ich nicht bald antworte! Vielleicht lese ich ihn sogar nicht gleich. Lebe wohl. Tausend Millionen Dank für all Deine Liebe; ich erkenne sie. Clemens und Du, ihr meint es anders als ich. Gott schickte mir die Krankheit, und die hat es geändert. Sag dem Esel kein Wort. Und besänftige Dich über die meinigen! Marwitz kam in Angst aus Potsdam, weil ich ihm nicht antwortete, er war sehr erschrocken. Gestern acht Tage sind einhundert Konventionsgulden von ihm an Willisen abgegangen. Welches, da der selbst Vermögen hat, mir sehr leid thut, weil Marwitz auf allen Seiten gerupft wird. In Liebe und Freundlichkeit Deine

R. R.

Beunruhige Dich nicht, ich bin sehr besser. Emotionen, Schreiben, und Lesen, kann ich nur nicht vertragen. Adieu! Mit einem Kourier möcht' ich diesen Brief schicken, wegen Clemens; nach Deinem heutigen. Den mit der Abschrift an Goethe erhielt ich Donnerstag.

Wenn Du Clemens nichts thust, seh' ich ihn auch: und erwähne nichts.

An Varnhagen in Prag.

Donnerstag Abend, den 20. Februar 1812.

So eben, mein Freund, erhalt' ich Deinen Brief, den ich so fürchtete. Ich hielt ihn, in Betten auf dem Sopha, zitternd; und erbrach ihn doch. Allen Dank! für Dein Maß, und Deine Schonung, und Klugheit! Das Ende, daß Du Dich an meine Brust wirfst, ist das Beste. Hier halt' ich Dich schon; denn hier (und so, ich über Dich, und uns) ruhst Du am besten. Kann ich aber ändern, was Natur an Dir, und Du in der Welt thatest? Oder glaubt mein Freund, kannst Du glauben, daß eine gute Faser an Dir ist, die nicht in der Tiefe meines Herzens lebt, blüht und gedeiht? Ist Dein Tempel, Dein réfuge nicht da? Thue nur nichts Verkehrtes, und komme in meine Nähe, zu mir, in Ruhe. Bei mir wird alles klarer und mild; ich bin, ich weiß es, Deine Urheimath. Was aber, Lieber, könntest Du mir Kränkendes sagen? Was hab' ich verbrochen? verkehrt gemacht, was ich nicht gestünde? So meine ich's ja auch, wie Du sagst: daß auch Du für Dich Clemens ausgelassenes Betragen nicht verstanden hast. Daß Du mich eher als Dich beleidigen lassest, ist mir noch nie in den Sinn gekommen. Also bist Du wohl mein Freund. Mein für mich leidenschaftlicher, ernster, romantischer Freund; und ob ich's schätze und hege!?! Geh; ich umarme Dich! Und laß Dich von keiner Wahrheit, die gethan und gesagt ist, stören: ertrag' auch meinen Karakter. Und sei mein, so lang ich Dir gefalle und genüge. Da Du Clemens nicht verstanden hast, so sei die Rede nicht mehr von ihm! Und es bleibt bei meiner Bitte vom letzten Brief! Blut ließ ich drum, wenn Du jetzt herein trätest! (Obgleich ich keine Menschen, noch Emotionen ertragen kann.) Du hast in jedem Worte im heutigen Briefe mir das gezeigt, was ich in Dir liebe. Ich kann nicht mehr! Doch bessere ich mich sehr. Böhm sagte heute, in acht Tagen könnte ich aus: ich wollte heute schon. Möchte dieser Brief so auf Dich wirken, wie ihn mein Herz erdacht hat. Ich umarme Dich herzlich, Lieber! Vorgestern ist Marwitz wieder nach Potsdam; und nun, daß er weiß, daß Willisen Vermögen hat, thut's ihm sehr leid, daß Du nicht lieber machtest, daß er, Marwitz, an die Vormünder schrieb. Kannst Du nicht noch machen, daß das Willisen thut? Denn Marwitz haben sie für den Augenblick alles abgenommen; und wegen Willisen ist er mir Bettler fünfzig Thaler schuldig, und ich wieder Markus, wegen Böhm und Medizin. Adieu, Lieber! Schreib mir, ob Du mir wieder gut bist. Adieu. Nämlich, ob Du Dich gefaßt hast: ob Du diesen Brief gefühlt hast. Ach! ich bin so in Schweiß, ich hab' vielleicht gar nichts Gutes geschrieben; es nur gemeint. Deine

Rahel.

Ich bessere mich sehr, nach einem verschriebenen Brustthee. Millionen Tassen den Tag. Adieu. Dein Brief ist sehr lieb, zu gut! Adieu.

Was schreibst Du denn, daß ich wie 'ne Hexe komme? Was kann ich denn für's Geschehene? Aber das schadet alles nichts. Deine beste Seele war im Brief, und die liebe ich. Adieu.

An Rahel.

Prag, den 24. Februar 1812.

Theure, geliebte Rahel! Nur sehr Weniges werde ich Dir heute schreiben können. Dein Brief, obwohl er mir versichert, daß Du auf dem Wege der Genesung fortschreitest, hat mich ganz erschreckt, und obwohl ich jene Versicherung glaube, so bleib' ich doch in angstvoller Sorge! Meine Gedanken verweilen nur bei Deinem Krankenbette, mich ohne Dich auf der Welt zu denken, reichen sie nicht aus. Wie hab' ich Dich so lieb, und wie bin ich von Dir gerührt! Ich möchte jedes Leiden für Dich übernehmen, und könntest Du sie brauchen, willig verlör' ich all meine Empfindung, all mein geistiges Leben in Deine Regungen! Werde mir nur recht bald wieder gesund, meine Liebe, und laß mich nicht so mit all meiner Gesundheit Dir gegenüberstehen, ohne daß ich sie Dir geben kann! Mir wäre es ganz recht, wenn Du meinen letzten Brief noch nicht gelesen hättest: ich weiß nicht, ob der vorhergehende das Beiwort weise, das Du ihm giebst, verdient, und ich gönn' es ihm auch nicht, aber diesem wirst Du es gewiß nicht geben; doch weiß ich nicht mehr was ich geschrieben habe. Ich habe mir schon lange, lange vorgenommen, nur da mich gegen Anklagen von Dir zu vertheidigen, wo mir scheint, daß es Dir weher thäte, die Anklage durch mein Schweigen auf mir beruhen zu sehen, als sie durch die Beschuldigung Deiner Ungerechtigkeit von mir abgelehnt zu finden. Wie weh mir oft dabei ist, das kannst Du nicht wissen, und ich sage das hier nur deshalb, damit nicht solcher Unwille wieder Dich ergreife, aus dem Du mir neulich schriebst, Dir stünde der Verstand still, daß ich mit Deiner allgemeinen Phrase mich beruhigt und es dabei habe bewenden lassen. Komme nicht in diesen Unwillen gegen mich, liebe Rahel! nicht um mich, sondern Deinetwillen! Und laß mich schweigen, wo ich mit Bedacht nicht reden will, weil es weitläufig, nachträglich und erfolglos wäre. So will ich auch über Brentano Dir heute nur sagen, daß ihm Dein Verzeihen allerdings zum Nutzen gereicht, allein eine natürliche Entwickelung ihren eigenen Gang gehender Stimmungen hier in Prag nicht aufhalten kann, und daß er wird bezahlen müssen mit allen Pfändern, die er eingesetzt, oder ich ihm abgelockt. Mein Gehirn zuckt, mein Blut fließt, und meine Sinne wirken, gleich den Deinen; möcht' ich auch meinen Bewegungen die Deinen als Muster erlauschen; die Erfahrung zeigt, daß nur desto größere Verwirrung entsteht, und so will ich lieber mit voller Freiheit meine Lebensaugenblicke erzeugen. Genug von ihm, der mir schon so langweilig im Schreiben wird, als er mir heute Abend bei Nostitz war, wo er hinkam, um sich wieder einmal darzustellen. Nostitz liegt seit zwölf Tagen im Bett, an rheumatischen Schmerzen und anderen Uebeln krank, ich bringe den halben Tag bei ihm zu, und Abends macht Mad. Brede den Thee dort, weil gewöhnlich einige Freunde kommen. Heute kam denn auch Brentano, der aber die schöne Frau zum Sterben langweilte, und dem Kranken von jeher unausstehlich und recht aus Grundsatz zuwider ist. Nostitz hat mich recht lieb, was ich an ganz besonderen, ihm selbst vielleicht nicht ganz deutlichen Zügen in diesen Tagen erkannt habe. Er beträgt sich wirklich vollkommen liebenswürdig, selbst wenn er den Unliebenswürdigen *spielt*. Ich bitte Dich, geliebte Rahel, laß mich nur umgehend wissen, wie es Dir geht! Ich rechne darauf, besser! Wäre ich nur bei Dir! Ich habe Dich noch nie in einer Krankheit pflegen gekonnt, und doch warst Du schon so oft krank, seit ich Dich kenne! Das ist ordentlich ein gutes Zeichen für mich, daß Du niemals krank wurdest, wenigstens nicht dauernd, wenn ich bei Dir lebte. Ich weiß es, Du wärst gegen mich als Deinen Wärter sehr hart, aber ich Dir darum nicht minder erwünscht und nützlich, und du würdest mich um Dich leiden können. Lebe wohl, lebe wohl, meine Liebe! Einzige, theure Rahel! Ich grüße Dich! Ich winke Dir Genesung und Liebe zu. Ewig Dein treuer

Varnhagen.

Montags in der Nacht.

Die Verbündung Preußens mit Frankreich wissen wir hier als gewiß; unsere ist mehr als wahrscheinlich: ich halte zu wenig auf mein Leben, als daß ich es von da, wo es völlig zu Grunde gehen kann, ohne Noth herausheben sollte. Der Himmel weiß was werden mag!

An Varnhagen in Prag.

[Zwei frühere Blätter fehlen.]

Donnerstag, den 27. Februar 1812.

Ich habe diesen Brief liegen lassen, um erst wieder einen von Dir zu haben; denn mit Briefen an Dich, die Dir nachlaufen mußten, ist es mir schon zu schlimm ergangen: auch war ich zu unpaß, zu unglücklich, zu ennuyirt. Ich bin allein, ohne lesen zu können, — seit drei Tagen geht es etwas — und ohne Menschen ertragen zu können: unzufrieden mit den Geschwistern. Ohne Luft, Musik, Augenweide, oder nur =Punkt. Ohne Hoffnung für irgend ein Glück, oder Amüsement; den Sommer fürchtend: und ganz in einem großen Meer, von zahllosen Tropfen des Mißlingens. Ohne Narrheit, ohne eine jene Welt. Denn diese ist mir eben so gut eine jene. Kurz! in der langweiligsten Verzweiflung! Es dauert zu lange; zur Probe, zur Buße, zu was es sei. Für ein edles Geschöpf. — In Worten geht's nicht mehr! Den Muth, mir den Streich des Todes zu geben, den hab' ich nun bekommen. Nur Gedanken halten mich noch ab: daß man so viel Unwillkürliches mit thut; auf dies Leben hoff' ich nicht mehr. Ich kenne nichts Elenderes, als so bis sechzig hinan zu warten; mit Hoffnung. — Mir geht's ja Schritt vor Schritt schlechter durch jedes événement durch! Und kein Mensch kann mir nur sagen, thun Sie dies, oder das: es ist nichts zu thun. Es geht ihr gut genug, denken sie dumpf, nicht deutlich: die mich am wenigsten hassen. Freunde lassen es geschehen. Erschöss' ich mich: wunderten sie sich, wie über Kleist. Diese Begräbnißfeier, mich nicht zu wundern, habe ich ihm wenigstens gehalten! —

Du bist der Einzige auf der Erde, der mir begegnet ist, der da fühlt und weiß, bei dem es immer rege ist, wie übernatürlich schlecht es mir geht. Wie keine Antwort auf alle Anforderungen des Lebens meiner Natur kam. Nie. Davon bist Du ergriffen, und das ist ein großer Theil Deiner Liebe zu mir. Für Dein Aug' allein, ist das schreckliche Schauspiel da!

Hättest Du mich selbst gemordet, und ein Bewußtsein schwämme noch auf der Erde, so würde ich Dich dafür wieder mit Liebe erfassen müssen, wie jetzt. Das wollt' ich Dir längst gerne ausdrücken; und jetzt ist's Schuldigkeit; und es geht oft, und immer, lieblicher in mir her, als ich's jetzt in Krankheit und aller und jeder Betrübniß aufsetze. Das weißt Du auch; und diese Wurzel trug Dir Liebeszweige, und auch manche Blüthe. — War es Eitelkeit, so nahm meine Eitelkeit den Weg, auf dem ich dachte: er wird mich anders, als die anderen Frauen behandeln; Neigung scheint ihn zu mir zu führen; und keine war ihm noch, von denen er begegnete, gewachsen. Ich stehe auch als Freund hoch über allen bei Dir. Und es ist mir erträglicher, nicht Dein liebstes Weib zu sein — Du magst kein liebstes haben —, als eine Liebe, deren ich nicht werth bin, auf mir haften zu wissen. Wie käme jetzt noch eine schöne Liebe zu mir? Und könnt' ich sie dulden? In Einem, worin Du Dich irrtest, machtest Du mich mit irre. Nicht das Geschlecht ist Dir zuwider, und eine Einzelne trifft Sinne, Sinn und Herz Dir: das Geschlecht reizt Dich immer, und keiner Einzelnen Natur trifft Dich. So ist es. So irrst Du auch, mein lieber Freund, und sagst Dir durchaus die Wahrheit nicht, wenn Du Dir und mir vorsagst: „Man lebt unwachsam in die Jugendjahre hinein, und sieht sich unerwartet zum Bösewicht geworden aus einem guten Kinde." Ein Kind ist ein unentwickelt unberührtes Ding, und immer gut, weil sein Toben gegen Tische, Stühle und Spielzeug geht, welches man ihm preisgiebt, und welche Zerstörung man ihm nicht anrechnet; so ist's nicht schlecht, im Mangel der Begriffe höchstens! Aber die Jugendjahre sind die tugendsamsten, schönsten, aufflammendsten; ich verzeihe grade der Jugend nichts Schlechtes. Das ist gewiß ein faules Produkt: wo die höchste Gährung nur Schlamm erzeugt. Leichtsinnig kann tobende Jugend wohl sein, aber nur gegen sich selbst. Ja, eine edle glaubt gar nicht, daß man Andere beeinträchtigen, verletzen kann. Erst spät, wenn man selbst dahin ist; von Stößen und Wunden, und nirgend mehr Raum finden kann, noch Stelle zum Bleiben, ist es möglich, daß man endlich sich entschließt, sich Platz zu machen, und sollten auch Andere — doch Verwundete und Verwunder — eine Narbe davon tragen: und doch vergeht mancher Edle, ehe er selbst die wahre Jugend durch solche Handlung von sich abstreift. Wenn ich Staatsgesetze zu geben hätte: so schützte Tollheit keinen Verbrecher vor Todesstrafe, wenn sich seine Tollheit mit dem Verbrechen, worauf jene steht, anhöbe; wenn er sich selbst verletzt, kann er nach dem Tollhause.

„Glaube mich nicht schwach: ich habe Frevelmuth genug in mir, um weiter zu leben, Besonnenheit genug, um in Thätigkeiten zu bestehen, für die mir kein Gemüth und kein Geist bleibt!“ So schreibst Du mir im letzten Brief; nicht gedenkend der Worte, die den von Clemens begleiteten: „Ich stehe hoch über meinen Fehlern.“ So, mein sehr Lieber, denk' ich von Dir: und habe es Dir schon öfter gesagt: „Das ist ein gebildeter Mensch, der seine Anlagen bezwingt, wenn Natur nicht gnädig gegen ihn war; der sie nur in sich einsieht; sie ermessend behandlen, ist einen Schritt weiter.“ So ungefähr sagte ich. Du stehst als der Gebildetsten Einer mit Deiner Einsicht hoch über Deinen Naturfehlern. Theurer Freund! hasse sie immer, nenne sie Dir, bekämpfe sie. Du liebst ja das Schöne so in Anderen, bist so gerecht, so tapfer in der Aufweisung und Schätzung ihrer Gaben; mach Dich selbst urbar, wo Dürre gelassen ist, und laß Dich von Deinen Freunden hinwiederum lieben: Du weißt, welches Glück, welcher alles heilender, weicher Zustand dies ist.

Lieber Guter! Dein Brief an Goethe über mich ängstigt mich ordentlich. Freilich, Lieber, wird er ihm die Jugend und Liebe wohl ansehen. Du sprichst von meinem „Talent“!? hab' ich ein namhaftes Talent? das, das Leben zu fassen; und manchmal barock, in komisch- oder tragischer Hülle, es zu nennen was ich sah. Mein Unglück — sag' ich ja schon lange — ist zu meiner Schmach eins ohne Titel; darum wird mir auch nie geholfen. Ich bin eine Falschgeborne, und sollte eine Hochgeborne, eine schöne Hülle für meinen inneren wohl ergiebigen Grund sein! Eher hättest Du ihm von meinen wirklich vielen Verbindungen und Bekanntschaften sprechen sollen. Darauf zielten auch seine Fragen; und er merkte es wohl, der Merker par excellence, daß es eine solche Person sein müsse. Doch wie es sei! Und sieht er mich je, so wird er schon wissen, was — Gebratenes — an mir ist. Adieu. Indessen! Leb wohl!

Sonntag, den 1. März 1812.

So eben erhalte ich Deinen kleinen Brief, es ist aber gleich 7, und dieser muß nach der Post. Ich kann Dir also — „umgehend" — sagen, daß ich gestern zum erstenmal aus bei Markus neben mir an war, zu einer kleinen Komödie, die Hanne und Fanny zwischen Schirmen mit Schulkameradinnen gaben. Grüße Hrn. von Nostitz. Ich nehme großen Antheil an seiner rheumatischen Krankheit. — Woher? nimmst Du, daß, wenn Du mich in meiner gepflegt hättest, ich Dir würde hart begegnet haben. Kennst Du mich so unvernünftig? Ich bitte Dich inständigst noch einmal, mir das Kränkende zu sagen, welches Du mir verschweigst, und worauf Du Dich in Deinem heutigen Briefe doch wieder zu beziehen scheinst. Thue Clemens nichts! ich bitte Dich! Lebe wohl. Deine

R. R.

An Rahel.

Prag, den 2. März 1812.

Gott sei Lob und Dank, meine geliebte Rahel, daß Du wieder gesund bist! Ich hatte auf Deine Genesung fest gerechnet, weniger auf die Rückkehr Deiner guten Stimmung gegen mich, und ich gestehe Dir, daß jenes, worauf ich doch gerechnet hatte, mehr, als dies unerwartete Gute, mich erfreut, mich erquickt hat. Wenn ich auf den Worten Deines letzten lieben Briefes verweile, und mit dem Sehen meines Herzens mich in alle seine zärtlichen, innigen Aeußerungen verliere, freudig erstaunt über das, was er enthält, so muß ich mich verwundern, wie das Gefühl meines Herzens so scheu und bedenklich sich dem Uebermaß der Freude zu überlassen weigert. Aber so ist es; ich finde mich hingezogen zu dem, was ich am meisten begehre, aber weil ich so oft, ohne mein Verschulden, bloß weil Deine Gedanken sich anders biegten, auch wenn ich zärtlich herbeigerufen war, zurückgestoßen wurde, so wage ich traurig nicht, mich Deinen lieben Worten rückhaltlos zu vertrauen, und nehme sie bescheidener auf, und erwiedere sie stiller, als sonst wohl geschähe. Dies sage ich nur, damit Du mich nicht einer Kälte beschuldigst, wo ich in hellen Flammen glühe, und mir nicht einen Krieg machest, wo ich, um den Frieden zu erhalten, mich schon ganz unterworfen habe.

Ich wäre im Stande, meine Liebe zu Dir, die unzerstörbar ist, und meine tiefe Verehrung, als mir gehörige, unschätzbare Kleinode, in der Heimlichkeit meines Herzens zu bewahren, und keinen, auch Dich nicht, werth zu finden, daß er nur meine Heiligthümer wisse, Du selbst kannst Dich mir niemals rauben, und der hellerleuchtete Kreis, den Dein Bild in mir einnimmt, bleibt ein ewiges Licht in meinem Leben, wohin alle wandernden Gedanken als zur ersehnten Heimath gehen: allein, wie viel mir dann auch des Glücks gerettet wäre, was ist das alles, gegen das frische, lebendige Dasein in Natur und Geist, mit fühlbarem Körper, hörbarem Wort, athmender Brust! O ich sehne mich wohl recht heftig zu Dir, und daß Du sagst, ich solle nichts neues unternehmen, sondern in Deine Nähe, zu Dir kommen, erheitert mir die Seele. — Ich las dieser Tage in einem Buche die Worte, die Petrarca in das Buch schrieb, das er täglich in Händen hatte, und mit denen er sich selbst die Todesnachricht seiner Geliebten vor die Seele stellen wollte, sie rührten mich zu unruhigen Thränen; ich dachte an Dich; doch wie ich recht an Dich dachte, verlor ich alle schmerzliche Empfindung, und konnte Deinen Verlust mit den Werkzeugen meines Gehirns nicht mehr denken, sondern wurde ganz gestillt. — Jetzt hab' ich auch den Muth bekommen, Dir den Brief zu schicken, welchen ich an die Gräfin Pachta geschrieben hatte, und durch List wieder bekommen habe auf einige Zeit; ich muß ihn aber doch wiedergeben, drum schick ihn mir, ich bitte Dich sehr darum! alsbald zurück! Vergesse nicht, wenn

Du liest, daß ich an Deine Freundin schrieb, die Dein Bild verloren hatte, und Dich anklagte, ihr konnt' ich, durft' ich, mußt' ich vieles sagen, was Du sonst von mir nicht gesagt wünschen könntest. Sie hat sich recht gefreut über diesen Brief, und ich glaube, daß er eine nebelvolle Dämmerung Deines Wesens auf ihren Gesichtskreis heraufbeschworen hat aus dem Schattengebiet einer früheren Zeit, wo Lebenswendung, einseitige Erfahrung und Mühseligkeit eines im Ringen altgewordenen Verstandes dem frischen, hellen, einträchtigen Hinwirken einer schönen Natur noch keinen Eintrag gethan hatten. Vielleicht erfreut Dich hin und wieder ein Wort meines Briefes. Möcht' es doch!

Von Bentheim bekomme ich aus Wien gütige Briefe. Der Eugen hat wieder eine unangenehme Geschichte gehabt. Ich war dieser Tage auch nahe daran, einen Wortwechsel auf andere Art, als mit Worten zu beendigen, allein es war von meiner und von der anderen Seite zu viel Vernunft da, als daß die einmal entsprungene Unvernunft hätte wachsen können; der Hauptmann Knorr, unser Frondeur aus Teplitz, einer der liebenswürdigsten Menschen und herrlichsten Soldaten, hat alles beigelegt, und sich gegen mich ungemein freundschaftlich betragen. — Einen Theil des Tages bringe ich bei Nostitz zu, der noch immer krank, doch ganz ohne alle Gefahr, darnieder liegt, und bei dessen Bette Abends Mad. Brede den Thee macht. Nostitz hat Dich wahrhaft lieb; neulich erzählte er mit dankbarem Gefühl wie Du bei Prinz Louis, als der sich auch von ihm verlassen glaubte, für ihn gebürgt. Zum Erzählen seines Traums und der anderen Geschichten habe ich ihn noch nicht bringen gekonnt.

Bei Pflugk's bin ich gern gesehen, sie grüßen Dich herzlich; heute habe ich da zu Mittag gegessen. Ich lese ihnen wohl bisweilen etwas vor; sie sagen mir aber, daß sie nicht recht klug aus mir werden könnten.

Apropos! unsere Frau Paczkowska, die große Frau, die in Leipzig als Königin Isabeau uns so sehr gefiel, ist ja jetzt in Berlin! Sie ist von dort gebürtig, und hieß ehemals Fräulein Larbusch; ist es denn wahr, daß sie übrigens ziemlich unbedeutend spielt?

Lebe recht wohl, meine geliebte Rahel! Ich umarme Dich von ganzem Herzen! Ja, ich habe Deinen Brief gefühlt! Wie Deine Stimme klang es mir daraus entgegen. Ich liebe

Dich innigst, gehöre Dir an, vertraue auf Dich! Leb wohl, leb wohl!

Ewig Dein treuer

Varnhagen.

Montags.

An Varnhagen in Prag.

Sonnabend Abend 11 Uhr, den 7. März 1812.

Heute vor dem Finsterwerden gab man mir Deinen Brief, wo der über mich geschriebene an die Gräfin Pachta drin lag. Deinen las ich gliederkrank und ganz erschöpft, wie ich mich in dem Augenblick auf das Sopha gebettet hatte, mit erschöpftem Geist, erdrückter Seele, zuerst. Mit großen Liebespulsen antwortete mein Innerstes auf jedes Deiner Liebesworte, und Sehnsucht, der Wunsch Dich zu sprechen, bildete sich in meiner Seele. Gewiß sah ich Dich mein in einem gewissen Sinn auf ewig, und so antwortete ich auch Dir. Ich freute mich, daß mein Montags abgegangener Brief Dir jede Antwort auf den heutigen eigentlich schon im voraus brachte. Mit einem schwer aus dem Herzen dringenden Seufzer sah ich den an Josephine an, stand der zu gebeugten Seele, des Körpers wegen an, ihn zu lesen, und gedrängt von mir selbst, that ich's doch. Ach lieber Freund, in welch Geschrei zu Gott, und Herzpochen für Schmerz, fiel ich nach dem Lesen. Alles weiß ich: jedes hab' ich wohl selbst hundertmal in verschiedenen Briefen, wo von mir endlich alles steht, selbst gesagt. Aber wie gräuelhaft, wie rettungslos, wenn es auch von außen, wie Mauren, ausgesprochen von fremdem Geist, uns entgegentritt. Heute grade war ich so krank, so von Gott verlassen in der Seele, ach, warum mußtest Du mich auch jetzt schon so stark halten, daß heute dieser Brief kam. Ich fühlte mich eben so krank, daß ich es nicht mehr zu scheiden wußte, wer den anderen erst so gemacht hatte, Gedanke oder Körper; aber durch lange Tage und Nächte durch, hatte ich mir die schärfste, genauste, unumstößlichste Rechenschaft noch einmal gegeben, wo die wahre Wendung meines Wesens geschah, welche mein ganzes Schicksal gründen mußte: denn eine gewaltsame, nicht liebliche ist vorgefallen; und Karakter bildet Schicksal, Naturingredienzien so oder so gestellt. Ereigniß, und Gründe, erwog ich noch Einmal!

und ach! zu was als humilité — ich kann das deutsche Wort nicht finden — zu Verzweiflung der Edlen, konnte dies führen. Und wie zu einem Chore kam Dein Brief die Tragödie vollkommen zu machen. Laß es Dir nicht leid sein, auch viel Liebe habe ich darin erfahren; und mein noch lebendes Herz hat sie wohl, ja ganz erkannt. Aergeres noch, als in Deinem panégyrique steht', sagt sich die arme ausgesetzte Rahel! Dies können die Menschen glauben, Du weißt es; wenn Großes, Besonderes in ihr ist, so ist es das; sie weiß, was in ihrem Kreise ist, und sieht und sagt sich das Härteste, wie wohl selten ein Mensch dies auf der Erde that. Und so kann ich sagen, mein Schmerz und mein Verlust ist unendlich; darum verstehe ich auch alle anderen — Schmerzen, — darum ist auch der Verdruß immer so groß, wenn Du, der Einzige, dem ich so bekannt bin, der Engel, den mir Gott mit Trost in meine Zeit schickte, wenn der abspringt, und mich ärgern mag, oder welches eins ist, sich selbst mit einemmale fehlt! — Aus diesem Gesichtspunkt, mein geliebter Freund, verzeih mir! Freilich muß ich mit Dir strenger und härter sein, als mit allen: von Dir ganz allein fordert' und erwartet' ich; und thu' es noch.

Dies alles, trotz meines Kopfes, meiner hinzufallenden Müdigkeit, mußt' ich Dir noch heute sagen. Sonst verliere ich die Worte, die tiefste Stimmung wieder. Als ich ganz müde und todt lag, und Minna Spazier erwartete, heute fürchtete — ich sollte ihr Geheimrath Wolf zitiren lassen, kam meine älteste Nichte, die blieb bis jetzt. Nach 10 Robert. Ich weinte langsam immer fort, in des Mädchens Gegenwart, nämlich mein Herz und meine Augen. Doch sprach ich oft und reichlich, und unterhaltend: wenn ich manchmal ganz schweigen muß, ist das das Höchste. Minna kam Gottlob nicht, und so konnt' ich Wolf auch weglassen. Schlaf recht wohl! — Die blinden rohen Leute! — mir geschähe das bei einem Trommler mit einem Bart nicht, wenn er meine Seele hätte! — mich unweiblich zu finden: ist das weiblich, sich auf Menschen und Schicksal ohne Wahl wie auf ein Lotterbette zu werfen, und da nach gut Glück faulen, oder Kour annehmen? Große Natur, allmächtiger Gott! wie erlaubst Du Deinen Menschen sich zu versperren! ganz klein, ganz klein! Nun fällt's mir erst wieder ein! Dein Brief an Josephinen ließ mir mich wieder sehen, wie eine Todte, ein Geist ohne Blut und Leben, der neben seinem an, noch wandelt. Schrecklich! Und doch, großer Gott! große Natur! ist es Gottlob! anders noch, als ich, und irgend jemand zu fassen, in einen Begriff, als wir es auszusprechen vermögen! Sonst wär' ich ja auch wohl, in Gottes Gnade, schon todt hingeschlagen. Gute Nacht!

Sonntag, den 8. März, 12 Uhr Mittags.

Ich habe eine schlechte Nacht gehabt, nicht möglich einzuschlafen: und das theils aus Hunger; und doch wollt' ich nichts essen, eh ich zu Bette gehe, weil ich Nachts nicht verdaue ohne Bewegung und Zerstreuung, und weil ich absolut nicht klinglen wollte; am Morgen, wo ich denn immer einschlafe, stellten sich Hähne vor mein Fenster, und wetteiferten in ihrem abominablen Geschrei auf's genauste; so daß ich nicht allein des Schlafens wegen rasend werden mochte, sondern des bloßen Vibrirens im Kopfe wegen. Am Ende ließ ich sie wegjagen. So ist's auf den Straßen unserer edlen Stadt. Hühnerhorden! Dann schlief ich noch ein wenig. Ich sehe sehr deteriorirt aus. Natürlich! Krank, keine Luft, *keine* Zerstreuung keiner Art. Sonst noch ein *Ringen*: bald wollt' ich mit Dir, bald mit Paulinen leben, bald nach Frankreich, auch hatte ich noch zu jedem Sommer den Plan, aus Berlin in eine Gegend zu *wollen*; hatte Gesellschaft, Mittel sie zu sehen. Jetzt muß ich Gulden und acht Groschen bedenken, ohne *irgend* einen *Gedanken*, daß es durch *irgend* etwas anders werden *könnte*! Der Sommer vor mir, ohne Wagen, ohne Begleitung, ohne Bedienten, ohne Land, Luft. Sonst, wie *ich* die Behülfliche — mit meinen ewig geringen Mittlen — sein konnte, ging alles: aber an wen kann, soll ich mich wenden! Auch ist meine ganze Gesellschaft zerstört, zerstreut, todt, arm. Dabei, bei diesem Knappen, bin ich Dankbarkeit schuldig, und zur *Last*; denen, die ich meiden möchte unter den *besten* Bedingungen; was ich am meisten fürchtete, wogegen ich fünfzehn Jahre rang, muß ich bis auf den Boden leeren. Zum Onkel wollte ich wohl im Winter, und ihm den opfern; *vielleicht* für etwas; aber wenn er mich nach diesem kranken, abschwächenden, sorgenvollen Winter auch kommen läßt, so fürcht' ich mich nur! Sollt' ich den nun auch elend, ohne Freiheit, in eines alten wunderlichen Mannes Zeitvertreib hinbringen, der ich sein soll? Meine Kräfte erlauben es gar nicht. Es sind nun sechs Wochen, daß ich ganz zu Hause bin — wie oft und lang vorher! — und nichts geht bei mir vor, als kleine unangenehme

Häuslichkeiten: und ich habe keine andere Sensation von außen, als die ich mir selbst gebe! Entschuldige also mein endliches Zusammenbrechen. Du hast ganz außerordentlich das reine, unbefangene, kraftvolle Zuhören und Auffassen von Josephine in Deinem Briefe ausdrücken können! Diese Schönheit der Seele, die nur ein Zeichen von anderen Schönheiten ist, gewann ihr meine ehrende Liebe mit zuerst. Ach! und was will die; sie war schön, und edelgeboren! Bei Gott dem Richter! Mein Herz und meine Seele sind eben so schön und so viel werth. Worin hält sie sich wohl für weiblicher? von ihr ärgert mich der grobe gemeine Irrthum für sie! „Anmuth", Lieber, hatte ich nie mehr; Dir muß es aber so scheinen: denn Du bist wirklich der Mensch, bei dem ich anfing: sollte von Liebe die Rede sein, auch zu fordern. Ich sah ja, in der Welt wurde nichts gereicht, und endlich wollt' ich's mir zu Nutze machen, von der Liebe Pfeil verschont zu sein. Fordern aber, erörtern ist in solchem Verhältniß über-ungraziös!! In der Erscheinung war ich's nie, graziös. Aber die Grazie des Herzens, die aber nicht durchdringt, hab' ich noch. Wann findet man das nicht? Wo fehlt es? hat es einen ungerechten Pulsschlag gegen irgend eine Kreatur! — will ich für mich besonders mehr? Nicht für alle Menschen, und Thiere fast, dasselbe? Bin ich nicht immer gut; nur aus der Folter gelassen, weich? Mittheilend, theilnehmend, in jeder Minute? „Hülfreich, edel und gut!" wie's Goethe gebeut. O! Gott!

Nun bin ich nicht mehr allein. Moritz ist gekommen mit Ernestinen und der Schwiegermutter. Ich bin überzeugt, daß Hr. von Knorr eben so delikat für Dich war, als er für sich selbst würde gewesen sein, also bin ich über Deine Angelegenheit ruhig. Mad. Paczkowska hat hier nicht die Leipziger Rollen, sondern die Orsina, Maria Stuart, und in dem verbannten Amor, ohne Beifall gespielt: das will aber gar nichts gegen sie sagen: weil sie hier nur ihre Alten mit den alten Fehlern dulden. Ich war krank, geh' gar nicht in's Theater. Dies für Mad. Brede! Was hat denn Eugen wieder ausgefressen? Grüße doch den Grafen Bentheim recht besonders von mir, ich denke sehr oft an ihn mit großer Neigung. Den Brief an Gräfin Pachta bekommst Du nächstens wieder. Hr. Geheimrath Wolf hat mir Woltmann's Uebersetzung vom Tacitus gegeben. Das geht zu weit! Ich schäme mich, daß man dies in unserer Litteratur finden wird, und wundere mich zum Tod, daß ein Buchhändler es angenommen hat. Neumann sehe ich nicht mehr. Frau von Fouqué hat mir mit Robert geschrieben, der fünf Wochen bei ihnen war. Ich werde ihr antworten. Das Briefchen ist gut, tüchtig, und wahrhaft. Viele Empfehlungen an Hrn. von Nostitz! Vorgestern spielte das Thier, die Longhi. Sie gefiel nicht: das Publikum sagt, sie reißt die Harfe. Wenn es Recht hat, nenne ich es das Publikum. Adieu.

R. R.

An Rahel.

Prag, Donnerstag, den 12. März 1812.

Ich habe Dich so lieb, und solche Einsicht in Dich, meine theure Rahel, daß ich aus allen verwirrten Netzen abstreitender Verhandlungen, die aus Deinem letzten Briefe um mich herziehen, mit ungereiztem liebevollen Gemüth wie durch eine Zauberberührung gerettet stehe. Bin ich Dir als solcher willkommen, so ist es gut, wo nicht, so lese meine Briefe nur immerhin noch einmal, und denke, ich hätte dies zweite Lesen ihrem ersten zur Erklärung geschrieben. Du hast Recht, und sollst und wirst es bei mir ewig haben, dagegen will ich auf das meine lieber tausendmal verzichten, als mich rechtfertigen; was aber die Anklagen betrifft, die Du durchaus von mir erfahren willst, so kann ich Dir versichern, daß Du sie bei mir besser widerlegt findest, als es Dir selber möglich wäre, und um Dir durch gänzliches Schweigen nicht ungehorsam zu erscheinen, nur deshalb, will ich sie schleunigst in einem Bündel zusammenfassen, und so aussprechen: Du bist in Gedanken und Empfindungsweisen äußerst stet, aber in der Richtung und Forderung, die Du Deinem Freunde geben und auferlegen magst, nach äußerlichen Antrieben launenhaft, und so wetterwendisch, als er untreu. Willst Du davon ein Beispiel? So brauch' ich nur den ersten, besten Brief in Abschrift beizulegen! Was machst Du jetzt? „ich solle nur um Gottes willen nicht weiter fortgehen, ich solle zu Dir kommen" schreibst Du mir vorgestern, und gestern „ich könne es bleiben lassen, Du habest Dich besser besonnen". Dann rückst und zerrst Du nochmals, und abermals an Redensarten aus dem Briefe, mit dem ich den des Brentano begleitet hatte, und es ist des gereizten, bösen Blutes kein Ende. Wie soll ich ein Herz zu Dir fassen, und zu Dir kommen nicht als ein reicher, angenehmer Kavalier, sondern als ein armer, Trost und Erquickung suchender Mensch? Ich weiß, Deine Vorwürfe meinen es gut, und vieles darin ist wahr: aber des Unwahren ist in Stellung und Ausdruck doch auch so viel dabei, daß Du sonderbare Quellen über mein Leben mußt ausgeforscht haben. Was soll das heißen: ich falle in Deiner Gegenwart und noch dazu „alle“ Weiber an? Du meinst doch nicht das lächerliche Wesen, in welchem Physiologie und Moral so abgeschmackt und geziert Komplimente machen? In einem früheren Briefe sprichst Du gar von der armen wegen der weißen Schminke Angeklagten! Ich habe auf dieses schlecht ersonnene, leichtgläubig aufgenommene Mährchen nicht zu antworten gewürdigt. Und in Leipzig! — Noch bin ich Dir eine Erklärung schuldig über meinen Dir angebotenen Namen, was Du mir schon oft mit Bitterkeit und Hohn als die auserlesenste Dummheit vorgeworfen hast, und das ich auch nie beantworten mochte. Es ist ein kleines Vergessen von Dir dabei, nämlich, daß Du mir gesagt und geschrieben, Du könnest in Deinen Verhältnissen damit eine Dir günstige Drohung erzielen, und allerdings wäre ich auch verheirathet so frei geblieben, wie Du es selbst in früheren Briefen festgesetzt hast. Daß ich dabei zugleich an die Freude dachte, dringender, anerkannter mein Leben auf Deines zu beziehen, ist gewiß. — Nun genug des Vergangenen! mich freut, ja mir ist sie nothwendig, seine Betrachtung, aber auch mich ekelt es die alten Gebeine wieder auszugraben, um ihr Gift auszukochen. — Gott! wie leid thut es mir, Dir, Dir das alles zu sagen! aber Du ruhst nicht eher! Schreibst Du mir aber in diesem Ton zurück, und setzest die unselige Fehde fort, so lasse ich wahrhaftig Deinen Brief liegen, und antworte nicht eher, als bis ich alles so vergessen habe, daß ich gar nicht mehr weiß, wovon die Rede war. Aber noch eins! Alles was Du mir vorwerfen kannst wegen Brentano's Brief, das hast Du vollkommen wett gemacht, ja überboten durch einen Ausspruch, den Du nicht hast geschehen lassen, sondern besonnen gethan hast. „Mad. Sp. sei wie für mich gemacht.“ Allein sei versichert, wie Dich an jenem, so räch' ich mich an jener, und das thörichte Weib soll die Beleidigung büßen, die Du mir zugefügt hast!

Mein Oberst ist noch immerfort in Wien, und schreibt mir sehr gütig. Was aus uns wird, läßt sich noch nicht errathen. Meine Hoffnungen in Berlin sind leider noch nicht reif; doch soll für B.*) neuer Sonnenschein sein, und dann fällt auch auf mich ein kleiner Strahl; wenn es aber noch lange zögert, so knüpf' ich doch an G.**) an.

Ich bin noch täglich bei Nostitz, wo, seit Mad. Brede nach Wien gereist ist, nun ich Abends den Thee mache, wir sind sehr munter, und es ist meine beste Gesellschaft. Mad. Brede hat mir eine andere Geliebte ausgesucht, als Du gethan hast; sie meinte, Karoline Benda, eine Sängerin in Karlsruhe, die sei für mich gemacht; aus Mitleid wollte sie mich versorgen, da sie mich in scheinbarer Liebe zur Mad. Löwe schlecht versorgt glaubte, und eine Komödiantin, meinte sie, müsse es sein. Mad. Löwe gefiel mir allerdings, und gefällt mir noch, aber sie bestätigt mir auf's neue, daß das Geschlecht mir zuwider ist, denn auch in ihr, die eine schöne vielbegehrte Frau ist, reizt es mich nicht. Magst Du das bezweifeln, es ist doch wahr, und stellt meine Treue vielleicht in ein solches Licht, wo die Sinnlichkeit keinen Schatten auf sie wirft. Doch untreu bin ich einmal, das hab' ich eingestanden, und keine noch so scharfsinnige Erklärungsart kann mir da noch helfen!

Herr von Dalwig ist so gut, diesen Brief zu besorgen; ich lege daher den Dresdener bei, mit dem ich auf eine solche Gelegenheit gewartet habe. Der Voltaire kömmt auch zurück.

Lebe recht wohl, meine geliebte, theure Rahel! Ewig Dein

Varnhagen.

Du hast, liebe Rahel, meine Aeußerung mißverstanden, als ich sagte, Du seiest vielleicht, wenn ich Dich Kranke pflegen wolle, hart gegen mich; Du sagtest mir oft, Du könnest wenige, oft keine Menschen um Dich leiden, wenn Du krank seist, und so etwas richtet sich nicht nach Liebe oder Güte, sondern ist körperlich, und ich fürchtete, meine Gegenwart, vielleicht gar meine Art der Besorgung, würde Deinen Nerven nicht zusagen! Lege meine Worte gütig aus, liebe Rahel, und nehme nicht gleich an, daß ich Verrücktes denke! Lebe wohl, Liebe!

---

*) Beyme. **) Goltz.

An Varnhagen in Prag.

Sonntag, den 23. März 1812.
Gegen Abend.

Gestern schickte man mir das Paket mit dem Theil Voltaire und Deinem Briefe. Ich war auf Kränkung, auf Beschämung gefaßt, aber nicht auf Aerger. Es ist also besser, ich schweige; da meine Rede so sehr unverständlich ist. Ich lasse auch lieber einen kleinen Brief zurück, den ich gestern schrieb, bald nach Empfang des Pakets. Ich fürchte den Brief an die Gräfin länger zurückzuhalten.

R. R.

Ich habe heute schon viel schreiben müssen.

An Rahel.

Prag, den 27. März 1812.

Theure, geliebte Rahel! Als ich den Brief an den Minister geschrieben hatte, dachte ich noch an Dich zu schreiben, die heftigen Kopfschmerzen gestatteten mir aber kaum, ihn mit den nothwendigen Worten an Neumann zu begleiten, und nach diesen mußt' ich mich zu Bett legen. Einige Tage hindurch blieb ich liegen, so betäubt und abgespannt, wie man zur Annäherung eines Nervenfiebers ist, der dunkelste Mißmuth gesellte sich dazu, und ich sah einer recht traurigen Trostlosigkeit entgegen. Es blieb aber bei bloßen Demonstrationen, ich stand wieder auf, mein Kopf wurde frei, und ich befinde mich wieder gut, besonders heute, da der heiterste Sonnenschein aus reiner Bläue auf die kalte, trockene Erde fiel, und jetzt der Mond mit gewaltigem Glanz über der Gegend schwebt. Ich komme eben von Nostitz nach Hause, der mir das beifolgende Blatt für Dich gegeben hat, und sich recht ärgerte, als ich ihm sagte, er wachse in die Schreibart seines Mißfallers Jean Paul hinein. Zufällig hatte ich grade heute auch an seine Freundin, Mad. Brede, nach Wien einen Zettel geschrieben und sie um eine Gefälligkeit ersucht, wir tauschten also beide gegenseitig aus, und ehrten uns in unseren Freundinnen auf recht angenehme Weise. Er darf das Zimmer noch nicht verlassen, und ich besuche ihn noch täglich, es findet sich aber immer auch viel andere Gesellschaft dort ein, besonders Offiziere, die meine liebste Gesellschaft sind. Nostitz ist ungemein gescheut, gedankenreich, erzählungslustig, zart und wohlfügend unter seinen Gästen. — Was sagst Du zu meinem Brief? ich schrieb ihn weniger für den Minister, als für die, denen er ihn zeigen möchte. Doch zweifle ich fast an gutem Erfolg; aus vielen Gründen hätte ich den Schritt auch noch verschoben; ich sah die Möglichkeit, im Sommer vielleicht mit Bentheim nach Berlin zu kommen, in der österreichischen Uniform an Hof und in alle große Gesellschaften zu gehen, Bekanntschaften und Verbindungen persönlich anzuknüpfen, und allerdings wäre dieses Auftreten etwas werth gewesen: allein die Gewißheit, „daß auch hier für uns der Krieg unvermeidlich ist", bestimmte mich, es nicht auf die Wahrscheinlichkeit ankommen zu lassen, ob unser Regiment grade in solcher Muße bleiben wird, als zu jener Ausführung nöthig wäre, und ich mußte, für meine übrigen Absichten und Vorhaben zu frühzeitig den Versuch wagen. Allzu klein wollte ich mich auch nicht geben, und hätte bei längerem Abwarten günstigere Formen gefunden, allein hier wäre das Beste vielleicht zu spät gekommen. Ich schrieb Dir einmal, ich wolle Dich gar nicht mehr fragen, sondern thun, als wärest Du gar nicht in der Welt, und wenn ich käme, so solle es Dich nicht kümmern: aber, herzensgeliebte Rahel, das Herz hüpft mir vor Freuden, meine ganze Seele verklärt sich, wenn ich denke, daß ich Dich wiedersehen, in Deinem Kreise leben soll! Wie Aegyptens fruchtbarer Boden verlangt mein ganzes Wesen, nachdem es reiche Ernten von der letzten Ueberschwemmung getragen, auf's neue nach der segnenden Fluth!

Ich war sehr unzufrieden mit meinem Briefe, den ich Hrn. von Dallwig mitgegeben; gern hätte ich ihn durch den Ausdruck der überschwänglichen Liebe, die von heißen Orkanen in meinem Herzen aufgestürmt wurde, später beim Empfang Deines lieben, leider klagereichen Briefes zerdrückt, und ich sah ganz ängstlich in all den Tagen durch mein Kranksein allen guten Willen vergeblich werden. Jetzt ist es zu spät, er mir auch nicht gegenwärtig genug, und Du mir gewiß nicht böse mehr! —

Goethe hat die bewußte Handschrift jetzt zum Druck an

Cotta geschickt, so meldet mir dieser. Ich freue mich sehr der Einwilligung, zumal da mein letzter Brief so ganz ihm die Sache anheimgestellt hat. Wie und wo der Druck angeordnet werden soll, will ich auch ihm und Cotta'n, der sehr gute Gedanken in dergleichen Dingen hat, überlassen.

Friedrich Schlegel's Vorlesungen über Geschichte sind in der Hallischen und Jenaischen Litteraturzeitung sehr gründlich beurtheilt, und mit hartem, sehr gerechtem Tadel belegt, ja ihm alle Fähigkeit zum Geschichtschreiber abgesprochen worden. Angenehm war es mir, daß beide, obgleich sehr von einander verschiedene Beurtheiler am meisten von Schlegel's unvernünftiger und verworrener Preisung des Adels, und von dem dagegen eben so unbegründeten Widerwillen gegen die Reformation, beleidigt worden sind. Das sind gute Zeichen für den Gang der allgemeinen deutschen Denkart, die zu sehr gewachsen ist, als daß blendende Beredtsamkeit solcher an die augenblickliche Gegenwart verkaufter Seelen, wie Friedrich Schlegel und Adam Müller, selbst bei denen, welche sonst ihre Verehrer sind, ein rückschreitendes Ablenken bewirken könnte. Das „Deutsche Museum" von Friedrich Schlegel wird auch ganz matt, von Steigentesch ist darin ein armseliger Aufsatz, worin sogar, im Schlegel'schen Journal, die neue Schule bekämpft wird! Von Pfuel aber steht ein ganz vortrefflicher in demselben Heft; der hat überhaupt eine köstliche, sachenreiche, wortklare Schreibart, von seltener Anmuth durchdrungen; ein Bericht von ihm über die hiesige Schwimmschule liest sich wie die lebhafteste dichterische Darstellung, und ist doch streng und gründlich ohne Ueberfluß.

Bentheim ist noch in Wien, und war nicht ganz wohl; ich verlange sehr nach seiner Zurückkunft. Aus Westphalen bekomme ich noch immer keine Nachricht wegen der verlangten Taufscheine, es wird also diesmal Bentheim's Anwesenheit ungenützt vorübergehen müssen. Der Prediger Natorp in Potsdam hat mir sehr verbindlich geantwortet. Im Morgenblatt, im „Hormayr'schen Archiv", im „Oesterreichischen Beobachter", steh' ich schon überall als von Ense unter meinen Aufsätzen. Man hat in Grätz meine Erzählung aus Schack's Leben nachgedruckt, in hiesigen Zeitschriften auch Aufsätze, die ich in's „Morgenblatt" geschickt hatte. Ich stehe in lauter guten, angenehmen Beziehungen zu den Leuten, und werde auch sobald keinen von mir abwenden, außer den Philister, der bisweilen zu Nostitz kommt, der ihn ganz und gar verachtet, aber, so wie

Mad. Brede, der er mißfällt und zuwider ist, gütig behandelt. Neulich kam ein Major hin, dessen Bruder den Bruder des Clemens im Wirthshause gräßlich zerprügelt, und der selbst, bei einer anderen Gelegenheit, zu Clemens öffentlich gesagt hat, er rede wie ein Ochse, ich sagte zu Clemens leise: da ist ja Mengen, gehen Sie nicht weg? — O der genirt mich nicht! sagte er, und blieb in der Gesellschaft dessen, der an der Schmach seines Bruders wenigstens mitgeholfen. Jetzt schreibt er ein Schauspiel aus der böhmischen Sage Libussa, und sieht seit mehreren Tagen ganz krank und elend aus, aus Verzweiflung, daß Nostitz und ich ihm gesagt, der erste Aufzug gefiele uns nicht, besonders von mir konnte er's nicht begreifen, auf meinen Beifall hatte er gerechnet, er versprach alle Abänderungen, Umarbeitungen, aber wir riethem ihm es aufzugeben, und da gerieth er in die entsetzlichste, lächerlichste Krümmung, meine Billigung war ihm fast Bedürfniß, Sonnenwärme und Regen, zu seinen Arbeiten geworden. Die Züchtigung säumt noch, aber sie ist um nichts weniger sicher, ja sogar gesichert! Daß ihn ein hiesiger Major, und ein Oberlieutenant wegen der losen Reden, die er über sie geführt, jeder in seiner eigenen Sache, mit Maulschellen zurechtzuweisen denken, ist von meiner Gesinnung ganz unabhängig, und ich weiß es nur zufällig. Nostitz wollte es erst sehr anmuthig finden, wenn ich ihm ein Ohr abschnitte, und ihn also für immer an seinem Leibe zeichnete, allein seitdem er ihn öfter gesehen, findet er ihn so erbärmlich, daß er den Leuten sogar ausredet, ihn zu prügeln, so sehr er auf der anderen Seite verbindlichst betheuert, er habe nichts dagegen, falls man etwa seine Stube zum Schauplatze dieser Handlung bequem finden wolle! Die Schauspieler verlachen ihn auch, und versichern, sie würden nie etwas von seinen Erzeugnissen aufführen. Uebrigens erfahre ich durch Nostitz, der sich nur immer das Wort geben läßt, daß ich keinen Gebrauch davon machen wolle, eine Anzahl Schändlichkeiten, die sich der arme Teufel an ihn und Mad. Brede über mich zu schreiben erlaubt hat, die mir im Grunde sehr wohl gefallen, z. B. ich sei wie aus lauter Gräten, und krieche einem in den Hals, um da herauszusingen!

Für heute lauf' er! — Woltmann zahlt seinen Tacitus selbst, drum wird er gedruckt. Grüße Wolf bestens von mir, auch die anderen gelehrten und ungelehrten Freunde!

Habe mich lieb! glaube mir, ich bin doch ein guter, braver Kerl, und meine es so gut mit Dir, daß ich mich jeden Augenblick für Dich könnte in Stücke zerhauen lassen! Daß mir niemand, niemand auf der Welt lieber, und niemand so lieb ist, wie Du, meine einzige Rahel, das fühl' ich alle, alle Tage. Lebe recht wohl, und sei gesund und fröhlich, wie ich es bin in der Hoffnung Dich zu sehen! Ewig Dein treuer

Varnhagen.

Am stillen Freitag spät Abends.

Solltest Du mir etwas zu schicken haben, z. B. mein Stammbuch, so wird es mir der Oberlieutenant von Klenau Chevauxlegers Hr. von Sartoris, den Marwitz kennt, und der wahrscheinlich bei seiner Mutter wohnt, gern mitbringen.

Stein, der mir sehr viel Güte und Zutrauen bezeigt, sagte mir noch heute, es sei tausendmal besser in der Administration als in der Diplomatie angestellt zu sein. Allein das läßt sich späterhin dann immer noch machen, und ein Tauschen geht besser von statten, wenn man etwas erst zu vertauschen hat; ich bin im Meer, und springe an's Land, ist es die rechte Küste nicht, so kann ich zu Fuß dann schon hinkommen zu der rechten.

An Varnhagen in Prag.

Sonntag Vormittag, den 5. April 1812.

Du mußt mir diesen Brief sehr freundlich auslegen, lieber Varnhagen, er mag werden wie er will: in solcher Verfassung bin ich. Kaum hab' ich den Entschluß, die Feder zu nehmen, haben können; und seit vorgestern, daß ich Deinen Brief von Charfreitag erhielt, quält mich der Gedanke, ihn zu nehmen! Grüße auch Hrn. von Nostitz tausendmal, und sag ihm, seit langer Zeit wäre mir nicht so unverhofft Freundliches und Liebes geschehen, als sein Schreiben; mit Worten aber darauf zu antworten, müßt' ich verschieben: aber es solle geschehen. Du kennst meinen Zustand aus meinem letzten Brief, den Du ganz recht Klagebrief nennst. Dabei war ich unpaß vorige Woche: eine plötzliche Erschlaffung überfiel mich, und machte mich, die ich eigentlich mich von der Februarkrankheit erholen soll, gränzenlos matt und reizbar. Nun haben wir die Truppen bekommen, und ich muß logiren, wie jeder. Gut! Schützt und hegt mich mein Staat, so muß ich auch thun, was er für gut findet. So denk' ich. Persönlich aber ist, fremde — vielleicht rohe — Menschen zu behausen, für mich Todesangst; und wenn es klingelt, steht mein Herz still. An keine Ruhe, an keine Beschäftigung ist zu denken. Jeden Groschen spar' ich voraus, um die Bewirthung nur bestreiten zu können; denn kostet's auch keine Unsummen, so kennst Du meinen Geldzustand; und daß ich schon von Geschenktem — denn so sieht das mir Dargeliehene doch aus — mein ununterbrochener Kummer — lebe! — und der, der mir giebt, aus vier bis fünf Gründen nun vierdoppelte Ausgaben hat. Meine Seele ist zu gemeinen, kleinen, niederen Berechnungen nicht gemacht, und dazu herabgewürdigt, verdammt. Alles dies ist nichts gegen meine Angst vor Rohheit! Allein, wie ich bin, mit den Mädchen. Die Dinge sind alle von allen Seiten so gestellt, daß ich niemanden nehmen noch kriegen kann; wozu die Details?! Seit gestern Abend, daß mir ein junger Kommissair ein Billet brachte für sich und seinen Bedienten, bin ich ruhiger: da ich sehe, in welche Klasse der Behausenden man mich setzt. Er weiß nicht, der Kommissair, ob er wiederkommen wird, um wirklich bei mir zu wohnen. In unserem Hause wohnen schon sehr Viele; und bei dem mindesten Lärm erzittere ich. Kurz, ich habe Furcht: ich bin zu mürbe — zu krank, zu dekouragirt in allem. Und fürchte alle Geschichtsevenements: die man auch allda, wo sie sich ereigneten, nicht genau vorher wußte.

Ich lese die Bibel, Memoires aus der französischen Geschichte: von der Jungfrau von Orleans; und Kleist's „Kohlhaas", der ist bis jetzt noch gut. Die Bibel, bis an Moses, schön; dann wird's ganz anders. Ich bin noch in der Wüste. (Auch in der Bibel.) Schiller hätte noch sehr schöne Züge aus der Geschichte anbringen können.

Auf Deinen ganz und gar lieben Brief kann ich nicht antworten; außer daß ich ihn ganz empfunden habe, wie er gemeint war gegen mich. In Deinen Plänen gebe ich Dir Recht, bin aber leider gestellt, Dir in nichts behülflich sein zu können. Frage Dich selbst, ob ich mich freuen würde, Dich in Berlin zu haben! — wenn Du nur im mindesten Du selbst sein willst, welchen ich nie verkenne! und verkennen kann. Ich bitte Dich nochmals, und nun mit sehr kaltem Blute, wie Deines nun auch sein wird, und ganz andere Sorgen im Kopf, thue Clemens nichts! und lasse ihm auch, durch gutes Zureden, von den Anderen nichts thun. Es ist als schlüge man eine H.... Sein Bonmot mit der Gräte habe ich nicht so goutirt als Du; es ist zur Hälfte sehr witzig, die andere aber hinkt ganz. Heute vor acht Tagen war Neumann bei mir, und theilte mir Dein Schreiben an ihn mit; er wollte den Dienstag wiederkommen, hat es aber nicht gethan. Wenigstens spornt' ich ihn an, daß er Dir gleich selben Tags schreiben sollte. Nun werd' ich zu ihm schicken. Ich war zu präokkupirt. Wenn Du nur Deinen Abschied nicht zu spät fordern mußt! Wie so will Graf Bentheim hierher kommen? Nun wird's wohl auch nichts werden: auch ist Berlin kein Ort zum Sommer für solchen Reisenden.

Es ist unendlich viel von Goethe, daß er Cotta'n die Blätter geschickt hat. Ich fürchte mich davor: bin aber wieder ganz sicher darüber, wenn ich denke, Goethe findet, sie sollen gelesen werden. Entschuldige mich ja recht bei Nostitz: ich will ihm gewiß auch schreiben, wie es ihn freuen muß, wenn ich nur erst meine Seele wiederhabe. Ich empfinde nicht einmal ein Sehnen nach dem Genuß des Frühlings! Es sind nur Gedanken, die nicht bis an die verstockte Brust reichen, Bemerkungen über ihn, wie ich ihn verlieren soll und muß. Lebe wohl! und sei ganz ruhig über Deinen Brief, auf welchen ich nur einen Zettel antwortete! Es mußte so sein. Man entgeht keiner Entwickelung; man ist nur nicht so klug einzusehen, was sich entwickeln muß. Ich bin freundlich gegen Dich, glaub es: aber ich kann es heute und jetzt nicht äußern. Ich sehe niemand, als meine Geschwister und Nettchen. Deine

R. R.

An Rahel.

Prag, Sonntag, den 19. April 1812.

Geliebte, theure Rahel! Auch seit ich Deinen lieben Brief erhalten habe, konnt' ich mich nicht zum Schreiben finden, so innig bewegt mein Herz auch zu Dir drang. Die innere Stimmung wurde bestritten von dem Mißmuth eines abwechselnden Zustandes, in welchem ich weder krank noch gesund war, und nur zum Müßiggang taugte. Ein lästiger Husten quält mich noch, und wird mich wohl nicht eher freilassen, bis das schlechte Wetter, welches seit sechs Wochen unaufhörlich mit Schnee und Sonnenschein wechselt, dem Frühling endlich weichen muß. Heute früh lag ich noch im Bette, als man mir einen Brief brachte, worin mir der Oberst auf heute Nachmittag seine Ankunft meldet, auf die ich schon lange ungeduldig warte. Die Zwischenzeit verging unter eiligen Anordnungen schnell, und um drei Uhr fuhr ich ihm auf der Wiener Straße entgegen, die Sonne schien, und es hätte sich einiges Vergnügen finden können, allein ich kehrte mit dem Abend zurück unter Schnee und Wind, ohne ihn getroffen zu haben. Jetzt, da ich ihn zu Hause erwarte, benutze ich eilig die noch vergönnte Zeit, um Dir zu schreiben, da wohl die nächsten Tage wenig günstig dazu sein werden. Wenn ich nur ausdrücken könnte, was ich Dir alles sagen möchte, wie Vieles ich für Dich gedacht und empfunden! aber auch da, wo die Worte mir nicht fehlen, muß ich doch verstummen, sie verhüllten nur, was ich enthüllen wollte. Du stehst jetzt lebendig vor meiner Seele, noch angezogen und müde vom Abendspaziergang, die Locken hängen ihren Windungen entgleitend länger um Stirn und Wangen, die Brust ist offener, die Augen nachdenklich scharf in der schwarzen Dämmerung, der Kopf vorgebeugt auf den in das offene Fenster gedrückten Arm gestützt: so saßest Du mir, geliebte Rahel, gegenüber an jenem Juniabend, an welchem ich vorigen Sommer nach Berlin gekommen war, um Dich abzuholen. Liebe, ich weiß nicht, welche Tollheit mich Dir damals verschweigen hieß, wie sehr Du meine ganze Seele bewegtest, es war in Deinem Wesen etwas grausam Ruhiges, in der augenblicklichen Verfassung mir ein unendlicher Reiz. Wie eine Erscheinung im Traume biegt sich jenes Bild wieder zu mir herab, und bestreicht mir flüchtig die schlafenden Lippen. O liebe Rahel, ich habe Dich sehr lieb! — Ich kann nicht jammern, und so nehm' ich die Schickungen meines Lebens, die ich auch jetzt demüthig vom Zufall empfangen muß, vielleicht mit einem Schein munterer Jugendlust an, aber ich wiederhole es, mein innerstes Leben sieht sich ungedeihlich verkümmern, seiner glücklichsten Erhebung beraubt, wenn es nicht an Dich sich schmiegen kann. Ein Königssohn, geboren zum Thron, zur großen That, zum Sieg, zur Erfüllung aller sterblichen Wünsche, wenn er verstoßen wird von diesem Thron, aus dem Land, und findet ein geliebtes Weib, wird ein glücklicher Vater, übt reizende Kunst, gewinnt bürgerliche Ehre und großen Reichthum: wäre der nicht doch im höchsten Unglück noch beneidenswerth? Und ich, getrennt von Dir, meine geliebte Rahel, wie kann ich nicht Freude haben an Sommerschönheit, an Waffenglanz, an Freundeswirken, an Wissenschaft und Kunst, an den günstigen Berührungen des Bücherwesens, der Gesellschaft, an Frauengüte, und Wein und Taumel? Ach desto härter stellt sich mir jede für mich mögliche, übriggebliebene Gunst vor die Augen, weil ich die Eine, die allen erst Werth geben sollte, mit nur schwacher Hoffnung noch verfolgen kann! Ich muß keck, ohne viel Besinnung und Zartheit, mit gewissem allgemeinen Sinn das Leben hinnehmen, um nicht ganz unterzugehen, denn jede einzelne Richtung verwirrt sich. Wie soll ich jetzt erwarten, meinen Wunsch in Berlin erfüllt zu sehen, da dort die Besorgniß vielleicht sehnend nach dem herüberblickt, was ich zu verlassen denke, da die Erfüllung selbst mich bald nicht mehr in Berlin bleiben hieß, sondern nach Breslau, oder wohin immer, riefe! Die Dinge sind alle zweifelhaft, wie soll ich darin sicher gehen? Ich habe hier viele, sehr lautere Nachrichten empfangen; auch an den Staatskanzler einen nahen Weg vielleicht auf's glücklichste offen, allein das Unglück will mir selbst das Glück durch Verspätung umbilden. Hier drängt, für den Augenblick, mich noch nichts zur Entscheidung; bleib' ich bei Bentheim, so verleb' ich wahrscheinlich einen Sommer wie jener Königssohn, ruft mich der Krieg, so spiel' ich ein großes Spiel ohne Leidenschaft aus Langerweile, und behalte höchstens was ich habe; gelingt meine Bemühung bei Goltz, so leb' ich der Hoffnung Dich zu sehen zwar am nächsten, aber desto grausamer in der Gefahr auch diese Hoffnung wieder zu verlieren. So stehen meine Sachen: ich muß nur frisch in den Tag hineinleben, und thun, für mich selbst so thun, als wäre mir alles ziemlich einerlei. Von Neumann habe ich keine Silbe Antwort, welches unverzeihlich ist. Freilich traf der Zeitpunkt meines Briefes auf's allerschlimmste, allein Neumann sollte mir doch, wenn er mir auch keine Antwort von Jenem geben kann, eine eigene geben. Andere Schritte, zu denen es vielleicht jetzt noch Zeit wäre, kann ich auch nicht thun, bevor sich nicht aus dem gethanen Schritt etwas ergeben hat. In dieser Verzweiflung, die mich inmitten einer häßlichen Verwirrung von zwanzig mißgeborenen Verhältnissen, unreifen Mitteln, dämmernden Hoffnungen und schwankenden Stützen, die alle ihr Gutes haben, ergreift, habe ich mir vorgenommen munter zu sein, Dir und mir zum tröstenden Anblick; ich will aller Vortheile wahrnehmen, die der Zufall bringt und die Noth übrig läßt. Meine Wünsche, mein Sehnen weißt Du, meine Hemmungen wirst Du erfahren, laß diese Gesinnung die grausame Kluft heiter überdecken, die meinen Zustand und mein Verlangen trennen mag!

Von Dorothea Schlegel send' ich Dir zwei Briefblätter, Du wirst sie mit Theilnahme lesen; sende sie mir nur baldigst zurück. An der Ehegattin ist auch noch die Verblendung schön, mit welcher sie den geliebten Mann erhebt. Ueber Dich will ich mit ihr nicht schreibend streiten: ich habe ihr geantwortet: „Was Sie mir über Rahel schreiben, muß mich wohl sehr freuen, ich habe die in Ihnen ihr günstige Gesinnung nie verkannt, ich weiß auch, daß an ihrem Geiste niemand zweifelt; ich aber wollte Ihnen nur auf die einfachste Weise mittheilen, wie reiches Glück während einer ganzen schönen Sommerzeit in der geliebten Freundin mir zur Seite schwebte." — Aus dem noch nicht abgeschickten Briefe will ich Dir auch noch Folgendes abschreiben: „Ich kann nicht aufhören, der Sachen viele von mir entfernt zu finden, die Friedrich sagt, und ohne daß mir die nöthige Einheit gestört würde. Das Einzelne in ihm erscheint mir minder nothwendig, und die Thaten und Worte mehr wie Denkwürdigkeiten eines solchen Geistes, als wie strenge Absonderungen von selbstständigem Dasein. Daher die Gesinnungen über den Adel (wo Friedrich vielleicht nicht immer gütig genug war, zu berücksichtigen, was wir Anderen bei dem Worte nothwendig zuerst und zuletzt zu denken durch Zeit und Erfahrung gezwungen sind, bei einem Worte, wo für die Welt das Zufällige längst zum Wesentlichen geworden ist), und so vieles Andere, das in meinem Kopfe sich anders stellt, weder meine Begeisterung für Friedrich, der in der Litteratur durchaus eine Heldenerscheinung ist, an die jede jüngere Tapferkeit so gern sich anschließt, noch meine Freude an seinen Erzeugnissen stört, welches nicht Verschiedenheit der Ansicht, sondern nur Einmischung von Weltlichkeiten könnte. Ich sehe ihn nicht von Seiten seiner Ansicht an, von deren Tiefen ich keine durchforscht habe, mein Standpunkt ist viel geringer, dieser zeigt mir ihn, zunächst in der Fülle menschlicher Lebendigkeit, seine Behauptungen, als geschichtliche Sätze zum Verhandeln unserer nächsten Zeit, und so könnte ich leicht, wenn ein öffentlicher Rath mein Reden hörte, für Friedrich Schlegel's Person heftig gegen

Friedrich Schlegel's Meinung sprechen.“ — Dies alles ist aber durch Zwischensätze und aufrichtiges Lob viel billiger in jenem Briefe ausgefallen, als es hier steht, und ich hoffe ohne Verläugnung der Wahrheit doch nicht beleidigend geworden zu sein, ich junger Mensch! Schicke mir nur den Brief bald zurück; das letzte Blatt habe ich zurückbehalten, weil nur kleine Dichtersachen darauf erwähnt sind, wie Loebens „Arcadia“, die der guten Dorothea ein Skandal war.

Nostitz läßt Dich herzlichst grüßen, und Dir freundlich danken für Deine gute Aufnahme seines Schreibens. Ich war alle diese Tage viele Stunden mit ihm, Mittags und Abends, auf der Brücke und im Theater, und seine Lebhaftigkeit, sein fortströmendes Denken und Verbinden, seine Laune und seine Kenntniß, welches alles mehrmals treffliche Gelegenheit fand sich im schönsten Lichte zu zeigen, hat mich ungemein erfrischt. Er hat sehr großes Zutrauen zu mir, und ist mein Freund, soviel er dergleichen überhaupt sein kann und will. Durch seine Mittheilungen hat sich mir manches eröffnet, das vielleicht in meinem Leben einmal wichtig werden kann. Morgen soll Mad. Brede kommen, seine Geliebte, die in Wien außerordentlich gefallen hat. Ich habe übrigens fast nur unter Offizieren gelebt, wo es mir wohl gefällt, und wohl geht; die Güte, mit welcher mich Kameraden, die Achtung, mit der mich Höhere behandeln, und das wohlgemuthe, freisinnige Zusammensein mit Leuten, die in Voraussetzung des Besten nichts so genau nehmen, gewähren mir eine eigene Zufriedenheit. Bei dieser Gelegenheit muß ich Dir doch ein paar Stellen aus Bentheim's Briefen abschreiben, um seinetwillen, denn all seine Liebenswürdigkeit spricht darin. Einmal schreibt er: „Ich war ganz erstaunt, daß so viele interessante Masken sich nach Ihnen erkundigten, worunter eine sogar mir sagte, daß Sie weit artiger, liebenswürdiger und gescheuter als ich wären. So gern ich Sie auch habe, mein lieber Varnhagen, so versicherte ich ihr doch: que cela pouvait être très-vrai, mais que ce n'était pas très-aimable de me le dire.“ Und in einem späteren Briefe, nachdem er mehreres von Mad. Brede gesagt: „Sie ist Ihnen recht hold, eine Ursache mehr für mich sie zu lieben.“ Kann es eine rührendere Feinheit, ein edleres Wohlwollen geben, als in diesen aus aufgeschlossenen Blumenknospen eingehauchten Zärtlichkeiten? — — In diesem Augenblick kommt der Oberst an, gesund und wohl, voll Güte und

Freundlichkeit. Nun, wenn wir marschiren, bleiben Sie mir doch treu? war eine seiner ersten Fragen. Ist denn das so nahe? versetzte ich; er meinte, es stünde ja doch zu erwarten. Was wollen Sie auch sonst, was besseres, thun? fügte er hinzu. Ich bitte Dich, schicke doch zu dem dummen Neumann, daß er mir antworte, wie kann man so nachlässiger Freund sein! Zum Glück gehen die Ereignisse denn doch nur Schritt vor Schritt!

Lebe wohl, lebe wohl, meine geliebte, einzige Rahel! ich blicke mit Besorgniß zu Dir hinüber! Ich liebe Dich innig, für ewig! Dein

Varnhagen.

Da ich diesen Brief schließen will, schreibt mir noch Willisen, dessen Brief mir eben von des Obersten Bedienten übergeben wird, er erfahre, daß unser Regiment nach Siebenbürgen marschire; ist dies wahr, so dürfte doch größere Eile für die Antwort nöthig sein, wenn ich sie noch benutzen soll. Adieu, liebe, liebe Rahel!

N. S. vom Montag: Diese Nachricht soll doch ungegründet sein.

An Rahel.

Prag, Freitag, den 24. April 1812.

Ich schreibe Dir, meine geliebte Rahel, in schneller Eile, und bitte Dich um ein entscheidendes Wort! Du kennst meine Lage, meine Gesinnungen, meine Wünsche; Du siehst was um Dich her vorgeht: mich drängt alles zu einer Entschließung, der Abmarsch zur Armee kann nicht mehr fern sein, ist vielleicht näher, als man vermuthet, jede glaubwürdige Nachricht bestätigt es; mein Oberst bezeigt den heftigsten Wunsch, mich bei sich zu behalten, die Liebe, mit der er es mir erklärt, die Sorge, die er für mich zu tragen vor hat, die Vortheile, die er mir zu bereiten denkt, alles dies hebt er noch durch Hoffnungen anderer Art, die mein kalter geschichtlicher Blick jedoch keineswegs zu fassen vermag. Von G. habe ich noch keine Antwort, und obwohl man mir versichert, sie müsse erfolgen, so setzt man doch hinzu, in so kurzer Zeit könne ich sie nicht urgiren. Dieses sagt mir jemand, der auf's genaueste von allem unterrichtet ist, und Berlin noch nicht lange verlassen hat, ich habe ihm aber versprochen seinen Namen nicht zu nennen. Wie nun? soll ich auf gut Glück nach Berlin kommen? kann ich dies noch in preußischen Verhältnissen, in Deinen Umständen, in den allgemeinen dortigen Zuständen dieses gute Glück aufsuchen und herausfordern? Schreibe mir unverhohlen! Glaubst auch Du in Berlin zu bleiben diesen Sommer, wird nicht bald vielleicht nur in Breslau etwas zu sollizitiren sein? Ist es räthlich, daß ich komme? Ich sehe nur was ich verlasse, für das, was mich dort erwartet, leihe mir Deine Augen! Jetzt gilt es endlich einen Entschluß, und wunderbar! ich darf an das denken, was ohne einen besonderen Glückszufall dennoch aus meinen Gedanken hätte verbannt sein müssen! Der Oberst hat mir für meinen „Britannicus" dreißig Dukaten mitgebracht; ich habe also den Lohn für jene angestrengten Wintertage, da ich mich durch die gewaltsame Hoffnung eines kleinen Gewinnst mißtrauend zu der damals unseligen Arbeit zwang! Wegen hiesiger Ausgaben, rechne ich, daß ich zwanzig Dukaten habe. Ich kann also kommen. Was noch mehr ist, ich kann mit Nostitz, wenn nicht schwer zu berechnende Hindernisse eintreten, am Ende Mai oder Anfang Juni die ganze Reise umsonst machen, und hätte daher für den Anfang auch etwas zu leben. Jetzt entscheide Du, meine Rahel! wenn ich zaudere, so ist es, weil ich nicht Dir zur Last fallen mag, und mir nicht einen entsetzlichen Streit mit dem Lebensunterhalte bereiten will. Stünde die Frage nur nicht auch was Dich betrifft so schwankend: ein seltsam gemischtes Kriegsleben, oder eine Anstellung, die wahrscheinlich vergönnt in Rahel's Nähe zu leben! Antworte nur schnell! Ueberlegt hast Du gewiß gleich, und frage, da es hier Politisches zu erwägen giebt, wenn Du selber unsicher sein solltest, auch etwa Marwitz! Lebe wohl, meine geliebte, einzige Rahel! Du Theure, die mir über alles lieb und werth ist, und bei der ich nur darum bisher nicht ganz glücklich war, weil ich nicht im Stande war, Dein Glück zu machen! Soll ich in's Feld ziehen, weil es etwa für mich dort in Berlin nur verschlossene Stellen giebt, soll ich auf's neue den Unmuth des zersplitterten Lebens in die großartige Bewegung der Welt stürzen, und im Gewühl die Freigebigkeit einer entscheidenderen Fortuna versuchen: so schicke ich Dir auf der Stelle das Geld, das auch später das

Pfand unserer Vereinigung bliebe, und Dir vielleicht indessen diente. Es ist unser Geld. Leb wohl, leb wohl! antworte bald Deinem

Varnhagen.

Freitag Abends gegen Mitternacht.

Möge Dein Brief noch zu rechter Zeit eintreffen!

An Varnhagen in Prag.

Donnerstag, den 30. April 1812.

Du wälzest alle Deine Zweifel mir zu, mein Freund; anstatt mich zu beklagen, danke ich Dir; und werde antworten, wie ich mir selbst in der inwendigen Seele antworte. Montag bekam ich schon einen Brief von Dir, und ehe ich ihn beantworten konnte, kommt heute Dein zweiter. Harscher versprach mir Montag und Dienstag, Neumann zu schicken, und hat es nicht gethan. Was soll er auch, da Dir ja schon ein Anderer gesagt hat, was Du von Graf Goltz zu erwarten hast. Auch Marwitz ist nicht hier, und keine Zeit übrig, nach Potsdam zu schicken. Alles Berathen ist überflüssig, da niemand mehr weiß, als ich; d. h. gar nichts: und der letzte Beschluß von dem Menschen, der wählen soll, selbst hergenommen werden muß. Mich dünkt, wenn Du Empfehlungen, Zugang zum Kanzler Hardenberg hast, daß diese Zeit gut ist, wie eine andere. Denn regiert muß werden, es sei nun von welchem Punkte her es wolle; und die, welche einmal in den Arbeiten sind, arbeiten auch weiter mit: und die subalternen, stillen, weit eher, als die supérieurs. Der Polizeipräsident (Justus Gruner) ist hier auch mit einem anderen, Hrn. Lecoq, vertauscht; also wird auch dies Departement ein wenig renovirt werden. Hast Du also keine unwiderstehliche Lust, den Krieg mit zu machen, so komme hier mit Empfehlungen her. Geht unvermuthet die ganze Welt drunter und drüber — was doch nur der Oberst meinen kann, — so kann man immer, ja man wird dann müssen, das Gewehr ergreifen. Ich für mein Theil möchte gerne von hier weg, kann aber nicht: weil ich kein Geld habe. Sonst flöh' ich den Krieg; und die elende Gegend. Unterstützen, mein Lieber, kann ich Dich mit keinen pekuniairen Kräften; höchstens, Dir Deine Ausgaben in meiner Wirthschaft auf's ökonomischeste einrichten und abmachen helfen. Ich kann Dir keine Wohnung, wegen der Einquartierung, anbieten; Du sollst alle meine Rechnungsbücher in jedem Detail sehen, und urtheilen, ob mir Kleidergeld, bei der strengsten Oekonomie, übrig bleibt. Mir wär's sehr angenehm, jetzt einen Freund wie Du hier zu haben: danach aber mußt Du Dich gar nicht richten. Wenn alle meine Phrasen heute trocken und hart klingen, wundere Dich nicht; ich kann beinah nicht schreiben: ich habe etwas Fieber von Zahnschmerzenanfällen, die ich seit vorgestern zu erdulden habe; wogegen ich Rauch- und Schnupftaback, Senf, Meerrettig, Kampher, und die ganze Hölle angewandt habe; diese aber, und die Schmerzen, die ich gar nicht mehr ertragen kann, geben mir Fieberbewegung; und Echauffement macht mir Anfälle. Also kurz alles. Frau von Schlegel ihr Brief war mir nur insofern lieb, als es mir merkwürdig ist, sie so stehengeblieben gefunden zu haben. Dieselbe hüpfend-frohe Laune! — umzäunt gegen Fremdes, Neues: glückliche Anbetung für Friedrich! Es ist Liebe, daß Du von mir sprichst: und ich sollte danken, wie es mein Herz thut; aber thue mir den Gefallen, sprich nicht von mir! Sie können den Teufel wissen, wie es mit mir, meinem Urtheil, meiner Strenge, meiner Unwissenheit, und meinem Geruch für Wahrheit und Strenge steht. Laß mich bei ihnen ruhen. Da ich nichts in der Natur vorstellen will. Und nichts vorstellen kann. Ich habe ja Friedrichs Vorlesungen, wie ich mich erinnere, gar nicht gelesen.

Heute habe ich einen sehr schönen Brief von Frau von Fouqué mit Deinem zugleich erhalten. Deine dreißig Dukaten freuen mich. Frau von Schlegel's Brief, da er ganz unwichtig ist, leg' ich wegen des Postgeldes nicht wieder mit ein. Ich kann es nicht erschwingen.

Ich bekomme Schmerzen; lebe wohl! Ich habe keine Freude, kein Vergnügen, keine Zerstreuung, keine Luft, keinen Frühling, keinen Spazirgang, keinen Aufenthalt, nichts! Graf Bentheim zu verlassen, mitten in seiner Güte, find' ich hart. Doch muß Hartes verübt werden; mir geschieht genug. Und Allen! Faites lui mille tendres compliments de ma part. Ich möchte ihn blühen, wachsen und herrlich leben sehen. Ich lieb' ihn wirklich sehr. Lebe wohl! Ich weiß weiter nichts zu schreiben: und weiß nicht, welchem Muth Du folgen wirst? —

dem, zu bleiben, und Dich treiben zu lassen im Schiffe, wo Du bist; oder dem neuen Stoßweg nach, und in unserem Lande zu wählen, wo auch Chancen sind! Adieu. R. R. Ich habe Deinen Brief noch einmal gelesen. Mein Brief ist so gut als keiner, nämlich kein Rath. Wo soll ich ihn auch hernehmen! Aus der Börse kann ich nicht; wie es mit der Welt wird, weiß ich nicht. Ich wiederhole, was ich oben sagte und sah.

An Rahel.

Prag, Freitag, den 22. Mai 1812.

Geliebte, theure Rahel! Gestern kam unvermuthet Nostitz um 14 Tage früher, als er gesagt hatte, von Wien hier an, und ließ mich fragen, ob ich auf den Abend mit ihm abreisen würde. Ohne meinen Urlaub, ohne Paß, ohne die mir versprochenen Empfehlungen, ohne irgend eine Vorbereitung, im plötzlichen Abbrechen von allen laufenden Geschäften, alles, selbst den Abschied von meinem verehrten Obersten unvollendet übereilend, wollte ich dennoch die Gelegenheit nicht ungenützt vorbeigehen lassen, schon vertrauend auf meine unermüdliche Feder, die schon alles wieder in Ordnung würde bringen müssen. Der Oberst erschrak; dies Weggehen zum vielleicht Nimmerwiedersehen, schien eine verletzende Härte gegen ihn, aber sogleich eilte er, mit tausend Unannehmlichkeiten grade überhäuft, dennoch zum Kommandirenden, um mir die Erlaubniß wegzugehen zu verschaffen. Diese liebe, gütige Verwendung zerschnitt mir das Herz, aber ich dachte an Deine Worte: „auch muß Hartes geschehen". Als er aber zurückkam, und er mir mit wahrem Leidwesen sagte, er habe den Kommandirenden nicht bewegen können, da blieb mir inmitten des Verdrusses mich noch länger von Dir entfernt gehalten zu sehen, der Trost, wenigstens dieses liebe Verhältniß freundlicher abbrechen zu können. Von Nostitz war es etwas unbedacht, mir ungeachtet seines Versprechens keine Nachricht vorauszusenden. Jetzt war es unmöglich mitzureisen. Nostitz glaubt, der Hofkriegsrath werde mir den Urlaub abschlagen, ihm sei es unglaublich schwer geworden, den seinigen zu erhalten: allein meine Unbedeutendheit gereicht mir hier vielleicht zu einer Begünstigung, die er entbehren muß, und schlägt man mir ihn dennoch ab, so fordere ich den Abschied, den man mir nicht verweigern kann, und nur die Langsamkeit unseres Dienstweges wäre im Fall eines Marsches peinlich. Nostitz wird mir in Potsdam oder Berlin gut vorarbeiten bei dem Fürsten Wittgenstein, und da er meinen Angelegenheiten den aufrichtigsten Eifer und die bemühteste Thätigkeit widmet, so kann ich von seiner Klugheit recht viel erwarten. Ich habe auch an Humboldt und seine Frau geschrieben, treffen deren Empfehlungsbriefe, wie ich hoffe, mit denen, die ich hier an den Staatskanzler bekomme, günstig zusammen, so bedarf es nur noch einer guten Gelegenheit, um die Reise wirklich mit den besten Hoffnungen anzutreten; findet sich keine, die bequem und umsonst ist, so muß ich freilich auch mit einer unbequemen und kostspieligen vorlieb nehmen. So stehen meine Sachen, geliebteste Rahel, und der Himmel lasse sie nur nicht schlechter werden! Ob ich in vierzehn Tagen, in drei Wochen, in einem Monate, die Reise antrete, ist freilich ungewiß, aber ganz gewiß, daß ich komme. Will es das Glück, so erhalte ich wohl noch gar einige Friedrichsd'or bis dahin von Cotta. Ueber Neumann bin ich mit Recht sehr aufgebracht, es ist gar nicht zu nennen, wie schlecht es von ihm war, mir über alle jene Sachen nicht zu antworten.

Gentz hat sich wieder ganz aus den Gesellschaften, wo seine Rolle immer lächerlicher zu werden begann, zurückgezogen, und lebt in ministeriellem und litterarischem Fleiße, er soll neuerdings etwas Erstaunenswerthes geschrieben haben. Goethe soll nach Wien berufen werden, um die Leitung der dortigen Bühnen zu übernehmen; man sagt er wünsche es, und sei sehr eifrig dazu, allein ungeachtet der Vorliebe der Kaiserin würde er gegen die Dummheit des geistscheuen Publikums und den schon im voraus laut gewordenen Haß vieler Schauspieler nicht aufkommen. Man tadelt ihn ungemein wegen eines äußerst demüthig abgefaßten Briefes an Metternich, dem er für seine Ernennung zum Mitgliede der Wiener Akademie dankte, man findet es kriechend; die Leute bedenken nicht, daß niemand weniger die hergebrachten Formen verletzt als Goethe, und in der Zuschrift an seine geliebteste Gönnerin nur die Fürstin erscheinen läßt, und sich als ihren allerunterthänigsten unterschreibt!

Nun noch zwei Worte über Brentano. Ich habe ihm vor vier Wochen zwei gewaltige Ohrfeigen beigebracht. „Sie werden gewiß mein bester Freund", rief er mit geschwollenem Ge=

sicht und wollte mich umarmen, „mein Freund Görres hat mir grade so wie Sie in's Gesicht geschlagen.“ Er betrug sich elendiglich, die Ohrfeigen hätte er aber nicht geachtet, wenn ich ihm nicht zugleich sein handschriftliches Trauerspiel „Aloys und Imelde“ konfiszirt, und als Pfand seiner guten Aufführung zurückbehalten hätte, darüber brach er in den lächerlichsten Jammer aus. Nach einem Jahre kriegt er's wieder, und er fürchtet nur, so gesteht er mir, daß ich in der Zeit todtgeschossen werden könnte. Seine Niederträchtigkeit sah er ein, und weinte. Er ahndet nicht, daß Du auf ihn erzürnt warst, es ist lediglich meine Sache. Da ich ihm rieth, er möchte Prag verlassen, so ist er schleunigst abgereist, damit ihn nicht noch Andere prügeln, die solchen Vorsatz geäußert haben. Alle Welt in Wien und Prag ruft Beifall über die Züchtigung.

Ich werde gedrängt von dem Boten, der auf die Post geht. Leb wohl! Mein Oberst ist für zwei Tage auf's Land gegangen, er hat Dich sehr lieb. Leb wohl, geliebte, theure Rahel, und sei versichert, daß unaufhörlich Du mein liebster Gedanke bist, mein höchster Schatz auf Erden! Ewig Dein

Varnhagen.

Jahrestag der Aspern=Schlacht.

An Varnhagen in Prag.

Freitag, den 28. Mai 1812. Vormittag.

Ich will es nicht machen wie Du, und lieber gleich antworten. Gestern Abend erhielt ich Deinen Brief vom 22. Mai. Marwitz sagte mir schon neulich, er würde ohne Umstände den Abschied in Deiner Stelle fordern; wer den Krieg habe mitmachen wollen, das wisse man schon; und es ist dann noch immer Zeit, zu zeigen daß man tapfer ist, wenn einem Einer etwas in's Gesichte sagt. Ich denke noch überdem, wer nur Dienste genommen hat, um den Krieg mitzumachen, der hat ein doppeltes Recht. Fordere also; und wenn Du kommst, schicke gleich wo möglich Dein Bette voraus; darin ist hier jetzt ein jeder knapp, geliehene theuer, und wegen Krankheiten u. dgl. gefährlich. Eine Gelegenheit, von Prag nach Dresden zu kommen, wirst Du auch gleich haben, oder noch zehn andere.

Mad. Pedrillo geb. Eigensatz ist hier, und erwartet jeden Tag oder Woche ihre Mutter und Schwester — mit dem Namen Eigensatz — aus Wien; da erkundige Dich am Thor in Prag nach ihnen, und reise wo möglich mit ihnen. Die Hofräthin Becker mit ihren Töchtern reist dies Jahr wieder nach Teplitz, und läßt sich einen Dresdener Wagen kommen: zu der will ich diesen Morgen gehen, und ihr den Namen des Kutschers abfragen, mit diesem kannst Du dann auch um ein Wohlfeiles hierher kommen; und von Prag nach Dresden muß es ja Gelegenheiten geben. Geh in Dresden zu Mad. Fischer: und sage ihr tausend Schönes von mir; daß nur meine knappen Umstände mich abhielten, sonst sollte mich nichts abhalten, mit ihr an der Brücke leben zu kommen. Ich schätze, und liebe sie sehr: und in dessen Haus ich leben möchte und kann, der muß schon einen sehr ächten Punkt in sich haben, und hundert äußere gute Eigenschaften. Sage aber Becker's nichts von ihrer Existenz, und Mad. Fischer nichts von diesem Verbot: denn jene wollten die Adresse ihres Hauses, und eine Empfehlung an sie haben. Ich aber will nicht: ich will diese Ressource für mich behalten, und werde ihnen weiß machen, Mad. Fischer sei von Dresden gezogen, und in dem Hause wohnen andere Leute. Mündlich hierüber Näheres. Wie über mein Leben: genug, daß, so wie ich es jetzt führen muß, es mich stupidirt; welches noch keines vermochte von allen meinen schrecklichen. Gestern in meinem stupidesten, gräßlichsten Tag, kam auch Dein Brief, und belebte mich nicht wenig! Obgleich ich für uns Beide ganz was anders möchte! so wollen wir doch allen unsern Verstand zusammennehmen, und sehen, ob wir nicht etwas herausspinnen und bilden können. Genug, wir werden doch zusammen, und Zwei sein! Wenn Du vor Johannis kämest, so könnte es mir sehr dienen, wegen allerlei häuslich zu nehmenden Maßreglen; hauptsächlich des Quartiers wegen. Spare nur recht! Ich muß mir ja auch alles versagen, ohne etwas zurücklegen zu können: ich sage Dir dies nur, um Dich zu einem gleichen Benehmen zu enkouragiren: laß uns auf eine Zeit dies ausstehen: es muß ja anders werden; und wird es mit Klugheit und Geduld, und Benehmen!

Was mich recht kränkt, und am Herzen faßt, ist, daß Du den Obersten verlassen mußt. Wäre er doch ein großer Herr, wie sein Vater, oder größer; was gewiß jetzt von meinen Plänen und Wünschen ganz abgeht, ich könnte Dich mit Vergnügen bei ihm angestellt, als was es sei, ohne Titel oder Rang, wissen, und auch da leben. Jemehr ich ihn mir überlege, und erinnere, jemehr lieb' ich ihn. Unendlich, unaussprechlich wenig solche Menschen giebt es; wie Feuer unter einem Eisberg hat sich sein schönes Herz seinen sonst so kalten Verhältnissen versteckt und erhalten. Wär' er ein Fürst! Ich liebe wenig Menschen von Natur so. Seine Fehler sind keine.

Meine weissagende Seele sagte mir wohl, als ich immer keinen Brief und keinen Brief von Dir erhielt, Hr. von Nostitz würde nach Dresden geeilt sein, zu all den Fürsten und Herren: ich glaubte aber, Du seist mit, und könntest auch jeden Augenblick in meine Thüre kommen: nun war es doch so, nur Nostitz allein. Schreibe mir gleich Antwort. Goethe'ns Expatriation glaub' ich nicht; er wird doch die alten fürstlichen Freunde, sein eigen gebildetes Weimar nicht verlassen! Soll denn kein Atom bei dem anderen, kein Stern neben dem anderen bleiben? Ist Generalprobe vom jüngsten Tag? Da könnt' ich ja auch Glück haben, und von meiner Scholle kommen! — Sollen uns Götter besuchen? oder soll die Erde in ihrem eigenen Schutt untergehen? und zu einem jungen Lustgarten für Andere sich gebären? — Wie wenig sind wir, wenn man an Erde denkt, und wie groß fühlen wir uns in unserm Bewußtsein! — Das ist eine Demuthsschule! das ist ausgemacht.

Von der Sache von Clemens mündlich: es ist mir schrecklich leid. — Wilhelm Humboldt schreibt gewiß abrathend, der ---, wenn der nicht schadet, ist's viel. Nun geh' ich zu Becker's. Ich komme von Becker's. Der Fuhrmann heißt Hornemann, wohnt in der Töpfergasse; und hat ihnen versprochen, den 9. Juni hier zu sein; alles, worum mich Becker's baten, ist das, ihren Fuhrmann nicht aufzuhalten; welches ich ihnen heilig versprochen habe. Du müßtest also, um mit dem zu kommen, den 5. in Dresden sein; welches ich nicht glaube. Abtreten kannst Du in jedem Fall bei mir. Adieu! Viel Glück!

R. R.

Ich sage niemanden, daß Du kommst. Becker's auch nicht. Wir wollen alles klug machen. Gott befohlen! Seit langer, langer Zeit habe ich heute Morgen einen guten Moment gehabt; die katholische Kirche war offen, ich ging hinein, sie war grün geschmückt, und es war Musik drin, die sehr gut klang.

Bettler und Soldaten: ich traute mich nicht, mit zu knien, aber darum mußte ich weinen. Ich will nun immer hinein gehen. Die Soldaten waren lauter Würzburger. Adieu! Komm bald.

Ich soll Goethe also nicht sehen!

An Rahel.

Prag, Sonnabend, den 6. Juni 1812.
Samstags Abends.

Vorgestern erhielt ich Deinen lieben Brief, theure Rahel! Du schärfst mir ein, gleich zu antworten, und doch habe ich den heutigen Posttag versäumen müssen, ich schreibe nach Abgang der Post! Mit Deinem nur flüchtig überlesenen Brief in der Tasche fuhr ich in den Baumgarten, einen herrlichen Lustort am Ufer der Moldau mit den reizendsten Landschaften, wo ich den Oberst finden sollte. Nach einer Weile traf ich ihn mit Metternich's, dem Grafen Otto und einigen Anderen; wir gingen spazieren. Ich wurde entsetzlich verstimmt durch allerlei sich aufdrängende Gedanken, ungeachtet ich an der Gesellschaft auf meine Weise Theil nahm, und als ich endlich nach Hause ging, um Dir dennoch zu schreiben, konnte ich es durchaus nicht, ging noch Abends spät wieder auf die Straße, holte meinen Obersten aus angenehmer Gesellschaft ab, wo ich meist der Dritte bin, und theilte doch mehr von meiner bösen Laune mit, als ich von der vielleicht guten der Anderen empfing. Gestern war aber alles in der größten Bewegung; schon morgens marschirten wir in größter Parade auf den Hradschin, um die französische Kaiserin zu empfangen; sie kam erst nach sieben Uhr Abends an, wir hatten den Staub und die Hitze alle diese Stunden ununterbrochen stehend und erwartend wirklich ausgestanden: der Einzug war prächtig; die wenigen Franzosen, die mitkamen, Hofleute und Jäger zu Pferde, nahmen sich seltsam unter dem mit der Ehrfurcht alterthümlicher Größe ausgestatteten österreichischen Gefolge aus. Unsere Kaiserin, ein scharfes, kluges Gesicht, grüßte sehr liebreich zu beiden Seiten, ihre ganze Haltung war offen und beweglich, die französische Kaiserin saß eingehüllt, streng und steif in ihren Goldstoffen, der Kaiser Franz auf dem Rücksitze schmunzelte freundlich; das Ganze hatte etwas ungemein Rührendes. Nach acht Uhr kamen wir erschöpft vom Schlosse herunter.

Heute Abend wird die Stadt auf's prächtigste erleuchtet, kein mir bekannter Ort kann sich besser zum Erleuchten eignen als Prag mit seiner ungeheuren Ausdehnung, mit seinen Bergen und seiner Brücke. Ich benutze die Ruhe dieses Vormittags, um Dir ausführlich zu schreiben, und den Brief fertig zu haben für den nächsten Posttag. Da steh' ich nun mit einmal träumend still! Senke ich meine Gedanken in die tiefste Besinnung, um zu fassen, was für Dich der beseelteste Eifer dort unten von so vielen Tagen zurückgelegt hat, die mit ihrem Ungewitter und Sonnenschein mir ohne Dich vergangen sind, so seh' ich wohl, wie es mir gelingt, den innerlichen Schatz zu vermehren, aber nicht ihn zu heben! Ich kann es nicht sagen, wie mir ist; und nun soll ich mich begnügen mit kleinen Aeußerlichkeiten, die doch verabredet sein wollen, dieses Blatt zu erfüllen! Wie das wechselnde Spiel der Wellen fluthet Dein Andenken in mir, und hebt ordnungslos bald diese, bald jene Bildung der reichen Wasserwelt in meinem Gemüth empor. Recht unglücklich bin ich, wenn Aeußerungen der Unzufriedenheit, Bilder des Gestörtseins, Fäden des Mißverstehens mir unwillkommen vor den Augen verweilen, und nichts kann überhaupt niederschlagender auf alle meine Seelenkräfte wirken, als solche Erinnerung; aber wie aufgeweckt, innig und lächelnd erblick' ich dann auch wieder andere Bilder sich heraufdrängen, die einen günstigen Ausdruck, eine freundliche Regung, ein kräftiges Bewegen von Dir enthalten. Ich kann Dir nicht sagen, wie zärtlich meine Zuneigung zu Dir während mehrerer Tage sich in das Andenken der einzigen Aeußerung verlor, die mir, ich weiß nicht wie so, plötzlich einfiel: wir waren in Dux, ich jagte eine Katze, und auf dem Hofgeländer des ersten Stocks war eben ein ganz junges Kätzchen im Begriff meiner Noth durch einen verzweifelten Sprung zu entfliehen, als Du hinter mir die Treppe heraufkamst, das sahst, und aus der Fülle eines besorgten Herzens ehrlich riefst: Varnhagen, das Kind kann ja noch nicht springen! — Du Liebenswürdige! der Ton geht mir noch durch's Herz, wie tausendmal hab' ich Dich seitdem in Gedanken geküßt für dieses Wort! Das Kind kann ja noch nicht springen! ich sehe es noch, das Kätzchen, es war ein weißes. Und so wechselt alles in mir, daß oft jahrelang Vergessenes mit einemmale in allen lebendigen Farben wieder heraufkömmt, wenn der günstige Augenblick erschienen ist. Könnt' ich es nur immer in Worten wenigstens so ausdrücken, wie das Obige; aber wo der Stoff nicht Worte sind, sondern ein abgesonderter Lebensaugenblick, da gelingt selten die Uebersetzung in Worte.

Noch immer bleibt mein Urlaub aus, ich kann daher meine Reise keineswegs bestimmen. Glücklicherweise ist jetzt bei der Anwesenheit der höchsten Herrschaften die Besorgniß verschwunden, daß wir marschiren müßten, und ich kann also ruhig die Entscheidungen abwarten. Was Marwitz wegen des Abschiedes meint ist ganz richtig, ich habe aber Gründe den Urlaub bei weitem vorzuziehen, und denke nur selbst, welchen Unterschied es mir bei Fremden und Freunden macht, bei Höheren und Gleichen, wenn ich meinen Stand und meinen Rock in Berlin noch wirklich vor den Augen geltend machen kann. Denn wenn auch alles dafür spricht, daß ich den Abschied mit dem beibehaltenen Offizierskarakter erhalten werde, so könnte mir letzteres doch auch aus Laune oder leisem Unwillen des Hofkriegsraths abgeschlagen werden. Ueberhaupt habe ich mir meine Verhältnisse wohl überlegt, und hoffe das Beste. Manches kömmt übrigens mit in Rechnung, was sich besser erzählen, als schreiben läßt. Inzwischen langt auch Willisen aus Wien hier an, wird bei mir wohnen, und dann die Reise mit mir gemeinschaftlich machen; sein Geld ist angekommen, und obgleich er ganz anderes vorhat als ich, so findet auch er, der überall wenigstens geborgen ist, sehr bequem, eine Zuflucht in seinen gegenwärtigen Verhältnissen offen zu behalten. Für eine bequeme und wohlfeile Reise wird sich auch schon Rath finden lassen.

Humboldt hat mir ungemein höflich geantwortet, aber wie Du richtig vorausgesehen hast, abrathend, wenigstens von dem Fache der auswärtigen Angelegenheiten, jedoch wohlmeinend, und mit einem Empfehlungsschreiben an den Staatskanzler. Auch seine Frau, die mir auf eine Art geschrieben hat, die ich nicht benennen kann, die aber ein Wunder ist von Bildung und Neigung, räth mir ab, selbst dann räth sie mir ab, wenn sie die angedeutete Möglichkeit, mich in ihrer Nähe zu sehen, bedenkt. „Ich muß Sie und Ihr Wohl sehr im Herzen hegen, mein theurer V. um mich durch diesen Gedanken nicht bestechen zu lassen.“ Dich läßt sie bestens grüßen. Auch den verlangten Paß hat mir Humboldt gesandt. Andere Empfehlungen an den Staatskanzler kann ich täglich bekommen; was Nostitz mit dem Fürsten Wittgenstein meinetwegen besprochen, werde ich ja bald durch ersteren selbst erfahren. Die Leute sehen weder meine Lage, noch mein Wollen; ihre Meinung kann mich nicht irre machen, ich bin darauf nur achtsam, sofern sie Dinge betrifft, die man äußerlich erfahren kann, z. B. eben jene Abneigung vor dem diplomatischen Fach. Diejenigen, die da meinen, es sei mir um eine ordentliche, haltbare Laufbahn zu thun, urtheilen am unglücklichsten; soll ich je zu etwas kommen, so geschieht es durch Begebenheiten, nicht durch eine Laufbahn, und grade mir steht der Wechsel zu; der Augenblick gebietet mir, und eine Stelle suche ich vielleicht am meisten darum, um für die Füße einen Punkt zum Springen zu haben. Die ungeheuren Möglichkeiten, die eröffnet sind, halten mich wach, und das Wünschenswerthe, wenn es einen sichtbaren Anfang darbietet, soll meine thätige Theilnahme nicht vermissen. Doch bin ich mehr als je besonnen in allen Dingen, die das öffentliche Leben angehen, und hege Einsichten, die vielen meiner Freunde nicht gefallen. Der neue Krieg, dessen Andeutung vor dritthalb Jahren Du als einen deutschen Traum verwarfst, ist nun vor der Thüre; nur desto fürchterlicher wird er hereinbrechen, weil er so lange gezögert; aber auch in vielen, vielen kleineren Zweigen der Staatsereignisse hat sich mein weissagendes Urtheil wunderbar bewährt, und das in Sachen, wo Staatsmänner wie Gentz und Stein irrig das Gegentheil behaupteten. Nachdem ich vielleicht durch diese Erwähnung den folgenden Worten einiges Ansehen bei Dir gegeben, will ich denn nochmals sagen, daß ich von dem Kriege, der entstehen soll, für keinen Theil etwas erwarte, daß Napoleon ihn glücklich enden, aber durch mancherlei Wechsel gestört sein wird. Die Aufgabe, der französischen Macht Schranken zu stellen, geht von den Russen ungelöst zu anderen Händen über, an die jetzt niemand denkt, außer hin und wieder ein einsamer Mensch. Aber bunt wird es hergehen, fast niemand wird verstehen, was er thut, es ist ein nächtlicher Tumult, dreinschlagen ist nöthig, um nicht gar zertrümmert zu werden. Und leicht wird es keinem werden! Sei nicht böse, daß ich Dir dergleichen schreibe! welcher Mann, der etwa diesen Brief aufbrechen und lesen muß, könnte Anstoß nehmen an diesen ruhigen Einsichten, die der französische Kaiser selbst gelassen anhören könnte? Uebrigens glaube ich nicht, daß diese Briefe gelesen werden, wenigstens nicht zu Ende. — Wir haben die

Grotthusen einen Tag hier gehabt, und ich habe sie besucht; sie schwelgte in Schmeicheleien, die sie sich vorsagte, sie schwamm behaglich in ihrer eigenen Sauce. Du habest ihr so sonderbare Sachen geschrieben, sagte sie, Ausdrücke, die sie ängstlich verwirrt hätten, sie wolle Dich bitten, ihr das zu erklären. Pfuel ist hier, und speist beinahe täglich mit uns; ich spreche ihn oft, und hege ihn wenn er abwesend ist mit einer Art Zuneigung, tritt er dann in's Zimmer, so ist's vorbei, er hat immer zu überlegen, zu berechnen, nach Einsicht zu streben, darüber kömmt weder sein Geist noch sein Gemüth in angenehme menschliche Berührung. Nostitz sagte einmal, es läge ein eigner trauriger Schleier über Pfuel, den er außerordentlich verehrt. Ich kann einmal nicht an ihn heran, und auch das Fechten und Schwimmen würde nur unser Thun und nicht unseren Sinn vereinen. Sehr merkwürdig ist mir, daß die Frau von Pereira in Wien dem Pfuel so gut gefallen hat. Die Ephraim soll noch bis zum Winter in Wien bleiben, was Mariane dabei thun soll, weiß sie noch nicht. Mir graut jetzt vor dem Namen Teplitz; Becker's und Pflugk's und die Truchseß, das sind die Leute vom vorigen Jahre, dazu die Frohberg und de Ligne; die lieben Leute aus Sachsen, die schöne Polin Koscielska, die Bentheim's, Goltzens u. a. der Art, selbst der Herzog von Weimar werden wohl schwerlich hinkommen. Goethe ist in Karlsbad. Ich möcht' ihn doch für mein Leben gern sehen; vielleicht lockt ihn die Anwesenheit seiner kaiserlichen Gönnerin hieher. Daß er nach Wien gehe, glaube ich selbst nicht, außer etwa zu einem Besuche, der ihm zu gönnen ist.

Ueber Bentheim schreibst Du sehr schön und wahr; wie viele liebe Züge ich von ihm erlebe! Ich machte unter anderen hier einer Schauspielerin, Mad. Löwe, etwas die Kour, und er gefiel dieser, da wußt' er Wendungen zu finden, um seine Vortheile für mich gelten zu machen, er verlieh mir so zu sagen seinen Grafenstand, weil die ziemlich eitle Frau in ihm auch diesen ansah. Auch sonst, bei unserer liebenswürdigen Freundin, Mad. Brede, die mir wirklich von Herzen gut ist, wie ich ihr, weiß er so schön und liebreich in vorübereilenden Vorgängen meinem Inneren wohlzuthun, daß die gewiß feine Frau mit ihrem auch gütigen Benehmen mir ein paarmal ordentlich plump vorkam. O ließe sich ein Mittel erdenken für diesen liebenswürdigen, trefflichen Mann! Aber die Welt, der er nicht angehört, richtet ihn zu Grunde, die Vornehmheit und Reichheit seines Lebens! Mir zerschneidet es das Herz, dies mit anzusehen, aber zu ändern ist es nicht.

Bewahrt ihn das Glück, so hoff' ich doch ihn noch wiederzusehen, verlieren kann ich ihn nicht, und wenn er mich brauchte, wäre ich immer wieder sein, besonders in Kriegsdiensten, wenn der Himmel herbeiführte, daß wir so dienten, wie wir wünschten. Sein jüngerer Bruder Eugen ist jetzt auch hier, ein guter Junge, wie Du weißt, aber seine leichtsinnige Kinderei macht mir viel zu schaffen.

Nachdem ich wieder gelesen, was ich der Gräfin Pachta über Dich geschrieben habe, bin ich mehr und mehr von ihr und von Meinert abgefallen, denn wenn ich ihnen die erste Verblendung verzeihen kann, so kann ich ihnen doch nicht verzeihen die aufgedrungene Wahrheit entweder nicht eingesehen, oder die Einsicht gegen mich nicht lebhaft ausgesprochen zu haben. Ich hatte mir freundlich Mühe mit ihnen gegeben. Jetzt habe ich sie in langer Zeit nicht gesehen; als ich sie das letztemal auch nach einem langen Zwischenraum sah, gefielen sie mir doch, auch besonders die Gräfin, die mein langes Wegbleiben glücklich entschuldigte, und Meinert's Fleiß und tägliche Betriebsamkeit waren mir gleichfalls erfreulich; allein wer kann sich mit allen guten Leuten abgeben? wenn man mit ihnen nichts Näheres hat? Ueberhaupt lob' ich mir eine zugweise Bekanntschaft, einen beschränkten, aber wechselnden Umgang. Die Innigsten behaupten sich ohnehin während alles Wechsels.

— — Jetzt eben (um 6 Uhr Nachmittags) tobt das schönste Gewitter mit hellen Blitzen aus verdunkelndem Regen; was wird aus der Beleuchtung werden? Ich fürchte mich ein wenig vor den rasenden Donnerschlägen, und schreibe an diesem Briefe fort, damit wenn ich erschlagen würde, mein letztes Thun wie mein letzter Hauch Dir, geliebteste Rahel, gewidmet gewesen sei! Es scheint aber für diesmal nicht so schlimm, der Donner ermattet, die Blitze werden kürzer und der Regen strömt schon weniger reichlich. Der Gedanke des Erschlagenwerdens, den ich mit ungläubigem Lächeln faßte, kam wohl, weil ich eben, als ein großer Blitz mir über das Blatt fuhr, in der frisch angekommenen Zeitung blätternd ein in Linz geschehenes Unglück las. — — —

Aus der Beleuchtung wurde für diesmal nichts. — Apropos! Du schreibst mir neulich, ich könne nicht bei Dir wohnen, ich dachte also vorerst bei Neumann unterzukommen; mir ist alles recht, wie Deine Einrichtung oder der Zufall es mich wird treffen lassen. Könnte ich nur erst bestimmen, welchen Tag, welche Woche ich reise! Mein Urlaub bleibt noch immer aus.

Lebe indeß wohl, meine geliebte, theure Rahel! Ich umarme Dich mit aller Innigkeit! Ewig Dein treuer

Varnhagen.

An Rahel.

Prag, Donnerstag, den 2. Juli 1812.

Seit mehr als vier Wochen habe ich von Dir, meine geliebte Rahel, keinen Brief bekommen, über drei Wochen sind auch wieder seit meinem letzten an Dich verflossen; beides erregt mich mit ungeduldiger Sorge. Diesen hier schreibe ich nachdem eben Beethoven und Willisen angekommen sind, eine Stunde vor der Abreise der Mlle. Maaß, die ihn mitnimmt. Ich hatte diese nie gesehen, auch auf der Bühne nie, urtheile, wie hingerissen, wie verloren ich war in dem zauberischen Anblick dieser Wundergaben, die wir hier leider nur in vier Rollen gesehen haben. Ich erinnere mich keines Eindrucks von der Bühne, der mich so beglückt hätte. Sie faßt richtig und entschieden mit scharfem Urtheil, sie stattet das Einfache mit Ueberschwänglichkeit aus, dabei ist sie nicht üppig, sondern streng, ja fast bis zur Härte streng. Ihre Bewegung ist ein glücklicher Uebergang von Stellungen, die letzteren giebt sie vorzüglich schön, wo sie entscheidend sind. Sie hat einen zerreißenden Ausdruck des Schmerzes, in ihrer Stimme zittern die Saiten ringender Wehmuth, ja sie weiß selbst das elende Volk gemeingedichteter Gefühle in ein schöneres Land, wo die Götter näher sind, aus seiner niedrigen Heimath hinüberzusiedeln. Warum hast Du mir, liebe Rahel, von diesen glücklichen Erscheinungen nie gesprochen? Daß sie Dir auch glücklich scheinen, weiß ich doch; Du schriebst es, nur gar kurz, von der Prinzessin im

„Tasso"; sie sagt es mir selbst, Du wärest für sie gesinnt, sie rühmte Dich, und lobte Dich gegen Mad. Brede, noch ehe sie wußte, daß jemand hier ist, dem das das Liebste ist zu hören. Wie ihr Wesen mich an Goethe dringend mahnt in der Kunst, so erinnert mich auch vieles lebhaft darin an Dich, geliebte Rahel! Oder hat sie nicht etwa in ihren herrlichen Sprüchen solche Feuerflocken staunenswürdiger Wahrheit und höchster Schönheit, wie sie in Deiner Brust flammen? O gewiß! In „Kabale und Liebe" sagte sie: „O Himmel! strafe doch den Menschen menschlich, wenn sie Dich reizen!" wer hätte hier das „wenn" mit unnachahmlicher Schönheit betont? sie that's, und mir war das solch eine Feuerflocke, dazu kamen hundert andere Stellen in der „Jungfrau von Orleans". Ungeachtet alles dessen, hatte sie hier viel gegen sich, Dummheit, Bosheit und andere Gewöhnung; ich kann wohl sagen, daß ich und meine Bekannte Schuld waren, daß sie gleichwohl den entschiedensten Triumph aufzeigen konnte, wir riefen sie jedesmal mit Begeisterung hervor. Ich habe eine wahre Ehrfurcht vor ihr, und drückte sie ihr lebhaft aus. Außerhalb der Bühne erschien sie mir in einem abgeschlossenen, genügsamen und genügenden Betragen, das mir sehr wohl gefiel; ein gewisses Befriedigtsein, das an Kälte gränzt, hindert sie nicht an munterer Fröhlichkeit; ich konnte keine Ansprüche in ihr entdecken, kein Trachten nach kleinen, geselligen Dingen, und ich sah sie in großer und verschiedener Gesellschaft, zum Theil mit Bentheim, dann auch wieder bei ihr allein. Welches auch die Ursachen dieser ergebenen, beruhigten Erscheinung sein mögen, sie macht eine angenehme Wirkung. Sie lud mich gütig ein, sie in Berlin zu besuchen, worauf ich mich recht freue.

Nun von mir, liebe Rahel! Du wirst nicht begreifen, wie ich so lange wegbleibe, besonders wenn ich Dir sage, daß ich schon Paß und Urlaub seit einiger Zeit habe, und dann auch Willisen heute angekommen ist. Ich bleibe aber wohl noch vierzehn Tage hier, während welcher Zeit Willisen meines Obersten Gast ist. Ob ich nicht den Umweg über Karlsbad, vielleicht mit meinem Obersten, mache, um Goethe zu sehen, ist auch zweifelhaft. Wie leid es mir thut, Dich so lange noch nicht zu sehen, brauch' ich Dir nicht zu sagen, Du freust Dich aber gewiß der Früchte, die mein längerer Aufenthalt getragen. Neue und befestigte Bekanntschaften mit wirkenden Männern, Anknüpfungen aller Art rechne ich dahin; während der Anwesenheit des Hofs, der erst gestern uns verlassen hat, habe ich nicht nur alle Vortheile meines Standes reichlich genossen, sondern auch persönlich sehr günstige Augenblicke gehabt. Der Graf Metternich hat von meinen Ausschnitten beiden Kaiserinnen gegeben, mich beim Fürsten Lobkowitz dem Großherzog und dem Erzherzog Rudolph vorgestellt, und bei jeder Gelegenheit ausgezeichnet. Eines Morgens sagte er mir: „Von Ihrem Obersten höre ich, daß Sie uns verlassen wollen, das thut mir sehr leid, ich lasse Sie ungern fort, aber eilen Sie nicht, sondern lassen Sie mich erst nachdenken, ob ich nicht einen angemessenen Platz hier für Sie finde, unsere Geldverlegenheit ist Schuld, daß wir viele der schätzenswerthesten und fähigsten Köpfe dem Dienste des Staats entzogen sein lassen müssen; indeß will ich Ihnen an Hardenberg, mit dem ich sehr gut bin, und auch in Geschäften angenehm verbunden bin, die beste Empfehlung geben, ich glaube Ihnen versichern zu können, daß sie nicht ohne Nutzen bleiben wird. Ich schätze Sie ungemein, ich achte Sie von jeher, und auch in der Zukunft können Sie auf mich rechnen.“ Dies alles sagte mir der Minister von freien Stücken, unaufgefordert. Vorgestern bekam ich das Schreiben, und ich gestehe, meine Hoffnungen sind durch diese Empfehlung um vieles höher gestiegen. Unser General Neipperg, Gesandter am Schwedischen Hofe, hat hin und wieder Neigung gezeigt, mich mit nach Stockholm zu nehmen, worauf ich aber nicht einging, vielleicht auch jetzt noch ohne Erfolg eingegangen wäre. Durch Nostitz, dem ich nach Potsdam geschrieben, hoffe ich in meinen Geldsachen einige Vortheile zu erlangen, mein längerer Aufenthalt hat mir auch darin sehr genützt, nicht zwar daß ich meine Dukaten vermehrt hätte, aber doch darin, daß ich sie nicht zu anderen Ausgaben anzugreifen brauche, die bei einer früheren Abreise davon hätten müssen bestritten werden. Du siehst, daß ich meine Zeit, obgleich größtentheils vergnügt, doch darum nicht unnütz für die ernsteren Ueberlegungen hingebracht habe. Ich bin gutes Muths, ausdauernd, schlau und thätig. Nur etwas Glück dazu, liebe Rahel! und so muß es uns doch am Ende gelingen. Weit zwar schweift mein Blick, und ich versage mir keine lebensreiche Hoffnung, aber mein Herz geht nicht weit, es hat Dich und immer Dich, jedesmal bald ergriffen und nah gefunden. Ich muß schließen, es ist die höchste Zeit. Lebe wohl, meine geliebte, theure Rahel! Ich umarme Dich und küsse Dich mit innigster Liebe. Wie beb' ich dem Augenblick entgegen, daß ich Dich wiedersehe! Seit ich dazu Geld habe, kenne ich keine Furcht mehr. O wohl mit tausend Thränen rief ich verzweifelnd auf dem einsamen Rückweg von Mariaschein laut zu Gott: gieb mir anderes, anderes Unglück, nur nicht das, daß ich Rahel nicht wiedersehe! Nun giebt er mir nicht einmal anderes! Leb wohl, geliebtes Herz! Bentheim und Willisen grüßen Dich, auch Mad. Brede sehr freundlich, obwohl unbekannterweise. Vielen Leuten mußt' ich sagen, daß ich nach Berlin gehe, vielen sogar in welcher Absicht, doch ist es mir lieb, in Berlin noch gewissermaßen unerwartet anzukommen. Ewig Dein treuer

Varnhagen.

Grüße mir aus diesem Briefe heraus wieder die angebetete Maaß! Ueber ihre Aufnahme in Wien freut Dich vielleicht beiliegendes Blatt meines Freundes Pilat. Gieb es in Berlin zu lesen.

An Rahel.

Prag, Dienstag, den 18. August 1812.

Endlich, endlich, geliebteste Rahel, wage ich wieder an Dich zu schreiben! Weil Du mir in so langer Zeit nicht geschrieben hattest, war ich ganz verzagt, und dachte ein Brief von mir, der nicht wenigstens meine Abreise ankündigte, dürfe sich gar nicht sehen lassen; daß Du mir zürnest, nahm ich mit einiger Gewißheit an, und es half mir zu nichts, dieses Bewußtsein, daß ich mich frei fühlte von aller Schuld, denn kann ich meinen Willen auch auf Kosten meines Gestirns rechtfertigen, so weiß ich nicht, ob das nicht noch betrübter ist! Seit zwei Monaten habe ich meinen erwarteten Urlaub; die Anwesenheit des Hofs, die mir durch den Grafen Metternich unverhofft nützlicher wurde, als ich glauben konnte, hatte mich schon höchst ungeduldig gemacht, und ich wollte schon allein abreisen, als endlich Willisen eintraf, und mein Gast beim Obersten wurde. Seinen Urlaub, den er in Wien schon gesehen hatte, fing der nun an abzuwarten, und bekam ihn endlich, nach wiederholtem Schreiben, von seinem General zugeschickt, das war vor vierzehn Tagen. Welchen Verdruß, welche Ungeduld, welche Langeweile uns dieser Aufschub gemacht hat, kann ich Dir nicht beschreiben. Wir lebten nur unter uns, mit Mühe fanden wir Bücher für die langen Abende, an Spazierengehen war bei der gegendlosen Umgebung dieser Stadt auch kaum zu denken. Zwischendurch war Willisen, dann ich wieder, krank, und eine ernsthafte Nervenkrankheit, das habe ich deutlich gefühlt, ging nur so eben noch an mir vorbei, ich wurde davon nur gestreift. Ich wäre allein fortgegangen, wenn ich Willisen schicklicherweise bei dem Obersten hätte zurücklassen können, die Hoffnung, mit jeder Minute diesen Zustand aufgehoben zu sehen, hielt mich auch zurück. Aber mit dem eingetroffenen Urlaub war es noch keineswegs abgethan! Tags vorher kam d'Estourmel von Karlsbad hier an, und erzählte mir, Du seiest mit der Frohberg in Dobberan. Mit tödlicher Angst hatte ich diesen Gedanken schon früher gefaßt, er erklärte mir Dein langes Schweigen: jetzt war ich fast verzweifelt, für Dich froh, denn beim Himmel mich reut kein Schmerz, der mit Deiner Zufriedenheit verbunden ist, aber verzweifelt für mich: kennst Du den Zustand, wenn einem innerlich ganz matt wird, und die Sinne den Muth sinken lassen? Ich glaube dann an nichts mehr; was mir an mir selbst das versicherteste war, verschwindet dann plötzlich, und mein ganzes Wesen löst sich in ein einziges Mißlingen auf. Doch nur desto muthiger riß ich mich empor, ich schrieb eiligst einen guten, feinen Brief an Adelheid Goldschmidt, die ich um Nachricht von Dir bat, da d'Estourmel in seiner Aussage bei meinem näheren Dringen schwankend geworden war; Gottlob! sie ließ mir sagen, die Frohberg allein sei in Dobberan, Du aber in Berlin. Nun war endlich kein Aufenthalt mehr, wir bestimmten die Abreise auf den folgenden Tag. Allein der Oberst, der bisher von unserer Gegenwart nicht einmal die möglich gewesene Annehmlichkeit genossen hatte, und den ich, obwohl uns Beiden sehr geneigt, doch ziemlich gleichgültig über die nähere Bestimmung unseres Bleibens oder Gehens geglaubt hatte, bestand so dringend und liebenswürdig darauf, unsere Abreise noch zu verschieben, daß wir es wohl thun mußten. Frau von Humboldt hatte mir geschrieben, ihr Mann würde hier durchkommen, den sollte ich nun abwarten, auch war der König von Preußen angekündigt. Willisen beritt mit dem Obersten das Schlachtfeld bei Prag, um für den König mit dem Oertlichen vertraut zu sein, der Oberst fand Willisen so unterrichtet und einsichtvoll, daß er ihn nun noch weniger fortlassen, sondern auch das Schlachtfeld bei Kollin mit ihm bereisen wollte, was nun aber auf unseren vielfach geäußerten Wunsch abzureisen unterbleibt. Am Samstag ritten der Oberst und Willisen mit dem König hinaus, der am Freitag Abend angekommen war. Der Oberst verließ den König fast gar nicht während dessen Anwesenheit, er wurde zu Mittag und zu Abend eingeladen, und fuhr mit ihm zu allem Sehenswürdigen hin. Es machte ungemeines Aufsehen, der Oberst war recht in seinem Glanze, Du kannst Dir es denken, liebe Rahel! Am Samstag Nachmittag fuhren Willisen und ich zum König hin, der Oberst stellte uns beide vor, der König, der schon früh mit Willisen gesprochen und sich seiner und seiner Verwandten gleich erinnert hatte, sprach aber nur einige Worte mit mir, indem er nach meinen früheren Wegen, und auch ob ich schon in Berlin gewesen sei, fragte. Es war nicht der Ort, ihm etwas von meinen Wünschen mitzutheilen, aber schon die bloße Vorstellung ist diesen günstig, und für viele Leute eine wichtigere Thatsache, als eine neue Wissenschaft. Wir fuhren dann alle zur Schwimmanstalt, und dann zum Manöver vor dem Thor, durch die ganze Stadt, es war ein recht schöner Zug. Sonntag früh ist der König abgereist, und hat dem Obersten mit einem sehr gnädigen Schreiben den Johanniterorden übersandt, was mich über die Maßen freut für den lieben Obersten, dem eine solche Auszeichnung so dient und paßt in seine ganze Art zu sein, und in alle seine Verhältnisse, wie ein guter Degen einem tapfern Fechter. Mein Name hatte den Flügeladjutanten des Königs, Major von Luck, aufmerksam gemacht, er trat an mich heran, und fragte, ob ich nicht Fouqué kennte? es fand sich, daß er dessen Freund und Verwandter sei, seine Schwestern, Frau von Briest und Fräulein Luck wohnen beide in Nennhausen, und ich kenne sie recht gut. Sieh, liebste Rahel, so war also auch diese neue Verzögerung noch ganz vortheilhaft ausgefallen, und vielleicht lerne ich ihren Nutzen erst recht einsehen, wenn ich jetzt auf der Durchreise durch Teplitz dem Fürsten Wittgenstein meine Aufwartung mache, oder vielleicht gar den König auf's neue spreche. Jetzt hält uns denn nichts mehr auf, am Mittwoch reisen wir, und ob ich gleich nicht bestimmen kann, wie viel Zeit ich in Teplitz meinen Angelegenheiten, und aus Dankbarkeit in Dresden Willisen's Schelust widmen muß, so hoffe ich doch vor Ende der anderen Woche, und vielleicht früher in Berlin zu sein.

Verzeihe mir diese weitläufige Erzählung, geliebte Rahel! sie möge als Erklärung dastehen, warum ich statt im April erst gegen Ende August zu Dir komme, was Du vielleicht schon meiner Unentschlossenheit, meinem Wankelmuth oder meiner Ungeschicklichkeit zugeschrieben hast. Dann hast Du mir sehr Unrecht gethan, liebe Rahel; ich war entschieden, fest, und auf die geschickteste Weise thätig: aber freilich ist meine ganze Lage, wie ich neulich der Humboldt schrieb, ein solch verworrenes Gewebe von sich durchkreuzenden und entgegenlaufenden Fäden, daß sie ein Studium fordert, wie etwa die englische Staatsverfassung, und kaum ich selbst mag mir die Mühe geben, das Bedeutende der Kombination an solch Unbedeutendes zu verschleudern; es noch ausdrücklich darzustellen, könnte kaum ein Prozeß erfordern, den wirst Du mir aber doch nicht machen?

Liebe Rahel, ich sehe Dich also wieder! Kein anderer Wunsch mehr lebt in diesem! die begeisternden Gedanken, die mich an Vaterland und Gelehrsamkeit fesseln, scheinen mir untergegangen in dem süßen Liebesgedanken an Dich, nicht untergegangen wie ein Schiff im Meere, sondern wie ein Fluß im Meere! Mit welchen guten Vorsätzen komm' ich zu Dir, geliebte Rahel! O ich weiß recht gut, was mir fehlt, und will ihm nachtrachten! Daß ich Dir nur wenig sein kann, fühle ich tief: ich sollte glücklicher sein, ich sollte Dir außer mir noch etwas zu Füßen legen können, theure Rahel, einen sieghaften Geist, angenehme Tage, günstige Welt; leider soll ich das alles erst für mich erwerben, und manches weltlichen Vortheils einseitig und unerfreut genießen, um nur die Hoffnung zu nähren, einst auch mittheilbare Vortheile zu erlangen. Und doch würde ich wie gern der glänzendsten, erfüllungsreichsten Zukunft auf ewig entsagen, für eine selbstständige, mäßige Gegenwart. Die Wahrheit, daß ich nichts bin, und nichts besitze in der Welt, tritt oft bitter in mein Herz, wenn ich Dir gegenüber athme, geliebte Rahel, und wenn etwas zwischen uns sich mißgestaltete, so war es oft nur dieser versteckte Grund, aus dem sich jenes erzeugte. Mein ausgesprochenes, von Dir angenommenes Wort, daß ich fortan in meinen Sachen thun will, als gingen Deine Angelegenheiten sie nichts an, wird allen bösen Anlaß, Dir zu mißfallen, mir entziehen, und ich gehe wohl obendrein noch sicherer und leichter, ohne diese ewige, seitwärtsblickende Angst, ob meine Schritte immer in gleicher Nähe von Dir sind. Stelle ich mir lebhaft Dein Wesen vor,

Madame Du Deffand! Meine Augen will ich aber behalten! Diese alte Pariserin war blind. Manuskripte hören, mit Augen, ist genug! Als das abgesprochen war, frug mich die Gute rührend, wahr, und kindlich, ob ich sie noch wollte; und nachher sagte sie mir, ich sei hart mit ihr gewesen: sie habe auch Böhm, den sie wegen der Migraine, die von Agitation war, sprechen mußte, unseren Zwist erzählt — ich hatte es auch schon gethan; er hatte mich nämlich gefragt, eh' er sie sah, von welcher Agitation sie in ihrem Billete redete; — und ihm, vorzüglich für ihn, gesagt, „die Leute glauben immer, wenn sie grob waren, sie waren wahr, und legen sich ganz beruhigt zu Bette"; (nun schneit und hagelt's wieder, zusammen; —) und sie habe hinzugesetzt: „es gäbe ja Menschen, die keine Pille ohne Pflaumen und Rosinen einnehmen könnten, er soll ihr die Wahrheit so einwicklen." Sie sah mir freundlich und wahr dabei in's Gesicht. Ich nahm es gelassen, und sanft, aber ernst, obgleich lächlend für mich; und sagte ihr: „ich würde nicht mehr wahr sein; weil ich durchaus sähe, daß die Wahrheit, die der Mensch nicht vorher wisse, ihm auch nicht gesagt werden könnte"; etc. Sie küßte mir die Hände, und bat ernst wie ein Kind, ich möchte sie ihr immer sagen, sie wolle sie hören, und sie würde sie verstehen. Da war sie wahrlich sanft, liebenswürdig, kindlich und wahr: wir lachten dazwischen mit manchem strömenden Scherz, und Witz; sie war recht witzig. Aber ich sagte ihr, ob eine Wahrheit grob sei, oder nicht, darüber könne man ihr als solcher nichts anhaben; sie entspräche ihrem Wesen, wenn sie wahr wäre, und wo sie hin trifft, das wäre der Ort, der sie zur Grobheit oder Höflichkeit mache; sie bat sich wieder ächt, scherzend, sanft und lieblich, Pflaumen und Rosinen über den Pillen aus! „Nein, Liebe, das geht nicht, so habe ich sie Ihnen drei Jahre gegeben: da essen Sie die Pflaumen und Rosinen; und die Pillen lassen Sie mir liegen." Thu' ich das? „Ja!" Wir scherzten viel, und sie wollte nur, daß ich ihr noch gut sein sollte. Alsdann bot sie mir, sehr rein und ohne alle Prätension auf die That, oder welche mit ihr, hundert Dukaten an, die sie von ihrem Bruder nehmen wollte, und ihn dann mit ihrem Buche bezahlen will. „Sie gehen doch damit von mir", sagte sie, „ich erleichtere Ihnen das Wegkommen, aber ich will es gern." Sie freute sich damit. Ich nahm es nicht an. Sie braucht es selbst. Bei ihr, wie sie mir giebt, ist es gradezu Schenken. Sie hat auch

An Varnhagen in Prag.

Berlin, Sonntag, den 23. August 1812.

Lieber Varnhagen, seit vorgestern bin ich in einer Ungeduld Deinetwegen, daß ich die Feder nicht halten kann. Daß dieser Brief nicht gleich in Deinen Händen sein kann! Du noch immer in Prag sitzest, und Dein Urlaub vielleicht abläuft!

Seit vorgestern erst hab' ich Mad. Adelheid Goldschmidt gesprochen, die mir gesagt, daß Du ihr geschrieben. Gestern sah ich Deinen Brief. Lieber! Ich habe keinen Sous; warte seit Monaten jeden Tag, jede Stunde, jeden Abend auf Dich; und Du denkst, ich sei tollerweise in Dobberan. Erst wartetest Du auf Pässe; dann hattest Du welche, und wolltest Dir noch Menschen und Empfehlungen gewinnen; dann wolltest Du mit Graf Bentheim nach Karlsbad, Goethe sehen. Ich — wahrlich war zu mürbe, von allem Warten, von dreijährigem Appointiren, zu excedirt von meinem ganzen Leben, von meinem jetzigen; und wartete, bis Du wirklich kommen würdest. Schreiben aber konnt' ich nicht mehr; und Schreiben war wirklich nicht mehr nöthig: denn alles in der Welt, hatte ich Dir schon geschrieben. Und jeden Wagen, jeden Schritt, hielt ich für Dich, und mußt' ich für Dich halten: und thue es noch. Sollten wieder Briefe von mir in der Welt umherlaufen, die Dich nicht treffen; mir wird das Schreiben zu sauer: jedes Schreiben muß ein Klagen, ein Zusammennehmen, ein Ausdruck des Wartens überhaupt von mir werden, und ist ein Stück vom Rest meines Lebens, losgerissen von meinem sterbenden Herzen. Was mir sehr weh thut, ist, daß Mad. Goldschmidt Dir nicht ein paar Worte schrieb, und Du die unrichtigen, unsicheren, immer saumseligen Bestellungen nicht zur Zeit hattest, durch Hrn. Schlesinger und noch Andere nach Prag reisende! Adelheid nahm Deinen Brief nicht für das, was er war: eine deutsch-artige Frage nach mir; sondern für übertriebene Schmeichelei! (Wir — Deutschen — haben noch lange nicht genug façons de parler, und müssen zu sehr Reelles in Kours bringen, um mit Zierde zu nahen und zu sprechen.) Sonst hätte sie leicht und prompt zwei heitere Zeilen antworten müssen. Solche hübsche Damen aber sind nur gewöhnt, sich, ihre kleine Persönlichkeit, nicht die große, zum

Ganzen stehende, als Mittel- und Bewegepunkt behandelt, und betrachtet zu werden, daß nach einem Anderen fragen, durchaus die gehörige Wichtigkeit nicht bei ihnen erlangen kann!

Komm also nun: mit jedem Tag, stundenweise, wird es mir wichtiger, Dich hier zu sehen. Wie ich jetzt hier bin, kann ich hier nicht bleiben. Das zielt auf Nervenfieber. Diese meine Lage. Du weißt, was ich schon im Herbst und Winter schrieb. Und, nicht allein der Zugwind mangelt meinem Herzen, sondern die Luft. Auch die äußere Luft mangelt mir. Zum Schreiben qualifizirt sich nichts mehr von mir und über mich: drum schrieb ich auch nicht. Auch kann ich rein nicht mehr. Komm' also nur! Deine Ungeduld und Dein Warten quält mich nun auch. Warum kamst Du denn nun nicht, da Du nicht in Karlsbad warst; und ließest erst Goethe aus Teplitz! Ich hatte einen rechten Schreck: er ist nun besser; hier hieß es, er sei krank: und mir fiel's wie todt auf's Herz! aber Adelheid benahm es mir: er hatte bloß zu viel gegessen. Adelheid war sechs Tage hier an Gicht krank, eh' ich sie sah. Komm! ich halte es nun nicht mehr aus. Alles ist mir hier nicht recht, zuwider, ein Gräuel.

R. R.

Wir müssen wirklich alles verabreden, über alles sprechen; Du mußt alles, einen jeden; meine Lage, das Land, mich sehen. Gott! welche Ungeduld. Ich kann auch nicht mehr schreiben. Nun komm! Donnerstag kommt Mad. Frohberg. Neumann seh' ich nicht. Meine jüngeren Brüder sind den ganzen Sommer und noch weg.

Denk Dir mein Leid, mein Leiden, daß erst morgen die Post geht!

An Rahel.

Berlin, September 1812.

Guten Morgen! liebe Rahel! Hierbei folgt mein Zettel an H. Sieh zu, ob er nicht zu ungeschickt ist; er soll ihn eigentlich bloß mahnen, was drin steht bloß seine Aufmerksamkeit rege machen, denn Sachen hab' ich ihm nicht mehr zu schreiben. Schicke mir das Blatt bald zurück, abgeändert und abgekürzt oder vermehrt, wie Dir es gut dünkt! Ich hoffe, Du hast gut geschlafen; ich ziemlich! Dein

Varnhagen.

An Varnhagen.

Berlin, Herbst 1812.

Marwitz ist bei mir; er soll bald gehen. Dann komm Du: ich muß doch Dich holen lassen.

Denk Dir, daß Marwitz, anstatt wegzugehen, mich frägt, wie lange ich schlafe: und unterdeß in Robert's Stube geht! Ich platze vor Wuth! Komm noch vor 6 wieder, ich mache ihm weiß, daß ich bei Moritz bin. Und geh mit Dir unterdeß zu Dir. Denn er bleibt auch dann noch! —

An Varnhagen.

Berlin, Herbst 1812.

Wie ist Dir? Ich habe nicht einschlafen können vor Mangel an allem was zu lange meinem Körper und meiner Seele fehlt. Wovon sie weiter leben könnten. Wenn ich gar nicht allein bin, muß ich untergehen; je weniger ich es bin, je mehr. Dann wurde Mad. Rieß krank; und die ganze Nacht war ein tolles Getobe oben: ein Rücken und Schieben wie bei Ausziehen. Ich bin also so wüst, so matt, so chiffonirt, und echauffirt, als nur immer gestern. Adieu; für den Tag muß ich nun erst Nachrichten von Moritz erwarten; wo ich hinschicke.

R. R.

Ich wünschte wohl, daß Du jetzt kämest; ehe die Anderen kommen! Ich möchte Dich nicht gerne so verstimmt wiedersehen, ohne Dich vorher gesprochen zu haben.

Wenn ich auch etwas gesagt habe, das Dir mißfällt, überlasse Dich dem Zorne nicht mit mir! Ich dränge auch manches herunter, ohne mich dergleichen zu unterstehen. Komme jetzt!

Ich bitte Dich, wenn es Dir möglich ist, heute noch lieber zu mir zu kommen. So gehe ich nicht gerne zu Bette.

Willst Du jetzt kommen? Nämlich wenn es Dich nicht stört. Bringe mir auch meinen Traum mit; ich will ihn mir abschreiben: und auch meine anderen vier. R. R. Bringe auch Deine Novelle mit.

Cher, cher ami, je vous conjure de ne pas sortir de votre lit avant de vous être examiné dans une glace, si vous avez encore ces rougeurs! puisque toute ébullition peut devenir dangereuse, si l'on ne la soigne pas scrupuleusement. De toutes les manières vous gardez aujourd'hui la chambre, je vous enverrai ce qu'il vous faut, et je viendrai vous voir. Si vous vous sentez le moins du monde malade, vous faites tout de suite venir M. Erhard. Vous me devez les plus grands soins pour votre santé. Adieu, à tantôt!

An Varnhagen.

Berlin, Herbst 1812.

Du bist gewiß auch noch in Deinem Bette. Mir ist eingefallen, daß eigentlich gar kein Spaß dabei ist, wenn Du heute in die Gesellschaft fällst; und daß es wahrlich besser ist, diese von Langerweile gesättigten — wir hier nennen dies, angesagt — Personen en masse denken nicht an Einen; es ist zu viel schlechte Materie da zusammen. Willst Du ihnen als Gespenst in Uniform erscheinen, so widersetz' ich mich nicht; ich wollte Dich nur auf den gar wenigen, gar keinen Spaß aufmerksam machen, wie es mir seit gestern, als ich allein war, auf die Seele gefallen ist. Speisest Du, im Fall Du auch keinen Spaß bei siehst, doch bei Erhard? Ich brauche es nicht zu wissen: Du kannst ganz bequem, und mir lieb, hier essen.

R. R.

Herbst 1812.

Hier, Lieber, ist das Papier; die Aufschrift wirst Du nachher hier machen, nach einer anderen, die ich habe. Appuyire darauf besonders, daß mir die Serviskommission und der Bezirksvorsteher schon wieder auf meine Erkundigungen zehn Mann aufgegeben, da ich doch nach dem neuen Kataster, worauf ich mit meinen sechsmonatlichen Beschwerden vertröstet worden bin, nur fünf den Monat haben müßte. Und sage, daß ich in meiner Lage, nach den gehabten Lasten, keine zu ertragen mehr im Stande bin. „Königliche hochlöbliche Serviskommission" schreibt man. Verzeih den häßlichen Auftrag.

R. R.

Ich gehe einen Augenblick zu Markus, um Hannchen, die mit mir die Bilderausstellung sehen will, zu sagen, daß wenn es sein muß, sie mich von Frau von Crayen abholen soll. Die Servisschrift wollen wir bis zu Mittag lassen. Wie geht's Dir? Mir gemein, ganz gemein.

An Varnhagen.

Faites moi dire par Dore comment vous avez passé la nuit, et si votre rhume vous tourmente encore. Moi, je n'ai pas dormi; je crois que les bottes de Robert m'avaient attaqué les nerfs; elles sentaient l'écurie. Vous sentez-vous assez fort et fraix pour supporter les revers de la vie?

Den 1. Januar 1813.

In einer mäßigen halben Stunde will ich zu Ernestinen gehen; es hat nichts zu sagen, wenn Du mich auch nicht hinbringen kannst. Hole mich nur; wenn Du willst. Bist Du wohl? Ich bloß verdrießlich wegen der Prätensionen des 1. Januar 1813 und seines wenigen Leistens! Denn so wie heute, den letzten Dezember: das weiß ich schon. Jedoch bin ich noch ziemlich.

R. R.

Kaum warst Du aus dem Zimmer, so erfuhr ich gestern noch, daß morgen der König abgeht! Denk Dir meine Besorgniß. Gehst Du aus?

Non, cher ami! c'est sûr. Les cochers du monsieur l'ont dit à Dore. La femme de l'un est sa cousine; et Robert avait la même nouvelle. Si vous en parlez, ne nommez pas vos sources.

Wie ist Dir? Ich bin ziemlich vernichtet: und will ausgehen, weil ich so lange nicht bei Ernestinen war, weil bei mir reingemacht werden soll, und weil ich, da ich gar nichts Anderes sehen kann, die Straße sehen will. Was thust Du? Sehe ich Dich vorher?

Lieber! Wir müssen das Briefeordnen diesen Morgen lassen: ich muß ausgehen. Es war mir gestern ein großer nothwendiger Trost bald Licht bei Dir zu sehen. Du kannst nicht mit gehen.

R. R.
